本书是国家社会科学基金一般项目“第一代农民工城乡去留选择困境与政策回应研究”（18BRK015）的最终成果。

第一代农民工养老城乡去留选择

肖云 著

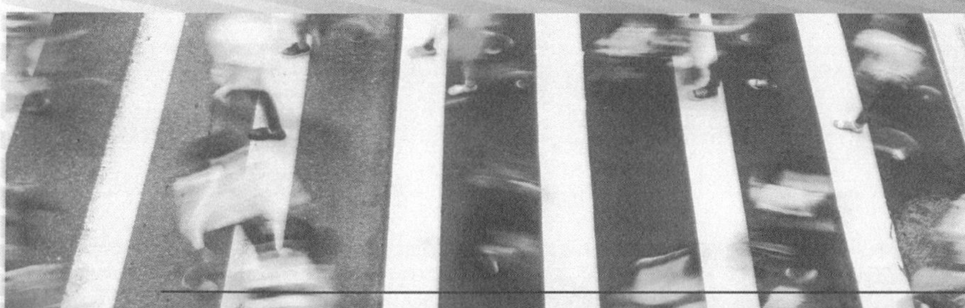

中国社会科学出版社

图书在版编目(CIP)数据

第一代农民工养老城乡去留选择 / 肖云著. -- 北京 :
中国社会科学出版社, 2025. 4. -- ISBN 978-7-5227
-4943-3

Ⅰ. F842. 67

中国国家版本馆 CIP 数据核字第 2025WF1152 号

出 版 人 赵剑英
责任编辑 李 立
责任校对 张爱华
责任印制 李寡寡

出 版 中国社会科学出版社
社 址 北京鼓楼西大街甲 158 号
邮 编 100720
网 址 http://www.csspw.cn
发 行 部 010-84083685
门 市 部 010-84029450
经 销 新华书店及其他书店

印刷装订 北京明恒达印务有限公司
版 次 2025 年 4 月第 1 版
印 次 2025 年 4 月第 1 次印刷

开 本 710×1000 1/16
印 张 31.5
插 页 2
字 数 503 千字
定 价 168.00 元

目　录

前　言

20 世纪 80 年代初期进城农民工只有 200 万人，当时谁都未曾料到中国农民工会成为史上农村劳动力流动规模最大的群体，到 2023 年农民工人数达到 29753 万。城乡二元体制使他们的身份和职业相分离，成为改革开放以来人数巨大的特殊群体，他们有着与社会其他群体不同的特征，城乡不同的户籍制度赋予他们“农民”身份，进城务工从事的是“工”的非农职业，于是他们有了“农民工”的称谓。政策允许他们进城的初期，城市尚未做好接纳他们的准备，他们某种程度上遭遇了城市社会制度的不公平待遇，承受了城市社会的歧视和排斥，但他们仍然负重前行。通过在城市的艰辛劳作，农民工不仅扩宽了生存的空间，改变了乡村习俗，开阔了眼界，增加了收入，改变了自己和家人的生活状态，也为中国社会发展做出了巨大贡献。农民工进城务工出现的各种问题引起了政府的高度重视，从此针对如何消除城乡二元体制，实现社会公平等问题进行了全方位的社会制度改革。农民工进城务工的几十年也是我国社会制度发生巨变的几十年，他们是历史变革的见证者，也是时代发展的受益者。

农民工问题曾经引起了社会的高度关注，学界对农民工从不同视角进行了广泛的研究。从最初的农民工生存、就业问题、权益保护、劳动保护等逐步延伸到农民工的社会保障、子女入学、住房问题、公共服务、城市融入，社区服务等。近年来研究又扩展到对新生代农民工、农民工回流和返乡创业等问题的关注。随着第一代农民工渐渐老去，学界对他们返乡养老问题进行了部分探讨。目前学界对第一代农民工养老城乡去留选择存在的问题缺乏全面系统的研究，本书以第一代农民工面临养老问题为切入点展开研究，旨在探索如何破解第一代农民工养老城乡去留选择的困境，使第一代农民工在为城市发展贡献几十年后能够共享社会发展的成果。为了准确了解他们在养老城乡去留选择中存在的问题，课题组在全国大多数省份对3000多名第一代农民工进行了匿名问卷调查，对十多个省的100多位40岁以上的农民工以及部分城乡社区工作人员进行了深入访谈。在此基础上运用空间理论、推拉理论、中国特色社会主义理论以及质性和实证分析方法，对第一代农民工养老城乡去留选择面临的困境以及如何消除困境进行了全面的研究。

本书梳理了中华人民共和国成立以来政府关于农村劳动力流动的相关政策。阐述了农村劳动力流动政策变迁的时代背景，对各阶段相关政策进行了评析。对农村劳动力流动政策渊源的梳理，有助于我们进一步认识改革开放40多年相关政策的转变给中国农民、农民工、农村以及全社会带来的巨大变化。

本书重点分析了第一代农民工养老城乡选择的意愿和面临的困境。在描述第一代农民工基本情况的基础上，说明了农民工的共同特点和第一代农民工不同的特点。阐述了与第一代农民工密切相关的养老保险和医疗保险政策变迁情况，对他们参保现状和存在的问题进行了深入分析。笔者运用了近20年来几次问卷调查的数据，对第一代农民工养老城乡选择意愿进行了对比分析，调查显示他们大多数认为在城市发展比农村更好，但是他们选择回乡养老的占比远远高于城市，说明他们理想的生活与现实有较大差距。书中阐释了如何理解第一代农民工养老城乡选择的困境，重点研究了第一代农民工的个体因素（包括性别、年龄、家庭、文化程度等），务工因素（包括务工距离和行业、务工的年数与劳动强度、务工收入等），政策因素（包括养老、医疗、户籍、住房等），城市融入等多种因素对他们养老城乡选择困境的影响。在实证分析的基础上运用空间理论分析了社会保障等政策的空间分化带来的社会问题，阐述了城市和农村的推力和拉力、个体因素和中间因素以及对城乡收益的预期等因素如何综合影响他们养老城乡选择。分析了多种因素交织在一起作用于他们的选择，最终不同的个体面临不同的困境进行了不同选择。第一代农民工养老城乡选择并不是一个时间节点，他们中许多人从离开农村就开始为今后养老城乡选择做准备，无论在城乡之间作何选择都有不舍，所以他们常常处于两难境地。他们大多数人只要在城市能够找到工作，即使高龄都愿意选择留在城市务工，无人雇他们时被动回乡，他们通常是边劳作边养老，养老的概念对于他们来说需要重新诠释。

本书提出了消除第一代农民工养老城乡选择困境的政策建议。农民工问题源于城乡二元体制，实现城乡一体化是消除他们城乡选择困境的根本途径。在实现城乡一体化的过程中，应坚持社会公平正义的理念、以人民为中心的理念、共建共享发展的理念、城乡统筹的理念。政策的调整应稳健渐进。户籍制度改革要提高针对性，剥离依附在户籍上的公共服务和社会福利；同时应与土地流转政策改革和农村基础设施的改善配套进行。政策调整的重点是在健全社会保障体系的基础上补齐短板，使养老保险政策在全国统筹的基础上进一步实现社会公平，适当调高养老保险的最低缴费标准，建立集体补助机制，政府为农村户籍人口适当承担部分缴费责任，统一放宽一次性补缴较高档次养老保险费的年龄限制，适当调整基础养老金领取待遇，使社会养老保险更多承担弱势群体的养老经费。在医疗保险政策的设置上应更加公平，充分体现共济互助功能。还应加强医疗保险与医疗救助的衔接，使农民工中的困难群体及时获得医疗救助。优化社会救助制度，以城市常住人口为标准确定救助对象，充分发挥救助弱势群体的功能，提高救助制度的针对性。加速城镇化进程可以缩小城乡差距，有助于城乡互融、互通和互惠，使城市发展向农村辐射。还要促进农民工城市社会空间融入，进一步提升基本公共服务均等化，使第一代农民工无论在城市和农村养老都能获得良好的基本公共服务，这样可以提高低收入群体的生活质量，有利于消除第一代农民工养老城乡去留选择困境。

本研究得到了许多人的支持和帮助，特别是在收集资料和典型事例的过程中得到了农民工朋友、政府有关部门工作人员、社区工作者、专家学者的支持和帮助，给予笔者很多启发，为完成书稿奠定了坚实的基础。

由于笔者的研究水平和能力有限，本书难免有疏漏和不足，恳请社会各界专家学者以及广大读者不吝赐教。希望社会给予渐渐老去的第一代农民工更多的关心和帮助，使他们在为城市作出巨大贡献后能够在共享社会发展成果的同时安享晚年。

第一章　导论

第一节　问题的缘起及研究意义

一　问题的缘起

20 世纪 80 年代，中国政府为了实现改革开放，开启了城市经济体制改革，放宽了对个体经济、私营经济发展的限制，城市经济的快速发展加大了对劳动力的需求，1984 年中共中央《关于 1984 年农村工作的通知》下发后，政府逐渐放松了农民进城的限制，大量农民进入城市求生存和发展，他们的身份以及在城市的定位受到社会广泛关注，由于城乡二元社会结构的固化，他们身在城市但身份属农村，既不是城市人也不完全是农村人，人们给予他们“农民工”称谓。学界普遍认为“农民工”一词最早是 1983 年社科院社会学所张雨林研究员在一篇研究小城镇问题的论文中首次使用，1984 年中国社会科学院《社会学通讯》上也使用“农民工”一词，[①] 随后被社会各界广泛使用。不过，有资料显示在张雨林之前有学者使用过“农民工”一词，只是鲜为人知。农民工进城的各种社会问题引起社会关注的同时也进入了学界研究的视野。关于农民工称谓，曾经颇有争议，有学者认为是歧视性的概念，也有学者认为是临时的或过渡的概念，将来农民工市民化后，这一称谓会成为历史。随着政府相关文件确定用“农民工”界定这一群体后，这一争议暂时告一段落。现阶段农民工并没

---

① 参见国务院研究室课题组编《中国农民工调研报告》，中国言实出版社 2006 年版，第 2、349 页。

有成为历史，基本原因是城乡二元社会结构导致的城乡二元体制存在。城乡二元体制没有消除之前，“农民工”这一特殊称谓以及代表的特殊劳动群体就不会最终消失。

中国农民工数量和变化是前所未有的。农民工进城从 1984 年不到 200 万人①，到 2022 年的 29562 万人②，这是世界历史上最大规模的乡村人口向城市流动，这一乡城流动不仅人口数量巨大，涉及的社会问题也多而复杂，社会相关政策变迁和相关制度的调整以及对中国社会的影响和发展也是前所未有的，从此户籍管理制度、社会保障制度、城市用工制度、退休制度、社区管理制度、住房制度、返乡创业、子女入学等制度发生了巨大变化。政策的改变给农民从农村向城市谋求发展带来了蓬勃生机，他们最初离乡背井不畏辛劳奔向更加广阔的生存空间，改变了祖祖辈辈“日出而作，日落而息”的乡村生存习惯，开阔了视野，学到了更多的本领。他们的初衷只是为了到城市挣钱改变农村低品质生活，谁都没有想到农民进城以后给家庭以及中国社会带来如此巨大的、前所未有的改变。他们进城务工推动了工业化、城镇化的进程，加速了中国经济的发展，推进了社会保障体系的变革，影响了中国改革的不断深化，带动了我国农业、农村和贫困地区的发展，促进了中国社会结构的转型，改变了社会对农民工的看法，开拓了新的发展空间和路径，开阔了农民工发展的视野，强化了公平意识和平等意识，提升了农民工劳动技能和素质，提高了农村居民的生活水平，“改革开放 40 年来，工资性收入对农民收入增长的年均贡献率达 78%”③。

有关农民工的政策和制度的变迁是前所未有的。从农民到农民工，从允许农民有条件的适当流动到城乡务工自由选择，离不开改革开放的大背景和政府政策的推进。1984 年开始突如其来地适度放开农民乡城流动，政

① 参见国务院研究室课题组编《中国农民工调研报告》，中国言实出版社 2006 年版，第 129 页。

② 参见《2022 年农民工监测调查报告》，https://www.gov.cn/lianbo/2023-04/28/content_5753682.htm，2023 年 4 月 28 日。

③ 王永：《用奋斗诠释“劳动光荣”——农民工在我国经济社会发展中做出巨大贡献》，《中国劳动保障报》2021 年 1 月 5 日第 1 版。

府并没有在政策和制度上为他们进城务工提供各种保障，进城初期城乡二元社会结构使他们与城市人身份不同从而遭受了种种不平等的待遇。为了公平对待农民工，政府的相关政策进行了大幅度改革，在完善社会保障体系的同时将农民工逐步纳入全民社会保障的体系之中，在劳动就业、公共服务、住房、子女入学、养老、医疗、工伤保险等方面可以享有与城市居民相同的待遇，从城乡居民不同待遇到公平对待农民工，可以说这是中华人民共和国成立以来社会保障相关政策变化最大的时期，也是相关制度完善最快的时期。

这一时期，农民工群体受到社会各界的关注度也是前所未有的。除政府在政策上对农民工的高度关注外，社会各界的关注度也曾十分高涨，我们可以从学界的文献中看到对农民工的关注情况。从 1984 年国务院文件首次提出农民“自理口粮，务工经商”①，农村人口流动的就业管理制度开始松动后，学界对农民工的关注逐渐升温，以农民工为关键词的研究文献从 1984 年的 4 篇/年②到最多年份的 2009 年 17456 篇/年，研究的内容从最初的农民工概念和身份到加强对农民工在城市的管理，从到如何为其提供公平就业环境到如何保障和维护农民工的权利，从关注农民工基本生存到如何完善农民工的社会保障，研究还延伸到农民工的劳动保护、维权问题、户籍问题、子女入学、公共服务、住房问题、社区管理、城市融入、新生代农民工问题，新老农民工对比、农民工回流或返乡创业、第一代农民工返乡养老，等等，相关研究的领域十分广泛。学界对农民工的研究的热度有一个从逐渐高涨到缓慢降低的过程，到 2022 年减少到 2404 篇，这段时间的文献大多集中在农民工返乡创业和城市融入等方面。

农民工人数的增幅 2018 年前开始下降，2020 年农民工的绝对数有所下降，2021 年略有上升。研究文献也减少了约 2/3，但是他们的许多问题

---

① 穆光宗：《民工潮与中国的城市化》，《社会科学家》1990 年第 6 期。

② 2021 年在知网上以“农民工”作为关键词搜索显示 1984 年有 10 篇文献，但 10 篇文献中只有 4 篇是与农民工相关的文献，并且标题上都没有显示“农民工”一词，而是从农村人口转移小城镇角度或用工制度的研究。1983 年以农民工为标题内容的文献有 4 篇，主要涉及煤矿招收农民工的相关问题。1982 年以农民工作为标题内容的论文只有 1 篇，相关文献 14 篇，主要研究如何清退计划外用农民工。

仍然需要研究和解决，特别是第一代农民工群体中的生存和保障问题，社会应给予足够的重视和关怀。在2亿多农民工中第一代农民工已经进入劳动者的高龄或退休年龄阶段，2022年农民工监测调查报告的数据显示，农民工平均年龄持续增长，2022年为42.3岁，50岁以上农民工所占比重为29.2%。① 因长期二元社会结构导致的城乡分割，第一代农民工在城市务工几十年后面临养老城乡去留选择，由于对城乡社会环境适应有差异，他们的文化观点、城市融入、个体意愿等方面仍有很大不同，由此对他们养老城乡去留选择影响也不同，其中有部分面临选择的困境，即想留城市留不下，想回乡村回不去的尴尬。由于他们进城务工前期相当一部分没有纳入统一的社会保障体系，他们中大多数在养老保险参保中选择的是最低档次，当达到领取退休金时大多数人无法依靠养老金生活。如今他们临近或已到养老年龄面临城乡选择，留城缺乏生存条件，回乡继续务农已力不从心，出现了养老城乡选择困境。本书拟通过对第一代农民工养老城乡选择困境的研究提出政策建议，为政府相关决策提供客观依据，使他们不论在城市还是农村养老，都能公平享有社会发展的成果，不因历史的原因成为社会边缘化群体或贫困群体。

二　研究意义

（一）学术价值

1. 研究成果可以丰富人口流动相关理论

历史上中外人口流动的研究侧重于农村人口向城市迁移，较为典型的是人口学上的“推拉理论”，最早提出这一理论的是博格（D. J. Bague），他认为人口流动的目的是改善生活条件，由于有一定的拉力和推力的作用决定了人口向着生活环境好的地方流动，后来的学者对这一理论进行了补充。中国的学者关于人口流动的研究起步稍晚，流动人口研究热潮的出现是在政府松动农村人口向城镇流动的背景下，研究文献大多数集中在农村人口向城市流动后的各种问题上，理论研究的成果更多地体现在农村人口

① 参见《2022年农民工监测调查报告》，https://www.gov.cn/lianbo/2023-04/28/content_5753682.htm，2023年4月28日。

向城市迁移理论阐释方面。而对农民工养老城乡选择问题缺乏全面、深入研究。国外的人口学理论不能准确解释中国特有的农民工养老城乡选择困境问题。如何在理论上阐释这一现象，需要用人口流动等相关理论进行深入研究和政策创新，本项研究成果可以在一定程度上弥补现有研究的不足，为学界进一步研究提供客观依据，为丰富人口流动理论作贡献。

2. 有利于坚持以人民为中心的发展思想

以人民为中心的发展思想具有深厚的马克思主义理论渊源和中国特色社会主义实践基础，彰显了人民至上的价值取向。中国农民在中华人民共和国成立后的30多年里为了国家工业发展需要做出过牺牲，当允许农民进城务工时，他们遭遇了缺乏制度保护带来的不公平待遇，虽然几十年的发展相关制度有很大改变，但目前他们多数人准备返乡养老时又因新旧政策衔接不够完善使他们面临城乡去留选择困境。突破这一困境，必须坚持以人民为中心的发展理念。坚持以人民为中心的理念是在社会发展的过程中实现全体民众对未来美好生活的向往，而不能损失部分人或者抛弃部分人的利益去实现社会的发展。本研究坚持新发展理念，从第一代农民工城乡去留选择困境的视角分析相关政策和制度存在的问题，提出政策建议，研究成果是实现全体人民对美好生活向往的重要内容之一，有着重要的学术价值。

3. 可以丰富社会公平相关理论

防止两极分化，公平对待社会各阶层是中国共产党执政为民的重要体现，也是社会民众一贯的价值追求。在我国社会发展历程中，各项制度的衔接和完善始终朝着这个方向发展，而制度的衔接和完善是一个动态而长期的过程，不可能一蹴而就。制度不断完善的过程也是使各阶层利益不断协调实现社会公平的过程。近年来社会保障制度框架已经形成，制度基本完善，与农民工群体相关的社会保障大多纳入我国整体的保障制度之中，但养老、医疗、公共服务等相关政策在衔接中还有一些历史遗留问题没有得到解决，如何在制度设计上既能逐步解决历史积淀的问题，又使全社会成员公平共享社会福利，这不仅需要在理论上阐释，还需要制度有所创新。马克思的社会发展观认为，社会发展中的各阶层或利益集团处于对立统一之中，社会的发展有各种因素相协调的一面，又有不相协调的一面。

本研究试图在更高层面的理论和政策引导下，提出政策衔接的创新性建议，促进不相协调的各矛盾因素向相互协调转化，促进社会的发展，缩小贫富差距。

（二）应用价值

1. 有利于增进人民福祉和社会福利

我国实现现代化强国的过程也是人民实现美好生活目标的过程，党的十九大报告再次强调创新、协调、绿色、开放、共享的新发展理念，其中坚持共享发展，就是着力增进人民福祉，增强获得感，解决社会公平正义问题。社会福利是政府举办和出资的一切旨在改善人民物质和文化、卫生、教育等生活的社会措施，通常是民政部门代表国家提供的针对老人、残疾人、孤儿和优抚对象提供的收入和服务保障。第一代农民工随着年龄的增长逐渐进入劳动领域的辅助性岗位或退出劳动领域，劳动能力降低，收入减少，其中许多人因多种原因无法靠微薄的养老金维持生计，只能选择高龄或超龄继续留城务工或回乡务农。如果新旧制度不能有效衔接，他们就难以公平享有社会福利和安享晚年生活。本研究坚持共享的核心理念，研究如何完善相关政策消除第一代农民工城乡去留选择困境，在他们年老退出劳动领域之后能够公平享有社会发展带来的成果。

2. 有助于缩小贫富差距实现共同富裕

我国已经全面建成小康社会，实现了第一个百年奋斗目标，正在向建成社会主义现代化强国的第二个百年奋斗目标奋勇前进。现阶段城乡之间、区域之间、行业之间的收入差距较大，在新的历史发展阶段，习近平总书记在党的十八届五中全会上首次提出了共享发展的理念，并对其内涵进行了阐释，指出共享是全民共享、全面共享、共建共享、渐进共享。其中“全民共享”是针对共享的覆盖面而言的，是“人人享有、各得其所，不是少数人共享、部分人共享”①。这就明确了新的发展理念的出发点和落脚点。共享是缩小差距的前提，坚持共享社会发展的成果，缩小贫富差距、实现共同富裕才是社会主义的本质所在。第一代农民工为改革开放后的发展作出了巨大的贡献，如今他们渐渐老去时，其相应的社会保障非常

① 《习近平谈治国理政》（第二卷），外文出版社 2017 年版，第 215、216 页。

不足，本研究旨在借鉴国内外相关经验、进行大量调研的基础上研究第一代农民工社会保障相关制度存在的问题，为缩小城乡之间、社会群体之间的差异实现共同富裕作出积极的贡献。

3. 有助于帮助解决第一代农民工的实际问题

据国家统计局2022年公布的数据，第一代农民工的人数逐年增加，41岁以上的农民工占农民工总数已达到53%①，有的60岁以上为了生计仍然选择在城市继续务工，他们无论是留城还是返乡养老都有许多困难或问题亟待解决，本研究在问卷调查和大量访谈的基础上，全面了解他们城乡去留选择的影响因素、个人和家庭在生存与发展等方面存在的困难，分析其原因，剖析政策存在哪些缺陷或不足，对他们生存状态和现有政策进行准确评价，研究成果旨在引起社会对他们的关注，帮助他们解决养老的实际问题。

4. 可以为政府的相关决策和学界的深入研究提供参考

由于种种历史和现有政策等原因，第一代农民工在养老和医疗保障方面严重不足，其中的问题多而复杂，有新旧制度衔接问题，新制度设计和提供的基本公共服务的问题，农民工参加养老、医疗保险不足等问题，现有的对第一代农民工的研究大多集中在返乡农民工就业创业、返乡养老、留城与返乡的选择问题，很少对第一代农民工养老城乡选择困境进行研究，本研究对第一代农民工养老城乡选择进行了全面而深入的研究，可以拓宽农民工问题研究的视野，促使相关研究更加全面和深入，有利于政府及时回应农民工的诉求和学界在该领域的进一步研究。

第二节　研究的目的、问题及主要概念界定

一　研究目的

本研究针对第一代农民工进城务工近40年后面临养老城乡选择的意愿

① 参见《2022年农民工监测调查报告》，https://www.gov.cn/lianbo/2023-04/28/content_5753682.htm，2023年4月28日。

和困境进行全面调查和分析，在此基础上提出政策建议。农民工是中国的独特现象，由于中国社会长期的二元结构导致城乡分割，他们不是完全意义上的城市人，经过几十年政策的调整和农民工群体的分化，第一代农民工中的较少部分已融入城市，但是大多数人在年老即将退出或正在退出城市劳动领域时，面临养老城乡去留选择问题，留城缺乏生存条件，回乡意味着回到过去的状态，处于两难选择的困境。这个问题源于城乡二元体制和政策不完善，新旧制度衔接有缝隙，农民工主观认知不足等。如何使农民工在为城市贡献了几十年后不存在养老城乡选择困境，公平享有中国社会发展的成果，使他们在增进社会福利中提高生活水平，避免被社会边缘化或成为贫困群体，需要进一步研究。

第一代农民工由于人数庞大，按照2023年政府公布的农民工人数计算，50岁以上的农民工人数不低于1亿人，全面解决他们的养老、医疗等难题是社会的重要问题，关系到在全面建设社会主义强国的过程中社会保障体系的定型与可持续发展的重大问题，也关系到推进共同富裕的同时能否实现人民追求美好生活目标。

本书研究的内容能引起社会更加关注第一代农民工的现实问题，为政府相关决策提供客观依据，同时为学界进一步研究提供有价值的帮助。

二　研究的主要问题

梳理中华人民共和国成立以来中国人口迁移政策的变迁。通过对相关政策的梳理，了解农民工群体出现的时代背景以及相关政策对他们的影响，使本研究对现有政策的理解更加全面，对农民工为什么会出现养老城乡去留选择以及选择困境问题有更深入的理解。为第一代农民工养老城乡去留问题的研究奠定政策分析的基础。

分析第一代农民工城乡去留选择意愿及影响因素。本研究以第一代农民工面临养老问题为切入点探究他们城乡去留的相关问题。课题组成员针对农民工城乡去留意愿跟踪了近二十年，发现第一代农民工选择回乡的主观意愿占比依然很高，他们在进城务工几十年后，应该了解城市的发展都优于农村，为什么仍然有很多农民工选择回乡养老？分析第一代农民工城乡去留选择的影响因素。从他们的个体特征、家庭情况、经济收入、政策法规、社会保障、公共服务、社会福利、城市融入、文化等因素分析对他们养老城乡选择的影响。

分析第一代农民工养老城乡去留选择困境，这是本研究的重点，针对访谈中第一代农民工存在养老城乡去留选择的困境进行分析。（1）分析个体的年龄、婚姻和子女、文化程度、住房、收入、从业状况和参加社会保险等方面带来的选择困境。（2）运用空间理论多角度分析多种因素带来的第一代农民工养老城乡选择困境。这些因素包括城乡不同的户籍制度形成的城乡二元社会结构、城乡不同的社会制度以及经济、政策、社会保障、社会福利、文化、心理等方面的因素。（3）分析养老保险和医疗保险相关政策的主要问题对他们养老城乡选择的影响以及带来的选择困境。（4）分析有特殊困难的农民工城乡去留选择的困境。即缺乏返乡条件被迫留城的农民工、选择返乡会出现生存困难问题的农民工。（5）分析基本公共服务等方面不足给第一代农民工带来的养老城乡选择困境。

研究如何消除第一代农民工养老城乡选择困境的政策回应。在对上述情况分析并查找政策不足的原因后，提出政策建议。从城乡二元结构、户籍制度、相关法律法规、社会保障政策、推进城镇化、城市融入和基本公共服务等方面提出政策回应。

三　主要概念界定

1. 关于农民工的界定

20 世纪 80 年代在“农民工”一词没有被广泛使用之前，有学者称户籍在农村到国有制单位务工的人员为“农民合同轮换工”[①]，研究文献上最早出现“农民工”一词是 1982 年庄启东等人写作的一篇调查报告上[②]，报告中谈到 1980 年盘江矿务局开始使用农民工，作者在报告中没有对农民工进行正式解读，但是明确是农村户籍，实行从事采矿和农业劳动的轮换制，虽然就待遇上给予了说明，但没有将其作为城市户籍的固定工看待。

① 王思诚：《煤矿井下试行农民合同轮换工的调查》，《经济管理》1982 年第 7 期。

② 参见庄启东等《关于贵州省盘江、水城矿务局使用农民工的调查报告》，《计划经济研究》1982 年第 1 期。

还有的文献将他们称为“回乡农民工”[①]，雷庆生在其研究文献里将农村户籍到国有煤矿务工的人员称为“协议工”“农民轮换工”“农民合同工”“农民工”。[②] 1983 年张雨林在论文里使用了“农民工”一词。1984 年中国社会科学院在《社会学通讯》上使用后，社会各界才广泛使用“农民工”一词。许多学者对“农民工”概念进行过解读，如郑功成认为：“农民工是指具有农村户口身份却在城镇务工的劳动者，是中国传统户籍制度下的一种特殊身份标识，是中国工业化进程加快和传统户籍制度严重冲突所产生的客观结果。”[③] 王春光认为：“农民工指的是被雇佣去从事非农活动、属于农业户口的农村人口。”[④] 罗志先认为：“农民工是指具有农村户口在城镇务工的劳动者，它具有农民与工人的双重身份。”[⑤]

最早的法律法规文件使用“农民工”一词是 1991 年国务院颁布的《全民所有制企业招用农民合同制工人的规定》。该文件第二条规定：“企业招用的农民合同制工人是指从农民中招用的使用期限在一年以上、实行劳动合同制的工人，包括从农民中招用的定期轮换工（以下统称农民工）。”此后“农民工”一词开始在各种法律法规文件中大量使用。2006 年《国务院关于解决农民工问题的若干意见》中将农民工界定为：“户籍仍在农村，主要从事非农产业，有的在农闲季节外出务工，亦工亦农，流动性强，有的长期在城市就业的人群。”以后国家统计局发布的“农民工监测调查报告”对农民工的界定为：“户籍仍在农村，年内在本地从事非农产业或外出从业 6 个月及以上的劳动者。”[⑥] 国务院研究室负责人就《国务院关于解决农民工问题的若干意见》答记者问时专门解释了使用“农民工”称谓的原因：“一是采用农民工称谓，既能包括进城务工的农民，也能包括异地或就地转移到乡镇企业就业的农民；二是农民工是我国工业化、城市化过程中的特殊群体，将在一个相当长的时期内存在；三是这

---

① 潘宝流：《均安公社回乡农民工尘肺初步调查》，《职业医学》1983 年第 6 期。

② 雷庆生：《煤矿用工制度改革之浅见》，《经济与管理研究》1983 年第 1 期。

③ 郑功成：《农民工的权益与社会保障》，《中国党政干部论坛》2002 年第 8 期。

④ 王春光：《农民工：一个正在崛起的新工人阶层》，《学习与探索》2005 年第 1 期。

⑤ 罗志先：《试论农民工社会保障权的法律保护》，《现代法学》2006 年第 6 期。

⑥ 《2020 年农民工监测调查报告》，http://www.stats.gov.cn/sj/zxfb/202302/t20230203_1901074.html，2021 年 4 月 30 日。

一称谓已经约定俗成，比较准确，比较贴切；四是党中央和国务院相关文件中都使用过农民工称谓，也有依据。”①

从上述学界与政府的正式文件给农民工的定义中，我们可以看到农民工这一群体包含几个要素：具有农村户籍；离开农业劳动从事非农业劳动一定时间；其身份较为特殊，既不同于农村的农业劳动者，又不同于具有城市户籍的劳动者。2006 年《国务院关于解决农民工问题的若干意见》界定农民工，是根据当时农民工还有相当一部分农忙季节（如根据季节收种主要农作物）要回乡务农，但是近年来农民工大多不会因农忙季节回乡务农，已经不具有亦工亦农的特性。而国家统计局对农民工的定义一直延续至今。

本研究根据国家统计局对农民工的解释进行定义，即“农民工：指户籍仍在农村，在本地从事非农产业或外出从业 6 个月及以上的劳动者”②。

2. 关于第一代农民工的界定

从研究文献看，学界对第一代农民工有不同的称呼，如第一代农村流动人口、高龄农民工、老一代农民工、老年农民工、第一代农民工、第一届农民工，等等。划分的具体界限也有不同，有的根据外出打工的时间段划分，有的根据年龄段划分。如王春光将 20 世纪 80 年代初次外出打工的称作“第一代”农村流动人口③；徐传超等将 20 世纪 80 年代末 90 年代初进城务工的农村劳动力，年龄在 40 岁以上称为第一代农民工④；张守帅等将 20 世纪 90 年代前后进城务工的、年龄在 45 岁以上的界定为第一代农民工⑤；李晓琦等将出生于 20 世纪 80 年代之前，年龄在 50 岁上下的进城务工人员称为第一代农民工⑥；王聪聪将 1990 年以前就来城市打工的农民，

---

① 《国研室负责人就〈国务院关于解决农民工问题的若干意见〉有关问题答中国政府网记者问》，https://www.gov.cn/zwhd/2006-03/28/content_238587.htm，2006 年 3 月 28 日。

② 参见 2013—2020 年国家统计局“农民工监测调查报告”。

③ 参见王春光《新生代的农村流动人口对基本公民权的渴求》，《民主与科学》2000 年第 1 期。

④ 参见徐传超、陈壮艳《第一代农民工返乡转岗原因和农民工输出地对策探析》，《劳动保障世界》（理论版）2012 年第 7 期。

⑤ 参见张守帅、王域西《第一代农民工“归宿”调查：近六成已习惯城市生活》，《决策探索（上半月）》2015 年第 5 期。

⑥ 参见李晓琦、王厚俊《第一代农民工市民化进程中存在的问题及应对策略——以广州市为例》，《宁夏农林科技》2015 年第 12 期。

户籍上仍是农民，年龄基本在50岁以上称为第一代农民工①；唐瑕苓等将20世纪五六十年代出生，于八九十年代外出务工，当前年龄在50岁以上称为第一代农民工②；杨舸把55岁男性和45女性的退休年龄折中处理，取中间值50岁作为老年农民工的一个分界点，即50岁以上的农民工称为老年农民工或高龄农民工。③ 孟亚男等将出生于20世纪五六十年代，于20世纪八九十年代外出到城市务工，当前年龄在60岁以上称为第一代农民工。④ 国家统计局“全国农民工检测调查报告”将这部分群体界定为“老一代农民工：指1980年以前出生的农民工”⑤。政府与学界对第一代农民工的界定除具有农村户籍进城务工的特点外还包含几个要素：（1）区别于新生代农民工的年龄相对较长的农民工；（2）20世纪80年代政府允许农民进城务工后离开农村进入城市；（3）年龄一般不低于40岁；（4）界定这部分农民工的标准或者是年龄，或者是进城务工的时间，或者是年龄和时间相结合。

本书参考政府和学界的界定，认为对第一代农民工的界定，除具有农村户籍这一因素，还应考虑进城务工的时间与年龄这两个因素。考虑进城务工的时间，是因为从19世纪80年代初期开始，政府放开了对农民进城经商务工的限制才出现了农民工。他们是第一批或较早进城经商、务工的，他们经历的时代变化以及政策演变过程中带来的影响是新生代农民工没有的；考虑年龄这一因素，是因为国家统计局在划分老一代农民工与新生代农民工时是以1980年出生作为划分标准，⑥ 最早进城的农民工逐渐进入老年或已经进入老年，他们面临着留城还是回乡养老的选择，面临的问

① 参见王聪聪《失落的一代：改革开放后第一代农民工在中国现代化进程中的命运》，《湖南工程学院学报》（社会科学版）2017年第1期。

② 参见唐瑕苓等《第一代农民工返乡养老问题研究综述》，《南方农业》2020年第3期。

③ 参见杨舸《留城务工或永久返乡：人力资本、社会资本对老年农民工抉择的影响》，《江西社会科学》2020年第2期。

④ 参见孟亚男、莫依萍《断裂与绵延：第一代农民工返乡养老研究——基于舒茨现象学社会学的理论分析》，《老龄科学研究》2021年第5期。

⑤ 《2013年全国农民工监测调查报告》，https://www.stats.gov.cn/sj/zxfb/202302/t20230203_1898505.html，2014年5月12日。

⑥ 参见《2013年全国农民工监测调查报告》，https://www.stats.gov.cn/sj/zxfb/202302/t20230203_1898505.html，2014年5月12日。

题和诉求与新一代农民工有很大不同。

本书将第一代农民工界定为：户籍仍在农村，19 世纪 80 年代初期进城经商、务工，常年在城镇从事非农产业劳动，年龄不低于 40 岁的农民工。这一界定是考虑到 1984 年政府允许农民“自理口粮”进城经商务工时，按照当时年龄不低于 16 岁的农民可以外出经商务工，到现在一般不低于 40 岁，平均年龄 50 岁。本研究用年龄进行界定考虑到政府将 1980 年以后出生的农民工定义为新生代农民工，是因为以 1980 年作为区别第一代和新生代农民工判断标准比较合适，所以认为第一代农民工年龄不低于 40 岁。笔者没有采用“高龄农民工”，是因为高龄一般与老年人相联系，容易联想到 70 岁以上的人，并且以哪个年龄作为高龄不能准确界定这部分群体；也没有采用“老一代农民工”，是因为第一批从农村外出经商务工的农民工中，目前有的年龄接近 50 岁，用“第一代”更能准确界定这部分群体。

在现实中，有的 40 岁以上农民工不全部是 20 世纪 80 年代外出务工，而是在 20 世纪 90 年代或 21 世纪初外出务工的，本书没有以务工年数界定第一代农民工，主要原因是这部分农民工临近或已到养老城乡选择的阶段，笔者认为以年龄界定第一代农民工比以务工时间作为界定标准，能够涵盖更多的农民工群体在养老城乡选择上面临的问题。另外，农民工大规模外出务工是在 20 世纪末到 21 世纪初，这一时期进城务工的农民工经过 20 年绝大多数年龄不低于 40 岁。为了研究更加准确，本书在数据分析中将不同年龄段和不同务工年数分组进行了对比，也可以看到不同年龄和不同外出务工时段的第一代农民工养老城乡选择的意愿和困境，弥补仅以年龄为标准界定第一代农民工的不足。

3. 关于第一代农民工城乡去留选择的内涵

本书提及的第一代农民工城乡去留中的“城”包括城镇，排除了他们中已经市民化的部分，同时排除了返乡创业的这部分农民工，因为已经转为城市户籍的农民工已不再是本研究所指对象，返乡创业的有关问题不属于本书的研究对象和研究内容。“乡”特指农村，不包括乡镇中的“镇”，因有的农民工回到原籍的“镇”定居，户籍转为城市，这些农民工不存在城乡去留选择困境问题。本研究指的城乡去留选择主要是面临年老在“留城”或“回乡”养老定居的选择，不是指城乡创业选择和其他迁居的选择。因此，本书后面将“第一代农民工城乡去留选择”表述为“第一代农民工养老城乡选择”。

第三节　国内外相关研究综述

一　国外学者关于劳动力迁移的相关研究

国外对流动人口的研究是随着工业化时期劳动力迁移开始的，主要是针对劳动力合理流动和服务、加强职业教育和技能培训，转变政府职能等方面。相关研究已经形成了较为成熟的理论。

1. 早期劳动力迁移的研究

国外关于劳动力迁移的理论很多且研究开展较早，学者们从不同的学科和不同的视角来解释劳动力迁移现象，其中对我国研究农村劳动力流动现象比较有启发意义的是基于人口学的“推拉”理论。推拉理论的起源可以追溯到19世纪末拉文斯坦（E. Ravenstien）的人口迁移定律，认为人口迁移是以改善经济状况为目的，并且对人口迁移的相关机制、规律进行了总结。他于1885年发表的一篇题为“人口迁移之规律”的论文，系统提出了人口迁移的七大定律。20世纪60年代，美国学者埃弗雷特·李（E. S. Lee）在《迁移理论》中，系统地总结了推拉理论，首次划分了影响迁移的因素，并把它分为“推力”和“拉力”两个方面。他认为，推力是消极因素，促使移民离开迁出地；拉力是积极因素，吸引移民迁入新的居住地。他后来进一步阐述了这一理论。提出流出地和流入地实际上都既有拉力又有推力，同时又补充了第三个因素——中间障碍因素。主要包括距离远近、物质障碍、语言文化的差异，以及移民本人对于以上这些因素的价值判断，认为人口流动是这三个因素综合作用的结果。[①] 巴格内（D. J. Bagne）进一步发展了推拉理论，他认为人口流动的目的是改善生活条件，农村和城市都存在利于人口迁移的积极因素和不利于迁移的消极因

① 参见Lee，E. S.，“A Theory of Migratin”，*Demography*，Vol. 3，No. 1，1966，pp. 47-57。

素，这些因素包括了心理、文化、环境等。流入地的那些有利于改善生活条件的因素就成为拉力，而流出地的不利生活条件就是推力，人口流动就由这两股力量前拉后推所决定。

2. 将生命历程与社会背景相联系对移民进行研究

生命历程理论是国际上正在兴起的一种跨学科理论，侧重于研究社会变迁对个人的生活和发展的影响，将个体的生命历程看作更大的社会力量和社会结构的产物。这一理论的基本分析范式，是将个体的生命历程理解为一个由多个生命事件构成的序列，同样一组生命事件，若排序不同，对个体人生的影响也会截然不同。对这一理论贡献最大的是学者埃尔德(Elder)，他认为个体在一生中会不断扮演社会规定的角色和事件，这些角色和事件的顺序是按年龄层级排列的，年龄、成长和死亡这些生物意义在生命历程中是由社会建构的，每一代人都系于其前辈人的生命历程中重大的历史和事件。埃尔德的这三句话基本上阐明了生命历程理论的四个基本原理：一是“一定时空中的生活”原理，即个体在哪一年出生（出生组效应），属于哪一年龄群体，以及在什么地方出生（空间效应），基本上将人与某种历史力量联系起来；二是“相互联系的生活”原理，人的生活会受到其他人的影响，尤其是与其关系亲密的家庭成员的影响；三是“生命的时间性”原理，其关注的是某一事件在何时发生，在某种程度上，事件发生的时间比事件本身可能更具有重要的意义，强调了人与环境的匹配；四是“个人能动性”原理，指的是个人并不是被动地受社会结构的控制，人在社会中所做出的选择除了受到社会情境的影响，个人的特征和努力对个体的选择也有着重要的影响。这四个原理可以解释在人的生命历程中不同阶段，因社会背景和个人特征以及努力不同扮演的社会角色不同。

3. 关于移民迁移动机的研究

对于移民迁移动机研究比较典型的是托达罗模型理论。托达罗模型由美国经济学家迈克尔·P. 托达罗（Todaro，M.P.）在 19 世纪 60 年代末创立，他假定农业劳动者迁入城市的动机主要取决于城乡预期收入差异，差异越大，流入城市的人口越多。托达罗认为，在任一时期，迁移者在城市现代部门找到工作的概率与现代部门新创造的就业机会成正比，与城市失业人数成反比。他假设农村劳动力移入城市的因素有三个：一是人们对城乡预期收入的期望，二是城市就业的可能性，三是城市人口自身的自然增长的状况。这一理论的基本思想是：人口迁移过程是人们对城乡预期收入差异，而不是实际收入差异作出的反应；只有当一个劳动力估计他在城市部门预期的收益高于他在农村的收入时，迁移才会发生，否则，劳动力将会继续留在农村。① 因此托达罗认为，决定劳动力流动的不是实际收入水平而是以实际收入乘以就业概率的预期收入水平。另外，新迁移经济理论对迁移的动机也进行了研究。斯达克（Stark）等学者在20世纪80年代提出了新迁移经济理论，这一理论认为迁移决策是由相互联系的家庭成员联合做出的，并不是独立个体的理性选择，强调风险的扩散。②。根据斯达克的论述，在家庭中，家庭迁移的动机不是预期收入最大化，而是风险最小化，通过家庭成员的迁移行为理性规避家庭风险，并解除劳动力市场之外与市场相关联的多种约束；家庭成员的迁移还会受到社会周围环境的影响，更多是内生于相对剥夺动机（Relative Deprivation），也称相对贫困程度，迁移不只是为了提高其绝对收入，同时也是为了提高相对于其他家庭的收入，迁移决策者在一定参照群体内感受到的相对剥夺感越强，则其迁移动机越强。③ 斯达克又从相对剥夺感和家庭分散风险角度分析了农村迁移劳动力回流的动力，由于农民很难进入城市正规劳动力市场，即使返乡无助于其提高收入水平，但为了降低相对贫困感也会做出回流决策。④ 另外，朴洪烈（Park，H. Y.）则探讨了经济因素对于在战后韩国农村和城市劳动力市场之间乡—城迁移选择的意义，验证了迁移的经济机会假说。

4. 关于影响劳动力迁移因素的研究

卡茨（Katz E.）等质疑了托达罗假说，认为即使城市预期收入低于农

① 参见Todaro，M. P.，“A Model of Labor Migration and Urban Unemployment in Less Developed Countries”，*The American Economic Review*，Vol. 59，No. 1，1969，pp. 138-148。

② 参见Stark，O.，Bloom，D. E.，“The New Economics of Labor Migration”，*The Economic Review*，Vol. 75，No. 2，1985，pp. 173-178。

③ 参见Stark，O.，“Relative Deprivation and International Migration”，*Demography*，No. 26，1998，pp. 1-14。

④ 参见Stark，O.，“Migration Incentives，Migration Types：The Role of Relative Deprivation”，*The Economic Journal*，Vol. 101，No. 408，1991，pp. 1163-1178。

村收入，农村劳动力向城市迁移也是完全理性的，这取决于个人决策的本质、规划的方向和风险规避，一个获得高回报的小机会就足以引发农村劳动力向城市迁移。[①] 范欣迪（Fan, C. Cindy）认为性别对劳动力的迁移产生重要影响，农村女性劳动力在城市的工作机会很短暂，因此已婚女性移民更倾向回到农村，以维持家庭的内部性别分工。[②] 艾琳·斯托克代尔（Stockdale, A.）从生命历程的角度探讨了北爱尔兰的内部迁移模式，认为劳动力的城—乡流动具有年龄选择性，年龄越低的劳动者越有可能做出由城市迁移到农村的决策，这种可能性随着年龄的增加而降低。[③] 维多利亚·纳特科夫斯卡（Hnatkovska Viktoria）等通过对1983—2008年印度农村和城市之间的净迁移总量的研究，发现与本地人相比，移民的年龄更低、受教育程度更高，更有可能从事兼职和经常性的工作。[④] 莎伦·罗斯曼（Sharon R. Roseman）和詹少华（Shaohua Zhan）等研究发现国家政策对农村劳动力的迁移产生显著影响。他们以西班牙加利西亚农村地区青年和成年工人为研究对象，发现国家和欧盟政策的支持使来自农村家庭的青年打工者产生不同的迁移方向。他们认为近年来中国的土地使用和农业支持政策刺激了农村的发展，为当地创造了更多的农业和非农部门就业的机会，使农民工能够依靠农村就业而选择不参与迁移，或者是选择返回农村。[⑤] 哈伯菲尔德（Y. Haberfeld）等通过对印度欠发达地区的数据样本的分析，发现农村劳动力的季节性迁移的普遍性，农村家庭利用家庭成员的流动，通过提高家庭收入水平来改善他们的福利，收入是影响劳动力迁移的重要因素，有成员迁移家庭的收入水平比没有成员迁移的家庭更高，这

---

① 参见 Katz, E., Stark, O., "Labor Migration and Risk Aversion in Less Developed Countries", *Journal of Labor Economics*, Vol. 4, No. 1, 1986, pp. 134-149。

② 参见 Fan, C. C., "Rural-Urban Migration and Gender Division of Labor in Transitional China", *International Journal of Urban and Regional Research*, Vol. 27, No. 1, 2003, pp. 24-47。

③ 参见 Stockdale, A., Catney, G., "A Life Course Perspective on Urban-Rural Migration: The Importance of the Local Context", *Population, Space and Place*, Vol. 20, No. 1, 2014, pp. 83-98。

④ 参见 Hnatkovska, V., Lahiri, A., "Rural and Urban Migrants in India: 1983-2008", *The World Bank Economic Review*, Vol. 29, No. 1, 2015, pp. S257-S270。

⑤ 参见 Zhan, S., Huang, L., "Rural Roots of Current Migrant Labor Shortage in China: Development and Labor Empowerment in a Situation of Incomplete Proletarianization", *Studies in Comparative International Development*, Vol. 48, No. 1, 2013, pp. 81-111。

验证了“新迁移经济学”的假设，并提出迁移相关的决定不应该只是在评估个人效益最大化的基础上，也应该以降低家庭风险为依据。[①] 而里亚德·本·杰利利（Jelili，R. B.）等认为收入对农村劳动力迁移的影响不显著，而是在非移民的收入中产生积极的自我选择，农村中不选择迁移的人是因为他们没有意识到其他更有利的回报。[②] 朴洪烈（Park，H. Y.）则探讨了经济因素对于在战后韩国农村和城市劳动力市场之间乡—城迁移选择的意义，验证了迁移的经济机会假说。[③] 哈珀（Harper）认为环境和人口迁移是有联系的，迁入地由于环境优势将吸引掌握技术的工人进行迁移，而老龄人口却依旧留在恶劣的环境中继续生存。[④]

5. 关于移民融入的研究

其一，是关于移民融入的类型化分野。西方文献表明，移民的社会融入是一个多维概念，包含了移民在经济生活、文化教育、政治活动、观念认知等多方面的融合，研究者主要在结构与文化的基本框架下，通过类型化的方式来描述移民群体的融入过程，其中比较有代表性的有以下几种模型。一是二维度模型。戈登（Gordon）等认为移民融入有结构性与文化性两个维度。结构性维度的融入意味着移民在制度与组织层面上社会参与度的增加；而文化性的融入则是其在价值导向与社会认同上的转变。移民在制度与组织层面社会参与度的增加，使其能够有机会与主体社会之间进行持续互动，进而为实现对新社会的认同提供基础；而只有在文化、价值、观念上实现了对新环境的认同，才意味着移民群体实现了真正的融入。但戈登等同时指出，移民的结构性融入与文化性融入并不必然是重合的过程。[⑤] 尽管他们没有说明标准的测量指标，但可以判断出，结构性融入更

---

① 参见 Haberfeld，Y.，Menaria，R. K.，Sahoo，B. B.，Vyas，R. N.，“Seasonal Migration of Rural Labor in India”，*Population Research and Policy Review*，Vol. 18，No. 5，1999，pp. 471-487。

② 参见 Jelili，R. B.，Mzali，H.，“Rural-Urban Migration and Self-Selection in Tunisia”，*Papers in Regional Science*，Vol. 77，No. 4，1998，pp. 347-360。

③ 参见 Park，H. Y.，Fullerton，H. H.，“Rural-Urban Labor Migration：The Case of Korea”，*The Annals of Regional Science*，Vol. 14，No. 1，1980，pp. 72-90。

④ 参见 Harper，S.，“Population-Environment Interactions：European Migration，Population Composition and Climate Change”，*Environmental & Resource Economics*，Vol. 55，No. 4，2013，pp. 525-541。

⑤ 参见 Gordon，Milton M.，*Assimilation in American Life*，New York：Oxford University press，1964。

多偏向客观性指标，如个体的教育程度、就业状况、工资水平等；而文化性融入突出了文化习俗、社会规范、交往方式以及语言习得等特征的意义。二维模型划分为其他研究者进行移民社会融入类型化的划分提供了基础。二是三维度模型。杨格-塔斯（Josine Junger-Tas）借鉴了弗缪伦和潘尼克斯的观点认为，移民的社会融入具体可分为结构性融入、社会—文化性融入以及政治—合法性融入①。结构性融入涉及移民少数族群在诸如教育、劳动力市场、收入与住房等方面的境况，他认为低度的结构性融入正表明了弱势移民群体所遭受的社会排斥与机会不公。社会—文化融入主要体现为人们对于各种社会组织的参与、与外群体人际沟通能力的提高及按照流入地行为模式行动的过程，其最明显的标志便在于共同语言的使用与价值观念的认同。相比于二维度模型，杨格-塔斯的进步之处便在于提出了政治与合法性融入，他认为要改变移民群体遭受社会与种群主义歧视的现状，就必须有正式法律来保障他们的公民权利，要重新思考基本的民权观念，简化移民程序，建立专门的指导机构来促进少数族群的融入。三是四维度模型。通过对欧盟各国移民融入政策的分析，恩泽格尔等（Entzinger and Biezeveld）认为，移民在流入地社会要面临四个维度上的融入，即社会经济融入、政治融入、文化融入、主体社会对移民的接纳或拒斥②。社会经济融入主要是指移民在经济就业、收入水平、职业流动、福利保障、社会性活动等方面的改善状况。政治性融入主要涉及移民群体的合法公民权、移民的政治参与及对市民社会的参与。文化性融入主要涉及多元文化主义与同化主义的争论，对于文化融入可以通过移民对流入地社会基本规则与规范的态度、语言能力、犯罪行为等指标进行测量。值得关注的是，恩泽格尔等人意识到移民的融入不仅仅是移民自身对于流入地社会的同化与适应，同时也包含着流入地社会在面对移民群体时发生的变化。这种变化的重要指标就在于主体社会对于移民群体是持接纳还是拒斥的态度。因此，移民的融入过程是两个相互调适过程的集合，一方面是移民群体对于

---

① 参见 Junger-Tas, J.,"Ethnic Minorities, Social Integration and Crime", *European Journal on Criminal Policy and Research*, Vol. 9, No. 1, 2001, pp. 5-29。

② 参见 Entzinger, H., Biezeveld, R., *Bench Marking in Immigrant Integration*, Erasmus University Rotterdam, 2003。

流入地社会的融入，另一方面是流入地社会群体的再融入。

其二，关于移民融入障碍的归因解释。如何解释移民在流入地社会面临的社会孤立与排斥，西方学术界主要形成了以下三种理论取向。一是人力资本归因理论。主要强调移民个体所具有的人力资本特征，如教育水平、劳动技能、工作经验等对于移民融入的重要影响①②。在这种理论取向下，移民融入程度低的主要原因是移民群体人力资本的缺乏，使他们不具备适应新社会经济生产体系、劳动力市场、职业流动的基本条件。某种意义上说，人力资本归因机制建立在具有“现代化理论”倾向的基本预设之上。移民进入更为发达的社会必然要求他们也具有能够与之相匹配的人力资本。因而，移民良好的社会融入的实现，就是新的人力资本或新的社会能力的获得过程。此外，这种归因论还认为，原有的观念与意识等也束缚了移民的社会融入。二是社会资本归因理论。社会资本归因将分析层次提升到了个体所具有的社会关系网络，其认为移民在流入地所拥有的社会资本、社会网络及社会资源对其社会融入具有关键性作用③④。移民的社会资本作为一种手段起到了提供社会支持与情感支持的作用。移民由于社会资本的缺乏，很难实现与流入地社会的良性互动。特别是当遇到生活困难的时候更无有效的社会资本可以动员。因此，这种归因理论认为流入地的移民融入政策应该旨在为移民提供更多有效的社会支持，帮助他们重建支持网络与社会资本。此外，该理论也指出，在移民缺乏新的有效社会资本的同时，原有社会资本在提供一定程度的情感与工具性支持外，通常也会对其社会融入产生限制作用或消极影响。三是制度归因理论。主要强调制度政策对于移民融入的限制作用，具体包括流入地在移民就业、社会福利与

---

① 参见 Goldlust, J., Richmond, A. H. “A Multivariate Model of Immigrant Adaptation”, *International Migration Review*, Vol. 8, No. 2, 1974, pp. 193-225。

② 参见 Ratna Omidvar, Ted Richmond, “Immigrant Settlement and Social Inclusion in Canada” *Perspectiveson Social Inclusion Working Paper Series*, Laid Law Foundation, 2003。

③ 参见 Portes, A., Sensenbrenner, J., “Embeddedness and Immigration: Notes on the Social Determinants of Economic Action”, *The American Journal of Sociology*, Vol. 8, No. 6, 1993, pp. 1320-1350。

④ 参见 Dirk Jacobs, Jean Tillie, “Introduction: Social Capital and Political Integration of Migrants”, *Journal of Ethnic and Migration Studies*, Vol. 30, No. 3, 2004, pp. 419-427。

保障、社会救助、子女教育、宗教信仰、政治权利等多方面的政策安排，一定程度上移民的融入就是流入地融入政策的目标取向与产物[①]。相比人力资本、社会资本而言，结构性的融入政策或制度才是影响移民融入的根本原因。排斥性的移民融入政策如就业政策、教育制度等从根本上便剥夺了移民群体提高自身素质、增加社会资本的可能性，为移民的融入设置了不可逾越的障碍。制度归因理论深刻反映了流入地移民政策的现实影响，也为我们解释不同国家移民融入状况的差别提供了重要的理论视角。

其三，关于移民融入公共政策的模式比较。西方移民公共政策模式选择的一条核心线索便是同化论与多元文化主义之争。霍利菲尔德（Hollifield）通过对欧洲各国移民融入公共政策的比较概括出三种较有代表性的政策模式。一是以德国为代表的“过客”模式。这种模式中移民大多是一种临时性的经济移民。公共政策部门认为移民的主要目的只是进入当地的劳动力市场，这种流动是暂时性的。随着经济产业结构的调整与周期性变化，这些移民又会从该地流出。所以无须制定特定的促进移民融入的公共政策，其核心便在于没有必要强化移民的合法性政治地位。[②] 二是以法国为代表的同化模型。这种模式下移民被视为永久性的居住者，并被赋予了合法的政治地位，以使移民能被吸纳到主体文化当中。通过社会吸纳政策对移民的生活环境进行干预，增加被排斥群体与社会的沟通，建立多元的协作体系，消除各种形式的歧视，使弱势群体能够重新进入劳动力市场体系。这种融入政策通过赋予移民公民权的方式以实现对移民群体的同化。三是以英国为代表的多元文化主义模式。这一模式是建立在一系列复合意识形态基础之上的。在移民融入的公共政策上，允许移民保存原有的民族特征，他们能够在新社会重构自己的文化社区，这种模式下形成的是一个多族群和谐共处的多元文化社会。

① 参见 Penninx, R.,“Integration of Migrants: Economic, Social, Cultural and Political Dimensions”, *European Population Forum 2004: Population Challenges and Policy Responses*, 2004, pp. 137–152。

② 参见 Eytan Meyer,“Theories of International Immigration Policy—A Comparative Analysis”, *International Migration Review*, Vol. 34, No. 4, pp. 1245–1285。

6. 关于移民回流的研究

作为迁移研究的另一面，移民回流研究也受到较多关注。索林格（Solinger）等将回流模式概括为三种类型①：第一种是基于成本—收益分析的理性计算模式，即从理性选择的视角探讨移民个体的动机，其主要基于新古典经济理论中强调的工资差距来分析移民的回流行为②；第二种主要基于社会结构理论所强调的移民是历史结构变迁的结果，侧重考察导致移民回流的历史结构性条件，如干旱、失业、外迁传统，或与当地政府和城市的矛盾等③；第三种是社会关系网络分析，其将回流者当作有形和无形资产的搬运者，回流者与迁入国或迁入地的密切联系所反映的迁移经历，为回归者的回流计划提供了重要辅助，他们在迁移过程中所构建的社会网络有助于保护回流的主动有效性，同时也增加了资源和信息的可利用性。具体来看，移民回流的研究成果主要来自基于新古典经济理论、新劳动力迁移理论、社会结构理论和社会网络理论所形成的一系列命题④。其一，新古典经济理论中的移民回流研究。新古典经济学移民回流理论又被称为理性预期学派，重点从劳动经济学视角考察移民回流的影响因素。该理论最早被用于解释发展中国家大量劳动工人从农村迁移到城市的现象，后逐渐被推广用于解释国家间的移民回流行为⑤。新古典经济学认为，区域间的工资差异是导致移民回流的关键动因，移民对于目的国或家乡更高工资报酬的预期，将促使这一群体做出回流决策⑥。其二，新劳动力迁移理论中的移民回流研究。新劳动力迁移理论也侧重从经济理性预期的角度

---

① 参见 Solinger，D. J.，“Citizenship Issues in China’s Internal Migration：Comparisons with Germany and Japan”，*Political Science Quarterly*，Vol. 114，No. 3，1999，pp. 455-478。

② 参见 Cassarino，J. P.，“Theorising Return Migration：The Conceptual Approach to Return Migrants Revisited”，*International Journal on Multicultural Societies*，Vol. 6，No. 2，2004，pp. 253-279。

③ 参见 Cerase，F. P.，“Expectations and Reality：A Case Study of Return Migration from the United States to Southern Italy”，*International Migration Review*，Vol. 8，No. 2，1974，pp. 245-262。

④ 参见陈程、吴瑞君《国际移民理论中的回流研究——回顾与评析》，《西北人口》2015 年第 6 期。

⑤ 参见 Todaro，M. P.，“A Model of Labor Migration and Urban Unemployment in Less Developed Countries”，*The American Economic Review*，Vol. 59，No. 1，1969，pp. 138-148。

⑥ 参见 Cassarino，J. P.，“Theorising Return Migration：The Conceptual Approach to Return Migrants Revisited”，*International Journal on Multicultural Societies*，Vol. 6，No. 2，2004，pp. 253-279。

解释移民的回流行为，但与新古典经济理论所强调的个体理性不同，它是从家庭整体理性出发展开分析。新劳动力迁移理论将迁移视为移民家庭的生存策略，而回流则是家庭“计算策略”的逻辑结果①。一般而言，移民家庭基于家庭效用最大化或风险最小化的原则，选择由部分家庭成员外出务工以获得更高劳动报酬，并将大多数存款寄回家庭，这种汇款行为是家庭重要的风险分散策略。因此移民在迁入地只会停留有限时间，任何延迟回流的决策仅仅是为在迁入地更好地实现预期目标②。其三，社会结构理论中的移民回流研究。社会结构理论认为，个体乃至群体的迁移行为必然受到宏观社会经济结构的影响，正是社会形势和社会结构等因素促发了移民的回流行为，对于回流移民成功与否的判断同样需要考虑到回流地的经济社会现状和回流者自身的预期。弗朗西斯科·赛瑞斯（Francesco Cerase）在对从美国返回至意大利南部的移民群体进行研究后发现，可以根据回流者的预期和需求将移民回流类型划分为失败型回流、保守型回流、归根型回流和革新性回流③。其四，社会网络理论中的移民回流研究。社会网络理论强调以血缘、亲缘、乡缘为纽带的社会网络对移民迁移行为的影响。一般而言，社会网络是在原籍地或迁入地的迁移者、先期移民和非移民之间基于亲友和乡邻关系所建立的一种人与人之间的联系，它不仅可以降低移民的迁移风险，还可以帮助移民在迁出地和迁入地之间的往复迁移流动中实现移民网络的扩张。因此，回流移民仍然保持了与迁入地的密切联系，而这种联系所反映的迁移经历，为移民的回流计划提供了重要辅助，他们在迁移过程中所构建的社会网络有助于保护回流的主动有效性，同时也增加了资源和信息的可利用性④。

---

① 参见 Stark，O.，“Research on Rural-to-Urban Migration in Less Developed Countries：The Confusion Frontier and Why We Should Pause to Rethink Afresh”，*World Development*，Vol. 10，No. 1，1982，pp. 63-70。

② 参见 Cassarino，J. P.，“Theorising Return Migration：The Conceptual Approach to Return Migrants Revisited”，*International Journal on Multicultural Societies*，Vol. 6，No. 2，2004，pp. 253-279。

③ 参见 Cerase，F. P.，“Expectations and Reality：A Case Study of Return Migration from the United States to Southern Italy”，*International Migration Review*，Vol. 8，No. 2，1974，pp. 245-262。

④ 参见 Eccles，R. G.，Nohria J.，*Networks and Organizations：Structure，Form and Action*，Harvard Business School Press，1992。

二 国内学者关于农民工问题的研究

（一）初期的研究集中在农民工流动和如何管理方面

20世纪80年代到90年代是农民工问题研究的初期阶段。这一阶段研究文献不多，学界的研究主要是针对农民工在城市有序流动和如何对其管理的角度、进城就业及权益保障现状以及政策建议等方面。查阅到最早关于农民工的文献是庄启东等1982年发表的关于贵州省盘江、水城矿务局使用农民工的调查报告，① 同年王思诚针对煤矿试行农民工发表了调查报告，② 这些报告以计划经济为背景从管理的角度就农民工参加采矿如何进入，农民工待遇，事故处理、到期轮换等进行了分析，其中肯定了农民工参加采矿工作的积极贡献，但当时所指农民工基本上与后来提到的流动劳动力有本质区别。较早将进城农民工与中国城市化以及流动人口联系起来进行分析的有丁榕芳③、刘援朝④，他们对农民工进城务工的行为动机和规律，城市用工的情况等进行了分析。穆光宗提到农村劳动力不再满足于“就地转移”，应客观评价“民工潮”，分析了出现“民工潮”的原因。⑤ 李培林在研究中称农民工为“流动民工”，并对这一群体社会网络、生活状况以及社会分层进行了研究；⑥ 周其仁认为农村劳动力向城市流动和集中与城市企业改革引起的失业和再就业的交汇，农村就业的机会空间取决于国家的发展策略和体制选择，农村劳动者是否能抓住就业机会取决于他们的素质，城市化是今后增加中国农村就业的主要通道。⑦ 周晓虹曾以北京“浙江村”为例，考察了流动对农民现代性的影响，就农民流动对现代

---

① 参见庄启东等《关于贵州省盘江、水城矿务局使用农民工的调查报告》，《计划经济研究》1982年第1期。

② 参见王思诚《煤矿井下试行农民合同轮换工的调查》，《经济管理》1982年第7期。

③ 参见丁榕芳《当前农村剩余劳力转移中值得注意的一个倾向》，《中国经济问题》1988年第2期。

④ 参见刘援朝《试论流动人口的行为特征——内蒙古阿拉善盟农民工调查》，《农村经济与社会》1989年第6期。

⑤ 参见穆光宗《民工潮与中国的城市化》，《社会科学家》1990年第6期。

⑥ 参见李培林《流动民工的社会网络和社会地位》，《社会学研究》1996年第4期。

⑦ 参见周其仁《机会与能力——中国农村劳动力的就业和流动》，《管理世界》1997年第5期。

性的影响进行了论述。认为流动与城市体验，促使农民进城后在价值观、生活态度和行为方式上有很大变化，有助于个人的现代性的培养，即从传统的农民向现代人的转变。①

（二）21世纪初研究集中在对农民工权益保护方面

21世纪初对农民工问题的研究开始进入高潮。研究集中在对农民工身份的认识、进入和融入城市生存状态和权益保护等，即促进农民工留城等方面。

1. 对农民工身份的认识

由于用户籍的形式将社会劳动者区分为城、乡劳动者，农民工因农村户籍不能享有与城市居民相同的待遇，他们虽然是城市的"工"，身份与"农"紧密联系，这部分人进城的初期仍被社会看成农民，但又与农民不同，于是有了"农民工"概念和对"农民工"的认识。王春光认为，农民工为新工人阶层，农民工是指被雇佣去从事非农活动、属于农业户口的农村人口。② 郑功成认为："农民工是中国改革开放后伴随着工业化、城市化进程而出现并不断壮大的一个特殊社会群体。"③ 罗志先认为："农民工是指具有农村户口而在城镇务工的劳动者，它具有农民与工人的双重身份。其特征：一是持有农村户口，但在城镇企事业单位工作；二是拥有农村土地承包经营权，但以务工所得为主要生活来源；三是工作生活居所不稳定，总是随着务工场所的变化而改变。"④ 蒋月等认为，"农民"是这部分群体的身份，"工"是这部分人的职业，这两者的独特结合就形成了农民工。⑤ 之所以被称为农民工，是因为他们有农村户籍，在现行制度框架下不能取得与城镇户籍劳动者平等的地位并享受相应的权益，它揭示着传统户籍制度及附加在这种制度之上的相关政策所具有的非公平性乃至歧视性。⑥ 虽然学者们对农民工的称谓有不同的认识，但相当多的学者认为农民工称谓带

① 参见周晓虹《流动与城市体验对中国农民现代性的影响——北京"浙江村"与温州一个农村社区的考察》，《社会学研究》1998年第5期。

② 参见王春光《农民工：一个正在崛起的新工人阶层》，《学习与探索》2005年第1期。

③ 郑功成：《农民工问题与解决思路》，《中国人民大学学报》2006年第6期。

④ 罗志先：《关于完善我国农民工社会保障的法律思考》，《法学杂志》2006年第6期。

⑤ 参见蒋月等《中国农民工劳动权利保护研究》，法律出版社2006年版，第59页。

⑥ 参见郑功成《让农民工享有平等权利》，《群言》2010年第2期。

有歧视性。

2. 对农民工社会保障权益的相关研究

由于农民工身份特殊，在当时制度缺失的情况下对他们的权益保护十分缺乏，学者们就这方面进行了许多探讨。（1）关于农民工工伤保险问题的研究。郑功成提出首先应尽快确立农民工的工伤保险制度，大病或疾病住院、社会救援保障制度等。他从四个层面阐述了如何认识农民工，认为农民工是一个人口庞大的阶层，不能忽视农民工的工人地位。鉴于农民工的身份与从业的特殊性，提出了应“分类分层保障农民工的权益”①。（2）关于农民工失业保障问题的研究。李强在对北京农民工调研的基础上，建议建立农民工失业保障制度，由政府管理部门实施，营造良好的就业环境，建立统一的劳动力市场，对包括农民工在内的流动人口实行“最低生存保障”制度②；肖云等在对重庆1000多名农民工调研的基础上，提出了“建全农民工登记制度”“个人保险账户和异地转移机制”。③（3）关于医疗保险问题的研究。郑功成谈到：疾病尤其是重大疾病不仅会导致农民工失去工作，而且极易使其陷入贫困境地，这使得疾病保障成为农民工的现实需要。所以有必要建立农民工的大病或疾病住院保障机制。④ 关信平谈到：许多城市为了降低成本，为农民工建立了大病医疗保险，但是基本上只是保当期和保大病。⑤（4）关于农民工养老保障问题的研究。当时社会上存在农民有土地保障，不应与城市居民有同等的养老待遇的观念。而学者们普遍认为，当前我国没有建立统一的养老保障制度，对于居住在城市一定年限的农民工应给予居民权益的资格，正式将其纳入当地的养老保险体系之中。农民工养老保障欠缺，流动人口的社会保障处于受损状态，养老保险关系转接上存在较大难题，农村土地保障逐渐退化，制度保障没有建

---

① 郑功成：《农民工的权益与社会保障》，《中国党政干部论坛》2002年第8期。

② 参见李强《城市农民工的失业与社会保障问题》，《新视野》2001年第5期。

③ 肖云、徐艳：《论农民工失业及社会保障机制的建立与完善——以重庆市为例》，《西北大学学报》（哲学社会科学版）2005年第1期。

④ 参见郑功成《农民工的权益与社会保障》，《中国党政干部论坛》2002年第8期。

⑤ 参见关信平《农民工参与城镇社会保障问题：需要、制度及社会基础》，《教学与研究》2008年第1期。

立，农民工的养老保障制度应尽快建立。[①②]

3. 关于户籍等制度对农民工权益影响的研究

李强指出，由于中国严格的城乡户籍制度，城市与农村人具有不同的身份，户籍是一种根据人们的“先赋因素”确定其地位的制度，农民工在城市的地位不高，由于户籍的限制，许多行业和渠道不能向他们开放。[③]肖云等认为由于城乡户籍导致的二元社会结构，当时的社会养老保险体系不够完善，农民工没有被纳入统一的社会保障体系之中，这部分群体的养老保障欠缺。[④] 蔡昉等认为中国的劳动力市场很不完善，受户籍制度和不同性质的所有制人员身份的制约，导致不能充分就业，城乡、地区、所有制之间的劳动力市场分割难以突破。[⑤] 岳经纶认为政府从政策上将农民工与城市居民区别对待，使农民工被排斥在公共服务体系之外，是农民工的政治、经济和社会权益受影响的制度性根源。[⑥] 由于城乡户籍制度的实行，农村劳动力在起点上就与城市劳动力居于不平等的地位，他们在户籍身份受到歧视的情况下，形成了制度性的社会排斥，破坏了公平的就业环境，农村劳动力在城市遭遇不平等的就业境遇，不能得到很好的劳动保护，致使城乡劳动力的收入差距大，城乡劳动力流动与城乡收入差距之间存在一种负相关关系。农民工在城市的社会地位得不到应有的认可，他们可以利用的组织资源很少，当权益受到侵害时可以依靠的组织不多。[⑦⑧]

4. 关于农民工政治权利、社区融入和服务等方面的研究

学者们认为农民工缺乏相应的政治权利，存在政治参与的困境，应促

---

① 参见郑功成《用社会保障促进社会和谐》，《社会保障研究》2005 年第 1 期。

② 参见肖云、林子琪《农民工城市化影响因素及公共政策》，《重庆大学》（自然科学版）2006 年第 4 期。

③ 参见李强《关注转型时期的农民工问题（之三）户籍分层与农民工的社会地位》，《中国党政干部论坛》2002 年第 8 期。

④ 参见肖云、石玉珍《青壮年农民工社会养老保险参与倾向微观影响因素分析——对重庆市 954 名青壮年农民工的调查与分析》，《中国农村经济》2005 年第 4 期。

⑤ 参见蔡昉、都阳《我们需要什么样的劳动力市场制度》，《吉林大学社会科学学报》2005 年第 5 期。

⑥ 参见岳经纶《农民工的社会保护：劳动政策的视角》，《中国人民大学学报》2006 年第 6 期。

⑦ 参见曹阳《全球化背景下的中国城乡劳动流动与城乡居民收入差距》，《学术论坛》2005 年第 1 期。

⑧ 参见杨立雄《农民工社会保护问题研究》，《中国人民大学学报》2006 年第 6 期。

使农民工积极参与基层民主活动；郑功成提到：农民工进城务工后不可能回乡参加选举，而他们在流入地又无选举权，其民主诉求根本没有合适的途径。[①] 余飞跃认为，由于农民工户籍的原因，这一群体没有纳入城市基层民主的范围，如何将农民工权利落实，主动从制度构架上进行包容与接纳是民主政治发展必须考虑的长远之策。[②] 学者们认为农民工却长期处于政治参与的边缘状态，表现为制度参与的虚置与非制度参与的扩增，他们缺乏有效的组织反映自身利益的渠道，在政治等方面受到多种不公平的待遇。[③④⑤] 学者们还认为农民工融入城市存在制度、身份和文化等方面的问题，应排除户籍障碍，建立统一的劳动力市场，增加农民工政治权利，建立对农民工的社会支持平台等。认为农民工的权益没得到公平保障有政策、制度、文化、服务等多方面原因。[⑥⑦⑧] 李强等曾运用推拉理论模型对影响中国农民工流动的因素进行分析。并得出结论：中国的推拉模式与国际上相比存在着巨大差异。户籍是影响中国城乡流动的最为突出的制度障碍，户籍制度可以使推力或拉力失去效力。[⑨] 有学者认为思想观念、体制缺陷、法律法规的缺失是农民工权益不能得到保障的重要因素。[⑩]

5. 对如何保障农民工权益进行的研究

郑功成、黄黎若莲认为，应“迅速完善相关法规，在确立农民工平等

---

① 参见郑功成《对农民工问题的基本判断》，《中国劳动》2006年第8期。

② 参见余飞跃、郭国祥《农民工与城乡基层民主建设》，《人文杂志》2007年第2期。

③ 参见刘小年《农民工参与社区治理的机制研究：主体的视角》，《宁夏社会科学》2010年第2期。

④ 参见廖艺萍《农民工政治参与的困境与出路——基于和谐社会视角的分析》，《探索》2006年第1期。

⑤ 参见李强等《关注民工流动：正视、疏导、服务——中国社科院社会学所“农民工流动现状、特点和趋势”研讨会发言摘要》，《经济参考报》2002年4月17日第6版。

⑥ 参见李培林《城市化和非农化：中国乡镇企业职工养老保险体制的设想》，《新视野》2000年第4期。

⑦ 参见钟笑寒《劳动力流动与工资差异》，《中国社会科学》2006年第1期。

⑧ 参见张庆、管晓明《单纯依靠农村剩余劳动力转移并不能缩小城乡收入差距》，《经济纵横》2006年第3期。

⑨ 参见李强《影响中国城乡流动人口的推力与拉力因素分析》，《中国社会科学》2003年第1期。

⑩ 参见罗志先《试论农民工社会保障权的法律保护》，《现代法学》2006年第6期。

权益的同时，赋予农民工维权的法律手段与有效途径”。[①] 郑功成对此提出了总体思路，他认为，应遵循公平、共享、统筹、渐进原则，分层分类的制度设计思路，明确责任分担并强化政府与雇主责任，还需要有相关的配套改革与政策措施。[②] 李培林在对农民工社会分层和社会地位分析的基础上提出：“必须设计一种城乡资源配置公平合理的机制，在各方利益主体之间建立起一种利益的平衡。”[③]

6. 在如何保障农民工留城等方面提出建议

建议建立城乡一体化社会政策体系，重点加强对农民工权益保护和就业培训，在住房、就学、社会保障、社会管理等方面推进与户籍制度改革相关的配套改革；还对农民工在城市如何享受国民待遇，保障制度的稳定性和可操作性，为农民工的政治参与提供保障，应该通过加强农民工在城市中的社会融入而使他们能够长期稳定地纳入城市社会保障制度，这样才能真正维护农民工的合法权益。崔传义等在如何安居、提供均等化的公共服务以及融入城市持续发展等方面进行了大量的研究。[④]

（三）2010 年前后对农民工的研究进入新的高潮

笔者从 CNKI 上查阅的农民工文献（期刊），截至 2022 年，2006 年研究文献突破 1 万篇，2009 年达到最高峰 17456 篇，以后逐年减少，到 2022 年相关研究文献是 2404 篇。这一阶段对农民工问题的研究逐渐深入更多的领域，研究的问题除农民工就业、农民工工资、农民工权益、农民工社会保障、农民工市民化或城镇化，更多地聚焦在农民工城市融入、创业和返乡创业、新生代农民工、农民工子女、第一代农民工相关问题等领域。

1. 关于农民工城市融入方面的研究

学者们根据农民工多年在城市务工后有的已定居或准备定居城市，对

---

① 郑功成、黄黎若莲：《中国农民工问题：理论判断与政策思路》，《中国人民大学学报》2006 年第 6 期。

② 参见郑功成《中国流动人口的社会保障问题》，《理论视野》2007 年第 6 期。

③ 李培林：《城市化和非农化：中国乡镇企业职工养老保险体制的设想》，《新视野》2000 年第 4 期。

④ 参见崔传义《农民工权益调研报告》，《科学决策》2004 年第 5 期。

融入城市过程中存在的问题进行了分析。关信平等认为农民工的城市融入方面存在问题，提出了社区参与促进社会融入的框架模式，要提供更多的机会使农民工融入城市社区，主要从社会交往、参与社区活动、社区选举、社区管理、社区服务等方面实现城市融入。① 童星等认为，外来新移民与城市社区融合要经历三个阶段，在“同质认同”阶段城市社区对外来人口的关注将由制度层面转向社会、文化层面，新移民才能获得真正意义上的居民身份。② 城市需要消除对农民工的偏见和歧视，对这部分成员的身份认可和接纳，才能实现城市融入。③ 学者们认为融入城市社区就是融入了城市，将农民工的城市社区融入分为经济、社会与心理三个层面，有效的社区融入不仅体现了城市对新生代农民工的包容，而且能够有效促进城市发展，提升城市治理的内涵。同时，他们提出了融入城市社区的渠道，如加强与社区的互动，参与社区的管理，提高对社区的认同感，应在组织、身份、文化和服务等方面融入城市社区。④ 郎晓波等通过对杭州市农民工社区融入现状的实证调研，从农民工和社区居民的双向维度分析了当前农民工与城市社区的互动类型及其特征。⑤ 邓睿等认为新生代农民工社区交往公平感和服务公平感都较低，需要客观认识农民工在各维度公平感的差异，把握其群体内部公平体验上可能出现的异质特征，推动针对这一群体微观公平政策的精准供给。⑥ 随着农民工进城定居相对增加，学者们对新生代农民工如何融入城市的研究也相应增加，如有学者认为这一群体相比其父辈更有融入城市的意愿，他们去农村化，远城市化，存在家难回、城难落的情况，在城市社区中情感诉求的渠道趋向“内卷化”，在遭

---

① 参见关信平、刘建娥《我国农民工社区融入的问题与政策研究》，《人口与经济》2009 年第 3 期。

② 参见童星、马西恒《“敦睦他者”与“化整为零”——城市新移民的社区融合》，《社会科学研究》2008 年第 1 期。

③ 参见黄达安《农民工融入社区的身份认同研究——以长春市 D 社区为例》，《华南农业大学学报》（社会科学版）2008 年第 4 期。

④ 参见时立荣《透过社区看农民工的城市融入问题》，《新视野》2005 年第 4 期。

⑤ 参见郎晓波、俞云峰《农民工融入当地社区的壁垒及实践策略研究——基于对农民工与社区居民群际关系的分析》，《北京行政学院学报》2012 年第 2 期。

⑥ 参见邓睿、肖云《农民工城市社区融入进程中的微观公平体验测度》，《农业技术经济》2017 年第 4 期。

遇到各种困难时的诉求渠道并没有随着社区日常生活的深入而畅通，导致这一群体处于社区服务网络的“真空地带”，更有可能对城市社区的认可度降低。经济状况、社区参与、服务惠及等因素都影响着新生代农民工对融入城市社区的主观判断。应改善其社区参与状况，推动社区内公共服务均等化，以尽快帮助其实现向社区融入的转化。[①][②] 肖云等在调查的基础上发现新生代农民工挣钱后打算融入城市社区的程度影响显著，而他们中仍有近四分之一的人认为自己融入城市的程度较低，需要政府在稳定就业，搭建社区交往平台等方面为他们融入城市营造良好的环境。[③]

2. 关于农民工返乡创业的相关研究

对农民工返乡或回流的研究大多集中在返乡创业方面，相关研究起始于20世纪90年代的“民工潮”出现，当时有学者认为“民工潮”会带来农民工返乡创业的“创业潮”，李强等学者并不支持这一结论，他们在调查的基础上得知以回乡投资为目的的回流仅占回流劳动力的2.5%。他们认为当时创业成功的只是个别现象。[④] 赵阳等提到：农民工返乡的大多没有从事农业，而是在集镇经商和创办企业，返乡的农民工中，出现了一个相当规模的回乡创业群体。[⑤] 随着集镇经济发展和创业环境的好转，农民工返乡创业在2010年前后有所增长。郑功成认为农民工进城务工积累了一定的技能和经验，应鼓励农民工返乡创业，关键是政策扶持，包括就业、创业、开放城镇户口以及各种产业扶持等，使他们融入输出地的城镇化进程，成为输出地快速发展的重要力量。[⑥] 侯中太认为：“约70%为非自愿回流，30%为主动回流。”[⑦] 学者们认为农民工外出打工是前提，打工与返乡创业有密切的联系，返乡给农村带来了在外学到的知识和技能，带回了资

---

① 参见谢建社《特别策划·新生代农民工城市融入研究》，《青年探索》2011年第6期。

② 参见肖云、邓睿《城市社区服务供需主体互动回应机制构建》，《重庆大学学报》（社会科学版）2016年第1期。

③ 参见肖云、李波《新生代农民工融入城市社区的影响因素研究》，《湖南农业大学学报》（社会科学版）2017年第3期。

④ 参见李强等《关注民工流动：正视、疏导、服务——中国社科院社会学所“农民工流动现状、特点和趋势”研讨会发言摘要》，《经济参考报》2002年4月17日 第6版。

⑤ 参见赵阳、孙秀林《暂迁流动与回乡创业的政策效应》，《农业经济问题》2001年第9期。

⑥ 参见郑功成《农民工返乡创业大有可为》，《中国人才》2010年第5期。

⑦ 侯中太：《“农民工回流”为乡村振兴增添新动能》，《人民论坛》2019年第16期。

金进行创业，带动了更多村民和农民工就业增收和新的发展模式，而农民工返乡创业面临资金困难，自身技能不足，产业化、集群化程度低等问题，创业成功率较低，政府应给予重视和提供创业指导和服务，以增强他们返乡创业的意愿。①②

3. 对第一代农民工相关问题的研究

早期进城务工的大多是青壮年农民工，经过近40年，这部分农民工年龄逐渐增大，青壮年农民工相对减少，第一代农民工（有的学者称为高龄农民工）的相关问题进入了学者们的研究视野。

（1）对第一代农民工城乡去留意愿的研究

过去的文献对农民工城乡去留意愿的研究不多，我们可以从对农民工回流或社会保障对农民工影响的研究中查阅到农民工城乡去留的研究成果。赵阳、白南生、何宇鹏、王西玉等是较早研究农民工回流的学者。他们对多地调查后认为农民工的回流受多种因素影响，主要是在城市就业困难而被动回流，还受宏观经济形势和家庭影响，如老人和孩子需要照顾、伤病或结婚、生育等个人的原因。回流的农民工大多不再从事农业劳动，而是选择非农经营等工作。③ 回流的农民工中大约有一半的人会选择再次外出。④ 随着第一代农民工年龄增大，养老需求日益凸显后，对他们城乡去留问题更多地进入学者们的研究视野。李强等认为在当时政策、制度没有变化的背景下，农民工城乡去留受人力资本、进城务工年限、家庭有需要照顾的成员等因素的影响。一般情况下，人力资本水平高，进城务工年限长的留城的意愿相对强烈，而家庭有需要照顾的成员返乡意愿相对明显。⑤ 汪文成等探讨了第一代农民工返乡有家庭因素、经济环境、劳动技

---

① 参见王西玉等《打工与回乡：就业转变和农村发展——关于部分进城民工回乡创业的研究》，《管理世界》2003年第7期。

② 参见刘苓玲、徐雷《中西部地区农民工返乡创业问题研究——基于河南、山西、重庆的调查问卷》，《人口与经济》2012年第6期。

③ 参见王西玉等《打工与回乡：就业转变和农村发展——关于部分进城民工回乡创业的研究》，《管理世界》2003年第7期。

④ 参见白南生、何宇鹏《回乡，还是外出？——安徽四川二省农村外出劳动力回流研究》，《社会学研究》2002年第3期。

⑤ 参见李强、龙文进《农民工留城与返乡意愿的影响因素分析》，《中国农村经济》2009年第2期。

能欠缺、惠农政策吸引等影响因素，其中因年老不能在城市继续务工而被迫返乡居多。① 李留澜认为政府的政策影响农民工城乡去留问题。社会因素对农民工城乡去留问题的影响是全方位的，促进农民工定居城市和制约他们定居城市两大类社会因素直接影响到城乡去留选择。② 张守帅等在对泸州两个镇、乡1873名第一代农民工返乡的调研中得知，返乡的占总人数的5%到8%，而他们也表示在新生代农民工不愿涉足的建筑、搬运、保安和矿山等领域有机会就业时还会随时离开农村去城市务工。同时农村的发展也吸引着第一代农民工返乡，对壮大当地的产业起了积极的作用。③ 这说明第一代农民工在城乡去留问题上仍然处于纠结之中，张守帅的调查数据也得到印证，有三分之二的人表示只要有务工机会时会暂时留在城市。杨舸认为人力资本和社会资本对老年农民工城乡去留抉择有明显的影响，流出地的社会资本越多，流入地的社会资本越少，农民工返乡意愿越强烈。对于永久返乡的老年农民工，流出地乡村社会资本对其有决定性影响。④ 学者们认为影响第一代农民工城乡选择还有自身养老和赡养父母的以及子女教育压力大、城镇化制度建设和城镇化进程、自身技能和文化程度、收入水平、身份认同、社会关系、城市入户、公共服务、住房制度、养老保障问题、输出地的经济建设发展的吸引、长期的家庭分离方式、宏观经济环境等因素。

（2）对第一代农民工返乡后的生存情况的研究

一是关于返乡后是否再进城务工和需求的研究。第一代农民工返乡后，有机会又继续外出打工的不多。郭晓鸣等在调查的基础上发现，继续务农的接近50%；返乡后仍以打工为生的有21%，这部分人中以兼业的形式就近打工的比例达到67.7%。超过半数的人家庭收入不及在外打工。返乡后家庭收入比在外打工高的不足四分之一。回村居住仍然是他们主要的

---

① 参见汪文成、隆定海《第一代农民工返乡的影响因素分析》，《中国西部科技》2009年第15期。

② 参见李留澜《农民工城乡去留的政策及社会因素影响分析》，《经济问题》2010年第12期。

③ 参见张守帅、王域西《第一代农民工“归宿”调查：近六成已习惯城市生活》，《决策探索（上半月）》2015年第5期。

④ 参见杨舸《留城务工或永久返乡：人力资本、社会资本对老年农民工抉择的影响》，《江西社会科学》2020年第2期。

居住方式，但是40.8%的人有从村到镇、县迁移和购房的新动向，说明他们有就地城镇化的趋势。[①] 刘小年认为第一代农民工可以分为养家和养老两个方面，养家主要指赡养父母和抚养子女，养老主要是针对年老后自己的生活需求。[②] 董欢等调查发现，从城市返乡的农民工中选择转移到乡镇的比例较高，达44.3%，他们或不愿或不能回乡继续务农。[③] 韩宁等在民族地区调查的基础上发现，他们中仍有16.3%回到了务工前的原点——从事农业劳动。[④]

二是关于返乡后养老及其社会保障的研究。第一代农民工外出务工面临农村社会保险和职工社会保险两种制度的选择和影响。早期的农民工外出务工时缺乏参保意识，加之其他原因，参加养老保险的比例很低。农民工的城乡养老选择与他们参加城乡不同模式的社会保险有着密切的关系。参加了职工社会保险对其留城有锁定效应，参加农村社会保险的直接推动其返乡养老。[⑤] 第一代农民工早年外出务工时城乡社会保障制度不够完善，他们中相当多的人没有参保或者是参加了缴费水平最低档次的城乡居民养老保险，相当多的人参加养老保险是在2008年以后，当他们年老返乡定居时得到的养老保险的待遇偏低，依靠土地很难支撑他们养老的花费，难以有较好的老年生活质量。[⑥]

对第一代农民工返乡后医疗保险的研究很少，学界的研究基本上集中在影响农民工参加医疗保险和医疗保险对于他们在城市定居的影响因素分析。我们可以从农民工参加医疗保险的情况看到他们获得医疗服务的情

---

① 参见郭晓鸣、周小娟《老一代农民工：返乡之后的生存与发展——基于四川省309位返乡老一代农民工的问卷分析》，《中国农村经济》2013年第10期。

② 参见刘小年《第一代农民工发展：一个不容忽视的社会问题》，《现代经济探讨》2014年第3期。

③ 参见董欢、郭晓鸣《新型城镇化与农业现代化：第一代农民工的转移取向及其多元影响——四川省调研数据的实证》，《人口与发展》2013年第6期。

④ 参见韩宁、黄伦平《民族地区第一代农民工返乡后面临的问题及对策》，《内蒙古民族大学学报》（社会科学版）2016年第6期。

⑤ 参见邓江年等《双重社会保险对农民工再迁移的影响：留城锁定还是流出推动?》，《华南师范大学学报》（社会科学版）2020年第1期。

⑥ 参见霍生平等《第一代农民工非正规就业的养老欠款问题及其解决对策》，《农业经济与管理》2015年第4期。

况。早期的第一代农民工不能参加职工医疗保险，因而也不能享受城市居民同等的医疗保障待遇。随着制度的逐步完善，农民工面临职工医疗保险和新农合两种模式选择时，由于参保缴费要由雇主和个人分担等原因，加之他们与雇主劳动关系不稳定，大多选择参加新型农村合作医疗保险。而农民工在城市务工因病就医时因制度衔接的问题，没有参加“城职保”和“城居保”的农民工，没有报销医疗费分别是86.3%和74.4%，参加了这两种保险的农民工没有报销的比例大幅度下降，分别降至36.3%和39.1%。农民工参加“新农合”的作用对在城市务工的群体来说已经减弱。[①] 加之农民工医疗保险转移接续存在困难，因此他们如果参加“新农合”，对城市医疗服务的利用不多，长期患病的农民工，他们的医疗支出明显低于未参加城镇医疗保险的群体。[②] 由于地方政府、企业都会为自身利益规避农民工带来的医疗风险，因此在现行医疗保障制度仍呈碎片化的情况下，农民工在医疗保障中受益水平的获得感较弱，没有参加城镇医疗保险体系的游离在城乡之间的农民工就采取小病靠扛，大病靠养的方法，严重影响身体健康。因此需要建立和完善医疗保险转移接续的制度，提高医疗保障制度整合程度，保障农民工的权益。[③④]

三是关于返乡后生活状态的研究。第一代农民工养老返乡的相比留城的多，学界对其生活状态的研究大多集中在选择返乡的群体上。有学者对第一代农民工返乡后生活的满意度显示（五级评价）研究发现，邻里关系的满意度最高（4.26），收入状况的满意度最低（3.13）。[⑤] 学者们认为当初农民工外出务工是生存压力下的无奈选择。他们中因为年龄和身体原因

---

① 参见姜海珊《当前农民工医疗状况分析——基于2013年流动人口动态监测调查数据》，《人民论坛》2016年第17期。

② 参见沈政、李军《农民工医疗支出影响因素的实证分析——基于全国3078个农民工的调查数据》，《东岳论丛》2015年第12期。

③ 参见许燕等《农民工基本医疗保险关系转移接续中三方利益博弈分析——基于政府、企业与农民工的视角》，《东北大学学报》（社会科学版）2017年第3期。

④ 参见黎赵、徐义海《农民工医疗保障制度的公平性之考量——改革开放40年农民工医疗保障研究》，《社会福利》（理论版）2020年第8期。

⑤ 参见郭晓鸣、周小娟《老一代农民工：返乡之后的生存与发展——基于四川省309位返乡老一代农民工的问卷分析》，《中国农村经济》2013年第10期。

处于半就业半失业状态（41.6%）；返乡是制度缺陷下的艰难告别。[①] 土地与子女不能完全支撑老年生活，家庭养老功能逐渐衰退，即使这种情况因为年老也不得不返乡，返乡是一种无奈的选择。有的农民工带着疾病和伤残回到家乡，家庭收支出现了严重的失衡状态，丧失了劳动力后只能靠救济生存，返乡前相当多的农民工没有购买城市居民养老保险，他们返乡后依靠农村居民最低的养老金无法维持基本生活，其家庭收入大多来自进城务工的收入，返乡后收入锐减，有的陷入生活困境之中。[②] 因此他们中超龄务工现象比较普遍，有学者认为这是一个危险的信号。他们返乡后精神生活也十分匮乏，在外面待了20多年，感觉回乡不太适应，他们夹杂着心理困惑和生活困难无奈地回到家乡，随着他们逐渐退出历史舞台养老保险等各种遗留问题将在未来数年内集中显现。他们的这种生存困境并不仅仅是由老一代农民工返乡后短期收入水平下降引起的经济上的贫困，更重要的是由长期制度缺陷对老一代农民工生存与发展基本能力的剥夺造成的制度贫困。学者们从完善政策、健全制度，保障基本的生存权、如何充分发挥返乡农民工的余热等方面提出了积极的建议。[③]

（四）国内学者对农民工政策的研究

关于国内有关农民工政策的阶段划分，不同学者的依据不同，对政策的阶段性划分也有所不同。宋洪远等将农民工政策分为五个阶段。1979—1983：控制流动；1984—1988：允许流动；1989—1991：控制盲目流动；1992—2000：规范流动；2000年以后：公平流动。[④] 文军提出四阶段论。政府禁止劳动力自由流动阶段（1979—1983），允许农民自带口粮进城经商务工阶段（1989—1991），政府实行必要的干预与控制农村劳动力进城的政策，鼓励农村劳动力转移（1992—2000）。[⑤] 以孙自法等为代表的三分

---

① 参见韩宁、黄伦平《民族地区第一代农民工返乡后面临的问题及对策》，《内蒙古民族大学学报》（社会科学版）2016年第6期。

② 参见刘玉侠、陈瑞伞《回流农民工代际差异比较分析》，《浙江社会科学》2018年第10期。

③ 参见孟亚男、莫依萍《断裂与绵延：第一代农民工返乡养老研究——基于舒茨现象学社会学的理论分析》，《老龄科学研究》2021年第5期。

④ 参见宋洪远等《关于农村劳动力流动的政策问题分析》，《管理世界》2002年第5期。

⑤ 参见文军《从分治到融合：近50年来我国劳动力移民制度的演变及其影响》，《学术研究》2004年第7期。

法。分为红灯时期，即20世纪50年代中期到1983年年底，限制农村人口进入城市；黄灯时期，1984年到20世纪末，允许农民自带干粮进城，但对进入城市务工的农民实行了有限制性条件的城市社会管理政策；绿灯时期，即进入21世纪以后实行了促进农业劳动力大规模转移的政策。① 刘小年将农民工政策分为四个阶段。松绑阶段（1978—1988），这一阶段给农民工更多的乡—城就业的自主权；控制阶段（1989—1991），制止农民工盲目流入城市的阶段；引导阶段（1992—2001），从邓小平南方谈话开始从控制流动到允许与鼓励流动阶段；扶持阶段（2002年以后），逐步解除农民进城的管制，保障农民工进城的权益。② 李中建对改革开放以来我国农民工政策变迁的阶段性划分为四个阶段。由限制到松动阶段（1978—1988），控制盲目流动阶段（1989—1991），规范流动阶段（1992—2000），鼓励、引导到公平就业与融入阶段（2000— ）。③

关于农民工政策的研究。这类研究主要是对上述具体问题分析后提出的政策建议，对农民工政策的专项研究一般是对几十年农民工政策的变迁、理论判断和政策思路进行分析，同时涉及政策的模式选择、执行的效果和调整。王思斌认为我国由于城乡二元结构，使一些社会政策的实施只局限于城市，并且覆盖面较小，又由于片面追求经济增长的发展战略，导致我国的经济政策绝对优先于社会政策，社会政策处于弱势状态。④ 潘泽泉从"国家调整农民工政策"这一视角出发探讨社会政策的影响，分析执行中的问题，认为在理论探讨上缺乏把国家政策放在一个更加系统、动态的框架中展开研究。⑤ 关信平提出了在全球化背景下的三种主要政策选择模式，即维持二元结构模式下的社会政策模式、在城市中建构双重社会政

---

① 参见孙自法《胡鞍钢：中国存在"四农"问题，农民工问题是核心》，《发展》2005年第4期。

② 参见刘小年《农民工政策的阶段新论——兼与胡鞍钢教授商榷》，《探索与争鸣》2006年第3期。

③ 参见李中建《我国农民工政策变迁：脉络、挑战与展望》，《经济学家》2011年第12期。

④ 参见王思斌《我国社会政策的弱势性及其转变》，《学海》2006年第6期。

⑤ 参见潘泽泉《国家调整农民工政策的过程分析：理论判断与政策思路》，《理论与改革》2008年第5期。

策体系、建立统一的和城乡一体化的社会政策体系。[①] 学者们对农民工政策的变迁进行了阐述，从政策与农民工社会地位、经济地位、社会关系网、城市中社会地位、城市社会的融合、社会适应等的关系进行了探讨，同时认为国家关于农民工政策思路经历了由堵到疏、管理到服务、制度化、法治化、由解决问题到纳入整体社会保障的体系之中的过程。目前农民工政策仍然面临许多挑战，有必要进行调整和完善。[②③④⑤⑥] 近几年有关农民工政策的研究主要涉及的领域为农民工返乡创业、农民工培训、新生代农民工、农民工子女教育、农民工社会保障、农民工市民化等，但缺乏针对第一代农民工返乡养老相关政策的研究。

三　国内外研究述评

国外学者对劳动力迁移、融入和回流等相关问题进行了广泛、深入研究，形成了劳动力流动的相关理论，同时提供了更多的研究方法。如推拉理论的提出，新迁移经济理论对移民动机的研究；又如影响劳动力迁移的政府政策、家庭、受教育程度等因素的研究，为我国农民工从农村进入城市的相关研究提供了理论指导。生命历程理论将社会变迁与个人的一生联系起来思考个人在生命历程中的选择是由社会建构的，即受到社会一定空间的历史力量、某一时间段和环境的影响，同时个人不是被动接受这些影响，而是主观能动地进行选择，这一理论阐释了迁移行为与社会空间和时间不能分离，提示我们探讨农民工的乡—城流动时要考虑社会背景。在移民融入研究方面的维度模型、归因解释、公共政策分析以及移民回流的类型等方面理论的分析和研究，对我国农民工城市融入和返乡的相关研究都有重要的借鉴意义。但是国外劳动力流动具有鲜明的“本土性”，与我国

---

① 参见关信平《现阶段我国农村劳动力转移就业背景下社会政策的主要议题及模式选择》，《江苏社会科学》2005 年第 5 期。

② 参见李培林《流动民工的社会网络和社会地位》，《社会学研究》1996 年第 4 期。

③ 参见李强《社会学的“剥夺”理论与我国农民工问题》，《学术界》2004 年第 4 期。

④ 参见李强等《关注民工流动：正视、疏导、服务——中国社科院社会学所“农民工流动现状、特点和趋势”研讨会发言摘要》，《经济参考报》2002 年 4 月 17 日第 6 版。

⑤ 参见王春光《中国社会政策调整与农民工城市融入》，《探索与争鸣》2011 年第 5 期。

⑥ 参见李厚刚《建国以来国家对于农村劳动力流动政策变迁》，《理论月刊》2012 年第 12 期。

农民工城乡流动有很大不同，国外人口流动与城镇化基本上是同时完成的，而我国农民工城乡流动除政策法规、经济、文化、家庭、个人等因素，还受我国较长时期的城乡二元社会结构带来的社会保障以及户籍等制度以及所依附的种种福利的影响，用国外相关理论不能完全阐释其中的原因。第一代农民工在年老后城乡去留选择困境也不能简单用推拉理论、四维度模型、社会结构理论和社会网络理论等进行全面解释。但国外相关理论为我国农民工问题研究提供了理论基础和分析视角以及研究范式，有利于指导我国人口流动和劳动力迁移的深入研究。

从国内学者多年来对农民工问题的研究来看，学者们梳理和阐述了农民工进城务工的行动逻辑，用社会学、政策学、社会保障学、人口学、经济学等理论结合各阶段国内社会经济发展情况进行了全方位的研究。早期对农民工的研究背景是在我国相关制度不够完善的时期，研究较多集中在如何管理农民工和农民工权益保护方面。随着政府相关政策调整和城市社会对农民工的观念改变，研究大多集中在对农民工身份的认识，农民工如何进入城市社会，如何完善社会保障等各项制度，使他们融入城市社会等方面。近年来更多的研究逐渐转移到新生代农民工、农民工返乡创业等方面，研究的重点多见于农民工如何发展（包括培训、城镇化、创业）的各种问题，鲜于就逐渐丧失劳动力后的返乡农民工的各种保障问题进行深入研究。前述的研究阐述了与农民工相关的政策演变，研究涉及农民工进城后的身份、生存、就业、培训、保障、子女教育、返乡等各个方面，涉及的领域之宽、问题之广、程度之深是近年来学界对中国各类群体的研究中罕见的。在研究方法上，学者们运用了质性和实证量化的分析方法，在研究的内容上涉及农民工进入和融入城市的各种问题。总体来看，研究农民工如何留城多于返乡的研究，描述留城和返乡的意愿和影响因素多于深究政策和制度的原因分析；在农民工返乡的研究中返乡创业的研究多于对返乡困难群体的研究，研究新生代农民工多于第一代农民工；探讨第一代农民工的某方面问题多于全面分析如何解决其中的困境群体问题。虽然学者们用实证分析方法研究了他们城乡选择的意愿，但是缺乏对意愿与现实选择存在差异及其原因进行全面分析。对第一代农民工中的低收入群体城乡去留选择存在的困境没有更多研究，尤其是他们中无法返乡被迫滞留城市的困难群体几乎没有研究，对于他们城乡去留处于两难选择状况下的深层次原因缺乏探究。近年来随着社会保障体系的进一步完善，农民工的社会保障逐步纳入社会整体的保障体系中，学界对第一代农民工的研究逐年减少。目前，第一代农民工仍承受着历史遗留下来的制度缺陷带来的生计压力，如何使他们在为城市作出巨大贡献以后，能够公平地享受社会发展带来的福利，使他们晚年有较好的生活质量，需要学界进一步深入研究。

国内外学者多年来的相关研究为本研究提供了丰富的素材和理论基础，尤其是对农民工各具体问题的深入研究为我们进一步研究提供了指导。本研究将在学者们广泛研究的基础上以第一代农民工面临养老问题为切入点，对城乡去留选择意愿与选择困境进行全面分析，深入剖析现行政策存在的问题，探究社会保障、社会救助等制度缺失、制度衔接的历史和实现的原因。本研究拟在学界前期研究成果基础上作进一步的研究：（1）第一代农民工城乡去留意愿与现实的差异；（2）剖析城乡去留选择所面对的困境；（3）在理论上分析现有的各项政策在保障留城或返乡第一代农民工中存在的问题；（4）提出政策建议，为政府相关决策提供客观依据，为学界今后的相关研究提供参考。

第四节　理论基础与研究框架

一　相关理论阐述

（一）空间理论

20 世纪 70 年代以后，空间问题受到社会科学领域的学者重视，随着研究的逐步深入和空间分析技术水平的不断提高，实现了社会科学领域的“空间转向”，学者们将空间理论运用到多个学科领域并取得了许多成果。空间转向的开启者无疑是最有影响力的列斐伏尔。在 20 世纪中叶他观察到城市化带来了许多问题，如法国巴黎城市的发展，旧的环境被摧毁或变化，人们熟悉的东西很快消失在眼前的同时不得不接受新建起来的城市，巴黎的市民对新建的城市产生了疏离感。城市经统一规划后呈现出现代化大都市的新景观，在这样整齐划一的城市空间下，日益尖锐的阶级矛盾却被掩盖了。列斐伏尔看到发展的不平衡，看到这座城市与周边地区发展的矛盾，引起了他对城市发展中一系列问题的反思。由此，他着手构建起一个空间本体论的社会理论框架，从而与福柯等人一同开启了一场社会理论和社会空间转向。[①] 亨利·列斐伏尔从社会学的视角观察空间后，认为空间与社会生产相联系，进入现代社会以来，城市快速扩张，人们为了满足日益膨胀的城市需求必须生产出更多的空间，当社会普遍进入都市化后，过去的这种由空间中的生产（production in space）不得不转变为空间的生产（production of space），即生产空间本身。因此他在《空间的生产》（*The Production of Space*）一书中，提出了“空间的社会生产”（the social production of space）这一核心概念，其基本含义是指“（社会的）空间是（社会的）产物”。[②] 这一论断包括两层含义，第一层含义是任何社会和任何一种生产方式，都会生产出自己的空间；第二层含义是社会空间包含了生产关系与再生产关系，包含着物的繁殖以及劳动力和社会关系的再生产，并赋予这些关系以合适的场所。他所指的空间是社会空间，不是过去人们认识到的自然空间。在社会空间中由于有了人的介入，空间才显得更有意义。人们在社会中进行着各种活动，产生了社会关系，自然的空间不再是没有边界的空旷的场域，而是存在社会关系，充满着意识形态，可以被规划、被生产、被利用的生动而又复杂的社会空间，在社会空间里政府通过制定政策、采取措施、确立制度规制着人们的活动。列斐伏尔从社会学角度认为“空间学科不但应该研究空间的形式，还要研究空间的内容，即空间中的人”[③]。列斐伏尔的研究超越了过去学者对空间的认识，在继承马克思主义对空间研究的基础上，开创了空间学科的新领域，将空间与社会、历史联系起来，用空间来解释社会和历史，构建自己的“空间—社会—历史”三元辩证法，[④] 他在《空间的生产》一书中对空间的实践、空

① 参见郑震《空间：一个社会学的概念》，《社会学研究》2010 年第 5 期。

② 转引自王志刚《新马克思主义空间批判范式及当代意义》，《北京行政学院学报》2015 年第 5 期。

③ 转引自李春《〈空间与政治〉译后记》，《中外文化与文论》2016 年第 3 期。

④ 参见张子凯《列斐伏尔〈空间的生产〉述评》，《江苏大学学报》（社会科学版）2007 年第 5 期。

间的表征和表征的空间进行了详细的阐释，并用“空间的三元辩证法”来解读每一种社会形态或生产方式。

列斐伏尔认为“实际的空间，与社会实践相联系”，他对社会空间的理解提出了四个假设，即空间“是一种纯粹的形式，是透明的、清晰的”；“是一种社会产品”；“它是一个中介（intermedaire），即一种手段（moyen）或者工具（instrument），是一种中间物（milieu）和一种媒介（radiation）”；“整个空间变成了生产关系再生产的场所”。[①]“空间是政治性的、意识形态性的。它是一种完全充斥着意识形态的表现。”[②]他的假设一认为：空间“是一种纯粹的形式”，所表现的社会不仅是物质的，是社会的也是精神的，理论的和实践的，理想的和现实的，既是抽象的，又是具体的。他所指的社会空间还表现为同一自然空间中，“同时集中了多种社会化的定义：政治空间与经济空间，个人空间与社区空间，合法定义的空间与非正式定义的空间（违章搭建的建筑），等等”[③]。他的假设二认为社会空间“是一种社会产品”。随着社会的发展，农村人口向城市聚集形成对城市空间的挤压，都市的急剧扩张出现了许多前所未有的问题，人们不得不生产出更多的空间以满足日益膨胀的城市需要，这个空间不是以往人们认识的自然空间，因为我们不能说两个空间叠加在一起，两个物体也不能占据在同一个自然空间里。但是社会化空间就可以重合和被挤压在一个有限的自然空间里，或者说不能扩大或缩小的自然空间里可以重叠和堆砌在社会空间中。因此列斐伏尔认为社会空间不同于自然空间，它是社会的产品。他认为社会空间是以自然空间作为资源、原材料生产出来的，空间产生于劳动和劳动分工，它被现实化了，因为它具有功能性。社会空间作为一种社会性的产品，按照不同社会、不同阶级的要求，以追逐交换价值最大化为目的而加工、生产出来。在后资本主义社会，城市、道路、桥梁、机场等社会空间都是工人重复劳动的结果，它们与各种复制性工具相联

---

① ［法］亨利·列斐伏尔：《空间与政治》，李春译，上海人民出版社2015年版，第21、23、27页。

② ［法］亨利·列斐伏尔：《空间与政治》，李春译，上海人民出版社2015年版，第37页。

③ 童强：《论空间语义》，《厦门大学学报》（哲学社会科学版）2005年第4期。

系，“于是，社会空间成为资本家榨取剩余价值的最主要产品、商品”[①]。在第三个假设中，他认为在社会空间中，空间是中介或工具，中间物或者媒介。“空间是一种在全世界都被使用的政治工具”，“它是某种权力（比如，一个政府）的工具，是某个统治阶级（资产阶级）的工具，或者一个有时能够代表整个社会，有时又有它自己的目标的群体的工具，比如技术官僚。”[②] 政府可以将空间作为工具服务或服从于某种战略或规划，所以空间是被规划的，在新资本主义社会的整个范围里，空间具有功能性和工具性。作为工具，空间传达了资本主义社会的准则和价值观。同时空间具有政治内容的意识形态，又包含精心设计的知识性。列斐伏尔认为：“不管什么地方，处于中心地位的是生产关系再生产。”[③] 这是他的空间理论的核心命题。生产关系再生产是通过整个空间来实现的。在这里我们进一步理解了空间是中介或工具的含义。在第四个假设中，列斐伏尔认为我们对生产的认识，不应限于经济学家视野中物品生产和消费的过程，而是“社会关系的生产和某些关系的再生产”，从这个意义上说，“空间变成了这种再生产的场所，包括都市的空间、娱乐的空间、所谓的教育的空间、日常生活的空间”等。他认为“这个是均质性的空间，又被分解、分割了”[④]。这一切方案，都是围绕生产关系再生产来进行的。[⑤] 空间生产最基本的方式就是分割，这种分割不是自然空间的扩大或缩小，而是人们通过对自然空间进行间隔，使之成为多个可以计量、销售、消费并回收的社会空间单元，如对地界的划定，插上一根木桩，或者竖立一个标志牌，在法律上就可以确认某一地界（河流、山岭等）的归属，这样的结果就起到对空间的分割、划分的作用。“通过分割、间隔，自然的空间进入到社会领域，进入到社会关系网络之中。所有的空间产品，就其本质而言，只是社会关系、社会生产空间化、客观化的产物。”[⑥] 但是这种分割并非完全隔绝，人

---

① 潘可礼：《亨利·列斐伏尔的社会空间理论》，《南京师大学报》（社会科学版）2015 年第 1 期。

② ［法］亨利·列斐伏尔：《空间与政治》，李春译，上海人民出版社 2015 年版，第 24 页。

③ ［法］亨利·列斐伏尔：《空间与政治》，李春译，上海人民出版社 2015 年版，第 4 页。

④ ［法］亨利·列斐伏尔：《空间与政治》，李春译，上海人民出版社 2015 年版，第 27 页。

⑤ 参见李春《〈空间与政治〉译后记》，《中外文化与文论》2016 年第 3 期。

⑥ 童强：《论空间语义》，《厦门大学学报》（哲学社会科学版）2005 年第 4 期。

们根据需要通过各种类型的通道和覆盖的信息网络加强了各分割之间的联系。在社会空间中，社会关系也以这样的分割、连接的形式不断扩展，空间也用这样的分割、连接的形式完成基本的生产内容。

空间生产就是空间被开发、设计、使用和改造的全过程，空间生产是实现利益角逐的产物。人们为了符合自身的需要，对空间进行开发、设计和改造是通过物质资料的空间重置或重构来实现的。列斐伏尔认为空间不是中立的性质，而是被有目的的生产出来，是政治经济的产物。他认为“每一个社会都生产它自己的空间”①。社会关系是一种具体的空间存在，在这个空间里包含着生产关系和再生产关系，包括对物质资料的占有和分配关系。包含着生物的繁殖，还包含着劳动力和社会关系再生产。社会空间是社会关系赖以存在的场所，又是统治阶级控制社会的工具。每一个社会必须生产出自己的社会空间，否则就不能存在。“资本主义的空间是一种抽象的空间，它在国家层面上反应了商业世界、货币权力和国家政治。”② 这个抽象的空间存在自身不可避免的社会矛盾。“社会主义的社会也必须生产自己的空间，不过是完全意识到其概念与潜在问题的情形下生产空间”，“社会主义的空间将会是一个差异的空间”。③ 他进一步论述了走向社会主义空间的步骤和措施。从“空间中的生产”向“空间的生产”过程的转变，并表现出（社会）矛盾、冲突及空间生产过程的最终政治特点。④ 列斐伏尔认为商品世界不仅存在于时间之中，还存在于空间之中，人类的一切生产活动不仅生产出空间里的事物，也生产空间本身。福柯等人对现代性的问题进一步反思和批判，之后空间作为社会领域研究的一个基本维度对许多社会问题进行思考和解释；哈维支持了列斐伏尔的观点，认为空间生产是空间被社会行为/资本开发、设计、使用和改造的全

---

① ［法］亨利·列斐伏尔：《空间与政治》，李春译，上海人民出版社 2015 年版，“序言”第 9 页。

② 张子凯：《列斐伏尔〈空间的生产〉述评》，《江苏大学学报》（社会科学版）2007 年第 5 期。

③ 转引自张子凯《列斐伏尔〈空间的生产〉述评》，《江苏大学学报》（社会科学版）2007 年第 5 期。

④ 转引自韩勇等《英美国家关于列斐伏尔空间生产理论的新近研究进展及启示》，《经济地理》2016 年第 7 期。

过程。[①] 空间始终都表现了某种解决的或者其他的社会内容，并且往往成为剧烈的社会斗争的焦点。[②] 马克·戈特德纳也认为人类的行动在一定空间也在一定的社会结构中，并且通过创造和改变空间来满足自己的需求，苏贾进一步阐述了空间辩证法，他认为空间辩证法包括三个基本方面：社会关系中的事件通过空间而形成；社会关系中的事件受到空间的限制；社会关系中的事件受到空间的调解。当他认为社会事件受到空间调解的时候，实质上就是把空间本身视为社会发展的动力。[③] 由于学者们的持续探讨，空间理论在英美国家得到广泛传播，并用于对乡村的研究，哈尔法克里在列斐伏尔三重逻辑结构的基础上构建了乡村空间的三元组框架。学者们对空间问题的深入研究，使空间理论的研究不断深入和拓展，丰富了该理论的研究内容。近年来我国有学者对空间理论进行多学科阐释，运用到人文地理学、人口学、管理学、社会保障学、政治学等分析这些领域的问题，拓宽了空间理论的研究领域，使研究的视野更加开阔和深入，引起了社会学界更多关注和运用。

"列斐伏尔是最早将马克思主义引入法国的哲学家。"[④] 他与福柯等人所代表的"这种新的流派特征首先表现在它对马克思主义的基本观点、基本方法的应用和发展"。将城市空间相关问题纳入马克思主义视角，"总体上继承了马克思恩格斯的批判传统"[⑤]，这一理论超越了传统的社会学忽视空间的状况，把空间认识论作为审视和分析社会的基本方法，"从空间的视角来反思和批判资本主义社会无疑做出了重要的贡献"[⑥]，这些理论对我们解释中国城市问题和与城市相关的问题有着重要的启示，西方空间理论的学者运用空间理论批评了当代资本主义社会的种种弊端，指出资本主义

---

① 转引自罗筠《城市暗角的空间生产与社会管理——基于 Y 市 W 城乡结合部地沟油生产的空间视角》，《中国行政管理》2012 年第 10 期。

② 转引自庄友刚《西方空间生产理论研究的逻辑、问题与趋势》，《马克思主义与现实》2011 年第 6 期。

③ 转引自庄友刚《西方空间生产理论研究的逻辑、问题与趋势》，《马克思主义与现实》2011 年第 6 期。

④ 汪原：《亨利·列斐伏尔研究》，《建筑师》2005 年第 10 期。

⑤ 王志刚：《新马克思主义空间批判范式及当代意义》，《北京行政学院学报》2015 年第 5 期。

⑥ 郑震：《空间：一个社会学的概念》，《社会学研究》2010 年第 5 期。

社会中存在的问题。虽然他们运用的这一理论是针对资本主义发展中的问题，其中的分析存在一些问题和局限，比如“没有从人类社会历史发展进程的总体视角去理解和探讨空间生产的历史发展。”，而是从人性和个人的主观性出发理解和阐述空间问题，有的观点过多强调了个人的主观需求和欲望对空间的创造与改变的作用，“弱化甚至遮蔽了空间问题的社会性根源”，使“空间要素似乎成了社会发展的根本的甚至是唯一的动力机制”。① 忽视了主体能动性、社会整体合力和不同特点的情况对城市变迁和发展的影响，有的观点不能完全应对和解释中国的问题，但用空间认识论作为社会问题研究的基本方法，仍然为我们开辟了一个更广阔的视野。其研究的理论视角和研究范式仍给予本研究很多启示和理论指导，这一理论不仅是一种哲学思辨，也是一种方法体系，② 仍有助于我们对第一代农民工城乡去留选择相关问题的分析。

笔者运用空间理论在学者们研究的基础上，对第一代农民工面临养老在城乡去留选择涉及的各问题进行全方位的分析。当我们将这一问题纳入空间理论的分析框架，从空间认识论的视角审视这一问题时发现了以下几方面问题。（1）最初城乡呈现巨大差异的主要原因是政府利用权力通过政策和制度对城乡统一的社会空间进行了分割，将城乡居民的身份在社会空间进行了区分，原本统一的社会空间分割为不同的城乡社会空间，农村居民从此在城市社会空间中被“排出”。（2）农民选择城市生存的权利被限制或制约。政策对空间中的人、制度进行了区隔，统一的社会保障制度的总体性消失了，社会公民原本应该享有的统一的社会保障制度，被分割为城乡不同的保障制度，于是农民工被制度隔离在城市保障系统之外，社会保障以及社会福利制度形成了空间分化，农民工在 20 世纪 80 年代进入城市时完全不能享有更有优势的城市社会福利和保障制度。（3）当政府和全社会意识到制度不合理、不公平时，又致力于用政策和制度改变和消除城乡社会空间的分割。现行政策经过多年的调整，正在进行全方位向社会空

① 庄友刚：《西方空间生产理论研究的逻辑、问题与趋势》，《马克思主义与现实》2011 年第 6 期。

② 参见韩勇等《英美国家关于列斐伏尔空间生产理论的新近研究进展及启示》，《经济地理》2016 年第 7 期。

间制度统一的方向完善。(4) 进入城市的农民工可以在城乡社会空间进行自由选择，但是这种看似自由选择的背后却有许多困境和无奈。(5) 我们如何最终确定结合点，将城乡之间在制度、经济、文化等各种的空间分化连接起来，实现社会发展成果的共享，使第一代农民工不因年龄、城乡历史遗留下来的不完善的制度影响而被社会边缘化。根据这一思路，本研究将农民工人口学特征与他们分布在城乡不同空间受到的多种因素影响联系起来，运用空间理论对这些因素进行深入分析，以他们面临的养老问题为切入点，分析城乡选择意愿的影响因素，包括个体、政策、文化、制度、经济、教育水平、居住条件、城市融入等方面因素，对涉及第一代农民工城乡选择的政策和制度的空间二元分布进行学理上的探究，并联系第一代农民工城乡选择的困境进行理论阐释，以提出政策回应的建议。

(二) 推拉理论与托达罗模型

历史上出现大量农村人口流入城市是从前工业社会向工业社会转变时期。推拉理论 (Push and Pull theory) 在人口流动和人口迁移行为的研究中是最有影响力的理论。最早的研究可以追溯到 19 世纪末的雷文斯坦 (Ravenstein，1889)，他在《人口的迁移规律》一书中提出的观点被认为是推拉理论的雏形，奠定了推拉理论的基础。[①] 他认为人口从此地迁移到彼地主要是为了改善自己的经济状况，他对人口迁移的机制、结构、空间特征规律等进行了总结，提出了人口迁移的七大定律：(1) 为了提高和改善生活质量而进行迁移；(2) 乡村居民比城镇居民迁移可能性要大；(3) 女性迁移以短期距离为主，且相对于男性迁移倾向更强；(4) 各年龄段人口迁移的倾向是不同的，青年人是人口迁移的主体；(5) 移民的数量分布随着距迁入中心距离的增加而减少；(6) 中心城市吸纳乡镇人口所造成的空缺将由乡镇周边更远地区的居民所填补，直到中心城市的吸引力波及最偏远的角落；(7) 迁移的流向不是单向的，每一股主流都伴随相应逆流存在。迁移主要取决于原居住地的推力和迁入地的拉力。1938 年，赫伯

① 转引自祝仲坤《农民工返乡建房行为研究——基于推拉理论的解释框架》，《经济体制改革》2017 年第 3 期。

尔（Herberla）正式提出了推拉理论，[①] 他在发表的《乡村—城市迁移的原因》一文中系统总结人类关于“推拉”理论概念，提出人口迁移是由一系列“力”引起的，这些“力”促使人从一个地方的推力到另一个地方的拉力，人口迁移由于这种“推力”和“拉力”共同作用的结果，这是一种从利益比较思考的角度分析人口迁移的原因。唐纳德·博格（D. J. Bogue，1959）对推拉理论进行了系统阐述，他认为迁出地和迁入地的人口转移主要是两地推拉四种力量合力作用的结果，他认为人口流动是为了改善生活条件，他以迁出地的消极因素和迁入地的积极因素对人口迁移进行了全面分析，建立了一个完整的人口迁移的分析框架。在博格之后，迈德尔（G. Mydal）、索瓦尼（Sovani）、贝斯（Base）、特里瓦撒（Trewartha）都作了一些修正。国际劳工局也在一些研究报告中验证了博格的理论。[②] Lee（1966）在他的《迁移理论》一文中对这一理论进行了改进和完善，将个人因素引入解释框架，[③] 与此同时他还将中间障碍因素纳入人口迁移的影响因素之中，形成了人口迁移的最终解释框架，即迁出地因素、迁入地因素、中间障碍因素和个人因素。在迁出地和迁入地的因素中，分别有推力和拉力两种因素起作用，当迁入地拉力大于迁出地推力的时候，迁移行为就会发生。中间障碍因素包括物质障碍、语言文化差异、距离远近、制度因素以及个人的价值判断等都会对人口迁移发生影响。Lee 的迁移理论弥补了原有的推力—拉力理论不能解释同一因素对不同人既可表现为推力也可表现为拉力，以及不同人对推力和拉力的反应不同的问题。[④] 他认为在每一地区都有吸引人和排斥人的因素，由于个体情况不同，如年龄、性别、认知等，外界因素对个体迁移产生的影响是不同的，对某些人有较大影响的因素而对另一些人可能是没有什么影响，进而影响个体的迁移决策。对人口迁移原因做出全面归纳的还有赫尔（D. M. Heer），他将迁移原因分为

① 参见程名望等《中国农村劳动力转移动因与障碍的一种解释》，《经济研究》2006 年第 4 期。

② 参见吕世辰《国外学术界关于农民流动与社会结构变迁的研究综述》，《中国农村观察》1998 年第 3 期。

③ 转引自祝仲坤《农民工返乡建房行为研究——基于推拉理论的解释框架》，《经济体制改革》2017 年第 3 期。

④ 参见史学斌等《人口城市化动力机制理论综述》，《西北人口》2006 年第 3 期。

五个方面，即经济、政治、气候与地理、婚姻、住房。还有一些学者对人口迁移的原因进行了探讨，如斯托佛（S. Stouffer）认为，工作机会的因素比距离更重要；罗斯认为受教育程度的高低对人口迁移有不同的影响；伯福德（R. L. Burford）认为心理距离比地理上的距离更为重要；格林纳达（M. Greenwood）认为先流出的人口及其流向对于后流出的人口具有重大影响。还有一些学者认为社会等级制度、城市劳动需求结构、宗教、地理、家庭人数等都可以影响人口迁移。①

推拉理论也受到一些学者的批评。有学者认为推拉理论过多强调了个人动机，缺乏注意社会其他因素及变化对人口迁移的影响。其理论隐含的假设是迁移者的迁移行为是追求利益最大化，是一种理性的选择，人完全可以自由选择工作，并且迁移者对迁入地和迁出地的信息有完全的掌握。这一理论最早认为迁移者是由于迁入和迁出两地的收入差距，如果两地收入达到一种均衡，劳动力的流动就会停止，以后的学者对该理论进行了补充，有学者认为这一理论能够把复杂的劳动力迁移问题进行概括、简化，有利于对复杂的迁移问题进行分析，而有的学者认为这一理论将复杂的迁移过程过于简化，不利于对复杂的迁移过程进行全面分析。尽管推拉理论受到各种批评，但仍在人口迁移的相关研究中广泛运用。

运用推拉理论对第一代农民工城乡去留选择及其问题的分析有其积极的意义。（1）第一代农民工无论是进城务工还是返乡都有城市与农村的推力和拉力的作用，都出于对迁入地和迁出地生活条件、收入、就业等情况的考虑，同时也受到中间障碍（如政策、制度、距离等因素）和个体因素（如年龄、性别、受教育程度、认知等因素）的影响。因此推拉理论给我们分析第一代农民工城乡选择提供了一个很好的解释框架，有利于我们对此进行深入分析。（2）运用推拉理论对本课题的研究有利于拓展该理论，丰富现有研究文献，为学界的进一步研究提供思考。中国社会与西方社会在政策法规、经济发展、社会制度、文化观念等方面存在巨大差异，中国的农民工进城务工与西方国家劳动力迁移有很大不同，虽然西方的这一理

① 吕世辰：《国外学术界关于农民流动与社会结构变迁的研究综述》，《中国农村观察》1998年第3期。

论不能完全解释为什么第一代农民工年老时会面临城乡选择这一特殊现象，也不能完全解释他们选择面临的困境，但是我们仍然可以借鉴推拉理论关于劳动力流动的解释框架，结合中国实际情况进行分析。

托达罗模型是美国发展经济学家托达罗（Michael P. Todaro）于20世纪60年代末到70年代初在分析农村劳动力向城市转移的现象后提出，体现在他发表的论文《不发达国家中劳动力流动和城市失业的模型》和著作《第三世界的经济发展》之中。这一模型回答了刘易斯模型未能解释农村劳动力会不顾及城市存在的失业仍不断涌向城市的问题。刘易斯曾经提出了发展中国家劳动力转移的“二元经济模型”，他从经济学的角度对发展中国家农村劳动力流动进行了定量分析，将一国经济分为两大部门，即工业部门和农业部门，由于农业部门存在劳动力过剩，而资本主义部门可以按照现行工资提供就业机会，只要城市收入高于农村收入以及流动的成本之和，农村劳动力流动就会持续下去，随着不断扩大的城市工业部门从较高的劳动生产率和流入城市的低工资支付中获得巨额的利润，直到城市工业部门将农业剩余劳动力吸收完毕，两部门的劳动生产率相等，一国的工业化过程也告完成。刘易斯模型暗含的一个假设是农村转移的劳动力都能够在城市就业，城市不存在失业，但事实上城市存在失业，农村转移出来的劳动力不一定在城市中都能充分就业，而农村劳动力仍然会持续涌入城市。刘易斯模型不能回答这一问题。因此一些经济学家对刘易斯模型进行补充和修正。托达罗模型就是在这一背景下产生的。托达罗模型的基本思想是农村劳动力向城市转移，权衡了城市里可以获得较高收入的概率和对相当长时间内成为失业者风险，尤其是发展中国家的二元社会经济结构形成了城乡收入很大的差异，促使了农村劳动者不断涌向城市。农村劳动力向城市迁移是按照城乡预期收入而不是实际收入的差别进行的。“预期收入是按农村和城市工作之间的实际收入差别和一个新移民得到城市工作的可能性来衡量的。”① 托达罗模型的政策含义是发展农村经济，扩大农村就业机会，改善农村生活条件，减少农村人口向城市流动，缩小城乡之间差

① 吕世辰：《国外学术界关于农民流动与社会结构变迁的研究综述》，《中国农村观察》1998年第3期。

距。托达罗关注发展中国家城市失业和主张城乡平衡发展，对于发展中国家有积极意义。但是他在关注城市失业问题的同时没有看清发展中国家城市化发展趋势以及对发展中国家的重要意义，没有充分认识到城市发展可以促进农村发展，也能够为劳动力转移带来更多的就业机会。事实上中国在计划经济时期户籍管理制度实施时，不仅限制农村人口向城市转移，还动员了知识青年到农村去，并采取多种措施鼓励农村建设，比如建立农村独立的医疗体系，金融体系、兴办“五小”工业，建设文化站、科技推广站等，这些人口流动实践与托达罗模式极为吻合。这些政策和措施的实施，使中国城市化几十年中没有进展，甚至是倒退。①

托达罗模型在中国的运用过程中也遭到一些批评，陈迪平认为托达罗模型的假定前提非常不符合发展中国家的现实，摆脱它具有重大的现实意义；② 周天勇认为用托达罗模型以及它的政策实践来解释中国农村剩余劳动力转移有缺陷；周天勇、胡锋在引入对中国劳动力迁移的微观决策主体从个体扩展到家庭时进行了改进；肖文韬、孙细明认为决定农村劳动力转移的是迁移的预期净收入，在研究中对托达罗模型进行了修正。学者们结合中国的实际情况，对托达罗模型进行了拓展研究。虽然托氏模型有不足之处，国内学者仍然在相关领域运用，托达罗模型以发展中国家劳动力迁移为研究对象，强调城乡预期收入差距对劳动力转移决策具有决定性影响。③

虽然托达罗模型遭到了一些学者的批评，但其中的合理部分对分析中国农民工城乡选择仍有积极意义。（1）托达罗的基本思想解答了农村劳动力为什么在城市有失业风险的情况下仍然向城市转移，主要原因是存在二元社会经济结构的国家城乡收入差距很大，在城市可以获得较高收入的预期大于在城市失业的风险；（2）托达罗主张城乡平衡发展的同时提出了发

① 参见周天勇《托达罗模型的缺陷及其相反的政策含义——中国剩余劳动力转移和就业容量扩张的思路》，《经济研究》2001 年第 3 期。

② 参见陈迪平《托达罗人口流动模型的误区及主要影响分析》，《甘肃社会科学》2005 年第 1 期。

③ 参见陈会广、刘忠原《土地承包权益对农村劳动力转移的影响——托达罗模型的修正与实证检验》，《中国农村经济》2013 年第 11 期。

展农村经济，使农村劳动力在农村有较好的就业和发展的机会。虽然托达罗主张发展农村经济的初衷有限制农村劳动力转移主张，缺乏看到城市化与农村劳动力转移之间相互促进发展的一面，但是其思想的合理部分对第一代农民工城乡去留可以进行部分解释。

（三）渐进决策理论

渐进决策理论是美国著名的政治学家和经济学家查尔斯·林德布洛姆（Charles E. Lind blom）提出，1953 年他和达尔共同发表了《政治、经济与福利》著作，他认为社会政治过程包含着价格体系、层级体系、多元体制和议价这四种基本形态，通过对这四种基本形态的分析首次提出了“渐进主义”的概念，形成“渐进决策”模式的雏形。他认为“渐进主义”政策模型的优点是：决策选择的方案与现实存在相差不大，可以预测；在暂时不能弄清人们的各方面需求时，渐进方案会以不断尝试的方式，找出一种满意的结果；容易较好协调各种相互冲突的目标，不致远离原有目标而搞乱了原有秩序；可以帮助人们在复杂条件下检验决策的正确性，并且可以单独考虑某些因素，比较决策的利弊；比较稳妥、容易控制，并可以及时纠正错误以免造成大起大落的状况。1958 年林德布洛姆发表了《政策分析》，在批评传统理性决策模式基础上提出了“渐进分析”方法。他认为传统“理性决策模式”将目标作为决策的前提，先确立目标，再寻找手段，“好”的决策是实现目标的最佳手段。在林德布洛姆看来公共部门的决策并不是按照“确定目标—制定备案—实施”这样的程序。① 这种决策模式是从规范的角度去考察问题，认为人在政治和行政决策的活动中是非常理性的，政策的制定可以完全依赖于决策者的智识，决策者们凭借通晓一切信息确定一个最佳目标，再制订整个计划，然后朝着这个目标的方向推进计划。② 其政策分析方法在探讨政策问题时注重从政策理论中引申出一般规则，过多强调理论在政策研究中的作用，将价值作为方案抉择的标准，并且强调所有重要变量。赫伯特·西蒙（Herbert A. Simon）也批评过

① 参见陈美《比较西蒙与林德布洛姆的决策理论》，《学习月刊》2011 年第 20 期。

② 参见沈苹《从先验理性到经验理性——对林德布洛姆“渐进主义”决策理论的解读》，《政治思想史》2020 年第 3 期。

“理性决策模式”，他认为决策者处理信息和决策能力是有限的，他们并不一定能够获取决策相关的全部信息，他们在有了相关信息的简单印象后就行动，其行为受到获得信息的实质和先后次序的影响，也受到过去经历和个性的影响，所以政治决策者的理性是“有限的”，在决策中应以“满意”代替“最佳”。林德布洛姆对理性作出了新的界定：“假如一个人追求的目标在实际的世界中存在的话，理性的行为就是扩大目标成就的行为，如果既定的目标不只是一个（通常实际情况就是如此），则一个理性的行为就是扩大纯目标成就的行为。”① 他强调政策制定与实施的过程对于理性决策的必要性，要实现“扩大目标成就”，贯彻理性就应采取渐进决策主义，“把政策制定的重点由目标转移到了过程”。② 在林德布洛姆看来决策更应注意过程，因为“政策是通过这些人彼此行使权力或影响力的复杂的过程被制定出来的”③。在决策过程中直接决策者和影响决策的阶层都可以表达需求愿望和获取的信息，提出可行性方案，决策也是在这样的交互传达信息中达成共识，形成多数人可以接受的方案。

林德布洛姆的“渐进决策”模式经历了较长时间的发展演变（1953—1979）。渐进决策理论认为目标与行动相互联系，目标与手段的区分是不妥当并且是有限的，“好”的决策是共识所产生的，主张通过连续比较来减少对理论的依赖。他认为之所以采用渐进分析，是因为政策分析不能进行理性化的周密分析，任何一个决策的作出都需要时间和各种信息，决策者没有足够的时间掌握决策所需要的时间和全部信息，也难以对决策产生的后果作出准确的判断或评估。而决策与政策的制定必然要受到政治、技术和现行计划的制约，这些因素决定着决策必然成为渐进过程。林德布洛姆后来将他的政策分析模型称为“断续渐进主义”，其特点是只做因时间差距进行局部调整和边际的选择，只考虑有限的政策方案和有限的行动后

---

① Dahl, R. A., and Lindblom, C. E., *Politics, Economics and Welfare*, Chicago: The Univercity of Chicago Press, 1958.

② 沈莘：《从先验理性到经验理性——对林德布洛姆“渐进主义”决策理论的解读》，《政治思想史》2020 年第 3 期。

③ ［美］查尔斯·林德布洛姆：《决策过程》，竺乾威、胡君芳译，上海译文出版社 1988 年版，第 34 页。

果，只在于调适目标，重新检查资料，做连续不断的补救性分析。他认为，政策制定是一个按部就班的“一步接着一步、永远没有完结的渐进过程”①。所以渐进决策是指决策者在决策时，在既有合法政策的基础上，采用渐进方式对现行政策加以修改，通过一连串小小的改变，在社会稳定的前提下，逐渐实现决策目标。

林德布洛姆的渐进决策理论也受到一些批评，有学者认为这一理论不太适合在社会处于大变革时期政策的调整，在分析政策的方法上趋于保守，如果过于夸大普遍适用的模式，忽视渐进决策运用的限制条件，否认其他决策模式也是有弱点的。在以后的研究中，学者埃泽奥尼也试图将全面理性决策模式和渐进主义模式有效地结合起来，提出了“混合扫描理论”。

渐进决策理论为我们研究第一代农民工养老城乡选择的相关政策提供了分析视角和研究方法。该理论的主要优点是比较稳妥，决策结果容易控制，不至于引起社会政策实施的大起大落。其主张在相对稳定的社会中政策不宜作大幅度的变动，而只能以稳健渐进的方式，由一系列的小变动再到大变动。我们在用该理论进行政策分析时主要考虑以下几点。（1）政策分析着重以社会已有的政策为前提，考虑一般人能接受的程度，与现实的差距不大，符合实际，容易控制。（2）注重政策制定中出现的几个重要的变量，进行片段分析，方案的考虑并非全部，而是限于需要改变的部分。积小变为大变，通过一系列小变动达到大变动的目的。现在的决策与过去的决策是一个相互衔接不间断的过程，也是一个量的积累，由量变到质变的过程，强调稳中求变有利于社会的稳定。（3）对决策进行有限分析，不是综合性的全面分析。不指望穷尽一切方案制定政策，一蹴而就地作出最佳决策。（4）“好”的决策是由“共识”所产生的，能满足社会大多数成员的需求。（5）主张通过连续比较来减少对理论的依赖。运用这一理论对中国有关农民工政策分析有积极意义。在农民工进城务工几十年过程中，相关政策已趋于稳定，适合中国国情的社会保障体系已经构建、城市公共服务体系大多也将农民工纳入其中，因此运用渐进决策理论的合理部分分

① ［美］查尔斯·林德布洛姆：《决策过程》，竺乾威、胡君芳译，上海译文出版社 1988 年版，第 43 页。

析现有的社会保障、公共服务等相关政策具有可操作性。

（四）中国共产党的民生思想

早在革命时期，毛泽东同志提出了“马克思主义中国化”这一命题，在中国共产党100多年的奋斗历程中，历代领导人带领中国人民在革命和建设过程中将马克思主义与中国实际相结合，取得了巨大的成就，解决了建设和改革的实际问题，形成了中国特色社会主义理论体系。这一理论体系博大精深，凝结了几代中国共产党人带领人民不懈探索实践的智慧和心血。党的十八大以来，以习近平同志为主要代表的中国共产党人顺应时代发展，继续坚持把马克思主义基本原理同中国具体实际相结合、同中华优良传统文化相结合。在毛泽东思想、邓小平理论、“三个代表”重要思想、科学发展观的基础上进一步发展，创立了习近平新时代中国特色社会主义思想。

中国共产党从建党初期就十分重视民生问题。早在1925年，毛泽东同志鲜明地提出“以人民为主体”①。之后毛泽东同志又指出“共产党人的一切言论行动，必须以合乎最广大人民群众的最大利益，为最广大人民群众所拥护为最高标准”②，他提出的“为人民服务”充分体现了这一核心思想。邓小平同志在1992年南方谈话时提出了“三个有利于”判断姓“资”还是姓“社”的标准，其中提出了“是否有利于提高人民的生活水平”的评判标准③。他提出共产党要时刻关心人民的利益和愿望，以“人民拥护不拥护”“赞成不赞成”“高兴不高兴”“答应不答应”作为制定路线方针政策的出发点和归宿点。④ 江泽民同志在党的十六大报告中提出，“贯彻‘三个代表’重要思想，关键在坚持与时俱进，核心在坚持党的先进性，本质在坚持执政为民”⑤，这体现了中国共产党长期坚持的以民为本的思想。胡锦涛同志指出“立党为公、执政为民”，科学发展观的“核心是以

① 《毛泽东年谱（1893—1949）（修订本）》（上卷），中央文献出版社2013年版，第142页。
② 《毛泽东选集》（第三卷），人民出版社1991年版，第1096页。
③ 《邓小平文选》（第三卷），人民出版社1993年版，第372页。
④ 李君如主编：《论新时期共产党员的修养》，人民出版社2004年版，第225页。
⑤ 《中国共产党第十六次代表大会文件汇编》，人民出版社2002年版，第11页。

人为本”[①]，在党的十七大报告中又明确提出“加快发展社会事业，全面改善人民生活”的新要求。在新时代，以习近平同志为核心的党中央提出了“以人民为中心”的发展思想，以此作为检验我们一切工作的成效的标准，强调“立党为公、执政为民”[②]。党的二十大报告提出，为民造福是立党为公、执政为民的本质要求。必须坚持在发展中保障和改善民生，鼓励共同奋斗创造美好生活，不断实现人民对美好生活的向往。历代中国共产党人带领全国人民在坚定不移走社会主义道路上探索如何更好地改善民生问题。这些思想都落实到国家发展的各阶段，改革开放后党中央制定了到21世纪中叶分三步走的发展战略目标，第一步是首先解决人民的温饱问题，体现了党和政府对民生问题的高度重视。2015年党中央提出“坚决打赢脱贫攻坚战”，到2020年，全面建成小康社会取得伟大历史性成就，决战脱贫攻坚取得决定性胜利。[③] 走出了一条适合国情的中国特色社会主义道路，实现了第一个百年奋斗目标，开启了向第二个百年奋斗目标进军的新征程。

“以人民为主体”“执政为民”“以人为本”“以人民为中心”的发展思想，都体现了中国共产党百年以来坚持了全心全意为人民服务的宗旨，把最广大人民群众的根本利益作为党和国家一切工作的出发点和落脚点，也体现了切实解决民生问题的信心和决心。正是这一脉相承坚持人民利益至上的原则，党和政府在制定战略目标、发展规划、战略步骤等方面以是否符合人民利益为标准，才能在中华人民共和国成立70多年全面建成小康社会，使人均国民总收入超过1万美元，构建了覆盖全社会成员的完整的社会保障体系，社会福利和公共服务水平有了很大提升，使民生得到巨大改善，促进了社会公平正义。党的十九大报告指出：“中国特色社会主义进入新时代，我国社会主要矛盾已经转化为人民日益增长的美好生活需要

---

① 胡锦涛：《高举中国特色社会主义伟大旗帜 为夺取全面建设小康社会新胜利而奋斗——在中国共产党第十七次全国代表大会上的报告》，人民出版社2007年版，第18页。

② 《中国共产党第二十次全国代表大会文件汇编》，人民出版社2022年版，第38页。

③ 《国家主席习近平发表二〇二一年新年贺词》，《人民日报》2021年1月1日第1版。

和不平衡不充分的发展之间的矛盾。"① 这一表述拓宽了人民日益增长需要的内涵，说明党密切关注人民群众现实需求的变化。在2035年远景目标中又提出"全体人民共同富裕取得更为明显的实质性进展"，"扎实推动共同富裕"。习近平新时代中国特色社会主义思想中强调贯彻创新、协调、绿色、开放、共享的新发展理念②，以共享发展为最终落脚点。在"十个明确"中进一步明确"必须坚持以人民为中心的发展思想，不断促进人的全面发展、全体人民共同富裕"。在提出的"十四个坚持"中再次强调"坚持以人民为中心""坚持人民当家作主""坚持在发展中保障和改善民生"，③ 充分说明人民至上的原则始终贯穿到社会主义建设之中。在推进中国各方面巨大发展变化的过程中，提出不断创新与民生相关的理论、政策和制度，推进了中华民族从站起来到富起来的伟大飞跃。始终坚持走中国特色社会主义道路，坚持把马克思主义基本原理同中国具体实际相结合，实现了马克思主义中国化新的飞跃。

中国共产党的民生思想为我们研究第一代农民工城乡去留问题提供了指导思想与分析视角。（1）强调运用马克思主义理论解决中国问题时，必须用理论联系实际的研究方法分析问题；（2）走中国特色社会主义道路，坚持"以人民为中心"的发展思想，人民利益至上；（3）坚持共建共享发展，缩小两极分化，在实现共同富裕的道路上重视对贫困群体或低收入群体的帮扶，使社会发展成果更多更公平地惠及全体人民；（4）在社会整体发展中重视保障和改善民生，增进人民福祉。

二 理论框架

（一）运用空间理论分析第一代农民工养老城乡去留的相关问题

空间理论的运用使本研究跳出过去"制度主义"的研究局限，从更多

① 习近平：《决胜全面建成小康社会 夺取新时代中国特色社会主义伟大胜利——在中国共产党第十九次全国代表大会上的报告》，人民出版社2017年版，第11页。

② 中共中央党史和文献研究院编：《十九大以来重要文献选编》（上），中央文献出版社2019年版，第15页。

③ 《思想之旗领航向——关于习近平新时代中国特色社会主义思想的指导地位》，《人民日报》2021年7月20日第5版。

的理论维度进行分析，使研究内容更加丰富、全面。本研究力图运用抽象的空间理论对现实问题进行探讨，将这一理论与第一代农民工相关政策和制度的分析相勾连，以一个新的研究视角审视第一代农民工面临养老在城乡去留选择的相关问题，力求在相关理论方面有一定创新，为突破第一代农民工城乡去留选择现实困境提供政策回应的方案。

本研究运用空间理论从以下几个维度对第一代农民工城乡去留问题作了进一步分析。（1）从历史的角度分析第一代农民工进城务工初期的历史背景。从空间视角探究他们存在城乡去留选择问题的历史原因，为分析他们的现实选择提供历史依据。（2）从政策演变的角度分析城乡相关政策和制度分割给第一代农民工城乡去留选择带来的影响。空间理论认为：政策制定和改变与权力密切相关。我国政府曾经运用权力制定了城乡分割的户籍政策，以及衍生了城乡不同的社会保障政策、人口政策等，形成了相关政策和制度的空间分化，同时将相关制度加以固化，以不同所有制形式对城乡进行了划分，形成了城乡完全不同的社会空间，使城乡居民在城乡不同的社会空间拥有了不同的身份和待遇。本研究运用空间理论，以我国过去的人口迁移政策和管理制度城乡空间分化为切入点，分析相关政策和制度及其变迁对他们外出务工的作用以及带来的城乡去留选择问题，在理论上探讨产生这些问题的政策和制度原因，厘清现实问题的逻辑线条，由此进行深入的研究。（3）从经济角度分析第一代农民工在养老城乡去留选择。分析其在不同社会空间获得的有差异的经济收益，这些差异体现了哪些空间分布的不平等，对他们城乡去留选择有什么影响。（4）从地理的角度分析他们年老时城乡去留选择的影响。空间与地理是本研究不可分割的两个维度，在什么社会空间具有怎样的资格获得了什么待遇，同时也是在什么地方具有怎样的资格获得了什么待遇。从地理维度的视角可以审视农民工在不同的地理位置的城乡空间流动，分析他们在城乡地区、经济发达程度不同地区，在不同历史时段、不同地理位置以怎样的资格（或身份）获得了怎样的待遇，这些地理位置和待遇是怎样影响他们城乡去留选择的。（5）从文化观念的角度分析他们年老时城乡去留选择的影响。不同的社会空间使城乡居民形成了不同的文化观念。在乡村度过青少年时期的第一代农民工，观念上深受农村传统文化影响，进城务工后接触到城市文明，城市现代化发展对他们的思想观念冲击较大，在身份认同、社区认同、组织认同等方面都有来自农村和城市、传统和现代的文化在他们身上打下的社会空间的烙印，也深刻影响着他们城乡去留选择。

（二）运用推拉理论、托达罗模型分析第一代农民工养老城乡去留选择问题

中国农村人口流动迁移与西方国家有很大区别，西方的推拉理论不能完全解释中国农民工城乡去留选择问题，但这一理论的研究范式对本研究有积极的阐释作用。引入推拉理论分析第一代农民工外出务工和他们面临养老城乡选择有哪些推力和拉力。（1）将推拉理论融入运用空间理论分析之中，分析政策法规和制度、经济因素、空间距离和文化观念在不同的社会空间形成了怎样的推力和拉力，促使他们在城乡去留问题上作出选择。（2）在第一代农民工进城务工后的几十年里，政策变迁、经济发展、经济收益、社会资本、地理环境、城市融入、文化观念等对他们城乡去留选择的推力和拉力影响有所不同，本研究拟分阶段进行分析。（3）由于形成的推力和拉力对第一代农民工不同类别的作用不同，本研究拟对第一代农民工群体的不同年龄、不同务工年数、不同劳动强度等进行分类分析。

托达罗模型这一简洁的理论为分析第一代农民工城乡选择提供了一种思路，本研究运用托氏理论的以下合理部分：（1）解释相当多的第一代农民工年老为什么滞留在城市不返乡，在城市有哪些预期使他们超龄务工不选择返乡，回乡养老的预期存在哪些主要问题，为什么他们相当一部分人在城乡去留选择上处于游离状态；（2）怎样更好地发展农村经济，完善保障制度和提升公共服务，为返乡养老的农民工提供更好的养老制度支持，使他们晚年的生活状况维持在一定的水平上，避免返乡后返贫。

（三）运用渐进决策理论分析相关政策对第一代农民工养老城乡去留的效应

本研究运用渐进决策理论的合理部分构建针对农民工的政策（包括法律法规）分析框架：（1）以已有的政策为前提，在已构建的社会保障体系的总体框架下进行政策分析，在政策分析过程中应考虑人们的接受程度和与现实的吻合程度；（2）注重分析与本研究相关的重要问题，而不是全部问题；（3）拟通过政策法规分析，找出在政策制定时决策者考虑到了哪些

重要因素和忽略了哪些因素，现有政策的不足导致第一代农民工年老时城乡去留选择时遇到了哪些困境；（4）在对政策法规分析中了解第一代农民工中多数人的需求，探究怎样的决策能实现令人满意的结果，即达到“共识”，提出的建议能协调各方面关系，在满足他们需求的同时有利于社会的稳定；（5）从历史和现实动态的角度比较分析相关政策法规连续变化的状况和特点，为下一步如何提出完善政策法规建议奠定基础。

（四）运用中国共产党的民生思想分析第一代农民工城乡去留问题

运用中国共产党的民生思想分析本研究内容形成如下分析思路：（1）运用中外理论对具体问题分析时要联系中国实际，坚持理论联系实际的方法论；（2）用共建共享发展成果的理念，分析哪些政策法规和制度建设以及公共服务等方面不完善影响第一代农民工共享社会发展成果；（3）坚持用人民利益至上的原则分析第一代农民工晚年生活有哪些主要的诉求，政策回应中存在哪些问题；（4）第一代农民工在城乡去留选择确定后相关制度安排是否实现了公平正义。

综上，本研究对第一代农民工养老城乡去留选择中的困境进行研究，可以通过运用空间理论增加分析的理论维度，使研究更全面；运用推拉理论分析在第一代农民工城乡去留选择时受哪些推力和拉力的影响，并将推拉理论贯穿到具体问题的分析之中；运用渐进决策理论分析影响第一代农民工养老城乡去留选择的相关政策，这些政策对第一代农民工选择的影响程度和是否回应了他们的诉求；坚持“以人民为中心”的发展思想，以全体社会成员公平、共享社会发展成果为目标，准确分析、判断第一代农民工养老城乡去留中的问题。总之，借鉴国外相关理论可以扩宽研究视野，增加理论厚度，更新分析视角。同时运用习近平新时代中国特色社会主义思想分析中国现实问题，才能确保研究不偏离方向，使研究更加全面、深入，避免研究成果束之高阁。

三　研究方法

1. 文献分析法

搜集国内外有关人口迁移和农民工问题研究的相关资料，查阅相关法律法规、政府相关文件和规划，对查找的资料进行整理、归纳和分析，全方位分析第一代农民工进城务工以来的情况。从系统的角度分析相关政策变迁，以及相关政策是否回应了农民工的诉求。对学界有关农民工问题的研究文献进行分析，在借鉴学界前期研究成果的基础上，深入探讨第一代农民工面临养老城乡去留选择时存在的各种问题。同时掌握该领域的最新研究成果，为本课题的深入研究奠定基础。

2. 问卷调查法

除查阅并采用政府部门公布的调查数据外，课题组编制问卷，选择典型地区、根据农民工从业分布情况发放问卷，了解与第一代农民工城乡去留选择的相关情况，包括（1）个体、家庭、从业、住房、收入等基本情况；（2）参加社会保险、享有公共服务、城市融入等情况；（3）他们城乡去留选择意愿、困境及其影响因素；（4）政策执行情况是否回应了农民工的诉求，还有哪些不足。除为本次研究进行专题调研，笔者还结合近20年以来历次问卷调查的数据进行了对比研究。

3. 访谈法

拟定访谈提纲，主要访谈内容包括：受访者以及家庭的基本情况，进城务工的情况、购买养老、医疗保险的情况、年老时城乡去留选择意愿、对政府政策了解情况等。选择农民工务工比较集中的城市（如北京、广州、深圳、惠州、东莞、厦门、重庆、成都、武汉等），采用了电话访谈的形式，对福建、上海、宁波等地农民工进行了访谈。根据他们从业情况，选择建筑、服务业、制造业、运输业等进行访谈。另外，访谈政府相关部门和居（村）委会等基层组织的工作人员，到工作现场和农村社区入户进行访谈，了解第一代农民工城乡去留选择现状和政策执行的主观感知等情况，了解政策执行中的问题等，对问卷调查数据进行补充。

4. 统计分析法和比较法

用SPSS统计分析软件对调查数据进行统计分析，包括描述性统计分析、交互分析、卡方检验、相关性分析等方法，对农民工城乡去留选择困境的影响因素、政策实施情况、农民工对政策的感知等进行实证分析。借鉴国外人口流动相关理论和经验进行对比分析。尽管国外人口流动或迁移与中国城乡人口流动有很大不同，但仍有成功经验可以借鉴和对比分析。另外，本研究还采取对第一代农民工不同阶段的城乡去留意愿进行对比分析。

5. 案例分析法

通过对十多个省部分城市和农村的 100 多位农民工的访谈，全面了解第一代农民工的生活、认知、养老城乡选择的具体情况，以补充匿名问卷的不足。选择其中典型案例结合问卷调查样本进行个案分析，查找政策缺失的具体情况及其原因。

四　研究框架

本书在广泛搜集研究文献的基础上掌握学界研究前沿。提出要研究的问题框架：以厘清农民工进城务工的历史背景为起点，分析政府最初城乡分别制定政策取向的历史原因，为进一步分析第一代农民工养老城乡去留选择问题作铺垫。（1）在问卷调查的基础上，分析第一代农民工个体及家庭随迁成员的基本情况。（2）以第一代农民工面临养老问题为切入点，全面分析他们城乡去留选择的意愿以及影响因素。（3）研究他们选择意愿与现实是否有差距，导致这些差距的历史和现实原因，包括政策法规、社会保障等制度、公共服务、社会福利、文化观念以及农民工个体的原因等。（4）分析他们养老城乡去留选择的困境，包括相关政策不足、城市融入问题、公共服务非均等化、个体条件带来的困境，特困群体的特殊困境，政策法规和制度缺失带来的困境，城乡二元社会结构因素等带来的困境。（5）最后在上述研究的基础上提出建设性建议。具体研究框架如图 1-1 所示。

第五节　本章小结

一　第一代农民工养老城乡选择问题源于城乡二元体制

20 世纪 50 年代建立的城乡不同的户籍制度，实行城乡分治，农民被严格限制在农村不能自由向城市流动，城乡居民享有不同的待遇，形成了城乡二元体制。20 世纪 80 年代初期政策放松了对农民进城的限制，农民进城务工后虽然从事的职业是“工”，但户籍赋予他们的身份是“农”，于

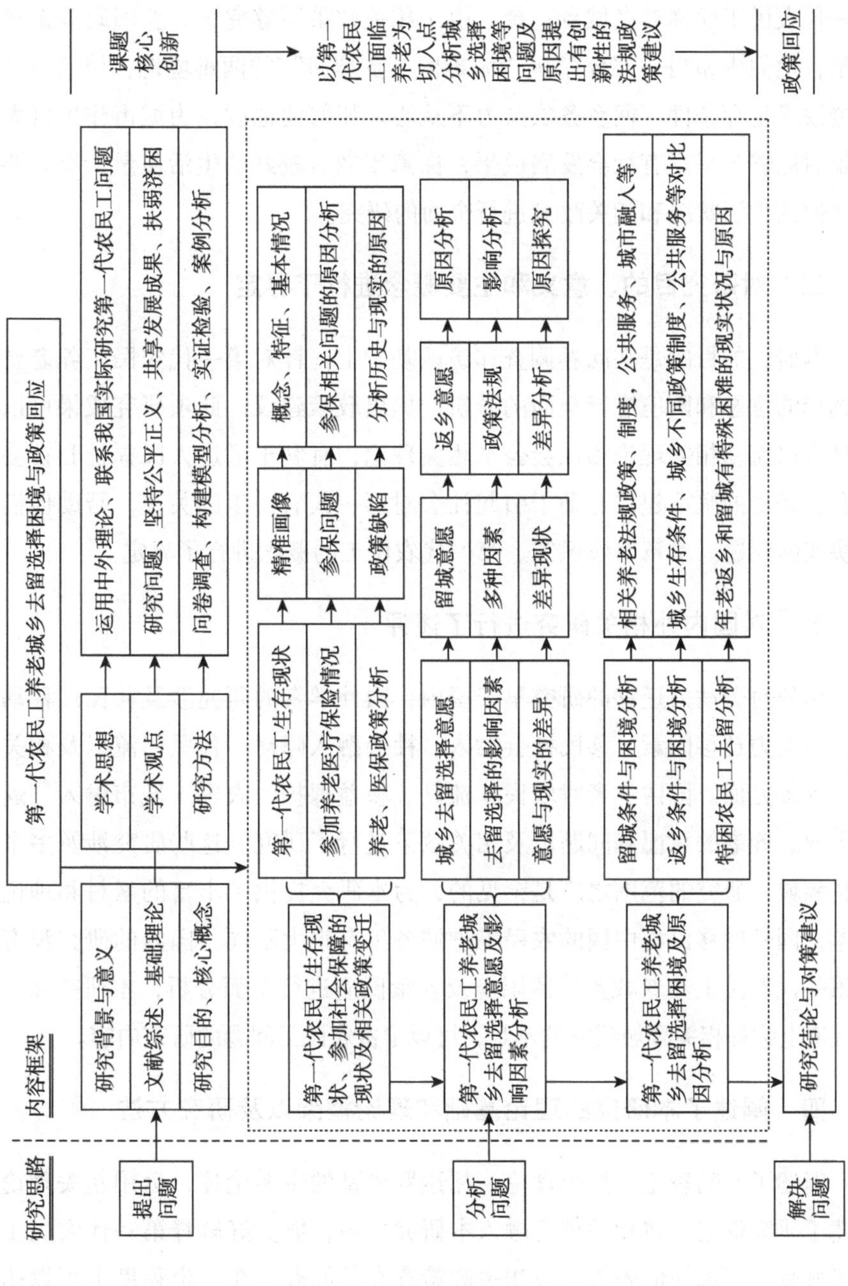

图 1-1　第一代农民工养老城乡去留选择问题研究框架

是他们成为社会的特殊群体，被称为“农民工”。在城市务工近40年后，第一代农民工面临养老城乡选择，由于相关政策不够完善，新旧政策衔接不足，他们中相当一部分存在“城难留，乡难回”的两难境地，他们留城养老缺乏生存条件，回乡务农又力不从心。如何使他们在为城市作出巨大贡献后能够公平享有社会发展成果，保障年老时较好的生活质量，有必要对他们的生活状况和相关政策进行全面的研究。

二　对研究目的、意义和主要概念进行了界定

本研究的目的是在问卷调查和访谈基础上，针对第一代农民工养老城乡选择的意愿和困境进行全面的分析，提出政策建议。此项研究成果可以丰富人口流动相关理论和社会公平相关理论，有利于增进人民福祉和社会福利，提出的政策建议有助于引起社会对第一代农民工的关注，帮助他们解决实际问题。本章对农民工、第一代农民工的概念进行了界定。

三　对国内外相关研究进行了述评

国外对劳动力迁移的研究早于国内，国外学者的研究涉及移民迁移动机、劳动力迁移因素、移民社会融入、社会融入障碍、移民回流以及相关政策等多方面。国内学者对农民工流动、权益保护、农民工城市融入、返乡创业、养老的意愿和问题以及相关政策进行了研究。这些研究涉及多个学科领域，研究的范围之广是罕见的，为本研究提供了丰富的素材和理论借鉴，国外的移民与中国的农民工进城务工有很大不同，国内的研究没有对第一代农民工养老城乡去留困境及政策回应进行全面分析，本研究在一定程度上弥补相关领域研究的不足，可以丰富农民工问题的研究内容。

四　阐述了本研究的理论基础和理论框架以及研究方法

阐述了空间理论、推拉理论、托达罗模型的主要论述，运用相关理论构建了研究框架，将相关理论融入本研究之中，能更好解释第一代农民工养老城乡去留选择的困境以及相关政策存在的问题，在一定程度上可以拓宽相关理论的研究领域，提升学术增量。国外的理论虽然可以提供理论借鉴和研究范式，但是不能完全解释中国第一代农民工的养老城乡去留选择

问题，笔者进一步阐述了以中国共产党“坚持以人民为中心”“坚持在发展中保障和改善民生”的思想，指导本课题相关内容的研究，使研究贴近我国实际。本书运用的研究方法有：文献分析法、问卷调查法、访谈法、统计分析法和比较法、案例分析法。

第二章　中国农村劳动力流动的时代背景与政策变迁

中华人民共和国成立初期由于百废待兴，亟须恢复和发展经济，城市需要大量劳动力加入建设之中，农民在1953年前可以自由迁徙到城市。1953年后的一段时期为了发展重工业，国家为了吸纳农村资源以积累工业需要的资金，改变了最初的城乡居民自由迁徙政策，转而限制农村劳动力向城市转移，同时采取了城乡分割的一系列配套措施，分割了城乡社会空间。改革开放后逐步放开了对农村劳动力向城市转移的限制，政府根据社会主义市场经济体制的需要采取了鼓励流动，规范管理，促进农村劳动力转移并融入城市的政策。70多年的农村劳动力转移政策的曲折变迁，是中国共产党和中国政府在社会主义发展道路上艰难探索的一个缩影。

第一节　改革开放前农村劳动力流动与相关政策演变

一　国家允许农村劳动力自由流动时期与相关政策（1949—1952）

1. 中华人民共和国成立初期国家允许农村劳动力自由流动的背景与相关规定

中华人民共和国成立初期，农村劳动力有一个短暂的自由流动时期。当时为了恢复国民经济，加之我国借鉴苏联发展重工业的经验，需要大量劳动力补充到城市工业部门，为农村劳动力流入城市提供了很好的客观条件。我国政府在当时没有限制农村劳动力流动，1950年11月罗瑞卿同志在全国治安行政工作会议上谈道："户籍工作有一条基本原则，就是保障人民的自由、对人民要宽，给以合法的最大方便。”① 1951 年经政务院批准由公安部颁布的《政府户口管理暂行条例》规定，国家“保障人民之安全及居住、迁徙自由”②。该文件中关于户口迁移、管理的各项规定没有区分城市与农村户口，分户类别也没有城乡区别，说明当时国家未将城市与乡村的户口分别管理，户口也没有作为固定身份和享有某些待遇的标准。由于法规政策给农民留出了向城市流动的空间，这一时期农村劳动力向城市迁移的数量较多，“1951—1953 年期间，每年农村往城市流动的迁入率为 104.2%，而城市往农村流动的迁出率也高达 71.1%”③，“1952 年全国城镇人口达到 7163 万，比 1949 年增加 1398 万”④。农村劳动力转移并在城市工业部门就业为新中国在 3 年内恢复国民经济作出了积极的贡献，1952 年工农业总产值 810 亿元，按可比价格计算，比 1949 年增长 77.6%，平均每年增长 20%左右，1952 年我国工业生产超过历史最高水平 23%，农业生产总值比 1949 年增长 48.4%。国营工业产值（不含手工业）平均每年递增 57%，所占比重 1952 年达到 60.5%。1952 年国民收入比 1949 年增长 69.8%，财政收入比 1950 年增长 181.7%。⑤ 据国家统计局数据，“新中国成立后的前三年（1950-1952 年）社会总产值增长率分别为 22.6%、20.1%和 23.8%”⑥。到 1952 年年底，国民经济得到全面恢复，人民生活得到明显改善，为下一步社会主义建设打下了基础。

2. 对这一时期国家相关政策的评析

在从新民主主义转变到社会主义的社会大变迁过程中，党和政府对人口流动没有采取更具体的政策，因为当时的中心任务是迅速恢复和发展国

① 转引自李厚刚《建国以来国家对于农村劳动力流动政策变迁》，《理论月刊》2012 年第 12 期。

② 《城市户口管理暂行条例》，http://www.gd.gov.cn/zwgk/gongbao/1951/7/content/post_3352652.html，2023 年 2 月 7 日。

③ 转引自谯珊《从劝止到制止：20 世纪 50 年代的“盲流”政策》，《兰州学刊》2017 年第 12 期。

④ 转引自李厚刚《建国以来国家对于农村劳动力流动政策变迁》，《理论月刊》2012 年第 12 期。

⑤ 参见中共中央党史研究室《中国共产党历史　第二卷（1949—1978）》（上册），中共党史出版社 2011 年版，第 177—178 页。

⑥ 任俊仙：《新中国成立 70 年经济发展探索与思考》，《现代商贸工业》2020 年第 16 期。

民经济，且政治形势十分严峻而复杂，人民政权刚刚建立，战争还未完全结束，反动派的破坏活动比较频繁，城市工业崩溃，农业衰败，物价飞涨，通货膨胀，经济严重困难，人民生活十分贫困。政府必须尽全力稳定物价，恢复国民经济，安定人民生活，使新政权站稳脚跟，才能完成新民主主义向社会主义的过渡，为下一步有计划地进行大规模社会主义经济建设奠定基础。所以政府优先考虑的是尽快恢复国民经济，1950 年党的七届三中全会提出的中心任务是争取国家财政经济状况的基本好转，并围绕着中心任务规定了三个条件和八项工作。毛泽东同志在全会上提出“我们不要四面出击”① 这一战略策略方针，提出了“三年准备、十年计划经济建设”的部署，并进一步具体提出：我们要使工厂开工，解决失业的问题，实行土地改革，“使工人、农民和小手工业者拥护我们，使民族资产阶级和知识分子的绝大多数人不反对我们”。② 正是采取了正确的策略方针，才使我国用短短的三年时间完成了恢复国民经济的任务。从这里我们看到在当时的形势下，为了恢复工业，减少城市失业，允许城乡人口自由流动。新政权的领导人来不及制订新社会下一步的建设规划，也顾不上根据建设需要制定更具体的人口流动政策。

二　国家开始控制农村劳动力流动时期与相关政策（1953—1957）

1. 国家开始控制农村劳动力流动的背景与相关规定

为了国家工业化的发展保证工业化所需要的一切资源，如果按照市场机制发展重工业，会承受高昂的成本。当时中国劳动力极为丰富且十分廉价，发展重工业需要的资本十分昂贵，如果允许农村劳动力自由向城市流动，极有可能导致农村劳动力朝着劳动力密集的轻工业发展，这样就不能实现国家优先发展重工业的战略目标。在工业发展薄弱、农业是创造社会财富的主要产业的时代，从农业部门迅速抽取发展重工业需要的资金成为计划经济体制的必然选择。③ 我国政府这一时期采取了全面排斥市场机制

---

① 《毛泽东文集》（第六卷），人民出版社 1999 年版，第 75 页。

② 中共中央党史研究室：《中国共产党历史　第二卷（1949—1978）》（上册），中共党史出版社 2011 年版，第 63、122 页。

③ 参见马晓河《建国 60 年农村制度变迁及其前景判断》，《改革》2009 年第 10 期。

的政策，加强了国家对经济和社会的计划性，尤其对农业实行合作化运动，对小农经济实行集体化改造，为从农业取得低廉的农产品和积累原始资本提供了组织保障，同时对主要农产品实行统购统销，客观上对农村劳动力向城市转移形成了制度屏障。另外，1952 年由于“五反”运动开展导致城镇工商业萎缩，城市失业急剧增加。① “1949 年到 1952 年大量农村人口涌向城市，1949 年到 1957 年全国城市人口由 5765 万人增加到 9949 万人，增长了 72.6%。这远快于同期的全国人口平均增长速度（19.35%）。”②这一时期，城市就业、粮食供应等出现紧张状况。在这一背景下国家从 1953 年开始逐步对农村劳动力外流进行控制。

1953 年 4 月 17 日政务院发出的《关于劝阻农民盲目流入城市的指示》提出，城市建设尚在开始，劳动力需用有限，农民盲目入城的结果，“使失业人口增加，造成处理上的困难，农村则又因劳动力减少，春耕播种大受影响”③。要求各级政府除预约工或合同工，均不得给进城找工作的农民开具介绍信，已进城的要采取措施帮助他们返乡。这一文件提出了七条措施制止这种混乱现象的继续发展。但是部分地区农民仍然不听劝阻，有的地方政府未按规定落实，1954 年 3 月 12 日，内务部、劳动部发布《关于继续贯彻劝止农民盲目流入城市的指示》，重申了 1953 年《关于劝阻农民盲目流入城市的指示》精神，强调农业春耕生产的重要性，各厂、矿、建筑等单位如实在需要向农村招收工人，须报经当地劳动行政部门，不得私自到农村招收工人，如仍有随意招工而引起农民不安者，当地政府应予以严格制止，各县、区、乡政府不得给农民乱开介绍信，已经进城的农民由相关部门动员返乡。虽有各项措施，仍有大量农村人口外流，不仅有农民，还有复员军人、村社干部，1956 年农村人口流入城市由上一年的 73 万人一下猛增至 599 万人。④ 由于城市容纳有限，国务院于当年再次颁发《关于防止农村人口盲目外流的指示》阻止农村人口盲目外流。由于 1957

---

① 参见李厚刚《建国以来国家对于农村劳动力流动政策变迁》，《理论月刊》2012 年第 12 期。

② 马晓河：《建国 60 年农村制度变迁及其前景判断》，《改革》2009 年第 10 期。

③ 政务院：《政务院关于劝阻农民盲目流入城市的指示》（1953 年 4 月 17 日），https://www.pkulaw.com/chl/ebb0f09a962af49cbdfb.html，2022 年 1 月 22 日。

④ 参见廖洪乐《农民市民化与制度变革》，上海远东出版社 2013 年，第 6 页。

年长江、淮河流域及河北出现严重水灾，灾民外流增多，城市接纳更加困难，严重影响了农业生产，“河南省扶沟县当年外流的劳动力已达到劳动力总数的50%以上，曹台乡李家村 98 个劳动力只剩下正副生产队长两个人。”① 中央政府与公安部 1957 年 4 月 30 日—12 月 18 日连续颁发了 5 个限制农民进城的文件（参见表 2-1）。这些文件反复强调了防止农民流入城市，以免引起城市的混乱，要求城市的民政、公安、铁道、基层政府、厂矿、企业都要本着负责任的精神做好这一工作。这期间还在 1951 年城市户口登记的基础上颁布了《国务院关于建立经常户口登记制度的指示》(1955 年 6 月 22 日)，由城、乡公安派出所对居民进行户口登记，未设乡公安派出所的由乡镇人民委员会负责登记工作。当时没有明显区分城乡户口，不过这次的城乡户口登记为今后城乡人员区别对待奠定了基础。

表 2-1　国家开始控制农村劳动力流动的法规政策（1953—1957）②

颁发时间	颁发部门	文件名
1953-04-17	政务院	关于劝阻农民盲目流入城市的指示
1954-03-12	内务部 劳动部	关于继续贯彻劝止农民盲目流入城市的指示
1955-06-22	国务院	关于建立经常户口登记制度的指示
1956-12-30	国务院	关于防止农村人口盲目外流的指示
1957-03-02	国务院	关于防止农村人口盲目外流的补充指示
1957-05-13	国务院	对内务部关于灾区农民盲目外流情况和处理意见的报告的批示
1957-07-29	国务院	批转公安部关于实施阻止农民盲目流入城市和削减城市人口工作所面临的问题及解决办法的报告
1957-09-14	国务院	关于防止农民盲目流入城市的通知
1957-12-13	国务院	关于各单位从农村中招用临时工的暂行规定

① 《国务院批转内务部关于灾区农民盲目外流情况和处理意见的报告的通知》(1957 年 5 月 13 日)，https://www.pkulaw.com/chl/7a764bde5b4f33cabdfb.html，2023 年 2 月 7 日。

② 本书所有图表均为笔者制作（个别图表中引用了国家有关部门公布数据，在该图表后面有特别说明）。

续表

颁发时间	颁发部门	文件名
1957-12-18	中共中央、国务院	关于制止农村人口盲目外流的指示

这一时期在劝止农民流入城市的措施上更加严格具体。

在城市方面。①成立由民政、公安、铁道等多部门组成的劝阻机构，同时在铁路沿线、交通要道设立劝阻站。劝止农民流入城市，已经流入的要遣送回乡。②建立查票制度。加强在车站、港口和车船中查票，严禁无票乘车。③采用收容措施，设立收容所，对无票或欠票乘车、乘船的农村外流人口，应当收容起来交到就近的劝阻机构，并迅速送回原籍。严禁流浪乞讨。④多部门协同工作，要求对流入城市的人口采取“一次遣返到家”，不中途转送，防止中途流回城市。⑤要求乡人民委员会和合作社不得随便开证明放任农村人口盲目外流。⑥从开始因特殊情况可以适当招工到一律不得擅自招工（包括临时工），如果必须在农村招工，也只能是签订合同，合同期满由用人单位直接送回原籍，如不遵照执行应当给予处分。⑦加强城市粮食供应的控制，防止农民弃农经商，进城从事商业投机活动。

在农村方面。①对外流劳动力和骨干分子多的合作社要进行整顿。②对喜欢外跑并引诱别人外出的人与农村游手好闲的人同等看待，对他们应当严加批评，如果屡教不改，交农业生产合作社监督他们劳动。③要求农村基层组织做好宣传工作，强调农业生产的重要性。

2. 对这一时期政策的评析

1953 年到 1957 年是我国国民经济发展的第一个五年计划时期，国家确定了优先发展重工业的战略。稳定农业，发展工业是必然选择。而当时农村人口大量流向城市屡禁不止，影响了农业生产稳定发展，同时又使城市出现“混乱现象”[①]，带来处理上的困难。从 1953 年到 1957 年国家连续发布了十个文件控制农村人口外流。

这些政策的共同点。①为避免城市的混乱现象和造成城市工作的困

① 政务院：《政务院关于劝阻农民盲目流入城市的指示》，1953 年 4 月 17 日。

难，维持城市的秩序，要求城乡基层政府和各相关单位做好制止农村劳动力流入城市的工作，已经流入城市的，一律遣送回乡；②要求做好农民返乡工作以保证农业生产；③禁止各用工单位私自从农村随意招工和私自在盲目流入城市的农民中招工，必须招用临时工的应按照要求提供招用介绍信；④在实行的措施上体现了政府对民众的关心，比如对生活有困难的，无返乡路费的政府要帮助他们返乡，严禁流浪乞讨；⑤各农村组织均不得开具农民外流介绍信；⑥城市有关部门做好对农村群众的宣传、劝返工作。

这些政策的变化。①用词上的变化。从劝阻到劝止，从劝止到防止，再到制止农村人口盲目外流。用词变化说明政府的态度进一步坚决。“劝阻”即劝说阻止，劝说阻止农民进城，语气显得缓和；“劝止”即劝说制止，表达了政府更加明确阻止农民流入城市的态度；“防止”体现了政府准备从源头上阻止农民向城市流动，从过去的将农民从城市“堵”回农村到注意“防”农民从农村流出；“制止”一词就更加明确了政府要求农民不流出农村，到了城市的农民必须返乡的决心。②措施上的变化。从一般劝说到成立多部门联合组成的劝阻站和劝阻机构；要求城市相关部门制止农民流入城市，已经流入的一律尽快遣返原籍；农村要派干部接领返乡人员；加强城市粮食供应的控制，防止农民弃农经商，进城从事商业投机活动；[①] 对外流劳动力和骨干分子多的合作社要进行整顿。从开始因特殊情况可以适当招工到一律不得擅自招工（包括临时工），如果必须在农村招工，也只能是签订合同，合同期满由用人单位直接送回原籍，如不遵照执行应当给予处分。要求各地相关部门按规定时间就相关工作向国务院汇报。

这一时期国家开始改变农民自由迁徙政策为限制农民进城从而实现控制城市人口的政策。尽管1954年宪法规定“中华人民共和国公民有居住和迁徙的自由”。但是为了优先发展重工业，维护城市的正常秩序，在短短五年内政府为制止农民进城连续发布10个文件，可见政府对农民流入城

① 中共中央、国务院：《中国共产党中央委员会、国务院关于制止农村人口盲目外流的指示》，1957年12月18日。

市这一问题的重视，说明农民流入城市的情况控制的难度。这些政策的实施在一定程度上制止了农民向城市流入，但是灾情影响和各地工作落实情况有差异，有的地区遣送困难很大，1957 年“仅陕西省 1 月至 3 月 10 日遣送灾民 35412 人，即开支遣送费 45 万多元，如将流入农民全部遣送回乡，尚缺经费 30 多万元”①。农民涌入城市的状况时起时落，没有彻底解决。这说明当时仅靠单一的阻止或制止这一政策作用十分有限。这一阶段国家为了社会稳定和对城市进行有效管理，于 1953 年 10 月 16 日，通过了《关于实行粮食的计划收购与计划供应的决议》，同年 11 月 19 日政务院下达了《关于实行粮食的计划收购和计划供应的命令》，有计划对粮食进行收购和供应；1955 年 6 月颁布了《关于建立经常户口登记制度的指示》实施人口登记制度，1955 年 8 月颁布了《市镇粮食定量供应暂行办法》对粮食供应和转移进行管理，1955 年 11 月颁布了《关于城乡划分标准的规定》，划分了农业人口与非农业人口，为解决城市人口的粮油供应提供了政策保证。上述政策的实施体现了国家实行城乡二元社会结构的意图。

三　国家严格控制农村劳动力流动时期与相关政策（1958—1978）

1. 国家严格控制农村劳动力流动时期的时代背景与相关政策

1957 年国家第一个五年计划完成，经过社会主义对农业、个体手工业和资本主义工商业的改造，新中国的经济有明显好转，1953 年至 1957 年工农业总产值平均每年增长 10.9%，1957 年工农业总产值达到 1241 亿元，1957 年钢产量比 1952 年增长 296%，物价基本稳定，人民生活有了明显改善，1956 年全国居民的消费水平比 1952 年提高了 21.3%，其中农民提高了 14.6%，非农业居民提高了 28.6%。② 国家继续采取优先发展重工业的战略，为了推进工业化建设，只有继续向农业汲取资源。1957 年 10 月 27 日《人民日报》发表题为“建设社会主义农村的伟大纲领”的社论，指出近几年来集中力量建设现代工业，特别是重工业，是绝对必要的……为了更

① 《国务院批转内务部关于灾区农民盲目外流情况和处理意见的报告的通知》，1957 年 5 月 13 日。

② 参见中共中央党史研究室《中国共产党历史　第二卷（1949—1978）》（上册），中共党史出版社 2011 年版，第 363、417、418 页。

迅速、更顺利发展工业，在目前必须用更大的力量发展农业。[1] 而大量农民外流现象并没有得到完全制止，1955 年《关于城乡划分标准的规定》的实施，扩大了非农业户口的范围，驱使大量农民设法迁往城镇吃“商品粮”。“1956 年，全国职工人数比 1955 年增加 224 万人，大大突破原计划增加 84 万人的指标。”[2] “当年农村人口流入城市由上一年的 73 万人一下猛增至 599 万人。”[3] 到 1958 年，由于“大跃进”运动开始，许多工厂因任务增加需要大量劳动力，不得不向政府相关部门要求招用新工人，于是又被允许在农村招工，使“1958 年年末全国国营、公私合营企业、事业和国家机关的职工总数为 4532 万人，比 1957 年年末增加了 2082 万人”，“1958 年全国职工的工资总额增加到 180 亿元（未包括跃进奖金约 6 亿元），比一九五七年的 156 亿元增加了 24 亿元”；[4] “第二产业劳动人数从 1957 年的 2115 万人猛增到 1958 年的 7034 万人，一年时间增加了 4919 万人。”[5] 中华人民共和国成立初期工农业虽然有较快发展速度，但是农业发展速度慢于工业发展速度。城市人口增长过快导致的粮食供应十分紧张，社会秩序受到影响，城市已经很难承受这样的发展压力，同时由于大量青壮年农民流入城市，农业生产也受到严重影响。国家计划委员会、劳动部等部门给中央报告了当时的情况，为改变这种局面中央召开了多次会议，继续发布相关政策限制农民流入城市，并且采取了一系列配套措施，如用法律的形式建立了户口登记制度，对农产品实行统购统销，在城市压缩职工人数，减轻城市负担等，促使农业发展，确保工业化战略的实现。

1958 年 1 月 9 日全国人民代表大会常务委员会第九十一次会议通过

---

① 参见中共中央党史研究室《中国共产党历史　第二卷（1949—1978）》（上册），中共党史出版社 2011 年版，第 410 页。

② 转引自谯珊《从劝止到制止：20 世纪 50 年代的“盲流”政策》，《兰州学刊》2017 年第 12 期。

③ 《国务院关于防止农村人口盲目外流的指示》，载国务院法制办公室编《中华人民共和国法规汇编 1956-1957》第三卷，中国法制出版社 2005 年版，第 292 页。

④ 中共中央批转国家计划委员会党组、劳动部党组：《关于一九五八年劳动工资的基本情况和一九五九年劳动工资的安排意见的报告》，http://www.71.cn/2011/0930/632568.shtml，2011 年 9 月 30 日。

⑤ 转引自谯珊《从劝止到制止：20 世纪 50 年代的“盲流”政策》，《兰州学刊》2017 年第 12 期。

《中华人民共和国户口登记条例》，之后国家连续颁布了一系列相关政策：如1959年1月5日《中共中央关于立即停止招收新职工和固定临时工的通知》，1959年2月4日颁布的《中共中央关于制止农村劳动力流动的指示》，1959年3月11日国务院颁布的《关于制止农村劳动力盲目外流的紧急通知》，1959年5月27日中共中央批转国家计划委员会党组、劳动部党组《关于一九五八年劳动工资的基本情况和一九五九年劳动工资的安排意见的报告》，集中分析了当时农民外流的严重情况，说明了外流带来的城市和农村的不良影响。1961年6月16日经中央批准颁布的《中央工作会议关于减少城镇人口和压缩城镇粮食销售的九条办法》主要针对的是城市人口增加采取的措施（参见表2-2）。这一时期不断用政策法规限制农民向城市外流，其中影响最长远的是1959年1月实施的《中华人民共和国户口登记条例》。从此用法律的形式设立户口登记簿制度，将农村与城市户口予以区分，国家将限制农民流入城市或非农产业流动上升到法律的高度。农村户口的居民必须持有劳动部门录用证明，学校的录取证明或者其他准迁的相关证明才能由农村迁往城市。这一户籍管理制度的确立为城乡二元社会制度的形成提供了制度保障。从此“农业户口”与“非农户口”的划分十分明确，依附在户口上的教育、医疗卫生、社会保障、公共福利、公共服务等几乎所有与公民利益相关的城乡差异开始形成。由于城市居民享有的各种社会福利优于农村居民，自然也形成了城乡之间居民在经济、政治和文化上社会地位的不平等，这些不平等一直延续到改革开放之后，至今仍有较大影响。

1959年中共中央、国务院连续发布的4个关于停止招用新职工（参见表2-2）、制止农村劳动力流动和中央转批的劳动工资的安排，其中说明了当时农民盲目流动，给城市带来巨大压力和管理上的困难，同时对农业生产妨碍很大，必须采取有效措施制止，要求各企事业等单位一律不得再招用流入城市的农民，已经招用的应进行一次性清理。城乡各级组织要做好外流农民返乡的工作。在农村，人民公社要做好农民的教育工作，使农民安心在农村，不得随意开证明信件和转移外流人员的粮食和户口关系；在城市要严格按照中央文件的要求停止招用农民并进行清退，对没有找到工作滞留在城市的农民应组织临时机构负责收容和说服动员，尽快遣返原籍。1961 年中央制定了《关于减少城镇人口和压缩城镇粮食销售的九条办法》，要求各级党委必须亲自领导，实现“全国城镇人口只许减人，不许加人”的目标，“三年内减少城镇人口 2000 万以上”，彻底清查黑人黑户，做到人、粮相符。[①] 1962 年国务院颁布《关于国营企业使用临时职工的暂行规定》，提出各企业可以根据生产任务增加临时工，但不得转为长期职工，因特殊情况要在农村招用临时职工的，应当经省、自治区、直辖市人民委员会批准。在上个世纪 60 年代初有“2600 万城市人口返回农村”[②]。1963 年国务院颁布《关于中央直属煤矿企业招用劳动力的暂行规定》，中央煤矿企业必须补充劳动用工的要严格按照国家批准的计划执行，仅限于井下生产工人才允许从农村招收，如果要招用长期工必须报经省、自治区、直辖市人民委员会安排进行。1977 年国务院批转《公安部关于处理户口迁移的规定》的通知，对于城镇迁往农村的户口相对宽松，而农村迁往城镇的户口条件十分苛刻，仅限制在农村无人照顾的 15 岁以下子女和市、镇职工在农村无人照顾的父母可准予在市、镇落户。而对所有的临时工、合同工以及亦工亦农人员，其户口不得迁入市、镇。“县以下集体所有制职工是农村户口的，不得转为吃商品粮人口。社队工业劳动者，不得转为吃商品粮人口。”[③] 1959 年至 1977 年，国家控制农村人口流向城市的相关规定不断升级，除连续发布通知或指示外，还将户籍管理制度上升到法律的层面控制农村人口流向城市，“1975 年《宪法》历史性地删掉关于‘有居住和迁徙的自由’条文，标志着中国公民自由迁徙和居住的权利失去了宪法保障”[④]。同时加强对城市用工制度的管理，针对农村人口外流的多管齐下的措施，有效降低了城镇人口，城镇失业问题得到了缓解。“1961—1964 年，全国被精简的 2500 多万城镇人口中，约有 1000 万为新近流入城

---

① 参见《中央工作会议关于减少城镇人口和压缩城镇粮食销量的九条办法》（一九六一年六月十六日经中央批准），http://www.ce.cn/xwzx/gnsz/szyw/200706/11/t20070611_11694931.shtml，2007 年 6 月 11 日。

② 马晓河：《建国 60 年农村制度变迁及其前景判断》，《改革》2009 年第 10 期。

③ 《国务院批转〈公安部关于处理户口迁移的规定〉的通知》，1977 年 11 月 1 日。

④ 郭东杰：《新中国 70 年：户籍制度变迁、人口流动与城乡一体化》，《浙江社会科学》2019 年第 10 期。

市的农村人口。”① 这些政策基本上实现了将农村人口固定在土地上，同时还对农用的生产资料和流动资金进行计划分配，限制农民发展非农产业，除煤矿、森林等极个别艰苦行业允许招用农村劳动力，只能以经营农业为主。通过限制农村人口流动的政策，有效阻止了农村劳动力向城市工业部门流动。

表 2-2　　国家严格控制农村劳动力流动的法规政策（1958—1977）

颁发时间	颁发部门	文件名
1958-01-09	全国人大	中华人民共和国户口登记条例
1959-01-05	中共中央	关于立即停止招收新职工和固定临时工的通知
1959-02-04	中共中央	关于制止农村劳动力流动的指示
1959-03-11	国务院	关于制止农村劳动力盲目外流的紧急通知
1959-05-27	中共中央	批转国家计划委员会党组、劳动部党组《关于一九五八年劳动工资的基本情况和一九五九年劳动工资的安排意见的报告》
1961-06-16	经中央批准	中央工作会议关于减少城镇人口和压缩城镇粮食销售的九条办法
1962-10-14	国务院	关于国营企业使用临时职工的暂行规定
1963-12-24	国务院	关于中央直属煤矿企业招用劳动力的暂行规定
1977-11-01	国务院	批转《公安部关于处理户口迁移的规定》的通知

2. 对这一时期国家实施的相关法规政策的评析

国家限制农民流入城市的政策是优先发展重工业的必然选择。这一时期国民经济快速恢复并一度达到高潮，第一个五年计划得以实现，工农业有较快的发展。当时中国农村劳动力资源十分丰富，而资本供给严重不足，由于我国选择的是资本密集型很高的重工业优先发展，只能抽取农村

① 转引自李厚刚《建国以来国家对于农村劳动力流动政策变迁》，《理论月刊》2012 年第 12 期。

资源弥补重工业发展需要的资源，而现实是农民大量外出导致有些地方土地无人耕种，农业发展如果不能跟进，将无法实现抽取农业资源发展重工业的目标，于是建立高度集中的计划经济体制实现统一调配资源成为政策取向的关键点。这一时期建立人民公社为获取农业资源提供组织保障，通过对农产品实行“剪刀差”方法使部分农业内部的利润向工业部门转移，同时将农民固定在土地上发展农业生产，限制农民流入城市成为国家政策的必然选择。这样的政策虽然保证了国家从农业调取资源实现了优先发展重工业的战略，但是重工业的发展加剧了对劳动力的排斥，就业问题未能得到妥善解决。“据统计分析，每亿元投资用在轻工业能容纳 1.6 万人，用在重工业只能容纳 5000 人，轻工业容纳劳动力的能力是重工业的 3.2 倍。”① 同时将 70%—80%的农民束缚在土地上，只能从事农业生产，不允许农民弃农经商，这样单一的产业结构加剧了农民生活困难，加上建立人民公社，自上而下地将个体经济纳入集体经济之中，严重损害了农民的生产积极性，生产力也遭到了严重破坏，这时的农业生产实际已有很大减产，不得不从国外进口粮食，人口大量累积的农村主要承担了“大跃进”后的粮食危机，农民生活极度贫困。② 在温饱没有解决的情况下，农业缓慢发展和农民的贫穷也不可能促使工业有更好的发展，当时中国的发展是低经济绩效的。政府政策的着力点放在优先发展重工业，没有放在如何赋予农民更多的基本权利以提高他们的基本生活水平上。这样的政策也是逆城市化的，除政策执行过程中大量农民回乡外，还压缩了部分城市人口到农村，再加上 1966—1976 年上山下乡的 3000 万知识青年，③ 不仅使农村富余劳动力滞留农村，也使城市工业发展过程中缺乏补充劳动力，这与世界多数国家的工业化发展道路是相反的，结果导致 1949 年到 1978 年，中国城市化率尚不足 18%，延缓了中国城市化的发展。④ 从 1958 年到 1978 年，

---

① 《当代中国》丛书编辑部编：《当代中国的劳动力管理》，中国社会科学出版社 1990 年版，第 62 页。

② 谯珊：《从劝止到制止：20 世纪 50 年代的“盲流”政策》，《兰州学刊》2017 年第 12 期。

③ 参见马晓河《建国 60 年农村制度变迁及其前景判断》，《改革》2009 年第 10 期。

④ 转引自谯珊《从劝止到制止：20 世纪 50 年代的“盲流”政策》，《兰州学刊》2017 年第 12 期。

时间跨度虽然较大，但是严格控制农村人口向城市流动的政策基本没有改变。国家还通过建立城乡分割的户籍制度以及依附在户籍上的一系列福利待遇，将城乡居民赋予不同身份，享有不同待遇，形成了城乡二元社会结构。

这一时期在政策指导下采取的控制措施有以下几个特点。①除继续制止农民盲目流向城市外，还特别明确城市各单位不得再招用农民，已经招用的农民要进行清退。如果确实因工作不能离开的，必须签订企业、人民公社和劳动者本人三方劳动合同，这一规定开启了区别对待城乡不同户籍务工人员“二元用工”制度的先河。②采取了严格控制城、镇人口的政策。要求各级党委书记亲自挂帅抓紧时机做好减少城市用工人员的工作，只许减少城镇人口，不许增加。③开始对流入城市务工的农民进行清退，并明确了必须减少城市用工人员的具体数额。④将城乡不同户籍管理制度用法律形式固定下来后，从此农村户口的人员流向城市务工有了制度屏障。⑤采取对农产品统购统销等一系列配套政策限制农村人口向城市流动和向非农领域发展。这些政策体现了国家用高度集中的计划经济体制的政策调节城乡人口流动、粮食供应、农产品供销经营权的特点。

这一时期国家通过政策限制农村人口向城市流动和二元户籍制度的实施将城乡进行了空间分割，将农民排出城市空间，形成了城乡二元社会结构，导致了城乡居民不同身份和不同待遇。[①] 国家通过法规政策将城市人和农村人隔离为不同社会空间的群体，分为两个不同的“世界”和两种身份。城乡“二元世界”的待遇差距从此越拉越大，城乡居民在不同的社会空间具有不同的社会地位，城市居民只要有城市户口就可以享有稳定的粮油等生活必需品供应，有养老、医疗、住房、教育等方面的社会保障，还有城市人特享的公共福利和公共服务。而具有农村户口的居民，不仅被限制在农村的土地上不能向城市流动，没有自由迁徙的权利，即使人踏入城市地界也不能享有城市居民的待遇。这种由政策导向形成的户籍制度对城乡进行的空间分割，也导致了城乡居民多方面的不平等待遇，其影响渗透到中国社会的制度、教育、文化、公共服务、福利等各方面，改革开放后

---

① 参见马晓河《建国60年农村制度变迁及其前景判断》，《改革》2009年第10期。

国家在统筹城乡方面迈出了可喜的步伐，但是至今所有政策的制定都不得不考虑历史遗留下来的城乡差别，只能用许多协调性的新政策去改变二元社会结构带来的城乡差距。

第二节　改革开放后农村劳动力流动与相关政策变化

一　改革开放初期继续控制农村劳动力流动阶段与相关政策(1979—1983)

1. 改革开放初期国家继续控制农村劳动力流动的背景与相关规定

1978 年 12 月 18 日至 22 日，党的十一届三中全会在北京召开，大会通过了《中共中央关于加快农业发展若干问题的决定（草案）》，对前 20 多年的发展进行了总结，重新确立了实事求是的思想路线，决定将全党的工作重点转移到社会主义经济建设上来。在以邓小平同志为核心的党的第二代中央领导集体领导下改革开放的序幕拉开了。改革开始于农村家庭承包经营责任制。早在 19 世纪 50 年代和 60 年代初期有过三次包产到户的做法，但都因“走资本主义道路”受到了批判，最终没有坚持下来。改革开放后家庭承包经营责任制之所以得以坚持并取得巨大成功，得益于十一届三中全会前夕邓小平在党中央工作会议上作的《解放思想，实事求是，团结一致向前看》的重要讲话，讲话强调了扩大厂矿企业和生产队的自主权，允许部分地区、企业、工人农民通过辛勤劳动收入可以先多一些，生活先好起来。几乎在同时，安徽凤阳县小岗村的 18 户农民冒着“坐牢”的风险，偷偷将集体的土地包干到户，这一事件被称为拉开了农村经营体制改革的序幕。随后小岗村于 1979 年春将全队耕地分包到户，除完成国家要求的交售任务改革，剩余的全部归自己，当年全村的粮食产量相当于 1966—1970 年粮食产量的总和，生猪饲养量超过历史上任何一年。小岗村的示范效应很快得到全国多地效仿，1980 年初全国农村实行包产到户的生产队比重占到 15%，1982 年 6 月末该比重上升到了 67%。到 1983 年末，包产到户在所有责任制中的比重达到 97. 8%；1984 年末又进一步上升到

98.9%。[①] 在农村旧体制向新体制转变的过程中农民付出与收益密切联系，他们的生产积极性得以充分调动，农村生产力的提高和农民收入的增加使农民有了短暂的满足，农民向非农领域转移的要求不强烈。这期间农村的行政体制还没有改变，农村内部的改革未涉及农村劳动力流动的问题。1979 年，四川广汉县向阳公社开始启动了人民公社政社分离的改革。[②] 1981 年广汉撤销公社，恢复乡人民政府的改革得到了四川省政府认可。1982 年 12 月修改后的《中华人民共和国宪法》，作出改变农村人民公社政社合一体制、设立乡政府作为基层政权、普遍成立村民委员会作为群众性自治组织等规定。农村经济、政治体制改革的同时，党中央于 1980 年允许私人投资和经营企业，农村剩余劳动力有了向非农领域流动的可能。当时城市大量知青返城，新增城市就业人员等就业问题摆在政府面前一时没有得到很好解决，全国城市约有 2000 万人需要安置就业，[③] 解决城市就业问题是政府工作的重点，1980 年到 1981 年，中共中央和国务院连发三个促进城市就业的文件，倡导广开门路，搞活经济，鼓励城镇非农业个体经济发展。这一时期国家继续执行严格控制农村劳动力向城市流动的政策。1979 年《国务院转批国家计划委员会〈关于清理压缩计划外用工的办法〉》，要求各部门大力清退来自农村的计划外用工，在当年已经清理压缩的基础上，再清理压缩计划外用工 200 多万人。对地、市以上全民所有制单位计划外使用的来自农村的临时工、合同工、协议工、亦工亦农人员等都要坚决进行清退，今后不得再使用。1981 年 12 月 30 日国务院发布了《关于严格控制农村劳动力进城做工和农业人口转为非农业人口的通知》，重申严格控制从农村招工，如果要将临时工、合同工、亦工亦农人员转为固定职工，必须报国务院审批。只有煤矿等艰苦行业在城镇招工不足的情况下，可以由省人民政府批准在农村招工。使用农村临时工等必须签订合同，合同期满应辞退。1982 年 8 月国家计划委员会劳动人事部再次发布《关于继续清理压缩计划外用工的通知》，继续执行已有的清退农村劳动力的要求，

---

① 参见马晓河《建国 60 年农村制度变迁及其前景判断》，《改革》2009 年第 10 期。

② 转引自吴敬琏《当代中国经济改革：战略与实施》，上海远东出版社 1999 年版，第 104 页。

③ 参见李中建《我国农民工政策变迁：脉络、挑战与展望》，《经济学家》2011 年第 12 期。

还下达了各地清退的具体指标，希望有条件的地方力争超过指标多清退一些。可见国家对控制农民流向城市务工的坚定决心。1983 年 1 月中共中央发布了《当前农村经济政策的若干问题》的一号文件（参见表 2-3），对如何发展农村经济进行了具体部署，文件对农民进入非农领域有适当放宽，允许农民在完成交售任务后可以对农产品进行加工和销售，可以购置农副产品加工机具、小型拖拉机等从事生产和运输，鼓励农民个人或合股集资兴办农村某些基础设施，国家调整了农副产品的购销政策，除关系国计民生的少数主要农产品，农民在完成统派购任务后允许多渠道经营。但是仍然没有松动对农民向城市流动的政策。1983 年一号文件提出实行集约经营，把大量农村剩余劳动力转到多种经营的广阔天地中，实行"离土不离乡"的政策，这时对限制农村劳动力涉足与农业相关的非农领域有所松动。

表 2-3　　国家控制农村劳动力流动的法规政策（1979—1983）

颁发时间	颁发部门	文件名
1979-03-27	国务院	批转国家计划委员会《关于清理压缩计划外用工的办法》
1981-12-30	国务院	关于严格控制农村劳动力进城做工和农业人口转为非农业人口的通知
1982-08-23	国家计划委员会 劳动人事部	关于继续清理压缩计划外用工的通知
1983-01-02	中共中央	当前农村经济政策的若干问题

2. 对这一时期控制农村劳动力向城市流动政策的评析

1979 年至 1983 年，农村实行家庭承包经营责任制，农民收入大幅度增加，释放出了大量富余农村劳动力。国家为了进一步搞活农村经济，改变农民贫困生活的面貌，适当放宽政策，允许农民在农村从事与农业有关的加工业和服务业，农民个人也可以参与农业相关领域的投资，采取了"离土不离乡"的政策。政府虽然放宽了限制农民从事非农业生产的政策，但是仍然严格控制农民向城市流动。主要的原因是改革开放才起步，将工作重点放到经济建设上来后还有城市新增就业人口，知青返城，转业军人安置等问题没有得到很好解决，如果放开农民进城流动，粮油等基本生活问题都难以立即解决，如何推进改革开放搞活经济提高人民生活水平，同时又实现社会稳定是政府首先考虑的重要问题。这一阶段农村乡镇企业的发展能够吸纳部分农村剩余劳动力，农民对于进城务工的愿望还不是十分强烈，政府继续实行清退在城市的农村人口的政策。当时农村人口要转移到城市，只能通过参军、升学和极个别的招工，除此之外，几乎没有机会进入城市。但是随着改革开放后农村经济发展和农民收入增加，产生了一种强大的推力，将农民推向寻求新的发展道路。如果政府继续采取限制农村劳动力向城市和非农领域转移的政策，将不再适合社会发展。

二　允许农村劳动力流动以当地城镇为主的阶段与相关政策(1984—1988)

1. 国家允许农村劳动力流动以城镇为主阶段的背景与相关规定

这一时期随着政策鼓励商品经济的发展，农村发展政策进一步放宽，统购统销政策有很大改变，改革开放成效进一步显现，农村的农产品实际用工量在不断减少，“农村劳动力剩余从隐形变为显形状态后，产生了数以千万计的剩余劳动力”①。农民收入增加的同时产生了拓展投资空间的愿望，也在寻找投资空间。这时乡镇企业发展迅速并渐渐扩展到非农领域，个体经济也有较快发展态势，这些经济形态是依托市场发展起来的，如果严格限制农民在乡镇企业的发展范围，不允许他们向城市工业发展，不仅与改革开放的客观要求相违背，也抑制了农民搞活经济、提高生活水平的积极性。1984 年中共中央一号文件《关于 1984 年农村工作的通知》明确了“各省、自治区、直辖市可选若干集镇进行试点，允许务工、经商、办服务业的农民自理口粮到集镇落户”，标志着政府对农民向非农领域的限制政策进一步松动。允许社员在不改变土地集体所有制的基础上，可以将土地转交给集体和转包他人耕种，由转入户为转出户提供一定数量的平价口粮。1984 年国务院发布《矿山企业实行农民轮换工制度试行条例》，允许矿山企业在国家的劳动计划指标之内招用农民轮换工，必须安排在井下采掘第一线，轮换工社员身份不变，户粮关系不转，到期轮换，不得转为

① 马晓河：《建国 60 年农村制度变迁及其前景判断》，《改革》2009 年第 10 期。

固定职工。1984年10月15日，国务院为改革用工制度，开辟农村劳动力参加城乡建设，出台了《国营建筑企业招用农民合同制工人和使用农村建筑队暂行办法》，规定可以招用农民合同制工人和使用农村建筑队，企业可按规定使用农村建筑队，农村建筑队的口粮、患病等医疗费自理。1984年10月13日，《国务院关于农民进入集镇落户问题的通知》对越来越多的农民转向集镇务工、经商，他们迫切要求迁入集镇落户的问题有了新的政策，公安部应准予这部分人落常住户口，发给“自理口粮户口簿”；粮食部门可发给“加价粮油供应证”，地方政府应为他们提供建房、买房和租房的方便，工商部门做好工商登记、发证和管理工作，这部分人与街道居民享有同等权利和义务，以促进集镇健康发展。1984年12月19日，劳动人事部发布《交通、铁路部门装卸搬运作业实行农民轮换工制度和使用承包工试行办法》，对交通、铁道部门常年承担装卸搬运任务的企业实行农民轮换工制度，工作期间待遇与固定工相同，但是必须安排在繁重体力劳动的装卸搬运岗位，不准调做其他工作或转为固定工。农民身份不变，户粮关系不转，使用期限一般在3—5年，最长不超过十年，期满轮换并返回农村。1984年的两个文件都规定农民合同制工人在企业工作期间不转正式户粮关系，个人向社、队缴纳不超过5%的公益金，农村的责任田、自留地保留。1985年1月1日，中共中央一号文件《关于进一步活跃农村经济的十项政策》指出，要进一步扩大城乡经济交往，允许农村地区性合作经济组织按规划建成店房服务设施自主经营可出租。1986年，国务院发布《国营企业招用工人暂行规定》《国营企业实行劳动合同制暂行规定》停止内部招工和退休工人“子女顶替”，实行合同制，可以招用1—5年的短期工和定期轮换工，某些待遇与固定工不同，在矿山、建筑等艰苦繁重行业招用农村人员作为合同制工人时，户、粮关系不变。到1987年“全国出县就业的人口已达900万人左右”①。1987年10月30日国务院发布《关于加强贫困地区经济开发工作的通知》，倡导有领导地组织贫困地区农村劳动力的劳务输出，利用贫困地区廉价劳务优势做好中低档工业品以工代赈

---

① 王西玉等：《中国二元结构下的农村劳动力流动及其政策选择》，《管理世界》2000年第5期。

工作，发展服务业，以龙头企业为重点安置一批贫困户就业。1988 年，劳动部、国务院贫困地区经济开发领导小组发布《关于加强贫困地区劳动力资源开发工作的通知》，指出要组织贫困地区劳动力跨地区流动，向沿海地区转移，也可以派遣出国，各相关部门要认真执行国务院有关农村剩余劳动力转移的政策，对农民进城自谋职业给予指导。

表 2-4　　国家适当放宽农村劳动力流动范围的法规政策（1984—1988）

颁发时间	颁发部门	文件名
1984-01-01	中共中央	关于 1984 年农村工作的通知
1984-06-30	国务院	矿山企业实行农民轮换工制度试行条例
1984-10-13	国务院	关于农民进入集镇落户问题的通知
1984-10-15	国务院	国营建筑企业招用农民合同制工人和使用农村建筑队暂行办法
1984-12-19	劳动人事部	交通、铁路部门装卸搬运作业实行农民轮换工制度和使用承包工试行办法
1985-01-01	中共中央、国务院	关于进一步活跃农村经济的十项政策
1986-07-12	国务院	国营企业实行劳动合同制暂行规定
1987-10-30	国务院	关于加强贫困地区经济开发工作的通知
1988-07-15	劳动部、国务院贫困地区经济开发领导小组	关于加强贫困地区劳动力资源开发工作的通知

2. 对这一时期适当放宽农村劳动力流动政策的评析

由于家庭承包责任制的实行，农村劳动生产率有较快的发展，农村富余劳动力问题显现，农民不能再局限于农业生产，他们在寻找更多发展机会，在当时户籍等二元制度的约束下，农民最现实的选择是就近从事与农业有关的服务业、运输业等，政府为了促进农村经济进一步发展，适应改革开放的形势，除个别煤矿等艰苦行业在农村不改变农村户口的条件下招用合同工外，对绝大多数农民采取了“离土不离乡”的政策，20 世纪 80 年代中后期在特别贫困地区优先采取了更宽松的政策。这一时期允许农村劳动力流动政策突出的变化有以下几方面。①允许务工、经商、办服务业的农民自理口粮到集镇落户。对进入集镇务工、经商的农民可以在集镇落户，发给“自理口粮户口簿”和“加价粮油供应证”，使其在集镇合法、稳定工作和居住。②明确规定允许煤矿、森林、交通、铁道等部门在繁重体力劳动岗位招用轮换工和短期工。农村建筑队可以进入城市，但所有到国营工业企业务工的农民需自理口粮，不得转移农村的户粮关系。③在不改变土地集体所有制的条件下允许土地转包给他人耕种。这一政策给予从事非农工作的农民更宽松的条件。④农村经济组织在规定范围内可以就建成的店房服务设施自主经营出租。这一规定对搞活农村经济、提高农民生活水平有重要的意义。⑤倡导并组织贫困地区农村劳动力跨省流动。“在政策的支持下，1984—1988 年累计转移农业劳动力 5566 万人，平均每年转移 1113 万人，转移劳动力总量平均每年增长 23.11%。”① 从这些政策我们看到从 1984 年开始放宽了农村劳动力流动政策，允许农民参与非农领域工作，土地可以转包给集体或他人。在外务工后还想回到农村，农村应无条件接受。政府文件明确规定，到集镇落户的农民享有与集镇居民相同权利。到 20 世纪 80 年代末期政府开始鼓励贫困地区农民跨省流动。这一时期农村劳动力流动政策主要将农民引导至集镇，政策放宽是比较稳妥、缓慢的。但是政府对农村劳动力流动从过去实行的“离土不离乡”政策开始向“离土又离乡”转变。这一转变说明决策者坚持改革的决心，政府放宽农村劳动力向城镇流动不仅是农村经济发展的客观要求，也回应了农民奔向更广阔天地发展的诉求，从此开启了城乡从二元分割走向融合征程。尽管以后政策有波动，但农村劳动力流动政策改变的新起点从 1984 年开始。

这一时期放宽对农村劳动力流动的政策有很大局限，体现在政策仍然带有计划经济的色彩，要求招用轮换工必须在计划用工范围之内。采取城乡不同的政策，农民到城市相关部门务工不能享有城市居民粮油福利政策，需要自理口粮。限制农民只能在繁重体力劳动岗位，给予从事这类工作的农民一个称谓“轮换工”“短期工”，他们从事这类工种也不能超过规

① 杨英强：《现阶段农民工市民化问题研究》，博士学位论文，西南财经大学，2008 年，第 41 页。

定的期限，并且不得转到其他岗位，也不能转为固定工，个人的收入要向社队缴纳公益金，在许多待遇上与固定工区别对待。虽然允许农民离开农村到集镇落户，但是口粮自理，政策没有放开农民到城市落户。政府关注重点更多的是经济如何更快发展和人民生活水平提高的方面，较少关注如何平等对待参与城镇建设的农民，如何更好保护他们的合法权益。如 1983 年广东佛山地区卫生防疫站调查煤矿工作后回乡 137 名农民工中诊断为各期尘肺病 8 例，占总人数的 5.8%，“在 8 例尘肺中合并活动性肺结核的患病率到达 85.7%”①。这些返乡农民因井下通风设备差，返乡后发现的肺病无法享受煤矿职工的劳保医疗待遇。深层次原因是历史上确定的城乡户籍制度形成的城乡二元社会结构导致的城乡二元体制，影响到政策对城乡居民提供的不同待遇。另外，改革开放开始不久，城市的经济发展状况也很难承受大规模农民进城带来的负担，加上长期计划经济时期的思维不可能瞬间完全改变，只能选择谨慎稳妥政策，即使鼓励农民跨省流动，也是局限在贫困地区。这一时期城乡二元体制下的政策执行给予人们这样的信号：“轮换工”“短期工”身份是农民，他们属于农村，只能享有农民的待遇，不能享受国营企业劳动保险待遇。② 农民最终的归属是农村，他们只是城市的过客而不能成为城市的居民。

这一时期，开始对“农民轮换工”“短期工”“协议工”有了一个新的称谓：“农民工”。如前所述，使用“农民工”一词最早的文献是 1982 年庄启东、张小川和李建立三位作者写的《关于贵州省盘江、水城矿务局使用农民工的调查报告》③，其中谈到他们从 1980 年开始使用农民工，占比大约是 11.9%，在煤矿下井工作一天按照四级工标准工资发放 4 元（含津贴和医疗福利费），其中 3 元作为个人收入，1 元交给公社。报告中提到使用农民工的好处有解决农村剩余劳动力的出路，增加了社队收入，又补充了井下劳动力的不足。农民工一个月一般收入 80—90 元，相当于甚至超过富裕的社队每个社员平均一年的收入。1984 年中国社会科学院《社会学

① 潘宝流：《均安公社回乡农民工尘肺初步调查》，《职业医学》1983 年第 6 期。

② 参见雷庆生《煤矿用工制度改革之浅见》，《经济与管理研究》1983 年第 1 期。

③ 庄启东等：《关于贵州省盘江、水城矿务局使用农民工的调查报告》，《计划经济研究》1982 年第 1 期。

通讯》上使用了张雨林论文中的“农民工”一词后，社会各界才广泛使用。

三　控制和规范农村劳动力流动的阶段与相关政策（1989—1999）

1. 国家控制农村劳动力跨地区流动的背景和相关规定（1989—1991）

由于农村经济体制改革取得了明显成效，农业生产力和农产品产量有很大提高，农业生产对劳动力需求有较大下降，农民基本生活得到很大改善。农民外出务工获得的收益远超过从事农业生产的收益，在国家政策放宽引导农民流动的情况下，越来越多的农民希望离乡务工。与此同时城市改革拉开序幕，企业经营自主权增加，用工制度比以前灵活，需要招用更多的人发展企业生产。农村劳动力外出务工从改革初期的“200万左右，1989年增加到3000多万人”①。1988年，国家经济出现了通货膨胀，国家开始了为期三年的治理整顿，紧缩财政和货币政策，多项建设项目停建，城市因返城的知青等就业人数增加，就业形势有所恶化，加上较多农民工流动给城市的交通、治安和劳动力就业市场管理带来困难，于是国家采取了控制农民工跨地区流动的政策。鉴于四川、河南、安徽等省民工大量外出寻找工作，引起铁路客流暴涨，兰州滞留的民工已近2万人，给铁路运输造成极大压力。有的民工找不到工作流落街头，给当地治安造成混乱。1989年3月1日，国务院办公厅发布《关于严格控制民工盲目外出的紧急通知》，同年4月10日民政部和公安部又发布《关于进一步做好控制民工盲目外流的通知》，要求各地政府采取有效措施控制当地民工盲目外出，同时妥善解决农村剩余劳动力的出路问题。1990年，由于待业队伍不断扩大，就业问题十分突出，国务院于当年4月27日发布《关于做好劳动就业工作的通知》，要求各级政府充分发挥各类经济组织的作用解决就业问题。同时提出对农村劳动力进城务工实行有效控制、严格管理，以减轻城镇就业压力。引导农村富余劳动力“离土不离乡”，办好乡镇企业，发展多种服务业，在农村就地消化和转移农村富余劳动力。1991年国务院办公厅发布的《关于劝阻民工盲目去广东的通知》指出：大量民工春节后南下去广东，要求各级政府从严或暂停办理民工外出务工手续，劝阻他们不要盲目

① 马晓河：《建国60年农村制度变迁及其前景判断》，《改革》2009年第10期。

进粤寻找工作，对趁机以介绍民工去广东工作为名，骗取介绍费的非法劳务中介活动，要坚决予以打击和处理。铁路沿线部门要切实做好南下民工的劝阻和返程民工的疏运工作。1991 年 7 月 25 日，国务院发布《全民所有制企业招用农民合同制工人的规定》，首次以国家正式文件的形式将农民合同制工人（包括轮换工）称为“农民工”。在这一文件中，全民所有制企业招用农民工必须在劳动工资计划之内，不转户粮关系，招用农民工必须签订劳动合同，在企业工作期间与所在企业其他职工享有同等权利。1991 年 10 月 24 日，民政部发布《关于进一步做好劝阻劝返外流灾民工作的通知》（参见表 2-5），要求各地民政部门在地方政府统一领导下，加强合作，综合运用行政、经济和法律等手段防止灾民外流，劝阻劝返外流灾民，把灾民外流给社会带来的影响减少到最低限度。经过“离土不离乡”政策的引导和控制政策的调节，“这一阶段累计转移农村劳动力 296 万人，平均每年增加 99 万人，转移劳动力总量平均每年仅增长 1.1%，农民工非农化率出现了下降的局面，由 21.5%下降到 20.7%”①。

表 2-5　国家关于控制农民工跨地区流动的法规政策（1989—1991）

颁发时间	颁发部门	文件名
1989-03-01	国务院办公厅	关于严格控制民工盲目外出的紧急通知
1989-04-10	民政部、公安部	关于进一步做好控制民工盲目外流的通知
1990-04-27	国务院	关于做好劳动就业工作的通知
1991-02-01	国务院办公厅	关于劝阻民工盲目去广东的通知
1991-07-25	国务院	全民所有制企业招用农民合同制工人的规定
1991-10-24	民政部	关于进一步做好劝阻劝返外流灾民工作的通知

2. 国家规范农村劳动力流动的背景和相关规定（1992—1999）

1992 年 1 月，邓小平进一步强调深化改革、加快发展的必要性和重要性。同年 10 月，党的十四大明确提出建立社会主义市场经济体制，加快发

① 杨英强：《现阶段农民工市民化问题研究》，博士学位论文，西南财经大学，2008 年，第 43 页。

展、集中精力把经济建设搞上去。1993 年，党的十四届三中全会提出“鼓励和引导农村剩余劳动力逐步向非农产业转移和地区间的有序流动”。1992—1993 年取消粮票等凭票供应制度，农民可以在城市用货币购买生活必需品，为他们在城市务工提供了基本生存条件。这一时期经济体制改革和现代企业制度的建立，促进了市场经济的发展，中国进入了经济快速发展阶段。同时这一时期“全国 4.2 亿农村劳动力中，依然还有约 1.2 亿剩余劳动力”①，形成了一种很大的就业压力。政府开始调整农村劳动力流动政策。1994 年 11 月 17 日，劳动部发布《农村劳动力跨省流动就业管理暂行规定》，提出引导农村劳动力跨地区有序流动，用人单位可以跨省招用农村劳动力，跨省就业农村人员须凭出省就业登记卡领取当地劳动部门颁发的外来人员就业证，证、卡合一生效，简称流动就业证，作为流动就业的有效证件。对使用无流动就业证的农民工的单位要处以罚款。1995 年 8 月 10 日，公安部针对“三无”盲流人员增多②，发布《关于加强盲流人员管理工作的通知》，指出“三无”盲流人员大多是盲目外出找工作的农村剩余劳动力，要求各地公安机关要认真贯彻政府治理“民工潮”的工作部署，加强流出地管理。做好流动人口的登记、发证、收容遣送工作。1995 年，鉴于以农村劳动力为主的流动人口大幅度增加对社会治安等各种社会秩序造成很大冲击，国务院办公厅、中共中央办公厅于当年 9 月 19 日发布《关于加强流动人口管理工作的意见》，要求公安机关等 13 个部门和组织共同疏导“民工潮”，允许农民进城务工和经商、兴办企业，在一定条件下允许农民在小城镇落户。加强对农村剩余劳动力跨地区流动就业的调控和管理，开展有效的管理服务。强调办理“暂住证”和“外来人员就业证”。改进和加强收容遣送工作，做好盲流人员的遣送安置工作。强调对流动人口要坚持在政治上、经济上、法律上一视同仁。为了进一步促进农村剩余劳动力向小城镇转移，1997 年 6 月 10 日《国务院批转公安部〈小城镇户籍管理制度改革试点方案〉和〈关于完善农村户籍管理制度意见〉

---

① 骆友生、刘剑文：《农村劳动力跨区域转移：现状、成因与对策》，《中国农村经济》1994 年第 8 期。

② “三无”盲流人员是流动人口中无合法证件、无固定住所及无正当工作或经济收入的人员，多为盲目外出找工作或流浪乞讨人员。

的通知》，对现有户籍管理制度进行改革。对到小城镇兴办第二、第三产业的人员、机关、企业等部分单位聘用的管理和专业技术人员，在小城镇购商品房和自建合法房的农村户口人员，凭收回承包地和自留地的证明，办理小城镇落户手续，享受与小城镇居民同等的各项福利待遇。同时，统一城乡户籍登记制度，完善农村户籍管理制度。1998 年 7 月 22 日，国务院批转公安部《关于解决当前户口管理工作中几个突出问题意见的通知》（参见表 2-6），进一步放宽了在城市落户的规定，对新出生的婴儿和未成年人可以随在城市工作的父母落户，夫妻分居和男性超过 60 岁，女性超过 55 岁，身边无子女需要到城市投靠子女的公民、在城市投资、兴办实业、购商品房的，可准予在该城市落户。上述几项政策都提到继续严格控制大中城市特别是北京、天津、上海等特大城市落户。在政策的支持下，这一时期农村劳动力转移规模不断扩大，“1995～1997 年农民进城镇务工经商在 4500 万人左右”①；1998 年国家统计局农村社会经济调查总队对全国的抽样调查，“1998 年农村剩余劳动力在本省内转移的占 68%”，“在 1998 年农村剩余劳动力转向省外的人群中，转向东部地区的比重高达 82.3%”。②

表 2-6　　国家关于规范农村劳动力流动的法规政策（1992—1999）

颁发时间	颁发部门	文件名
1994-11-17	劳动部	农村劳动力跨省流动就业管理暂行规定
1995-08-10	公安部	关于加强盲流人员管理工作的通知
1995-09-19	国务院办公厅 中共中央办公厅	关于加强流动人口管理工作的意见
1997-06-10	国务院	批转公安部《小城镇户籍管理制度改革试点方案》和《关于完善农村户籍管理制度意见的通知》
1998-07-22	国务院	批转公安部关于解决当前户口管理工作中几个突出问题意见的通知

① 王西玉等：《中国二元结构下的农村劳动力流动及其政策选择》，《管理世界》2000 年第 5 期。

② 范小玉：《1998 年我国农村劳动力转移情况调查》，《调研世界》1999 年第 7 期。

3. 对这一时期国家关于农村劳动力流动政策的评析

这一时期国家对农村劳动力流动政策分为两个阶段。

第一阶段：1989—1991 年国家采取控制农村劳动力流动阶段。这一时期控制农村劳动力进城务工的政策沿用了以前的提法“严格控制民工盲目外出”，“做好劝阻和返程民工的疏运工作”，“引导农村富余劳动力‘离土不离乡’”。虽然政策在控制农村劳动力外出流动的总体精神与曾经基本一致，但仍有一定变化。体现在以下几方面。①国家对农村劳动力流动的控制主要针对跨地区流动，如控制他们向广东经济发展较好地区流动。②对疏导农民返乡后的要求不同。过去的控制是要求外出的农村劳动力返乡务农，这时的政策强调发展乡镇企业，开展多种服务，在农村就地消化和转移富余劳动力，进一步明确“离土不离乡”的具体要求。③放宽了全民所有制企业招用农民合同制工人的用工领域。虽然这一时期城市企业招用农民合同制工人不转户粮关系、需要签订劳动合同等具体条件与过去一致，但是突破了过去只能在建筑、煤矿、森林等繁重艰苦领域招用农民合同制工人的限制，即全民所有制企业只要在劳动工资计划之内都可以招用农民合同制工人。这一阶段采用的控制政策说明政府就大规模农村劳动力向城市转移应对措施不足，继续沿用过去惯用的控制和劝阻的政策，同时说明经济发展和城市管理对于如何解决城市包括农民进城人口的就业、交通、市场等问题显得有些束手无策。这也是经济转型、社会变革必然要经历的曲折。但是我们也可喜地看到政策不再强制农民必须回乡务农，而是采取引导他们返回农村从事非农领域工作，从过去将农民固定在土地上又往前迈出一步。同时政策扩宽了全民所有制企业招用农民合同制工人的领域，给农民进城务工提供了更多的发展空间。

第二阶段：1992—1999 年国家规范农村劳动力流动的阶段。1992 年在邓小平南方谈话和党的十四大明确建立社会主义市场经济体制后，政策在放宽对农村劳动力向城市流动的限制后有很大变化。具体体现在以下几个方面。①允许农村劳动力跨省流动。强调跨省流动必须完善的手续，各相关部门要做好服务工作。②加强城市对流动人员的管理。尤其要加强对“三无”盲目流动人员收容遣送工作；同时要求公安、民政、工商、计划生育等 13 个部门联合协调对流动人口的管理。③大幅度放宽了农村人口在小城镇落户的政策，有条件地放宽了农村人口到城市落户的政策。这些变化说明国家从此彻底改变了过去劝止、控制农村劳动力向城市流动的政策，开始朝着适应市场经济的发展而转变。但这一时期的政策仍有计划经济体制的痕迹，并且城乡二元政策也十分明显。如将进城寻找工作的农民称为盲目流动人员或“三无盲流人员”；农村剩余劳动力跨地区就业要有出省的就业登记卡和外来人员就业证，否则将作为“三无”人员受到收容遣送。企业如果使用无流动就业证人员要被罚款。这些政策不是更多地从如何保障进城务工的农民权益的角度出发，而是从尽可能严格管理的角度制定的，甚至可以说有的称呼（如“盲流”）和相关规定带有一定的歧视性有关，根源仍在于城乡二元体制形成的思维模式。

这一阶段国家有关部门在正式文件中出现的两个名词值得一提。①“农民工”一词首次在国家正式文件中出现（1991 年 7 月在国务院《全民所有制企业招用农民合同制工人的规定》），虽然学界对这一称谓有不同的看法，在早期的研究文献中部分学者认为这一称谓带有歧视性，笔者认为“农民工”的称谓最能体现进城务工农民的特征，应当将这一称谓作为中性词，好比称呼工人和农民一样看待。本书后面对农村进城务工的农民统称为农民工。②第一次在国家正规文件中将盲目流动人员简称为“盲流人员”（1995 年 8 月公安部发布的《关于加强盲流人员管理工作的通知》），在此之前的国家正式文件中用词为“民工盲目外出”或“农村劳动力盲目外流”，只有媒介报道或学界的研究文献将“农村劳动力盲目外流”简称为“盲流”。1995 年公安部的《关于加强盲流人员管理工作的通知》，从标题上将“盲目流动人员”简称为“盲流人员”，并且在该文件里特别说明了“三无盲流人员”中大多是盲目外出找工作的农村劳动力。①

① 谯珊在《从劝止到制止：20 世纪 50 年代的“盲流”政策》（《兰州学刊》2017 年第 12 期）一文中对“盲流”的解释为：“盲流”是“农民劳动力盲目外流”之简称。后来，不管是劳力或非劳力的农民，不论男女老少，未经有关部门批准而盲目到外地流窜或找寻工作的农村居民，都被称为“盲流”。参见李谷城编《中国大陆改革开放新词语》，香港：中文大学出版社 2006 年版，第 270 页。20 世纪 50 年代的官方文件中，已有“盲流”一词。但是笔者查阅了 50 年代到 90 年代的政府相关文件，最早官方文件中出现这一简称是 1995 年 8 月公安部发布的《关于加强盲流人员管理工作的通知》，其中将“农民劳动力盲目外流人员”简称为“盲流人员”，未见这一时期官方文件将其简称为“盲流”。

四 鼓励和引导农民工流动阶段与相关政策（2000— ）

1. 国家鼓励和引导农民工流动的时代背景与相关政策

2000 年以后全面实行改革开放，城乡经济结构发生了很大转变，经济发展进入高速发展时期，交通、住房和各项社会事业较之过去有很大变化，居民生活水平有了前所未有的提高，社会对农民工的看法有了很大改变。2000 年后的一段时期，城市发展明显快于农村发展，城市居民相较于农村居民占有的财富日益悬殊，城市居民在社会保障、住房、就业、收入、教育、公共服务等方面都优于农民。农业增加值占国内生产总值的比重迅速下降，靠农业经营的收益远远低于进城务工的收益，乡镇企业发展减缓，吸纳农村剩余劳动力的能力减弱，城乡差距进一步拉大。如何解决这些矛盾，需要推进农村剩余劳动力向城镇非农产业转移，同时改变农民工进城务工的环境。中国社会的发展和变化，推动了政府与社会各界从更多关注如何管理农民工逐步转向重视公平对待农民工。2000 年 7 月 20 日，劳动和社会保障部等七部门联合发布《关于进一步开展农村劳动力开发就业试点工作的通知》，要求推进城市化进程，逐步建立城乡一体化的劳动力市场，有条件的地区进行试点，实行城乡统筹就业，为农村富余劳动力顺利转移创造条件。建立外出务工和返乡创业双向流动机制。2000 年 6 月中共中央、国务院发布《关于促进小城镇健康发展的若干意见》和 2001 年 3 月国务院批转公安部《关于推进小城镇户籍管理制度改革意见的通知》，提出以加快小城镇发展推进农村富余劳动力转移，进一步放宽了农民和已在小城镇居住的农村直系亲属到小城镇落户的条件，将过去的自理口粮户口等几种户口统一登记为城镇户口，落户后不再办理粮油供应关系，不得收取与落户有关的费用。取消了计划指标管理规定。农村人口到小城镇落户的享有城镇居民同等权利。2001 年全国人大通过的《中华人民共和国国民经济和社会发展第十个五年计划纲要》，强调要打破城乡分割体制，逐步建立新型城乡关系，改革城镇户籍制度，形成城乡人口有序流动的机制。坚持城乡统筹就业的改革方向，取消对农村劳动力到城镇就业的不合理限制。2002 年党的十六大提出了“统筹城乡社会发展”，表明国家政策开始向“三农”倾斜。2003 年 10 月《中共中央关于完善社会主义市场经济体制若干问题的决定》，强调要公平对待农民工，合理引导，完善管理，搞好服务，改善农民工生产生活条件，取消对农民进城务工的限制性规定，形成劳动者平等就业的制度。2003 年国务院废止了收容遣送制度，颁布了《城市生活无着的流浪乞讨人员救助管理办法》，终止了对农民工在进城找不到工作生活无着时被强制收容遣送制度。2004 年 1 月实施的《工伤保险条例》首次将农民工纳入工伤保险范围。2004 年的中央一号文件首次提出“进城就业的农民工已经成为产业工人的重要组成部分，为城市创造了财富、提供了税收”[①]，对农民工给予了充分的肯定。

2006 年 3 月，《国务院关于解决农民工问题的若干意见》将解决农民工问题提高到“建设中国特色社会主义战略任务”的高度，立足于解决当时突出的工资偏低、拖欠工资、社会保障等农民工的权益保护问题，为农民工提供相关公共服务，加强对农民工工作的领导。这一文件标志着关于农民工的政策有了重大转折，发展到了一个新阶段。[②] 2006 年 3 月 31 日建立国务院农民工工作联席会议制度，专门研究农民工工作的重大政策措施，协调解决政策落实过程中的难点问题。2008 年 12 月，《国务院办公厅关于切实做好当前农民工工作的通知》继续强调促进农民工就业，开展职业技能培训和职业教育，切实保障农民工的各种合法权益。2014 年 7 月，《国务院关于进一步推进户籍制度改革的意见》开放建制镇和小城市落户限制；有序开放中等城市落户限制；合理确定大城市落户条件；对常住人口 500 万以上城市，建立完善积分落户制度。建立城乡统一的户口登记制度，建立居住证制度，切实保障农业转移人口合法权益。2014 年 9 月《国务院关于进一步做好为农民工服务工作的意见》明确提出“农民工已成为我国产业工人的主体”，强调进一步做好新形势下为农民工的服务工作，提出到 2020 年引导约 1 亿人口在中西部地区就近城镇化，努力实现 1 亿左右农业转移人口和其他常住人口在城镇落户，促进农民工群体逐步融入城镇。

这一时期党的会议也对农民工相关问题提出了指导性的意见。2007 年

① 黄锟：《论农民工是我国工人阶级的重要组成部分》，《社会主义研究》2005 年第 1 期。
② 参见周利兵《21 世纪以来中国农民工政策的转变与挑战》，《农学学报》2014 年第 9 期。

10 月党的十七大提出了全面建设小康社会的奋斗目标，统筹城乡发展，保障人民权益和社会公平正义，加快推进以改善民生为重点的社会建设。2012 年党的十八大提出要做好农村劳动力转移工作，着力保障和改善民生，推动城乡发展一体化，以增强公平性、适应流动性、保障可持续性为重点，全面建成覆盖城乡居民的基本公共服务体系和社会保障体系。2013 年 6 月 14 日撤销国务院农民工工作联席会议，成立了国务院农民工工作领导小组，进一步加强了对农民工工作的领导。2013 年 11 月党的十八届三中全会《中共中央关于全面深化改革若干重大问题的决定》指出，要保障农民工与城镇职工同工同酬，推进农业转移人口市民化，逐步把符合条件的农业转移人口转为城镇居民。2013 年 12 月中央城镇化工作会议提出“从目前我国城镇化发展要求来看，主要任务是解决已经转移到城镇就业的农业转移人口落户问题，努力提高农民工融入城镇的素质和能力”①。同时提出，把促进有能力在城镇稳定就业人口有序实现市民化作为首要任务。2017 年 11 月，党的十九大提出中国特色社会主义进入了新时代，社会主要矛盾发生了变化，要建立健全城乡融合发展体制机制和政策体系，加快农业转移人口市民化，满足人民日益增长的美好生活需要。2019 年 10 月党的十九届四中全会提出健全统筹城乡、可持续发展的社会保障制度，稳步提高保障水平。2022 年 10 月 16 日，习近平总书记在党的二十大报告中进一步提出：“推进以人为核心的新型城镇化，加快农业转移人口市民化。”② 说明我国坚持鼓励农村人口向城市转移，加快实现人口城镇化的决心。

2000 年以后农村劳动力流动进入适应市场经济发展的轨道，农村劳动力可以向城市自由流动，农民工开始大规模进入城市务工，2000 年离开户籍地半年以上的人口为 1.2 亿人，其中进入非农产业就业的农民工约 8000 万人。政府对农民工的工作转向如何营造良好的务工环境和鼓励农民工向市民转化，从此彻底结束了过去对农民进城采取“防”“堵”的政策，开启

① 《中央城镇化工作会议举行 习近平、李克强作重要讲话》，https://www.gov.cn/guowuyuan/2013-12/14/content_2591043.htm，2013 年 12 月 14 日。

② 习近平：《高举中国特色社会主义伟大旗帜 为全面建设社会主义现代化国家而团结奋斗——在中国共产党第二十次全国代表大会上的报告》，人民出版社 2022 年版，第 32 页。

了农民工政策转变的新篇章。

2. 对这一时期农民工政策的评析

2000年以后国家更加重视农民工引导和领导工作，相关政策也随之发生了根本的变化。①成立了国家解决农民工问题的专门机构。2013年6月撤销了“国务院农民工工作联席会议”，成立了“国务院农民工工作领导小组”。从组织上保障农民工问题的解决，“领导小组”由时任国务院副总理马凯任组长，成员有国务院各部委负责人，便于研究农民工相关的重大问题和协调解决农民工入城后的疑难问题。②将解决农民工问题提高到建设中国特色社会主义战略任务的高度，说明政府不是将农民工问题解决纳入一般议事日程，而是作为中国发展进程中的一个战略问题来部署。之后的十多年来党中央和国务院的重要会议和国家规划，都体现了对农民工问题的重视和对农民工的关怀。③积极推进建立城乡一体化的就业市场和社会保障等相关制度，加强对农民工的职业教育和技能培训，明确提出建立健全城乡融合发展的体制机制和政策体系。④积极推进保障农民工顺利入城、融城的各项配套措施，使有条件的农民工能够在城镇落户；改革户籍、住房制度，为农民工提供公租房；要求公共服务面向居住在城市社区的农民工；义务教育面向农民工子女，方便农民工子女随迁到父母务工所在地；在就业方面要求平等对待农民工，同工同酬，改善农民工生产生活条件。⑤2004年中央一号文件首次提出农民工是产业工人的重要组成部分。这是对农民工社会地位的充分肯定，明确了政府对农民工经济地位和政治地位平等相待的态度。⑥2000年首次在国家文件中提出“建立外出务工和返乡创业双向流动机制”，说明从20世纪80年代初期农村劳动力可以流动到城市务工开始，有的农民工已经有了回乡创业的经济实力。

2000年以后政府关于农民工政策有了本质性的变化，由城乡居民空间分割迈向空间融合，中国实现城乡一体化有了新的起点。这一阶段国家关于农村劳动力流动政策的根本性变化，源于党中央和国务院根据改革开放后市场经济体制建立做出的正确决策，不仅成功解决了大量农村富余劳动力转移的问题，使转移后的农村劳动力大多走出贫困，也积累了适合中国国情的劳动力转移的经验，为中国社会制度更加公平正义奠定了基础，为以后实现城乡一体化提供了前提条件。

第三节　本章小结

一　中华人民共和国成立后农村劳动力转移的相关政策几经波折已走向正轨

中华人民共和国成立后不久，城乡不同的户籍制度将大量农村劳动力固定在土地上，是为了便于实行统购统销和剪刀差政策从农业部门筹集工业化所需资金。限制农村劳动力流动政策是一种脱离经济社会发展规律强制实行的政策，虽然在当初取得了一定成效，但是忽略了轻工业和城市发展会更多吸纳劳动力就业和更好地改善居民生活，“到 1978 年全国仍有 2.5 亿人没有解决温饱问题”①。中国政府关于农村劳动力流动，从国家允许农村劳动力向城市流动到控制、劝阻、制止，再到规范和鼓励农村劳动力流动，相关政策经历从“自由迁徙”到“严格控制”、从“离土不离乡”到“离土又离乡”、从“被迫应对”到“积极引导”的发展阶段。长达 70 多年里政府关于农村劳动力向城市流动政策的演变，折射出中国政府在社会主义发展道路上的艰难探索过程，如今彻底改变了过去计划经济体制下限制农村劳动力转移政策，实行适合市场经济发展农村劳动力流动的政策，中国人口流动政策与社会发展已进入良性循环时期。

二　农村劳动力能否向城市转移很大程度上取决于政策导向

纵观中华人民共和国成立 70 多年来农村劳动力转移的历史，农村劳动力是否能向城市转移，怎样转移以及转移程度，并非取决于纯经济或市场发展，也不取决于农村劳动力主观因素，很大程度上取决于国家农村劳动力流动政策，这是我国与其他国家农村劳动力转移情况的最大区别。

三　农村劳动力转移政策的变化促使城乡社会空间从分割走向融合

20 世纪 50 年代城乡不同的户籍制度实施后，开始禁止农村人口向城

---

① 国务院研究室课题组编：《中国农民工调研报告》，中国言实出版社 2006 年版，第 2 页。

市社会空间流动。同时在城乡不同户籍上依附了不同的社会保障、社会福利、公共服务等，致使城乡人口有了不同的居民身份和福利待遇，城市居民享有的待遇明显优于农村居民。从此统一的社会空间被分割为城乡不同的社会空间，形成了城乡二元体制。可以说城乡不同户籍制度的建立全方位影响了中国社会，不仅是农村人口流动被限制，还影响到各种利益分配、子女升学、社会制度，甚至深刻影响了社会成员的文化观念、婚姻观念、社会心理等各方面。由于户籍制度赋予了农村人口农民身份，他们进城务工后从事的非农职业，在现实中因他们属于亦工亦农、似城非城的特殊群体，被称为“农民工”。随着中国特色社会主义市场经济体制的建立，政策已转变为促进农村劳动力向城市转移，户籍制度有较大幅度改革，农村劳动力进城务工已无障碍，城乡统筹政策的实施向城乡一体化迈出一大步，城乡社会空间的分割正走向城乡社会空间的融合，但是，彻底消除过去城乡不同社会政策的影响还有较长的路要走。

第三章　第一代农民工的基本情况与特点

20世纪80年代政策允许农村劳动力向城市转移后至今已经40年，农民工大规模进城已有20多年。经过几十年相关政策的调整，农民工在城市务工和生存的条件已经有了很大改善，许多农民工家庭成员跟随到城市务工或上学，与农村劳动相比他们的收入、观念、生活方式等各方面都有很大改变。由于历史的原因，农民工群体与中国社会的其他群体相比仍有不同的特点。

第一节　第一代农民工的基本情况

一　第一代农民工个人与家庭成员的基本情况

从20世纪80年代初国家允许农村劳动力外出务工开始，经过40年，第一代农民工平均年龄接近50岁。他们进城务工初期平均年龄只有20多岁，2001年农民工平均年龄为27.8岁，以后逐年上升（参见表3-1）。国家统计局从2008年开始监测农民工情况，以后每年发布农民工监测调查报告，从监测调查报告数据中我们看到41岁及以上的人数呈增长态势，平均年龄也由2009年的34.0岁增长到2023年的43.1岁（参见表3-2）。渐渐老去的农民工面临的主要问题不再是在城市谋求一个更好的工作，挣更多的钱，更多的是考虑年老在城市还是农村安度晚年生活。

表3-1　外出农民工年龄结构与平均年龄（2001—2004）

单位：%

年份／年龄	2001	2002	2003	2004
16—20岁	22.2	20.2	19.5	18.3

续表

年份 年龄	2001	2002	2003	2004
21—25 岁	26.8	26.1	27.8	27.1
26—30 岁	16.1	15.9	15.6	15.9
31—40 岁	22.2	24.0	23.0	23.2
40 岁以上	12.7	13.8	14.1	15.5
平均年龄（岁）	27.8	28.3	28.2	28.6

数据来源：《中国农民工调研报告》。①

表 3-2　　　　41 岁以上农民工年龄构成情况表（2008—2023）

单位：%

年份 年龄（岁）	2008	2009	2010	2011	2012	2013	2014	2015
41—50 岁	18.6	19.9	21.2	24	25.6	26.4	26.4	26.9
50 岁以上	11.4	12.2	12.9	14.3	15.1	15.2	17.1	17.9
平均年龄	–	34.0	35.5	36.0	37.3	–	38.3	38.6
年份 年龄（岁）	2016	2017	2018	2019	2020	2021	2022	2023
41—50 岁	27.0	26.3	25.5	24.8	24.2	24.5	23.8	24.8
50 岁以上	19.1	21.3	22.4	24.8	26.4	27.3	29.2	30.6
平均年龄	39.0	39.7	40.2	40.8	41.4	41.7	42.3	43.1

注：表格中的数据根据 2011—2023 年国家统计局发布的农民工监测调查报告整理获得，其中 2010 年农民工的平均年龄是 2014 年国家统计局发布的农民工监测调查报告中获得，缺 2008 年和 2013 年的平均年龄。

为了掌握第一代农民工务工和生活以及养老城乡选择的意愿和困境的基本情况，我们于 2019 年 8 月—2020 年 8 月动员本校学生在全国 31 个省、自治区和直辖市（除特区外）进行了匿名问卷调查。调查范围涉及全国几百个地区、务工和经商的多个行业，调查对象为 40 岁以上农民工。本次调

① 国务院研究室课题组编：《中国农民工调研报告》，中国言实出版社 2006 年版，第 4、102、103 页。

查发出问卷3800份，收回3682份，回收率为96.9%；有效问卷3229份，有效率84.97%。[①] 为弥补问卷调查的不足，课题组成员在全国十多个省农民工集中的城市和农村社区对100多位第一代农民工进行了访谈。

1. 受访农民工个体的基本情况

本次问卷调查的3229个40岁以上样本中受访农民工平均年龄48.58岁，年龄最小的40岁，最大的78岁。男性2232名（69.2%），比女性993名（30.8%）多38.4个百分点。女性农民工占比30.8%，比国家统计局公布的（34.8%）低4个百分点，是因为本次调查对象是40岁以上农民工，调查显示随着年龄的增长，女性农民工人数在减少。40—49岁组男性（65.8%）比女性（34.2%）多31.6个百分点，50—59岁组男性（73.2%）比女性（26.8%）多46.4个百分点；60岁及以上组男性（80.6%）比女性（19.4%）多61.2个百分点。从随机调查的情况看，农民工人数随着年龄的增长在减少，女性农民工人数下降的幅度大于男性，从40—49岁组的占比34.2%下降到50—59岁组的26.8%；再下降到60岁及以上组的19.4%，平均降幅是26.8%。国家统计局公布2020年农民工的数据也表明外出农民工中女性比上一年下降了0.6（外出）和0.2（本地）个百分点[②]。访谈了解到她们离开城市务工群体后有的返回农村，有的留在城市子女家，如果丈夫还在城市务工，高龄女性农民工大多随丈夫居住在打工地未务工也未返回农村。

受访农民工小学及以下文化程度1185人（36.7%），初中1439人（44.6%），高中498人（15.4%），大专69人（2.1%），本科38人（1.2%）。其中40—49岁组小学及以下593人（30.1%），初中941人（47.8%），高中354人（17.9%），大专53人（2.7%），本科29人（1.5%）；50—59岁组

① 本次问卷调查主要由重庆大学学生和课题组成员于2019年8月至2020年8月利用寒暑假时间，在全国31个省、自治区和直辖市的若干区县的打工地或农村社区进行了随机匿名问卷调查（个别省份的问卷很少，如西藏只有一份问卷），按照政府文件将1980年出生年龄作为新老农民工的划分标准，我们将40岁以上农民工作为本次调查对象。本次调查涉及农民工在城市经商务工的各个行业。（本研究因涉及课题组主要成员十多年来多次调研数据，在脚注没有特别说明的数据为本次问卷调查的数据）

② 《2020年农民工监测调查报告》，http://www.stats.gov.cn/sj/zxfb/202302/t20230203_1901074.html，2021年4月30日。

小学及以下457人（43.8%），初中438人（42.0%），高中126人（12.1%），大专14人（1.3%），本科8人（0.8%）；60岁及以上组小学及以下135人（62.5%），初中60人（27.8%），高中18人（8.3%），大专3人（1.4%），本科为0。60岁及以上组小学文化程度比40—49岁组高出32.4个百分点，比小学文化平均值高出17.9个百分点（参见表3-3），可见年龄越大整体文化程度越低，反映出在第一代农民工年轻时我国农村整体教育水平较低。笔者20世纪70年代在四川南部县下乡时，村里没有一个高中生，初中生极少，女青年读完小学的也很少。文化程度对农民工进城就业、收入等方面有很大影响。文化程度低的农民工一般情况下学习能力较低，进城务工后缺乏掌握新技术和工业相配套的能力，就业路径较窄，同时影响到收入和城市定居能力。

表3-3　　受访农民工个人基本情况表（N=3229）

受访者平均年龄	48.58岁（年龄段：40—78岁）							
进城务工人数	总样本		40—49岁		50—59岁		60岁及以上	
	人数（人）	比例（%）	人数（人）	比例（%）	人数（人）	比例（%）	人数（人）	比例（%）
男	2232	69.2	1295	65.8	763	73.2	174	80.6
女	993	30.8	672	34.2	279	26.8	42	19.4
合计	3225	100	1967	100	1043	100	216	100
文化程度	人数（人）	比例（%）	人数（人）	比例（%）	人数（人）	比例（%）	人数（人）	比例（%）
小学及以下	1185	36.7	593	30.1	457	43.8	135	62.5
初中	1439	44.6	941	47.8	438	42.0	60	27.8
高中	498	15.4	354	17.9	126	12.1	18	8.3
大专	69	2.1	53	2.7	14	1.3	3	1.4
本科	38	1.2	29	1.5	8	0.8	0	0
合计	3229	100	1970	100	1043	100	216	100

续表

受访者平均年龄	48.58 岁（年龄段：40—78 岁）							
有无配偶	总样本		40—49 岁		50—59 岁		60 岁及以上	
	人数（人）	比例（%）	人数（人）	比例（%）	人数（人）	比例（%）	人数（人）	比例（%）
有	3052	94.5	1863	94.6	984	94.3	205	94.9
无	177	5.5	107	5.4	59	5.7	11	5.1
合计	3229	100	1970	100	1043	100	216	100
子女数	人数（人）	比例（%）	人数（人）	比例（%）	人数（人）	比例（%）	人数（人）	比例（%）
无子女	105	3.3	71	3.6	34	3.3	0	0
1 个子女	1013	31.4	672	34.1	301	28.9	40	18.5
2 个子女	1499	46.4	932	47.4	477	45.7	90	41.7
3 个及以上	609	18.9	293	14.9	231	22.1	86	39.8
合计	3226	100	1968	100	1043	100	216	100
赡养老人数	人数（人）	比例（%）	人数（人）	比例（%）	人数（人）	比例（%）	人数（人）	比例（%）
无	482	15.0	134	6.8	221	21.3	127	59.3
1 个	667	20.7	365	18.6	259	24.9	43	20.1
2 个	1180	36.7	805	41.0	344	33.0	31	14.5
3 个	472	14.6	325	16.5	141	13.6	6	2.8
4 个及以上	417	13.0	335	17.1	75	7.2	7	3.3
合计	3218	100	1964	100	1040	100	214	100

注：表中个别数据有出入是系统缺失或系统计算出入，不影响数据分析的结果。

2. 家庭成员的基本情况

受访者有配偶的 3052 人（94.5%），无配偶的 177 人（5.5%）。各年龄段的有无配偶情况相差很小。60 岁及以上组 5.1%的人无配偶，低于全体样本（5.5%）0.4 个百分点；16 个 70 岁以上样本无配偶的比例是 18.8%。从这一基本情况可以看到随着年龄的增长，老年农民工有配偶的比例在降低。交叉分析发现，无配偶的农民工中又无子女的达到 50.9%，有一个子女的（19.4%）比总样本（31.4%）低 12 个百分点，有 2 个子女的（20.6%）比总样本（46.4%）低 25.8 个百分点。虽然这部分绝对数占比较低，但他们老年后的生存问题也是值得重视的问题。

受访者子女的情况：有 105 人无子女，占受访者总数的 3.3%；有 1 个子女的 1013 人（31.4%），2 个子女的 1499 人（46.4%）；3 个及以上子女的 609 人（18.9%）。40 岁组有一个子女的 672 个（34.1%），2 个子女的 932 人（47.4%），3 个及以上子女的 293 人（14.9%）；50 岁组有 1 个子女的 301 人（28.9%），2 个子女的 477 人（45.7%），3 个及以上子女的 231 人（22.1%），60 岁及以上组 1 个子女的 40 人（18.5%），2 个子女的 90 人（41.7%），3 个及以上子女的 86 人（39.8%）。① 40 岁组的独生子女数超过三分之一，比 60 岁及以上组高出 15.7 个百分点，60 岁组 3 个以上子女数比 40 岁组高出 24.9 个百分点，比样本平均数高 20.9 个百分点。可以看到独生子女的农民工父母今后养老的压力大于非独生子女父母。

受访者赡养老人数的均值为 2.9 人。全体受访者无老人赡养的 482 人（15.0%），40 岁组、50 岁组和 60 岁组无老人赡养的占比分别为 6.8%、21.3%、59.3%。全体受访者需要赡养 1 个老人的有 667 人（20.7%），赡养 2 个老人的 1180 人（36.7%），赡养 3 个老人的 472 人（14.6%），赡养 4 个及以上老人的 417 人（13.0%）。40 岁组需要赡养 1 个老人的 365 人（18.6%），赡养 2 个老人的 805 人（41.0%），赡养 3 个老人的 325 人（16.5%），赡养 4 个及以上老人的 335 人（17.1%）；50 岁组需要赡养 1 个老人的 259 人（24.9%），赡养 2 个老人的 344 人（33.0%），赡养 3 个老人的 141 人（13.6%），赡养 4 个及以上老人的 75 人（7.2%）；60 岁组需要赡养 1 个老人的 43 人（20.1%），赡养 2 个老人的 31 人（14.5%），赡养 3 个老人的 6 人（2.8%），赡养 4 个及以上老人的 7 人（3.3%）。随着农民工年龄的增长，赡养多个老人数在减少，这也符合自然规律。60 岁组农民工无老人赡养的比例（59.3%）比 40 岁组（6.8%）高出 52.5 个百

① 为表述简便，本书后面将课题组 2020 年调查分为 40—49 岁组、50—59 岁组、60 岁及以上组分别表述为 40 岁组、50 岁组、60 岁组。后面有个别地方如果将 60—69 岁组和 70 岁以上组分别分析时有特别说明。

分点，而40岁组赡养3—4个以上老人的（33.6%）比60岁组（6.1%）高出27.5个百分点（参见表3-3）。85%的第一代农民工都要赡养老人，家庭负担较为沉重，年龄相对较轻的赡养老人的负担更重，他们外出务工的收入改善家庭成员的生活包括了三代人或四代人在内，受访者平均赡养老人2.9人，说明夫妻需要赡养双方老人，农民工开始改变过去女方出嫁后只赡养婆家父母的传统。笔者曾经到农村访谈了解到有的家庭因子辈无力赡养老人或子辈去世后，由孙辈赡养祖辈的情况。

二　第一代农民工务工的基本情况

1. 第一代农民工进城务工的年数

调查显示，受访者外出务工平均15.5年，他们进城务工时间在10年以上的有2309人（72.8%），其中务工40年及以上的41人（1.3%）、30—39年的277人（8.7%）、20—29年的923人（29.1%）、10—19年的1068人（33.7%）、10年以下的859人（27.1%）。[①] 40岁以上第一代农民工外出务工大多数在10年以上，约有25%在10年及以下。其中女性比男性外出务工的时间短，外出务工40年及以上的男性（80.5%）比女性（19.5%）高出61个百分点，务工30—39年的男性（77.3%）比女性（22.7%）高出54.6个百分点，务工20—29年的男性（70.7%）比女性（29.3%）高出41.4个百分点，务工10—19年的男性（70.2%）比女性（29.8%）高出40.4个百分点，务工10年及以下的男性（63.8%）比女性（36.2%）高出27.6个百分点（参见图3-1）。从样本数据看，女性农民工进城务工的相对比例在提高，男性的相对比例在下降。这主要是由于农民工进城务工初期，大多数男性农民工的妻子留在家中照顾老人和孩子，有的女性农民工在农村照顾孩子直到孩子外出工作或考上大学才到城市务工。从调查情况看，第一代农民工外出务工平均年数不太高是因为初期外出农民工的总数不大，大规模外出务工是20世纪末到21世纪初，早期外出务工的高龄农民工有些人已经返乡养老。近年来城市务工环境有很大改

---

① 本组数据合计3168人，系统缺失61人。采用的有效百分比。全书多个数据分析都有类似情况，不再进行特别说明。

变，举家到城市务工的农民工越来越多。受访农民工务工期间基本不回乡的占 89. 9%，务工期间平均每年回家 1 次（41. 6%）、回家 2 次（28. 1%）。说明农民工基本上脱离了农业劳动，常年在城市从事非农劳动。

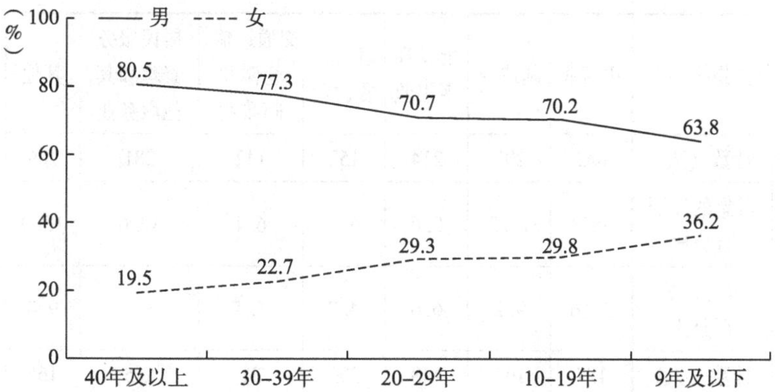

图 3-1　受访男女农民工进城务工年数对比图（N=3229）

2. 第一代农民工所在行业分布情况

受访农民工所在行业的分布情况。第二产业占比 44. 1%，其中建筑业 30. 4%，制造业 13. 7%，服务业 55. 9%，服务业农民工在批发和零售业 11. 2%，住宿餐饮业 11. 9%，交通运输、仓储和邮政业 5. 4%，居民服务修理和其他服务业 13. 2%，其他 14. 1%。本次第一代农民工在第二产业从业（44. 1%）比国家统计局 2019 年、2020 年农民工监测调查报告公布的数据（49. 1%，46. 1%）分别低 5 个、2 个百分点，是因为本次调查对象是 40 岁以上农民工。高龄农民工在建筑业一线和制造业工作比例降低，50 岁以上的农民工从业开始受到限制，比如装卸工、建筑类高层作业、制造业中的注意力和技术要求较高的某些工种等，如码头装卸行业明确规定不接受 50 岁以上农民工从事搬运装卸等繁重工作。因此部分从业领域高龄农民工的比例逐渐下降，辅助性工作的比例逐渐上升。另外，不同性别农民工从业情况也有差异。在建筑业中男性（38. 3%）比女性（12. 8%）高出 25. 5 个百分点；制造业男性（13. 3%）比女性（14. 6%）低 1. 3 个百分点；服务业男性（48. 4%）比女性（72. 6%）低 24. 2 个百分点。在服务业中，女性占比最高的是住宿和餐饮业（23. 4%）。男性占比最高的是建筑业（38. 3%），男性和女性占比最低的是交通运输、仓储和邮政业

（6.4%、3.1%）（参见表3-4）。除了建筑业，交通运输、仓储和邮政业男性占比高于女性，其他行业都是女性占比高于男性。

表3-4　　不同性别受访农民工与所在行业交叉分析表①　（N=3220）

分类指标		建筑业	制造业	批发和零售业	住宿餐饮业	交通运输、仓储和邮政业	居民服务修理和其他服务业	其他	总计
男	计数（人）	852	297	214	152	142	281	289	2227
	占您的性别百分比	38.3	13.3	9.6	6.8	6.4	12.6	13.0	100
	占总计的百分比	26.6	9.2	6.6	4.7	4.4	8.7	9.0	69.2
女	计数（人）	127	145	148	232	31	145	165	993
	占您的性别百分比	12.8	14.6	14.9	23.4	3.1	14.6	16.6	100
	占总计的百分比	3.9	4.5	4.6	7.2	1.0	4.5	5.1	30.8
总计	计数（人）	979	442	362	384	173	426	454	3220
	占您的性别百分比	30.4	13.7	11.2	11.9	5.4	13.2	14.1	100
	占总计的百分比	30.4	13.7	11.2	11.9	5.4	13.2	14.1	100

各年龄段农民工从业情况的变化。①建筑业各年龄段从业比例变化不大。建筑业工作自由度大，访谈了解到建筑工地按照混凝土浇筑、钢筋工、木工、架子工、混凝土振捣棒等不同工种分包给不同的小团队，有的3—5个小团队在一个工地从事某一个专业的工作做完后又到另一个工地，不同工种的技术要求不同，有的工种对年龄要求不严格。建筑行业高层露天工作十分辛苦，如果不放宽年龄很难招工。50岁组占比高于40岁组，是因为建筑业有的工种劳动强度大收入相对较高，对文化程度要求较低，

① 表中各组百分比的合计有时不等于百分之百，是系统计算的原因，不影响整体数据分析。本书其他表格如果有此类情况，原因相同。

50多岁农民工身体大多能胜任，他们可以根据身体等情况调节上下班时间。60岁左右的农民工在建筑业从业的一般都只是做扫地、厨卫和看管工地等辅助性工作，工作性质和劳动强度与服务业十分接近。②制造业中各年龄段变化最大。60岁组（7.9%）比40岁组（14.9%）虽然只低了7个百分点，但是降幅接近50%。制造业的企业管理相对严格，尤其是技术含量稍高的工种进入门槛稍高，文化程度低欠缺灵活性的人难以进入，有些工种已不接受高龄和文化程度低的农民工。③随着年龄的增长服务业农民工不断增长。50岁组从事服务业的（56.5%）比40岁组（54.9%）高1.6个百分点，60岁组农民工从事服务业的（62.5%）比50岁组高6个百分点（参见图3-2）。高龄农民工在服务业中打散工的比较多，比如街边擦皮鞋、重庆棒棒军①、家庭房屋装修等做一些零活等，这类职业进入门槛低，劳动时间自由，工作相对轻松。60岁左右的农民工就业已不占优势，加上他们文化程度和劳动技能相对较低，随着年龄增长很难找到比较固定的职业，由于在城市就业机会高于农村，仍有许多60岁以上农民工在城市寻找一些零工为以后养老储备。

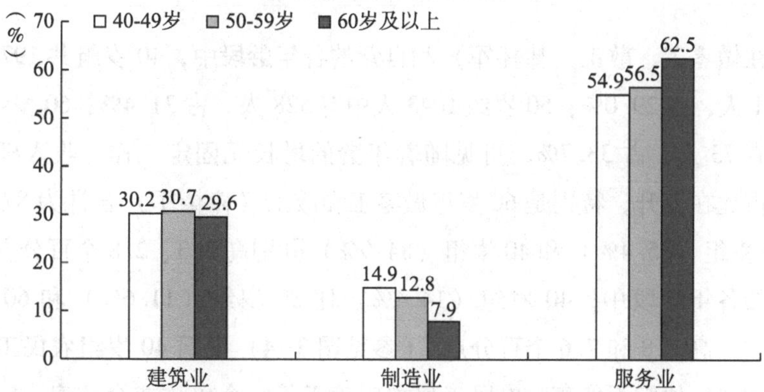

图3-2　各年龄段受访农民工从业类型（N=3229）

受访农民工从业具体情况（包括从业单位和自由职业）。在乡镇集体企业的103人（3.2%），机关事业单位的130人（4.0%），国有企业的有254

① 重庆特有的站在街边靠一根棒棒揽活的一种体力劳动（以搬运货物为主）的职业，从事这类职业的农民工俗称为棒棒军（当地人一般称“棒棒”）。

人（7.9%），个体工商户641人（19.9%），民营企业1006人（31.3%），无固定单位1084人（33.7%），其中，做零工、散工、自营、棒棒军分别为17.2%、11.8%、4.1%、0.6%。（参见图3-3）可见乡镇企业吸收农村劳动力的能力很弱，农民工在正规部门就业的比例合计只有13.9%，无固定单位的占比达到三分之一，这部分农民工大多数是50岁以上的高龄，做零工和散工占比达到29%，他们收入不稳定，在低收入群体中占比最高。

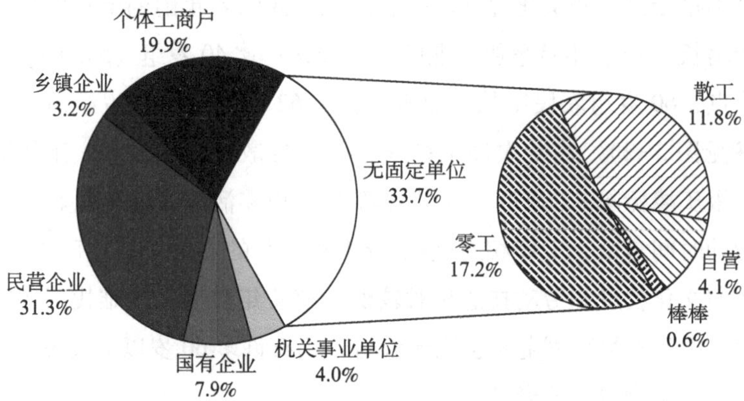

图3-3　受访农民工从业情况（N=3218）

在做零工、散工（棒棒军）和自营的各年龄段中，40岁组共1970人，有571人，占29.0%；50岁组1043人中有328人，占31.4%；60岁组216人中有73人，占33.7%。可见随着年龄的增长无固定工作、收入极不稳定的占比在上升，特别是60岁组做零工和散工（棒棒军）合计为87.7%，比50岁组（85.4%）和40岁组（84.9%）分别高2.3、2.8个百分点。在自营的各年龄段中，40岁组（14.4%）比50岁组（11.6%）和60岁组（6.8%）高2.8和7.6个百分点。（参见图3-4）说明40岁组农民工自营能力较强，他们不像高龄农民工那样依赖于某一个单位或个体雇主，而是想依靠自己的能力自营增加收入。受访者从事棒棒军职业50岁组（3.0%）和60岁组（5.5%）的高于40岁组（0.7%），说明随着年龄增长寻找工作逐渐困难，靠站街揽活的棒棒军无从业门槛，只要身体能够承受就能持续，这是他们比较容易增加收入的职业。

从上述情况看到，受访农民工50岁以后就业日渐处于弱势，60岁以后如果仍然滞留在城市，从业不稳定直接影响到收入和生活。如重庆的棒

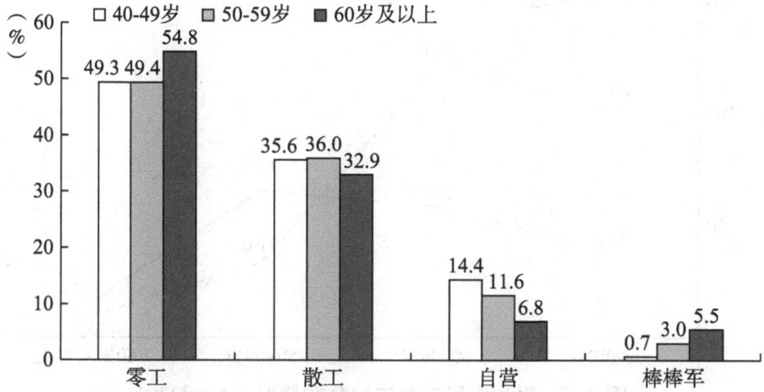

图 3-4　不同年龄段受访农民工无固定单位的务工情况（N=972）

棒军群体，20 多年前还有许多青年和中年农民工，随着私家车和电梯房的普及，棒棒军群体逐年减少，目前站在街边揽活大多是 60 岁左右的高龄农民工，户籍地都在重庆主城区周边的区县，他们寒冬酷暑都在街边揽活儿，收入极不稳定。其中女性棒棒军在街边揽活的，每周有一两家固定的家政工作，多数时间在小区门口等着有人叫她们回收废品或搬运小件物品。男性棒棒军基本上站在街边等着有人叫他们去搬运，偶尔一天没有收入。但是他们多数人仍然在城市暂时没有回农村的打算。

受访农民工务工地点分布。以是否在户籍地务工区分是否在本地务工，也可以看到务工距离的远近。全体受访者务工在户籍地的 1023 人（37.3%），不在户籍地的 2018 人（62.7%）。40 岁组在户籍地的 702 人（58.4%），不在户籍地的 1264 人（62.6%）；50 岁组在户籍地的 397 人（33%），不在户籍地的 643 人（31.9%）；60 岁组在户籍地的 104 人（8.6%），不在户籍地的 111 人（5.5%）（参见图 3-5）。随着年龄的增长，农民工在户籍地务工的占比在提高，40 岁组在户籍地（58.4%）比不在户籍地务工（62.6%）低 4.2 个百分点，50 岁组在户籍地（33.0%）比不在户籍地务工（31.9）高 1.1 个百分点，60 岁组在户籍地务工（8.6%）高于不在户籍地务工（5.5%）3.1 个百分点。可见 50 岁以后的农民工逐渐不适合长期在离家较远的地方务工，开始向户籍地转移，说明他们养老地方的选择大多是家乡的城镇或者农村。

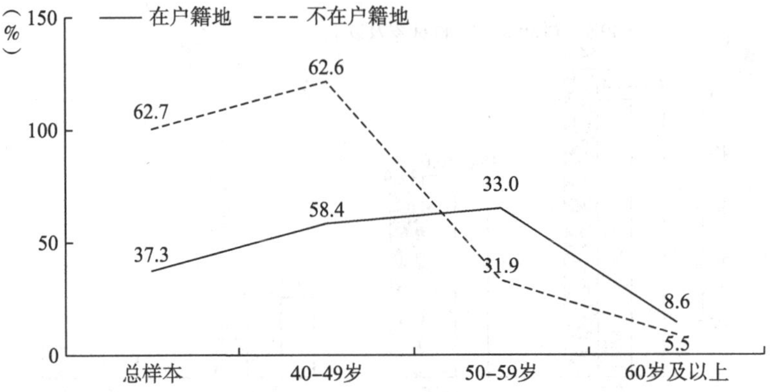

图 3-5　受访农民工务工地分布情况（N=3229）

3. **受访农民工在城镇务工的住房和居住情况**

受访者在城镇务工期间住房情况。租住私房 1177 人（36.5%）、就业场所提供房 795 人（24.7%）、借住房 224 人（7.0%）、自购小产权房 176 人（5.5%）、自购商品房 519 人（16.1%）、政府提供廉租房 183 人（5.7%）（参见图 3-6）。受访者租住私房和就业场所提供房以及借住房高达 68.2%，这部分人选择迁移城市的概率不高，自购商品房中包含了农民工自购和其子女购房。其中居住在子女购房里的也不会全部留城养老。政府提供公租房帮助解决了 5.7%农民工住房问题，仅比自购小产权房的高 0.2 个百分点，一般情况下不规范的小产权房基本没有建在大中城市，这部分

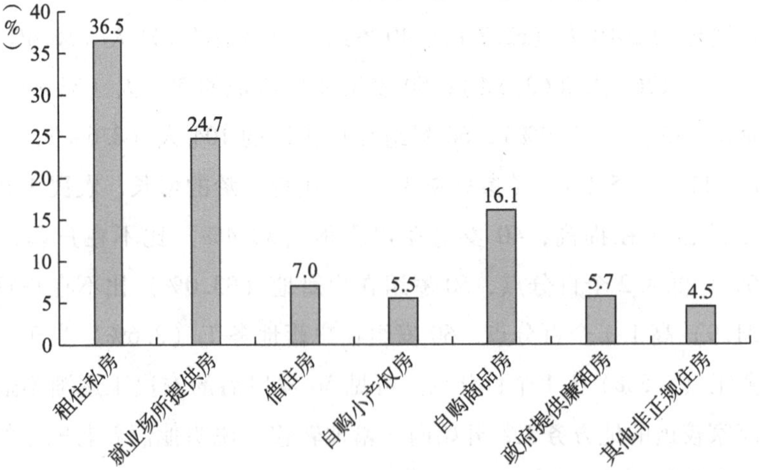

图 3-6　受访者务工住房情况（N=3229）

人一般会回到户籍所在的地区。总之从住房情况看，第一代农民工选择留城的占比较低。

受访者与家人的居住情况。与配偶居住的 1129 人（35.1%）、与配偶子女同住的 902 人（28.0%）、与父母同住的 59 人（1.8%）、三代及以上同堂的 138 人（4.3%），独居的 716 人（22.2%）、其他 277 人（8.6%）（参见图 3–7）。受访者与配偶居住的比例最高，符合 50 岁左右农民工的特点，调查显示农民工家庭有 2 个及以下子女的达到 81.1%，50 多岁的农民工子女在身边的不多。与子女同住的比例接近 30%，其中有少数家庭的子女因读书未独立与父母在家居住。调查显示 12.6%的受访农民工在城市购买商品房，其中相当部分是为子女购买，因此与子女同住，子女自己购房的 2.2%，这与中国传统文化成年子女赡养老人相反，是高龄农民工还在为子辈付出。22.2%的农民工独居说明他们的家属随迁条件不具备，或是因家中老人、读中学的子女、孙辈需要照料等原因，或是家属缺乏在城市务工的条件而没有跟随到务工地。受访者有 6.1%的三代同堂或与父母同住，说明有父母需要赡养，访谈了解到有的农民工在城市务工后担心农村的老父母，把老父母接到城市居住在一起，这些人的父母为了不成为子女的负担，在住家附近做环卫工作或做散工，成为进城时间很短的高龄农民工。

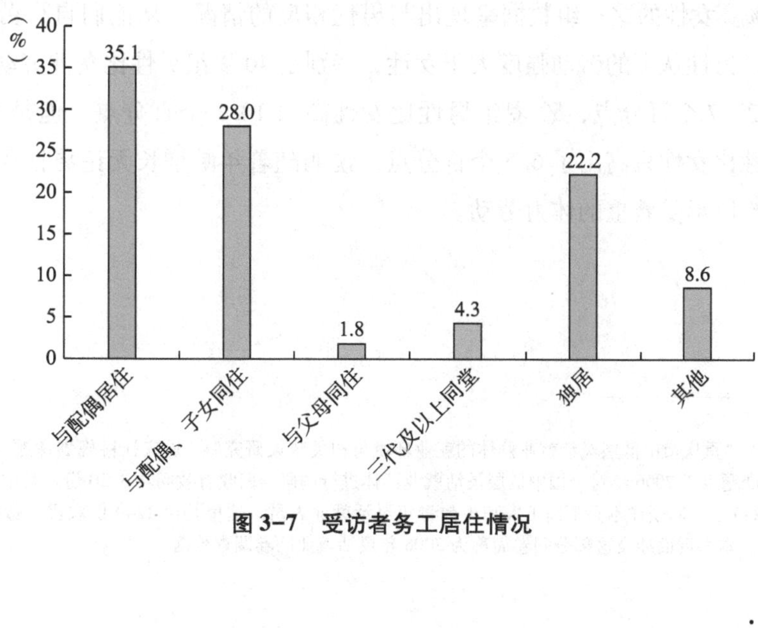

图 3–7　受访者务工居住情况

4. 受访农民工的工作时间和劳动强度

农民工大多在非正规部门就业，他们的工作时间因工种不同而有差异，如在建筑部门的农民工因露天作业常常受天气影响而调整劳动时间，雨天休息，天晴时劳动时间会相对延长，在企业或某些行业的农民工因实行计件工资，他们往往因希望增加收入而自动延长工作时间，其结果是随着劳动时间的延长增大了劳动强度。我们于 2006 年对全国 1249 名农民工进行的调查，当时每天的劳动时间在 8 小时及以上的较多①，经过十多年劳动保障制度的进一步完善，农民工的劳动时间有较大幅度下降。从实地访谈的情况看，建筑业、制造业和服务业的劳动时间相差不大，男性农民工的劳动时间比女性农民工的劳动时间更长一些。

受访农民工自评劳动强度。认为工作很重（10.4%）和较重（42.5%）的合计占 52.9%，40.3%的人认为强度一般。不同性别对劳动强度的评价有差别，男性认为很重（11.9%）和较重（46.1%）合计达到 58%，比女性认为很重（7.1%）和较重（34.4%）合计 41.5%高出 16.5 个百分点。（参见图 3-8）男性农民工在装卸、搬运和建筑类务工的占比较大。随着年龄的增长劳动强度在降低。调查显示，40 岁组、50 岁组和 60 岁组的男性认为劳动强度很重和较重合计占比依次为 60.0%、56.7%、49.4%；女性这三个年龄段自评劳动强度很重和较重合计占比依次为 39.7%、46.6%、42.9%。女性的这三组数据呈现出与男性相反的情况，从他们自评劳动强度看，男性从事的劳动强度大于女性，特别是 40 岁组男性比女性劳动强度高出 20.7 个百分点，50 岁组男性比女性高出 10.1 个百分点，但是 60 岁组男性比女性只高出了 6.5 个百分点，说明随着年龄增长无论男性还是女性都难以承受繁重的体力劳动。

---

① “重庆市中低层灵活就业群体的就业环境与相关政策研究”（重庆社科规划课题，2005-JJ16）课题组于 2006 年对全国中低层灵活就业群体进行调研，回收有效问卷 3120 份。其中农民工样本 1249 份，其余样本是下岗工人和少数青年灵活就业人员。这里是用 1249 份农民工数据进行的分析。本书后面涉及这部分问卷简称为 2006 年灵活就业问卷调查数据。

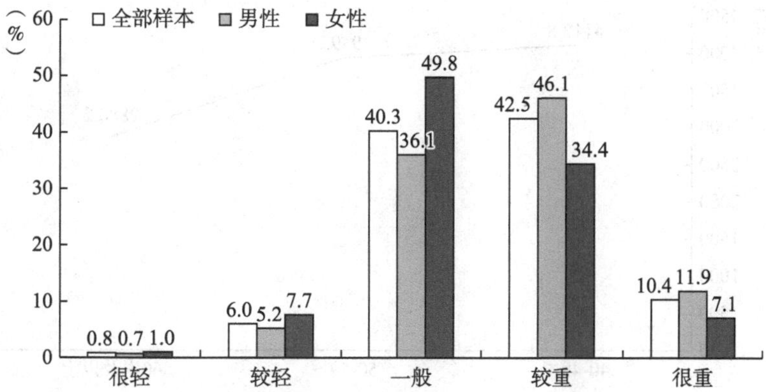

图 3-8　受访农民工自评劳动强度（N=3224）

三　第一代农民工的收入情况

从受访者的收入看，全体受访者月均收入为 3973.97 元，低于国家统计局公布的 2020 年农民工月均收入 4072 元，[①] 是因为本次样本是 40 岁以上农民工。其中男性月均收入 4171.54 元，女性月均收入是 3531.86 元。调查显示随着年龄的增长收入逐渐降低，40 岁组（1970 人）、50 岁组（1043 人）、60 岁组（216 人）分别是 4112.8 元、3939.2 元、2880.2 元。70 岁以上（16 人）仍在工作的月均收入只有 1818.75 元。只有 40 岁组稍微高过 2020 年全国农民工月均收入，60 岁组比 40 岁组月均收入减少 1232.6 元（参见图 3-9）。

以 2020 年全国农民工月均收入 4072 元作为中位线，[②] 全体受访农民工有 65.5%的人月收入低于全国月平均收入，[③] 高于 4072 元的占比为 34.5%。其中男性和女性低于全国月均收入的分别是 61.6%、74.5%。各不同收入段占比情况为：1000 元及以下的占 2.1%，1001—2000 元的占 13.5%，2001—3000 元的占 26.2%，3001—4072 元的占 23.7%，4073—

① 《2020 年农民工监测调查报告》，http://www.stats.gov.cn/sj/zxfb/202302/t20230203_1901074.html，2021 年 4 月 30 日。

② 4072 元是根据 2020 年国家统计局发布的《农民工监测调查报告》中获取的全国农民工的月均工资。

③ 在实际调查数据中没有刚达到 4072 元，因此数据显示收入 4072 元的全部处于全国月均收入以下。

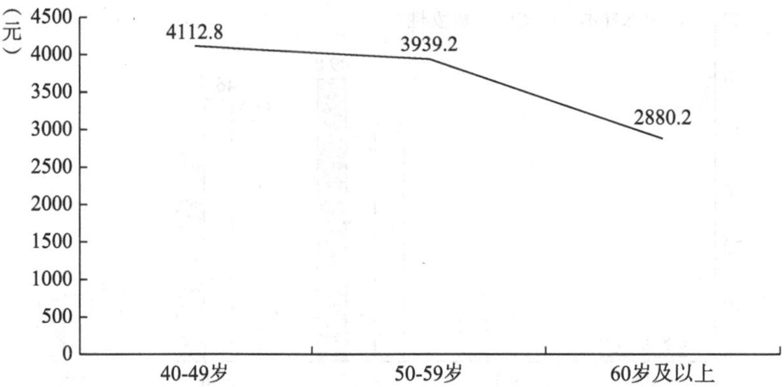

图 3-9　各年龄段农民工月均收入情况

5000 元的占 18.0%，5001—6000 元的占 7.9%，6001—8000 元的占 5.8%，8000 元及以上的占 2.8%。（参见图 3-10）访谈了解到，收入较高的是比较特殊的工作，如出海捕鱼类（包括分拣分装海鱼），连续 15 到 30 天在海上作业不能上岸，风险很大，这类工作的月均收入超过一万元，还有装卸工、建筑类一线工种等繁重体力劳动收入较高。一般性的简单劳动、从业门槛低的工作收入较低。

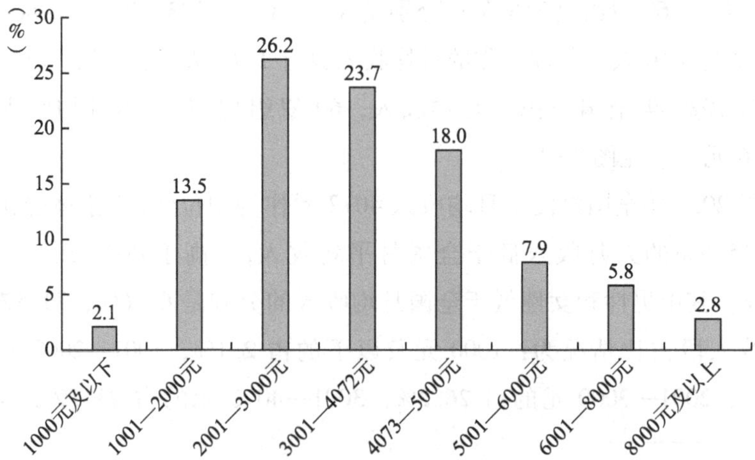

图 3-10　受访农民工月收入情况（N=3229）

从不同性别受访农民工的收入看，2218 位男性月均收入（4171.5 元）比 993 位女性月均收入（3531.9 元）高 639.6 元。本次调查显示受访者男性月均收入略高于全国农民工月均收入，女性月均收入低于全国农民工月均收入。从农民工务工的整体收入情况看，收入高的大多是繁重体力劳动、劳动时间很长的工作，能胜任这类工作的男性多于女性，所以男性收入普遍高于女性。

从不同性别受访者各不同年龄阶段看，不论男性还是女性，随着年龄的增长收入都在下降，男性的收入60岁组（3006元）比40岁组（4339元）降低1333元，降幅约33.6%。女性的收入60岁组（2363元）比40岁组（3677元）减少1314元，女性下降幅度比男性更大。（参见图3-11）从40岁组到60岁组，受访者月均收入下降1233元，降幅是35.7%。

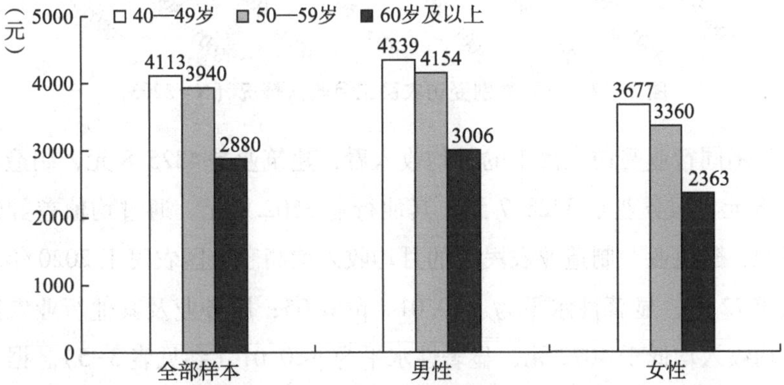

图3-11　不同性别受访农民工在不同年龄段月收入情况（N=3211）

从受访农民工收入分段情况看，在2020年全国农民工月均收入以下的女性（74.5%）比男性（61.6%）多12.9个百分点，而超过全国农民工月均收入的女性（25.5%）则低于男性（38.4%）12.9个百分点。女性收入集中在1001元到全国农民工月均收入4072元，男性的收入集中在2001—5000元（参见图3-12）。收入在5001元以上的较高收入段中，女性比男性占比减少了43.2%；在2001—5000元收入段中女性比男性只减少3.1%；而在2000元及以下的收入段中男性比女性减少了45.1%。从中我们看到，高收入段女性比男性有较大幅度减少，在低收入段男性比女性有较大幅度减少。

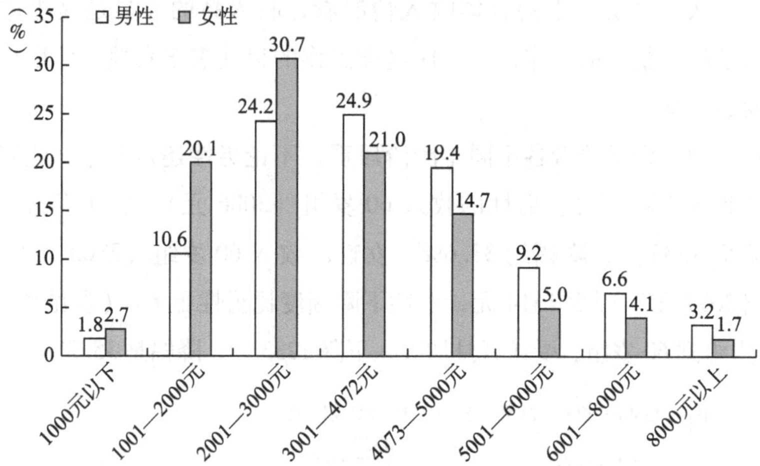

图 3-12　不同性别受访农民工月收入情况（N=3203）

从不同行业受访农民工的月均收入看，建筑业是 4325. 8 元，制造业是 4415. 8 元，服务业是 3728. 7 元，其他行业 3502. 4 元。通过均值差异性分析得知，建筑业、制造业农民工的月均收入均高于全国农民工 2020 年月均收入 4072 元，显著性水平为 p<0. 01、p<0. 05；服务业及其他行业农民工的月均收入均低于 4072 元，显著性水平为 p<0. 01（参见表 3-5）。据国家统计局公布的建筑业的月均工资高于制造业，我们的数据显示建筑业低于制造业，是因为我们的调查对象平均年龄是 48. 58 岁，60 岁左右的农民工大多在建筑工地一般从事工地清扫、门卫等辅助性工作，他们的收入明显低于建筑业的一线农民工，所以拉低了建筑业整体收入。

表 3-5　2020 年不同行业受访农民工的月收入与农民工月均收入差异性分析表（N=3203）

行业	个案数	M	t 值
建筑业	978	4325. 8	3. 846***
制造业	442	4415. 8	3. 074**
服务业	1334	3728. 7	-6. 512***
其他	449	3502. 4	-5. 704***

注：＊p<0. 1；＊＊p<0. 05；＊＊＊p<0. 01

服务行业包括批发和零售业，住宿餐饮业，交通运输、仓储和邮政业，居民服务修理和其他服务业。月均收入是 3728.7 元，61.0%以上在服务业的农民工月均收入比全国农民工月均收入 4072 元低 8.4 个百分点。服务业中收入最低的是居民服务修理和其他服务业，这部分农民工收入低于全国月均收入的达到 80.4%，其次是住宿和餐饮业 76.9%，交通运输、仓储和邮政业是 61.2%。批发和零售业是 61.1%。另外，其他行业在全国月均收入以下的占 75.6%，这些行业女性和老年农民工较多（参见图 3-13），调查显示，60 岁以上农民工有 47.2%都在居民服务和“其他”行业继续务工。

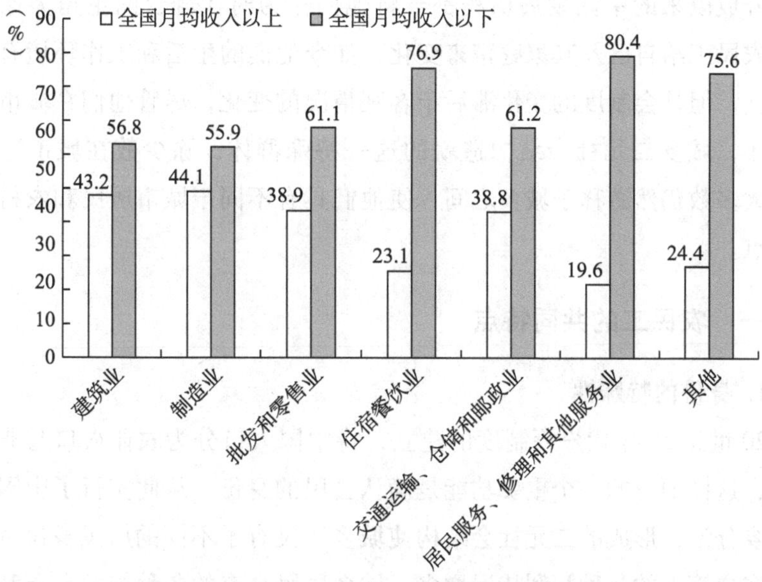

图 3-13　各行业受访农民工月均收入与全国农民工月均收入对比情况

第一代农民工因文化程度相对较低，缺乏与现代工业相匹配的技能，大多入职门槛低的繁重体力劳动岗位，当他们到 55 岁之后逐渐退出繁重体力劳动岗位，收入也随之降低。他们早期的收入用于改善当时农村的生活条件、抚养儿女和帮助子女成婚以及赡养老人，积蓄很少。少数农民工虽然购买了商品房，相当部分是为儿女成婚购买的。早期进城务工的收入很低，自己的养老积蓄严重欠缺。所以相当多的农民工在 60 岁左右仍然在城市务工为养老储备更多资金而未打算回乡养老。

第二节　农民工的特点

40 多年前农民工离开了世世代代生活的乡土环境，怀揣着对美好生活的向往踏上了进城的征途，奔向陌生而又充满希望的远方，汇入城市茫茫人海中寻求金色梦想的实现。他们迈出农村走向城市的初衷是单纯的，只是为了自己及其家庭能够更好地生存。他们登上历史舞台的初期，没有人预想到几十年以后农民工对中国社会发展的贡献如此巨大，无论谁来书写改革开放以来的中国发展历程都会将他们作为时代舞台的主角为他们点赞。农民工给自己及其家庭带来变化，如今他们的生活和工作环境有了很大改变，但社会制度的变化滞后于客观情况的变化，尽管他们在城市工作几十年，城乡二元社会结构造就的这一特殊群体，除少数在城市稳定生活，大多数仍然游移于城乡之间，使他们具有不同于城市居民和农村居民的特点。

一　农民工的共同特点

1. 身份的特殊性

20 世纪 50 年代户籍制度的建立，将中国人口分为农业人口与非农业人口，这样划分的一个重要功能是确认公民的身份，从此实行了中国社会的城乡分治，形成的二元社会结构使城乡居民有了不同的居民身份，随着依附在户籍上的各种福利待遇增多，城乡居民享有的各种权益和福利待遇有很大差异，包括迁徙和流动的权利，在城市获得工作机会的权利、获得工作报酬的平等权、农村居民在城市务工期间的政治权利、各种福利待遇的权利，获得发展机会的权利、获得公共服务的权利等都出现了不平等。户籍本是登记户口的册籍，是国家人口管理的制度，主要登记公民的姓名、出生日期、婚姻状况、迁移、死亡等基本信息，有利于国家统计人口，证明公民身份，便于为国家建设提供人口相关资料。户籍原本的基本功能与人口流动没有关系。但从户籍制度将城乡居民进行身份区分，用户籍制度控制农村人口向城市转移，形成屏蔽了农民分享城市社会资源的制度，加之国家的资源向城市倾斜，城市居民在享有社会资源方面有明显的优势，于是户籍超越了原有的功能，演变为区别城乡居民不同身份的标签。根据城乡居民不同的身份，享有不同权利和社会福利，只要拥有城市居民身份，享有权利和获得公共服务就优于农村居民，城市居民的优越感十分明显。特别不同的是通过户籍制度的管理，农村居民被限制在农村务农，除极少数渠道，严格禁止农民转为城市居民。当政策允许农民进城从事非农工作后，由于户籍在农村，他们是带有农民身份的工人，不能享有城市工人的许多待遇，但又因从事的非农工作，于是社会给他们一个特殊的称谓“农民工”，农民工是城乡二元社会结构背景下产生的介于工人和农民，城市和农村之间，常常被边缘化的特殊群体，身份也十分特殊。对于“农民工”这一称谓是否体现了社会对他们的歧视有过争论，但这一称呼既表达了他们具有农民身份，又不在农村从事非农工作，亦农亦工、亦城亦乡的状态，概括性表达了这一群体的特殊性。国务院研究室负责人就《国务院关于解决农民工问题的若干意见》答记者问时专门解释了为什么使用“农民工”称谓的原因，国家法规和相关文件也反复使用了“农民工”称谓，结束了学界对“农民工”称谓的争论。

2. 流动性

流动性是农民工外出进城务工最突出的特点，他们的流动不仅体现在空间跨度大，时间跨度也长，还体现在流动的表现形式多样化。

农民工流动的规模巨大是世界罕见的。农民工外出就业从 1984 年不到 200 万人①发展到 2019 年 29077 万人②，占全国总人口的 20.6%，“2022 年全国农民工总量达到 29562 万人”③，超过了世界历史上任何一个国家的农村劳动力流动规模，如果再加上随之流动的家庭成员，这个数量更大。这样大规模农村人口流动给中国社会带来了巨大的变化，促进了经济发展。有数据显示“新增农民工劳动力转移对经济增长的贡献率 2002 年达到峰

① 参见国务院研究室课题组编《中国农民工调研报告》，中国言实出版社 2006 年版，第 129 页。

② 《2019 年农民工监测调查报告》，https://www.stats.gov.cn/xxgk/sjfb/zxfb2020/202004/t20200430_1767704.html，2020 年 4 月 30 日。

③ 《2022 年农民工监测调查报告》，https://www.gov.cn/lianbo/2023-04/28/content_5753682.htm，2023 年 4 月 28 日。

值是 31.4%"[①]，经济发展缩小了城乡差距，促使了经济结构的变化，提高了城乡居民的生活水平，推进了社会制度的变迁，增进了城乡融合，加速了城镇化步伐，从 1978 年城镇化不到 20%，[②] 发展到 2021 年中国常住人口城镇化率达 64.72%，户籍人口城镇化率提高到 46.7%，[③] 加快了城乡一体化的进程。

农民工空间流动的跨度之大是中华人民共和国成立以来罕见的。国家统计局 2021 年农民工监测调查报告显示，"外出农民工 17172 万人，其中跨省流动 7130 万人，占比达到 41.5%"[④]。近十年农民工离开户籍地外出打工占比达到 59.1%，2010 年到 2021 年外出农民工跨省流动平均占比是 45.3%[⑤]。有的农民工在离开农村从事非农劳动到过十几个省的多个地区打过工，足迹遍布东西南北的多个城市。他们在省与省之间，省内各市级、区级之间，乡城之间，不同性质单位之间，不同类别的工种之间流动，国内任何一个群体就业的空间跨度都不能与他们相比，在世界范围内也是罕见的。空间流动跨度的特点还体现在农民工向经济发达地区流动，2022 年输入到东部地区的农民工达到 15447 万人[⑥]，占比超过 50%。大多数农民工集中在直辖市、省会城市和地级市或县级市务工。如今中国任何一个城市都有来自各地的农民工，可以说没有他们作出的贡献就没有中国的现代化城市的发展。

流动时间跨度很长。在 20 世纪 80 年代他们从 16 岁左右到如今的 60 岁左右，最早进城的农民工如今在城市打工已有 40 余年。起初他们大多务农和务工两不误，随着对城市进一步熟悉和就业渠道的拓宽，离开户籍地外出务工的人数逐步增长，在外务工时间逐年增加。许多农民工从青年时

---

① 国务院农民工办课题组编：《中国农民工发展研究》，中国劳动社会保障出版社 2013 年版，第 82 页。

② 参见金维刚等《中国社会保障 70 年》，经济科学出版社 2019 年第 1 版，第 31 页。

③ 《国家发展改革委有关负责人就〈2022 年新型城镇化和城乡融合发展重点任务〉答记者问》，https://www.gov.cn/zhengce/2022-03/22/content_5680367.htm，2022 年 3 月 22 日。

④ 《2021 年农民工监测调查报告》，https://www.gov.cn/xinwen/2022-04/29/content_5688043.htm，2022 年 4 月 29 日。

⑤ 此数据是根据国家统计局 2008—2021 年《农民工监测调查报告》公布的数据计算得出。

⑥ 参见《2022 年农民工监测调查报告》，https://www.gov.cn/lianbo/2023-04/28/content_5753682.htm，2023 年 4 月 28 日。

就离开农村进城务工直到老年，除务工环境出现特殊情况暂时回乡外他们总是义无反顾地留在城市打工，追寻梦想的脚步始终朝着不确定的远方前行，直到年老才有可能停下脚步重新选择。

流动的自发性。农民工流动是靠市场机制而非政府的安排。从政府允许农民工离乡又离土进城务工开始，他们的流动基本上是出于经济因素的自发性流动，起初政府只是政策允许，没有提供更多的帮助，没有任何规划，行动基本是无序的。“20 世纪 90 年代农民有组织外出（有序流动）大多仅占外出总数的 3%—6%，几乎没有超过 10%的。”① 农民工由亲朋好友带向城市（55.1%）和自发性外出（37.8%）合计占比达到 92.9%，通过政府部门和中介组织外出的仅占 4.6%②。曾经出现过一个村或者一个家族的人一起到城市的某一个地方从事同一个工种。农民工流动是市场机制发挥的主导性作用，“超过 1 亿的农村劳动力通过跨区域流动实现就业，都不是靠政府计划安排的，而是靠市场机制”③。由于自发特征突出，农民工流动出现过井喷式的“民工潮”，农民工大多朝着经济发达、收益高的地区流动。“2004 年外出农民工在东部就业的比例占到 70%，其中广东 28.4%，人数达到 2600 万人，而在整个中西部地区务工的也不过 2800 万人。”④ 但是，政府相关部门没有来得及做好制度安排和有针对性的社会治理，城市居民也没有准备好如何迎接新市民，农民工进城初期遭遇到来自各方面的限制或社会排斥。近年来政府虽然加强了公共政策的引导、就业培训，就业环境有很大改善，但是农民工量大且分散，参加培训的占比有限，自发性特征仍然十分突出。

流动形式的多样性。最初农民工流动的“两栖”特征十分明显，农忙时短期回乡务农，农闲时外出务工，遇着农忙或农村家中有事，无论城里工作如何紧张首先考虑的是回乡忙完农活再外出务工。没有离开户籍地的

---

① 徐勇、张慧慧：《规划性变迁视角下的农民工走向与对策》，《理论与改革》2021 年第 2 期。

② 参见中华人民共和国国家统计局编《2011 中国发展报告》，中国统计出版社 2011 年版，第 102 页。

③ 国务院农民工办课题组编：《中国农民工发展研究》，中国劳动社会保障出版社 2013 年版，第 61 页。

④ 国务院研究室课题组编：《中国农民工调研报告》，中国言实出版社 2006 年版，第 101 页。

本地农民工大多白天外出务工，下班后回农村家中从事少量的农业劳动，有的农民工在农村住家附近找零工活，没有零活干时回乡务农。这种“兼业式”“钟摆式”的形式十分明显。有的是举家外迁流动就业，有的是家里主要劳动力外出务工，老人、妇女和儿童留守家中。有数据显示2014年农民工举家外出的有3578万人，占当年农民工总人数的13.1%。[①] 近年来他们中有的随着建筑工地的转移流动到多个省市从业，有的自己组成亲友小团队以计件的方式在多个雇主之间从业，有的在新业态里流动就业的形式更是多种多样。随着城市就业环境进一步好转和农民工收入的提高，举家外迁的农民工越来越多，“钟摆式”“兼业式”的就业形式逐渐减少，调查显示有73.7%的第一代农民工外出务工后再也没有回乡务农，说明更多的农民工完全脱离了农业劳动，在城市稳定就业的比例有很大提高，农民工流动就业的状态有了很大改变。但是只要城乡分割制度存在，农民工在农村的土地和其他利益存在，他们候鸟式的“两栖”流动不会彻底消失，因此仍有55.9%的农民工在一年中回乡了两次及以上，41.6%的农民工一年回乡1次，在当年没有回乡的仅占2.5%。每年春节的返乡探亲的交通压力也从一个侧面反映了农民工在城乡之间的流动状态。

流动务工的行业跨度大。农民工进城初期，由于劳动力市场分割和农村户籍的标记，他们不能在主流的正规部门找到工作，大多数只能在次级劳动力市场找到一些苦、累、脏、险的活儿干，大多是无固定工作单位的灵活就业。又因文化程度低，无专业技术，从业范围基本上在就业门槛低的岗位，因此被替代的可能性很大，随时可能因各种原因离开现有的就业岗位。他们在同一岗位稳定就业的时间不长，在多个领域就业是常态，并且可以从不同产业之间辗转调换工作，比如在第二产业和第三产业之间调换，在同一产业也频繁调换，“农民工在一个单位工作3年以上的只占20%—30%”[②]；“2010年调查显示他们从事现职的平均时间为3.1年。在

---

① 参见《2014年全国农民工监测调查报告》，https://www.gov.cn/xinwen/2015-04/29/content_2854930.htm，2015年4月29日。

② 国务院研究室课题组编：《中国农民工调研报告》，中国言实出版社2006年版，第249页。

第二产业就业的占 52.8%”①，最初在第二产业就业的比例高于服务业，随着服务业的发展，2022 年他们在第三产业就业（51.7%）比第二产业（47.8%）高 3.9 个百分点。② 笔者 2004 年对 1083 名重庆农民工的调查显示，受访对象进城务工平均 5 年，换工作的均值是 4 次。没有换过工作的只有 25%；32%的人换过 1—2 次；28.4%的人换过 3—5 次；14.6%的人换过 5 次及以上。进城务工超过 12 年的农民工换工作的频次相比 12 年以下略低，说明经过较长时间的磨合，就业岗位才相对稳定。③ 农民工从业范围十分广泛，从业的岗位大多属于低层次的灵活就业、工作时间长或繁重的体力劳动。就业极不稳定。

3. 群体分化

农民工外出务工实现了从农民向农民工转变，他们在流动就业过程中有了再次分化，出现了以下几种分化类型。（1）身份分化。农民工中自主创业或稳定就业、收入较高的部分已经在城市购房，转为城市户籍，完全融入城市成为城市居民。结束了“候鸟式”流动状态，实现了农民到市民的转变。“1978 年中国改革开放初期中国城镇化水平只有 17.92%”④，“2021 年户籍人口城镇化率达到 46.1%，常住人口城镇化率 64.72%”⑤，“有 9 亿多人居住在城镇”⑥。这其中与农民工转为市民占有相当大的比例。但总的来说在农民工转为城市户口的占比较小。（2）层级分化。有的农民

① 中华人民共和国国家统计局编：《2011 中国发展报告》，中国统计出版社 2011 年版，第 102 页。

② 参见《2022 年农民工监测调查报告》，https://www.gov.cn/lianbo/2023-04/28/content_5753682.htm，2023 年 4 月 28 日。

③ “重庆市进城务工人员失业与社会保障机制研究”课题组（重庆社科规划课题，批准号：2003-SHT-06）于 2004 年 3—6 月对重庆 1083 名农民工进行的问卷调查。注：本书后面运用到该数据，简称为“笔者所在课题组 2004 年对 1083 名重庆农民工的问卷调查”。

④ 《城镇化水平显著提高 城市面貌焕然一新——改革开放 40 年经济社会发展成就系列报告之十一》，https://www.stats.gov.cn/zt_18555/ztfx/ggkf40n/202302/t20230209_1902591.html，2018 年 9 月 10 日。

⑤ 《国家发展改革委有关负责人就〈2022 年新型城镇化和城乡融合发展重点任务〉答记者问》，https://www.gov.cn/zhengce/2022-03/22/content_5680367.htm，2022 年 3 月 22 日。

⑥ 《最新数据！全国人口共 14.1178 亿人》，https://baijiahao.baidu.com/s?id=1699427151435577326&wfr=spider&for=pc，2021 年 5 月 11 日。

工成为自雇者，有的仍然是受雇者；如自雇者中有的创业成为企业老板；有的成为个体工商户，这部分人有一定的资金和生产资料，成为有少量的雇工的小业主；有的成为个体小摊贩等；在受雇者中，有的成为企业或公司的管理人员、技术骨干和业务骨干，有的长期从事简单的体力劳动；有的同时从属于不同的雇主，凭借自己的业务能力从事计件工作；有的在服务行业找零活、无固定单位的较多。经过多年的分化，他们的经济收入差距也逐步拉大。调查显示，他们的月收入最低的只有800元，而最高的能够达到10000多元。

4. 流动与迁移不同步

中国农民工向城市流动与国际上许多国家农村劳动力流动有很大不同。国际上人口大规模向城市转移，大多是因为农村人口增长过快，[①] 由于工业化发展使农业在国民经济的占比减少，有的国家出现了农业生产衰退、农业耕地面积缩小、农村人口失去土地等原因迫使农村人口向城市迁移。为了实现工业化加快转移农村劳动力，有的国家通过立法和政策引导以促进和保障农村劳动力转移，同时采取积极改善交通条件为农村劳动力转移排除障碍，如英国1825年修建了世界上第一条铁路，到19世纪50年代英格兰的大中城市都通了火车；美国的交通革命促进了农村劳动力大规模西进，加强了城市与农村的联系。[②] 许多国家还采取了发展第三产业，加强农村劳动力的教育培训等措施促进农村劳动力转移，这些措施为早期城镇化率较高的国家加快工业化进程和城市化打下了良好的基础。国际上多数城镇化率较高的国家农村劳动力流动与迁移是同时完成的。而中国由于城乡分割的户籍制度，城乡居民在城市和农村分别有各自不同的福利或利益，户籍制度和土地制度对农村居民是否完全放弃农村选择定居城市有重要影响。“截至2020年全国农民工人数为2.856亿人，按2020年全国45.9%的总抚养比推算，意味着还有4.1669亿名农民工及其抚养人口以

---

① 参见李强《影响中国城乡流动人口的推力与拉力因素分析》，《中国社会科学》2003年第1期。

② 参见徐育才《中外农村剩余劳动力转移比较研究》，《广东商学院学报》2006年第4期。

'农民工'为纽带在城乡、工农之间漂移不定。"[①] 目前夫妻同时外出务工（35.1%）和带子女外出务工（28%）合计有63.1%，但是这些人不一定实现举家迁移，自购商品房（16.1%）和自购小产权房（5.5%）占21.6%，其中包括为子女购房（2.2%）。即使在城镇购房，也未必是理论意义上实现了城镇化，因为这部分群体中差不多都保留了农村的住房、户籍和土地，当城市生活出现困难时他们会立即选择回到农村家中，当问及是否年老时回农村，相当多的人回答是"不确定"。因此在中国农村劳动力流动的人数远远高于完全脱离农村定居城市的人数，举家迁移城市的比例较低，从常住人口城镇化率（64.72%）比户籍人口城镇化率（46.7%）相差18.02%也反映出中国农村劳动力流动与迁移不完全同步。[②] 如果除去改革开放以来因为城市扩大征地等被迫城镇化的部分，凭借农民工自身努力和主观愿望能够使流动与迁移同步实现的更少。

5. 灵活就业占比较大

很长一个时期农民工进城就业没有纳入国家的就业体系，他们基本不可能通过正规的招工渠道实现在城市的就业，因此他们进城初次就业由亲友介绍的居多，职业选择因较为盲目而充满不确定性，亲友将他们带向什么地方进入什么行业既是自由选择又多是被动选择。农民工基本上是通过市场机制调节进入非农领域就业，大多在"体制外"就业，即使在正规部门就业也不属于体制内有编制的人员，与"体制外"就业的岗位性质无大的差别，只是从业的单位性质不同而已。随着"第三产业从2010年35.6%"[③] 发展到2022年51.7%[④]，农民工灵活就业的占比更高，他们的工作时间较为灵活，可以选择全日制就业，也可以根据农业或家庭需要选择季节就业、承包就业和独立就业等临时就业。建筑业虽是第二产业，在其中就业

---

① 赵泽众：《接续走好中国式农民工进城道路——访国务院发展研究中心农村经济研究部部长叶兴庆》，《中国劳动保障报》2022年3月29日第3版。

② 参见《国家发展改革委有关负责人就〈2022年新型城镇化和城乡融合发展重点任务〉答记者问》，https://www.gov.cn/zhengce/2022-03/22/content_5680367.htm，2022年3月22日。

③ 中华人民共和国国家统计局编：《2011中国发展报告》，中国统计出版社2011年版，第102页。

④ 参见《2022年农民工监测调查报告》，https://www.gov.cn/lianbo/2023-04/28/content_5753682.htm，2023年4月28日。

的约90%是农民工，他们大多不固定在某一个雇主或某一个建筑工地，而是根据自己从事的某一工种选择不同的建筑工地流动就业，实行计件工资，工作时间相比制造业务工灵活，与灵活就业有一些相同之处，如果加上2022年在建筑业就业的17.7%的农民工①，农民工灵活就业的占比接近70%。这部分群体大多属于灵活就业领域的中低层群体，从业门槛低，专业技术和能力要求不高，收入偏低，职业流动频繁、不稳定，并且基本在第三产业和建筑行业流动，职业发展和晋升机会少，从社会低层次就业向社会高层次就业发展的可能性较小。随着社会平台经济的发展新职业越来越多，他们无固定雇主，或者同时为多个雇主工作，零工性质更为明显，灵活就业的形式更加多样化。灵活就业的发展有利于扩大就业容量，吸纳更多文化程度较低、缺乏专业技术，又无法进入正规部门的农民工就业，对于他们融入城市也十分有利。第一代农民工除上述共同特点，还有这一代农民工突出的共同特点。

二 第一代农民工的特点

1. 年龄较大文化程度较低

国家统计局2010年的调查显示，“第一代农民工初次外出务工的平均年龄为26岁”②，十多年后这部分农民工平均年龄不低于40岁，相当一部分接近60岁及以上。“据1998年国家统计局农村社会经济调查总队对全国30个省市区约18万农村劳动力抽样调查，农村剩余劳动力中文盲或半文盲的占1.6%，小学程度占20.6%，初中文化程度的占61.8%，高中及高中以上文化程度的仅占16%；受过专业技术培训的仅占当年转移总人数的30%。”③ 渐渐老去的低文化层次的第一代农民工身体机能开始衰退，年轻时靠身体强壮坚持重体力劳动的他们，如今身体难以支撑的同时雇主方也不会聘用他们，如前述访谈了解到，码头上用工方规定不招用50岁以上

---

① 参见《2022年农民工监测调查报告》，https://www.gov.cn/lianbo/2023-04/28/content_5753682.htm，2023年4月28日。

② 中华人民共和国国家统计局编：《2011中国发展报告》，中国统计出版社2011年版，第101页。

③ 范小玉：《1998年我国农村劳动力转移情况调查》，《调研世界》1999年第7期。

男性为全日制装卸工。在城市就业，即使是送餐外卖小哥，依靠手机上的地图找地址也需要基本的文化，而第一代农民工小学及以下文化程度（22.6%）和初中文化（61.8%）占比达到84.4%的情况下，他们逐渐失去在城市找到较高收入岗位的条件。2019年3月18日《工人日报》第五版刊登一篇《多地发布建筑业清退令，超龄农民工路在何方?》的文章引发热议，2019年上海市住建委等联合发文禁止60周岁以上男性和50周岁以上女性等三类人员进入现场从事建筑施工作业，接着多地相关部门发布此类文件，高龄劳动者如果还要继续在城市某些行业务工只有转行，但无论转入哪个行业接近退休年龄的农民工就业都不占优势。

2. 生存型流动明显

改革开放前夕中国经济发展几乎处于停滞状态，农村发展缓慢，相当一部分农民没有实现温饱，农村居民生活十分艰苦，当政策允许农民外出务工后，“农民工从1984年不到200万”① 外出务工，1998年达到8000万人。② 2022年达到2.9亿多人，其中第一代农民工占比达到50%以上。第一代农民工进城务工初衷都是为了能够使自己和家人改变贫穷的生存状态，有调查显示，60年代出生的农民工中76.2%的第一选择是“出来挣钱”，③ “在农村收入太少”是他们外出务工的第一动机，④ 只要在城市里能够挣到比农村更多的钱，再苦再累都默默忍受。他们外出务工初期不是为了最终迁移城市，在城市务工收入除必要的生活消费，其余的都寄带回农村。2003年《人民日报》报道，“外出就业的农村劳动力人均年收入5597元，其中寄带回家3472元”⑤，占比达到62%。“2004年农民工年平均务工收入为6471元，年均寄带回现金3411元。2004年农民工群体每年

① 国务院研究室课题组编：《中国农民工调研报告》，中国言实出版社2006年版，第129页。

② 参见文军《从分治到融合：近50年来我国劳动力移民制度的演变及其影响》，《学术研究》2004年第7期。

③ 盛明富：《中国农民工40年》，中国工人出版社2018年版，第244页。

④ 许传新：《农民工的进城方式与职业流动——两代农民工的比较分析》，《青年研究》2010年第3期。

⑤ 江夏：《最新调查：去年农村劳动力外出就业超过9400万人》，《人民日报》2003年1月16日。

带回家的数以千亿计的现金。”① 可见第一代农民工流向城市的首要目标不是增长见识和寻找个人发展机会，而是补贴家用，绝大多数农民工无论在外务工多少年，仍然在家乡农村修建了返乡后能够安身的住房。第一代农民工在多个省份和多个行业流动，笔者所在课题组 2006 年对重庆市灵活就业农民工的调查显示，他们平均在灵活就业领域从业年限是 6.9 年，平均换工作是 3.2 次，② 说明职业很不稳定。学者许传新于 2008 年调查显示："第一代农民工换过工作的占 77.9%，比新生代农民工（76%）高 1.9 个百分点，而 2007 年以后新生代农民工换工作的次数明显高于老一代农民工。”③ 因为新生代农民工外出初期寻求个人发展和增长见识的需求高于第一代农民工，不断变换工作才能寻找更多机会，这与两代农民工外出务工的时代有密切关系，“1978 年全国尚有 2.5 亿多农民得不到温饱，占当时农村人口的 30.7%；1984 年农村居民贫困线确定为 199.6 元”④，再加上当时处于温饱边缘状态的农民人数更多，“1980 年中国农村居民人均纯收入 191.3 元/人”⑤，第一代农民工外出务工将求生存排在第一位与当时农村基本生活没有得到满足密切相关。而新生代农民工大多外出务工是 21 世纪初期，农村发生了很大变化，“从 1985 年到 1998 年，农村贫困发生率从 30.7%下降到 4.6%”⑥，21 世纪初期开始政府更加重视农业发展，农民的温饱问题基本上解决，这时他们外出务工排在第一位的不是求生存而是追求个人的发展。但是对于第一代农民工来说由于较长时间内打工收入很低，大多数购买养老保险选择的最低缴费档次，晚年无法依靠养老保险金生活，高龄状态下生存型流动务工仍在持续，不同的是他们逐渐由远向

① 国务院研究室课题组编：《中国农民工调研报告》，中国言实出版社 2006 年版，第 8、76 页。

② “重庆市中低层灵活就业的就业环境及相关政策研究”（批准号：2005—JJ16）课题组于 2006 年在全国多个省市对 3120 位灵活就业的农民工进行的调查。本书后面运用到该数据时，简称“笔者所在课题组 2006 年对 3120 名农民工的问卷调查”。

③ 许传新：《农民工的进城方式与职业流动——两代农民工的比较分析》，《青年研究》2010 年第 3 期。

④ 刘斌、张兆刚、霍功编著：《中国三农问题报告》，中国发展出版社 2004 年版，第 445 页。

⑤ 转引自王春雷《中国“农民工”研究（1984—2014 年）》，湖北教育出版社 2017 年版，第 152 页。

⑥ 刘斌、张兆刚、霍功编：《中国三农问题报告》，中国发展出版社 2004 年版，第 458 页。

近，选择靠近家乡附近务工的较多。

访谈案例 3.1[①]

访谈对象：陈姓农民工

访谈时间：2019 年 7 月 21 日

访谈地点：四川南部县某大酒店

陈师傅，男性，66 岁，四川南部人，初中文化程度，外出务工 20 多年，曾经在上海、江苏等十多个地区务工，随着年龄增长，他回到家乡附近务工，目前在南部县某大酒店担任门卫工作。每月工资 3500 元，每月有养老金 100 多元（曾经只缴纳了最低档次的新农保 100 元/年）。每年缴纳医疗保险 220 元。妻子在农村没有外出。家里的土地被人租用种植果树，每亩流转收益 400 元/年，留了一分地给自家种菜。陈师傅说，如果不外出务工，回到农村可以到租用他们土地的公司从事农业劳动，每天有 80 元的工资，但是他说年龄大了，没有体力再从事农业劳动。

访谈案例 3.2

访谈对象：诚姓农民工

访谈时间：2019 年 7 月 15 日

访谈地点：武汉汉口火车站

诚女士，女性，61 岁，湖北黄冈人，小学文化程度，外出务工 15 年，在汉口火车站做环卫工。丈夫有病在农村家里没有外出。她本人每月 60 元的养老金不够生活开支，继续在城市务工，每周工作 5 天，每天工作 8 小时，月工资 2100 元。有二儿一女，小儿子未婚，需要准备结婚的费用。独自在汉口租房，房租 300 元/月，水电气费每月大概 200 元。因收入少 60 岁以后没有再缴纳医疗保险费。

第一代农民工大多数养老储备不足，高龄状态下仍然在外生存型务

---

① 本书的案例如无特别说明，均由笔者访谈获得。

工，如果回到家乡，农业收入较低，并且露天劳动体力不支，相当多的高龄农民工只要在城市能找到工作，暂时不选择回乡。

3. 进城初期面对制度歧视与社会排斥有极强的忍耐力

政策允许农民工进城务工的十多年里，城市务工环境和城市居民的观点对他们进城不像现在这样宽松，甚至是十分不利。主要体现在以下方面。

（1）称谓和身份上的歧视与社会心理排斥

自从1953年4月国务院发出了《劝止农民盲目流入城市的指示》后，媒体和学界将离开农村外出无业的农民简称为“盲流”，如《我亲自处理的五个“盲流”的案件》一文中，作者将自己于1961年亲自处理的和田县收容所处理的擅自逃荒出来的人员称为“盲流”，其中女性被称为“女盲流”，男性被称为“男盲流”。[①]“盲流”原本是指因为饥荒、避难或谋生，无目的流浪到城市或其他地区的无稳定职业和无固定居所的人，多为农民。可见“盲流”最初所指的不是农民工。早期政府文件中没有将“盲目流动”的农民简称为“盲流”，许多媒体将政府文件中农民“盲目流动”简称为“盲流”。在1995年公安部的《关于加强盲流人员管理工作的通知》，将“盲目流动人员”简称为“盲流人员”。由于媒体的大肆渲染和学界使用“盲流”一词，“盲流”一词逐渐用来特指流入城市的无业或失业的农民工。自从允许农民工进城务工后至2003年前“盲流”这一带有歧视性的称谓一直伴随着农民工。“1988—1990年在对农民工使用的‘进城农民’、‘打工者’、‘外来工’和‘盲流’称呼中，‘盲流’一词使用频率是最高的。”[②]媒体的广泛使用，使人们将“盲流”一词与社会犯罪率上升、社会秩序混乱等相联系。甚至影响力很大的春晚小品《超生游击队》（1990年），在一定程度上将农民工与不执行计划生育的“超生”联系在一起，实际上农民工外出务工生育率低于在农村的农民，媒体的宣传将社会认知引导偏离了现实。“盲流”的称谓使城市社会始终将农民工看

① 参见陈重伟《我亲自处理的五个“盲流”的案件》，《炎黄春秋》2015年第1期。

② 万小广：《转型期“农民工”群体媒介再现的社会史研究》，博士学位论文，中国社会科学院研究生院，2013年，第25、121页。

成另类，直接带来了农民工身份的歧视。只要是农民工身份，城市制度上不接纳，城市居民潜意识上轻视他们，心理上的排斥感也日益加深，例如有的用人单位提高对农民工的录用标准，规定在务工“三年内不准谈恋爱”①；媒体报道在工厂里遭受搜身、打骂、体罚和其他侮辱以及同工不同酬等大多也是农民工。有调查显示，“农民工月均收入不到城镇职工平均工资水平的60%”②，有的城市居住小区里增加了农民工的入住率后，有些城市居民就选择搬离该小区。就连农民工为城市居民生活提供便利的满意度认识差异也较大，“2004 年北京市居民认为在回答‘非常同意农民工对北京市提供便利’（17.8%）比农民工对这一问题的认识（39.3%）低 21.5 个百分点”③。直到2003 年 3 月“孙志刚事件”发生，《人民日报》随即刊发《今天，我们如何看待民工》，将“盲流”界定为历史名词，该报 2003 年 4 月、7 月分别刊登了《有感于“盲流”称谓消失》《多给农民工一点爱》，呼吁摒弃“盲流”称谓，④ 从此在现实中再未出现这样的对农民工的污名化。但是人们对“盲流”特指农民工的历史记忆不会因为称谓的改变而消失。面对这样的歧视，第一代农民工仍然为了更好生存义无反顾地坚持在城市务工，也体现了这一代农民工极强的忍耐力。

（2）制度的歧视与排斥

第一代农民工首先遭遇的是就业制度上的歧视与排斥。20 世纪 80 年代到 90 年代，政策只是允许农民进城务工，但政府没有将农民工纳入就业体制，户籍制度仍然是农民工进城务工的社会屏障，城市也没有做好迎接他们的准备，进城需要缴纳附工本费的各种证明，如《就业证（卡）》《流动人口婚育证明》《健康证》等，还有职业介绍成功服务费、求职门票费、微机资料查询服务费，等等。在就业制度上，上海和宁波在政府文件中将工种划分为几类，A 类是可以使用外地劳动力的行业和工种，如建筑业的瓦工、翻模工等有毒有害、高温、高空、特繁重体力劳动工等工种，

---

① 参见盛明富《中国农民工 40 年》，中国工人出版社 2018 年版，第 93 页。

② 国务院研究室课题组编：《中国农民工调研报告》，中国言实出版社 2006 年版，第 214 页。

③ 李强：《农民工与中国社会分层》，社会科学文献出版社 2004 年版，第 108 页。

④ 参见万小广《转型期“农民工”群体媒介再现的社会史研究》，博士学位论文，中国社会科学院研究生院，2013 年，第 25 页。

其余的如金融与保险、业务员、调度员、商场营业员等不能使用外来劳动力。[①] 当时很多城市都制定了对本地和外来劳动力区别管理的政策，特别在劳动收入方面也遭遇了长期的歧视，国务院农民工办课题组的调查显示，“2010 年全国农民工月均工资 1690 元，仅相当于当年城镇单位在岗职工月平均工资 3021 元的 55.9%”[②]。政府面对大量的下岗工人采取了免费培训、提供就业岗位、用优惠政策鼓励 4050 人员购买养老保险等各种帮扶政策，而对农民工就业帮扶措施不仅很少，还采取多种行政措施和收费增加农民工进城就业的负担。到 2003 年国务院发布《关于做好农民进城务工就业管理和服务工作的通知》，这类情况才有较大改变。

早期农民工遭遇了社会保障制度的歧视与排斥。农民工进城初期缺乏社会保障制度安排，在工厂频频出现工伤事故，据有关报道，1991 年蛇口工业区 1 月至 5 月，发生工伤事故 32 起，全部在三资企业；当时有一位记者采访到某餐具有限公司的十多名员工，了解到这家企业 4 年间有记录的工伤事故达 38 起，夺走了员工们几十个手指。有记者在 1998 年从深圳市鉴定工伤的 7 个法医室获得他们在 1998 年鉴定的 12189 例工伤情况……当年深圳每天有 31 人因工致伤致残，每 4.5 天有 1 人因工伤死亡。[③] 笔者所在课题组 2007 年对农民工的调查显示他们在遭遇工伤后雇主给医疗等费用的情况为：全给的 13.2%，部分给的 61.9%，没有给的 24.9%。[④] 有的农民工从此失去了劳动能力，这些农民工大多辞工回到农村家中，给本人及家庭带来巨大痛苦，但因没有参加工伤保险而得不到补偿，著名学者郑功成谈到农民工工伤事故层出不穷发展到规模惊人的职业病群体，以及产生了数不清的劳资纠纷，所以最迫切的是尽快确立农民工的工伤保险制度。[⑤]

---

① 参见王春雷《中国“农民工”研究（1984—2014 年）》，湖北教育出版社 2017 年版，第 127 页。

② 国务院农民工办课题组编：《中国农民工发展研究》，中国劳动社会保障出版社 2013 年版，第 19 页。

③ 参见盛明富《中国农民工 40 年》，中国工人出版社 2018 年版，第 92、129 页。

④ 2007 年 1—8 月重庆大学部分师生就农民工“二次分化”问题对全国多个省市的农民工进行了问卷调查，共发出问卷 3000 份，收回有效问卷 2834 份。本书后面统一写为“2007 年笔者所在课题组对 2834 名农民工的问卷调查”。

⑤ 参见郑功成《农民工的权益与社会保障》，《中国党政干部论坛》2002 年第 8 期。

他曾经建议“将农民工强制性地纳入工伤保险和建立其他相应的保险制度”①。因制度缺失，早期农民工无法正常进入城市职工的保险范围，他们大多参加的是新型农村合作医疗保险，保险水平很低，回乡报销路程很远并且手续烦琐，交了新农合的保险费却很少获得保险带来的帮助。城市职工养老保险制度也将他们排斥在外，进城务工多年无法进入城市养老保险的制度范围，虽然养老保险制度有所完善，但相当一部分第一代农民工只交了最低档次的农村养老保险（100 元/年），还有因各种原因没有缴，或错过了缴费时效，或没有连续缴纳养老保险费，直到现在仍有在外务工多年的高龄农民工回到农村家乡每月只能领 100 多元的基础养老金。失业保险制度是几种主要保险制度中完善较晚的。20 世纪末和 21 世纪初，在城市人的观念中都认为农民工有土地，进城务工如果找不到工作就回乡务农，因此他们不存在失业。在制度的设计上，1999 年 1 月颁布的《失业保险条例》中规定农民合同制工人本人不缴纳失业保险费，失业后如果单位缴纳了的，依据签订的劳动合同情况，可以支付一次性生活补助。笔者所在课题组 2003 年对重庆市 1083 名农民工的调查显示，签订正规劳动合同的农民工只有 20.6%，没有签订任何劳动合同的 46.2%，其余的是签订不正规或不公平的劳动合同。② 就是说只有 20%左右的农民工有机会领取一次性生活补助，这 20%中除去没有失业的，或失业后找不到地方办理或不知道如何办理领取手续的，真正能够领到失业生活补助的寥寥无几。我们在 2007 年的调查中也得到证实，65.8%的农民工有过失业经历，在遭遇失业时领过生活补助的只占 4.1%。没有领到的（39.4%）和不知道有失业保险（56.5%）的共 95.9%。③ 在 2008 年《劳动合同法》实施前政府部门和学界的相关调查也证明了当时签订劳动合同的农民工比例较低，2004 年国务院研究室调查组的调查显示，“79.3%的外出农民工没有与用工单位签订劳动合同”④，说明当权益受到侵害时农民工很难保障自己的权益。

① 郑功成：《对农民工问题的基本判断》，《中国劳动》2006 年第 8 期。

② 数据来源于笔者所在课题组 2004 年对 1083 名重庆农民工的问卷调查。

③ 数据来源于笔者所在课题组 2007 年对 2834 名农民工的问卷调查。

④ 国务院研究室课题组编：《中国农民工调研报告》，中国言实出版社 2006 年版，第 107 页。

（3）早期农民工在制度不完善时遭遇用工歧视

《劳动合同法》颁布和城乡养老、医疗等保险制度统筹制度完善之前，“有88.5%的农民工用工单位没有为其购买劳动保险”①，除不与农民工签订劳动合同，还有签订不平等的劳动合同，使农民工遭遇了很多不平等待遇。尤其突出的是拖欠农民工的工资，“2004年上报的拖欠农民工工资总额为336亿元（至2004年底偿付比例为98.4%）”②，甚至出现了时任中央领导帮农民工讨薪的情况③，真是让人五味杂陈。另外，当时的国有单位普遍存在二元用工制度，农民工是编外人员不能与编制内人员同工同酬，在休息休假和单位福利待遇方面也有明显区别，更谈不上在晋级等方面有同等机会。我们于2006年对不同性质的用工单位的调查显示，在国有单位的农民工希望能够与单位正式员工享有同等社会保障的占67.4%④。有的企业外地农民工也不能与本地农民工同等对待，农民工常常干的是没有人愿意干的最脏、险、累、毒的工作，早期农民工的每日平均工作时间是9.88小时，每周工作6—7天，每月工作30天的占比达到43.3%。⑤ 而工资以及福利待遇却是最低的。如今这种情况虽然有很大改变，但在国有单位中农民工工作时间和待遇与体制内的在编人员的差距仍然存在。

（4）城市公共服务对农民工歧视或排斥

由于城乡二元体制，城市管理相关部门与社区在许多方面没有将农民工纳入公共服务范围。农民工在城市生活遭遇困难时常常缺乏正规渠道的帮助，2004年我们的调查显示农民工遭遇困难时得到政府部门帮助的仅占2.7%，来自原单位的占3.1%，来自亲朋好友（19.8%）和其他（2.3%）共占22.1%，没有得到任何帮助的占72.1%。⑥ 笔者在21世纪初期对农民工访谈了解到，他们有的在城市没有找到工作有时处于饥饿状态，个别农民工失业后几天没有吃饭甚至饿晕在路边，当时城市相关制度设置只为城

① 国务院研究室课题组编：《中国农民工调研报告》，中国言实出版社2006年版，第107页。

② 国务院研究室课题组编：《中国农民工调研报告》，中国言实出版社2006年版，第81页。

③ 参见马尚田《总理帮讨薪，弱者尊严社会体面》，https://www.cnr.cn/list/finance/20170126/t20170126_523536066.shtml，2017年1月26日。

④ 数据来源于笔者所在课题组2006年对3120名农民工的问卷调查。

⑤ 数据来源于笔者所在课题组2004年对1083名重庆农民工的问卷调查。

⑥ 数据来源于笔者所在课题组2004年对1083名重庆农民工的问卷调查。

市居民提供帮扶，而农民工不能得到帮扶。

早期农民工遭遇城市公共服务的不公平待遇或排斥。2000 年中国年龄在6—14 岁的“流动儿童”878.23 万人，14 岁以下的“流动儿童”有1409.68 万。[①] 早期76.8%的农民工希望子女到城市上学，[②] 而城市公办小学或者不接受农民工子女入学，或者收取高昂的借读费和赞助费才能入学，于是城市里出现过民办的打工子弟学校，有调查显示，随父母出来的学龄子女中，73.9%的人缴纳了插班费或借读费，13.5%的人进入农民工子弟学校，12.5%的人是托人入学虽没有花费这类费用，但是花费的其他费用也不少[③]。北京市公立小学收学费 100 元，借读费 480 元，赞助费 500—2000元，总计 1080—2580 元。而进入打工子弟学校只需要缴纳 300—600 元的学费即可。到 2000 年年底，“北京市约有 200 所以上的流动儿童学校”[④]。另外，在农民工就业方面，一些城市以优先保障城市居民为由设置招聘农民工的门槛，同时为了降低成本不与农民工签订劳动合同，“劳动保障部2004 年对 40 个城市的抽样调查，农民工劳动合同签订率仅为 12.5%”[⑤]，农民工的就业培训方面，国家只有 200 元的补贴，农民工自己要支出约1000 元，农民工很难承受，相比城市的下岗工人转岗培训条件，差之甚远，2003 年我国农民工没有接受过技术培训的高达 76.4%，而美国、德国、日本等国农村劳动力接受过职业培训的达到 70%以上。[⑥] 笔者所在高校，当年为完成政府下达的任务由学校出资、在校内免费培训下岗工人若干人，但高校基本上没有这类免费培训农民工的项目。其他的社会公共服务在医疗和卫生保健方面也因非城市户籍使农民工不能得到与城市居民同等的待遇，导致外来人口儿童免疫接种率远远低于城市儿童，某些疾病的发生率高于城市人口，在上海，孕产妇死亡率和婴儿死亡率是城市户籍人

① 参见段成荣、梁宏《我国流动儿童状况》，《人口研究》2004 年第 1 期。

② 数据来源于笔者所在课题组 2004 年对 1083 名重庆农民工的问卷调查。

③ 参见毕竞悦《中国四十年社会变迁》，清华大学出版社 2018 年版，第 17 页。

④ 王春雷：《中国“农民工”研究（1984—2014 年）》，湖北教育出版社 2017 年版，第148 页。

⑤ 国务院研究室课题组编：《中国农民工调研报告》，中国言实出版社 2006 年版，第 13 页。

⑥ 参见国务院研究室课题组编《中国农民工调研报告》，中国言实出版社 2006 年版，第22、330 页。

口的 3 倍和 2 倍。[①]

第一代农民工进城务工初期遭遇的不平等待遇是其他社会群体没有遭遇的，主要源于城乡二元体制，但是他们为了改善在农村生活条件坚持在城市务工，承受了当时社会不公平带来的多方面阻力，多年以后这种勤劳、坚韧的品质给他们的生活带来了巨大的变化。

4. 负重劳作

据国家统计局农民工监测报告公布的数据计算，2008 年农民工举家外出有 12. 7%，到 2014 年举家外迁的农民工也只有 13. 1%。[②] 2008 年第一代农民工已经从青年到中年，由于城市当时的条件不具备家属随迁，他们大多数仍然独自在外务工，家人之间无法相互帮助和照顾。他们遭遇了城市接纳程度很低、就业环境恶劣、住房条件很差、收入很低、缺乏公共服务等情况。第一代农民工进城初期在城市负重劳作是沉重的历史记忆。由于城乡二元结构造成了城市人享有优质的资源和更好的服务，城市人的这种优越感使他们十分轻视进城的农民工。农民工被城市人看成“盲流”，得不到公民应有的尊重，2002 年《江南时报》曾刊登过一则新闻，北京某公厕竟然打出“禁止民工如厕，违者罚款 50 元”的标语。2004 年《城市快报》也有过类似报道。[③] 一些企事业单位的管理者在思想深处认为农民工不应与城镇职工享有同等权益和待遇。[④] 农民工经常受到不平等待遇而感到被城市人瞧不起。20 世纪 80 年代到 21 世纪初农民工的就业环境很差，除进城就业被强制收取各种费用，实现就业也十分不易，即使就业也随时可能被辞退，61. 8%的农民工认为自己更容易比城市人失业，52. 7%的农民工认为被城市人瞧不起。他们辞职的原因有待遇太低（51. 6%）、工资被克扣或拖欠（47. 6%）、工作时间太长强度太大（40%）、工作环境太恶劣

① 参见国务院研究室课题组编《中国农民工调研报告》，中国言实出版社 2006 年版，第 329 页。

② 《全国 2014 年农民工监测调查报告》，https://www.gov.cn/xinwen/2015-04/29/content_2854930.htm，2015 年 4 月 29 日。

③ 参见盛明富《中国农民工 40 年》，中国工人出版社 2018 年版，第 180 页。

④ 参见国务院研究室课题组编《中国农民工调研报告》，中国言实出版社 2006 年版，第 205 页。

(27.7%)、老板瞧不起农村人（12.1%）。[①] 他们青年时期外出打工，经过长时间高强度劳作使他们较早失去了青年人的朝气，笔者1996年在浙江省慈溪市的乡镇企业调研，到一个生产自行车的企业时正逢中午饭点，上千名农民工十分疲惫地从车间出来走向去食堂的路上，他们绝大部分是20多岁的年轻人，令人十分惊讶的是他们走出车间时十分安静，几乎没有一点声音，没有人说话和玩笑，露出的是有些木讷的表情，从这里看到他们长时间单一的简单劳动，生活的艰辛使他们失去了青年人应有的活力，这一场景与高校大学生从课堂走向食堂有说有笑、活泼热情的表情和行为形成鲜明对比。第一代农民工进城初期的居住条件极差，一般合租在城乡接合部，“人均居住面积很小，有的不足2平方米”[②]。笔者2004年在重庆一个工厂访谈农民工时，到过他们的宿舍，睡的是通铺，屋里十分脏乱，宿舍窗外周围到处是垃圾污水。有的农民工还居无定所，随着打工单位提供的临时住房的转移而转移。收入极低也是农民工特有的现象。

负重劳作还体现在第一代农民工忍受了很差的工作环境和在极低的工资待遇条件下务工。进城初期许多工种拒绝接受农民工，他们中相当一部分在险、毒、高粉尘作业环境中工作，如2002年全国总工会的调查显示：采矿业里非金属矿采选业（71.43%）、废弃资源和废旧材料回收加工业(91.6%)、皮革和毛皮类制造业（75.7%）的从业人员中农民工占了大多数；2014年在建筑业中农民工有90%。[③] 在高温和低温状态下工作常常不能得到相应的补贴。

访谈案例 3.3

访谈对象：李姓农民工

访谈时间：2019年2月13日

访谈地点：四川乐山犍为

李师傅，男性，43岁，四川乐山人，初中文化程度，外出务工17

---

① 数据来源于笔者所在课题组2004年对1083名重庆农民工的问卷调查。

② 国务院研究室课题组编：《中国农民工调研报告》，中国言实出版社2006年版，第115页。

③ 参见盛明富《中国农民工40年》，中国工人出版社2018年版，第307、219页。

年，曾经到过浙江等地务工，目前在乐山做建筑工（钢筋工），每天平均工作8小时，偶尔会加班，雨天休息，夏天有时温度达到40多摄氏度，李师傅表示这种工作环境很艰苦，劳动强度很大。每月工资6000多元，妻子搞销售工作，月收入3000元左右，有一个女儿12岁。他的妻子和女儿在农村无土地，本人有一亩地，父母80多岁需要赡养，每月固定给赡养费200—500元。购买的最低档次的城乡居民养老保险（100元/年）和医疗保险（220元/年）。

访谈案例 3.4

访谈对象：张姓农民工

访谈时间：2019年1月15日

访谈地点：北京某行政院校

张师傅，男性，58岁，河南南阳人，初中文化程度，外出务工23年。目前在北京某行政院校做园林工，妻子在家里务农，有两个儿子已成年。张师傅每周工作5天，每天工作8小时。每月工资3800元，校园的园林工作强度不高，但有时需要在低温下工作。张师傅是劳务派遣到该院校务工，单位为他购买了职工养老保险和医疗保险，并每月从工资里扣除他自己应该缴纳的部分，但是到他60岁退休时养老保险金缴费不满15年，张师傅表示他个人无能力继续在北京按照职工养老保险标准缴满15年，以后只有将缴纳的职工养老保险退回到河南老家，60岁以后领到的养老保险只有不到100元，到时不知怎么生活。

在工伤保险制度和最低工资标准制度不完善情况下，农民工对有毒有害工种缺乏认识，用工单位不安排正常的体检，患职业病后不能得到及时治疗和补偿。因户口在农村，在较长时间里大多没有纳入城市相关组织、社区和工会管理系统之中，诉求表达渠道不畅通，遭遇权益侵害和困难难以得到组织的帮助。第一代农民工早期打工收入极低，劳动和社会保障部调研组调查显示，“我国城镇职工平均工资收入由1980年的人均762元增加到2004年的16024元，增长了21.02倍。但是农民工的工资却没有得到相应的增长。以广东省为例，珠江三角洲年均20%多的GDP增速比较起来，农民工的工资近十几年来几乎没有什么变化。国务院发展中心一份报告显示，最近12年来，珠江三角洲外来农民工平均工资仅增长了68元”①。

负重劳作还包括他们有沉重的家庭负担。第一代农民工大多是家庭的主心骨，大部分人家中上有老下有小，当时农村收入很低。他们进城初期为了生存辛苦劳作，有的农民工每天工作时间在11个小时左右，每月工作时间在26天以上，47%的没有休息日。76%的人在节假日加班没有享受过国家规定的加班费。②

访谈案例3.5

访谈对象：祖姓农民工

访谈时间：2019年1月13日

访谈地点：北京某行政学院

祖女士，48岁，河北涞水人，小学一年级文化程度，不会写字，但可以认识一些字，外出务工15年，目前在北京某行政学院校园做环卫工。每天工作8小时，每月工资2700元，居住在学校提供的五人间的集体宿舍。劳动强度一般，但是寒冷的冬天在户外工作对于女性仍然不轻松。她丈夫生病在农村家里，儿女都已成年。独自外出打工是为了给丈夫治病和赡养80多岁的公公，祖女士说她每年还要给娘家的父母1200元的赡养费。按照劳务派遣公司签订的合同，行政学院为她购买了职工养老保险和医疗保险，在她每月工资里扣除她该缴的部分，但她搞不清楚购买的什么档次，也搞不清楚今后是否能够达到缴费15年，因为按照规定，50岁时单位就要与她解聘。

---

① 国务院研究室课题组编：《中国农民工调研报告》，中国言实出版社2006年版，第204页。

② 参见国务院研究室课题组编《中国农民工调研报告》，中国言实出版社2006年版，第203、213页。

访谈案例 3.6①

访谈对象：黎姓农民工

访谈时间：2019 年 1 月 25 日

访谈地点：重庆秀山县洪安镇某村

黎师傅，男性，50 岁。秀山洪安镇人，外出务工 20 年，初中文化程度，现在福建省泉州市某汽配厂务工，其妻子和儿子都在该厂务工。每月工资在 4500 元左右。每年春节回老家秀山一次。育有一儿一女都已成家，还有一位老人要赡养，黎师傅打算 60 岁回农村养老。购买的最低档次的城乡居民养老保险 100 元/年，购买的最低档次的城乡居民医疗保险 220 元/年。目前最担心的是年老患重大疾病，自己的子女没有经济能力为他们支付高额的医疗费。

访谈案例 3.7

访谈对象：张姓农民工

访谈时间：2019 年 1 月 30 日

访谈形式：电话访谈

张师傅，男性，53 岁，万州高峰镇人，高中文化程度，外出务工 18 年，目前在贵州盘州市做建筑工（装修工），居住在工地提供的板房里，下雨不上班，春节可以回家几天。每月工资 4000 多元，妻子在农村没有外出，靠务农能够解决每年的口粮问题，家里有三位老人要赡养，每月给老人赡养费 300—400 元，张师傅有一儿二女，儿子没有成家。购买的最低档次的农村养老保险 100 元/年，购买的最低档次的医疗保险 220 元/年。

访谈得知，农民工家庭负担重，劳动时间长，强度大，高龄状态下在城市务工的较多。许多农民工远离家乡外出务工，在他们的孩子非常需要父母陪同成长、老人需要子辈照顾的时期，留在家乡的是“九九三八六

① 此案例由笔者、重庆大学马克思主义学院 17 级研究生蒋艺、重庆大学公共管理学院 16 级研究生史家敏到秀山实地访谈获得。

一”（老人、妇女和儿童）。随着城市发展妇女在城市比较好找工作，女性离开家乡外出务工也在增长。1998 年全国农民工年收入只有 5807 元，月均收入 480 多元的情况下，他们仍将微薄收入的 61%寄带回农村养家；[①] 2004 年有调查显示，“打工收入成为农村家庭收入的主要来源，其比例占家庭收入的比例基本上在 20%—30%”。[②] 而第一代农民工在城市的消费支出被压缩到最基本的生活标准。近年来务工环境有所改变，农民工的收入每年都有增长，但相比城市居民的收入仍有较大差距。

5. 同质群体“内卷化”

在正规渠道不畅通、公共服务较差、网络不发达的时代，第一代农民工基本上是通过亲朋好友介绍与同乡结伴进城务工的。北京的“浙江村”就是一个典型的事例。“上世纪 90 年代‘浙江村’已经发展到 6—8 万人，是当地居民的近 10 倍。”[③] 95%都是来自以温州农村户籍为主的农民工，他们在那里经过十多年的发展，形成了服装制造业的市场带，最初他们居住与生产间都在“浙江村”，他们依托乡土人际关系，有生意一起做，有困难共同帮，形成了自己生意和生活的圈子，发展形成自我服务体系，他们只是在生意方面与其他人打交道，与京城的市民基本无生活上的交集，他们“无法完全融入城市社会，不能真正成为城市中的一员”[④]。其他地区的农民工虽然没有“浙江村”这样集中和典型，但大多数不与市民来往、只与同质群体交往这一点是相同的。

访谈案例 3. 8

访谈对象：冯姓农民工

访谈时间：2019 年 2 月 8 日

访谈地点：重庆沙坪坝大学城某汽车修理店

冯师傅，男性，50 岁，初中文化程度，四川广安人，外出打工 32

---

① 参见盛明富《中国农民工 40 年》，中国工人出版社 2018 年版，第 290 页，

② 国务院研究室课题组编：《中国农民工调研报告》，中国言实出版社 2006 年版，第 115 页。

③ 潘文博：《京城“浙江村”》，《光彩》1997 年第 11 期。

④ 王汉生等：《“浙江村”：中国农民进入城市的一种独特方式》，《社会学研究》1997 年第 1 期。

> 年。在新疆、黑龙江、云南、广州多地打过工，目前在福建石狮搬运货物到集装箱。工作时间不固定，有货物需要搬运时就工作，每天平均工作6小时，工作很繁重，月收入大约7500元。有一儿一女已成年，妻子在儿子经营的修车行帮忙。夫妻双方的父母都需要赡养，每年给四位老人赡养费3000—4000元。冯师傅在石狮租住的无厨卫的房子，每月租金200元，四五家人共用一个卫生间，煮饭在巷道。曾经在广州打工时购买过2年的养老保险，因离开广州而退保。现在购买的农村最低档次的养老保险（100元/年）和医疗保险（220元/年）。冯师傅表示搬运工作太繁重，身体逐渐吃不消，打算过几年就到广安务工。他认为无法融入城市，自己与城市人不同，跟他一起打工的都是老家附近的人，一般只与农民工老乡接触，对城市生活的满意度一般。

第一代农民工在人际关系、诉求渠道、日常活动、身份认同等方面存在向同质群体“内卷”的趋势。[①] 进城务工几十年内卷化程度仍然没有减轻，在一定程度上还有所加重。笔者的课题组2014年对农民工的调查显示，农民工认为与城市居民有很大差别（27.5%）、有一定差别（52.9%）合计为80.4%。有27.1%的农民工不愿意与社区居民交往，原因是“各方面差距很大”（47.5%）、“没有必要”（43.4%）、“没有机会”（25.1%）、“当地人不愿意与自己交往”（24.6%）、“感觉到受歧视”（22.7%）。说明农民工进城以后在社会关系、制度规则、文化价值观、情感习俗等方面与市民的融合还存在一定障碍。他们在无社会关系网络的陌生城市遇到困难时没有找过街道或社区居委会的占比高达91.3%；寻求帮助的对象从高到低依次是：亲朋好友（84.7%）、邻居（22.6%）、政府有关部门（18.7%）、社区工作者（6.8%）、志愿者（2%），[②] 从这个角度看农民工群体内的拉

---

① 参见肖云、邓睿《新生代农民工城市社区融入困境分析》，《华南农业大学学报》（社会科学版）2015年第1期。

② 笔者所在课题组“重庆城乡社区服务发展中的差异与社区服务体系的构建”（2012ZDSH007）于2014年5月所进行的问卷调查，本次调查针对全国大部分地区进城务工人员随机发放问卷1600份，收回有效问卷1413份。

力大于推力，而城市社区对他们的推力大于拉力，使农民工在同质群体中越卷越紧。如果社会正规的帮扶渠道不能很好建立，长此以往农民工的内卷程度会越来越高。

6. 割舍不了的乡土情结

我国实行土地集体所有后，用制度把农民与土地固定在一起，农民祖祖辈辈靠土地生存理念已经深入骨髓，第一代农民工都有务农的经历，熟悉农村的耕种，与农村有千丝万缕的联系。土地是他们最坚实的后盾，虽然外出务工几十年，农村土地撂荒不少，但如果叫他们自愿交出土地，割断与农村的联系，他们中绝大多数人不愿意。他们视土地为最大的或最后的生活保障，如果在外务工遭遇困境生存困难时，农村的土地是他们最安全的避风港。我们于 2004 年的调查显示，他们认为除了自己的劳动能力（67.1%），其余的生活保障是土地（17%）、子女（4.6%）、家庭（6.3%）、社会（2%）、政府（1.6%）、其他（1.4%）。可见，如果失去了劳动能力，土地是排在第一位的生活保障。在回答交出土地换社会保障时，不愿意（52.2%）比愿意（47.5%）高 4.7 个百分点，而受访者表示他们在丧失劳动能力时才愿意交出土地换社会保障。因此几乎所有的农民工都在家乡农村修建了住房，为自己年老回乡做了充分准备。在乡土情结方面，第一代农民工与新生代农民工差距十分明显，第一代农民工中仅有10%左右的会选择留在城市。[①] 新生代农民工进城务工以后，基本上没有打算再回农村，他们大多在农村没有土地，也不熟悉或者根本不会干农活，有的在城市出生，对农村生活十分陌生。笔者 2019 年在农村访谈中，已经回乡的农民工表示农村比城市生活更好，有熟悉的环境和社会关系，可以适当干点农活，消费水平低，回到家乡感到十分亲切和自在。即使没有打算回乡居住的，他们也在家乡农村附近的城镇购房，绝大多数没有在打工地购房。这些特征对他们养老城乡选择有较大的影响。

---

① 参见韩俊等《现阶段我国农民工流动和就业的主要特点》，《发展研究》2009 年第 4 期。

第三节　本章小结

一　第一代农民工个体的基本条件使其在城市务工缺乏优势

第一代农民工由于文化程度低、缺乏与工业相匹配的劳动技能，加上进城务工初期相关制度不完善，他们大多数是灵活就业，从事就业门槛低的脏、累、苦、险的工作。进城初期在城市生活条件极差，家庭成员大多留在农村不能相互照顾。如今各方面条件有较大改善，但是他们仍是就业的弱势群体，月均收入低于全国农民工的月均收入。近年来随着年老逐渐失去靠体力获得较高收入的优势，为了生存他们只能选择相对轻松的辅助性工作。第一代农民工中60岁以后还有相当一部分滞留在城市，继续寻找机会务工以弥补养老储备的不足，养老城乡选择的困境已开始出现。

第一代农民工在高龄阶段向户籍地聚集。50岁以上的农民工无固定单位的人数增加，跨省务工减少，向户籍地或户籍地周边聚集务工的增多，显现出他们在为退出劳动领域回户籍地或回家乡农村生活做准备。

二　第一代农民工与其他劳动群体有不同的特征

城乡二元社会结构导致了农民工的特殊身份和不同待遇，使他们处于城市和乡村之间，旧制度不能覆盖，新旧制度衔接不足，使他们身在城市而不能完全享有与城市居民的同等待遇。尽管农民工进城40多年制度有了很大改变，但是只要城乡二元体制存在，农民工身份的特殊性就不会消失。

流动性是农民工最突出的特点。农民工群体的流动性强是任何一个群体无法比拟的。流动的特征体现在流动的自发性、规模大、空间跨度大、时间跨度长、行业跨度广、形式多样性、非正规就业比例高等，这些特征使农民工大多数人难以固定在某一领域内成为行家，也难以在城市有稳定的工作和收入以及安定的生活。农民工除流动性特征，还有群体分化明显的特征。中国农民工的群体分化中的分层具有二元性。农民工中有部分完全融入了城市，实现了农民向市民的身份转变，大部分仍然处于城乡游移状态，显示了流动与迁移相分离的特征。

第一代农民工还有性格坚忍的特点。他们为了改变自己和家庭的生活状态，忍受了背井离乡的艰辛，承受着家庭的沉重负担，在城市坚持几十年。由于多种因素导致融入城市的困难，他们同质群体的“内卷化”特征十分明显，影响了他们主动学习城市先进的社会规则、思想观念。他们年龄较高文化程度较低，在城市就业处于劣势，但又因留城和回乡养老都有困难，所以仍有相当多的人在城乡之间生存型流动。他们虽然在城市务工多年，却割舍不了乡土情结，对城市存在“过客”心理，这些特征对他们养老城乡选择有着重要的影响。

第四章　第一代农民工参加养老保险与医疗保险的现状

第一代农民工外出务工 40 多年，经历了社会保障新旧制度转变时期，他们在很长时期处于城乡不同社会保障体系之间。养老保障与医疗保障制度是与第一代农民工年老时城乡选择联系最密切的社会保障制度。最初养老保障与医疗保障制度不够完善时，农民工对社会保险认识严重不足，呈现出参保率低、保障水平低的双低状态。对此进行深入分析，有助于提高他们退出劳动领域后的生存质量，减少旧制度遗留问题对他们的影响，有利于他们共享新制度带来的社会福利。

第一节　第一代农民工参加养老保险的制度背景与现状

一　中华人民共和国成立后的养老保险制度发展简述

社会保障制度是社会通过一系列公共政策或制度，为社会成员提供保护，在社会成员遭遇老年、疾病、工伤、失业等风险造成生存困难时提供的可以生存下去的制度。中华人民共和国成立后城市的社会保障制度建立先于农村，随着城乡不同户籍制度的建立，依附在户籍上的社会保障以及福利的增加，城乡居民享受的社会保障权益差别逐渐扩大，近年来通过一系列改革使城乡居民享有的社会保障权益趋于公平。

1. 劳动保险制度的建立

中华人民共和国成立初期到 1978 年，城市建立了与计划经济相联系以劳动保险制度为主的保障制度。养老保障与劳动相联系，只有在正规工作单位的退休时才有退休金。在当时的养老保障制度下个人不用交费，由企业向国家相关部门缴纳企业工资总额的3%作为劳动保险金，其中30%交到全国总工会作为养老保险调剂金，70%返回企业作为劳动保险基金，用于企业退休金的发放等。郑功成称这种制度为“国家—单位保障制”①。1969年国营企业停止提取劳动保险金，退休职工的退休金等开支在企业营业外列支。由政府为主的保险制走向了企业保险制，这一制度一直维持到改革开放后企业养老保险制度的改革。

2. 对社会养老保险制度的探索

1979年到2002年我国进行了以社会保险为重点的社会保障改革的探索，这一阶段我国对养老、医疗、工伤、失业、生育等社会保障制度进行了全面探索，建立了相关的社会保险费用的征缴制度。养老保险制度的改革是从1991年国务院颁布《关于企业职工养老保险制度改革的决定》开始的，这一文件首次提出我国养老保险制度由三部分组成：基本养老保险，企业补充养老保险和个人储蓄性养老保险。此后，退休职工企业养老保险制度被新的养老保险制度代替。1997年，《国务院关于建立统一的企业职工基本养老保险制度的决定》进一步明确，企业职工退休后的养老金由三部分组成：基础养老金、个人账户养老金和过渡性养老金。其中基础养老金是指退休后上一年度社会平均工资的20%；个人账户养老金是退休时个人账户累计余额除以120。过渡性养老金则需要根据每个人不同情况单独计算。在探索的基础上积累了一定的经验，之后逐步实现城镇养老保险制度的进一步完善。

3. 农村养老保险制度建立

农村的养老保险制度起步较晚。中华人民共和国成立后，农村只有部分老人实行养老保障，1956年出台的《高级农业生产合作社示范章程》和1960年通过的《1956年到1967年全国农业发展纲要》中对农村没有依靠的鳏寡孤独者和残废军人，做到保吃、保穿、保烧（燃料）、保教（儿童和少年）、保葬，使他们生养死葬都有指靠。② 其中包括了生活无着落的老

① 郑功成：《从国家—单位保障制走向国家—社会保障制——30年来中国社会保障改革与制度变迁》，《社会保障研究》2008年第2期。

② 《1956年到1967年全国农业发展纲要》，中华人民共和国第二届全国人民代表大会第二次会议于1960年4月10日通过。

人，后来的五保改为保“吃、穿、住、医、葬”。经费依托农村集体经济，由生产队提留公益金保障实施，采取集中供养和分散供养相结合。家庭联产承包后，为了防止对五保老人的供养资金链断裂，生产队的公益金提留转变为乡统筹。

1980年我国部分经济发达地区的农村有了非政府规划的类似养老保险制度，“到1984年有22个省、自治区和直辖市约有80万农民参加了该制度”①。笔者曾居住在重庆石桥铺，附近一个村为了解决村里年轻人就业问题，在1983年时要求村里60岁以上农民退出村级企业，实行退休制，对这部分农民每月发放30元的退休金。政府探索建立面向全体农村老人的养老保险制度。1987年3月民政部发布《关于探索建立农村基层社会保障制度的报告》和1991年11月《关于进一步加强农村社会养老保险工作的通知》，对农村建立社会养老保险制度试点进行了部署和规定，由民政部负责相关工作。1989年6月开始试点，1992年1月民政部颁发了《县级农村社会养老保险基本方案（试行）》（老农保），具体做法是“坚持资金个人交纳为主，集体补助为辅，国家给予政策扶持的原则”，坚持自助为主、互济为辅。1995年10月，国务院转发了民政部《关于进一步做好农村社会养老保险工作的意见》，进一步促进农村养老保险制度的发展。“到1997年年底有2200个县（市、区、旗）开展了这项工作”②；“1998年底65%的乡镇开展了农村养老保险工作，8025万农村人口参加，积累资金166.2亿元。”③ 由于当时统筹层次低，参保率低，当时“参保人数最多时，适龄农民的参保率也只有11%左右”④。缴费水平低，月缴费标准为2—20元十个档次供选择，年老时每月大多只能领不到10元的养老金。大多数农民只按每月2元的最低档次缴费，经济实力不足的农民无力缴费也就无法享受养老保险金，最后导致经济实力较强的缴费才能获得养老金，违背了制度

① 郭士征编著：《社会保障研究》，上海财经大学出版社2005年版，第120页。

② 胡晓义主编：《走向和谐：中国社会保障发展60周年》，中国劳动社会保障出版社2009年版，第147页。

③ 转引自邓大松、刘昌平等编著《2005-2006中国社会保障改革与发展报告》，人民出版社2007年版，第37页。

④ 金维刚等：《中国社会保障70年》，经济科学出版社2019年版，第64页。

设置的初衷，农村有的干部为了自身利益不断提高补助标准，[①] 49.2%的农民认为干部缴费少而获得的养老金高。[②] 加上资金积累不足与亏空严重，实行现收现付制，政府基本上是政策支持不提供资金支持，农村养老保险制度已很难持续。1998年农村社会养老保险工作出现了参保人数下降、基金运行难度加大等困难，一些地区陷入停顿状态。1999年7月，国务院批转的《整顿保险业工作小组〈保险业整顿与改革方案〉的通知》提出：目前我国农村尚不具备普遍实行社会养老保险的条件，决定对已有的业务进行清理整顿。停止接受新业务，有条件的地区应逐步向商业保险过渡。到2008年年底部分农村地区出现大规模退保，"参加老农保的只剩下5000万农民，其中许多已停止缴费多年。"[③] 老农保虽然有很多问题，但也是中华人民共和国成立以来由政府倡导的在农村建立社会养老保险，解决农民养老问题的一次积极尝试。

随着城市养老保险制度的建立和完善，城乡统筹理念的形成，农民工进城务工开阔了眼界，对养老保险的认识有了很大改变，农民对社会养老保险需求愿望越来越强烈，社会经济发展为建立农村社会养老保险奠定了良好的基础，从20世纪90年代的人均GDP的300余美元增长到2000年1000美元，[④] 政府与农民的支付能力已经大幅度提高，这一时期各地开展了农村养老保险的试点。2006年中共中央、国务院提出要建立与农村发展水平相适应的养老保险制度。2008年第一次提出建立"新型农村养老保险"，新农保基金由"个人缴费、集体补助、政府补贴"构成。2009年国务院发布《关于开展新型农村养老保险试点的指导意见》，新型农村养老保险（下称"新农保"）试点工作全面展开。新农保建立的基本原则是"保基本、广覆盖、有弹性、可持续"。设置了100元—500元5个档次供选择，各地根据经济情况对缴费档次可以适当调整，到"2012年已覆盖

---

① 参见郭士征编著《社会保障研究》，上海财经大学出版社2005年版，第126页。

② 参见文莉等《政府信誉与建立农村养老保险体制研究——对1757位农民的调查》，《农村经济》2006年第1期。

③ 胡晓义主编：《走向和谐：中国社会保障发展60周年》，中国劳动社会保障出版社2009年版，第147页。

④ 参见金维刚等《中国社会保障70年》，经济科学出版社2019年版，第64、65页。

3.2 亿农民，2014 年基本做到应保尽保”①。

4. 城镇居民养老保险制度的试点

在养老保险制度覆盖了城镇职工和农村居民后，2011 年国务院发布《关于开展城镇居民社会养老保险试点的指导意见》（以下简称“城居保”），保障对象为年满 16 周岁的城镇居民（不含在校学生）、不符合职工养老保险参保条件的城镇非从业人员。城居保的设置与新农保有许多相似之处，采取政府补贴（给付基础养老金）和个人缴费相结合，缴费标准设置为每年 100—2000 元 12 个档次。部分地区的试点使养老保险制度向覆盖全体居民迈出了坚实的一步。

5. 养老保险制度的整合和完善

由于养老保险制度多元化，针对不同群体采取不同制度存在的社会不公等问题，2014 年 7 月国务院发布《关于建立统一的城乡居民基本养老保险制度的意见》，将城居保和新农保两项养老保险制度合二为一，采取政府补贴（给付基础养老金）和个人缴费相结合，坚持社会统筹和个人账户相结合的制度模式。缴费标准设置为每年 100—2000 元 12 个档次，政府对个人缴费不到 500 元的补贴 30 元/年，缴费 500 元以上的补贴 60 元/年，实行自选缴费档次，采取多缴多得、长缴多得的激励机制，有利于调动参保积极性以提高养老保险待遇水平。城居保的缴费较为灵活，在不同地区缴费、间断性缴费，都可以记录养老保险关系可以跨地区转移。这一制度的建立最大受益的群体是流动人口，包括农民工及其家属。至此实现了全国养老保险制度覆盖了所有人群。在实施过程中，各地又根据地区情况进行了调整，大多数最低缴费标准设置为 100 元/年，“个人缴费上限最低的是年人 500 元，最高的是 3600 元不等”②，各省财政补贴也有一定的调整。

2015 年 1 月 14 日，国务院发布《关于机关事业单位工作人员养老保险制度改革的决定》，结束了机关事业单位人员个人不缴费享有较高水平退休金的单位退休制度，将机关事业单位与企业等城镇从业人员统一实行社会统筹和个人账户相结合的养老保险制度，规定单位按工资总额的 20%

① 金维刚等：《中国社会保障 70 年》，经济科学出版社 2019 年版，第 67 页。

② 郑秉文：《居民养老保险制度再思考》，《中国人力资源社会保障》2014 年第 4 期。

缴费；个人按本人工资的8%缴费。采取“老人老办法、新人新制度、中人逐步过渡”的原则，实行多缴多得、长缴多得的激励方法。这一制度的建立，解决了权利义务不对应的问题，逐步化解养老保险制度中同类人员待遇差距拉大的矛盾，是我国社会保障制度改革的一次历史性的突破。

2018年6月国务院印发《关于建立企业职工基本养老保险基金中央调剂制度的通知》，对各省养老保险基金进行适度调剂，以均衡地区间企业职工基本养老基金的负担，以后逐步加大调剂力度，为实现养老保险全国统筹奠定基础。2022年1月我国启动实施企业职工基本养老保险全国统筹制度。即制度统一、资金调度和使用统一、行政管理统一、信息系统统一，实现在全国范围内养老金的统一征收和提取，更有利于这一制度的实施体现了养老保险制度的社会公平。

通过养老保险制度的改革与合并，使全国的养老保险制度向全国的最终统一迈出了坚实的一步，顺应了中国社会发展的需要，实现了养老保险制度全覆盖，体现了中国政府破解制度难题的智慧，用改革的实际行动彰显了以人民为中心、实现制度公平的价值理念。与此同时政府还建立了与养老相关的养老服务、社会救助等制度，以提高老年生活质量。

二 建立农民工养老保险制度的探索

1. 农民工在20世纪初期参加养老保险的情况

在社会保障制度中，与第一代农民工养老密切关联的莫过于养老保险制度。20世纪80年代他们进城务工时没有为其设置养老保险制度，到2008年他们可以选择老农保。但因农民工收入很低，参加过老农保的人数很少，笔者于2004年对农村的调查显示，农民主要靠种地很少有其他收入占28.6%，种地和其他收入各占一半的36.9%，主要靠打工收入很少有种地收入的占20.3%，家庭年收入的均值为2000元。可见那时农民的收入主要靠农业。说明农民收入很低，缴纳养老保险金的能力很低，参保率极低。同时他们中32.3%的人不知道有农村养老保险，50.4%的人知道一点但不清楚，只有16.5%的人知道有养老保险，这部分人能够参保的就更少。48.9%的农民表示如果每月缴费10元以下可以承受，28%的表示可以承受每月缴费11—20元，承受20元以上的缴费只有21.5%。这与他们的缴费能力和参保意识薄弱有关，调查显示20%的农民明确表示不愿意和22.3%的农民表示愿意出很少的钱才参加养老保险。[①] 上述情况说明很多农民工初期进城务工时，在农村没有参加过老农保。

第一代农民工在企业务工的也可以参加城镇职工养老保险，但是有的企业为了降低生产成本没有为农民工缴纳养老保险，农民工因制度不完善、流动性强和收入低以及参保意识薄弱，也不愿意缴纳养老保险，笔者2007年对2834位农民工的调查显示，他们务工的单位性质为：国有（6.9%）、民营（26%），个体（36.2%）、无固定单位（28.8%），可见大多数农民工没有企业为他们缴纳养老保险，其中，交过养老保险的只有310人（10.9%），交过中断的有244人（8.6%），中断的原因是换了务工地方或单位（56.6%）和经济出现了困难（45.2%）。[②] 到2008年年底，全国2.3亿农民工“参加城职保的只有2416万人，占城镇就业农民工的17%”[③]。就是这么低的参保率，还有大量农民工离开一个打工地或春节回乡时就退保。“有的地方退保率超过95%”，东莞市在2007年“有超过60万人办理了退保手续”。[④] 这实际上不利于保护农民工的养老权益。除此之外，当时农民工中还有相当多的灵活就业人员不能在城市参保，说明当时的养老保险制度设计不适合农民工，主要是不能适应农民工的流动性，不能为农民工提供更加便捷的养老保险的转移接续的制度和服务。

上述情况表明，新农保出台前农民工很少在农村参加老农保，由于他们很少在正规部门就业，即使在正规部门就业也未必都参加了城镇职工养老保险，所以农民工进城务工初期，适合这部分群体的养老保险制度还没有建立。

2. 各地对建立农民工养老保险制度的探索

对于农民工养老保险问题，从20世纪末到21世纪初全国部分城市在

---

① 重庆大学师生2004年2月寒假对全国上百个县进行的农村养老保障进行的问卷调查，本次调查发出问卷1850份，回收1757份，收回有效问卷1752份。本书后面引用该数据时称：笔者所在课题组2004年对1850名农民的问卷调查。

② 数据来源于笔者2007年所在课题组对2834名农民工的问卷调查。

③ 胡晓义主编：《走向和谐：中国社会保障发展60周年》，中国劳动社会保障出版社2009年版，第117页。

④ 盛明富：《中国农民工40年》，中国工人出版社2018年版，第295页。

积极探索，最早出台地方性相关法规的是深圳市，1999 年 1 月深圳施行《深圳经济特区企业员工社会养老保险条例》，2006 年 12 月深圳市人民政府颁布关于修改《〈深圳经济特区企业员工基本养老保险条例〉若干实施规定》的决定，对 1999 年的《条例》进行了修改，并将农民工纳入了缴纳企业养老保险的范围，在缴费标准和获得待遇上，区分了本市户籍和非本市户籍的员工。规定无论是否具有本市户籍的员工缴费达到 15 年的可以按月领取养老金，如果没有缴够 15 年的具有本市户籍和非本市户籍员工的待遇除一次性支付给本人，本市户籍员工还可以获得一次性生活费，而非本市户籍的员工积累额退回户籍地社保机构，当地没有社保机构的退还本人。深圳市将农民工纳入企业养老保险制度范围，对于保障农民工养老保险权益具有重要的积极意义，但是流动性强的农民工在高龄阶段时很难在深圳继续务工达到退休年龄，有资料显示，“深圳市 1987 年起允许非户籍人员参加养老保险，15 年后能享受养老待遇的仅有 100 多人”①。继深圳之后，北京、上海、天津、成都、重庆等地先后出台了解决农民工养老保险问题的地方性法规和制度。形成了多种模式，即“城保模式”“综保模式”“双低模式”“农保模式”“个人账户模式”等，这些模式都以地方缴纳养老保险金为统筹范围，各地的规定都要求缴费达到一定年限，由于各地经济发展差异较大，设计的缴费和享受的待遇也有差别，并且农民工在多个地方务工，在养老保险关系如何顺利转移接续方面仍然存在难以克服的障碍。在这种情况下，农民工处于参保、退保的循环之中，如果这个问题不能得到解决，数量庞大的农民工群体的养老问题将是社会沉重的负担，只有优化顶层设计才能解决农民工养老保险关系转移接续的问题。

3. 国家层面对解决农民工养老保险问题的探索

在各地探索农民工养老保险问题的过程中，中央政府也在积极探索。2001 年劳动和社会保障部《关于完善城镇职工基本养老保险政策有关问题的通知》提到：参加了养老保险的农民工，如果与企业终止或解除后，由社保机构保留其养老保险关系，重新就业的应接续或转移养老保险关系，也可以一次性将缴纳的个人账户部分退还给本人。缴费满 15 年达到退休年

① 盛明富：《中国农民工 40 年》，中国工人出版社 2018 年版，第 296 页。

龄可以按规定领取基本养老金。没有缴满15年的，其个人账户一次性支付给本人。这是首次将农民工养老保险问题纳入国家社会保障制度，但是没有提及农民工养老保险关系转移接续的具体办法。由于农民工养老保险问题的解决已迫在眉睫，2006年国务院《关于解决农民工问题的若干意见》提出了做好农民工工作的基本原则，其中强调了应公平对待，一视同仁，同时强调应抓紧研究低费率、广覆盖、可转移，并能够与现行的养老保险制度衔接的农民工养老保险办法。

2009年12月，国务院办公厅转发了人力资源和社会保障部、财政部《城镇企业职工基本养老保险关系转移接续暂行办法》（下称《暂行办法》）。《暂行办法》制定的养老保险关系转移接续的具体办法将农民工与城镇企业职工一视同仁。《暂行办法》的颁布，改变了跨地区转移就业只转移个人账户的资金的做法，新规定是除了转移个人缴纳的全部本息外，还要按一定比例转移单位缴纳的部分，即60%转移到转入地，40%留在转出地，转移单位缴纳的部分不影响农民工个人权益，即不影响农民工缴满15年达到退休年龄时到转入地领取养老保险金。这样就有效保障了农民工养老保险权益，在一定程度上共享了务工地发展的成果，平衡了转出地和转入地的资金关系，协调了地区之间的利益，减轻了农民工转入地的养老压力，避免了养老积累的压力带来的社会风险。这一规定出台后，再也没有出现过退保风波。2010年《中华人民共和国社会保险法》（下称《社会保险法》）实施，从法律层面明确加入城镇职工养老保险是农民工养老保险的方向，在更高层次上解决了农民工养老保险转移接续问题，也为《社会保险法》提出的基本养老保险基金逐步实现全国统筹奠定了基础。2016年全国已有28个省建立了基本养老保险的省级统筹制度。为了进一步完善涉及农民工养老保险关系的制度，针对一些遗留问题和新出现的问题，2016年人力资源和社会保障部发出《关于城镇企业职工基本养老保险关系转移接续若干问题的通知》，对2009年《暂行办法》没有解决的部分问题进行了补充，进一步保障了包括农民工在内的参保人的利益。

农民工养老保险权益从国家层面得以保障，使农民工从最初的社会边缘化群体归入了城镇企业职工养老保险范围。城乡居民养老保险制度的建立，开启了城乡居民养老保险制度融合的道路。解决了包括农民工在内的中国流动人口就业、迁移的部分疑难问题，为农民工跨地区就业、融入城市提供了良好的条件。

三　第一代农民工参加养老保险的现状与主要问题

从20世纪80年代初到2009年《暂行办法》出台，农民工基本处于养老保险制度边缘化的状态，由于户籍在农村，他们被要求参加农村养老保险，但他们大多常年在外打工，又可以参加城镇养老保险，当2014年城乡居民养老保险制度建立时，由于新的城居保和新农保合并后，农民工曾经参加新农保的转为了城居保。① 养老保险对第一代农民工城乡养老选择有重要的影响，关系到他们在城市或者乡村的生存质量。

1. 第一代农民工受访者参加养老保险的总体情况

全体受访者参加养老保险情况。3229个总样本中参加了养老保险的有87.5%，参加城乡居民养老保险的（2514人）77.9%（下称“城居保”），参加城镇职工养老保险的有（311人）9.6%（下称“城职保”）。不同年龄段参加城居保的情况为：60岁组（216人）为79.2%，50岁组（1043人）为78.6%，40岁组（1970人）为77.3%。参加城职保的情况为：60岁组为7.4%，50岁组为8.1%，40岁组为10.7%（参见图4-1）。调查还显示，12.5%（404人）的受访者没有参加任何保险，60岁组、50岁组和40岁组分别有13.4%、13.3%、12.0%的人没有参加任何社会保险。50岁以上的农民工没有参加任何保险的高于总样本的平均数，说明第一代农民工中的高龄部分参保意识相对更弱。总体来看第一代农民工总体参保占比没有达到国家公布的参保比例，还有12.5%的农民工没有任何保险。他们中参加城居保的比例远高于参加城职保，参加城职保的比例在普遍很低的情况下，40岁组的农民工参加城职保的比例在上升。这与他们就业不稳定、参保意识弱、流动性强有密切关系。

① 后面的访谈案例中，一般情况下农民工不清楚新农保和城乡居民养老保险的合并，他们将参加养老保险仍然表述为新农保，笔者在访谈中保留了农民工参加养老保险为“新农保”，而在本书对新农保与城镇居民养老保险合并后的表述全部使用的“城居保”。

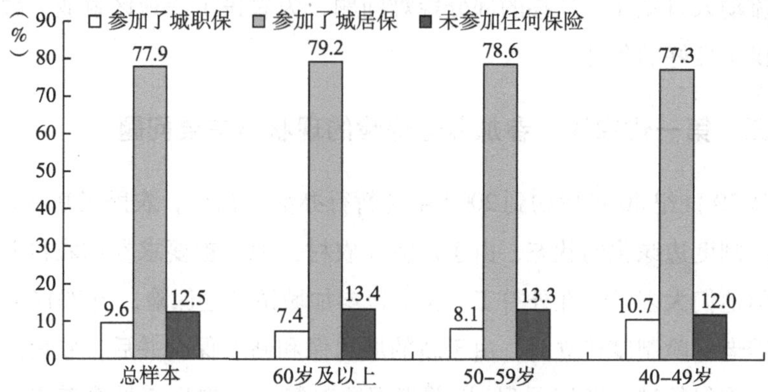

图 4–1 不同年龄段受访农民工参加养老保险的情况（N＝3229）

2. 对 60 岁组参加养老保险的情况分析

60 岁组的农民工平均外出务工的年数是 19.15 年，月均收入 2880.2 元，是第一代农民工中收入最低的。他们属于高龄农民工，参加养老保险（86.6%）的比例分别低于 50 岁组（86.7%）和 40 岁组（88.0%）0.1 和 1.4 个百分点，相差不大，说明在政府倡导和投入效应下，农民工看到养老保险带来的实惠后，养老保险意识有所增强，年满 60 岁的农民工获得了统一的基础养老金，如果参加了档次较高的养老保险，根据缴费情况每月增加不同金额的养老金，这对未满 60 岁的农民工有示范效应。部分领取基础养老金的农民工认为现在获得的就是参加了养老保险的收益。他们实际参保率低于上述参保率，其主要原因是他们早期参保意识低，在农村养老保险实施初期他们还没有转变传统的家庭养老观念，他们看到祖辈没有参加养老保险一样终老，农村家庭中基本上是子辈赡养父辈。他们对提前购买养老保险持怀疑态度，对养老保险的预期缺乏信心，老农保实施一段时间停止后政府信誉受到一定影响，也是他们对养老保险预期不太看好的重要因素。2004 年笔者所在课题组调查显示，只有 47.5%的农民工相信政府能够帮助他们建立社会保障制度，表示说不清楚（37.4%）和不相信（15.1%）共 52.5%，可见当时有超过半数的农民工对政府帮助他们建立社会保障制度持怀疑态度。2009 年新农保制度建立后，农民大多选择最低档次的农村养老保险，这与他们养老保险意识淡薄和缺乏对养老保险的正确认知有关。另外，经济条件限制也是他们没有参加养老保险的重要因素。农民工在城市务工大多收入很低，除自己和家人在城市生存，结余部分要寄回农村赡养父母或抚养子女，每月剩余的经费积攒下来要用于回乡盖房或改善农村的生活条件，很少考虑多年后的养老问题。课题组2004年调查显示，农民工表示收入在1001元以上（47.5%）和501—1000元（24.1%）才愿意参加社会保险，而当年农民工月均工资水平才接近600元。[①] 收入较低是当年制约农民工参加社会保险的瓶颈。笔者在访谈中也证实农民工因经济上缺乏参保能力而错过参保机会的事例。

访谈案例4.1

访谈对象：杜姓农民工

访谈时间：2020年1月30日

访谈地点：重庆沙坪坝沙北街

杜师傅，现年74岁，男性，小学文化，重庆潼南宝龙镇人，20多年前到重庆沙坪坝某高校做门卫工作，59岁被辞退。他晚年结婚，妻子在十多年前因突发脑出血去世，现17岁的儿子在重庆沙坪坝读高中。十多年前他可以一次性缴费1万多元购买城镇居民养老保险，可是在收入极低的情况下无力缴纳这笔钱，他找亲戚借钱缴纳养老保险，亲戚们知道他难以偿还不愿意借给他。最终失去了一次性补缴养老保险的机会。现在他因儿子在城里读高中而滞留城市，靠以往的熟人给他废品和农村低保以及基础养老金生存。

访谈案例4.2[②]

访谈对象：周姓农民工

访谈时间：2019年2月7日

访谈地点：四川广安华蓥市

周师傅，62岁，男性，户籍地在四川省广安市华蓥市天池镇某村，周师傅夫妇育有3儿1女，目前儿女们都在重庆工作并在重庆定

① 数据来源于笔者所在课题组2004年对1850名农民的问卷调查。

② 此案例由重庆大学马克思主义学院2017级研究生蒋艺于2019年2月7日访谈获得。

居，家中有一位老人需要赡养。周师傅及妻子外出务工17年，目前在内蒙古自治区包头市固阳县的一家砖瓦厂。在砖瓦厂工作不仅要承受高强度的体力劳动，还要忍受砖块烧制过程中产生的空气污染及页岩破碎及粉料搅拌时引起的粉尘污染，工资相对略高，周师傅现每月工资4500元，妻子收入略低。厂里包吃住，但为了方便和省钱，周师傅夫妻住员工宿舍。因年老体力逐渐下降，准备过一两年回乡。在农村建有大约120平方米的住房，但回乡后会居住在政府建厂占地后用赔偿款修建的安置房，因为安置房地理位置较好，基础设施完善。他购买了农村最低档次220元/年的医疗保险。因对养老保险政策知晓较少，自己也缺乏参加养老保险的意识，认为将攒的钱存银行才保险，没有缴纳养老保险费，现已超过养老保险缴费的年龄段，以后只有靠基础养老金和自己的储蓄养老。

上述两个案例说明高龄农民工在能够参加养老保险时缺乏资金和参保意识而错失参保机会，导致60岁以后除政府统一发放的100多元的基础养老金无生活来源，随着年龄增长和个人积蓄逐渐耗尽，他们在60岁以后需要靠不断劳作增收以弥补养老生存的不足。高龄农民工参保积极性相对较低，一是他们对养老保险缺乏认识，二是他们月均收入只有2880元，收入低是他们难以缴纳较高档次养老保险费的重要原因。60岁以上农民工有的已经返乡，由于不能依靠社会养老保险养老，其中有的不得不又返回城市务工，或者不得不靠从事农业劳动维持生存。

近年来参保比例有大幅度提高，第一代农民工中40岁组参加职工养老保险的占比明显高于50岁及以上的农民工，说明农民工对养老保险的作用和意义的认识有了较大改变。

3. 对50岁组参加养老保险的情况分析

50岁组农民工参加城居保和城职保占比处于60岁组和40岁组之间，从他们参加职工养老保险占比高于60岁组的情况看，参加较高档次的养老保险占比在增加，但是50岁组参加城居保的占比仍处于高位，说明不愿意改变过去参加农村养老保险低档次缴费的现状。同时50岁组有13.3%的人没有参加任何保险。50岁组农民工在外打工平均年限为17.7年，月均收入3939元，相比40岁组农民工他们月收入低，缴纳较高档次的养老保险的能力有限，他们大多已经做好了回乡的准备，这个年龄段跨地区流动的农民工中因退保中断养老保险或未续保的多于40岁组。50岁组的农民工接近退休年龄，有些工种不会再留用他们，要缴满15年的城镇职工养老保险对于他们负担十分沉重，而低档次的城居保对于他们来说更容易接受。

访谈案例 4.3

访谈对象：罗姓农民工

访谈时间：2019年8月24日

访谈地点：深圳市南山区建筑工地

罗师傅，男性，51岁，初中文化，湖南邵东县官店镇人，外出务工16年，妻子在农村照顾两位老人和两个小孩。有兄弟三人共同赡养老人。目前在深圳南山区蛇口大湾区楼群建筑工地做木工，每天工资400元，平均每天工作8小时，下雨不出工，早晨出工很早，中午天热气温高休息时间较长。他说木工工资相对其他工种稍高一些，住建筑工地，房间有空调。已缴纳新农保100元/年，新农合220元/年。靠他的打工收入在农村盖了约500平方米5层楼住房。他表示在家乡不好找工作，收入也不高，所以选择来深圳务工。今后打算回乡养老，因为亲戚朋友在农村，在城市这么多年没有交往圈子，对城市感到陌生。之所以购买较低的养老保险，是认为靠自己的积蓄和住房可以养老，不依靠养老保险。

访谈案例 4.4

访谈对象：王姓农民工

访谈时间：2019年8月23日

访谈地点：深圳市南山区前海湾某酒店

王女士，55岁，小学文化，从广西南宁到深圳务工，目前在南山区某酒店做清洁工，外出务工十年。两个儿子都没成家。在深圳务工，每月工资3500元，酒店包吃住。每天平均工作8小时，每周工作

6天。她老公在外务工多年，因年龄超过60岁已回乡务农，家里收入锐减，家乡土地人均不到一亩，除种植粮食，还种植了甘蔗等农作物。因前两年在外打工没有获得家乡征地补偿款而感到十分遗憾。缴纳新农保100元/年，新农合220元/年，在农村有住房，今后回乡养老。

访谈案例4. 5

访谈对象：吴姓农民工

访谈时间：2019年8月24日

访谈地点：深圳市南山区某公司下属培训学校

吴女士，50岁，初中文化，从广东清远外出务工25年，目前在深圳南山区某公司下属培训学校担任保洁员班长，每月工资4000元，工作时间每天8小时。有时加班还有加班费，实际收入会高于4000元。她老公外出打工31年，目前在该校担任物业保安，每月工资5000元。有1个儿子，24岁，已工作。有1个老人要赡养。在深圳租房住，每月租金2000元/月，水电费大约150元，公司包吃不包住。在老家城镇购买了105平方米的住房，当年买房是2000多元每平方米。

学校通过劳务派遣公司为其缴养老保险金600元/月，自己缴250元/月。但是单位根据法律规定，学校执行女性工人50岁退休制度，她还有2个月退休。因国家实施农民工可以购买城镇职工养老保险的时间不长，因此他们购买城乡居民养老保险的时间只有12年，离养老保险制度规定的缴费满15年才能享有当地城市的养老保险还差3年，即将失去单位帮助缴纳养老保险费的机会，由于户籍是广东，50岁退休后如果本人愿意缴够15年，可以选择自己将单位缴纳的部分补齐续保，她准备在深圳缴纳城镇职工养老保险，缴满15年后，生活就会轻松一些，她说50多岁仍然选择继续在深圳打工，使自己晚年生活无忧。他们因在家乡城镇购买了住房，打算在家乡的城镇养老。

50岁组的农民工初中及以下文化程度占到85. 8%，他们靠体力劳动获得较高收入的优势正在逐步丧失，开始从事一些辅助性工作，或工作单位不再留用，收入逐渐减少，他们为养老进行了必要的准备。从上述案例看到这部分农民工对于参保有以下几个特点。(1) 他们大多因为选择回到家乡养老而购买的最低档次城居保。随着年龄的增长，当无人雇佣时只能选择回家乡。访谈得知 50 岁以上的农民工除极少数在家乡城镇购房选择回家乡城镇不回农村养老外，绝大多数都在农村家乡建房，为回乡养老做好了准备，没有打算依靠缴纳的养老保险安排自己的老年生活。(2) 城乡统筹的居民养老保险实施较晚，他们或者是缺乏参保意识，或者是不能重新选择城职保，因此这个年龄段的农民工大多按照以前的认知参加城居保。(3) 在参加城乡不同养老保险的选择上与雇工单位是否缴纳单位养老保险有密切联系。一般情况下雇工方属正规单位的，会帮助农民工缴纳城镇职工养老保险。而多数企业对农民工实行月工资制的不多，许多是计件和承包性质，很少为农民工缴纳单位承担的养老保险费，所以第一代农民工参加城职保的占比很低。(4) 户籍制度与养老保险仍有联系。从上述事例看到，广东籍的农民工可以在深圳继续缴纳职工养老保险费，如果不是广东省的户口就只能选择转移养老保险关系而不能继续在深圳缴纳城职保的保险费，其结果是到了退休年龄不能享受深圳较高的养老保险待遇。(5) 养老意识薄弱和经济负担沉重是他们选择最低缴费档次的主要原因。由于 50 岁组的农民工父母一般在 70 岁以上，赡养父母也是他们比较沉重的负担，因此他们基本上都选择缴纳最低档次（100 元/年）城居保，选择城职保的很少。按照中国平均年龄 77.7 岁测算，50 多岁的农民工还有较长的晚年生活，他们打工积蓄是否能够维持到生命终点还有待检验，当他们积蓄消耗殆尽，年老多病不能再靠农业劳动维持基本生活时，如何应对养老负担是值得认真思考的事，需要政府提前做好制度安排。

4. 对 40 岁组的农民工参加养老保险的情况分析

40 岁组的农民工平均进城务工 13.9 年，他们参加养老保险（88%）比更年长的农民工占比稍高，特别突出的是参加城镇职工养老保险的（10.7%）分别高于 50 岁组和 60 岁组 2.6、3.3 个百分点。而参加城居保的比例仍然高于 50 岁以上农民工。可见这部分农民工总体参保率较高，说明年龄略低的农民工参保意识强于高龄农民工，为未来养老的准备比 50 岁及以上的农民工充分，相比之下他们更希望老年生活保障依靠社会保险制度，而不是主要依靠家庭。但是值得注意的一个现象是仍有12%的农民工没有购买任何社会保险。这说明流动性强对参保的影响仍然很大。

访谈案例4.6

访谈对象：村干部张主任

访谈时间：2019年2月7日，2022年6月5日（电话补充访谈）

访谈地点：四川南部县大桥镇某村

张主任，男性，49岁，任南部县大桥镇某村村委会主任。张主任说，村里有5%的村民（有的在外打工）没有缴纳养老保险费，3%的村民什么保险都没有参加，不愿意缴纳养老保险费的原因有以下几方面。（1）对预期风险有疑虑，担心寿命不长领不回缴纳的部分。（2）政策规定，如果缴了养老金，60岁以后哪怕只领了一个月都不退回曾经缴纳的养老金。如果没有到60岁，可以退回自己缴纳的部分。（3）上一辈的老年人没有缴纳养老金也能度过晚年生活。张主任说，过了60岁的农民工回乡，不能再补缴。未缴的村民今后只能获得政府补贴的基础养老金。张主任说，按照四川新农保有关规定需要缴纳500元/年，最高缴费是3000元/年，缴满15年后，即4.5万元，4.5万元除以139个月即是今后每月应领的金额。村上有两人没有买医保，2017年村里垫钱帮助买了医保，但是2018年这两人仍然不缴医保费，村里也不能再帮助缴。村里有两位40岁没有参加新农保的村民游离于城乡之间，其中一位在外借了高利贷，在农村家乡没有住房，根本无钱购买各种保险，张主任担心他们回村会增加政府和村里的负担。

该村几年前由于政府征地修建省级公路，给了村3个可以购买一次性养老保险的名额，女的40岁以后、男性50岁以后可以一次性缴纳11840元，就可以在政府规定领取养老金年龄时领取城乡居民养老保险。但是因早年缺少经费，村民当时只有1个人使用了这个名额。

访谈案例4.7

访谈对象：李姓农民工

访谈时间：2019 年 8 月 5 日

访谈形式：电话访谈

李师傅，男性，46 岁，重庆云阳人，初中文化，外出打工 25 年，目前在广州白云区做建筑电焊工（初级工），劳动强度较大，下雨不出工，每月工资约 5000 元。居住在工地 8 人一间的板房。离异，有一个儿子，在读中山大学一年级社会学专业（保研）。家有母亲 70 多岁，每月基本上给生活费 800 元。每年春节回家一次，有弟兄三人共同负担母亲，本人已买车，春节自己开车回家。农村家里有人均一亩土地，村里的人愿种就种，没有人种就荒着。参加的农村最低档次的养老保险 100 元/年，医疗保险 220 元/年。在农村有住房，目前没有打算在广州购房。李师傅说偶尔参加过城市社区的活动，觉得这些活动没有什么意思，后来就不参加了。他表示厌倦城市的生活，以后准备回乡养老。

访谈案例 4. 8

访谈对象：李姓农民工

访谈时间：2019 年 8 月 6 日

访谈地点：电话访谈

李师傅，男性，49 岁，初中文化，重庆云阳人，进城务工 13 年，目前妻子跟随一起到广州打工，建筑工，与桥梁相关工作都做，砌砖、混凝土等。下雨一般不出工，劳动强度较大。每月工资约 4800 元，妻子每月收入 3800 元。有 2 个儿子，大儿子（27 岁）也在城市打工，成家大约花费 10 万元，并自己购房。小儿子 23 岁未成家，老母亲 70 多岁需要赡养，有三兄弟共同负担老母亲，每月自己大约给老母亲 400 元生活费。居住在工地提供的板房（夫妻房），不用交住房费。缴纳了最低档次的农村养老保险 100 元/年，因在建筑行业打工，交了较高的商业保险费 3000 元/年。家里的土地别人随便耕种，没有打算在广州购房，准备以后回乡养老。

访谈案例 4. 9

访谈对象：沈姓农民工

访谈时间：2020 年 2 月 8 日

访谈形式：电话访谈

沈女士，48 岁。四川乐山犍为敖家镇人，小学文化。儿子研究生毕业已工作，丈夫一直在家乡的镇附近收废品，每月大约有 4000 元收入。沈女士四年前到成都参加育儿嫂的培训，自己花费 1000 多元的培训费，通过考试，获得担任育儿嫂的证书（育婴师证书），目前在成都帮人带小孩。每月 5000 元工资，包吃住，每月休息四天可回家一次，家里有三位老人需要赡养，每月大概要给夫家老人 450 元，自己的父母给少量的赡养费。夫妻两人曾经购买了 100 元/年的新农保。医疗保险一直都是购买的 220 元/年。在儿子（社会保障专业硕士生）的劝说下，2016 年夫妻两人都由农村最低档的养老保险转为较高档次的城居保，她本人补缴了 5—6 年的城居保 2 万多元，现在已经交够 8 年，还要交 7 年才满 15 年。丈夫补缴了 5 万多元，也还有八年才能交满 15 年。如果继续交下去，夫妻两人每年要交一万多元的养老保险，2018 年每人交了 6000 多元，2019 年上涨了 10%，需要交 7000 多元/年。合计是 1.4 万元。他们担心以后出现什么困难不能继续缴纳这笔费用，对近两年养老金缴费连续上涨 10%感到忧心忡忡。如果全额交齐这个档次的养老保险夫妻两人大概需要交 20 多万。关于城乡去留选择：打算以后回乡养老。家里有住房，基本生活条件满足。本人表示不愿意将户口迁移到城市。

从上述的访谈看到，40 岁组农民工对于参加养老保险有以下几方面的现实因素困扰。（1）农民工参加养老保险存在顾虑，不愿意参加养老保险的农民工并非只有 50 岁以上农民工，按照规定缴满 15 年养老保险到了规定年龄才能享有养老保险金。而 40 岁组农民工仍有部分人不愿意自觉参加养老保险，这会给今后的养老保障的发展带来困扰。（2）在国有单位就业的农民工，虽然单位按照规定为他们缴纳城镇职工养老保险费，但是他们普遍收入不高，而大多数农民工并非在正规单位就业，缺乏单位帮助缴费的情况下，他们很多人缺乏购买较高档次的养老保险能力。我们多次调查显示农民工无论月收入高低，他们大多数选择缴纳最低档次的养老保险费。（3）农民工大多家庭负担重、收入低，对他们参保档次有较大影响。（4）新农保要转为较高档次的城居保，退休前夫妻两人缴纳的费用是 20 万左右，对于收入较低的农民工是难以想象的，如果医疗保险再选择较高档次缴费的确难以承受，因此很少有农民工转为较高档次的养老保险。

5. 农民工参加养老保险的主要问题及原因

农民工对养老保险认知不足。受传统家庭养老方式的影响，他们见到父辈未参加任何保险在农村也可以安度晚年，加上外出打工后农村的土地在一定程度上给了他们安全感，无论发生怎样的变故，有土地就可以生存，所以有的选择不参保。对养老保险制度持怀疑态度是他们不参保或缴最低档次养老保险费的主要原因，为未来养老缴费体现的是风险意识增强和对社会相关制度的信任，而部分农民工对自己余生预期不确定，担心养老保险的投资不能收回，认为钱还是攥在自己手里更好。由于养老保险制度普及和享受人群增加，他们看到了投保带来的一定福利，但又将信将疑，因此选择最低档次作为试探性缴费，如果将来不能收回投出去的资金，自己也没有太大吃亏。在他们的观念里，对土地和家庭养老的信任超过对社会养老保险制度的信任，于是不会选择较高档次的缴费。有资料显示，“2012 年到 2016 年人均每年缴费为 184 元、201 元、216 元、222 元、231 元。预计绝大多数参保人在缴费 15 年以后可能会选择停止缴费”①。相当一部分人不愿意提前为未来养老缴费是认识问题而非收入。笔者曾经在农村调研时了解到为了提高农民参保比例，村里要求年轻农民（包括农民工）与家里年长的父辈一起参保，其父母才能获得基础养老保险待遇，在这样的引导下他们才不得已参加养老保险。

收入低、承受能力有限是农民工无法选择较高档次养老保险缴费的重要因素。2015 年城居保全面实施时，当年“农民工月均收入是 3072 元”②，2021 年“农民工月均收入是 4432 元”③，从前述数据与案例看到，第一代

---

① 金维刚等：《中国社会保障 70 年》，经济科学出版社 2019 年版，第 70 页。

② 《2015 年农民工监测调查报告》，https://www.gov.cn/xinwen/2016-04/28/content_5068727.htm，2016 年 4 月 28 日。

③ 《2021 年农民工监测调查报告》，https://www.gov.cn/xinwen/2022-04/29/content_5688043.htm，2022 年 4 月 29 日。

农民工大多数收入在全国人均工资的中下水平，女性农民工收入更低，他们如果选择较高档次的养老保险再缴纳医疗、失业等保险费，负担的确沉重。收入越低缴费负担越沉重，他们大多数还要赡养父母，面对上有老下有小的沉重负担，现阶段很难为未来不可预知的风险承受太多经济压力。

设置低档次缴费制度对未来养老保障带来一些问题。农民工之所以缴纳很低档次的养老保费，还有一个原因是他们看到选择最低档次缴费，缴满 15 年后只能获得每月多几十元的收益，对养老帮助不大。选择较高档次缴费今后每月收益虽较为可观，但是现在缴费能力有限。在缺乏企业帮助缴纳部分养老保险费的情况下，他们缴纳较高档次养老保险的积极性受到很大影响。

农民工参加城镇职工养老保险的比例太低。调查显示，第一代农民工中参加城职保占比只有 9.6%，其中重要原因是许多民营和个体雇工为了节约成本不愿意为农民工缴纳单位应承担的养老保险费，有的中小型企业如果承担员工的养老、医疗和失业、工伤等保险费用也不堪重负，导致在这类企业务工的农民工城职保的参保率很低。另外，农民工灵活就业占比较高，缺乏单位缴费这一部分，他们自己很难承担全部缴费参加城职保。40 多岁的农民工是退休前养老保险缴满 15 年的关键时期，如果不及时缴费，到 60 岁时不能缴满 15 年，有的可能退回个人缴费部分，较少的人会选择继续缴纳较高的城职保。结果是第一代农民工到年老时享有的是低水平的养老保险待遇，无法依靠养老保险安度晚年。

第一代农民工养老仍然是一个没有完全解决的社会问题。从制度层面上看养老保险制度已经覆盖全体居民，2021 年城居保“参保人数 54797 万人”①，农民工纳入社会保障体系之中，中国在短短的 20 多年里社会养老保险制度从无到有，建立了完整的适合国情的城乡居民统一的养老保险制度，是历史的巨大进步。从现实来看，绝大多数农民工参加了城居保，少数参加了城职保。按照现在实际缴费情况看，目前第一代农民工个人账户人均累计缴费只有几千元左右，根本不能满足参保人老年后的养老需求。

① 《2021 年度国家老龄事业发展公报》，https://www.gov.cn/xinwen/2022-10/26/content_5721786.htm，2022 年 10 月 26 日。

目前选择城居保的农民工中相当一部分要回农村养老，到那时只依靠每月基础养老金再加几十元个人账户部分200元左右，这部分人如果家庭遭遇疾病等灾难出现生存困难时只能依靠最低生活保障解决生存问题，对于这类遗留下来的问题，今后社会要付出较大的代价才能解决。

第二节　第一代农民工参加医疗保险的制度背景与现状

一　中华人民共和国成立后的医疗保险制度发展简述

1. 中华人民共和国成立初期的公费、劳保医疗制度

中华人民共和国成立后国家开始建立医疗保障体系。1952年，政务院颁布《中央人民政府政务院关于全国各级人民政府、党派、团体及所属单位的国家工作人员实行公费医疗预防的指示》，随后，国家卫生、财政等部门先后颁布了《关于改进公费医疗管理问题的通知》，使公费医疗制度进一步完善。当时只有机关、团体、文教、卫生、科技等事业单位的工作人员才能享受公费医疗。1951年《劳动保险条例》以及随后颁布实施的《劳动保险条例实施细则修正草案》等相关法规、政策，建立起了中国最早的劳保医疗制度。全民所有制企业职工纳入保障范围，集体所有制职工参照执行。劳保医疗经费由企业在成本中列支，企业自行管理。“公费、劳保医疗制度覆盖了全国75%以上的城镇职工及离退休人员。”① 劳保医疗制度与全民所有制、集体所有制单位中参加劳动的人员相联系，城市里没有工作和个体劳动者群体无权参加公费医疗。随着人们对预防和治疗疾病的要求越来越高，医疗设备不断增加和改进，医疗费用不断增加。截至1978年，全国用于劳保和公费医疗费用达到28.3亿元，1978—1997年，全国职工医疗费用由27亿元上升到774亿元，增长了28倍，而同期财政收入只增长了6.6倍。② 从1989年到2001年，按当年价格计算，城镇居民

① 胡晓义主编：《走向和谐：中国社会保障发展60周年》，中国劳动社会保障出版社2009年版，第188页。

② 参见胡晓义主编《走向和谐：中国社会保障发展60周年》，中国劳动社会保障出版社2009年版，第188、189页。

人均收入增长了544%，农村居民人均收入增长了393%，而在同一时期，平均每一门诊诊疗费和日均住院费分别增长了965%和998%。从1978年到2001年，去除物价影响因素，卫生总费用以每年平均比GDP快2.7个百分点的速度增长。① 同时医疗资源浪费现象日益严重，小病大看，无病也拿药。由于这种制度覆盖面窄，体制内人员看病不花钱，体制外人员违规向体制内渗透，加上管理方面的一些问题，这种医疗制度的问题日益凸显。国家和企业都不堪重负，有些单位因无力负担而拖欠职工的医疗费用。改革开放后流动人员大幅度增加，劳保医疗制度已经非常不适应形势发展的需求。

2. 城镇职工医疗保险制度的探索和建立

20世纪80年代中期，各地对适应形势发展的城镇职工医疗保险制度进行了积极探索。开始对个人医疗费用进行控制，有的地方实行医疗费用包干制，由于年老多病人员自己难以承担医疗费用，这一改革引发许多不满。1982年3月，全国总工会、国家劳动总局、财政部联合颁发《关于制止把医药费全部发给职工个人包干使用的通知》，对这种医疗费用包干制进行了纠正。以后逐渐实行了按比例分担医疗费用的制度。如何解决日益增长的医疗费用，需要拓宽筹资渠道，有的地区对此进行了积极探索，北京1987年开始建立“大病医疗统筹”制度，一些地区也进行了试点，1992年9月劳动部发出《关于试行职工大病医疗费用社会统筹的意见的通知》，更多的地区开展了试点工作。这一段时间对医疗服务供给方费用控制方面进行了探索，在丹东等四个城市试点，取得了一定成效。1994年4月国家体改委、劳动部、财政部和卫生部共同制定《关于职工医疗制度改革的试点意见》，12月在江苏镇江和江西九江进行了城市职工基本医疗保险制度改革试点，初步确立了我国城镇职工医疗保险的基本框架。1998年12月在试点取得成效的基础上国务院发布《关于建立城镇职工医疗保险制度的决定》，从此结束了公费、劳保医疗制度，正式建立了社会医疗保险制度。城镇职工医疗保险制度坚持“基本保障、广泛覆盖、双方负担、统账结合”的原则，采取用人单位和职工共同按比例缴费的方式筹集医疗保

① 参见葛延风、王晓明《中国医疗服务体系改革反思》，《中国卫生产业》2005年第9期。

险费用，单位缴纳的部分按一定比例划入职工个人账户，个人缴费全部划入个人账户的方式，对医疗费支付的起付线、最高支付限额等具体办法进行了规定。以后逐步将灵活就业人员、非公有制经济组织从业人员纳入城镇职工医疗保险范围内。到 2021 年底“参加职工基本医疗保险人数 35422 万人”①。

3. 新型农村合作医疗制度的建立

20 世纪 50 年代，我国农村合作医疗保险制度已经形成，1968 年毛泽东对湖北省长阳县乐园公社创办合作医疗的经验进行批示后，全国掀起了兴办农村合作医疗的高潮，1979 年 12 月卫生部发布《农村合作医疗章程（试行草案）》，要求农村建立由生产大队管理的合作医疗基金，对农村赤脚医生的选拔和管理进行了规定。1979 年底全国 90%的生产大队（现在的行政村）实行了合作医疗制度。笔者 1974 年在四川南部大桥区石泉公社下乡时，生产大队有一个医务室，赤脚医生亦农亦医，村里有人看病拿药时，他从劳动地点到医务室给人拿药，然后又回到劳动地点继续劳动。药费从生产队的公益金中提留，采取村民和生产大队各付 50%的报销比例，当时的日常药费很低。笔者一次生病在大队医务室取药只支付了 5 分钱，生产大队合作医疗再支付 5 分钱。农村合作医疗虽然医疗保障水平低，但覆盖面广，村民日常生病看病便捷，成本低廉。医疗卫生总投入占 GDP 的比重也只有 3%左右，但通过有关制度建设，就已经基本上解决了绝大部分城乡居民的卫生防疫和基本医疗保障问题。② 因而被世界卫生组织和世界银行誉为“以最少投入获得了最大健康收益”的中国模式。③ 被一些国际机构评价为发展中国家解决医疗卫生工作的典范。但是合作医疗经济力量薄弱，在缺乏政府支持的情况下，筹资水平低，保障程度不高，缺乏抵御较大的疾病风险。改革开放后实行家庭联产承包责任制，农村合作医疗制度失去了依托，“1983 年，随着人民公社正式解散，农村合作医

① 《2021 年医疗保障事业发展统计快报》，http://www.nhsa.gov.cn/art/2022/3/4/art_7_7927.html，2022 年 3 月 24 日。

② 参见葛延风《对整体推进医疗卫生体制改革的一个框架性建议》，《当代医学》2005 年第 7 期。

③ 转引自陈春兰《中国农村合作医疗制度研究》，硕士学位论文，清华大学，2006 年，第 1 页。

疗出现雪崩式解体"[①]。"1980 年，全国有 68.8%的村有合作医疗，1986 年下降到 5.5%。"[②] 这之后 90%左右的农民自费医疗，处于“小病自己扛，大病就去见阎王”的状态，因病致贫、因病返贫的状态已成为突出的社会问题。"2000 年世界卫生组织对成员 1997 年卫生筹资与分配公平性评估显示，中国卫生系统在财务公平性方面列 188 位（倒数第 4 位）"[③]，建立新的农村医疗保障制度迫在眉睫。

2002 年 10 月，中共中央、国务院《关于进一步加强农村卫生工作的决定》提出，到 2010 年在全国建立适应市场经济的以大病统筹为主的新型农村合作医疗制度。2003 年 1 月，国务院办公厅转发卫生部、财政部、农业部《关于建立新型农村合作医疗制度的意见》，正式提出建立新型农村合作医疗制度，按照“财政支持、农民自愿、政府组织”的原则进行试点。从 2003 年以后的几年中，国家发布相关文件对新型农村合作医疗制度进一步细化，同时加大了中央财政对新农合的投入，到 2008 年“对西部地区的人均补贴标准从最初的 10 元提高到 40 元”，“参合农民人均筹资从 30 元提高到 100 元”。[④] 2011 年参合率超过 96%。随着新农合制度的进一步完善，2016 年人均筹资水平提高到 559 元，各级财政人均补助 450 元，近年来参合率一直稳定在 98%左右。[⑤] 新型农村合作医疗制度的建立，使农民获得由国家出资建立的适合农村居民的医疗保险制度，改变了过去只依靠农民自筹经费的低水平医疗保障的状况，提高了农民医疗保障水平。以后对于贫困群体参加医疗保险后看病仍然有困难的，国家还配套建立了医疗救助制度，解决特别困难的群体因病致贫或因病返贫的问题。

4. 城镇居民基本医疗保险制度的建立

城镇职工医疗保险和新型农村医疗保险制度建立后，只有城镇非从业人员没有纳入医疗保险范围。2007 年国务院发布《关于开展城镇居民基本

---

① 王绍光：《学习机制与适应能力：中国农村合作医疗体制变迁的启示》，《中国社会科学》2008 年第 6 期。

② 孙光德、董克用主编：《社会保障概论》，中国人民大学出版社 2000 年版，第 210 页。

③ 转引自金维刚等《中国社会保障 70 年》，经济科学出版社 2019 年版，第 91 页。

④ 胡晓义主编：《走向和谐：中国社会保障发展 60 周年》，中国劳动社会保障出版社 2009 年版，第 210 页。

⑤ 参见金维刚等《中国社会保障 70 年》，经济科学出版社 2019 年版，第 92、96 页。

医疗保险试点的指导意见》，提出针对城镇非从业人员选择部分地区进行试点，覆盖人群包括在校的中小学生和大中专学生，政府给予一定补贴，城镇居民医疗保险从试点到扩面，参保居民逐年增加，到2016年有45315万人参加了城镇居民医疗保险。①

5. 医疗保险制度的发展与完善

随着新型农村合作医疗保险、城镇职工基本医疗保险和城镇居民养老保险的建立，形成了完整的医疗保险体系，到2011年基本医疗保险制度全面覆盖了城乡居民。以后国家对医疗保险制度进行了完善，提高了对城镇居民基本医疗保险和新农合的补贴，2011年政府补助标准提高到200元，门诊报销比例也有所提高。2012年8月，国家发改委等六部门联合发布《关于开展城乡居民大病保险工作的指导意见》，开始了大病保险工作的试点，2015年7月，国务院办公厅发布《关于全面实施城乡居民大病保险的意见》，到2017年建立了覆盖全体居民的完整的大病保险制度，这一制度惠及城乡居民所有的参保人员，大大减轻了居民因疾病带来的经济负担，2017年民政部等六部门联合发布《关于进一步加强医疗救助与城乡居民大病保险有效衔接的通知》，对特困人员在大病报销后实行医疗救助，进一步减轻了特困人员的负担。

2016年1月，国务院发布《关于整合城乡居民基本医疗保险制度的意见》，将城镇居民基本医疗保险和新型农村合作医疗保险制度合并（下称“居民医保”），建立了统一的城乡居民基本医疗保险制度，覆盖了除城镇职工基本医疗保险的其他所有城乡居民，从国家层面将两项基本医疗保险制度的整合为居民提供了更加便捷的医疗服务。2017年末参加城乡居民基本医疗保险的人数比2016年增加42483万人。② 2021年底“基本医疗保险参保人数达136424万人，参保覆盖面稳定在95%以上”③。“居民医保政策范围内住院费用报销比例稳定在70%左右，是新农合建立之初政策范围内

① 参见金维刚等《中国社会保障70年》，经济科学出版社2019年版，第94页。

② 参见金维刚等《中国社会保障70年》，经济科学出版社2019年版，第102页。

③ 《2021年医疗保障事业发展统计快报》，http://www.nhsa.gov.cn/art/2022/3/4/art_7_7927.html，2022年3月4日。

报销比例 35%的两倍。”① 基本医疗保险制度的整合还简化了医疗机构管理的难度，节省了经办机构的资金投入，促进了资源共享，消除了城乡分设，管理分割等弊端，降低了管理成本，提高了管理效率。

二 农民工融入统筹医疗保险制度的探索

第一代农民工进城务工初期，农村没有医疗保障，流动到城市由于户籍原因不能参加城镇职工医保，处于缺乏医疗保障的状态。他们刚进城务工时年轻身体好，但因为脏、累、险、毒等劳动环境和医疗保障缺失等，他们大多身体开始出现问题。2005 年江苏徐州市医疗专家为部分农民工义诊时发现三分之一的农民工有着不同程度的健康问题，中国农工民主党中央委员会在全国政协十一届一次会议上提供了一份关于农民工健康的材料显示，他们中“59. 3%的人生病后没有就医，另有 40. 7%农民工中绝大部分是自费就医”②。2003 年新农合建立后，从制度上将他们纳入了农村医疗保险范围，由于新农合是以户籍地为基础设立的制度，不适应农民工的流动性，他们在异地看病的药费只能回乡报销，且手续十分烦琐，保障水平低，所以他们实际上较长时间处于医疗保障水平很低或没有保障的状态。

为了解决农民工医疗保障问题，2004 年劳动和社会保障部出台了《关于推进混合所有制企业和非公有制经济组织从业人员参加医疗保险的意见》，要求用人单位和劳动部门将农民工纳入医疗保险，这是政府相关部门出台的第一个将农民工纳入医疗保险的文件，但因缺乏具体的操作措施被搁置下来。2006 年国务院出台了《关于解决农民工问题的若干意见》进一步推动了解决有关农民工养老、医疗等问题的进度。当年劳动和社会保障部办公厅发出《关于开展农民工参加医疗保险专项扩面行动的通知》，对扩大农民工参加医疗保险提出了具体要求。各地在文件精神的指导下纷纷出台了相关政策和措施，要求城镇用人单位都要参加城镇职工医疗保险，用人单位要承担缴费责任，由于各地政策差异很大，农民工权益保障

① 《国家医疗保障局对十三届全国人大四次会议第 5303 号建议的答复》，http://www.nhsa.gov.cn/art/2021/10/26/art_110_7262.html，2021 年 10 月 26 日。

② 盛明富：《中国农民工 40 年》，中国工人出版社 2018 年版，第 310 页。

也不尽相同。需要顶层制度设计，统筹安排农民工医疗保障制度。2009 年 12 月，人力资源和社会保障部、卫生部和财政部联合颁发《关于印发流动就业人员基本医疗保障关系转移接续暂行办法的通知》，指出：为保证各类参保人员能够连续参保使基本医疗保障关系顺畅接续，要求各地不得以户籍等原因设置参保障碍，农村户籍人员在城镇单位就业并有稳定劳动关系的由用人单位按照《社会保险登记管理暂行办法》的规定办理登记手续，参加就业地城镇职工基本医疗保险。这一规定明确了将农民工纳入城镇职工医疗保险体系之中。该文件还指出其他流动就业的，可自愿参加户籍所在地新农合或就业地城镇基本医疗保险，并按规定办理相关手续。

2016 年国务院印发《关于整合城乡居民基本医疗保险制度的意见》，进一步明确提出整合医疗保险基本制度，做到“六个统一”，即统一覆盖范围、统一筹资政策、统一保障待遇、统一医保目录、统一定点管理、统一基金管理。将惠及农民工的医疗保障相关福利从户籍中剥离出来，实现了农民工在参保权利和享有医疗服务上与城镇人员同等待遇，使农民工能够享有城市的医疗资源，从国家层面为社会不同阶层的人员提供了公平的医疗制度保障。在医疗保险制度改革的过程中，国家启动了全国异地就医直接结算的改革，从 2009 年到 2017 年，国务院以及政府相关部门多次对异地就医结算服务问题下发文件，提出指导性意见，到 2017 年全国开通了 7226 家跨省异地就医住院医疗费用直接结算定点医疗机构，全国有 88%的三级定点医院已连接入网，实现跨省住院医疗费用直接结算 4.1 万人次。平均为每人次患者减少垫付 1.36 万元。① 2020 年 7 月底，住院费用跨省直接结算定点医疗机构数量为 35008 家，国家医保局启动了门诊费用跨省结算试点工作，多地在稳步推行。② 极大地方便农民工以及广大居民异地看病，解决了异地医药费报销的难题。2018 年 3 月国家医疗保障局成立，结束了医保方面部门分割、经办和资源以及信息分割问题，近年来在药品采购、降低保险费率、医疗支付等方面进行了统一的探索和改革。2021 年 11

① 参见《人社部就跨省异地就医直接结算工作进行政策解读》，http://www.mohrss.gov.cn/SYrlzyhshbzb/dongtaixinwen/buneiyaowen/201709/t20170926_278149.html，2017 年 10 月 17 日。

② 参见《国家医疗保障局对十三届全国人大三次会议第 5628 号建议的答复》，http://www.nhsa.gov.cn/art/2020/9/21/art_110_6832.html，2020 年 9 月 21 日。

月，国家医保局办公室、财政部办公厅印发《基本医疗保险关系转移接续暂行办法》的通知，对基本医疗保险关系转移接续经办具体工作进行了规定。医疗保障制度不断改进和完善，降低了城乡居民医疗成本，使其能够更公平享有社会福利。

如今针对农民工的医疗保险从无到有，制度从分割到整合，农民工的医疗保险已经融合到城乡居民医疗保障制度之中。现阶段在参加医疗保险、医保关系转移接续和异地就医结算方面消除了制度障碍，对于农民工流动就业、城乡养老选择提供了制度保障。但是由于制度建立运行的时间不长，仍然存在保障水平不高、医疗服务效率不高、医疗费用较高、医疗保险关系在具体转移过程中如何更好衔接等方面的问题。目前医疗保险制度还没有实现基本医疗的“去身份化”，参保制度设置上仍有几个档次，享受医疗保险待遇也依据不同参保档次而加以区分，农民工在收入较低的情况下大多是缴纳较低档次的医疗保险费，遇有疾病获得的医保待遇也较低。目前统筹层次还未达到全国统筹，地区之间待遇仍有差距，制度的公平性有待进一步提高。

三　第一代农民工参加医疗保险的现状与主要问题

第一代农民工曾在较长时间缺乏医疗保障，据李强 2002 年对北京市农民工的调查显示，生过病的农民工占 46%，看病费用超过 1000 元的有 20.3%，他们看病人均支出 891.88 元，最高的付费达到 2 万多元，93%的农民工生病后享受不到单位的任何医药费支付，得到支付的仅占 7%。①“2004 年有调查显示，农民工在患病后有 25.44%的人采取到医疗机构就诊的方式，73.15%的人采取自我医疗（到药店买药或从老家自带的药品），1.41%先后使用了医疗机构就诊和自我医疗两种方式”。② 随着医疗保险制度的完善，农民工参保意识逐步增强，自觉缴纳医保费的逐年增加，参保率大幅度提高。但是第一代农民工大多参加最低档次的医疗保险，对于医保关系转移接续等政策缺乏了解，也不知道如何办理，在未参保的人群中

① 参见李强《农民工与中国社会分层》，社会科学文献出版社 2004 年版，第 118、119 页。

② 国务院研究室课题组编：《中国农民工调研报告》，中国言实出版社 2006 年版，第 240 页。

占比较高。

1. **第一代农民工受访者参加医疗保险的总体情况**

受访者有87.5%的人参加医疗保险，其中参加职工医保的有9.2%，参加居民医保的有78.3%（参见图4-2）。第一代农民工参保低于这几年全国参保覆盖率95%以上的比例，但相比近年来参保率提升了很多。笔者所在课题组2008年对农村居民医疗保障调查，其中农民工部分的调查显示有49.2%的人参加新型农村合作医疗，18.3%的人参加的城镇职工和城镇居民的医疗保险，还有32.5%的农民工没有参加任何医疗保险。由于当时保障水平不太高，报账手续较为烦琐，参保的农民工表示医疗保障在减轻家庭负担方面很明显（4.6%）和较明显（46.8%）合计只有51.4%，还有48.6%的表示没有减轻家庭负担。[①] 经过十多年政策调整和制度整合以及报销比例的提高，农民工看到了医保政策带来的福利，参保人数大幅度提高。“2020年，包括老年人在内的贫困人口经基本医保、大病保险与医疗救助三重保障梯次减负后住院费用实际报销比例稳定在80%，个人负担明显减轻。”[②] 但我们也看到，第一代农民工参加待遇较高的职工医保占比仍然较低，主要原因是他们无固定单位就业的比例很高，缺少用工单位为他们缴纳单位承担的医疗保险费，随着年龄增长，他们逐渐退出主流劳动领域，缺少单位缴纳医保的情况只增不减。有的中小型企业为了降低成本尽量不为农民工缴纳医疗保险费，许多建筑公司雇佣农民工时采取分包形式，农民工在一个工地完成承包的任务就换一个工地，他们没有固定的雇工方，建筑公司不会考虑为农民工购买医疗保险。第一代农民工在较长时间只参加了新农合，他们中很多人不清楚城乡居民医疗保险与新型农村医疗保险整合的情况，只知道自己参加的是新农合。过去以农村户籍地参保时，村里会动员外出农民工参加新农合，现在农民工可以在就业地参保，

---

① 2008年2月“重庆市农村最低生活保障制度的实施与拓宽筹资渠道研究”课题组（重庆社科基金项目，2007-SH04）的调研。重庆大学部分师生对全国983名乡镇以及政府相关部门工作人员和2577名农民进行的问卷调查，政府工作人员部分共发出问卷1200份，回收983份，回收率81.9%；农村部分发出问卷3000份，回收2577份，回收率为85.9%。本页这部分数据是提取的农民工样本的数据。（本书后面用到这一数据，称为笔者所在课题组2008年医保调查数据。）

② 《国家医疗保障局对十三届全国人大四次会议第4905号建议的答复》，http://www.nhsa.gov.cn/art/2021/10/12/art_110_7109.html，2021年10月12日。

村里不清楚他们参保情况，城市社区也不完全掌握，雇工方也经常不管，因此缺乏督促农民工参加医疗保险的机制。笔者访谈一位 72 岁仍在重庆城区做零工的农民工，他没购买任何医疗保险，当笔者劝他购买时，他说自己的身体自己知道，现在身体没有毛病，不愿意缴纳每年 200 多元的医保费。

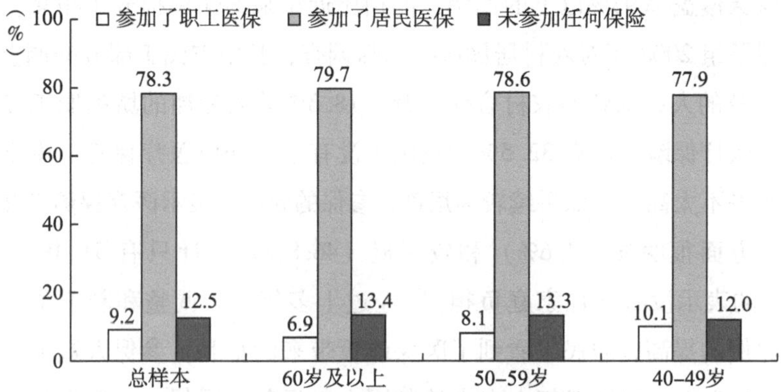

图 4-2　不同年龄段受访农民工参加医疗保险的情况（N=3229）

2. 对 50 岁及以上农民工参加医疗保险的情况分析

60 岁组、50 岁组和 40 岁组的农民工参加居民医保相差不大。他们参加居民医保占比分别为 79.7%、78.6%、77.9%，从 60 岁组到 40 岁组参加居民医保的占比分别降低 1.1、1.8 个百分点；而参加职工医保的占比随着年龄的降低在增高，60 岁组、50 岁组和 40 岁组参加职工医保的占比分别为 6.9%、8.1%、10.1%，60 岁组比 50 岁组和 40 岁组分别降低 1.2 和 3.2 个百分点。50 岁及以上的第一代农民工的共同点是参加居民医保比例高于全部样本的平均数，而参加职工医保的比例低于总样本的平均数，说明 50 岁及以上农民工参加更高档次的医疗保险的意识不及 40 岁组的农民工。随着年龄的增长身体机能衰退需要的医疗费支出相对较多，而他们大多选择的缴费较低的居民医疗保险，享有的待遇也低，需求与享有的待遇形成了较大反差。且职工医保按缴费规定缴够一定年限，退休后只缴纳每月 5 元的大额医保，其他不再缴费，而居民医保不管是否达到退休年龄都需要缴纳医疗保险费。50 岁及以上农民工收入逐渐减少，在缴纳低档次的居民医保情况下，医疗保险费用报销比例偏低，如果养老保险金也低的情况下，对他们的生活水平和城乡养老的选择都有较大影响。

访谈案例4.10

访谈对象：邓姓农民工，63岁，男性

访谈时间：2019年12月27日

访谈地点：重庆沙坪坝磁器口凤凰山

邓师傅，男性，63岁，小学文化，重庆合川某镇人，外出打工20多年，他从事“棒棒军”职业，靠站在街边临时帮人搬运讨生活，每月大概有2000元的收入。夫妻两人租住在磁器口风景区的凤凰山上的搭建房，约11平方米，无卫生间和厨房，房租200元/月，每月水电费100多元。妻子因年老（63岁）无法外出打工，在租房旁边种菜卖一点钱，每次卖菜有10多元收入，因为不按照城市管理规定的地方卖菜，还经常被城管人员追查。他们在农村有住房，农村每人有七分地，无偿交给别人种。有两个女儿都已成家，大女儿在重庆铜梁一个商店里做服务员。小女儿在汽车维修厂工作。两个女儿生活都十分艰难，无法赡养老人。邓师傅夫妻各缴纳了一次性养老保险费4.1万元，目前夫妻两人各有740元/月养老金（三年前刚开始领取时只有500元），已领取了3年多。参加的最低档次的居民医保250元/年，住院才能报销。邓师傅有高血压，还在继续做棒棒军工作，笔者问他是否经常量血压，是否服用高血压药，邓师傅回答说没有。他们认为自己是农村人，打算以后回乡养老。

访谈案例4.11①

访谈对象：江姓农民工

访谈时间：2021年3月18日

访谈地点：福建漳州市诏安太平镇某村

江师傅，男性，47岁，初中文化。在诏安县城务工15年，在一个卫浴企业搞后勤管理和销售工作。妻子在家没有外出工作。江师傅每周工作5天，每天工作8小时，每月收入大约6000元，其中每月要

① 此案例由重庆大学公共管理学院2018级博士生沈玲丽实地访谈获得。

给父母赡养费300元，有三个子女，大儿子25岁，在厦门打工，二女儿20岁，在南宁的餐馆打工，小儿子跟他本人居住和生活，在打工地所在的边城小学读书。居住在公司提供的房子里。由于离家不太远，每周可以回家一次。购买的职工养老保险和职工医疗保险，企业每月在他的工资里扣养老保险费和医保费各280元，缴费额度每年有一定变化。江师傅说村里18—60岁的人99%的都外出务工了，但是准备在城市定居的大概不到2%。他在农村家里修建了三层楼的住房，但是江师傅认为城市的生活设施比农村好，尤其是孩子的上学条件比农村好多了，以后的老年生活依靠社保，回乡种点果树贴补，生活基本无忧。

访谈案例 4.12

访谈对象：漆姓农民工

访谈时间：2019年4月18日

访谈地点：甘肃兰州城关区南路某段街道

漆女士，53岁，甘肃榆中人，在外面打工三年，文盲，丈夫于24年前去世，大女儿33岁，小女儿30岁，都已结婚成家。每月工资2000元（当年兰州最低工资标准是1470元），如果当月工作情况好，会获得奖励，工资能升到2300元。每天工作8小时。她在兰州租房住，每月租金1100元，她说没有租到更便宜的房子，剩下900元供自己日常生活，基本上不回农村老家。采访时天气较热，她正坐在路边休息，笔者问她生活怎么样，她说比农村还是要好一点。她买了医疗保险，但是搞不清楚买的是什么档次，买的养老保险是100元/年，关于社会保障的政策，她一般不太了解。她表示以后没有人雇她做环卫工作时就回农村，农村有自己的住房。

访谈案例 4.13①

访谈对象：卢姓农民工

① 此案例由笔者与重庆大学经济与工商管理学院2017级博士生随淑敏访谈获得。

访谈时间：2019年4月2日

访谈地点：重庆大学城某高校

卢女士，60岁。云南玉溪人，文盲。丈夫早年去世，独自抚养三个女儿，三个女儿全部成家并离开了云南。因有一个女儿在重庆大学城某地打工，她也跟随着到了重庆，家中无需要赡养的老人。外出打工12年，住单位提供的集体宿舍。每月工资2100元，每月可以选择休息时间，每天工作8小时。每年大约回家乡2次。在农村有4亩地，她外出打工后，将土地租给别人耕种，每年土地有一定收益。购买了最低档次的城居保（100元/年），购买的最低档次的居民医保280元/年。她说自己全身发痒不知道怎么治疗，仍继续打工为生。打算65岁以后回乡养老。不愿意将户口迁移到城市。

访谈案例4.14

访谈对象：汤姓农民工夫妻

访谈时间：2019年2月11日，2022年6月13日补充访谈

访谈形式：电话访谈

汤姓农民工夫妻，重庆万州高峰镇人，汤师傅55岁，妻子57岁。夫妻都是初中文化，外出务工16年，到新疆、烟台、长沙多地打过工，主要做建筑工（钢筋工），每天工作时间较长，下雨天休息，每天工资300—350元，一个月大约6000—7000元/人，妻子的工资略低。新冠疫情后，挣钱机会较少，收入有所减少。妻子2022年1月以后在女儿家带外孙没有外出务工。夫妻两人在农村的地荒着无人耕种。有一位老人需要赡养，独生女儿研究生毕业已成家。在家乡农村山上建有住房，几年前在镇上购房一套130平方米（20多万），年老回乡准备在镇上居住，农村的住房已推倒。参加了最低档次的农村养老保险100元/年。当笔者问及为什么不缴纳较高档次的养老金时，他们回答：大家都是这么缴纳的，自己也没有多想。关于参加医疗保险，他们一直缴纳的最低档次，以前是200元/年，2022年重庆居民医保最低档是320元/年。夫妻两人常年在外务工基本都是自费拿药，没有回家乡报过医疗费，偶尔住院也只有几天，没有产生过大额医疗

费，夫妻两人身体还算健康。以后回老家养老，笔者问他们感觉自己是城里人还是农村人，他们说自己是农村人。

从上述我们看到50岁及以上农民工在医疗保险方面存在以下问题。（1）对疾病风险的认知不足。有的高龄农民工儿女已经长大成人，不需要他们负担，以他们现有的打工收入缴纳高一档次的医疗保险应该不太困难，但他们几乎不认真思考不同档次缴费政府补贴和享有待遇带来的福利，只是按照惯性缴纳最低档次，注重眼前支付的部分，不愿意为未来可能出现的风险投资。相比之下，如果有企业帮助缴费，农民工参加职工医保的积极性还是挺高的，如案例4.11的江师傅有企业支付部分养老和医疗保险费，抵御疾病风险的能力就会强一些。（2）经济上的困难是他们选择医保最低缴费档次的重要原因。调查显示，50岁及以上农民工月均收入3757.7元，低于当年全国农民工的平均收入，在收入不高的情况下，对未来不可预测的风险投资，对于他们来说是有困难的。例如重庆市2022年居民医保分两个档次，低档320元/年，高一档次是695元/年，如果一家四口人交低一档的居民医保费是1280元，全年缴高一档的居民医保费是2780元，两者相差1500元。如果养老保险再选择较高档次，对于家庭收入不高又有需要长期治疗的病人是困难的。（3）医疗需求与供给方面的矛盾仍然十分突出，体现在治疗疾病的高额支出与选择低档次医保的矛盾上。目前在城市的农民工本人或家人如果有严重的或慢性疾病，需要获得更高的医疗保险支付，但高龄农民工大多选择低档次医保待遇，对于减轻他们家庭负担十分有限。这一矛盾还体现在医疗服务体系不能满足农民工流动就业的需求，农民工大多在家乡农村参加医保，而常年在城市务工，尤其是跨省流动的农民工，在外地住院需要回参保地报销，门诊费用超过自费部分也常常因难以回参保地报销而自费解决。笔者访谈中了解到，有的农民工为了节省医疗费，在务工地远程请人在参保地医院开药，邮寄到打工地服药，在病人不到场的情况下医生根据远程口述等方式了解病情，不能完全对症下药会影响治疗效果，目前虽然已经开始门诊医疗跨地区结算试点，但未惠及全国各地，50岁及以上第一代农民工因年龄较大或文化程度很低，缺乏及时掌握最新政策的能力，如果他们能够被纳入城市社区的管理范围，情况就会有很大好转。现阶段门诊跨省结算没有完全解决，医疗服务不适应农民工流动就业还体现在：他们处于城市社区管理的边缘地带，大多数农民工或居住在工地，或居住在临时租住的房子，由于不是户籍人口，社区卫生管理等方面都将他们区别对待，社区体检等医疗服务没有惠及社区居住的农民工。高龄农民工的健康状况在城市缺乏关注，有的带病在城市务工，提前预防没有引起重视。

3. 对40岁组农民工参加医疗保障的情况分析

40岁组的农民工医保参保率（88%）高于50岁及以上农民工，高于受访者参保的平均数，分别高过50岁组（86.7%）和60岁组（86.6%）1.3、1.4个百分点。突出的是参加职工医保（10.1%）的占比分别高于50岁组（8.1%）和60岁组（6.9%）2、3.2个百分点，而参加居民医保的比例分别比50岁组和60岁组低0.7、1.8个百分点，说明他们对疾病风险的认识较高，务工单位帮助缴纳医保费的相对较多。从各年龄段收入情况看40岁组月均收入为4112.8元，高过调查当年全国农民工的月均收入4072元，比50岁组和60岁组的收入分别高173.6元和1232.6元，他们购买较高档次的医疗保险的经济能力强于50岁及以上农民工，一般情况下40—49岁年龄段的农民工身体好于50岁及以上农民工，疾病风险相对小一些，而他们总参保人数占比高于50岁及以上农民工，选择较高档次的缴费相对较多。但是我们还应看到40岁组农民工参加居民医保（77.9%）比参加职工医保（12%）高出65.9个百分点。职工医保是由用工单位为个人缴纳工资总额的7.5%，职工个人缴费比例为本人工资收入的2%，按照40岁组月均4112元计算，个人每月支出82.24元，按照重庆市2022年居民医保最高档695元/年，个人每月缴费57.92元，职工医保个人缴费只高出24.32元，但如果加上单位缴费的7.5%，参加职工医保的农民工每月缴费会高出更多，享受的待遇也随之提高。超过三分之二的农民工未参加职工医保主要原因是缺少了用工单位帮助缴费的部分，他们中绝大部分是灵活就业，有的即使在正规单位务工但因不是体制内职工，缺少单位为其个人缴纳医疗和养老保险。比如有的建筑公司是正规国有单位，但他们用工有劳务分包、专业分包等多种形式，农民工常常是在一个大的建筑片区的几个工地上流动打工，几天换一个工地，几个月或一两年换一个地区，他们不属于建筑公司的正式职工，工资根据完成的任务确定，所以建筑公司不会为他们缴纳养老保险和医疗保险。在缺少用工单位缴纳的情况下，农民工一般都选择居民医保，笔者访谈得知绝大多数农民工选择了最低档次的居民医保。

访谈案例 4.15

访谈对象：邓姓农民工

访谈时间：2019 年 8 月 24 日

访谈地点：深圳蛇口前海湾大湾区某楼群的建筑工地

邓师傅，男性，现年 40 岁，广东湛江人，初中文化，进城务工 21 年。婚后育有一子，读初中。目前在深圳蛇口前海湾某建筑公司做钢筋工，劳动强度较大，下雨休息，平均每天工作时间 8 小时，早晨很早出工，中午太热时休息时间更长一些。工资 280 元/天，每月接近 1 万元收入，妻子也在外打工，每月收入 6000 元。每年给家乡父母 1 万多元养老经费。住工地的板房不用支付房租水电费，邓师傅说这样可以省下一大笔钱。参加的最低档次 100 元/年的城居保，缴纳的最低档次的居民医保 220 元/年。因要在高层工作，自己购买了意外商业险 3000 元/年。在外打工生病花费最多的一次医药费有 1000 多元，但不知道怎么报销，从来没有报销过医药费。暂时没有明确今后是返乡还是留城，但希望在城市打工后把家安在城市。目前不愿意把农村户口迁移到城市。

访谈案例 4.16

访谈对象：张姓农民工夫妻

访谈时间：2019 年 4 月 21 日

访谈地点：兰州城关区东方广场附近的街道

张师傅，男性，49 岁，田女士，49 岁，两人是夫妻，甘肃兰州某县人，育有一儿一女，女儿出嫁，儿子 26 岁未婚。夫妻两人在兰州的东方红广场附近做环卫工，每天工作 8 小时，农村家里的地被征用后，政府补贴了 4 万元建房费，在农村建了房。几年前每月有 500 元生活费，每年递减后，现在已没有生活来源只能出来务工，每月工资1700元，夫妻两人的工资合计3400元，每月花300元租一间无卫生间的房屋，无天然气，水电每月大约200元。家里有老人，按照当地习俗，他是家里老大不用赡养父母，但是他们每年仍给父母约1000元生活补贴费。购买了最低档的城居保100元/年和最低档次的居民医保220元/年。夫妻两人感谢政府补贴的建房费。他们以后准备回乡养老，但是回乡后无生活来源，不知道怎么办。

从上述两个案例看到，虽然他们相比高龄段农民工参保占比高，但大多数仍然选择最低档次缴纳医疗保险和养老保险。40岁组的农民工在较高收入的情况下也不太愿意购买较高档次的医疗保险和养老保险，仍然认为钱要握在自己的手里才放心。案例4.15中的邓师傅，月收入接近1万元，除去必要的开支和赡养父母费用，购买高一档次的医疗保险和养老保险不会影响基本生活，但他仍然选择最低档次缴纳保险费。说明有无单位缴费对于他们选择较高档次的保险费有很大的影响。另外，40岁组低收入群体（如案例4.16），在微薄的工资里要支付高档次的医疗保险和养老保险的确力不从心。

4. 第一代农民工参加医疗保险的主要问题及原因

第一代农民工的疾病风险防范意识认识不足。调查得知，第一代农民工参加职工医保和居民医保达到85.5%，其中绝大多数参加居民医保的最低档次。笔者在多地对100多位农民工的访谈得知，除在国有企业务工的少数农民工外，其余的都是选择居民医保的最低档次缴费。他们中有一部分是由于经济困难无能力缴纳一家几口人的高档次医保，但其中年龄较低收入较高的部分农民工也没有选择高一档次的医疗保险，访谈中还有部分农民工宁愿为儿女购房缴纳几十万的首付款，也不愿意为自己每年多花几百元缴纳高一档次的医疗保险费。说明他们对疾病风险的认知远远不足。

大多数第一代农民工既缺乏购买高档次居民医保的经济能力，又缺少职工医保的参保条件。（1）大多数受经济条件限制未购买高档次居民医保。调查显示，平均外出务工只有15.5年，10年以下的占27.1%，10—19年的占33.1%，有60.2%的农民工进城务工的时间并不是很长，这部分农民工的收入和积蓄不是太高。他们中有65.5%的人月均收入在全国平均收入以下，女性农民工、50岁组和60岁组农民工的月均收入在全国农民工月均收入以下，在这种情况下如果全家人都购买较高档次的医疗保险和养老保险，再加上赡养父母和抚育儿女或帮助儿女成家需要的积累等，已经不堪重负，所以相当多的人选择居民医保中的低档次缴费。（2）第一代农民工中绝大多数缺少单位缴纳职工医保的条件。调查显示，他们中13.7%的人在制造业务工，这13.7%中只有少部分在国有企事业单位务工，单位为其购买了职工医保，还有86.3%的人在民营企业或无固定单位务工，没有单位为其购买职工医保。另外，在建筑业（30.4%）和服务业（55.8%）合计为86.2%，这部分人中除4%在国有事业单位从业，单位为其购买职工医保外，96%的人无单位缴纳职工医保。个人如果要缴纳职工医保，费用按照不同档次将是居民医保的3—7倍，比如“重庆2021年灵活就业人员缴纳职工医保全年一档的缴费标准是2670元，二档全年缴费标准为5874元”①。他们更难承受这一经济负担。第一代农民工大多数选择低档次居民医保的直接结果就是医疗费报销待遇也是低档次的，如重庆2022年居民医保缴费分两个档次，一档320元/年，二档695元/年，门诊年报销限额比例二档比一档多200元，相差不大，如果遭遇住院报销的比例差别较大，一档参保人在三级医疗机构报销比例为50%，二档为55%；在二级医院报销比例为70%，二档75%。② 如果当年住院医疗费较高，报销的比例相对提高。而选择居民医保的农民工无缘享有职工医保的报销待遇。收入较低的农民工需要更多的社会帮扶，但在未达到医疗救助条件下，由于缺乏经济能力反而得到的医疗保险的帮扶较少。

制度整合不完善，相关服务跟不上，制约了农民工参保积极性。我国医保制度长期受二元社会制度影响，虽然对农村医保和城市居民医保进行了整合，但是存在缴费制度碎片化，各地设置的缴费档次和标准不同，有的差异较大，流动性很强的农民工难以选择在就业地参保，尤其是跨省就

---

① 《重庆2022年个人身份参加这两种保险缴费标准出炉》，https://m.gmw.cn/baijia/2022-01/04/1302748673.html，2022年1月4日。

② 参见《从2022年1月1日起 重庆城乡居民住院报销比例提高》，http://nyncw.cq.gov.cn/zwxx_161/ywxx/202201/t20220104_10270558_wap.html，2022年1月4日。

业的农民工基本上选择在家乡参保。而在就业地产生的药费报销制度上没有完全解决跨省结算，所以农民工很多时候一般的疾病是自费解决治疗问题。在没有实现医疗保险异地结算的地方，有的农民工需要带病跨省回到参保地住院治疗。另外，相关服务不能应对农民工流动就业的需求，不仅是医院的治疗费跨省报销未完全实现对接的问题，还在于农民工不了解医疗保险和医疗服务相关政策，他们一般按照惯性在家乡参保，在就业地的绝大多数用工单位没有将他们看成正式职工，社区也常常没有将他们作为户籍人口管理，除必要的缴费外，基本上没有谁向他们宣讲社会保险相关政策，他们不知晓在就业地的有些医院治疗费用可以跨省进行医保结算，这也是他们大多数不愿意选择高档次医保的原因。

农民工的健康管理存在较大问题。采访中得知部分接近60岁及60岁以上的高龄农民工仍然带病在城市务工，但是社区根据户籍人口进行健康管理，针对在本社区租房的流动人口健康管理制度不健全，甚至被看成不属于管辖范围。笔者在访谈中了解到他们有的有高血压、心脏病、皮肤病，仍然留在城市做一些零工，有的还做较重的体力劳动，高龄农民工一般没有固定的用工单位，又缺乏城市社区对他们进行日常健康管理，老家的农村社区相隔较远又管不着，除大规模疫情出现时纳入健康管理外，他们很多时候处于城市日常健康管理的真空地带。如果这种状况不能得到改变，将是城市的一个安全隐患。同时因为节省医疗费会导致小病拖成大病，影响老年健康。

孤寡高龄农民工缺少人文关怀。孤寡高龄农民工年龄50岁以上，丧偶后为了生存孤身来到城市打工，这部分人文化程度低，子女自顾不暇很难对他们有所照顾，在家庭缺少关怀的情况下又身患疾病，如访谈案例4.12中的漆女士，丈夫去世24年将两个女儿拉扯大，年老缺乏生活来源在兰州做环卫工，她个子特别瘦小，看起来身体状况较差，还有访谈案例4.13中的卢女士早年丧夫，三个女儿出嫁后感到孤独，因一个女儿在重庆打工，60岁的她到了重庆某高校以做清洁工为生，平时没有与女儿一起居住，仍一个人住集体宿舍，她说全身发痒不知道如何治疗，仍坚持天天在学校做清洁工。笔者访谈过一位72岁高龄男性农民工，孩子较小时他与妻子离异，妻子带着孩子外嫁他乡，现儿女不与他来往，按照政策规定有儿女的老人不属于孤寡特困老人，为了生存他72岁仍然滞留在重庆找一些家装的基建活儿干，在城边一个山上租了一个违规搭建的房子居住，社区不会将这类房屋居住的人纳入管理范围，平时很少有人过问他们，处于无人关心的状态，他们的健康状态令人十分担忧。

第三节 本章小结

一 我国养老保险和医疗保险制度正在从分割走向统一

社会保险制度中对农民工城乡选择影响最大的是养老和医疗保险制度。通过对中华人民共和国成立以来养老保险和医疗保险制度发展的简述，了解中国二元社会结构带来的城乡分割的医疗保险和养老保险制度渊源以及对现在相关制度的影响。由于户籍制度对社会居民进行了区隔，政府通过相关政策对养老保险和医疗保险制度实行了社会空间分化。使城乡居民因政策的空间分割形成了享有的社会保障权利的不平等。不同群体享有的养老和医疗保障的待遇不同，使农民工曾经被排除在城市社会空间的范围之外。随着社会发展提供了建立统一的社会保障制度的基础后，政府于21世纪初期对养老保险和医疗保险制度进行整合试点，整合后的养老保险和医疗保险制度取得了可喜的成果，终于将农民工完全纳入统一的城乡居民社会保障制度之中，从此养老保险和医疗保险制度的空间分割逐步走向统一，虽然离全国社会保障制度的最终统一还有一定差距，但目前城乡居民养老保险和医疗保险制度的整合为今后的最终统一奠定了坚实的基础。

二 第一代农民工对养老保险和医疗保险的选择影响养老城乡选择

农民工进城初期，养老保险和医疗保险制度设置是城乡分割状况，农民工只能选择农村的养老和医疗保险制度，并且大多选择的农村最低档次的养老保险和医疗保险。随着城乡居民养老保险和医疗保险制度逐渐统一，他们中接近80%的人仍然选择最低档次的养老和医疗保险，还有少部分人没有购买任何保险。低收入是大多数第一代农民工参加高档次社会保险的瓶颈。受访的第一代农民工2020年月均收入为3973.97元，低于国家统计局公布的2020年全国农民工月均收入（4072元），他们中大多数家庭负担沉重，家庭基本开支已经十分拮据，如果全家人都购买高档次的养老保险和医疗保险的确不堪重负。第一代农民工对未来的风险意识认知不足，缺乏应对未来风险的准备也是不愿意参加较高档次养老和医疗保险的原因。相关部门政策宣传不到位，城市雇工单位没有将他们作为编制内职工管理，城市社区没有将他们作为户籍人口管理，也是导致他们对养老保险和医疗保险认知不足的重要原因。在这种情况下，除少数人参加城职保和职工医保外，他们几乎全部选择的城居保和居民医保的最低档次，尤其是选择最低档次的养老保险，使他们年老后无法依靠社会保障生活，绝大多数只能靠返乡务农为生。年老体衰不能继续务农时，老年基本生存将受到很大影响。现阶段他们养老和医疗保险的选择对今后养老城乡选择有着重要的影响。如何避免第一代农民工年老沦为贫困群体需要提前做好制度安排。

第五章　21世纪初期第一代农民工城乡去留选择意愿与影响因素

20世纪80年代初期第一代农民工离开农村进城务工时不存在城乡去留选择问题，在当时的相关政策和户籍制度条件下，他们最后的归宿毋庸置疑是农村。随着城镇化进程的加快，政策和相关制度发生了根本性变化，农民可以转为城市居民，于是农民工城乡去留成为一个选择性命题需要他们回答，由此也成为一个学界研究的热点问题。城乡去留选择的起点是城乡去留的意愿，21世纪初期第一代农民工养老城乡去留选择受多种因素影响，本章就此问题进行了分析。

第一节　21世纪初期第一代农民工城乡去留选择意愿

21世纪初是农民工大规模进城务工的时期，当时的中国经济快速发展，农民工进城务工在很大程度上改善了自己和农村家人的生活状态。这时国家政策已经转为引导农民工进城务工。2000年劳动和社会保障部等七部门发布《关于进一步开展农村劳动力开发就业试点工作的通知》，为推动农村富余劳动力转移提供了政策支持。2001年3月，国务院批转公安部《关于推进小城镇户籍管理制度改革意见的通知》，进一步放宽了在小城镇落户的条件。2003年1月，国务院办公厅发布《关于做好农民进城务工就业管理和服务工作的通知》，2003年10月中共中央作出《关于完善社会主义市场经济体制若干问题的决定》，取消了对进城务工的限制性规定，强调为农民工进城务工做好服务工作，至此农民工进城务工没有了政策和制度上的障碍。但是户籍制度给农民工带来的身份划分仍十分明显，政策只是取消了他们进城务工的限制，户籍制度仍然是他们在大中城市落户的屏障。这时城市社会并没有完全做好迎接农民工的准备，他们遭遇的就业歧视仍然存在，对农民工的劳动保护严重不足，如工资被拖欠、在有毒有害环境下劳动缺乏必要设施和制度保护、正规部门用工单位普遍存在二元用工制度，农民工与城市户籍员工劳动报酬不平等排斥现象。在 2014 年城居保与新农保合并前，农民工绝大多数参加新农保，很少有农民工参加城职保。2014 年《国务院关于进一步推进户籍制度改革的意见》出台前，城市的社会保障、住房等制度与户籍制度相联系，当时即使农民工主观上想转为市民，也由于城市生存的社会保障、户籍制度和住房等基本条件缺乏而难以实现。

一　2004 年第一代农民工养老城乡选择意愿

笔者所在课题组于 2004 年、2007 年两次对第一代农民工城乡去留养老意愿进行过问卷调查。2004 年课题组对重庆 1083 名农民工进行的调查显示，他们的平均年龄 33 岁，外出进城务工的平均年数为 6 年，38.2%的人打算以后回乡，选择留城的占 18.1%，43.7%的打算以后再说。我们从表 5-1① 看到：超过 40%的第一代农民工在城乡选择上处于观望状态。无论从个体特征的哪方面看，对城乡选择处于观望状况的占比都比较高。21 世纪初期，第一代农民工比较年轻，即使主观想留城但客观条件不具备。

留城的占比总体较低的同时，女性农民工更愿意选择留城。女性农民工留城的（27.3%）比男性（13.1%）高 14.2 个百分点（参见表 5-1），女性进入城市务工后改变了她们在农业劳动中处于劣势的状态，她们可以从农村烦琐的家务劳动中解放出来，她们在家庭中地位得到改变的同时收入大幅度上升，与男性在城市劳动中享有同等的社会地位。男性农民工进城务工大多是繁重的体力劳动，其辛苦程度往往比农村更甚，所以男性农民工留城的占比低于女性农民工。

---

① 数据来源于笔者所在课题组 2004 年对 1083 名重庆农民工的问卷调查。

表 5-1　2004 年受访农民工个体特征与城乡选择意愿交叉分析表（N=1083）（%）

<table>
<tr><th colspan="2">指标分类</th><th>回乡</th><th>留城</th><th>以后再说</th><th>合计</th></tr>
<tr><td rowspan="2">性别</td><td>男</td><td>41.7</td><td>13.1</td><td>45.2</td><td>100</td></tr>
<tr><td>女</td><td>32.0</td><td>27.3</td><td>40.7</td><td>100</td></tr>
<tr><td rowspan="4">文化程度</td><td>小学及以下</td><td>36.4</td><td>14.8</td><td>48.8</td><td>100</td></tr>
<tr><td>初中</td><td>35.1</td><td>16.5</td><td>48.4</td><td>100</td></tr>
<tr><td>高中/中专</td><td>41.2</td><td>20.2</td><td>38.6</td><td>100</td></tr>
<tr><td>大专及以上</td><td>39.0</td><td>31.0</td><td>30.0</td><td>100</td></tr>
<tr><td rowspan="4">年龄</td><td>20 岁及以下</td><td>20.0</td><td>20.0</td><td>60.0</td><td>100</td></tr>
<tr><td>21—30 岁</td><td>35.1</td><td>21.2</td><td>43.7</td><td>100</td></tr>
<tr><td>31—45 岁</td><td>45.4</td><td>16.1</td><td>38.5</td><td>100</td></tr>
<tr><td>46 岁及以上</td><td>37.6</td><td>15.3</td><td>47.1</td><td>100</td></tr>
<tr><td rowspan="3">婚姻家庭</td><td>未婚</td><td>27.8</td><td>23.6</td><td>48.6</td><td>100</td></tr>
<tr><td>已婚无子女</td><td>55.6</td><td>16.2</td><td>28.2</td><td>100</td></tr>
<tr><td>已婚有子女</td><td>41.7</td><td>15.7</td><td>42.6</td><td>100</td></tr>
<tr><td rowspan="4">进城务工年数</td><td>3 年及以下</td><td>35.6</td><td>16.8</td><td>47.6</td><td>100</td></tr>
<tr><td>4—7 年</td><td>42.8</td><td>17.4</td><td>39.8</td><td>100</td></tr>
<tr><td>8—12 年</td><td>47.4</td><td>14.9</td><td>37.7</td><td>100</td></tr>
<tr><td>13 年及以上</td><td>18.6</td><td>32.9</td><td>48.5</td><td>100</td></tr>
<tr><td colspan="2">总计</td><td>38.2</td><td>18.1</td><td>43.7</td><td>100</td></tr>
</table>

农民工的文化程度与选择留城成正比，文化程度增高留城占比也随之增高，大专及以上文化程度选择留城的（31.0%）比小学及以下的（14.8%）、初中的（16.5%）、高中/中专（20.2%）的分别高 16.2、14.5、10.8 个百分点。处于观望状态的与文化程度成反比，即文化程度越高在城乡去留选择上处于观望状态的占比越低。文化程度是人力资本中的重要因素，在当时具有大专及以上文化程度的农民工占比相对较低的情况下，文化程度高的农民工在城市更容易找到工作或在城市稳定生活，所以他们选择留城的占比较高。

农民工的年龄与选择留城情况显示较为复杂。无论哪个年龄段，在今后城乡去留选择上处于观望状态的占比都较高，占比最高的是 20 岁及以下的农民工（60.0%），21—30 岁年龄段的处于观望状态的占 43.7%，说明进城时间短，对未来感到迷茫的程度较高；31—45 岁的农民工处于观望状态的占比最低（38.5%），这部分人进城时间普遍高于低年龄段的农民工，对城市有较多的了解，明显感受到留城的种种困难，他们选择回乡的占比是各年龄段最高的（45.4%）。46 岁及以上的农民工处于观望状态的（47.1%）仅次于 20 岁及以下的农民工，他们选择留城的占比是最低的，除与 31—45 岁年龄段的农民工一样感觉到留城困难，他们也体验到留城的种种优势，因此在留城和返乡选择上更加犹豫。20 岁及以下的和 21—30 岁年龄段的在选择留城的占比上只相差 1.2 个百分点，他们选择回乡的占比低于 31—45 岁和 46 岁及以上农民工。说明年龄较低的农民工更愿意留城，因留城有太多的不确定，所以处于观望状态的也很多。

从婚姻状况看，未婚选择留城的占比（23.6%）比已婚无子女的（16.2%）和已婚有子女的（15.7%）分别高出 7.4、7.9 个百分点，已婚有子女的年龄一般大于未婚和已婚无子女的人，说明已婚的农民工城乡去留要考虑家庭成员的安顿，留城的难度增大，选择留城的占比相对较低。

从进城务工年数与城乡选择意愿的情况看，进城务工年数越长的，选择留城的占比越高，尤其是进城时间 13 年及以上的选择留城的达到 32.9%，说明进城时间越长，积蓄相对越多，就业稳定程度越高，在城市生活的稳定性越强。特别有意思的是，选择留城占比最高的同时，处于观望状态的占比也是最高的，选择回乡的占比只有 18.6%，比务工年数 8—12 年的（47.4%）、4—7 年的（42.8%）、3 年及以下的（35.6%）分别低 28.8、24.2、17 个百分点。说明进城务工年数长的农民工认为城市生活好于农村，他们就业和收入相对稳定，主观上有留城不回农村的打算，但当时政策不够完善，制度在进一步调整过程中，未来不确定的因素使他们有一部分人想留城又十分犹豫，因此出现留城占比高，处于观望状态高，选择回乡占比低的现状。

另外，调查还显示，他们选择回乡养老的年龄：45—55 岁、56—60 岁、61 岁以上分别占 22.7%、15.6%、8.8%。不确定的占比较高，说明他们在城市无论是就业还是生活都有较多的不确定因素。但当时的第一代农民工年轻，面对今后城乡去留选择还比较遥远，还有较长的年数考虑未来城乡去留问题，能够通过自己的努力和客观条件的变化随时改变抉择。

二　2007 年第一代农民工养老城乡选择意愿

笔者所在课题组于 2007 年就农民工二次分化情况进行了问卷调查，[①] 2834 名受访农民工的城乡养老意愿有了较大变化，体现在处于观望状态的明显减少，2007 年全体受访者在城乡之间回答“以后再说”的（36.2%）比 2004 年（43.7%）减少了 7.5 个百分点；打算今后回乡养老的（45.3%）比 2004 年（38.2%）增加了 7.1 个百分点；打算今后留城的只增加了 0.4 个百分点，这一项差别最小（参见表 5-2）。

表 5-2　2007 年受访农民工个体情况与城乡选择意愿交叉分析表（N=2834）（%）[②]

分类指标		回乡	留城	以后再说	合计
性别	男	47.9	16.3	35.8	100
	女	37.7	24.8	37.5	100
文化程度	小学及以下	59.1	13.1	27.8	100
	初中	44.8	15.1	40.1	100
	高中/中专	33.3	29.9	36.8	100
	大专及以上	24.6	39.2	36.2	100
年龄	20 岁及以下	17.1	25.7	57.2	100
	21—30 岁	30.3	25.5	44.2	100
	31—45 岁	51.5	16.1	32.4	100
	46 岁及以上	62.3	11.0	26.7	100
婚姻家庭	未婚	23.5	26.7	49.8	100
	已婚无子女	27.3	34.6	38.1	100
	已婚有子女	54.1	14.2	31.7	100

① 特别说明：虽然两次问卷调查对象不是完全一致的，但他们都是同一时代的农民工群体，在城乡选择意愿上有相同的处境。笔者对此进行对比分析，在一定程度上也能说明农民工城乡选择的意愿。

② 数据来源于笔者 2007 年对 2834 名全国多个省市农民工的问卷调查。本章数据除特别说明，均为 2007 年笔者所在课题组对全国多个省市 2834 名农民工的问卷调查。

续表

分类指标		回乡	留城	以后再说	合计
进城务工年数	3年以下	39.7	18.0	42.3	100
	4—7年	42.0	21.7	36.3	100
	8—12年	50.5	16.2	33.3	100
	13年及以上	55.8	15.2	29.0	100
总计		45.3	18.5	36.2	100

表5-1和表5-2的数据对比看出：2007年的样本数据与2004年的农民工城乡选择有很多共同点。主要体现在：受访农民工未来养老选择留城的占比（18.5%）与2004年（18.1%）相差不大；女性农民工选择留城的比例仍然比男性农民工高。文化程度与留城意愿成正比，即文化程度越高的选择留城的占比越高。年龄与选择留城的意愿成反比，即年龄越低的农民工选择留城意愿越高。

2007年的数据相比2004年的数据显示，2007年农民工平均年龄（35.6岁）提高了2.6岁，受访者个体情况在城乡养老选择意愿上存在差异。

从性别和文化程度看，男性选择回乡和留城的占比都有增加，2007年比2004年分别高6.2、3.2个百分点，而处于观望状态的减少了9.4个百分点。女性选择留城的2007年比2004年的占比减少2.5个百分点，选择回乡的增加5.7个百分点，处于观望状态的减少了3.2个百分点。从文化程度看，2007年文化程度较高的农民工选择留城的占比增加，选择回乡的有所降低。文化程度较低的农民工选择留城的占比略有降低，选择回乡的有所提高。具体情况为：2007年高中/中专和大专及以上的选择留城的比2004年受访农民工分别高9.7、8.2个百分点；初中与小学的受访农民工选择留城的2007年比2004年低1.4、1.7个百分点。而选择回乡高中/中专和大专及以上的受访农民工2007年比2004年分别低7.9、14.4个百分点。初中和小学及以下的受访农民工选择回乡的2007年比2004年分别高出9.7、22.7个百分点。

从年龄情况看，20岁及以下和21—30岁选择留城的，2007年比2004年受访农民工分别高5.7、4.3个百分点，而选择回乡的则分别低2.9、

4.8个百分点。31—45岁的受访农民工选择留城的，2007年与2004年受访农民工无差别，但是选择回乡的比2004年受访农民工高6.1个百分点。46岁及以上的农民工选择留城比2004年受访农民工低4.3个百分点。选择回乡的则高24.7个百分点。说明青年农民工留城的意愿逐渐提高，年龄较长的农民工在城市务工的优势正在减弱，他们比较清楚地认识到留城的困难。

从婚姻家庭情况看，2007年未婚的选择留城比2004年受访农民工高3.1个百分点，而他们选择回乡的则低4.3个百分点。已婚无子女的受访农民工2007年选择留城的比2004年高18.4个百分点，而选择回乡的则低28.3个百分点。已婚有子女的选择留城的受访农民工，2007年比2004年低1.5个百分点，而选择回乡的则高12.4个百分点。说明农民工在城市哺育子女和子女成长的条件十分欠缺，有子女后大多选择回乡，或女性农民工回乡照顾子女，无子女的农民工选择留城的有较大幅度增长与城市务工环境的改善有很大关系。

在城乡选择上处于观望状态的农民工，除总体受访农民工2007年（36.2%）比2004年（43.7%）低7.5个百分点，从个体特征显示的分项数据看，受访者文化程度最高的和最低的在城乡去留选择意愿方面回答“以后再说”的占比较低，但不同的是两者选择去向不同，大专以上文化程度的受访农民工选择留城的比例相对最高，而小学及以下的受访农民工选择回乡的比例相对是最高的。从个体特征的年龄看，处于观望状态占比最低是2007年46岁及以上受访农民工，他们很明确地倾向于回乡。进一步分析55岁及以上的受访农民工（75人）表示回乡的占比达到60.0%，留城的只有6.7%，处于观望的33.3%。60岁以上的受访农民工则100%表示回乡。

进城务工年数与选择回乡养老的差异，2004年显示进城务工年数越长的选择留城的越多，2007年出现了变化，进城务工年数越长的选择留城的占比越低，这反映出几年后，对于养老归宿方面选择的矛盾，2007年笔者所在课题组的调查显示，在回答“您认为在哪里发展更好?”62.2%的受访农民工认为是城市，只有6.2%的认为是农村，还有14.2%、17.2%的认为哪里都一样和说不清楚。既然60.0%以上的认为在城市发展更好，为什么只有 18.5%的人选择留城呢？可见他们城乡选择的矛盾状态，其中的原因十分复杂。

受访农民工回乡养老的年龄选择上有一定变化，2007 年回乡养老的年龄有所提高，特别明显的是他们选择 45—55 岁回乡的比例 2007 年（16.3%）比 2004 年（22.7%）低 6.4 个百分点。选择 56—60 岁和 61 岁及以上回乡的年龄，2007 年比 2004 年分别高 6.2、2.2 个百分点。处于观望状态的 2007 年比 2004 年减少 2 个百分点（参见表 5-3）。进一步分析得知，进城务工时间越短，选择 45—55 岁返回农村的占比越高，进城务工时间越长的选择 56 岁以后回乡养老的占比增高，2007 年受访农民工进城务工不到 1 年的和务工 13 年以上的选择回乡养老的分别是 17.1%、10.8%，而选择 61 岁以后回乡养老的分别是 9.6%、19.6%。说明经过较长时间进城务工，农民工虽然对城市就业和生活适应度提高，在城市生存的困难度相对减少，但是他们选择回乡养老的占比相对增高。同时我们也看到超过 50%的农民工不确定回乡时间，是因为他们对未来养老仍然感到困惑。这与 21 世纪初期支持农民工进城务工的相关政策发布不久，对农民工的社会保护制度没有健全有关，他们向往城市但又离不开农村，想成为城市人但又不知未来城市人和农村人哪个更好的矛盾心理，好比一只脚踏进城市，另一只脚又陷在农村难以自拔。这种心理也反映在他们的行为上游移于城乡之间，更像是城市的“过客”，在生命的历程中在城市匆匆而过，留下一些足迹而已。

表 5-3　　2004 年与 2007 年受访农民工城乡养老年龄选择交叉分析表（%）①

指标分类		45—55 岁	56—60 岁	61 岁及以上	以后再说	合计
2004	选择回乡养老的年龄（N=852）	22.7	15.6	8.8	52.9	100
2007	选择回乡养老的年龄（N=2834）	16.3	21.8	11.0	50.9	100

① 数据来源于笔者所在课题组 2004 年对 1083 名农民工的调查，本表剔除了选择留城的部分后只有 852 名；2007 年对全国多个省市的 2834 名农民工的问卷调查。

从20世纪80年代允许农民工进城务工到21世纪初期，虽已20年左右，但农民工大规模进城务工是20世纪末到21世纪初，到2007年只有十年左右的时间。2007年我们的调查显示农民工平均年龄35.6岁，进城务工年数均值是7.2年。这时他们在城市就业不十分稳定，有61.5%遭遇过失业，他们失业后多数人滞留在城市继续找工作，因为进城务工的收入比他们务农的收入增加了一倍。他们认为城市生活比农村好得多（22.8%）和好一些（50.1%）的合计有72.9%，认为差不多的占13.7%，只有5.7%的受访农民工认为城市生活没有农村好，还有7.7%认为说不清楚。但是只有16.6%的人明确回答“现在基本确定定居城市，不打算回乡”，打算回乡的高达55.3%，还有28.1%的人表示说不清楚。这看起来似乎有些矛盾，72.9%的农民工认为城市生活比农村好，而只有16.6%的人明确表示选择留城，其余的表示“不确定”，说明选择意愿与现实之间有相当大的差异。

第二节　21世纪初期第一代农民工养老城乡选择意愿的影响因素

一　21世纪初期部分学者对农民工留城和回流的研究

2010年前学界关于农民工留城或回流的研究不多，有代表性的是：白南生等于1997年开始研究农村劳动力回流问题，他更多关注的是农村劳动力外出、回流和就业之间的联系以及回流的原因，当时相当多的农民工因为就业问题回流农村，有少数是回乡创业，就业形势好转时这部分回流农民工会再次外出进城务工。① 蔡禾等对农民工永久迁移意愿进行了研究，认为在不同前提条件下，影响他们迁移意愿的主要原因一方面是个体人力资本和城市生活的认同，另一方面是地域性因素和制度合法性压力上，不同的迁移意愿会导致不同的个体迁移动力和制度合法性压力的作用。② 李

① 参见白南生、何宇鹏《回乡，还是外出？——安徽四川二省农村外出劳动力回流研究》，《社会学研究》2002年第3期。

② 参见蔡禾、王进《“农民工”永久迁移意愿研究》，《社会学研究》2007年第6期。

强等从农民工个体的人口学特征等方面探究了农民工留城和返乡影响因素，他们的研究表明受教育程度越高、外出年数越长选择留城的越多，女性比男性更愿意留城，已婚有子女和农村有老人需要赡养的会降低留城的占比。[①] 除进城务工年数与留城意愿关系外，其研究结论与笔者当年的调查基本相同。盛来运就农民工返乡还是留城进行了分析，受金融危机的影响加剧了农民工回流，农民工回流根源于城乡分割的二元结构。[②] 李楠对农民工留城与返乡意愿影响因素进行了分析，认为超过一半的农民工倾向于留城，但只有少数人最终定居在城市，绝大多数都处于城乡往返状态，无法定居于城市。[③] 这一结论与笔者的调查相吻合。这一阶段还有部分学者对农民工返乡创业进行了研究。上述研究分别从农民工个体情况、制度原因对他们城乡选择进行分析，从是否移居城市的视角，而不是从农民工将来是否选择回乡养老的视角进行的调查来进行分析，而本书将笔者2010年前所在课题组对农民工将来是否回乡养老的问卷调查进行分析，拟对第一代农民工过去和现在养老城乡选择的意愿及其影响因素有全面的了解。

二　21世纪初期影响第一代农民工养老城乡选择意愿的个体因素

第一代农民工在21世纪初期如果要选择留城养老，除上述的制度和经济因素，还受个体的人力资本、家庭等因素的影响。

1. 女性比男性更愿意留城养老

调查显示，不同性别的农民工对于城乡选择意愿不同，因为在农村是以男性为主支撑家庭，男性无论在家庭还是在农业劳动中地位明显高于女性，而女性大多处于辅助地位。笔者20世纪70年代在四川南部县下乡当知青时，男女农民同时在地里从事同样的工作，男性每天十个工分，女性7个工分。其中有个生产队十个工分价值8分钱，笔者所在生产队工分价值最高的一年是十个工分0.56元，农村女性劳动一天获得的收益很低。她

① 参见李强、龙文进《农民工留城与返乡意愿的影响因素分析》，《中国农村经济》2009年第2期。

② 参见盛来运《农民工的困惑：返乡还是留城》，《中国统计》2009年第5期。

③ 参见李楠《农村外出劳动力留城与返乡意愿影响因素分析》，《中国人口科学》2010年第6期。

们收工回到家里还要管小孩、照顾公婆和做家务，而丈夫大多较少承担家务。进入城市后，男女地位发生了变化，女性虽然普遍收入低于男性，但不像农村那样普遍处于从属地位，女性的独立性更强，收入有了很大提高，她们更能体会到进城给自己带来的变化，所以选择留城的较之男性多。

2. 文化程度高的留城养老意愿更强

第一代农民工文化程度很低，笔者将2007年调查数据剔除20岁以下的158名（80后）受访者外，其余2682名农民工中文化程度的情况为：小学及以下（25.6%），初中（51.5%），高中/中专（18.3%），大专及以上（4.6%），大专及以上农民工集中在25岁及以下。初中及以下的农民工占比是77.1%，他们大多没有受过职业培训，在劳动力市场的竞争中处于劣势，只能在技术要求低、工资相对较低、工作稳定性较差的次级劳动力市场就业，大多数是灵活就业。常年在低收入岗位难以在城市购房定居，对未来养老的城乡选择想留城也留不下。而文化程度较高的，选择工作的领域更宽，收入相对较高，留城养老的可能性随之提高。

3. 年龄对城乡养老选择意愿有明显的影响

46岁及以上的农民工初中及以下文化程度的占86.5%，文化程度低在就业方面不占优势的情况下，如果再加上高龄，雇佣他们的单位会大幅度减少，他们为了延长在城市工作的时间，只能忍受较低的工资待遇和更低层次的岗位工作，因此文化程度低的高龄农民工选择回乡的比例更高。

4. 家庭成员因素对养老城乡选择的影响较为复杂

首先，子女的情况对选择意愿有影响。分两种情况，第一，已婚有子女的选择留城的比无子女的低，因为21世纪初期因农村户籍在城市读书困难，部分家庭将孩子留在农村，或者妻子为了照顾孩子读书没有外出务工，这类农民工选择回乡的占比较高。第二，如果农民工夫妻带孩子在城市读书，情况就会变化（参见表5-4）。孩子跟着父母进城读书选择留城养老的（19.0%）比没有带孩子的（10.6%）高出8.4个百分点，这类农民工的工作相对稳定且收入相对较高，他们希望孩子在城市接受更好的教育，这些孩子从小在城市读书，交往对象、生活习惯，对城市的认知等都与城市孩子没有区别，对农村的陌生和对城市的熟悉与城市孩子是相同的，只有户籍上被定为农村人。这类农民工打算自己和孩子留城的占比更高。虽然如此，带孩子进城读书的选择回乡（48.8%）仍然比留城的（19.0%）高29.8个百分点，说明21世纪初期政策条件和城市环境不利于农民工子女在城市生活和就学。

表5-4　2007年受访农民工家庭成员随迁情况与养老城乡选择意愿交叉分析表（%）

指标分类		回乡	留城	以后再说	合计
子女是否在城市读书（N=1929）	是（N=814）	48.8	19.0	32.2	100
	否（N=1115）	57.6	10.6	31.8	100
配偶是否一起在城市（N=2834）	是（N=784）	42.2	21.7	36.1	100
	否（N=2050）	46.4	17.3	36.3	100
父母是否一起在城市（N=2834）	是（N=102）	26.5	40.2	33.3	100
	否（N=2732）	46.0	17.7	36.3	100
总计		45.3	18.5	36.2	100

注：本表中子女是否在城市读书的选项中除去了未回答的部分数据

其次，农民工配偶是否同时进城务工对选择的影响。与配偶同时进城务工选择留城的（21.7%）比没有带配偶的（17.3%）高4.4个百分点。进城的尤其是跨省和流动性很强的建筑业农民工，很难长时间固定在一个地方，家里的老人和小孩需要人照顾，近三分之二的农民工没有与配偶同时进城务工。夫妻一起外出进城务工收入相对较高，当时他们进城务工的目的就是改善在农村的生活，在户籍制度等没有改变的情况下，他们留城阻碍较大，因此稍有积蓄一般不打算在城市安家落户，而是用获得的第一桶金把农村的房子盖得更好，为将来回乡养老奠定较好的基础，所以选择回乡的（42.2%）比选择留城的（21.7%）仍高出20.5个百分点。

最后，是否带父母进城对选择意愿的影响。带父母一起进城务工的农民工选择留城的（40.2%）比没有带父母的（17.7%）高22.5个百分点，超过了选择回乡的（26.5%）比例，这是几种家庭成员的影响因素中，选择留城中唯一高过选择回乡的影响因素。进城务工带上父母，一般情况下是需要父母对自己进城务工有帮助，或是帮助打理个体经营中的事务，或是帮助照顾自己的孩子，不管是哪类情况，都与农民工在城市生活和收入相对稳定有密切关系，这类农民工以后转为市民的可能性最大，但是绝对数很小，在2834位受访农民工中只有102人，占比为3.6%。我们也看到，除带父母进城农民工的留城养老的占比稍高，无论家庭成员是否跟随进城，他们选择最终回乡的比例都不低。家庭成员跟随来到城市的，选择回乡养老的占比在20%左右，家庭成员在农村的选择回乡的占比30%—47%。说明加快城镇化步伐不仅是为农民工就业营造良好的社会环境，还应考虑跟随进城务工的家庭成员在城市有更好的生活环境。

从表5-4看到第一代农民工在养老城乡选择意愿上处于观望状态，即“以后再说”的占比是36.2%，即超过三分之一的农民工处于城乡之间的彷徨状态。说明他们对于城市未来生活情况不明朗，农民工留城的制度、住房等多项基本条件不具备，这部分人处于城难留、乡难回，又不知身将安何处的矛盾之中。

三　21世纪初期影响第一代农民工养老城乡选择意愿的经济因素

1. 收入对农民工养老城乡去留选择有较大影响

根据推拉理论，当迁入地的收益超过迁出地一定比例时，人口迁移行为就产生。21世纪初期农村有大量的剩余劳动力需要寻找出路，加上农村生活贫困的推力，城市收益远大于农村收益的强大拉力吸引农村劳动力往城市转移。当他们体验到城市收益远大于在农村的收益时，就会蜂拥而至地进城务工，到2006年农村外出劳动力达到1.3亿，占农村劳动力总量的26%。[①] 当时农民工的收入来源中，接近三分之二是进城务工收入，“2005年城市居民收入人均10493元，而农民是3255元，名义城乡收入比是3.3∶1，如果考虑城市居民实际享受的社会福利和住户改革使城市人多得到的财产收入，目前实际的城乡居民收入比应该更大”[②]。当时他们进城务工有许多不确定性，首先是不知道踏入城市是否能就业，就业后是否失业，在城市工作和生活十分艰辛，有的艰辛程度超过他们的预期，但由于有超过农村三分之二的收益他们就会全力以赴地流动到城市，希望能改变自己及家

---

① 参见盛来运《中国农村劳动力外出的影响因素分析》，《调研世界》2007年第9期。
② 盛来运：《中国农村劳动力外出的影响因素分析》，《调研世界》2007年第9期。

庭的生活状况。越是贫困的农村，外出进城务工的农民越多，贫困农村收益与进城务工收益差距更大，农村的推力和城市的拉力都很强劲。

2004年我们对重庆1083位农民工的问卷调查显示，他们的月均收入均值是3.52，即略多于600元，当年有一定技术的在二、三线城市的农民工每天工资收入约25元，每月按照26天计算月收入650元，一线城市每天工资大约多5元。杂工一般是每天15元。受访者月均收入600元及以下的533人，占全体受访者人数的50.9%。这部分农民工打算回乡的（195人，36.6%）比选择留城的（90人，16.9%,）高19.7个百分点。处于观望状态的是248人，占46.5%。月收入601元及以上共515人（49.1%），这部分农民工打算回乡的（207人，40.2%）比选择留城的（101人，19.6%）高20.6个百分点，处于观望状态的207人，占40.2%。可见收入较高的农民工选择留城的占比略高于收入较低的，处于观望状态的低于收入较低的农民工。2004年月收入在801元及以上是农民工中收入较高的，这部分选择留城的占比超过全体受访者选择留城的平均的占比（18.2%）。而收入在800元及以下的农民工选择留城的全部低于18.2%。特别是收入达到1001元及以上的选择留城的（27.4%）比290元及以下的（13.3%）高出14.1个百分点。290元是当年重庆公布的月最低工资标准，收入在290元及以下的受访者选择留城的占比最低（13.3%），比全体受访者选择留城的平均百分比（18.2%）低4.9个百分点（参见表5-5）。收入对于农民工能否在城市生存至关重要，有稳定的收入才有可能在城市为未来进一步打算。

表5-5　2004年受访重庆农民工收入与养老城乡选择意愿交叉分析表（N=1048）

分类指标		回乡养老	留城养老	以后再说	总计
290元及以下	（人）	40	13	45	98
	（%）	40.8	13.3	45.9	100
291—400元	（人）	61	34	76	171
	（%）	35.7	19.9	44.4	100

续表

分类指标		回乡养老	留城养老	以后再说	总计
401—600 元	(人)	94	43	127	264
	(%)	35.6	16.3	48.1	100
601—800 元	(人)	96	34	99	229
	(%)	41.9	14.8	43.3	100
801—1000 元	(人)	72	35	62	169
	(%)	42.6	20.7	36.7	100
1001 元及以上	(人)	39	32	46	117
	(%)	33.3	27.4	39.3	100
总计	(人)	402	191	455	1048
	(%)	38.4	18.2	43.4	100

注：调查总样本为 1083，系统缺 35。

2007 年对全国部分地区 2834 名农民工的调查显示月均收入为 1253 元。他们大多从事的是脏、累、苦、险工作，劳动强度很大，在这样的情况下收入仍不高。受访农民工选择留城养老的只有 18.5%，选择回乡的占比为 45.3%，36.2%的处于观望状态。“2007 年中国农村外出就业劳动力月平均工资为 1060 元。”① 月收入在 1061 元及以上的农民工（1250 人）选择回乡的占比（532 人，42.6%）比选择留城的（266 人，21.3%）高 21.3 个百分点，处于观望状态的 452 人，占 36.2%。而低于月均收入 1061 元（1584 人）的农民工选择回乡养老的（751 人，47.4%）比选择留城的（258 人，16.3%）高 31.1 个百分点，处于观望状态的 575 人，占 36.3%。将他们的收入细分为四个层级也看到月均收入在 3001 元及以上的选择留城的（56.1%）比他们选择回乡的（28.1%）高 28 个百分点，这部分农民工处于观望状态的（15.8%）明显低于月均收入 3000 元及以下的农民工 20 个百分点以上。从表 5-6 看到，随着月均收入的降低，农民工选择留城的占比降低，而选择回乡的占比在升高。2004 年和 2007 年两次调查数据

① 《2007 年我国外出就业农民工月均工资首次突破千元》，http://www.npc.gov.cn/zgrdw/huiyi/cwh/1104/2008-08/29/content_1447012.htm，2008 年 8 月 29 日。

都说明收入状况对农民工养老城乡选择的影响很大，收入高的更愿意选择留城养老，反之，收入低的农民工更愿意选择回乡。

表 5-6　　2007 年受访农民工收入与养老城乡选择意愿交叉分析表（N=2834）

分类指标		回乡养老	留城养老	以后再说	总计
250—720 元	（人）	274	91	206	571
	（%）	48.0	15.9	36.1	100
721—1060 元	（人）	477	167	369	1013
	（%）	47.1	16.5	36.4	100
1061—3000 元	（人）	516	234	443	1193
	（%）	43.3	19.6	37.1	100
3001 元及以上	（人）	16	32	9	57
	（%）	28.1	56.1	15.8	100
总计	（人）	1283	524	1027	2834
	（%）	45.3	18.5	36.2	100

访谈案例 5.1

访谈对象：重庆万州高峰镇某村易姓夫妻

访谈时间：2010 年 3 月 5 日

访谈地点：重庆万州高峰镇某村

笔者 2010 年到重庆万州高峰镇某村易姓农民工家中访谈时，夫妻两人 46 岁。当时该村不通公路，只能步行或乘坐 8 元钱的摩托车到村里。村里没有自来水，半山上居住的农民靠下雨蓄水，每户人家修了一个较大的蓄水池，遇着天旱需要到山下河沟取水，生活艰苦。这里的农民除了依靠土地微薄的收入，没有任何其他收入，即使有农作物换钱，也因为不通公路难以增加收入。笔者访谈时刚过完春节不久，大多数村民已外出务工，偶尔碰到一位年轻的农民，他们互相问候的第一句话就是："你怎么还没有走呢？"村里只留下老人与小孩，由于能耕种的农民都外出务工，村里的土地大多荒着，土地里杂草长到大约1米高。笔者在村里访谈时住在易姓农民工家中，住房修建在半山上，他们靠外出进城务工后有了一定积蓄，修建了大约400平方米两层楼的住房，由于全年在外务工，每年春节回家大约不到一个月，女儿常年在外读书，农村住房室内的墙壁没有粉刷。易姓夫妻2009年前在家务农的年均收入2000元/人，月收入不足200元。2009年外出进城务工后丈夫月收入接近3000元，其妻1000元左右，每月基本生活费大致2000元，每年积蓄不低于2万，远高于在农村的收入。

从上述案例我们看到，单就劳作而言，农民工在城市和农村都十分艰辛，在城市除忍受高强度的劳动，还要忍受各种不平等待遇和歧视，他们中许多人还要忍受进城务工与家庭成员常年分离的痛苦。但是农村除务农有微弱的收入，很难有其他收入，大多农村的生活条件远比不上城市。无论从经济上还是生活上农村的巨大推力将农民工推向城市，城市比农村高出几倍的收入形成的拉力将农民工吸引到城市。农村虽然也有拉力，比如有自己的住房，生活成本低，与家庭成员常年在一起的天伦之乐，劳动的自由度大，自然环境好于城市，但是在基本生存没有得到满足的情况下，城市较高收入的拉力远远大于农村，农民工如果不走出农村寻找更多的增加收入机会，靠务农不能在城镇购买商品房，也无力供养子女完成高层次学业和帮助子女在城市购房，自己与家人就会在贫穷中度过一生。

2. 住房因素对第一代农民工城乡去留的影响

城市有稳定的住房是选择留城的重要影响因素，2007年2834名受访农民工在城市务工主要是租房（54.4%）、雇主提供房（36.1%）、住亲朋家（2.4%）、其他（2.2%），只有4.9%（140人）的人在城镇自购房。在140名自购房的农民工中选择留城养老的有72人，占51.4%。在1542租房农民工中有266人选择留城（17.3%）。受访农民工自购房选择留城的（51.4%）比租房的（17.3%）和雇主提供房的（16.0%）选择留城的分别高34.1、35.4个百分点。在城镇自购房的农民工选择回乡的（22.9%）比租房的（46.8%）和雇主提供住房的（45.2%）分别低23.9、22.3个百分点。受访农民工中自购房处于观望状态的（25.7%）比租房的（35.9%）和雇主提供房的（38.8%）也分别低10.2、13.1个百分点。从数据分析看到在城市拥有住房对留城养老有十分重要的影响。虽然在 140 名自购房中有 72 人（51.4%）选择留城养老，但是 72 人在 524 名选择留城养老的受访农民工中只占 13.7%，在 2834 名全体受访者中占比只有 2.5%。当时的政策还没有为农民工提供公共租赁房，农民工的住房条件很差，加上收入很低，留城养老的条件严重不足，选择留城的农民工总体占比只有 18.5%（参见表 5-7）。

表 5-7　　住房情况与第一代农民工养老城乡选择交叉分析表（N=2834）

分类指标		回乡养老	留城养老	以后再说	总计
租房	（人）	723	266	553	1542
	（%）	46.8	17.3	35.9	100
雇主提供房	（人）	462	164	397	1023
	（%）	45.2	16.0	38.8	100
住亲戚朋友家	（人）	32	14	21	67
	（%）	47.8	20.9	31.3	100
在城镇自购房	（人）	32	72	36	140
	（%）	22.9	51.4	25.7	100
其他	（人）	34	8	20	62
	（%）	54.8	12.9	32.3	100
总计	（人）	1283	524	1027	2834
	（%）	45.3	18.5	36.2	100

四　21 世纪初期影响第一代农民工养老城乡选择意愿的政策因素

21 世纪初相关政策不健全使农民工想留城而难以留下。他们中 60%的人认为在城市发展比农村好，而选择在城市养老的不到 20%，差距如此之大与政策或制度不完善有很大关系。

1. 用工制度存在不公平，缺乏对农民工的保护

第一代农民工认为如果长期在城市生存首要的困难是在城市务工收入

太低（56.1%）。2007年农民工的“月平均工资为1060元”[①]。而“全国城镇单位在岗职工年平均工资24932元”[②]，月均为2077.7元，农民工的月均收入比城镇职工收入低了约50%。2008年《劳动合同法》开始实施前，农民工劳动合同签约率较低。笔者2004年调查显示，只有19.6%的受访农民工签过正规的劳动合同，没有签过劳动合同的（43.9%）、签过不正规的（27.9%）和带歧视性的以及其他劳动合同的（8.6%）合计为80.4%。[③] 在不能得到劳动合同保护的同时许多正规单位在用工方面普遍存在二元用工制度，有编制的城市工人与农民工同工不同酬，城市工人高福利、高工资，而农民工干的是苦、累、险等工作，还不能得到相应的工伤等制度保护，患职业病后只能回乡得不到应有的补偿。2004年3月前我国没有实行最低工资标准制度，大量农民工进城需要就业，用工单位为了节约成本，无底线地压低农民工的工资的现象十分普遍。虽然2004年以后最低工资标准开始实施，而用工单位有的肆意延长劳动时间，还存在大量拖欠农民工工资的情况。在收入低的同时他们还感到城市生活的成本太高（49.6%）（参见表5-8），其困难程度仅次于在城市收入低和无住房。相比农村依靠土地自给自足的生活，城市生活每一个环节都需要钱，如果出现失业等意外情况无收入时，他们很难在城市立足。

表5-8　第一代农民工希望留城感到困难的因素（多选，N=2823）

分项指标	收入太低	没有住房	生活成本太高	不能稳定就业	社会保障缺乏	子女学费太高	无法与城市人沟通	其他
频率	1583	1551	1399	1239	1200	1068	241	58
个案百分比	56.1	54.9	49.6	43.9	42.5	37.8	8.5	2.1

2. 缺乏住房帮助政策是第一代农民工选择留城养老的主要屏障

第一代农民工想长期在城市生活排在第二的困难是在城市没有住房

① 《2007年我国外出就业农民工月均工资首次突破千元》，http://www.npc.gov.cn/zgrdw/huiyi/cwh/1104/2008-08/29/content_1447012.htm，2008年8月29日。

② 《2007年全国城镇单位在岗职工年平均工资24932元》，http://cn.chinagate.cn/data/2008-04/01/content_14023626.htm，2008年4月1日。

③ 数据来源于2004年笔者所在课题组对重庆1083名农民工的调查。

（54.9%）。1998 年全国开始实施住房分配货币化之前，农民工根本不可能获得城市单位提供的住房，房改后的较长时间绝大多数低收入农民工不可能按照市场价购房。城市住房制度除单位分房外主要是针对城镇户籍的住房困难群体，外来进城务工人员被排斥在外。[①] 他们在城市中大多数租房或居住在雇主或单位提供的集体住房，还有的借住在亲戚家等，在城市自购房比例不到 5%，即超过 95% 的人因为住房问题很难在城市长期生活，即使能在城市比农村更多的收入，也只能“望房兴叹”。笔者曾到某厂区农民工集体宿舍和农民工租住房实地考察，有的居住条件差到难以想象，有的厂区的集体宿舍内外都是脏、乱、差，苍蝇满屋飞，室外污水垃圾包围着楼房。有的搞家装的农民工无固定居所，直接住在未装修好的房子里，装修到哪里他们就居住在哪里。租住的房屋许多在城乡结合部，工作地就是居住场所，还有许多租住在城区十分偏僻，社区环境较差没有卫生间的房屋里。

访谈案例 5.2

访谈对象：伍姓农民工

访谈时间：2004 年 6 月，2022 年 7 月 5 日补充访谈

访谈地点：重庆沙坪坝沙北街，重庆沙坪坝劳动路某废品收购站

伍女士，38 岁，四川广安人，小学文化，14 岁跟随亲戚到城市，进城务工 20 多年。已婚，有一儿一女，都在重庆城区上小学。她在重庆沙坪坝沙北街靠擦皮鞋为生，每天早晨 7 点钟在街边等着别人来擦皮鞋，中午她丈夫给她送饭，下雨休息。丈夫在她擦皮鞋地点附近当“棒棒”。重庆夏天十分炎热，冬天也较为寒冷，街边没有一个遮阳篷。月收入 650 元左右，在微薄的收入中每月还要交 150 元的摊位费。她丈夫每月靠搬运收入大约 800 元。租房费每月 100 元，笔者到过他们租住的房屋，这是一个在有坡度的岩壁搭建的一个棚，约 7 平方米，全家 4 口人居住在这里已有 7 年。家里没有电视机，即使有也没地方

① 参见陆文荣《双重社会隔离与农民工永久迁移城市意愿——基于沪浙 5 城市的调查》，《嘉兴学院学报》2020 年第 2 期。

放，厕所离住地较远。她说支出最大的一笔费用是每学期给两个读小学的孩子交1000元借读费，为此夫妻两人感到十分困难。

笔者2022年7月5日再次访谈伍女士，已55岁，她大约十年前不再在街边擦皮鞋，与丈夫在街边租了一个门面收废品，夫妻两人每月收入大约6000元，经过30多年的辛苦劳动，有了一定的积蓄，为儿子在重庆主城区购置了一套婚房70平方米（每平方米1万元）。如今儿女都已结婚，女儿嫁到其他地方，儿子职业高中毕业已经工作。伍女士还有一位老人要赡养，夫妻两人生活负担不重，自购房给儿子住，自己租住在收废品隔壁的一个小房间内。他们谈到收废品时表示虽然很累，但是能够比较好地维持生活，比在农村没有钱的日子要好，现在夫妻两人已将农村户口转移到重庆城区，农村的土地仍然保留着，他们为在农村的老父亲修建了房子，如果有一天需要回乡养老，土地和房子都有。目前生活无忧，还能经常帮助儿子和孙子。

伍女士进城务工30多年，2004年时收入很低，居住条件很差，在当时的情况下他们没有条件留城养老，随着中国经济发展和政策的改变，城市为农民工提供了更多留城的条件。凭借夫妻两人的勤劳，抚育两个孩子长大成人，虽然在重庆城区购买的商品房给儿子住，夫妻两人租住在收废品旁边的小屋，但他们的户口已经从农村转到城市，实现了农民到市民的转变。笔者2022年7月再次找到伍女士访谈时，她笑着对笔者说，在农村就是挣不到钱，在城市务工可以挣钱改变生活。

3. 社会保障制度不健全影响农民工养老城乡选择

我们在2004年的调查显示，第一代农民工认为如果长期在城市生存，除收入低、没有住房和城市生活成本高，排在第四的困难是不能稳定就业（43.9%）。21世纪初期农民工在城市遭遇就业歧视，正规部门一般不招用农民工，即使招用对他们也是采取同工不同酬的二元用工制度。他们大多是灵活就业，收入很不稳定，居无定所的较多，在城乡之间往返比较频繁，“候鸟式”的流动就业特征十分明显。当时社会普遍认为农民工的身份是农民，在城市没有工作时，土地就是他们的保障。1999年1月实施的《失业保险条例》在失业待遇上也将农民工与城市失业者区别对待，规定农民工不缴失业保险费，失业后按照《失业保险条例》规定的依据签订了劳动合同和单位缴纳了失业保险费的条件，失业可以一次性领取生活补助费，而当时农民工劳动合同签约率不到 20%，在劳动合同签约率极低的情况下单位一般没有为农民工缴纳失业保险费，农民工失业获得的一次性生活补助只有 4.1%。当时农民工换工作频繁，约有四分之三的人在一年内至少换过一次工作。① 他们找零活的较多，工作间断时没有收入，但他们大多没有立即回乡务农，而是滞留在城市继续寻找工作，有时会因为没有收入而处于饥饿状态。

访谈案例 5.3

访谈对象：姜姓农民工

访谈时间：2002 年 10 月

访谈地点：重庆沙坪坝沙北街农贸市场

小姜，男性，18 岁，小学文化，重庆周边农村人。母亲生下他不久就将他留在奶奶家离开了，父亲后来外出进城务工也不管他，小姜跟着爷爷奶奶长大，17 岁到重庆城区当“棒棒”，靠一根棒棒求生存。笔者在农贸市场买菜是中午 12 时许，他执意要帮笔者拎菜送回家，这样他可以获得 2 元钱的收入，因农贸市场距离笔者的家只有几分钟路程，并且手里只提了 1 斤多菜不需要他帮助。但他告诉笔者，当天早晨 7 点钟到农贸市场一直没有人找他搬运东西，到中午 12 点多还没有钱吃早饭。于是笔者在农贸市场给他买了两个大馒头和豆浆，等他吃饱后帮笔者拎菜送回家。

访谈案例 5.4

访谈对象：王姓农民工

访谈时间：2003 年 11 月 5 日

访谈地点：重庆某高校翻修足球场的工地

王师傅，男性，45 岁，四川人，在多个城区辗转务工，笔者采访

① 数据来源于笔者所在课题组 2004 年对重庆市 1083 名农民工的调查。

时他正跟随施工队在某高校翻修足球场。他告诉笔者，曾经因没有找到工作，在身无分文的情况下有三天没钱吃饭，在广州某路边因饥饿晕倒。幸好一位过路的好心人为他买了火车票，这才回到四川农村老家。后由于在农村除务农无其他收入，再次进城务工来到了重庆，做一些基建工作。

上述案例说明在城市没有稳定就业缺乏稳定收入，农民工进城务工的初期，职业培训缺乏，他们因无现代社会就业需要的劳动技能，专业技术要求高的职业与他们无缘，他们当时从业领域主要在制造业（38%左右）、建筑业（16%左右）、服务业（30%左右），[①] 当时的服务业吸纳低文化层次的劳动力有限，在没有工作缺乏收入来源时，就业保障制度不健全，城市社会对他们的关心和保护严重不足，农民工在城市基本生存都无保障的情况下根本谈不上选择留城养老。

21 世纪初期养老保险政策也不完善。当时农民工只能参加农村养老保险，不能与城市居民同等享有城市养老保险带来的福利是他们不能选择留城养老的主要原因。养老保险是与养老城乡选择联系最密切的制度，这是农民工认为选择城市养老排在第五位的困难。农民工进城务工，有单位为其缴纳养老保险费的很少，其中相当一部分中断过养老保险。他们在农村参加养老保险也很少，在 2010 年前农民工大多数没有任何养老保险。调查显示，他们生活保障来源从高到低的排序是进城务工收入（63.3%）、土地（17.0%）、家庭成员（9.9%）、子女（4.6%）、政府（2.2%）、社会救助（1.8%）、其他（1.2%）。除了进城务工收入，排在第二位的是土地保障，他们对土地的依赖胜过养老保险制度，土地是他们最后的保障，第一代农民工的祖辈靠土地生存终老的习惯对他们有很深的影响。随着年龄的增长进城务工收入逐渐减少，依靠土地只能维持很低的基本生活。50 岁及以上的农民工生活来源依靠进城务工收入（56.0%）比 49 岁及以下的（64.0%）低 8 个百分点，而靠土地却高出 6 个百分点。（参见表 5-9）当年 50 岁及以上的农民工月均收入是（980.2 元）比 49 岁及以下的（1281.3

① 根据 2009 年、2010 年国家统计局公布的农民工监测调查报告计算获得。

元）低 301.1 元，可见，随着年龄的增长进城务工收入降低，对土地的依赖程度提高。从表 5-9 看到他们依靠子女的（10.9%）比 49 岁及以下的（3.9%）增加了 7 个百分点。从这里我们看到，农民工在年老没有进城务工收入、储蓄率很低又缺乏养老保险制度的情况下，他们绝大多数无法选择留在城市，而只能选择有土地保障的农村。

表 5-9　　　2007 年不同年龄受访农民工与生活来源交叉分析表（%）

分类指标		进城务工	土地	家庭成员互助	子女	政府	社会救助	其他	合计
49 岁及以下	生活来源（N=2584）	64.0	16.4	10.4	3.9	2.2	1.9	1.2	100
50 岁及以上	生活来源（N=250）	56.0	22.4	5.5	10.9	3.0	1.0	1.2	100
总样本	生活来源（N=2834）	63.3	17.0	9.9	4.6	2.2	1.8	1.2	100

城乡医疗保险制度缺乏有效衔接是第一代农民工养老城乡选择不确定因素。在全面推行城镇居民基本医疗保险前，农民工只能在农村参加医疗保险，他们在外务工如果产生医疗费只能回到农村户籍地报销，或辞工回户籍地医院治疗。前述 4.15 的案例可以看到在城乡医保没有衔接时农民工看病的困难程度。他们在城市小病大多自己扛，大病需要城市更好的医疗资源时，因城乡分割的医疗保险制度，身在城市而不能享有城市优厚的资源带来的医疗条件，只能回到农村户籍地接受治疗。

学者李强 2001 年调研显示，有 40.7%的人花过钱看病，“这部分人看病人均支出是 885.46 元，而他们所劳动的单位为他们看病人均支出却仅有 72.3 元”①。在新型农村合作医疗建立前他们没有医疗保障，随着新型农村医疗保障制度的建立，他们可以在农村参保，但是农民工在城市务工，城乡医疗保障制度缺乏衔接，医疗费跨省结算没有全面实现的情况下，他们难以选择留城养老。笔者 2007 年的调查显示他们希望政府在城市提供的

① 李强：《城市农民工的失业与社会保障问题》，《新视野》2001 年第 5 期。

社会保险从高到低的排序是：医疗保险（71.4%）、养老保险（65.2%）、失业保险（55.7%）、工伤保险（49.2%）、生育保险（13.3%）。可见医疗保险对于农民工城乡选择有十分重要的影响。

4. 户籍制度是影响第一代农民工养老城乡选择的重要因素

自从20世纪50年代的户籍制度将城乡人口进行了划分，城乡不同户籍的人就进入了不同的制度轨道，一个国家原本统一的社会空间被制度分割为不同的社会空间。通过户籍制度将农村户籍的人固定在农村生存，城乡不同户籍的人享有不同的教育、卫生、社会保障、交通等资源及各种社会福利。21世纪初期，虽然农民工可以在城乡之间自由流动，但户籍制度基本没有改变，与户籍相关的制度改革严重滞后，农民工仍然是城市的另类群体。长期的社会空间分割不仅使城市人将他们看成农村人，农民工自己也将自己看成农村人。在几十年的农村社会空间里形成的思想观念、生活习惯以及种种制度安排，在第一代农民工身上打下了深深的烙印，他们大多数默认城乡不同的制度安排，面对城乡户籍不同而遭遇的各种不公平待遇，相当多的第一代农民工认为自己不能与城市人相比。在2014年国务院《关于进一步推进户籍制度改革的意见》发布之前，除读大学、少数招工和军队干部转业等特殊情况，农村户口迁往城市几乎没有可能，即使在建制镇和小城市落户也很难。农民工进城务工没有城市户籍，无法享有依附在户籍上的一切城市福利待遇和公共服务。比如同是在城市失业的下岗工人，他们享有的各种待遇与农民工没有工作时享有的待遇完全不同。下岗工人中4050人员在参加养老保险和医疗保险方面都享有国家的帮扶政策，只要是自愿缴纳养老保险费和医疗保险费的，政府有相应的补贴。政府还为他们提供各种就业信息和培训，而当时的农民工除了与农民享有一样的待遇，绝大多数优惠政策与他们无关。农民工子女义务教育阶段不能在城市就读，或需要缴纳赞助费或借读费才能到公办小学读书，否则只能留在远离父母的农村就读，所以农民工把子女不能在城市顺利解决读书的问题排在他们难以留城的第六个因素（37.8%）。从上述可知，第一代农民工在养老城乡选择上受多种因素的影响，21世纪初期他们绝大多数不具备选择留城养老的条件。

五　社会关系网络“内卷化”对第一代农民工养老城乡选择的影响

长期的城乡二元户籍制度将农民隔离在城市之外，不仅是用户籍禁止农村人向城市迁移，依附在户籍上的教育、社会保障、社会福利完全隔离，就连城乡之间的通婚也往往因为户籍成为阻碍，城市人很难选择与农村人结婚，城乡之间形成的两种社会制度也分离了城乡群体的社会关系网络。虽然农民工进城初期也希望能够融入其中，但是除城市社会在制度上排斥他们，城市社会场域中的文化、惯习、消费等方面对他们也有无形的排斥，使他们很难融入城市社会，他们的社会关系网络在农村，而在城市很难找到对自己支持的社会网络。在城市社会空间中他们营造了自己的农民工社会空间，在这个社会空间里他们感到相互的交往、体验、习俗、认同、信任、社会关系、文化资本等是熟悉的、相同的，有安全感的。这个社会空间带有熟人社会的特征，同质性使他们能够找到社会支持网络，于是他们在营造的农民工社会空间中不断内卷，客观上增加了农民工社会空间的拉力，也形成了对城市社会排斥的推力。2007年我们的调查印证了这一状态。调查显示有48.8%的受访农民工在城市遭遇了生存困境，能够为他们提供直接帮助或救助的来自亲朋好友（66.6%）、政府（3.4%）、其他救助（1.3%），还有28.7%的人没有得到过任何救助或帮助（参见表5-10）。当他们身体能够靠繁重劳动增加收入时，虽然不能融入城市社会，但是可以单凭自己的劳动在城市生活，而年老需要借助外界力量生存时，农村无疑是他们感觉安全可靠的生存场域。

表5-10　　第一代农民工在城市遭遇生活困境时得到救助的情况（%）

选项		百分比	合计
在城市是否遭遇过生活困境（N=2834）	没有遭遇过（N=1452）	51.2	100
	遭遇过（N=1382）	48.8	
在城市遭遇生活困境时获得过哪些帮助或救助（N=1382）	亲朋好友的帮助	66.6	100
	政府	3.4	
	其他救助	1.3	
	没有救助	28.7	

第三节 本章小结

一 21世纪初期农民工选择回乡养老和处于观望状态的占比较高

21世纪初第一代农民工平均年龄为34岁。2004年和2007年两次问卷调查显示，选择回乡养老的占比较高的同时处于观望状态的占比也不低。选择回乡的占比远远超过选择留城的，40%左右的农民工在养老城乡选择上处于观望状态。说明21世纪初期政策和城市社会环境还没有为农民工提供留城养老的条件。农民工进城后认为城市发展和生活比农村好，但是选择回乡的占比很高，说明他们向往城市，但社会相关制度不完善，城市社会对农民工的接纳程度很低，未来社会和个人的发展很难预料，所以在城乡去留选择上犹豫不决的占比较大。随着农民工进入城市年数的增加，在养老选择上处于观望状态的占比有所减少，说明他们对未来的选择进一步明确，但是留城的困难仍然很大，选择回乡的占比依然较高。

二 经济因素和社会保障是影响农民工养老城乡选择的重要因素

21世纪初，第一代农民工认为留城的首要困难是收入太低，其次是住房困难和城市生活成本太高。他们选择留城养老的占比随着经济收入的增长而增加，在城市购房的农民工选择留城养老的占比明显高于其他住房情况的农民工，但其绝对数很小。说明在经济因素中收入和住房对第一代农民工养老城乡去留选择影响很大。

社会保障制度不健全是农民工难以选择留城养老的主要屏障。21世纪初社会保障制度不健全，农民工只能参加农村的社会保险且参保率很低。农民工失业时很难获得失业保险的救助。许多企业不为农民工购买工伤保险，因工致残的农民工只能返乡。在养老保险没有完善时，他们养老保险参保率低的同时退保率很高。城乡医疗保险制度分割给农民工在城市治疗和经费报销带来困难。缺乏针对农民工的住房保障制度，大多数农民工在城市的住房极差，甚至没有固定的住房。缺乏社会保障制度条件是他们无法选择留城养老的重要原因。

户籍制度对于农民工养老城乡去留选择有重要影响。21 世纪初期虽然放宽了农民工进城务工限制，但是户籍制度没有实质性改变，尽管相当多的第一代农民工在城市务工多年，但是制度上没有改变他们的农民身份前只能享有农村人的待遇，不能共享城市社会资源。长期的二元社会结构使他们生活在与城市相隔离的农村社会空间，导致他们认为自己与城市人不同，在城市的交往对象常常是同类群体，内卷化十分突出，同质内卷的结果使他们很难融入城市。城市人看他们是农民，他们认为自己是农民。即使他们想留城也因户口在农村而难以成为城市人。

第六章　近年来第一代农民工养老城乡去留选择意愿与影响因素

近年来城乡统筹的社会保障制度进一步完善，城乡之间的隔离在逐步消除，对农民工的社会保护逐步加强，他们融入城市的情况已有很大改变，城市对农民工的接纳程度远远高于21世纪初期，部分第一代农民工有了一些积蓄，生活有了很大改善，他们的子女大多成年，其家庭负担相比十多年前减轻。由于户籍制度以及依附在上面的各种福利待遇没有完全改变，城乡之间社会空间的隔离仍然存在，他们中除极少数定居城市，绝大多数还在城乡之间游移，养老城乡选择对他们仍是一个有待解决的问题。

第一节　近年来第一代农民工养老城乡去留选择意愿

一　近年来第一代农民工养老城乡选择意愿总体情况

第一代农民工经过多年在城市打拼，各方面有了很大变化，有的已经转化为市民，有的已经返乡养老，绝大部分仍然处于城乡之间，50岁以下的农民工除了返乡创业，一般没有长时间在农村停留，50岁及以上的农民工仍在城市务工的已经为返乡或留城养老作了准备。

调查显示，77.1%的第一代受访农民工打算返乡养老，22.9%打算留城养老，选择返乡的占比仍然很大。受访农民工外出进城务工年数均值为15.5年，进城务工年数最短的为1年，最长的为41年，跨度较大。笔者访谈接触到跟随家人进城务工最小年龄的13岁，从十多岁外出进城务工40年，现年50多岁。本次受访者年龄集中在40—59岁，60—69岁有200人，70岁及以上的有16人，各年龄段养老城乡选择的情况略有不同，但差别不大。受访农民工的平均子女数是 1.9，有 2 个子女的占比更多（46.5%），其次是 1 个子女（31.4%），子女数对养老城乡选择影响不大。受访农民工平均年龄为 48.6 岁，选择返乡的年龄均值（48.6）和选择留城的年龄均值（48.5）差异很小（参见表 6-1）。

表 6-1　受访农民工年龄、进城务工年数与养老城乡选择意愿交叉分析表

分项	均值	返乡		留城		合计	
		（人）	（%）	（人）	（%）	（人）	（%）
全部样本		2481	77.1	737	22.9	3218	100
进城务工年数	15.5	2432	77.0	728	23.0	3160	100
子女数	1.9	2404	77.2	708	22.8	3112	100
年龄均值	48.6	2481	48.6	737	48.5	3218	

注：总样本为 N=3229，表格中样本数除去了系统缺失值。

二　21 世纪以来第一代农民工养老城乡选择意愿的对比

课题组于 2004 年和 2007 年两次问卷调查与 2020 年对第一代农民工的问卷调查，虽然相隔年数不长，但是这十多年政府的社会保障、户籍迁移、农民工子女教育等政策发生了很大变化，城市社会对农民工的接纳程度有很大提高。2004 年受访农民工平均年龄 33 岁，2007 年受访农民工平均年龄是 35.6 岁，2022 年 40 岁及以上受访农民工进城务工的平均年龄是 48.6 岁，进城务工年数的均值 2004 年是 7 年，2007 年是 7.2 年，2022 年是 15.5 年。近年来农民工就业和生活状况有了很大改变，然而长期的城乡二元制度的影响仍然存在，第一代农民工年龄很多都超过 50 岁，他们面临养老城乡选择的问题相比十多年前更为迫切。

21 世纪初的问卷调查与 2020 年问卷调查相比，农民工养老城乡选择有许多相同之处。（1）选择回乡养老的农民工仍然远高于留城养老的，选择回乡养老的没有低于 70%，但不同个体选择差异有一定变化。说明影响农民工养老城乡选择的主要因素变化不大。（2）从个体特征看，女性农民工相比男性更愿意留城养老；文化程度与选择留城养老成正比，即文化程度越高选择留城养老的占比越高；49岁及以下的农民工选择留城养老的占比高于50岁及以上的农民工；未婚和已婚无子女的选择留城的占比高于已婚有子女的农民工。（3）从经济条件看，随着年龄的增长务工收入在减少，收入高的选择留城养老的占比较高；自购商品房的选择留城养老的占比高于租住房屋的农民工。（4）从务工情况看，服务行业农民工选择留城的高于建筑业和制造业的农民工；劳动强度较轻的服务业农民工选择留城养老的占比明显高于劳动强度大的农民工；在户籍地务工的农民工因在家乡本地，熟悉当地的社会环境，选择留城养老的高于在非户籍地务工的农民工。

前后调查中第一代农民工养老城乡选择的不同之处在于以下几方面。（1）农民工选择退出劳动领域的年龄有后移的趋势，2004年受访农民工表示回乡养老的年龄较多集中在46—55岁，2007年较多集中在56—60岁，2020年较多集中在60岁左右。女性选择退出劳动领域的时间早于男性。愿意留城的农民工选择退出劳动领域的年龄高于愿意回乡的农民工。（2）相比21世纪初期，近年来60岁及以上农民工选择留城的占比有一定提高，选择留城养老的60岁及以上的农民工坚持在城市务工较多。（3）21世纪初期农民工认为收入低是他们选择留城排在第一的困难，近年来农民工收入普遍有明显提高，购买商品房的占比由2007年的4.7%上升到21.6%，经济收入仍然是留城养老的重要因素，但由于受到农民工融入城市等许多因素的影响，经济因素在某种程度上已经不是选择留城养老的唯一决定性因素。（4）21世纪初期农民工绝大多数没有机会参加城市居民享有的社会保险，近年来农民工已经被纳入社会保障制度体系之中。如今的养老、医疗保险制度的设置使农民工可以根据自己的需要参保，由此拓宽了农民工养老城乡选择自由度，即无论参加哪种保险，今后养老都可以在城乡之间自由选择。住房相关政策的实施，使农民工能够享有与城市居民同等的公共租赁房待遇，雇工单位为员工提供的宿舍安装了空调等设备，农民工居住环境有了很大改善，义务教育阶段的子女入学也得到公平对待，解决了农民工带子女进城务工的后顾之忧，很大程度上为他们留城养老提供了良好环境。但是我们也看到农民工观念的滞后，大多数第一代农民工参加的仍是最低档次的养老保险和医疗保险，自我养老观念影响着他们参保的行为，退出劳动领域后短期内可以依靠储蓄生存，随着人均寿命的延长，仍有很大部分农民工老年生存问题令人担忧。（5）相比21世纪初期户籍迁移政策有了很大改变。2014年7月国务院颁布《关于进一步推进户籍制度改革的意见》（国发〔2014〕25号），在全国要建立统一的户籍制度，取消农业和非农业户口的划分，同时推进相关行政制度的城乡一体化配套改革，这给农民工带来获得均等的基本公共服务的福音，但这些配套制度的改革不是一蹴而就的，农民工要完全享有均等化的公共服务有一个渐进过程。总的来说，由21世纪初期一定程度上限制农民工进城落户到促进农民工城市化，过去是农民工想将户口迁移到城市成为城市人，如今很多农民工表示不愿意将户口迁移至城市。说明户籍迁移政策对农民工城乡去留选择基本没有阻碍。但是户籍制度的影响仍然存在，依附在户口上的各种福利待遇仍然没有完全消除，即使农民工生活中已经与市民没有区别，只要没有取得城市户籍资格，有些方面仍不能平等享有市民待遇。（6）社区服务方面，虽然社区将服务对象区分为户籍人口和非户籍人口，但相比21世纪初期的社区服务，对农民工的关怀增加了很多。农民工的城市融入度有了很大提高，特别是服务业农民工务工，他们的工作和生活穿插在城市居民当中，与城市交集较多，自购房占比较大，选择留城的占比也较大。

第二节　第一代农民工人口特征对养老城乡选择意愿的影响分析

为了进一步了解第一代农民工养老城乡选择意愿的情况，我们分别就性别、年龄、文化程度、婚姻、子女数和赡养老人数等人口特征与城乡养老意愿做进一步交叉分析。

一　性别对养老城乡选择意愿的影响

性别与养老城乡选择意愿显著相关。男女农民工选择回乡的占比都远远超过选择留城养老。笔者多次调查都显示农民工在养老城乡选择上，女性农民工选择返乡比例低于男性，而选择留城的比例高于男性。本次调查呈现出比较特别的地方是：男性农民工返乡养老意愿（79.3%）比女性

(72.2%)高7.1个百分点，而愿意留城养老的男性(20.7%)比女性(27.8%)低7.1个百分点(参见表6-2)。李强等曾经的调查显示男性选择返乡的比例高于女性，原因是男性在城市感觉生活压力大于女性，对社会地位的自我评价低于女性，使他们焦虑感重于女性，所以他们选择今后回到农村。① 笔者在2004年和2007年的调查也显示男性选择回乡的比例高于女性。除李强分析的原因，女性在农村不仅是社会地位低于男性，而且在家庭中受传统观念的影响，女性除参加农业劳动还要承担更多的家务和照顾老人。由于农村的女性在务农劳动中不占优势，收入相对较低，经济地位和社会地位不如男性。而城市就不同，女性独立性增强，如果在城市找到适合自己的工作，其劳动所得有时与男性相当或高于男性，比如育儿嫂、月嫂、家政服务、医院护工等工作收入不一定低于男性。经济地位的变化使她们的社会地位也会发生变化，特别是婚后的女性再也不是从属于丈夫，而是与丈夫一样有独立的人格，还免去了天天照顾老人的负担，避免了与婆家长辈每天相处的矛盾。以下案例就充分说明了女性进城务工后家庭地位和社会地位都发生了很大变化，传统的农村女性则难以实现这样的人生价值。

访谈案例6.1

访谈对象：张姓农民工

访谈时间：2021年7月13日

访谈地点：重庆大学城某高校宿舍区

张女士，54岁，重庆长寿区人，进城务工18年，现在做家政服务。丈夫9年前因患喉癌治疗了几年，花费十多万元医疗费，报销了大约3万元，目前基本不能务工，靠张女士独自进城务工支撑家里的开支。她有一个儿子已经成家独立生活，夫妻两人继续在城市租房。张女士专做房屋装修后的开荒清洁。笔者访谈时，她正在为一家刚装修好的120平方米的房子做开荒清洁，1000元包工做完，她用了两天

① 参见李强、龙文进《农民工留城与返乡意愿的影响因素分析》，《中国农村经济》2009年第2期。

时间完成，每天工作时间由自己决定，每天平均收入500元。这个工作粉尘重、脏、累，并不比农村劳动轻松，但是收入比较高，而一般男性不会选择这样的工作。张女士购买了较高档次的城乡居民养老保险，2000元/年，购买了居民医保，320元/年。她说60岁以后每月能够拿到400—500元养老金。外出进城务工多年，夫妻两人用自己的积蓄在重庆城区购买了两套小户型住房，自己一套，给儿子一套，但是她仍然打算今后回农村生活，她认为农村生活成本要低很多。

表6-2　第一代农民工人口特征与城乡养老选择影响因素交叉分析表（N=3218）

影响因素		回乡养老		留城养老		Pearson卡方	P值
		（人）	（%）	（人）	（%）		
性别	男	1768	79.3	462	20.7	19.638	0.000***
	女	713	72.2	275	27.8		
年龄（岁）	40—49	1504	76.7	457	23.3	3.096	0.213
	50—59	819	78.6	223	21.4		
	≥60	158	73.5	57	26.5		
文化程度	小学及以下	938	79.3	245	20.7	41.856	0.000***
	初中	1132	78.9	303	21.1		
	高中（中专）	352	71.1	143	28.9		
	大专及以上	59	56.2	46	43.8		
婚姻状况	有配偶	2344	77.0	699	23.0	0.148	0.781
	无配偶	137	78.3	38	21.7		
赡养老人数	无	371	75.6	120	24.4	10.362	0.035**
	1个	526	79.3	137	20.7		
	2个	926	78.7	251	21.3		
	3个	358	76.0	113	24.0		
	4个及以上	300	72.1	116	27.9		
子女数	无	77	72.6	29	27.4		
	1个	721	71.3	290	28.7		

续表

影响因素		回乡养老		留城养老		Pearson卡方	P值
		（人）	（%）	（人）	（%）		
子女数	2个	1186	79.4	307	20.6	33.121	0.000***
	3个	400	82.5	85	17.5		
	4个及以上	97	78.9	26	21.1		

注：** $p<0.05$；*** $p<0.01$

二　年龄对养老城乡选择意愿的影响

年龄对养老城乡选择的影响虽然没有通过显著性检验，但是我们从表6-2的交叉分析看到，40岁及以上三个年龄段农民工的城乡选择，没有按照年龄增高或者降低发生规律性的变化，他们的选择回乡占比在73%—79%，选择留城的在21%—27%，各年龄段选择的差别不大。说明年龄变化没有影响他们的养老城乡选择。40岁组选择留城养老的（23.3%）比50岁组（21.4%）略高，比60岁组（26.5%）低3.2个百分点。40岁组农民工的子女一般还没有成家独立生活，生活负担较重，相比有些高龄农民工积蓄较少，他们留城养老储备不足，但是未来的不确定性更多，当他们50多岁以后各方面条件发生变化时他们养老城乡选择会发生变化。50岁组的农民工大多子女刚成家或已开始独立生活，他们的收入相当多的消耗在养育子女、子女的学业或成家上面，自己的积蓄较少，选择留城养老会增加生活成本，因此选择返乡养老的占比最高（78.6%）。60岁组的农民工选择留城养老的占比是三个年龄段中最高的（26.5%），比40岁组和50岁组分别高3.2、5.1个百分点。这与笔者2004年和2007年的调查不太一致，21世纪初的调查显示年龄大的农民工选择留城养老的比例相比低龄农民工更低，当年40多岁的农民工经过十多年进城务工，现在大多已经超过60岁，如今他们选择留城养老的比例相对较高，其中的原因是多样化的。一个重要的原因是60岁及以上的农民工有相当部分返回农村，实现了农民—农民工—农民的转换（这部分不在本书研究范围之内）。60岁及以上的农民工仍留在城市务工的有40.0%是无固定单位，18.1%的是个体工商户，做零工和散工的达到 87.7%，其余的是自营者（6.8%）和棒棒军（5.5%）。[①] 他们基本没有养育子女的负担，相比年龄较低的农民工，他们的积蓄相对较多，在城镇为自己和子女购房的比例相对较高（后面有专题分析），其中有一部分在城市与子女一起居住，他们户口在农村，仍将土地作为他们的最后保障。他们在城市有更多的挣钱机会和较好的交通、医疗等条件，也是他们选择留城养老的主要原因。从这里我们也看到政策允许农民工进城务工给他们以及他们的后代带来的巨大变化，农民工的能量得到极大的释放，社会环境的变化给他们带来变化的同时，他们的贡献也促进了中国发展的进程，在中国全面建成小康社会的过程中他们发挥了不可低估的作用。对于他们自身而言不仅是解决温饱问题，其生活条件、思想观念都发生了巨大变化。虽然选择留城养老的农民工仍然是少数，但这也是城市化进程中的一个良好的开端。

三　文化程度对养老城乡选择意愿的影响

文化程度与农民工养老城乡选择有显著相关性。表 6-2 中的交叉分析显示：不同文化程度对养老城乡选择有明显的差异，呈现出一种规律性的变化，即随着农民工个体文化程度的增高，选择留城养老的占比随之增高，而选择回乡的是随着文化程度的降低而增高。小学及以下、初中、高中（中专）、大专及以上文化程度选择留城的比例分别为 20.7%、21.1%、28.9%、43.8%；而选择回乡的比例分别为 79.3%、78.9%、71.1%、56.2%。特别突出的是文化程度大专及以上和高中（中专）及以下的农民工在选择留城和回乡比例上有很大差异。说明文化程度高的农民工更容易在城市寻求到主流职业岗位，在城市的就业机会更多，生存能力更强，有稳定的收入或较多的养老储备，他们中部分有条件转为市民，而因为各种原因没有实现户籍上转为城市居民，但是已经成为城市常住居民，并且打算在城市养老。笔者所在高校有一位大专文化（自学考试完成的学业）的农民工，20 多年前从农村到城市参加自学考试获得大专文凭，毕业后到重庆、浙江

① 87.7%的数据是 2020 年问卷调查中有 216 位 60 岁及以上的农民工，剔除了系统数据缺失的 143 人后还有 73 位的有效百分比。

等地务工，但无法进入有编制的工作岗位，她能熟练运用计算机，长期在高校从事文职工作，她不属于高校在编人员，劳动合同法实施后，属于劳务派遣人员，按照城镇职工同等条件参加了各项社会保险，十年前在城市购房，户籍迁到城市，成为城市居民。高中及以下的农民工由于缺乏大学的专业技能训练，难以进入城市主流岗位从事有专业技能的工作，他们大多从事辅助性的工作岗位，从事体力劳动的居多，这类农民工收入低，储蓄少，难以在城市立足，选择回乡的占比在70%以上。

访谈案例6.2

访谈对象：郑姓农民工

访谈时间：2019年7月27日

访谈地点：北京火车南站

郑师傅，男性，57岁，河北邯郸人，参加过三次高考，可因每次都差几分最终没有考上大学，外出进城务工13年，以前在家里靠种果树为生，收入较好时没有进城务工。近年来水果不赚钱了就将果树承包给别人种，每年靠出租的3亩果树有2400元收益，没有种果树的土地无法出租就送给别人耕种。妻子在农村家里，有一个女儿，已经成家。家里还有83岁老父亲以前是教师，有退休金。他是六兄妹中的老大，为了减轻父母的负担没有继续考大学。郑师傅会书法，楷体毛笔字写得非常好。访谈时他在火车站做环卫工，休息时间较少（有事回家可以请假）。每月收入4500元，在火车站的工作包吃住。他购买的最低档次的新农保100元/年，参加的农村医保220元/年。郑师傅说以前是不懂交养老保险的意义，现在懂了，想补交为以后养老做更多的准备，但他本人说因高龄政策不允许他多交。他表示以后如果没有单位雇佣他就回乡养老。

读过高中的农民工文化程度也不太低，因为没有受过专业技能训练而无专长，只能选择无技术的就业门槛低的工作。第一代农民工除能够承受十分繁重的体力劳动收入较高，绝大多数文化程度低的农民工都是从事城市最底层、收入很低的工作，这部分农民工难以有能力在城市购房留城养老。

四　婚姻状况对养老城乡选择意愿的影响

婚姻状况与养老城乡选择没有通过显著性检验，说明有无配偶对养老城乡的选择没有明显差异。从表3-3看到各年龄段有无配偶的比例差别很小，无配偶的占比在5.1%—5.7%。50岁组无配偶的最高，60岁及以上农民工无配偶的最低。有配偶的选择回乡养老的（77.0%）比无配偶的（78.3%）低1.3个百分点，有配偶的选择留城养老（23.0%）比无配偶的（21.7%）高1.3个百分点，两者差异虽然很小，但能够看到有配偶的选择留城养老比无配偶的高。从图3-7看到第一代农民工进城务工与配偶居住（35.1%）和与配偶子女一起居住（28.0%）以及三代及以上同堂（4.3%）合计为67.4%，这部分农民工都是夫妻同时进城务工，工作和收入相对稳定，留城的意愿相对较高，尤其是随迁到城市读书的子女，父母为了子女读书会选择在城市务工，子女受到较好的教育有了稳定的工作立足城市后，又会为父母带来更好的养老环境。

访谈案例6.3

访谈对象：江姓农民工

访谈时间：2022年6月19日

访谈地点：重庆沙坪坝沙北街某小区门口

江女士，59岁，四川广安岳池县人，夫妻两人到重庆进城务工21年，有1个儿子28岁已成家，也在重庆城区务工。江女士本人承接了几户家政工作，每月固定收入有3000多元，另外靠收废品或搬运小件货物能够有零星收入大约1000元。以前购买的最低档次的新农保100元/年，现在看到缴纳比较高的档次能够获得较高的养老金收益，于是近年来她分几次补交了养老金共计5万多元，还有半年多到60岁就可以领取每月460多元的养老金。以前在老家农村购买的最低档次的医疗保险，2020年曾经在重庆产生过住院费用3000多元，回老家报销的医疗费。从2022年开始就在重庆城区购买的最低档次城乡居民医疗保险（380元/年）。她的丈夫刚过60岁，现在重庆城市搞家装工作，因有一定的技术月均收入7000元，购买了比较高档次的居民医保和养老保险，现在每月有1920元养老金，曾当过5年兵，每月有750元的退伍费，还有大队干部退休补贴30元。夫妻两人在老家岳池县城用30多万元购买了一套63平方米的房子，又在重庆磁器口花费50多万元为儿子购买了76平方米商品房（约7000元/平方米）。目前夫妻两人与儿孙住在一起。江女士表示不愿意将户口迁往城市，但是以后也不回农村养老，打算回老家县城的商品房长住养老。

第一代农民工夫妻一起进城务工的家庭收入较高，相比夫妻长期城乡分居的情况，他们在城市生活更能够相互帮扶，家庭生活更容易和谐稳定，如果子女已自立，其家庭负担相对较轻，多年务工有一定积蓄，后顾之忧较少。这部分农民工选择留城的困难较小，愿意留城养老的占比较高。

五　赡养老人数对养老城乡选择意愿的影响

不同的赡养老人数对养老城乡选择有显著的影响。调查显示，受访农民工赡养老人的人数均值是2.9，60岁组无赡养老人占比最高（59.3%）。表6-2显示，无赡养老人的农民工选择回乡的比例较低（75.6%），排在倒数第二位。留城的比例较高（24.4%），排在顺数第二位。这部分农民工在农村已很少有牵挂，如果能够在城市立足就会选择不回乡养老。受访农民工赡养老人数从1到4个及以上选择回乡养老的占比分别是79.3%、78.7%、76.0%、72.1%，呈现出随着赡养老人数的增加选择回乡的占比依次递减的情况。赡养老人数从1到4个及以上选择留城养老的占比分别为20.7%、21.3%、24.0%、27.9%，呈现出随赡养老人数的增加选择留城养老的占比依次上升的情况。这种情况初看有些令人费解，因为在一般情况下，农民工赡养在农村老人数多，会使他们牵挂更多，负担更重，回乡养老的占比相对较高，而本次调查数据显示赡养的老人数越多，返乡的占比越低，留城的占比越高，为什么出现这种情况？结合表3-3反映的不同年龄段赡养老人数的情况看，随着农民工年龄的增长，他们赡养老人数在减少，赡养4位老人的占比最高的是40岁组，最低的是60岁组。40岁组的农民工虽然赡养的老人数多，但是他们选择留城养老的占比高于50岁组。我们还要看到，改革开放40多年农村的经济条件发生了很大变化，赡养老人已经不是过去那样年老的父辈完全依附于子辈生存，现在农村老人完全靠外出进城务工子女赡养的情况不多，40岁组农民工的父母大多是农村中的低龄老人，可以依靠自己的能力生存。50岁组赡养老人的负担相对较重，这也是他们选择返乡占比最多的主要原因。而60岁组需要赡养的农村老人数在减少，他们的子女大多都不在农村务农，这部分人在农村的牵挂最少，选择回乡的占比也是最少的。另外，农村社会保障制度逐步完善，特别是医疗保险制度极大地减轻了农村老人重大疾病的经济负担，加上农村的基础养老金的补贴，农村老人基本生活能够得到保障。访谈中我们了解到，每月定期给老人汇款赡养的占比较少，大多是返乡看望老人时给几百元或者上千元不等，如果不是家里有特殊情况急需用钱，农民工赡养老人的经济负担不像过去那样沉重。所以虽然赡养老人数对养老城乡选择有明显的差异，但是不能得出赡养老人数越多、经济负担越沉重的结论，也不能由此判断农民工会因此作为选择回乡养老的必要条件。但是我们不排除少数农民工为了有更多的挣钱机会而选择留在城市养老，其中也包括赡养农村老人等其他原因而打算留城养老。

六　子女数对养老城乡选择意愿的影响

子女数与第一代农民工养老城乡选择意愿高度相关。子女数不同对第一代农民工养老城乡选择的影响显著，从表6-2中的交叉分析看到子女数对他们养老城乡选择差异较大。无子女和1个子女的选择回乡的比例分别为72.6%、71.3%，选择留城的占比分别为27.4%和28.7%；2到4个及以上子女的选择回乡的比例分别为79.4%、82.5%、78.9%，选择留城的比例依次为20.6%、17.5%、21.1%。说明多子女的农民工选择回乡的比例更高，养育多子女会增加家庭负担，养育成本是随着子女数的增加而增加，养老储备会相对减少。一般情况下，因养老储备不足而选择生活成本更低的农村养老可能性更大。从表3-3看到60岁组3个及以上子女占到39.8%，独生子女占比最高的是40岁组的农民工（34.1%），尽管60岁组农民工的子女大多成家，但他们年轻时为养育子女疲于奔命，消耗了更多的家庭生活资料，缺乏为晚年生活的储备，多子女的农民工留城养老的困难较大。40 岁组农民工文化程度普遍高于 50 岁以上农民工，养育子女数也低于 50 岁以上农民工，他们会更重视子女的培养，子女的良好成长会为父母养老提供更好的环境。笔者有多位研究生是独生子女，其父母是农民工，年龄接近 50 岁，子女研究生毕业后在城市有稳定的工作和收入，他们的父母目前仍在城市务工为晚年生活保障做准备。子女数少的农民工选择在生活成本高的城市生活的可能性大于子女数多的农民工。

为了进一步验证前述分析的结论，我们将是否回乡养老作为因变量（Y），将可能影响回乡养老决定的因素（性别、年龄、文化程度、婚姻状况、子女数和赡养老人数等人口特征）作为自变量纳入二元 Logistic 回归模型，目的是检验哪些因素对第一代农民工回乡养老有显著性影响。赋值情况如表 6-3 所示：

表 6-3　　第一代农民工（人口特征）变量定义与赋值

自变量（X）	变量解释与赋值
性别	男=0；女=1
年龄	40-49 岁=1；50-59 岁=2；60 岁及以上=3
文化程度	小学及以下=1；初中=2；高中（中专）=3；大专及以上=4
婚姻状况	有配偶=0；无配偶=1
子女数	无=1；1 个=2；2 个=3；3 个=4；4 个及以上=5
赡养老人数	无=1；1 个=2；2 个=3；3 个=4；4 个及以上=5
因变量（Y）	留城养老=0；回乡养老=1

从表 6-5 的分析看人口特征与养老城乡选择的情况：

性别对于养老城乡选择呈现显著负相关。相比于男性，女性选择回乡养老的意愿比男性低了 0.31 倍，即女性选择回乡养老的发生比下降 31%。说明女性更倾向于选择留城养老，回归分析验证了前述结论。

从年龄来看，50—59 岁组养老城乡选择没有反映出统计学意义上的显著性。而从回归系数看，与 40—49 岁组相比，60 岁及以上组选择回乡养老的发生比下降 31%。说明 60 岁以上农民工选择回乡养老的比例相对于

40—49 岁组下降，而选择留城养老的比例提高。前面我们分析了 60 岁及以上的受访者为什么留城养老的占比较高，与他们外出进城务工时间长、有一定的养老储备、家庭负担较轻等有关，还有一个重要的因素是 60 岁及以上农民工已经返乡的人较多，继续在城市务工的与选择留城养老有较多的联系。这与前述交叉分析的结论一致。如果我们将 50 岁作为高龄与非高龄农民工的分界线，进一步分析，情况就有一定变化。关于高龄劳动者的界定，国际劳工组织 1980 年《老年工人建议书》规定，高龄劳动者是指所有那些因年龄增大而在就业和职业方面面临困难的劳动者。该定义指明了界定高龄劳动者的两个主要标准：一是"高龄"，二是面临就业和职业困难。① 但是该文件并没有规定具体的年龄，各国对高龄劳动者的界定有所不同，有 40 岁、45 岁、50 岁、65 岁等，不管各国如何界定高龄劳动者年龄，有一个共同点就是达到一定年龄，与就业或职业有困难相联系。社会上在区分高龄和非高龄劳动者时很多时候将 45 岁作为标准，因为 46—60 岁是失业风险相对较高的劳动群体，如全国政协委员贺丹在"建议将高龄劳动者纳入劳动法保护范围之内"中将 46—60 岁作为高龄劳动者，② 刘勇综合各国调研数据认为将高龄劳动者定为 45 岁。③ 而关于高龄农民工的研究文献中，一般将高龄农民工定为 50 岁，赵昂④、严佩升⑤等将 50 岁以上界定为高龄农民工，还有学者将高龄农民工界定为 55 岁以上，⑥ 笔者以 50 岁为分界线界定高龄农民工，除学者们普遍认为的年龄因素和面临就业、职业困难外，还有一个原因是中国的特殊原因，即因户籍制度导致的城乡二元社会结构，农民进城务工与城市迁移定居不同步，50 岁及以上的农民工接近退休年龄，相比低于 40 岁组的农民工更多地考虑今后养老城乡选择问题。50 岁及以上高龄农民工选择回乡的占比（77.7%）仍然高于 40

---

① 参见刘勇《高龄劳动者就业促进中的法律问题》，《法学》2012 年第 10 期。

② 《建议将高龄劳动者纳入劳动法保护范围之内》，https://baijiahao.baidu.com/s?id=1693538553353742923&wfr=spider&for=pc，2021 年 3 月 7 日。

③ 参见刘勇《高龄劳动者就业促进中的法律问题》，《法学》2012 年第 10 期。

④ 参见赵昂《近四千万高龄农民工归宿何方》，《工人日报》2013 年 6 月 20 日第 2 版。

⑤ 参见严佩升《高龄农民工问题研究述评》，《经济研究导刊》2018 年第 12 期。

⑥ 参见吴正文《第一代农民工养老问题探究——兼论高龄农民工务工现状与养老制度变化》，《新西部》2017 年第 28 期。

岁组的农民工（76.7%）1个百分点（参见表6-4）。与部分学者研究得出的高龄农民工选择回乡的比例高于年龄较低的农民工的结论是一致的。

表6-4　高龄、非高龄受访农民工年龄与养老城乡选择意愿交叉分析表（N=3218）

年龄	返乡		留城		合计	
	（人）	（%）	（人）	（%）	（人）	（%）
40—49岁	1504	76.7	457	23.3	1961	100
50岁及以上	977	77.7	280	22.3	1257	100

从文化程度看，文化程度与养老城乡选择呈显著负相关。即文化程度越高选择回乡的比例越低。初中文化程度没有反映出统计学的显著性，从回归系数看，与小学及以下文化程度的相比，高中（中专）文化程度选择回乡的发生比下降3%。即选择回乡的比例相比小学及以下文化程度的呈下降，而留城的比例在提高。具有高中（中专）和大专及以上文化程度的农民工与小学及以下文化程度的相比，选择回乡养老的发生比分别下降32%和62%。说明文化程度越高的农民工，越不愿意回乡养老。验证了前述结论。

婚姻状况与子女数量对第一代农民工城乡养老选择呈现出显著正相关。就婚姻状况而言，与有配偶的农民工相比，没有配偶的第一代农民工回乡养老的发生比是有配偶的1.57倍，说明没有配偶的第一代农民工更倾向于回乡养老。前述表6-2交叉分析显示有无配偶养老城乡选择的差别虽然很小，也证明了有配偶的农民工选择回乡的比例低于无配偶的，留城养老的高于无配偶的农民工，特别是无配偶又无子女的农民工选择回乡的占比更高。就子女数量而言，子女数与是否回乡养老呈显著正相关，相对于没有子女的第一代农民工来说，有2个子女的第一代农民工选择回乡养老的可能性是没有子女的农民工的2.09倍，有3个子女的选择回乡养老的可能性是没有子女的农民工的2.45倍，有4个子女的选择回乡养老的可能性是没有子女的农民工的1.94倍，说明子女数越多就越愿意选择回乡养老。验证了前述研究结论。

表 6-5　　第一代农民工（个体特征）城乡养老选择的二元 Logistic 回归

自变量	回归系数	标准误	显著性	发生比
性别（女性）（参照组：男性）	-0.374***	0.091	0.000	0.688
年龄区间（50-59 岁）（参照组：40-49 岁）	-0.001	0.098	0.992	0.999
年龄区间（60 岁及以上）（参照组：40-49 岁）	-0.375**	0.185	0.042	0.687
文化程度（初中）（参照组：小学及以下）	-0.022	0.100	0.825	0.978
文化程度（高中/中专）（参照组：小学及以下）	-0.386**	0.128	0.003	0.680
文化程度（大专及以上）（参照组：小学及以下）	-0.970***	0.217	0.000	0.379
婚姻状况（无配偶）（参照组：有配偶）	0.451*	0.261	0.084	1.570
子女数（1 个）（参照组：子女数 0 个）	0.349	0.313	0.265	1.418
子女数（2 个）（参照组：子女数 0 个）	0.735**	0.314	0.019	2.085
子女数（3 个）（参照组：子女数 0 个）	0.898**	0.330	0.007	2.454
子女数（4 个及以上）（参照组：子女数 0 个）	0.662*	0.382	0.083	1.939
赡养老人数（1 个）（参照组：赡养数 0 个）	0.189	0.150	0.208	1.208
赡养老人数（2 个）（参照组：赡养数 0 个）	0.168	0.140	0.230	1.183
赡养老人数（3 个）（参照组：赡养数 0 个）	0.051	0.164	0.756	1.052
赡养老人数（4 个及以上）（参照组：赡养数 0 个）	-0.058	0.168	0.730	0.944

注：* $p<0.1$；** $p<0.05$；*** $p<0.01$

从赡养老人数来看，虽然没有反映出统计学上的显著意义，赡养老人数多的农民工相比无赡养老人的农民工更愿意回乡养老，其原因前面已分析，这里不再赘述。当然，随着农民工的年龄增长，特别是40岁组农民工到了接近60岁时，赡养老人数有了变化，他们的选择也有变化可能。

第三节　第一代农民工务工情况对养老城乡选择意愿的影响分析

一　务工地区对养老城乡选择意愿的影响

是否在户籍地进城务工与养老城乡选择呈显著相关性。在户籍地进城务工的农民工选择留城的（26%）比非户籍地进城务工的（21%）高5个百分点，户籍地务工的农民工选择返乡的（74%）比非户籍地务工的（79%）低5个百分点。在户籍地务工不同年龄段选择返乡的比例都高于选择留城，40岁组、50岁组和60岁组选择返乡的占比分别为75.0%、74.1%、67.0%。这三组选择留城的占比分别为：25.0%、25.9%、33.0%。非户籍地务工的不同年龄段农民工选择返乡的分别为：77.6%、81.6%、80.2%。这三组选择留城的占比分别为：22.4%、18.4%、19.8%（参见表6-6）。说明无论从哪个年龄段、无论从是否在户籍地进城务工，大多数人仍然选择回乡养老。在户籍地进城务工的离家近，容易带家属到城镇进城务工和带小孩进城读书，家庭成员可以相互照顾，有的可以回家居住，生活成本相对较低，更能够适应本地的风俗习惯。从图3-5看到，随着年龄的增长第一代农民工逐渐回到户籍地或户籍地周边的进城务工，有的在户籍地城镇购买了住房，在户籍地城镇生活空间跨度不大，各方面更便捷。根据表6-6的数据计算出60岁组、50岁组和40岁组在本年龄段中在户籍地进城务工的占比分别为48.1%、38.2%、35.6%，高龄段农民工在户籍地进城务工的占比更高，从表6-6的交叉分析看到，60岁组选择留城养老的占比最高，这与我们前述分析结论一致，这部分农民工中有的用多年的积蓄在户籍地的城镇购房，为留城养老奠定了一定的生活基础，而40岁组因为还有十多年才接近退休年龄，他们的选择不确定因素较之高龄段农民工更多，所以在这个年龄段选择留城养老的占比相对较低也是可以理解的。

表 6-6　受访高龄、非高龄农民工务工地区与养老城乡选择意愿交叉分析表（N=3210）

年龄（岁）	分项	返乡		留城		合计	
		（人）	（%）	（人）	（%）	（人）	（%）
40—49（N=1957）	在户籍地	522	75.0	174	25.0	696	100
	非户籍地	979	77.6	282	22.4	1261	100
50—59（N=1039）	在户籍地	294	74.1	103	25.9	397	100
	非户籍地	524	81.6	118	18.4	642	100
60 及以上（N=214）	在户籍地	69	67.0	34	33.0	103	100
	非户籍地	89	80.2	22	19.8	111	100
总样本	在户籍地	885	74.0	311	26.0	1196	100
	非户籍地	1592	79.0	422	21.0	2014	100

二　务工行业对养老城乡选择意愿的影响

进城务工行业与养老城乡选择高度相关。进城务工行业体现了农民工从业的繁重程度和工作岗位的技术含量以及收入情况。从表 6-7 交叉分析看到农民工在建筑业、制造业和服务业选择回乡养老的占比分别是 85.4%、76%、72.9%；选择留城养老的分别为 14.6%、24%、27.1%。数据显示服务业农民工选择留城养老的占比高于制造业和建筑业，服务业工作繁重程度和收入都低于制造业和建筑业，说明是否选择留城养老受多种因素影响。

访谈案例 6.4

访谈对象：张姓农民工

访谈时间：2019 年 8 月 6 日

访谈地点：重庆巴南区鱼洞某建筑工地

张师傅：男性，46 岁，重庆涪陵人（在重庆的建筑工地，离涪陵农村老家大约 200 公里路程），初中文化，外出进城务工 19 年，妻子同时进城务工，做建筑类辅助性工作，收入是男性工资的 80%。有 1

个儿子是重庆某大学二年级学生。家里有老父母（75岁）要赡养，以后妻子会经常回家照顾老父母，自己与姊妹四人都会帮助父母。张师傅夫妻常年在外务工，以前在企业里做工，后因建筑类收入略高就选择建筑类工作，他与另外三位亲戚组合在建筑工地承接业务，为浇筑水泥柱子安装板子，按照每平方米价格与工地负责人协议承包业务的费用，属计件工资。做完一个工地又转到另一个工地，两个工地的间隙可以自由选择。平均每天工作8小时，雨天休息，日工资250元，每月夫妻两人收入8600元左右。居住在工地提供的夫妻同住的板房。本人购买的农村最低档次的养老保险100元/年，购买的新农合220元/年。目前没有打算在城市购商品房，可能今后回乡养老。张师傅说从来不与城市社区有联系，城市只是他进城务工的地方而已。

上述案例说明，建筑业是劳动最繁重的行业，建筑业的农民工大多随着工地的转移而转移，与城市社区和居民没有多少交集，他们一般居住在工地提供的板房内，城市生活的各个环节与他们无太大关联。城市环境对于他们来说是既熟悉又陌生的，熟悉的是他们毕竟身在城市从事的非农业劳动，他们相当一部分在城市生活的时间多于农村，对城市也有较多了解。但是他们无论从哪方面都没有真正融入城市，居住在建筑工地，流动性很强，与工地所在社区基本没有联系，城市社区除疫情防控等上级要求的特殊任务，基本没有将这部分农民工当成社区管理的对象，他们归属于农村社区但因常年不在农村。就身份来说，建筑单位没有将他们作为在编人员，福利待遇、政治待遇、组织关系都不属于进城务工的建筑单位。制造业中的农民工大多是低端的熟练工，住在企业提供的集体宿舍内的农民工与城市的交集情况和建筑行业的农民工情况十分相似，不同的是流动性相对没有建筑业强，在企业务工的纪律性强于建筑业。相对而言服务业的农民工与城市的交集是最多的，他们的工作要与城市人打交道，在城市居民住宅周围租房住，这部分农民工与城市居民的接触多于建筑业和制造业农民工，相比封闭在建筑工地的农民工他们更能熟悉和融入城市。服务业就业门槛低，可以包容无技术专长、高龄农民工从业，尤其是青年农民工不看好的环卫、家政、门卫、护工这样的工作，高龄农民工正好可以补充。随着城市服务业的快速发展，高龄农民工较容易找到服务业中低端的工作。服务业的农民工选择留城养老的占比最高，虽然他们收入低，不一定有能力购买住房，但是他们对城市了解较多，与城市居民交集更多，容易在城市生存，比如在城市找到低端的适合自己的工作，在城市租住质量较差或地理位置不太好的住房也能勉强生存。

表 6-7　第一代农民工进城务工情况与城乡养老选择影响因素交叉分析（N=3218）

<table>
<tr><th colspan="2" rowspan="2">影响因素</th><th colspan="2">回乡养老</th><th colspan="2">留城养老</th><th rowspan="2">Pearson 卡方</th><th rowspan="2">P 值</th></tr>
<tr><th>（人）</th><th>（%）</th><th>（人）</th><th>（%）</th></tr>
<tr><td rowspan="2">进城务工地区</td><td>户籍地进城务工</td><td>889</td><td>73.8</td><td>315</td><td>26.2</td><td rowspan="2">11.581</td><td rowspan="2">0.001***</td></tr>
<tr><td>非户籍地进城务工</td><td>1592</td><td>79.0</td><td>422</td><td>21.0</td></tr>
<tr><td rowspan="3">进城务工行业</td><td>建筑业</td><td>839</td><td>85.4</td><td>144</td><td>14.6</td><td rowspan="3">56.540</td><td rowspan="3">0.000***</td></tr>
<tr><td>制造业</td><td>335</td><td>76.0</td><td>106</td><td>24.0</td></tr>
<tr><td>服务业</td><td>1307</td><td>72.9</td><td>487</td><td>27.1</td></tr>
<tr><td rowspan="4">进城务工年数</td><td>1—9 年</td><td>768</td><td>83.8</td><td>148</td><td>16.2</td><td rowspan="4">45.325</td><td rowspan="4">0.000***</td></tr>
<tr><td>10—19 年</td><td>828</td><td>77.7</td><td>238</td><td>22.3</td></tr>
<tr><td>20—29 年</td><td>662</td><td>72.0</td><td>257</td><td>28.0</td></tr>
<tr><td>30 年及以上</td><td>223</td><td>70.3</td><td>94</td><td>29.7</td></tr>
<tr><td rowspan="5">自评劳动强度</td><td>很重</td><td>279</td><td>83.0</td><td>57</td><td>17.0</td><td rowspan="5">64.768</td><td rowspan="5">0.000***</td></tr>
<tr><td>较重</td><td>1094</td><td>80.1</td><td>272</td><td>19.9</td></tr>
<tr><td>一般</td><td>983</td><td>75.8</td><td>314</td><td>24.2</td></tr>
<tr><td>较轻</td><td>111</td><td>57.5</td><td>82</td><td>42.5</td></tr>
<tr><td>很轻</td><td>14</td><td>53.8</td><td>12</td><td>46.2</td></tr>
</table>

注：*** $p<0.01$

三　务工年数对养老城乡选择意愿的影响

进城务工年数与养老城乡选择意愿高度相关。笔者将受访农民工进城务工年数分为 1—9 年、10—19 年、20—29 年、30 年及以上四段，从务工年数短到务工年数长的对比看到，选择回乡养老的分别为 83.8%、77.7%、72.0%、70.3%；选择留城养老的分别为 16.2%、22.3%、28%、29.7%（参见表 6-7）。可见务工年数与选择回乡养老成反比，即随着进城务工年数的增加选择回乡的在减少。选择留城养老的是随着务工年数的增加而增加。全体受访者外出进城务工年数均值是 15.5。40—49 岁、50—59 岁、60 岁及以上农民工进城务工平均年数的均值分别是 13.9、17.7、19.2，三个年龄段进城务工年数的中位数是 13、18、20（参见表 6-8）。可见进城务工年数长的一般是高龄农民工。高龄农民工的子女大多数成家立业，赡养老人数减少，由于外出进城务工时间长，积蓄相对较多，从访谈中得知他们前些年房价偏低时在户籍地附近城镇购房的相比低龄农民工稍多，从前述访谈案例 6.1 和 6.3，我们看到有的农民工不仅给自己在城镇购买了住房，还为子女购买住房或帮助缴纳了购房首付款。所以高龄农民工选择留城养老的占比高于低龄农民工具有可信度，这与我们前述影响因素显示的情况一致。

表 6-8　受访农民工不同年龄段进城务工年数均值与中位数（N=3183）

年龄（岁）	人数（人）	进城务工年数均值	进城务工年数中位数
40—49	1940	13.9	13
50—59	1031	17.7	18
60 及以上	212	19.2	20

四　劳动强度对养老城乡选择意愿的影响

劳动强度与养老城乡选择意愿高度相关（参见表 6-7）。我们将第一代农民工自评劳动强度分为很重、较重、一般、较轻、很轻五个层级，建筑业、制造业和服务业自评劳动强度较重和很重合计分别为 73.3%、51.9%、42.1%；自评劳动强度一般的分别为：24.7%、41.6%、48.5%；认为较轻和很轻合计分别为 2.0%、6.5%、9.5%（参见表 6-9）。数据反映出几种不同行业的劳动强度差异很大。建筑业农民工认为劳动强度较重和很重的，比制造业和服务业分别高 21.4、31.2 个百分点，说明建筑业劳动强度最重。建筑业中劳动强度较轻的一般是工地看门和打扫清洁、门卫等辅助性工作。而服务部门中也有装卸等工作因此服务业中有自评劳动强度很重的农民工。

表 6-9　　不同行业受访农民工自评劳动强度情况表（N=3223）

分项		很重	较重	一般	较轻	很轻	合计
建筑业	（人）	175	542	242	16	4	979
	（%）	17.9	55.4	24.7	1.6	0.4	100
制造业	（人）	39	191	184	28	1	443
	（%）	8.8	43.1	41.6	6.3	0.2	100
服务业	（人）	120	637	874	149	21	1801
	（%）	6.7	35.4	48.5	8.3	1.2	100.1

注：表中最后一列末位数为 100.1%，是系统计算后的结果。

访谈案例 6.5①

访谈对象：伍姓农民工

访谈时间：2019 年 2 月 7 日

访谈地点：四川广安、华蓥市天池镇某村

伍女士，57 岁，四川省广安市华蓥市天池镇人，外出务工 20 多年，她与丈夫都在包头市固阳县砖瓦厂做工，劳动强度很大，每天工作时间较长，春节有长假回家乡与亲朋好友相聚。除了工作时间长及强度大，砖瓦厂的工作环境也对员工的健康影响很大，例如在页岩破碎及粉料搅拌时会引起粉尘污染，在烧制砖块的过程中还会产生二氧化硫、氮氧化物等空气污染，许多员工因此辞工，工厂为留住员工也提高了员工的薪资福利，每月工资在 4000—5000 元/人，还为员工提供食堂和宿舍，而伍女士与丈夫为了省钱选择分别住在员工宿舍。伍女士与丈夫育有 3 儿 1 女，目前都工作并定居在重庆，家中有一位老人需要赡养。在农村家乡自建约 120 平方米的住房。因当地建水泥厂占用

① 此案例是重庆大学马克思主义学院 17 级研究生蒋艺访谈获得。

了他们的耕地，夫妻两人由此获得一套85平方米的安置房补偿，以后打算住交通方便生活设施较好的安置房。伍女士因以前不懂养老保险政策，没有购买任何养老保险。购买了当年最低档次的医疗保险220元/年，砖瓦厂为他们购买了工伤保险。伍女士表示现在身体还能够胜任砖瓦厂的工作，如果长期在砖瓦厂工作对身体损害太大，会落下病根。她准备干到60岁就回乡养老，她表示不习惯大城市的生活，不打算跟着子女在城市居住。

可见劳动强度大、受劳动保护弱的农民工更倾向于回乡养老。从劳动强度很重到很轻选择回乡养老的占比分别是83.0%、80.1%、75.8%、57.5%、53.8%。随着劳动强度的减弱选择回乡的占比随之降低，选择留城的占比在提高。劳动强度从很重到很轻五个不同的层级在养老城乡选择上体现出来明显的差异，劳动强度很重的选择回乡的（83.0%）比很轻的（53.8%）高出29.2个百分点，劳动强度很重的选择留城的（17.0%）比很轻的（46.2%）降低29.2个百分点（参见表6-7）。建筑业是自评劳动强度占比最大的，笔者将数据细分后看到，在建筑业中自评劳动强度很重的农民工选择回乡的在所从事的工作劳动强度的比重中占88.0%，比制造业（76.9%）和服务业选择回乡的（77.5%）高11.1、10.5个百分点。建筑业自评劳动强度很重的选择留城的只有12.0%，比制造业（23.1%）和服务业选择留城的（22.5%）分别低11.1、10.5个百分点。在建筑业中自评劳动强度较重的农民工选择回乡的占比是86.0%，比制造业（76.3%）和服务业选择回乡的（76.1%）高9.7、9.9个百分点，选择留城只有14.0%，比制造业（23.7%）和服务业（23.9%）选择留城的分别低9.7、9.9个百分点。进一步说明劳动强度大的相比劳动强度轻的更愿意选择回乡而不是留城。建筑业农民工不仅工作相对繁重，露天作业对身体的损伤较大，笔者在兰州访谈两位建筑业农民工时，初看起来我以为他们有50多岁，脸被太阳晒得很黑很粗糙，问及年龄时其中一位说他只有43岁。从某种程度上说他们并不喜欢城市的这种高强度的劳动和封闭的生活，他们进城务工多年也几乎没有体验过城市生活，在行政管理关系上属于农村社区，身份仍是农民而非市民，待遇上亦农亦工，对城市缺乏归属感。前述案例6.5伍女士的经历说明，繁重的体力劳动已经使他们不堪重负，他们希望回到原来的生活使自己稍微轻松一些。所以最终选择回乡养老的居多。

服务业的农民工与建筑业和制造业差别较大，他们劳动强度相对较低，年龄限制较宽松，服务业许多岗位能够包容女性和高龄劳动者。从表3-4看到，在建筑业工作的女性（12.8%）比男性（38.3%）低25.5个百分点，而农民工在服务业的女性（72.6%）比男性（48.4%）高24.2个百分点。这也验证了前述女性相比男性更愿意选择留城养老的结论。高龄农民工难以承受繁重体力劳动时他们更愿意留在城市选择能够胜任的工作，服务业是他们较好的选择。高龄农民工有很多无固定单位但仍滞留城市没有返乡的大多在城市服务行业中做零工、散工，还有小件物品的搬运工，也有的摆摊自营，他们还需要为将来养老进一步储备，这也与前述高龄农民工选择留城养老的结论相对应。

第四节　经济因素对第一代农民工养老城乡选择意愿的影响分析

一　务工收入对第一代农民工养老城乡选择意愿的影响

务工收入与第一代农民工养老城乡选择高度相关（参见表6-10）。影响农民工养老城乡选择的经济因素主要是农民工的收入和在城市的住房情况。笔者将农民工的收入分为四个等级（2000元及以下、2001—4072元、4073—6000元、6001元及以上）对第一代农民工养老城乡意愿进行交叉分析。[①] 从表6-10中看到月收入在2000元及以下和2001—4072元的受访者，选择回乡养老的分别为78.5%、79.6%；选择留城养老的分别为21.5%、20.4%。月收入在4073—6000元和6001元及以上的受访者选择回乡养老的比例分别为76.3%、61.9%，选择留城养老的占比分别为23.7%、38.1%。说明

① 对农民工月均收入分为四个等级的说明：笔者查阅了问卷调查回收的当年（2020年）各地的最低工资标准平均在2000元左右，以2000元作为收入大致在最低工资标准的农民工城乡养老选择情况，4072元是国家统计局2020年农民工监测调查报告中显示的全国农民工月均工资收入，6001元是属于农民工中月均收入较高的部分，以此分析他们养老城乡选择的情况。

调查当年（2020年）低于全国农民工月均收入（4072元）的农民工选择回乡的占比高于收入较高的农民工，他们选择留城的占比低于收入高的农民工。从数据上看，月收入在6001元及以上的农民工选择留城养老的相比其他三个收入层级（从低到高）分别高出16.6、17.7、14.4个百分点，可见收入对农民工养老城乡选择的影响差异较大。收入高于6001元/月的在城市有较稳定的职业和收入，更容易在城市稳定生活。我们综合前述情况看，服务业农民工收入低于建筑业和制造业农民工，女性农民工收入低于男性农民工，50岁及以上农民工整体收入低于40岁组（参见图3-11、图3-13，表3-5）。为什么收入相对低的高龄农民工、女性农民工和服务行业的农民工更愿意留城养老，而收入较高的年龄较低的40岁组农民工、男性农民工和建筑业和制造业的农民工选择留城的比例反而更低呢？其中的原因有以下几方面。（1）这里的收入情况显示的是调查当年的收入情况，没有反映进城务工年数长的农民工收入的积累。从表6-7看到，进城务工年数在30年以上的农民工选择留城养老的占比高于进城务工年数低的农民工。因此单凭一年收入的情况不能完全掌握农民工的经济情况。（2）当年的收入情况没有包括农民工的其他财产。比如有的自营农民工有个人财产，如运输工具、摊位产权、在城市的房屋产权（后面还要具体分析），60岁及以上农民工养老金收入以及其他如退伍军人、村干部补贴的收入等都没有包括在调查当年的进城务工的月均收入之内。（3）经济因素不是养老城乡选择的唯一因素，养老城乡选择同时受到其他因素的影响，比如进城务工地区与农民工户籍地的距离，所在行业与城市生活的交集情况，还有女性农民工对农村与城市生存的感受等在一定程度上淡化了收入因素对农民工养老城乡选择的影响。

表6-10　　经济因素对第一代农民工养老城乡选择影响交叉分析表

影响因素		回乡养老		留城养老		Pearson卡方	P值
		（人）	（%）	（人）	（%）		
月收入（元）	2000及以下	409	78.5	112	21.5	42.375	0.000***
	2001—4072	1271	79.6	325	20.4		

续表

<table>
<tr><th colspan="2" rowspan="2">影响因素</th><th colspan="2">回乡养老</th><th colspan="2">留城养老</th><th rowspan="2">Pearson 卡方</th><th rowspan="2">P 值</th></tr>
<tr><th>（人）</th><th>（%）</th><th>（人）</th><th>（%）</th></tr>
<tr><td rowspan="2">月收入（元）</td><td>4073—6000</td><td>632</td><td>76.3</td><td>196</td><td>23.7</td><td rowspan="2"></td><td rowspan="2"></td></tr>
<tr><td>6001 及以上</td><td>169</td><td>61.9</td><td>104</td><td>38.1</td></tr>
<tr><td rowspan="6">在城市住房情况</td><td>租住私房</td><td>962</td><td>81.5</td><td>219</td><td>18.5</td><td rowspan="6">262.523</td><td rowspan="6">0.000***</td></tr>
<tr><td>公共廉租房</td><td>154</td><td>84.2</td><td>29</td><td>15.8</td></tr>
<tr><td>自购商品房（含小产权房）</td><td>377</td><td>54.5</td><td>315</td><td>45.5</td></tr>
<tr><td>借住房</td><td>181</td><td>80.8</td><td>43</td><td>19.2</td></tr>
<tr><td>就业场所提供房</td><td>682</td><td>86.0</td><td>111</td><td>14.0</td></tr>
<tr><td>非正规居所</td><td>125</td><td>86.2</td><td>20</td><td>13.8</td></tr>
</table>

注：*** $p<0.01$

二　在城市的住房情况对第一代农民工养老城乡选择的影响

在城市的住房情况与第一代农民工养老城乡选择高度相关（参见表 6-10）。一般情况下收入较高的、进城务工年数长积累较多的有条件在城市购买商品房，拥有自己的住房在很大程度上决定农民工能否安居城市。从表 6-10 看到选择回乡养老的在城市的住房情况从高到低依次为非正规居所（86.2%）、就业场所提供房（86.0%）、公共廉租房（84.2%）、租住私房（81.5%）、借助房（80.8%）、自购商品房（54.5%）；选择留城养老的从高到低依次为自购商品房（45.5%）、借助房（19.2%）、租住私房（18.5%）、公共廉租房（15.8%）、就业场所提供房（14.0%）、非正规居所（13.8%）。可见自购商品房相比其他几类住房情况的农民工留城意愿占比高很多。将不同行业、年龄与农民工购房情况进行交叉分析，可以对前述进行分析补充。

从不同行业受访农民工住房的情况看，无论哪个行业的农民工租房的都高于其他类型住房的。从表 6-11 看到购买城市商品房最高的服务行业的农民工（27.5%），比建筑业（13.7%）、制造业（15.4%）分别高出 13.8、12.1 个百分点。这一数据支持了前述服务业农民工选择留城的占比较高的结论。从表6-12看，服务业中自购商品房占比最高的是批发和零售业的农民工（38.9%）；其次是住宿餐饮业（28.6%）。服务业中的“其他”（25.0%）包括月嫂、育儿嫂、家装、摆摊、自营等；交通运输、仓储和邮政业（24.3%），居民服务修理和其他服务业（20.8%），服务业农民工购房最低的占比相比建筑业农民工高7.1个百分点，比制造业高5.4个百分点。

表6-11　不同行业受访农民工与在城市务工住房情况表（N=3215）

分项		租住私房	公共廉租房	自购商品房	借住房	就业单位提供房	其他非正规居所	合计
建筑业	（人）	316	57	133	53	355	62	976
	（%）	32.4	5.8	13.7	5.4	36.3	6.4	100
制造业	（人）	183	34	68	22	129	5	441
	（%）	41.5	7.7	15.4	5.0	29.3	1.1	100
服务业	（人）	674	92	494	148	311	79	1798
	（%）	37.5	5.1	27.5	8.2	17.3	4.4	100
总计	（人）	1173	183	695	223	795	146	3215
	（%）	36.5	5.7	21.6	6.9	24.7	4.5	99.9

注：此表最后一排的合计百分比为99.9%，是系统计算的结果。

表6-12　服务业受访农民工务工住房情况表（N=1798）

	分项		租住私房	公共廉租房	自购商品房	借住房	就业场所提供房	其他非正规居所	合计
服务业	批发和零售业	（人）	144	21	140	22	26	7	360
		（%）	40.1	5.8	38.9	6.1	7.2	1.9	100
	住宿餐饮业	（人）	142	15	110	33	74	11	385
		（%）	36.8	3.9	28.6	8.6	19.2	2.9	100
	交通运输、仓储和邮政业	（人）	57	12	42	15	42	5	173
		（%）	32.9	6.9	24.3	8.7	24.3	2.9	100

续表

分项			租住私房	公共廉租房	自购商品房	借住房	就业场所提供房	其他非正规居所	合计
服务业	居民服务修理和其他服务业	（人）	184	24	89	26	90	15	428
		（%）	43.0	5.6	20.8	6.1	21.0	3.5	100
	其他	（人）	147	20	113	52	79	41	452
		（%）	32.5	4.4	25.0	11.5	17.5	9.1	100

建筑业和制造业的农民工居住在就业单位提供的住房占比是最高的，他们很少与城市居民接触，这部分人的工作相对繁重，吃住在工地或就业单位，接触的都是同行业的农民工，休息时间用于缓解疲劳，特别是大型的建筑工地大多离城区较远，交通十分不便，他们不能及时掌握城市的住房等各种信息。而服务业虽然收入相对较低，但他们的工作和生活都穿插在市民中间，容易掌握城市房屋销售信息，较之封闭在建筑工地和工厂中制造业的农民工，他们更容易了解城市房价等情况。从访谈案例6.6看到，伍先生如果在建筑业或制造业务工，很难获得较多的在城市发展的信息择机改变从业状况寻求到良好的发展机会。在城市购房是安居城市养老的重要条件，当然也不否认如今社会发展与农民工进城务工初期不同，现在的城市从业范围广，服务业农民工在身体能够承受的情况下，凭借他们对城市的熟悉，能够找到低廉工资的工作，只要能够在城市比较稳定就业，租住城市廉价房，就能够维持最低生活。

访谈案例6.6①

访谈对象：伍姓农民工

访谈时间：2019年2月7日

访谈地点：四川广安、华蓥市天池镇某村

伍先生，男性，48岁，四川省广安市华蓥市天池镇人，外出务工20年，伍先生23岁与妻子成婚随即到贵阳市谋生，养育两个儿子，

① 此案例是重庆大学马克思主义学院17级研究生蒋艺访谈获得。

大儿子已结婚生子，小儿子即将大学毕业，基本不需要父母再负担其生活费用。刚到贵阳时夫妻俩与亲戚在当地一家服装厂工作，每月有2000多元的薪资报酬，每日流水线操作工作时间较长，工作简单但较为劳累。大儿子出生后，为腾出时间照顾孩子就辞去服装厂的工作，自己租用门市并售卖服装。自主营业后，夫妻俩一周7天从早上10点到晚上10点都要待在自家店里，家庭的经济收入每月不等，生意好的时候每月可赚取5000元左右，生意萧条时赚取的钱刚好够门市租金和家庭基本生活开销。孩子稍大后，妻子继续经营服装门市，伍先生开始摆摊贴手机膜，除节假日每天都会守摊十小时，每月平均收入3000元，这成为家庭的另一部分收入来源。夫妻俩自从来到贵阳务工，父母在世时每年春节回家一次，父母双双去世后就基本没回过家乡。由于常年经商，在当地建立起人脉圈。伍先生与妻子在贵阳贷款购房，已基本还清房贷，准备将户籍迁往贵阳并在贵阳定居，也为大儿子支付了购房首付款。他计划工作到65岁，想趁着年轻多积攒资金，为日后养老做准备，也可以为孩子的生活提供更多支持。伍先生选择留城养老，购买了城镇居民养老保险和城镇居民医疗保险，购买保险是为给老年基本生活提供一定的支撑和保障，减轻老年生活的经济压力和焦虑。

从不同年龄段购房的情况看，无论哪个年龄段在城市租房占比都高于购房或住在其他不同类型的房屋。60岁组农民工在城市的购房率是最高的（26.4%），分别高于50岁组（20.7%）和40岁组（21.5%）5.7、4.9个百分点（参见表6-13），这也验证了前述60岁组留城意愿高的结论。60岁组相当一部分已经返回农村，仍然留在城市务工的，大多是进城务工多年购买了商品房，他们中或者是想与在城市务工的子女住在一起，或者是暂时能够找到增加收入的工作。笔者在重庆曾经了解到一位“棒棒军”农民工，他一直没有成家，接近60岁因无技术只能在城市靠站街临时搬运货物为生，他说自己一个人，留城和回乡都一样。

表 6-13　　受访农民工年龄与务工住房交叉分析表（N=3220）

年龄（岁）		租住私房	公共廉租房	自购商品房	借住房	就业场所提供房	其他非正规居所	合计
40—49	（人）	767	113	422	138	437	87	1964
	（%）	39.0	5.8	21.5	7.0	22.3	4.4	100
50—59	（人）	349	58	216	68	298	51	1040
	（%）	33.6	5.6	20.7	6.5	28.7	4.9	100
60 及以上	（人）	61	12	57	18	60	8	216
	（%）	28.2	5.6	26.4	8.3	27.8	3.7	100
总计	（人）	1177	183	695	224	795	146	3220
	（%）	36.5	5.7	21.6	7.0	24.7	4.5	100

从进城务工年数与在城镇购房情况交叉对比看，进城务工 1—9 年、10—19 年、20—29 年、30 年及以上的购房占比分别为：17.4%、29.6%、38.5%、14.5%（参见图 6-1）。进城务工年数长的购房占比高，进城务工 30 年及以上的相比 20—29 年的略低，是因为进城务工 30 年的基本上是高龄农民工，他们在建筑行业占比较高，从表 6-11 看到建筑业购房低于制造业和服务业，所以进城务工 30 年及以上的农民工购房略低于 20—29 年的。

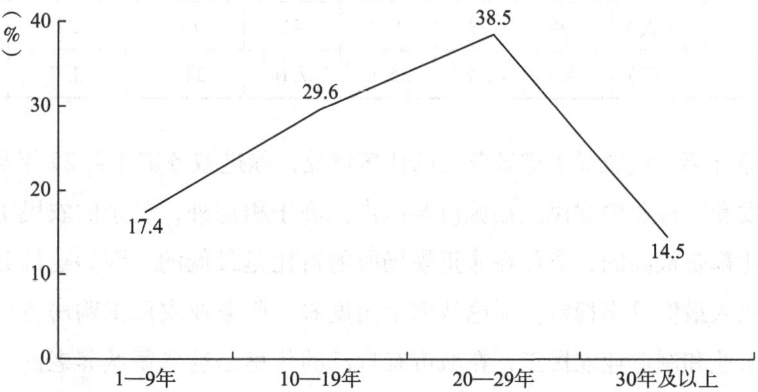

图 6-1　第一代农民工进城务工年数与在城镇购房情况（N=3160）

为了更确切了解农民工进城务工年数与购房情况的关系，笔者将进城务工年数25年作为一个分界线与他们在城市务工住房情况交叉分析。结果显示：进城务工年数25年及以上的农民工自购商品房（25.4%）比24年及以下的（20.7%）高4.7个百分点（参见表6-14）。将数据进一步细分看到，进城务工年数25年及以上的自购房占比最高的仍然是服务业（31.5%），比建筑业（18.5%）和制造业（19.1%）分别高出13、12.4个百分点，其中服务业中从高到低是批发和零售业（50%），交通运输、仓储和邮政业（35.5%），服务业中的“其他”（27.9%），住宿餐饮业（25.8%），居民服务修理和其他服务业（23.8%）。进城务工年数24年及以下农民工购房占比最高的仍是服务业的农民工（26.3%），比建筑业（12.7%）和制造业的（14.2%）分别高13.6、12.1个百分点，其中服务业中自购商品房从高到低是批发和零售业（36.1%），住宿餐饮业（29.0%），服务业中的“其他”（24.1%），交通运输、仓储和邮政业（20.8%），居民服务修理和其他服务业（20.1%）。

表6-14　　受访农民工进城务工年数与务工住房情况交叉分析表（N=3170）

分项		租住私房	公共廉租房	自购商品房	借住房	就业单位提供房	其他非正规居所	合计
24年及以下	（人）	958	151	533	178	645	118	2583
	（%）	37.1	5.8	20.7	6.9	24.9	4.6	100
25年及以上	（人）	204	28	149	41	143	22	587
	（%）	34.7	4.8	25.4	7.0	24.4	3.7	100

综合第一代农民工进城务工的住房情况，除进城务工年数25年及以上的批发和零售业中农民工在城镇购房占比高于租房外，其余的农民工租房的占比都是最高的，居住在非正规场所的占比是最低的，因为这部分农民工的收入最低且不稳定。无论从哪个角度看，服务业农民工购房占比都高于建筑业和制造业农民工，在城市有自己的住房是选择留城养老的重要影响因素，服务业农民工的收入低于建筑业和制造业的农民工，而购房占比却高于建筑业和制造业，说明在经济因素中收入因素的影响下降，而其他因素在升高，比如行业性质与城市有更多交集带来的信息和机会以及他们

对城市生活的了解，即农民工更多地融入城市，超过了收入因素对他们购房抉择的影响，从而进一步影响了他们养老城乡抉择。

为了进一步验证进城务工情况和收入情况，我们在控制性别、年龄、文化程度等个体因素的情况下，将务工地区、所属行业、月收入等务工情况纳入二元 Logistic 回归模型，分析其对第一代农民工城乡养老选择的影响，具体详见表 6-15。

表 6-15　受访农民工（进城务工和收入情况）养老城乡选择的二元 Logistic 回归

自变量	回归系数	标准误	显著性	发生比
个人因素	控制	控制	控制	控制
是否在户籍所在地务工（不在户籍所在县/市）	0.075	0.098	0.443	1.078
所属行业（制造业）（对照组：建筑业）	-0.494***	0.155	0.001	0.610
所属行业（服务业）（对照组：建筑业）	-0.575***	0.120	0.000	0.563
进城务工年数（10—19 年）（对照组：1—9 年）	-0.395***	0.124	0.001	0.674
进城务工年数（20—29 年）（对照组：1—9 年）	-0.600***	0.125	0.000	0.549
进城务工年数（30 年及以上）（对照组：1—9 年）	-0.781***	0.172	0.000	0.458
劳动强度（较重）（对照组：很重）	-0.223	0.170	0.191	0.800
劳动强度（一般）（对照组：很重）	-0.152	0.173	0.377	0.859
劳动强度（较轻）（对照组：很重）	-0.819***	0.225	0.000	0.441
劳动强度（很轻）（对照组：很重）	-1.007**	0.455	0.027	0.365
月收入区间（2001—4073 元）（对照组：2000 元及以下）	-0.172	0.136	0.208	0.842

续表

自变量	回归系数	标准误	显著性	发生比
月收入区间（4074—6000 元）（对照组：2000 元及以下）	−0.424***	0.154	0.006	0.654
月收入区间（6001 元及以上）（对照组：2000 元及以下）	−0.983***	0.190	0.000	0.374
城市住房（公共廉租房）（对照组：租住私房）	0.160	0.223	0.472	1.174
城市住房（自购商品房）（对照组：租住私房）	−1.130***	0.116	0.000	0.323
城市住房（借住房）（对照组：租住私房）	−0.061	0.192	0.749	0.941
城市住房（就业场所提供房）（对照组：租住私房）	0.182	0.132	0.169	1.199
城市住房（其他非正规居所）（对照组：租住私房）	0.088	0.262	0.736	1.092

注：* $p<0.1$；** $p<0.05$；*** $p<0.01$

在进城务工情况中，所属行业、进城务工年数、劳动强度以及城市住房情况对第一代农民工城乡养老的选择有显著性影响，且均呈现出显著的负相关性。

就所属行业来说，相对于建筑业行业，从事制造业的第一代农民工比从事建筑业的第一代农民工回乡养老的发生比下降 39%，而服务业的第一代农民工比建筑业的第一代农民工回乡养老的发生比下降 44%。说明与从事传统行业的第一代农民工相比，从事现代制造业和现代服务业的第一代农民工更倾向于留城养老。验证了前述分析结论。

就进城务工年数来看，相对于进城务工年数 1—9 年的第一代农民工，进城务工年数在 10—19 年的比 1—9 年的回乡养老的发生比下降 33%，进城务工年数在 20—29 年的比 1—9 年的回乡养老的发生比下降 45%，而进城务工年数在 30 年以上的比 1—9 年的回乡养老的发生比下降 54%。说明进城务工年数越长越倾向于留城养老。这与前述结论一致。需要说明的是进城务工年数长的大多是高龄农民工，这部分人仍然留在城市务工的大多是无固定单位的散工，其中有的是他们为子女购房后与子女在城市一起居住，有的是用几十年打工积蓄为自己购房。笔者也访谈过在城市务工多年靠租房生存的老年农民工，这部分人绝对数很少，他们有的也不选择回乡养老。

就劳动强度而言，与劳动强度很重的第一代农民工相比，劳动强度较轻和劳动强度很轻的更倾向于选择留城养老，其中劳动强度较轻的相比劳动强度很重的选择回乡养老的发生比下降56%，劳动强度很轻的相比劳动强度很重的选择回乡养老的发生比下降63%。这一结论支持了前述分析的结果，即第一代农民工劳动强度轻的选择留城养老的占比更高。劳动强度很轻和较轻的农民工大多在服务行业工作，从前述分析可知，这部分人的工作性质与城市交集很多，更容易找到劳动力价值较低适合自己的工作，虽然收入可能较低，但相对于封闭在工地和企业内部农民工获得城市各种有利于生存的信息和机会更多，更容易选择留城养老。另外，女性农民工劳动强度相对男性较轻，服务业的劳动强度也低于其他行业，女性在服务业从业者较多，女性选择留城养老的农民工相对男性占比更高，因此劳动强度轻的农民工选择留城养老的结论与女性和服务业选择留城占比高的结论得到进一步验证。

就月收入情况来看，与月收入低于2000元及以下的第一代农民工相比，月收入在4073—6000元的农民工比月收入低于2000元的农民工选择回乡养老的发生比下降35%，而月收入位于6000元以上的人比月收入低于2000元的人选择回乡养老的发生比下降63%。说明收入高的农民工更倾向于留城养老。城市养老成本相对农村养老更高，收入高更能够实现城市购房和培育子女，子女的成长有了稳定的工作后会反过来促进父母留城养老。这里有一个较为矛盾的现象，如前所述即收入高的是制造业和建筑业，但是调查显示这两类的从业者选择回乡养老的相比服务业高，因为前述笔者分析了本数据显示的是当年收入的高低，没有包括高龄农民工几十年务工积蓄和其他收入，另外，影响农民工养老城乡选择的各种因素中，经济因素中月均收入只是其中之一，这一现象进一步说明月均收入因素不是唯一决定养老城乡选择的决定性因素。

就城市住房情况来看，第一代农民工在城市务工租住房的占比最大，与租住私房的第一代农民工相比，在城市中自购商品房的比租住私房的选择回乡养老的发生比下降68%，说明拥有城市住房的第一代农民工更愿意留城养老。这也进一步验证了前述结论。

第五节　相关政策对第一代农民工养老城乡选择意愿的影响分析

一　养老保险政策对第一代农民工养老城乡选择意愿的影响

养老保险政策对第一代农民工晚年生活有很大影响。从第四章数据分析得知87.5%的第一代农民工参加了养老保险，其中参加城职保的占9.6%，参加城居保的占77.9%。12.5%的人没有参加任何养老保险（参见图4-1）。第一代农民工认为城居保对他们留城帮助很大和较大的合计为35.8%，比参加城职保的（27.1%）高8.7个百分点；认为对留城帮助一般的是参加城居保和城职保的，分别占31.3%、31.5%，认为对留城养老帮助较小和很小的是参加城居保的（32.9%）比城职保的（41.4%）低8.5个百分点（参见表6-16）。从保障水平看，城职保的保障水平都高于城居保，但是农民工却认为城职保对他们留城养老帮助没有城居保大，是因为农民工大多是灵活就业，缺少单位缴纳城职保的部分，他们参加城职保的很少，城职保对农民工的惠及面有限。说明第一代农民工对城居保政策的感受更深，从2014年7月将城居保和新农保两项养老保险制度合二为一后，更多农民工看到他们身边领取养老金情况的好处，参保积极性有所提高，他们中有的改为缴纳较高档次的城居保，对未来养老生活有了较好预期。

在参加城职保的农民工中选择回乡养老的占78.4%，选择留城的是21.6%，说明参加城职保的农民工并非全部选择留城养老。参加城居保的第一代农民工中有75.5%的人选择回乡养老，24.5%的人选择留城养老。说明不论参加的哪种养老保险，都有超过四分之三的人选择回乡（参见表6-17），这与前述分析结论基本一致。按照一般人理解参加城职保的农民工享受待遇较高，会留城养老，但是这里的数据却反映出他们选择留城的比参加城居保的低 2.9 个百分点，这一方面说明参加城职保的农民工不一定选择留城，另一方面说明他们参加城职保的档次不高，将来仍不能完全依靠城职保的收益安度晚年，选择回乡养老会降低生活成本。

表 6-16　第一代农民工认为相关政策对留城养老的帮助交叉分析表（N-3229）*

分类指标 / 各项政策	很大		较大		一般		较小		很小		合计		帮助程度
	频数	比例	频数	比例	频数	比例	频数	比例	频数	比例	频数	比例	
城居保	331	10.3	823	25.5	1011	31.3	443	13.7	621	19.2	3229	100	2.94
城职保	244	7.6	631	19.5	1020	31.5	596	18.5	738	22.9	3229	100	2.70
居民医保	429	13.3	1100	34.1	894	27.7	366	11.3	439	13.6	3228	100	3.22
职工医保	293	9.1	790	24.5	905	28.0	556	17.2	685	21.2	3229	100	2.83
失业救济	288	8.9	603	18.7	908	28.1	626	19.4	803	24.9	3228	100	2.67
就业支持	281	8.7	715	22.1	928	28.7	572	17.7	733	22.7	3229	99.9	2.76
户籍迁移	261	8.1	583	18.1	988	30.5	616	19.1	781	24.2	3229	100	2.67
子女教育	462	14.3	866	26.8	876	27.1	414	12.8	611	18.9	3229	99.9	3.05
房屋租住	339	10.5	726	22.5	961	29.8	494	15.3	707	21.9	3227	100	2.84

注：此表中有两个地方合计为 99.9%，是系统计算的结果。此表“帮助程度”保留了小数点后两位，是因为这样更能说明问题。

表 6-17　第一代农民工参加养老保险与养老城乡选择意愿情况表（N=3216）

分项	回乡	留城	合计
参加城乡居民养老保险（%）	75.5	24.5	100
参加城镇职工养老保险（%）	78.4	21.6	100

虽然第一代农民工大多数选择回乡，但是仍有接近四分之一的人选择留城，这与养老保险政策的实施有密切的联系，因为依靠城职保能够使他们晚年有部分稳定的经济来源。相比农村，在城市或多或少可以通过打散工挣钱补贴生活，有的自营者可以在较高年龄时依靠个体经营的部分收益

* 表 6-16 中某项人数合计不到 3229，是系统缺失。表格总和略有偏差，是系统计算结果，不影响结论。表中从很大到很小分别赋值为：5、4、3、2、1。

不降低生活水平，有的还可以依靠自己的积蓄补贴生活，因此仍有少部分农民工留城养老。

访谈案例 6.7

访谈对象：李姓农民工

访谈时间：2019 年 9 月 2 日

访谈地点：洛阳某国有企业

李师傅，男性，48 岁，进城务工 13 年，高中文化，洛阳农村人，妻子在农村务农，有一个儿子在大学读书。李师傅在工厂是锻造工，属于重体力劳动。每月工资 3600 元，每天工作 8 小时，每周工作 5 天，在城市租房住，租房费 600 元/月，与人合租，自己一个单间。农村家里与老人没有分家，有一位老人需要赡养。家里土地人均 7 分地。在国有企业工作，企业按照正式合同为他缴纳了养老和医疗保险，每月工资中个人支付养老保险费（310 元/月，此款随着政策的调整每年有一定的变化），企业缴纳 680 元/月，已缴纳了十年的养老保险，再工作几年就可以享有政策规定的城乡居民养老保险待遇。如果遇着工厂不雇佣他，他说自己会出钱将企业养老保险续缴。以后回乡养老，不愿意把户口迁移到城市，因为工作繁重，打算工作到 55 岁就不再做锻造工了。

访谈案例 6.8

访谈对象：刘姓农民工

访谈时间：2019 年 7 月 20 日

访谈地点：四川省南部县动车站

刘女士，52 岁，南部县城附近农村人，属户籍地打工。中专文化，参加过幼教方面函授学习，与丈夫一起办过私人幼儿园，因后来接收的小孩人数太少无法继续办下去，在离家不远的南部县动车站做清洁工，每天工作 8 小时。每月工资 2400 元。劳动强度一般，动车站有空调，工作环境相对较好。丈夫 51 岁，也是农村户口，以前是代课教师，因没有转正就外出在建筑公司做水电工，每月工资 5000 元，夫妻两人合计收入7000多元。公司为她丈夫购买了企业城镇职工养老保险，已经缴纳了11年，还要交4年，准备多交几年，刘女士估计到退休时她丈夫大约要交10万元购买养老保险。农村家里有住房，车站离家很近每天回家居住，有两个儿子，一个儿子已成家，一个儿子未婚。刘女士购买的城乡居民养老保险，2018年交8000多元，后补交8万多元，按照现在缴纳的档次退休时可以领到每月980元养老金。医疗保险每年交200元/年。农村的土地两个人加起来不到1亩地。

从上述案例看到养老保险政策对农民工城乡养老选择的影响。参加城职保的农民工，不一定留城养老，他们中大多数从生活成本等因素考虑会选择回乡养老，在用工单位帮助缴纳企业城职保的情况下，他们希望继续缴满15年，即使在企业不聘用的情况下自己也愿意承担企业缴纳的部分继续缴满15年，退休后能够获得较高收益，是为了今后能够提高或者不降低老年生活水平，并非为留城养老做准备。参加城居保缴纳最低档次的农民工也并非全部回农村养老，从前述多个案例看到有部分农民工已在家乡所购的城镇住房中居住，这部分农民工不是仅靠城居保（特别是最低档次的城居保）度过晚年生活，除了微薄的养老金还有他们多年打工的积蓄，有的还要继续务农度过晚年生活。

二　医疗保险政策对第一代农民工养老城乡选择意愿的影响

医疗保险政策对第一代农民工养老城乡选择的影响大于养老保险。从前面图4-2看到，有87.5%的第一代农民工参加医疗保险，其中参加职工医保的只有9.2%，参加居民医保的有78.3%。第一代农民工中认为参加居民医保对他们留城养老帮助很大（13.3%）和较大（34.1%）的合计为47.4%，参加职工医保的认为帮助很大（9.1%）和较大（24.5%）的合计为33.6%，前者比后者高13.8个百分点。认为帮助一般的两类参保人员的差别很小。参加居民医保的认为对他们留城养老帮助较小（11.3%）和很小（13.6%）的合计为24.9%，参加职工医保对帮助较小（17.2%）和很小（21.2%）的这两项合计为38.4%，前者比后者低13.5个百分点（参见表6-16）。从帮助程度看，居民医保是3.22高于职工医保2.83。第一代农民工认为参加职工医保对他们的帮助程度低于居民医保，其主要原因是他们大多参加的居民医保，职工医保没给他们大多数人带来较多的帮助。特别是政策允许农民工可以在就业地参保，发生重大疾病时住院费用可以跨地区结算后，他们更加感受到参加医疗保险的好处，也为他们今后可能选择留城养老提供了帮助。因此参加居民医保的农民工认为医疗保险政策对他们帮助相对参加职工医保的占比更多。

访谈案例 6.9

访谈对象：朱姓农民工

访谈时间：2019 年 8 月 22 日

访谈地点：广东惠州某生产头盔的企业

朱女士，46 岁，小学文化，云南红河人，有两个儿子，大儿子 24 岁，小儿子 20 岁，大儿子在家乡城区务工，小儿子在东莞务工，两个儿子都不需要她抚养。朱女士进城务工 15 年，目前在惠州某生产头盔的企业工作，月工资 3800 元。企业提供每日的伙食。丈夫也在惠州务工，夫妻两人每月大约 8000 元的收入。在东莞租房每个月房租 300 元，老家有 1 位老人需要赡养，每月平均给老人 200 元生活费。参加了新农保 100 元/年，居民医保 220 元/年，都是农村最低的档次。朱女士有胃病，曾经回家乡做过 2 次较大的手术，花费医疗费 7 万—8 万，按照住院报销部分医疗费，她说医保制度对她有较大帮助。目前还没有回乡的打算，但是老年后回乡养老，农村的房子已建好。

第一代农民工参加居民医保和职工医保中选择回乡养老的分别有 76.0%、78.0%（参见表 6-18），两者差别不大，说明并非参加职工医保的全部选择留城养老，并非参加居民医保的一定要回乡养老。医疗保险与养老保险很大不同的是，医疗保险不是为未来投保，是为预防和规避当年给个人带来的疾病风险而投保。参加居民医保的农民工每年可以在居住地点继续参保，所以虽然居民医保政策对第一代农民工的城乡选择的影响较大，但是居民医保和职工医保对他们今后在城市还是农村养老的差异并不十分明显。

表 6-18 第一代农民工参加医疗保险与养老城乡选择意愿情况表（N=3218）

分项	回乡	留城	合计
参加城乡居民医疗保险（%）	76.0	24.0	100
参加城镇职工医疗保险（%）	78.0	22.0	100

三 失业保险政策对第一代农民工养老城乡选择意愿的影响

失业救济和就业支持政策对第一代农民工养老城乡选择有一定的影响。失业救济和就业支持政策是一个问题的两个方面，解决失业问题最好的办法是充分就业。失业救济是帮助失业者能够继续生存和提高职业技能以便再次获得工作机会，也能够帮助劳动者为今后养老做准备。调查显示，失业救济政策对农民工留城养老影响较大（18.7%）和很大（8.9%）合计为27.6%，帮助较小（19.4%）和很小（24.9%）的合计为44.3%，是列出的9项政策中对他们留城帮助程度最低的（2.67）。就业支持政策对他们留城养老帮助较大（22.1%）和很大（8.7%）合计为30.8%，帮助较小（17.7%）和很小（22.7%）合计为40.4%，对农民工留城养老的帮助的程度与失业救济政策差异很小（参见表6-16）。近年来各类就业培训对农民工外出就业有一定帮助，如前述案例4.9中的沈女士参加育儿嫂培训获得培训证书，后找到了适合自己的工作。还有的企业的岗前培训以及有的无固定雇主的农民工自己参加一些培训并获得相关职业证书，有利于规避失业风险和帮助他们在城市就业。另外，第一代农民工在城市有务工经历的大多能找到适合自己的工作。笔者在建筑工地访谈时，了解到他们找工作并不困难，他们中大多由亲朋好友组合为小团队，在他们加入的微信群中经常有人招聘建筑工，常常在一个大型建筑群工地的不同楼盘转移务工地点，只要愿意工作基本没有空闲时间。在城市的高龄农民工，他们很多人没有固定的工作，但依靠自己多年在某一领域务工，他们有较为固定的多位雇主联系，只要有活干雇主就通过电话联系他们做计件工作。没有固定雇主的，如重庆“棒棒军”，他们每天靠着搬运也会有一定收入，这些农民工每月能够保证其基本生活。他们的失业和就业的界限很难界定，按照失业保险政策的规定，没有将他们纳入失业救济的范围，所以相当一部分农民工对失业和就业相关政策的帮助没有太深的感受。

四　户籍迁移政策对第一代农民工养老城乡选择意愿的影响

户籍迁移政策对第一代农民工养老城乡选择有一定影响。调查显示，户籍迁移政策对他们留城养老的帮助较大（18.1%）和很大（8.1%）合计为26.2%。认为帮助一般的是30.5%，帮助较小（19.1%）和很小（24.2%）合计为43.3%（参见表6-16）。在列出的9项政策中，户籍迁移政策的帮助程度与失业救济政策并列最低。近年来为了推进城镇化进程，户籍迁移政策有很大改变，为农民工落户城市特别是中小城镇提供了便利条件。但户籍制度尤其是大城市的户籍制度对于农民工享有城市待遇仍然有屏障，为了平衡人口过度向大城市迁移带来的问题，许多一线城市都采取了积分落户的政策，农民工因为缺乏规定的条件，常常不能落户大城市享有其相关的社会保障政策。户籍政策对农民工在城镇落户的影响已大幅度降低，但在某些方面仍然有较大的影响，比如有的城市对农民工购买养老保险设置了与本地户口不同的条件，以排斥农民工多年以后在养老保险待遇较高的城市获得养老金的可能。

访谈案例6.10

访谈对象：段姓农民工

访谈时间：2019年8月24日

访谈地点：深圳南山区某培训学校

段女士，49岁，湖南株洲茶林人，小学文化，外出打工18年，目前在一所培训学校做清洁工，每月工资3700元，工作时间每天8小时，加班有加班费。她丈夫在学校不远的地方做操作工，每月工资6000元，夫妻两人分别在务工地住宿，免了住宿费。有一儿一女，女儿大学毕业在深圳做国际贸易工作，已成家，儿子大学一年级。老家无老人需要赡养。她是劳务派遣公司派到培训学校做工，公司为她购买了养老、医疗等五种保险，其中为其交养老保险金390元/月，自己交240元/月。因用工的相关法规政策加强了对农民工的保护，农民工纳入统一的养老保险制度的时间不长，到笔者访谈时段女士购买了9年城镇职工养老保险，离养老保险制度要求购买满了15年才能享有当地城市的养老保险还差6年，单位按规定设置了女性50岁退休制度，自己本想继续购买深圳的城职保，因户籍不是广东的，50岁退休后自己想连同单位那部分养老保险一起交够15年，但是深圳的政策不允许。所以他们只能将深圳交的部分养老保险转回湖南家乡户籍所在地接着交，退休后只能享有家乡较低的养老保险待遇。她表示今后回乡养老，在家乡城镇花70万元购买了120平方米的住房。她准备在深圳务工到55岁返乡，她老公也打算在深圳打工到60岁返乡。

在社会保障实施的过程中，有的一线城市对本地户籍以外的务工人员区别对待也是制度碎片化的一个缩影，用工单位用法律规定的女性工人50岁退休的条款，不再续聘超过50岁的女性农民工，也不用再为其缴纳养老保险，这部分农民工想自己出资继续缴纳原单位该缴的养老保险，缴满15年后就可以享有一线城市较高的养老待遇，但因户口不在当地，即使在一线城市务工超过15年甚至更长，也被当作非户籍人口被排斥在该城市养老保险的某些政策之外。不仅如此，笔者在厦门实地访谈时，了解到同是城市环卫工，本地户籍和非本地户籍的同单位的环卫工工资待遇有差异。由此看来，农民工在大城市务工因户籍不同仍会遭遇户籍制度的屏障，说明依附在户籍上的社会保障以及各种福利待遇仍然没有完全改变，户籍政策对农民工的城乡选择仍然有影响。选择回乡的农民工一般不涉及户口迁移问题，即使打算在城镇养老的农民工，大部分也表示不愿意将户口转移到城市。因为涉及他们在农村享有的如宅基地使用权等利益。当然还受到熟人社会等其他文化因素的影响。

五　子女教育政策对第一代农民工养老城乡选择意愿的影响

在列出的9项政策对农民工养老城乡选择的影响中，子女教育政策是影响程度最高的。从表6-16看到，农民工认为子女教育政策对他们留城养老帮助较大（26.8%）和很大（14.3%）合计为41.1%，认为帮助一般的27.1%，认为帮助较小（12.8%）和很小的（18.9%）合计为31.7%。

在9项政策对农民工的帮助中，选择子女教育政策帮助“一般”的占比是最低的。可见子女教育政策对他们城乡养老选择的重要性，他们认为该项政策对留城帮助较大和很大的比认为帮助较小和很小的高出9.4个百分点。第一代农民工刚进城务工时，他们的子女不能在城市平等入学，或者进城后要通过高额的缴费才能进入公办学校，加上城市生活水平高和务工不稳定等原因无法带子女进城，当时大多数农民工将子女留在农村由老人或妻子照看，导致夫妻长期分居，形成典型的留守妇女、留守儿童和留守老人。留守妇女既要照看孩子还要照顾老人，还要适当务农养家，导致不少社会问题。尽管第一代农民工中相当一部分人的儿女已经长大成人，但是那一段与家庭成员分离，不能伴随子女一起成长的经历使他们记忆犹新，他们中40岁组的孩子仍有因为在城市上学有困难留在农村，笔者访谈了解到他们中有的因为孩子在农村上学只能将妻子留在农村照顾孩子，等孩子进入大学或者独立外出打工后夫妻两人才能在城市团聚一起务工。因此他们仍然希望有较好的教育政策，使他们不因子女教育问题导致不能陪伴孩子共同成长，也不因此导致夫妻长期分居。

六　住房政策对第一代农民工养老城乡选择意愿的影响

住房是农民工进城务工首要解决的重要问题，对他们立足城市务工有十分重要的作用。调查显示，第一代农民工认为房屋租住政策对留城养老帮助很大（10.5%）和较大（22.5%）合计为33%，认为帮助一般的是29.8%，认为帮助较小（15.3%）和很小（21.9%）的合计为37.2%（参见表6-16）。可见有三分之一的农民工认为住房政策对他们留城养老有较大帮助，相比有的农民工在城市租住的住房，政府的公共租赁房政策为农民工在城市务工提供了较好的居住条件。笔者2022年6月到重庆沙坪坝老城区一位农民工租住的十分低廉的住房访谈，他租的住房大约8平方米，每月租金250元，他与儿子两人居住。没有卫生间和厨房，房间里有一个很小的窗户，窗户外大约1米就是对面一家人的厨房，因是1楼，终年几乎没有阳光。房间里有一个别人废弃的十分破旧的柜子，还有一个别人送给他的旧冰箱，为了节约电费，冰箱偶尔通电，平时当作碗柜，这样的住房质量很差。住房政策是支持农民工在城市务工重要惠民政策，可是农民工却认为对他们帮助小的占比高过帮助大的5.2个百分点，其主要原因有建筑类和制造业农民工一般在工地板房和工厂宿舍住宿，其余的农民工因为政府提供的公共租赁房地理位置较远对他们务工帮助不大。大量服务业从业的农民工，务工所在地大多在城市人口集中的地方，如果花费几百元租住政府提供的远距离公共租赁房，每天到上班的地方乘坐公交来回不低于两个小时，他们可能会选择在人口密集地段租住质量稍差但上班不受路途劳累的住房。笔者在重庆实地了解到，一位农民工曾经在大学城租住政府提供的50多平方米的公租房，每月500多元的租金，她一家四口人租住了5年，她认为这类小区租户成分复杂，小区管理不太好，现在已退房，自己到离上班地方较近的楼盘贷款购房。真正享受到公租房待遇的农民工很少，2013年笔者所在课题组调查显示重庆市农民工享受公租房待遇的仅为2.4%。① 所以有部分农民工认为政府公共租赁房对自己的帮助不大。住房是关系到农民工留城养老的重要因素，如果在自己无力购房的情况下，租房价格太高，农民工很难承受城市的生活成本，前述案例4.12中那位漆姓农民工因没有租到较便宜的房子，每月工资2000元，租房就占了1100元，剩余900元只能维持很低的生活水平。因此相比农村宽敞的住房和低廉的生活成本，很多农民工就会选择回乡养老。

从第一代农民工认为相关政策对他们留城养老的帮助看到，这些政策对他们养老城乡选择意愿的影响。笔者根据李克特量表法，就第一代农民工认为相关政策对他们留城养老的帮助进行调查时，课题组列出了相关政策对他们帮助“很大”“较大”“一般”“较小”“很小”五级评价，并分别赋予分值，“很大”赋值5、“较大”赋值4、“一般”赋值3、“较小”赋值2、“很小”赋值1。通过计算，第一代农民工认为相关政策对他们留城养老帮助很大到很小依次为：居民医保政策、子女教育政策、城居保政策、房屋租住政策、职工医保政策、就业支持政策、城职保政策、户籍迁

① 重庆社科规划课题“重庆城乡社区服务发展中的差异与社区服务体系的构建”（2012 ZD-SH007）课题组于2013年围绕社区服务，对社区工作人员、社区居民、农民工融入城市社区问题在全国多个省市进行的问卷调查。针对农民工部分的问卷调查共发出1600份，其中有效问卷1413份，有效回收率88.3%。其中抽取重庆市农民工问卷863份进行统计分析。本书后面运用此次调查数据，统称为：笔者所在课题组2013年对863位农民工社区融入的问卷调查。

移政策、失业救济政策（参见表 6-16）。为了更直观看到相关政策的他们留城养老的帮助情况，用图 6-2 表示。

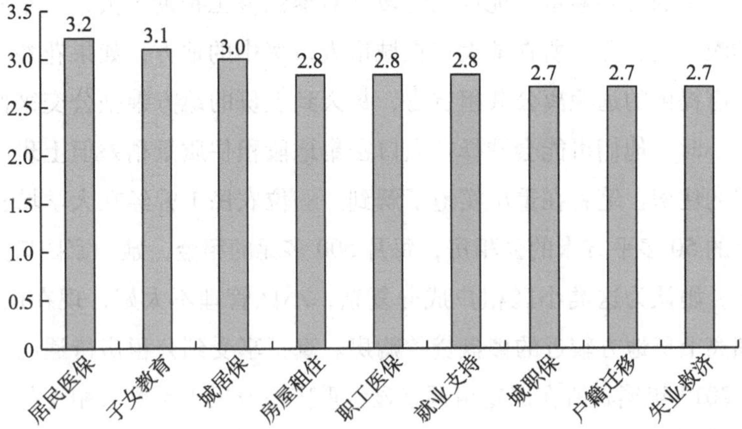

图 6-2　相关政策对第一代农民工留城养老帮助程度（N=3218）

从列出的 9 项政策对农民工留城养老帮助的总体情况看，各项政策影响没有显著的变化。只有城居保政策和子女教育政策对他们的帮助略高出了帮助程度的均值（2.85），说明这两项政策他们感受最深，其他政策的帮助都没有达到帮助程度的均值。9 项政策中，居民医保和城居保排在第一位和第三位，这与前述分析基本一致，因为超过 70%的第一代农民工参加的城居保和居民医保，从养老的角度看，养老保险和医疗保险是与他们养老关系最密切的政策。他们将此列为第一位和第三位还说明政府近年来新农保与城镇居民养老保险的合并，新农合与城镇居民医疗保险合并使他们更多地了解到相关政策，特别是城乡居民养老保险对将来养老带来的好处越来越为第一代农民工所知，有的直接补交部分费用转为较高档次的养老保险，为他们今后有较高的生活质量做准备。他们将子女教育政策列为 9 项帮助留城养老政策的第二位，是农民工看到子女教育的重要性，希望有更公平的政策对待他们的子女教育，对改变子辈和孙辈的命运有着更高的期待。住房问题是第一代农民工现实中最需要帮助的政策之一，但是他们将此排位居中，是因为这项政策普及率有限，公共租赁房政策虽然很好，从前述分析可知针对农民工务工的适合度有限。职工医保和城职保政策排位第五和第七，即排位居中和偏后，主要是参加这类社会保险的农民工占比不到17%，并且对他们留城养老的影响不大。就业支持政策排位第六，失业救济政策排位第九，主要是第一代农民工大多从业范围都是低端岗位，这类岗位都是劳动繁重、时间长、收入很低的工作，现阶段在城市寻找这类工作并不困难，他们失业的不多，接近60岁和60岁及以上的第一代农民工如果在城市难以就业，一般情况下他们只能选择回乡。50岁以上的农民工参加就业培训很少，40岁组的农民工大多已经找到适合自己的工作，参加就业培训的积极性也不高。从另一个角度看，现阶段农民工的职业培训针对性不强，他们通过职业培训得到的收益有限，因此就业支持政策对他们的帮助不明显。户籍迁移政策曾经是农民工实现落户城镇最大的障碍，而现在却是帮助农民工留城养老影响最小的因素。随着市场经济的发展，城镇化发展趋势日益凸显，相关政策有很大改变，从过去用户籍阻止农民进城务工和落户到现在鼓励农民工转为城市市民，户籍一般不影响农民工在城市购房和迁居城市，在访谈中了解到，有一位农民工在城市务工20多年，已经成为修车行的小老板，但是他的户口仍然在农村老家没有迁移，从户籍管理的角度看这类农民工还是“农村人”。

农民工参加社会保险等体现了他们社会参与情况。为了验证前述分析的结论，我们将是否回乡养老作为因变量（Y），将可能影响第一代农民工回乡养老决定因素，即城居保、城职保、居民医保、职工医保、失业救济、就业支持、户籍迁移、子女教育、房屋租住政策作为自变量纳入二元Logistic回归模型，以检验哪些因素对第一代农民工留城养老有显著性影响。赋值情况如表6-19所示。

表6-19　第一代农民工（社会参与情况）变量定义与赋值

自变量（X）	变量解释与赋值
城乡居民养老保险政策对农民工选择留在城市是否有帮助	帮助很小=1；帮助较小=2；一般=3；帮助较大=4；帮助很大=5
城镇职工养老保险政策	帮助很小=1；帮助较小=2；一般=3；帮助较大=4；帮助很大=5
城乡居民医疗保险政策	帮助很小=1；帮助较小=2；一般=3；帮助较大=4；帮助很大=5

续表

自变量（X）	变量解释与赋值
城镇职工医疗保险政策	帮助很小=1；帮助较小=2；一般=3；帮助较大=4；帮助很大=5
农民工失业救济政策	帮助很小=1；帮助较小=2；一般=3；帮助较大=4；帮助很大=5
农民工就业支持政策	帮助很小=1；帮助较小=2；一般=3；帮助较大=4；帮助很大=5
农民工户籍迁移政策	帮助很小=1；帮助较小=2；一般=3；帮助较大=4；帮助很大=5
农民工子女教育政策	帮助很小=1；帮助较小=2；一般=3；帮助较大=4；帮助很大=5
农民工房屋租住政策	帮助很小=1；帮助较小=2；一般=3；帮助较大=4；帮助很大=5
因变量	留城养老=0；回乡养老=1

我们在控制个人因素和务工因素的情况下，将可能影响第一代农民工城乡选择的社会参与情况纳入二元 Logistic 回归模型，分析其对第一代农民工城乡养老选择的具体影响，具体详见表 6-20。

表 6-20　　第一代农民工城乡养老选择的二元 Logistic 回归

自变量	回归系数	标准误	显著性	发生比
个人因素	控制	控制	控制	控制
务工情况	控制	控制	控制	控制
社会参与因素				
城乡居民养老保险政策对农民工选择留在城市（帮助较小）	-0.195	0.221	0.379	0.823
城乡居民养老保险政策对农民工选择留在城市（一般）	-0.205	0.205	0.317	0.815
城乡居民养老保险政策对农民工选择留在城市（帮助较大）	-0.192	0.214	0.369	0.825
城乡居民养老保险政策对农民工选择留在城市（帮助很大）	-0.094	0.275	0.732	0.910

续表

自变量	回归系数	标准误	显著性	发生比
城镇职工养老保险政策对农民工选择留在城市（帮助较小）	−0.097	0.221	0.660	0.907
城镇职工养老保险政策对农民工选择留在城市（一般）	−0.032	0.217	0.885	0.969
城镇职工养老保险政策对农民工选择留在城市（帮助较大）	−0.031	0.233	0.895	0.970
城镇职工养老保险政策对农民工选择留在城市（帮助很大）	−0.189	0.315	0.549	0.828
城乡居民医疗保险政策对农民工选择留在城市（帮助较小）	−0.066	0.261	0.800	0.936
城乡居民医疗保险政策对农民工选择留在城市（一般）	−0.274	0.241	0.255	0.760
城乡居民医疗保险政策对农民工选择留在城市（帮助较大）	−0.193	0.241	0.423	0.825
城乡居民医疗保险政策对农民工选择留在城市（帮助很大）	−0.674**	0.283	0.017	0.510
城镇职工医疗保险政策对农民工选择留在城市（帮助较小）	−0.264	0.232	0.256	0.768
城镇职工医疗保险政策对农民工选择留在城市（一般）	−0.428**	0.220	0.052	0.652
城镇职工医疗保险政策对农民工选择留在城市（帮助较大）	−0.396*	0.228	0.083	0.673
城镇职工医疗保险政策对农民工选择留在城市（帮助很大）	−0.219	0.296	0.459	0.803
农民工失业救济政策对农民工选择留在城市（帮助较小）	0.212	0.203	0.297	1.236
农民工失业救济政策对农民工选择留在城市（一般）	0.525**	0.211	0.013	1.691
农民工失业救济政策对农民工选择留在城市（帮助较大）	0.637***	0.230	0.006	1.892
农民工失业救济政策对农民工选择留在城市（帮助很大）	0.454	0.296	0.125	1.574

续表

自变量	回归系数	标准误	显著性	发生比
农民工就业支持政策对农民工选择留在城市（帮助较小）	0.190	0.217	0.382	1.209
农民工就业支持政策对农民工选择留在城市（一般）	-0.051	0.223	0.818	0.950
农民工就业支持政策对农民工选择留在城市（帮助较大）	0.142	0.240	0.555	1.152
农民工就业支持政策对农民工选择留在城市（帮助很大）	0.439	0.313	0.160	1.551
农民工户籍迁移政策对农民工选择留在城市（帮助较小）	-0.090	0.200	0.652	0.914
农民工户籍迁移政策对农民工选择留在城市（一般）	-0.066	0.197	0.738	0.936
农民工户籍迁移政策对农民工选择留在城市（帮助较大）	-0.529**	0.214	0.013	0.589
农民工户籍迁移政策对农民工选择留在城市（帮助很大）	-0.862***	0.263	0.001	0.422
农民工子女教育政策对农民工选择留在城市（帮助较小）	-0.261	0.222	0.241	0.771
农民工子女教育政策对农民工选择留在城市（一般）	-0.157	0.204	0.442	0.855
农民工子女教育政策对农民工选择留在城市（帮助较大）	-0.458**	0.208	0.028	0.633
农民工子女教育政策对农民工选择留在城市（帮助很大）	-0.296	0.247	0.231	0.744
农民工房屋租住政策对农民工选择留在城市（帮助较小）	0.071	0.206	0.730	1.073
农民工房屋租住政策对农民工选择留在城市（一般）	0.027	0.198	0.890	1.028
农民工房屋租住政策对农民工选择留在城市（帮助较大）	0.193	0.212	0.360	1.213
农民工房屋租住政策对农民工选择留在城市（帮助很大）	0.200	0.259	0.439	1.222

注：以上各项的参照组为：相关政策“帮助很小”

注：* $p<0.1$；** $p<0.05$；*** $p<0.01$

在社会参与情况影响因素中，城乡居民医疗保险、城镇职工医疗保险、农民工户籍迁移政策、农民工子女教育政策和社区服务政策对第一代农民工城乡养老选择有显著的负向影响，而农民工失业救济政策对第一代农民工城乡养老选择则呈现出一定的正向影响。

就城乡居民医疗保险和城镇职工医疗保险政策而言，与认为居民医保对留城养老的帮助很小的第一代农民工相比，认为居民医保对选择留城养老帮助很大的第一代农民工选择回乡养老的发生比下降49%。说明认为居民医保政策帮助很大的农民工更愿意留城养老。而与认为职工医保对农民工选择留城养老帮助较大的第一代农民工相比，认为帮助很小的选择回乡养老的发生比下降33%，说明认为职工医保政策对他们帮助较大的农民工更愿意留城养老。这与第一代农民工对医疗保险政策体会更深，对老年疾病风险更为担忧有关。

从表6-20看到，无论是城居保政策还是城职保政策均对回乡养老没有显著性影响。这说明，第一代农民工在年老退出劳动力市场的时候，依靠自我养老的方式更多，对社会养老保险的依靠不及医疗保险，因为他们更担心疾病带来的风险，如果老年时家庭有人出现重大疾病，全家就会陷入经济危机。而日常生活的花销依靠土地和他们打零工以及多年的务工积蓄能够维持基本生存，所以第一代农民工更看重医疗保险政策，而对社会养老方式的参与度不足。

就失业救济政策而言，与认为失业救济政策对留城养老帮助很小的第一代农民工相比，认为对留城养老帮助较大的是帮助很小的1.89倍，说明领取失业救济的第一代农民工更愿意回乡养老，因为这部分农民工在城市就业和收入不稳定，在城市很难立足，当他们难以继续在城市就业时很大可能是选择回乡。

就农民工户籍迁移政策而言，与认为户籍迁移政策对留城养老的帮助很小的第一代农民工相比，认为户籍迁移政策帮助较大的相比认为帮助很小的而言，选择回乡养老的发生比下降41%，而认为户籍迁移政策帮助很大的相比认为帮助很小的第一代农民工选择回乡养老的发生比下降58%，说明认为户籍政策对他们帮助较大和很大的，更愿意选择留城养老。虽然户籍制度改革后，相比十几年前农民转市民一般情况下限制很小，但是在大城市特别是一线城市落户有许多条件限制，另外依附在户籍制度上的多种福利仍然会影响农民工养老城乡选择，前述案例6.14中的段女士的遭遇就充分说明依附在户籍上的福利在现实中存在。因此仍然有部分第一代农民工认为户籍迁移政策对他们选择留城养老帮助较小和很小。

就农民工子女教育政策而言，认为农民工子女教育政策对农民工选择留在城市帮助较大的第一代农民工相比，认为帮助很小的第一代农民工选择回乡养老的发生比下降37%，这说明认为子女教育政策帮助较大的更愿意选择留城养老。公平的子女教育政策能促使农民工家庭整体迁移城市，有利于农民工陪伴子女成长和夫妻团聚家庭和谐。适当放宽农民工子女的教育政策，有利于农民工的城市化进程。

房屋租住政策对农民工养老城乡选择没有显著影响。说明第一代农民工在城市务工依靠公共廉租房在城市生活的很少，这是因为第一代农民工早期进城务工时没有政府关于房屋租住的相关政策，当公租房等相关政策出台后，能够适合农民工在城市务工的选择不多，所以能够享受到房屋租住政策带来方便的农民工占比很少，所以相关政策对他们的影响不大。

第六节　社区服务对第一代农民工养老城乡选择意愿的影响

一　社区服务对第一代农民工的帮助程度影响养老城乡选择

社区服务是指政府、社区居委会以及其他各方面力量直接为满足社区成员物质生活与精神生活需要而进行的社会性服务活动。社区服务是公共服务的重要内容。包括政府的福利性服务、组织内部的互助性服务、居民志愿服务、社区商业服务。服务对象是社区的全体居民。社区服务的内容繁多，随着社会的发展，对社区服务的要求越来越高，社区服务的项目从过去的20多项达到现在的200多项，包括劳动就业、社会保险、社会服务、文化娱乐、社会治安等政府公共服务事项逐步向社区覆盖，社区志愿者注册登记制度广泛推行，社区志愿服务蓬勃开展。社区服务扩大到家政服务、物业管理、养老托幼、食品配送、修理服务等多方面。再生资源回收等便民利民服务项目及超市、菜场、早餐等服务网点逐步进入社区，方便了社区居民生活，提高了生活质量。如果城市社区对农民工接纳程度更高，对他们有更多帮助更能促进他们留城养老。调查显示，第一代农民工认为社区服务对他们留城养老帮助很大（6.7%）和较大（14.2%）合计为20.9%，认为帮助一般的占比为32.6%，认为帮助较小（20.5%）和很小（26.0%）合计为46.5%。帮助很大和较大的比帮助较小和很小的低25.6个百分点。说明城市社区对农民工留城养老的帮助不大，帮助的程度为2.55，相比前述9项政策帮助程度，社区帮助是最小的（参见表6-21）。

表6-21　　第一代农民工认为社区服务对留城养老选择的影响（N=3229）

分类指标 / 公共服务	很大		较大		一般		较小		很小		帮助程度
	频数	比例	频数	比例	频数	比例	频数	比例	频数	比例	
社区服务	215	6.7	457	14.2	1055	32.6	664	20.5	838	26.0	2.55

社区服务对象应是全体社区居民，但是由于社区内有了户籍人口与非户籍人口的区分，社区服务项目的针对性就有了区别，比如农村户籍的农民工即使在该社区居住了十多年甚至更长时间，但因是农村户口即使符合城市的最低生活保障的条件，也不能享有城市最低生活保障待遇，其他多项困难补助也不会将农民工纳入城市社区范围，部分福利性的服务只覆盖城市社区的户籍人口。笔者所在课题组2013年针对863位农民工城市融入的问卷调查显示，有79.7%的农民工表示社区工作人员没有向他们宣传过社区的公共服务项目，69.4%的农民工表示没有获得过社区居委会服务，能够享受到社区服务也是针对全体居民的基本公共服务，主要集中在环境卫生（20.1%）、治安管理（18.7%）、医疗服务（16.3%）、社会保障（13.7%）、计生服务（13.4%）等方面，在访谈中多数农民工表示没有体验到社区对他们的关心。加之农民工流动性强，在一个社区居住的时间较短，调查显示，有74.7%的农民工在城市社区居住平均年限只有3年及以下，居住到7年及以上的只有2.6%。另有24.7%的农民工居住在就业场所提供房。2020年调研显示：居住在城市社区的农民工表示，他们没有参加过（64.0%）和偶尔参加（32.7%）社区组织的活动合计为96.7%，经常参加的只有3.3%，所以他们很少感受到社区服务。

二 社区服务对第一代农民工养老城乡选择意愿影响的回归分析

为了验证这一分析的结论，我们将是否回乡养老作为因变量（Y），将可能影响第一代农民工回乡养老决定因素“社区服务”，作为自变量纳入二元 Logistic 回归模型，以检验社区服务因素对第一代农民工留城养老选择的具体影响。赋值情况如表 6-22 所示。

表 6-22　　第一代农民工（社区服务）变量定义与赋值

自变量（X）	变量解释与赋值
社区服务	帮助很小=1；帮助较小=2；一般=3；帮助较大=4；帮助很大=5
因变量	留城养老=0；回乡养老=1

我们在控制个人因素和务工因素的情况下，将可能影响第一代农民工城乡选择的社会参与情况纳入二元 Logistic 回归模型，分析其对第一代农民工城乡养老选择的具体影响，具体详见表 6-23。

表 6-23　　第一代农民工城乡养老选择的二元 Logistic 回归

自变量	回归系数	标准误	显著性	发生比
个人因素	控制	控制	控制	控制
务工情况	控制	控制	控制	控制
社区服务因素				
关于社区服务对农民工选择留在城市（帮助较小）	-0.090	0.177	0.609	0.914
关于社区服务对农民工选择留在城市（一般）	-0.383**	0.167	0.022	0.682
关于社区服务对农民工选择留在城市（帮助较大）	-0.611***	0.193	0.002	0.543
关于社区服务对农民工选择留在城市（帮助很大）	-0.623**	0.250	0.013	0.536

注：* $p<0.1$；** $p<0.05$；*** $p<0.01$

社区服务与城乡选择有显著相关性。就社区服务而言，与认为社区服务对留城养老的帮助很小的第一代农民工相比，认为社区服务对农民工选择留在城市帮助较大的相比认为帮助很小的选择回乡养老的发生比下降46%，这说明认为社区服务对农民工帮助大的更愿意留城养老，验证了前述结论。同时说明良好的社区服务有利于农民工的留城选择。

第七节　本章小结

一　个体因素对第一代农民工养老城乡选择意愿有不同影响

调查显示，第一代农民工选择回乡养老占比远远高于选择留城的。近年来随着第一代农民工年龄的增长，选择回乡养老的比21世纪初有所提高。无论第一代农民工个人与家庭情况如何不同，选择回乡养老的占比都超过71%，选择留城养老的占比都未超过29%。笔者对100多位农民工访谈情况看，选择回乡养老的农民工比问卷调查数据显示的更高，说明留城养老对他们仍然有许多问题或困难。

21世纪以来第一代农民工选择回乡或退出劳动领域的年龄有明显变化。第一代农民工选择退出劳动领域的年龄，从2004年比较多的选择46—55岁逐渐后移到2020年的60岁左右。高龄农民工选择回乡的年龄相对靠后，选择留城养老的农民工决定退出劳动领域的年龄相比回乡的更晚。这说明这部分农民工在城市有务工岗位或机会，或是他们与回农村相比，在城市有更多的增收机会，以弥补他们养老储备的不足。

二　务工因素对第一代农民工对养老城乡选择意愿有显著影响

务工距离远近对第一代农民工养老城乡选择有较大影响。在户籍地城镇务工的农民工选择留城的占比高于非户籍地务工的农民工，说明他们在户籍地务工离家相对较近，容易适应本地的风俗习惯和更容易融入城镇。高龄农民工务工地点逐渐向户籍地转移，显现出他们最终选择回乡养老的趋势。

不同行业的农民工养老城乡选择意愿有明显的差异。建筑业和制造业的农民工选择留城养老占比低于服务业农民工，重要的原因是建筑业农民工流动性最大，难以选择在某个城市定居。建筑业和制造业农民工相对于服务业农民工生活和工作环境更封闭，使他们与城市的交集较少，而服务业农民工的工作穿插在城市当中，能更多地适应和融入城市。过去学界的研究更多地从经济角度分析农民工城乡去留选择，而对不同行业农民工城乡选择意愿的差异缺乏研究，服务业农民工留城占比高于经济收入高的建筑业和制造业农民工，突破了以往学界用经济角度解释农民工留城的研究结论。说明影响第一代农民工养老城乡选择因素有较大变化。

务工年数与选择留城呈正相关关系。务工年数越长选择留城的占比越高，选择回乡的占比越低，说明外出务工年数长相对积累较多，对城市的了解更多，在城市购房的占比也高，选择留城养老的占比更高。劳动强度与第一代农民工选择回乡有显著相关性。劳动强度越大越倾向于选择回乡，劳动强度越轻的越倾向于选择留城。建筑业农民工劳动强度大，选择回乡的占比最大，而服务业的农民工劳动强度相对较轻，选择留城的占比最大。

三　经济因素对第一代农民工养老城乡选择意愿有影响但并非决定因素

收入和住房情况是反映第一代农民工经济状况的主要维度。21 世纪以来的三次问卷调查显示，农民工月均收入较高的选择留城的占比较高，月均收入低的选择回乡养老的占比较高。所不同的是随着年代的推移，超过全国月均收入的这部分农民工选择留城养老的增幅较大，尤其是收入较高的农民工选择留城的增幅更大，说明农民工收入提高后选择留城养老的趋势进一步明确。

城市自购商品房因素对选择留城养老有显著影响。从第一代受访农民工自购房情况看，2007 年他们在城镇自购商品房的只有 4.9%，2020 年受访农民工自购买商品房的达到 21.6%。在不同行业农民工购房情况有较大差距，服务业农民工购房占比（27.5%）超过受访农民工平均购房占比（21.6%），而建筑业农民工购房（13.7%）和制造业农民工自购房（15.4%）都低于受访农民工平均自购房比例。课题组 2007 年和 2020 年两次调查显示服务业农民工自购房占比都高于建筑业和制造业农民工，服务业中以批发和零售业与住宿餐饮业农民工自购房排在前两位，尤其是2020年调查显示批发和零售业农民工自购房占比达到38.9%，比建筑业农民工高出25.2个百分点。他们选择留城养老的占比是36.9%，分别比建筑业（14.7%）、制造业（24.0%）高出22.2、12.9个百分点。服务业农民工自购房占比高说明他们能够及时择机购房，与工作和生活在城市之中对各种信息和机会的把握有重要关系。这也是服务业农民工选择留城养老的占比最高的主要原因。同时也说明经济因素和其他因素交织在一起，对第一代农民工的养老城乡选择的影响形成了错综复杂的状态，需要进行更深层次分析。

四　相关政策对第一代农民工养老城乡选择意愿影响有一定差异

在课题组列出9项政策中第一代农民工认为医疗保险政策对他们留城养老帮助最大。居民医疗保险政策是帮助他们留城养老认可度最高的一项，说明近年来医保政策不断调整，政府出资持续上调，部分地区和就医费用实现异地结算，农民工从中得到了实惠，提升了养老安全感。子女教育政策对第一代农民工留城养老的帮助较大仅次于医疗保险政策。农民工进城务工希望能陪伴子女一起成长，平等享有城市教育资源是他们的强烈愿望，也是留城务工和养老的重要条件。

不同的养老保险政策对农民工城乡养老选择的影响有明显差异。第一代农民工因参加城居保的占比较大，并且认为城居保比城职保留城养老帮助更大。无论参加哪种养老保险，他们都认为对留城帮助程度偏低。调查显示第一代农民工无论参加的哪种养老保险，选择回乡的占比仍在四分之三左右，选择留城的占比在四分之一左右。调查显示并非参加城居保的农民工全部选择回乡养老，参加城职保的农民工也不一定全部选择留城养老，说明两种养老保险政策对他们养老城乡的选择意愿没有起到决定性作用。

房屋租住政策和就业支持相关政策对农民工养老城乡选择的影响不显著。农民工对政府提供的公共租赁房政策的受益面较小，公共租赁房大多建在远郊，对他们在人口集中的老城区就业十分不便，建筑业和制造业农民工大多居住在雇主方提供房，他们对公租房没有太多的感受。近年来农民工在城市的低端岗位和艰苦的岗位就业不是十分困难，他们对就业政策支持的感受不深。农民工因失业救济政策的受益面较窄，他们认为这一政策对他们的帮助不明显。

户籍迁移政策与农民工养老城乡选择显著相关。一方面政府在推进城市化进程中进一步放宽了户籍迁移政策，农民工在城市务工和子女就读以及在中小城市落户的户籍障碍基本消除；另一方面，户籍迁移政策仍然影响着农民工公平享有城市的福利待遇，当农民工没有将户口迁移到城市时，仍不能完全享有市民待遇。因此农民工认为户籍政策对其留城养老的帮助较小。

第七章 第一代农民工养老城乡去留选择困境分析

第一代农民工进城最初的愿望是挣钱养家，最终回乡养老。经过几十年尤其是近20年社会保障体系的建立，涉及晚年生活最密切的养老保险和医疗保险制度的完善，农民工养老选择不只是回乡，也可以留城养老，于是有了城乡选择的问题，除了已经返乡养老和确定留城养老的，还有相当部分60岁左右的农民工在养老城乡选择之间徘徊、彷徨，处于城难留、乡难返的境地。

第一节 第一代农民工养老城乡去留选择问题的由来与理解

一 第一代农民工养老城乡去留选择及其困境的由来

从20世纪80年代允许农民工外出务工至今有40多年，农民工大规模进城务工是近20年，从2008年底国家统计局建立农民工统计监测调查制度以来，通过统计数据看到农民工外出务工增长幅度最大的是2010—2012年，最高是2010年，农民工人数比上一年增长幅度达到5.4%，2011—2013年农民工人数比上一年增长分别是4.4%、3.9%、2.4%，说明农民工大规模外出务工增长最快的是2010—2013年。这以后除2021年，每年的增长幅度都没有超过2.0%。2020年农民工人数比上一年下降了1.8%，但总量仍有28560万人，2021年农民工人数达到29251万人，农民工的平均年龄也从2001年的27.8岁[①]到2023年的43.1岁，农民工中41岁以上的人占比是55.4%，其中50岁以上农民工占比达到30.6%。[②] 这部分高龄农民工面临如何养老的问题。

第一代农民工进城初期的愿望十分简单明了，挣钱养家然后回乡养老。由于20世纪50年代开始政府用政策将城市和农村分割为不同的社会空间，用户籍制度对城乡社会成员实行了空间分割，将社会保障和社会福利政策进行了空间分化，社会成员由于城乡户籍不同而享有不同的社会待遇和社会福利，城市人相比农村人享有了更优越的社会资源和社会待遇，农民被限制在农村社会空间生存，他们的活动只能与农村、农业相联系，无法踏入城市社会发展。20世纪80年代允许农民进城务工后的较长一段时期，政策只是允许他们进城务工，缺乏考虑如何在制度上公平对待农民工，使第一代农民工曾经遭遇了政策和制度上的多种不公平待遇，加上他们文化程度低，缺乏与城市工业化相匹配的专业技术培训，农民工在城市务工的空间十分受限，就业很不稳定，他们中有61.5%的人遭遇过失业，被雇主方辞退排在前三位的原因是缺乏相关技术（59.7%）、文化程度低（53.7%）、缺乏工作经验（43.8%），失业后有52.7%的人感觉被城市人歧视。[③] 另外，收入很低，生活条件很差，城市社会在多方面排斥农民工，使他们很难长期留在城市，更不容易融入城市。他们能够继续在城市艰难地生存最主要的是因为在城市比农村收入高。当时的城市社会和相关制度没有为他们提供在城市养老的空间。

随着中国经济的突飞猛进，城镇化步伐的加快，政策和制度发生了根本性的变化，从社会空间分割逐渐向空间融合迈进，由限制农民向城市流动到为农民工进城务工营造良好的社会环境，在户籍制度上放宽了农民在小城镇落户的条件，2006年《国务院关于解决农民工问题的若干意见》的出台是农民工政策的重大转变，从此多项政策朝着有利于农民工在城市发展的方向改革，特别是2009年国务院办公厅转发人力资源和社会保障部、

---

① 参见国务院研究室课题组编《中国农民工调研报告》，中国言实出版社2006年版，第103页。

② 数据来源于中华人民共和国国家统计局《2010—2023年农民工监测调查报告》。

③ 数据来源于笔者所在课题组2004年对重庆市1083名农民工的调查。

财政部《城镇企业职工基本养老保险关系转移接续暂行办法》的颁布执行，解决了流动人口跨地区参加养老保险的问题，2011 年《中华人民共和国社会保险法》实施，将农民工等流动人口的社会保障权益上升到法律层面进行保护，保障了农民工参加社会保险的权益。2014 年城乡居民养老保险制度和 2016 年城乡居民医疗保险制度的建立和实施，将农民工纳入社会统一的社会保险之中，农民工在制度上能够与城市居民平等地享有社会保障待遇，极大地激发了农民工参加社会保险的积极性。农民工子女义务教育阶段与城市居民享有同等的教育资源带来的福利，在一定程度上解除了农民工进城务工的后顾之忧。一系列的改革措施使我们看到政府的政策逐步从城乡分割走向城乡融合，从当初限制农民工进城转变为促进农民工市民化。城市社会为接纳农民工留城做了许多准备，但是长期的二元社会结构带来的许多问题不是近年来的政策变革可以一蹴而就地全面解决，许多历史遗留下来的问题对农民工养老城乡选择仍有困扰。

农民工在城市生活多年后，就业和生活环境有了很大改善，他们可以自由地在城市选择就业岗位，可以在城市购房和落户，子女在义务教育阶段能够与城市学龄阶段孩子平等就学，公平地享有义务教育资源，随迁儿童的在校率达到 99.6%。在经济上解决了温饱并有一定结余，购房、购车的占比有一定提高，住房条件有了很大改变，住户中有电冰箱、洗衣机、洗澡设施的分别占 68.9%、70.8%、86.5%，分别比上年提高 1.9、2.7、1.1 个百分点；有独用厕所的占 71.7%；能上网的占 95.6%；拥有汽车（包括经营用车）的占 34.1%。[①] 眼界得到开拓，社会交往上、文化观念上、生活上、心理上很大程度改变了农耕社会的习俗，远远不是进城初期的状态，他们对城市社会有了一定的适应性，调查显示他们认为在城市的生活比农村好得多（22.8%）和好一些的（50.1%）合计为 72.9%。[②] 59.9%的人表示在城市务工没有被排斥的感觉，对城市生活的评价认为较满意（21.3%）和满意的（4.4%）合计为 25.7%，48.0%的满意度为一

① 参见 2021 年农民工监测调查报告，https://www.gov.cn/xinwen/2022-04/29/content_5688043.htm，2022 年 4 月 29 日。

② 数据来源于笔者所在课题组 2007 年对全国多个省市 2834 名农民工的调查。

般，满意程度为 2.97。①

如今农民工进城务工和落户的主要制度障碍基本消除，农民工可以在城乡之间根据需求安排自己的务工生涯，而随着年龄的增长他们中部分人逐渐丧失了重体力劳动的优势，在为城市贡献了几十年后，他们面临着养老城乡选择问题。由于城乡统筹的社会保障制度建立的时间不长，从前述分析中看到，第一代农民工对社会养老保险的认识不足，他们大多数购买的是最低档次的城乡居民养老保险，退出劳动领域后依靠社会养老保险无法满足老年基本生活需求，依靠自己不多的储蓄是否能维持到生命的终点也不得而知。如果选择继续在城市务工，可以享有城市较好的基础设施和公共服务，特别是城市较好的医疗条件对于交通不便的偏远农村更是望尘莫及，但是身体能够支撑到何时很难预料。如果选择回到农村，就会失去城市增加收入的机会，只能靠过去的农耕劳作勉强度日。而回到农村也就回到了他们熟悉的人文环境，熟人社会给他们更多的亲切感和安全感，依靠农村的土地会降低生活成本，但只能维持基本生活需要。究竟晚年身安何处，是留城继续找零活或靠社会救济，还是回乡继续农耕生活维持很低的生活状态？是继续滞留在城市做“半个城市人”，还是回乡完成从农民—农民工—农民的身份转变？他们大多认为城市发展更好，想留城又难以留下，想回乡又有许多对城市的不舍，在城乡选择之间 44.6%的农民工感到困难或困惑，这种困惑的实质是养老城乡选择存在的困境。如何破解这一困境需要进一步研究。

二　对第一代农民工养老城乡去留选择困境的理解

第一代农民工养老城乡选择困境体现在抉择困境。第一代农民工进城初期由于没有留城养老的条件，几乎所有的人最终目标都是回乡养老。在城市务工多年后，社会环境的改变和个体情况的变化，他们回乡的生活目标开始改变，但是始终没有为将来留城养老做更多的准备，体现在他们绝大多数人购买的是最低档次的养老保险，没有为将来离开农村依靠社会养

① 数据来源于笔者所在课题组 2020 年对全国多个省市 3229 名农民工的调查。满意程度“一般”为 3。

老保险安度晚年做准备，虽然有少数人在城镇购买了住房，但其中绝大多数是在户籍地附近的城镇购买，不仅是为了回到熟悉的家乡，其中重要的因素是离农村土地很近，这是他们最后的退路。并且他们几乎所有人（除无能力修建的）都在农村修建了回乡养老的住房，从这个角度看到他们仍然在城乡选择之间摇摆。他们如果留城继续务工养老，虽然相比农村的工作机会多，但面临高龄状态下在城市的工作机会减少，还有随时中断收入的风险，加之生活成本高和年老时身体可能出现的疾病，在社会保障不足的情况下难以留城养老。如果回乡养老又意味着“裸老”回到过去的生活状态，当打工积蓄用尽之后不知如何生存。这种状态就是本书所指的抉择困境。

第一代农民工养老城乡选择困境是城乡之间穿梭终结前不得已进行的抉择。第一代农民工从外出务工开始就在城乡之间穿梭奔走，城市有务工机会时来到城市，城市有风险时（如金融危机等）可以回到农村这个安全的避风港。他们比较好就业时在城乡之间务工或生活没有太多犹豫，而本研究所指的养老城乡选择是他们退出劳动领域不再有劳动收入的情况下年老生活安排的最后选择，即决定回乡养老后因各种原因不准备再次外出务工，在农村终老；或决定留城养老后不打算回到农村生活，农村老家只是作为临时探亲走动的地方。这个抉择关系到他们年老退出劳动领域后在哪里能够更好生存或生活，需要综合城乡各种因素考虑，于是在养老城乡选择上感到困难，在心理上、行为上出现选择困难的处境，即选择困境。心理上的选择困境主要是思考未来养老城乡选择时的心理焦虑，既想在城市有增加收入的条件，享有城市的交通便利、医疗条件等。又想回乡过相对清闲的日子，但是担心农村生活相对贫困。在行动上反映出为未来养老城乡之间的选择上做两手准备，比如不放弃农村的户籍、农地，在农村建房，同时在城镇购房或租房滞留城市长期不回。但根据人的生命周期规律，年老无法依靠付出劳动维持生存时，身安何处是不得不考虑的问题。

第一代农民工养老城乡选择的困境不只是一个时间节点而是较长的过程。调查显示，认为养老城乡选择困难的第一代农民工中年龄较低的占比高于高龄农民工。其中40岁组（45.5%）分别高于50岁组（43.3%）和60岁组（40.7%）2.2、4.8个百分点（参见表7-1），说明年纪相对较轻的农民工城乡选择问题上有更多的犹豫或纠结。抉择上的犹豫彷徨，直接带来目标如何确立和行动上方向的不确定性。如职业生涯上如何规划和发展，生活上怎样安排，是城市购房还是农村建房，在个人生活方面的投资是更多地倾向于农村还是城市，购买养老保险选择高档次为今后储备更多，还是将来回乡过低成本的农村生活，如何安排家庭成员等都给他们带来更多的困扰。仍有超过50%的第一代农民工在留城养老的选择上没有太多困难，这部分人在养老城乡选择上已经明确，但并不能完全说明他们没有养老城乡选择困境。

表 7-1　　第一代农民工对养老城乡选择有无困难的认识（N=3219）

养老城乡选择是否困难	是		否		合计	
	频率	百分比	频率	百分比	频率	百分比
40—49岁	894	45.5	1070	54.5	1964	100
50—59岁	543	43.3	712	56.7	1255	100
60岁及以上	88	40.7	128	59.3	216	100
总样本	1437	44.6	1782	55.4	3219	100

第一代农民工养老城乡选择困境体现出理想与现实的巨大差距。前述分析看到，第一代农民工62.2%的人认为城市发展比农村好，72.9%的人认为城市生活比农村好，① 受访第一代农民工务工年均数为15.5年，他们中65.5%的人月均收入低于国家公布的全国农民工月均收入。女性受访农民工有74.5%的人低于全国农民工月均收入。随着年龄的增长他们在从业领域几乎没有上升或增加收入的空间，反而收入在逐渐降低，50岁以上农民工的月均收入低于全国农民工月均收入。他们中只有21.6%的人购买了商品房，其中包括小产权房（5.5%）和为子女购房（14.6%），如果退出劳动领域，又缺乏保障基本生活的养老金的情况下，他们大多数人在城市难以生存。众所周知，第一代农民工进城初期是为了更好地生存，城市是他们曾经向往的理想生活之地，但是多年务工以后，理想的生活并不是那

① 数据来源于笔者所在课题组2007年对2834名农民工的调查。

么容易实现，只有22.9%的人选择留在他们当初认为理想的地方生活。现实与理想的巨大差距仍然困扰着大多数第一代农民工养老城乡选择，他们中大多数人难以实现理想的生活，在城乡辗转多年以后人不得不回到生活的原点。所以选择困境并不一定是基本生活的困境，而是理想生活与现实生活差距太大的选择困境。

第一代农民工还有部分特殊困难群体面临养老城乡选择困境。这部分特殊困难群体主要是指超过60岁的高龄或生活有特殊困难的人，因多年在城市务工，家乡农村的住房不能居住，子女长期不在身边，丧偶或单身，回乡无人照顾，缺乏足够养老的经济来源，又因病和高龄等情况无能力再从事农业劳动而滞留在城市的农民工。他们在城市也因病、年老已无人再聘用他们务工，靠捡废品或干零活等过日子，或者家庭有特殊困难不得不带着病重的家庭成员滞留城市务工，这类农民工在养老城乡选择中处境更加困难。从现有管理体制看，他们属于农村社区的服务对象，从困难程度看他们或属于农村低保对象，或属于农村准低保对象，可是又远离农村社区无法获得相应的服务，他们身在城市却不完全属于城市社区的服务对象，这部分人在第一代农民工中虽然占比不大，但却是非常值得关注的特殊农民工群体。

第二节　影响第一代农民工养老城乡选择困境的个体与家庭因素分析

一　影响第一代农民工养老城乡选择困境的个体因素

从前述分析得知女性愿意留城养老的占比高于男性。从留城是否感到困难的情况看，女性感到困难的占比少于男性。因为女性从事城市服务行业工作的选择面比男性更宽，能够接受较低的工资待遇，在城市女性农民工相比男性农民工更容易就业，尤其是高龄女性农民工，她们的就业层面更是处在城市就业中的最低端，如环卫、家政、护工等。尽管如此，相比农村妇女从事农业劳动和繁重的家务而又极少收入相比，留城劳动不一定比农村更差，并且类似的岗位对年龄的包容度较宽，年纪较大的女性也可以找到适合的工作。所以女性在养老城乡选择上认为不困难的（31.8%）高于困难的（29.3%）2.5个百分点，而男性认为选择不困难的（68.2%）低于选择困难的（70.7%）2.5个百分点（参见表7-2）。虽然高龄和文化程度低的男性也有保安环卫等低端就业岗位，但是没有女性农民工低端就业岗位多。在这样的情况下，女性农民工更容易选择留城不考虑回乡。这种选择的困难实际上体现的是留城养老和回乡养老上的困难处境。从表7-1中看到各年龄段在养老城乡选择的困难度上略有差异，感到有困难的年龄较低的比高龄的略高，选择有困难的（44.6%）比不困难的（55.4%）低10.8个百分点。从年龄均值看，在养老城乡选择是否有困难的问题上差别极小。

表7-2　　第一代农民工个体因素与城乡选择是否困难交叉分析表

分类指标		选择不困难		选择困难	
		（人）	（%）	（人）	（%）
性别	男	1213	68.2	1015	70.7
	女	566	31.8	421	29.3
年龄	均值	48.7		48.4	
	中位数	48.0		48.0	
文化程度	小学及以下	650	36.5	531	37.0
	初中	802	45.0	632	44.0
	高中/中专	266	14.9	231	16.1
	大专	41	2.3	28	1.9
	本科及以上	23	1.3	15	1.0
	总计	1782	100	1437	100
与亲属居住情况	与配偶居住	623	35.0	505	35.1
	与配偶子女同住	521	29.3	378	26.3
	与父母同住	26	1.5	33	2.3
	三代及以上同堂	78	4.4	60	4.2
	独居	371	20.9	344	24.0

续表

分类指标		选择不困难		选择困难	
		（人）	（%）	（人）	（%）
与亲属居住情况	其他	158	8.9	116	8.1
	总计	1777	100	1436	100
赡养老人数	均值	2.9		3.0	
	无	282	15.9	198	13.8
	1	386	21.8	277	19.3
	2	634	35.7	545	38.0
	3	253	14.3	216	15.1
	4个及以上	219	12.3	198	13.8
	总计	1774	100	1434	100
子女数	均值	1.9		1.9	

文化程度因素对第一代农民工养老城乡选择困境十分明显。受访的第一代农民工文化程度的均值是1.87，即整体文化程度接近初中，说明这个年龄段的农民工文化程度很低。中国长期的城乡发展差距使农村生活贫困，第一代农民工当初不得不离乡背井到城市务工，多年的务工生涯虽然开阔了眼界，城市现代化的观念和生活习惯影响等在许多方面改变了他们，但是他们绝大多数没有改变的是缺乏适应现代化社会发展的专业技能。这对他们城乡去留选择有很大影响，在调查问卷中，对第一代农民工城乡选择是否困难的回答，认为选择困难是“0”，选择不困难为“1”，由此进行相关分析，文化程度与养老城乡去留困难显著相关（参见表7-3），文化程度越高在养老城乡选择上越不感到困难，而文化程度越低越感到困难。

表7-3　影响第一代农民工养老城乡选择困难的文化程度因素（2020年）

因素	相关系数	Sig	样本数
文化程度	0.097***	0.000	3218

注：* p<0.1；** p<0.05；*** p<0.01

第一代农民工文化程度普遍很低源于城乡二元社会结构导致的农村教育投资严重不足。在计划经济时期政府对农村义务教育阶段的投入很少，农村教育资源十分匮乏。第一代农民工在少年儿童时期，农村的公办小学很少，一个公社公办小学只有2—3所，其余是民办小学，农村生产大队兴办小学教育，经费来自各生产队的公益金提留部分。[①] 小学教师基本上是农村的民办教师，实质上不过是有一定文化的农民，民办教师的工资是生产大队从各生产队收取的公益金中支付。当时有的生产队实在无现金支付民办教师的工资时就用粮食、土豆等实物抵付。在农民没有解决温饱的情况下只有很少的经费兴办教育。笔者20世纪70年代中期在南部县石泉公社下乡锻炼时，生产大队只有一所小学，六个年级的小学生只有两个民办教师，承担六个年级的全部课程，全校只有两间教室，1—3年级的学生和4—6年级的学生分别在这两间教室上课，我当时十分惊讶地问民办教师：3个年级的学生在一间教室怎么上课？教师回答我说：这很简单，教师给一年级的学生上课时，二年级和三年级的学生做作业，给二年级的学生上课时，一年级和三年级的学生做作业。农村教育资源匮乏的情况下怎么能够办好学校，又怎样能培养出高质量的学生？当时还有相当一部分女童没有读书，男孩子读完初中的也很少。当他们青年时代外出务工时，文化程度与社会发展的需求非常不匹配，笔者2022年5月在小区遇到一位30多岁送外卖的农民工，他不认识英文字母D，用手指着字母“D”问我这是什么，D区在哪里？像这样的文化程度只有在收入较低的无技术门槛的低端岗位就业，政府虽然对部分农民工进行过培训，但是相比数量巨大的农民工来说，接受培训的占比非常小。他们除了靠勤劳做艰苦的重体力劳动可以有稍高的收入外，绝大多数收入不高。

城乡二元社会结构给农村成长的青少年带来“先天不足”，即学者李强谈到的“先赋因素”。所谓“先赋因素”指一个人与生俱来的、不经后天努力就具有的因素。比如一个人的年龄、性别，又如一个人的家庭出

---

① 20世纪70年代中期笔者在四川南部县石泉公社下乡时，各生产队按照每年总收入1%—3%提取公益金用于公益事业，包括对生产队有困难的社员、五保户孩子的学费和生病部分的医药费、民办教师生活补助、村民办小学维修，等等，各生产队将对民办教师生活补助和维修学校的费用交予生产大队，由大队支付给民办教师。

身。因此，“出生地、户口类别显然是一个典型的‘先赋’指标”①。第一代农民工被户籍制度限制在农村，在缺乏教育资源的农村与贫穷交织在一起成长起来的第一代农民工，进城务工时跟不上现代城市工业社会的发展，文化程度低在就业方面缺乏竞争力，在城市立足显得十分困难。从表7-2看到，小学及以下文化、初中、高中/中专、大专、本科及以上文化程度在养老城乡选择感到困难的分别占37.0%、44.0%、16.1%、1.9%、1.0%。感到选择不困难的分别是36.5%、45.0%、14.9%、2.3%、1.3%。小学及以下文化到高中/中专文化程度选择困难的高于不困难的，而大专和本科及以上选择困难的低于不困难的。说明文化程度高的比文化程度低的在城市更容易稳定就业，收入也相对稳定，选择留城或选择回乡都可以有较稳定的生活。21世纪初期“在农村劳动力中，受过专业技能培训的仅占9.1%。在2001年新转移的农村劳动力中，受过专业技能培训的只占18.6%”②。政府为了提高农民工专业技能素质，劳动部等六部委颁布了《2003—2010年全国农民工培训规划》，提出对已进入非农产业就业的2亿多名农民工开展岗位培训，对其中的3000万人由政府补贴开展专业技能培训。这些措施在一定程度上提高了农民工的专业技能，但是用几年时间专业技能培训3000万人的比例很小，并且当时农村劳动力以每年600万人在增长。③ 部分文化程度低的第一代农民工，即使参加培训也难以获得专业技术证书。所以文化程度制约了他们职业生涯的发展，制约了他们在城市有更多或更宽广的就业机会，绝大多数只能在重体力劳动岗位就业或低层次的低工资收入的岗位就业。一旦年老失去身强力壮的优势后他们很难在城市就业，在养老储蓄不足的情况下，陷入留城找不到工作，回乡缺乏足够的养老保障的两难境地。

---

① 李强：《农民工与中国社会分层》，社会科学文献出版社2004年版，第32页。

② 劳动部、劳动保障部、教育部、科技部、建设部、财政部颁布《2003—2010年全国农民工培训规划》，https://www.gov.cn/gongbao/content/2003/content_62454.htm，2003年9月18日。

③ 参见劳动部、劳动保障部、教育部、科技部、建设部、财政部颁布《2003—2010年全国农民工培训规划》，https://www.gov.cn/gongbao/content/2003/content_62454.htm，2003年9月18日。

二　影响第一代农民工养老城乡选择困境的家庭因素

家庭成员情况对第一代农民工养老城乡选择有较大的影响。第一代农民工外出务工都肩负着对家庭成员的责任，使自己的家人生活更好是他们外出挣钱的动力和对生活的预期。从他们与家庭成员同在城市居住情况看，不同的家庭成员情况在城乡去留选择上是否感到困难差别很小。部分农民工的主要家庭成员已经跟随进城，生活状况与自己基本上同步，也可以说按照他预期的生活目标基本达成或者将要达成。所以调查显示：与配偶和子女同住以及三代以上同堂在城市同住的认为养老城乡选择不困难的分别为 29.3%、4.4%，比认为选择困难的 26.3%、4.2%分别高了 3、0.2 个百分点。独居的认为选择困难的（24.0%）比认为选择不困难的（20.9%）高 3.1 个百分点，可见家庭全部成员同在城市务工生活的可以相互照顾，有利于克服困难，这部分农民工感到选择困难的程度相对较小。而独自外出的单身农民工，缺少家人的相互扶持，在城市的处境相对艰难，在城乡选择上的困难度就会增大。子女数对第一代农民工城乡选择困难程度的影响几乎没有差别，因此笔者没有列出具体的子女个数和儿子数、女儿数进行分析。

从赡养老人的情况看，无赡养老人和赡养 1 个老人的认为养老城乡选择不困难的（37.7%）比认为选择困难的（33.1%）高 4.6 个百分点；而赡养老人数在 2 个、3 个、4 个及以上的选择不困难的开始逐步减少，而选择困难的程度在增加，分别增加 2.3、0.8、1.5 个百分点（参见表 7-2）。从实证的角度进行验证，相关系数反映出赡养老人对第一代农民工城乡选择的困难度有影响，两者是负相关关系，即赡养的老人数越多在城乡选择上越困难（参见表 7-4）。在农村的老人除有很少农作物支撑生活外基本无其他生活来源，主要依靠第一代农民工在外务工挣钱赡养父母，随着他们年龄增长，如果继续留城，就业机会和身体等情况逐渐下降，尤其是到了 55 岁以后很难找到较高收入的工作，选择回乡更是在经济上帮扶父母。中国的文化传统“百善孝为先”对农村子辈影响很深，农民工不管走多远总是牵挂着父母，春节路途再辛苦都要回去看望父母就是很好的证明。所以第一代农民工无论在城乡之间作何选择，赡养父母都是他们要考虑的重要因素。

表 7-4　　影响第一代农民工养老城乡选择困难的赡养老人因素（2020 年）

因素	相关系数	Sig	样本数
需要赡养的老人数	−0.043**	0.016	3208

注：* $p<0.1$；** $p<0.05$；*** $p<0.01$

在养老城乡选择上困难度较小的是夫妻双方带上子女共同在城市务工，但占比只有 28.0%（参见图 3-7）。赡养老人负担较轻的第一代农民工在城乡选择上困难度也较轻。子女数本是作为农民工负担较重的因素，但是年龄偏高的第一代农民工的子女大多长大成人，子女的负担相对较轻，不过其中 40 岁组的农民工的子女读书和婚嫁也是较重的负担。中国家庭有相互帮扶的传统，父辈都将家庭成员看成一个整体，哪怕是多年独自外出务工的农民工都认为为父母和子女作出牺牲和贡献是必要的，无怨无悔的。所以他们观念上认为在农村的家庭成员是他们今后养老城乡选择必须考虑的因素，这在客观上给他们城乡选择带来了难度。

访谈案例 7.1

访谈对象：陆姓农民工

访谈时间：2019 年 4 月 18 日

访谈地点：兰州东方红广场附近餐馆里

陆师傅，男性，53 岁，陕西眉县人，初中文化程度，外出务工十多年，建筑工地做工。他的皮肤被太阳晒得又红又黑，看起来比他的实际年龄要大很多。有两个儿子，大儿子 23 岁在成都打工，小儿子在家乡读中学，妻子照顾小儿子没有出来务工。陆师傅跟随建筑工地到过几个省市，之前在广西，现在兰州市东方红广场附近的建筑工地务工。每天工作较长，下雨休息。住在建筑公司为他们租的 8 人一间的房子里。每月工资 5800 元，每年春节有几天假。每年给父母一千多元的赡养费，除了自己在兰州的基本生活费，剩余的钱寄回家，还要为儿子结婚购房、购车存够 100 万，目前已经在家乡的镇上为儿子购买了一套婚房。他购买了城居保300元/年，居民医保220元/年。在外面务工看病的医药费，因不知道如何报销，所以从来没有回乡报过。雇工单位为他购买了工伤保险。妻子在老家务农，主要的收入来源于种麦子，麦子每斤卖价不到一元钱，除吃饭不够补贴家里其他费用，家里的建房等都是靠他外出打工挣钱。关于城乡去留选择，陆师傅说用工单位聘用建筑工人只到55岁，以后如果在城市找不到工作，只能回农村。

访谈案例 7.2

访谈对象：范姓农民工

访谈时间：2019年7月26日

访谈地点：北京火车南站路边

范师傅，男性，66岁，河南人，小学文化，外出打工23年，目前在北京火车南站建筑工地做杂工，笔者访谈时他正在工地铺路。妻子在家乡没有出来工作，有一个儿子，有时还要给一点钱给孙子，儿子也在外打工，每年种麦子的时候（9月）要回去大约20天。每年除了春节回家过年休息可以连续几天。每天工资150元，每月工资4500元，早晨6点上班，中午天太热，休息时间较长，下午7点下班。工程完了才给工钱。工地管吃管住，一间房子住10个人，每天雇工方提供两顿饭。过去缴农村养老保险100元/年，农村医疗保险200元/年。现在每月有约80元的基础养老保险金。范师傅有高血压，每天吃高血压药。当问到他城乡选择时，他说再干2年，如果没有人聘用他只能回农村。

访谈案例 7.3

访谈对象：盘姓农民工

访谈时间：2019年8月22日

访谈地点：广东东莞某生产不锈钢衣架民营企业

盘女士，48岁，小学文化程度，湖南永州道县人，在城市打工26年，每天工作时间较长，工资3800元。在企业包吃包住。5个人一间房。有一儿一女，大儿子 25 岁，未婚（当地儿子结婚需要的费用大概在 10 万—20 万），所以盘女士需要挣钱为儿子结婚用，目前儿子也在外打工，会开车，自己挣钱养活自己。女儿 15 岁在家乡读书需要她挣钱抚养，丈夫因患肝癌无法劳动（2012 年患肝癌，医疗费按照规定报销），她独自在外打工挣钱（在外打工的医疗费回乡可以报销 40%），家里没有人种地，还有 2 个老人要赡养，老人可以靠养鸡解决基本生活费。厂里包吃住，会节省较多的费用。购买的新农保 100 元/年，本想缴高一档次的养老保险，但据她说家乡不能多缴。医疗保险缴纳的是 220 元/年。城乡选择上，盘女士说她无能力在东莞买房，缴纳的养老保险也是最低档，家人都在农村，无法在城市养老，以后没有人雇她时只能回农村。

上述几位农民工除经济等情况，他们独自外出务工家庭成员没有随行相互照顾，生活显得十分艰辛。从表 7-2 看到，夫妻带着子女同在城市一起居住务工的，在养老城乡选择的困难占比是最小的。而父母、配偶在农村的生活状况以及子女的状况对农民工的去留有着重要的影响，他们坚持在外务工与赡养父母、夫妻相互帮扶以及完成对子女的成家有不可分割的关系。上述案例我们看到绝大多数农民工说的一句“在城市没有人雇他们时，只有回农村”，66 岁的范师傅因为回乡没有收入，妻子在农村，他靠每天吃药控制血压的情况下在露天作业维持生计。53 岁的陆师傅妻子在农村收入很低，他为农村家里建房和儿子结婚坚持在建筑工地工作。48 岁的盘女士为了癌症丈夫的治疗和赡养两位年迈的老人必须远离家人挣钱养家。如果在城市没有人雇他们，全家的经济来源会崩塌。有的会陷入困境，有的直接影响到全家人的生存。同时我们也看到，第一代农民工的背后大多有同样弱势或更加弱势的家庭成员，这些更加弱势的家庭成员需要家庭中有人外出务工来维持他们的生计，上述案例中范师傅“回乡最大的困难是挣不到钱”道出了许多农民工的心声，这句话也反映出农民工养老城乡选择的两难处境，因为他们外出务工使自己和家庭成员生活得更好的目标没有实现。他们只能在远离家人的城市忍受分离痛苦，还要在留城继续务工和回乡与家人团聚之间进行选择，所以家庭成员的生活状态直接影响到第一代农民工养老城乡去留的选择，目前不得不选择在城市务工，最终不得不选择回乡。

三　影响第一代农民工养老城乡选择困境的住房因素

稳定的居住条件是农民工养老城乡选择的基本条件，良好的居住条件可以使人感到安全、身心愉悦，更是养老的必备条件。第一代农民工进城务工初期居住条件很差，在住房政策没有改变前，几乎没有私房出租，许多农民工居住在雇工方提供的简陋房屋中，或者居住在不正规的房屋中，比如搞家装的农民工，居住在没有装修好的房屋中，没有床，洗漱条件也不具备，装修工地转移到哪里，哪里就是他们居住的地方。工厂提供的住宿有的是通铺，周围卫生条件很差。早期的农民工要留城几乎没有居住条件。随着社会的发展，户籍和房屋政策的改变，城市居民有了较多的住房出租，政府提供了部分公共租赁房，少数农民工购买了商品房，农民工在城市的居住条件有了较大改变。但我们也要看到大多数农民工收入很低，又被排除在经济适用房之外，公租房覆盖农民工又十分有限，“购买保障性住房和租赁公租房的农民工不足3%”①，许多农民工住房条件仍然比较差。2021年“进城农民工人均居住面积21.7平方米”②，而2020年城市“人均居住面积是36.52平方米”③。从前述多个案例看到大多数农民工租住在很便宜条件较差的无卫生间无厨房的住房里，有的居住在违规搭建的房屋中，建筑类农民工大多居住在工地板房里。从笔者访谈的情况看，大多数第一代农民工在城市务工地的居住面积没有达到全国农民工人均居住面积。没有居住条件保障，农民工即使能在城市获得比农村高较多的收益也难以在城市长期生存。从表7-5看到，自购商品房（包括小产权房）的农民工认为养老城乡选择不困难的占比（27.3%）高于认为选择困难的

---

① 《2016年农民工监测调查报告》，https://www.gov.cn/xinwen/2017-04/28/content_5189509.htm#1，2017年4月28日。

② 《2021年农民工监测调查报告》，https://www.gov.cn/xinwen/2022-04/29/content_5688043.htm，2022年4月29日。

③ 赵语涵：《2020年城市人均居住面积36.52平方米》，https://baijiahao.baidu.com/s?id=1736756451877642062&wfr=spider&for=pc，2022年6月27日。

（14.6%）12.7 个百分点。雇主提供房的农民工认为选择不困难的（25.5%）高于选择困难的（23.7%）1.8 个百分点，其余的租住私房、借住房、公租房和非正规居所的农民工认为养老城乡选择的困难度高于选择不困难的占比。认为选择困难高于不困难的百分点从高到低为租住私房（7.8）、借助房（3.1）、公租房（2.1）、非正规居所（1.5）。（参见表 7-5）

表 7-5　　　住房因素与养老城乡选择有无困难交叉分析表（2020 年）

分类指标		选择不困难		选择困难		选择不困难比选择困难的（百分点）
		（人）	（%）	（人）	（%）	
住房因素	租住私房	587	33.0	585	40.8	−7.8
	公租房	84	4.7	98	6.8	−2.1
	自购商品房	379	21.3	140	9.8	11.5
	自购小产权房	107	6.0	46	4.8	1.2
	借住房	99	5.6	125	8.7	−3.1
	雇主提供房	453	25.5	340	23.7	1.8
	非正规居所	69	3.9	77	5.4	−1.5
	总计	1778	100	1411	100	

一般情况下，在城镇购房的农民工收入状况较好，生活和工作较为稳定，这部分农民工中有的是在家乡的城镇购买的住房，并且大多在农村也建有住房，在城乡之间养老的选择上困难较小。调查显示，在城镇购房的人中打算留城养老的原因是在老家城镇购买了住房（43.0%）和在打工地购买了住房（43.8%），其他原因选择留城的只有 93 人（13.2%）。可见有了稳定的住房对于他们养老城乡选择有着十分明显的影响，这部分农民工的绝对数很低。而居住在雇主提供房的农民工虽然认为选择不困难的比选择困难的略高，但高出的百分比很小。相比自购商品房的差距较大，这部分农民工的居住与务工紧密联系，一旦失去相应的工作就失去在城市的居所，所以实际上他们中选择困难的绝对数不低。相比其他居住条件的农民工，租住私房的认为选择困难的绝对数最高（585 人，40.8%），养老城乡选择感到困难的（40.8%）超过选择不困难的（33.0%）占比也是最高的

（参见表 7-5）。

访谈案例 7.4

访谈对象：何姓农民工

访谈时间：2019 年 7 月 26 日

访谈地点：北京南站

何女士，58 岁，甘肃某地人，小学文化，老公与她一起到北京打工，都是做环卫工作。外出务工 23 年，到过许多地方。有一个儿子在东北打工，30 多岁已结婚生子。何女士每月收入 2500 元，每天工作 8 小时，如果需要休息或办私事可以请假，但是超过一定时间要被扣工资。老公的工资也在 2500 元左右。在北京租房每月租金 1500 元，基本生活费大约 1200 元/月，加上其他一些杂费开支，所剩无几。购买了城乡居民养老保险 100 元/年，城乡居民医疗保险 220 元/年。何女士说她到过多地务工，每到一地务工就租住私房，有时是自己转移务工地点离开退房，有时是房主不愿意租给她，总之在一个地方都没住多久。她表示还愿意在北京做几年环卫工，如果没有人雇用她就只有回乡。

租住房屋因与出租人是租赁关系，租住的合同期满双方都可能不再续租，房主可以房租涨价等任何理由不再租给承租人。借住房和非正规居所也很容易因为房主的原因或者城市建设拆迁等原因导致农民工随时搬迁，时常处于被迫搬迁的状态。有时也可能因为农民工工作的流动性自己离开居住的房屋。总之，租住私房、借住房和非正规居所的稳定性最差，住房安全感也最差，他们在城市生存的困难度也最大，增加了养老城乡选择的难度。

第三节　第一代农民工务工因素对养老城乡选择困境的影响分析

一　务工距离对第一代农民工养老城乡选择困境的影响

我国农民工进城初期大多是由亲朋好友介绍外出，当初到哪里务工，在什么行业务工大多取决于亲朋好友的带动，不是根据自己的实际情况进行的选择。21 世纪初他们务工的信息来自亲友（42.9%）和同乡（33.8%），来自广告（14.3%）和其他（9.1%），可见 76.7%的务工信息来自他们的亲朋好友，① 他们的亲朋好友根据自己务工地点把他们带到距离家乡不同远近的地方。这也是社会学所说的“初级社会关系”中获得的就业信息，根据这种信息来源外出务工，是以相信熟人为基础，而不是以挣钱多少和距离远近为考虑因素。随着社会劳动力市场不断完善，多渠道就业信息网络的建立，农民工才有更多机会根据自己的情况选择从业岗位，开始向获得经济收益高的地区转移，农民工大量流动到东部地区就是很好的例证。而第一代农民工随着年龄增长，50 岁及以上的在户籍地务工的占比超过同年龄段在非户籍务工（参见图 3-5）。传统的推拉理论研究表明流动距离的远近是分析流动人口流动状况的重要因素。李强曾经就流动距离远近对农民工是否选择回乡进行过相关分析，得出的结论是所在城市离家乡距离越远，农民工越倾向于不回家乡。② 这一结论是 21 世纪初期农民工的情况，当时的农民工平均年龄不足 30 岁，在近 20 年后，社会发生了很大变化，政策上鼓励农民工进城落户，交通便利缩短了跨省务工的空间距离，农民工的收入有了很大提高。本次调研显示，与 20 年前相比，高龄农民工务工地逐渐趋向于转移到户籍地，为回到户籍地城市或农村养老做准备。本次调查将在户籍地和非户籍地务工作为离家乡农村距离远近的判断标准，结果显示，在户籍地务工的受访者认为在城乡选择上不困难（38.5%）高于选择困难（35.8%）2.7 个百分点，而非户籍地务工的认为选择不困难的（61.5%）低于认为选择困难的（64.2%）2.7 个百分点（参见表 7-7）。再将务工距离远近与第一代农民工养老城乡选择是否有困难进行相关性分析，发现两者在 5%的水平上呈显著负相关，即离家乡越远的农民工养老城乡选择越困难。验证了前述结论。

---

① 数据来源于 2004 年笔者所在课题组对重庆市 1083 名农民工的问卷调查。

② 参见李强《农民工与中国社会分层》，社会科学文献出版社 2004 年版，第 68 页。

表 7-6　影响第一代农民工养老城乡选择困难的务工距离因素（2020 年）

因素	相关系数	Sig	样本数
是否在户籍地务工	-0.05**	0.022	2062

注：* p<0.1；** p<0.05；*** p<0.01

访谈案例 7.5*

访谈对象：邓姓农民工

访谈时间：2019 年 2 月 7 日

访谈地点：四川华蓥天池镇某村

邓师傅，男性，62 岁，广安市华蓥市天池镇人。小学文化程度，外出务工 28 年。他的一儿一女都已结婚生子独立生活。邓师傅与儿子忙于在外地打工，妻子在农村老家照看孙子。他第一份工作是在内蒙古自治区包头市固阳县一个砖瓦厂，辛勤的劳动只换来每月 2000 元左右的工资，工厂包吃住，为邓师傅节省了一笔开支。砖瓦厂的工作对文化程度和专业技术要求不高，只要能吃苦耐劳就可以胜任，拉土、制坯、出窑、搬运等工作常常不分严寒酷暑，对体能要求极高。60 岁时邓师傅感到身体不能胜任高强度的劳作。回乡在户籍地的城镇找到一份景区厕所的保洁工作，早中晚各清扫一次，通常情况下每天劳动时间不会超过 6 个小时，每周还有一天的休息时间（周日），但清洁工作的工资较低，每月只有 1000 元左右。景区距离女儿家很近，在女儿家吃住。他打算工作到 70 岁回乡养老。邓师傅没有购买养老保险，购买了城乡居民医疗保险 220 元/年。通过打工，将老家的土坯房改造成了瓦房，最近两年儿子出资又扩建成为两层楼的住房。

上述案例说明邓师傅当初远距离务工是为了获得更高的收益，随着年龄的增长失去了胜任重体力劳动的优势，但是由于缺乏足够的养老储备，选择回到户籍地附近城镇继续务工，不能回乡养老，仍在城乡之间徘徊，这也是养老城乡选择困境的表现。选择户籍地务工的农民工，语言和生活

---

* 此案例是重庆大学马克思主义学院 2017 级硕士研究生蒋艺访谈获得。

习惯等方面没有太大变化，在当地城乡之间穿梭较之非户籍地务工的农民工频繁，可以较多照顾农村的家人，有的可以早出晚归，离家近可以照顾家庭成员，对城乡风俗差别的感受更小。所以务工地相距农村家乡近的，养老城乡选择的困难较小，距离远的困难度较大。在非户籍地务工的农民工，大多数到了东部城市、一线城市或省会城市，农民工之所以舍近求远流动务工，是因为远距离流动务工能获得更高的经济收益。他们在异地的城市，与当地居民的语言、文化和生活习惯有较大差异，他们大多与同质群体接触，与当地居民的接触较少或基本不接触，融入务工地城市很困难。如果选择到异地城市远距离养老，除经济因素的考量，还增加了当地语言、文化和生活习惯的差异的困难，还有家乡的亲人安置上的考虑，因此他们会在远距离高收益养老和近距离回乡养老之间纠结，使他们处于选择的两难境地，因此高龄农民工在城镇务工逐渐向户籍地转移，为回到家乡养老做准备。当然我们还要看到不论是否在户籍地务工都会有养老城乡选择处境困难的人，因为他们在高龄阶段同样存在回乡务农缺乏增收的机会、留城缺乏工作的机会的两难境地。

表 7-7　务工因素与养老城乡选择有无困难交叉分析表（2020 年）

分类指标		选择不困难		选择困难		选择不困难比选择困难的
		（人）	（%）	（人）	（%）	（百分点）
务工距离	户籍地务工	684	38.5	514	35.8	2.7
	非户籍地务工	1092	61.5	922	64.2	−2.7
	总计	1776	100	1436	100	
务工行业	建筑业	511	28.8	466	32.5	−3.7
	制造业	237	13.3	203	14.1	−0.8
	服务业	1030	57.9	767	53.4	4.5
	总计	1778	100	1436	100	
务工年数	1—9 年	472	26.9	384	27.3	−0.4
	10—19 年	559	31.7	507	36.1	−4.4
	20—29 年	522	29.8	400	28.5	1.3

续表

<table>
<tr><th colspan="2" rowspan="2">分类指标</th><th colspan="2">选择不困难</th><th colspan="2">选择困难</th><th rowspan="2">选择不困难比选择困难的（百分点）</th></tr>
<tr><th>（人）</th><th>（%）</th><th>（人）</th><th>（%）</th></tr>
<tr><td rowspan="2">务工年数</td><td>30年及以上</td><td>204</td><td>11.6</td><td>114</td><td>8.1</td><td>3.5</td></tr>
<tr><td>总计</td><td>1757</td><td>100</td><td>1405</td><td>100</td><td></td></tr>
<tr><td rowspan="6">自评务工劳动强度</td><td>很重</td><td>167</td><td>9.4</td><td>167</td><td>11.6</td><td>-2.2</td></tr>
<tr><td>较重</td><td>690</td><td>38.7</td><td>678</td><td>47.2</td><td>-8.5</td></tr>
<tr><td>一般</td><td>769</td><td>43.2</td><td>529</td><td>36.8</td><td>6.4</td></tr>
<tr><td>较轻</td><td>138</td><td>7.7</td><td>54</td><td>3.8</td><td>3.9</td></tr>
<tr><td>很轻</td><td>17</td><td>1.0</td><td>9</td><td>0.6</td><td>0.4</td></tr>
<tr><td>总计</td><td>1781</td><td>100</td><td>1437</td><td>100</td><td></td></tr>
</table>

二　务工行业对第一代农民工养老城乡选择困境的影响

1. 务工行业对第一代农民工养老城乡选择困境有影响

务工行业对第一代农民工的影响虽然不像务工年数和劳动强度那样对养老城乡选择困境有显著相关性，但不同行业对农民工的收入、城市融入的影响会带来他们对养老城乡选择的影响。从表7-7我们看到，建筑业受访农民工对养老城乡选择感到困难的（32.5%）比不困难的（28.8%）高3.7个百分点，制造业受访农民工认为选择困难的（14.1%）比不困难的（13.3%）高0.8个百分点，而收入相对较低的服务业受访农民工认为选择困难的（53.4%）比不困难的（57.9%）低4.5个百分点。建筑业是流动性最大的行业，建筑业农民工随建筑工地的转移而转移，区域跨度大，工作和生活大多封闭在建筑工地，而许多新建筑群往往在远离市区的地方，他们与当地城市居民交集很少，生活的不确定性更多，他们在养老城乡选择上更为茫然。

访谈案例 7.6

访谈对象：代姓农民工

访谈时间：2019年8月6日

访谈形式：电话访谈

代师傅，男性，46岁，重庆云阳人，高中文化程度，外出务工26年，随建筑工地在浙江、湖北等多个省务工，现在广州白云区从事修建桥梁类的工作，具体做砌砖、混泥土工。每月工资5000元左右，下雨休息，劳动强度较大。吃住在工地，基本不与当地有接触，从未参加过社区活动。妻子在家没有外出打工，有一个儿子已成年，家中有两位老人需要赡养，因家乡修建公路占用了土地，父母每月有1000元的土地赔偿款，自己赡养父母的负担较轻。代师傅参加了城乡居民养老保险100元/年，医疗保险220元/年，每年缴纳3000元意外商业保险。因妻子在农村，农村有住房，对于今后养老城乡的选择暂时不能确定。在广州打工，房价太高，并且随工地转移不知道下一个工地在何处，农村的生活条件许多方面不如城市，回乡意味着没有了每月几千元的收入。是否留城还在考虑中。自己觉得与城市人有区别，穿着等方面都不一样。

建筑业中第一代农民工有的虽然进城务工多年，但长期跟随工地转移无法确定在城市哪里可以安身，在建筑工地相对封闭缺乏与城市接触的机会或时间，选择回乡养老的最多，纠结于养老在城市还是农村的占比也最高。相比之下制造业流动性不及建筑业，但他们许多人居住在企业提供的职工宿舍，与城市居民的交往少于服务业农民工，在养老城乡选择的困难度上与建筑业农民工差别不大。服务业的农民工流动性相对较小，在一个城市务工时间相对长一些，通过细分服务业中的几个行业情况，除“居民服务修理和其他服务业”与“其他”从业的农民工认为养老城乡选择困难的（14.7%）高于不困难的（12.2%）外，服务业中的其他几个行业的农民工都认为选择不困难的高于选择困难的。将这几个服务行业中选择不困难高于选择困难的百分点从高到低的情况为：批发和零售业为4.0，住宿餐饮业为2.0，“其他”为0.8，交通运输、仓储和邮政业为0.2（参见表7-8）。

表 7-8　务工行业与第一代农民工养老城乡选择是否困难交叉分析表（2020 年）

分类指标		选择不困难		选择困难		选择不困难比选择困难的（百分点）
		（人）	（%）	（人）	（%）	
务工行业	建筑业	511	28.8	466	32.5	-3.7
	制造业	237	13.3	203	14.1	-0.8
	批发和零售业	232	13.0	129	9.0	4.0
	住宿餐饮业	228	12.8	155	10.8	2.0
	交通运输、仓储和邮政业	97	5.5	76	5.3	0.2
	居民服务修理和其他服务业	217	12.2	211	14.7	-2.5
	其他	256	14.4	196	13.6	0.8
	总计	1778	100	1436	100	

访谈案例 7.7

访谈对象：王姓农民工

访谈时间：2019 年 8 月 21 日

访谈地点：广东惠州生产头盔的某民营企业

王女士，45 岁，安徽阜阳人，初中文化程度。以前在家务农，外出打工 4 年，每天工作时间较长，每月工资 4000 元。有一儿一女，女儿 20 多岁已经在打工，她带着儿子到惠州租房，儿子 16 岁，初中三年级，因为户口不在惠州，所以初中只能读私立学校，每学期交学费几千元，老公在家里种地没有外出打工。两室一厅的带卫生间的房租 450 元/月。每月平均给家里 200 元赡养两位老人。每年回家一到两次。没有购买养老保险，在农村家乡购买了医疗保险 240 元/年。她说自己文化程度低对政府的许多政策不了解，不清楚政府的政策是否对农民工有帮助。关于今后养老城乡去留选择，虽然城市有许多好处，但惠州房价高，无法在惠州养老，丈夫在老家，最后只能回农村老家。

访谈案例 7.8

访谈对象：白姓农民工

访谈时间：2019 年 1 月 14 日

访谈地点：北京海淀区某行政学院院内

白女士，43 岁，河南周口人，文化程度小学一年级，只能认少量的字，不会写字。外出务工 11 年。在行政学院内做保洁工。每月工资 3200 元，每月用 1000 元租房，冬天暖气一个月大约四五百元。丈夫之前同在一个学校做清洁工，因年龄较大不能继续做，换了一个单位，仍然在北京，收入比白女士稍高一点。白女士无儿女，家里有四位老人需要赡养，每月给不低于 1000 元的赡养费。劳务派遣公司为白女士购买了北京城镇职工养老保险，她本人工资里每月缴 400 元的养老保险费用，也为她购买了医疗保险，她自己不太清楚购买的哪个档次的医保和生病报销的比例，只知道可以报销一部分。白女士说通过劳务派遣公司与学校签订劳动合同，第一次签三年，第二次可以签五年，可以签约到 50 周岁，以后如果要继续在城市务工需要自己另外再找其他工作。

从上述三种不同行业从业农民工的案例看到，建筑业流动性最强，劳动强度最大，收入虽然相对高，但流动性强无法确定将来会停留在哪里。制造业和服务业流动性和劳动强度次之，工作时间都较长。他们都是跨省务工，家庭负担较重，在城乡去留问题上都十分纠结，三位农民工都不能确定什么时候可以回乡养老，虽然务工收入远远高于农村，但退出劳动领域后在城市都难以生存。尤其是白女士农村家乡没有住房，在北京每月 3200 元的低收入，除去房租和赡养老人的费用以及冬天的暖气费，支撑日常生活费用后所剩无几，如果到 50 岁学校不再继续雇她，依靠她不高的养老金很难实现在北京或其他城市养老。在惠州务工的王女士独自在城市务工，每学期为儿子读初中缴纳几千元的私立学校的学费后，不会有太多的积蓄。他们今后在何处养老都难以确定。

2. 务工单位（组织）性质对养老城乡选择困境的影响

农民工务工的单位性质或个体自雇职业对养老城乡选择有一定影响，

这种影响无规律性的变化。在机关事业单位务工的农民工认为养老城乡选择不困难（4.6%）略高于选择困难（3.4%）1.2 个百分点。在乡镇企业务工的农民工认为养老城乡选择不困难的（3.3%）高于选择困难的（3.0%）0.3 个百分点，但这部分农民工的绝对人数很少。比较突出的是个体工商户认为选择不困难的（21.9%）高于选择困难的（17.4%）4.5 个百分点（参见表 7-9），个体工商户大多在城市从业的自由度较大，能够寻找到较多赚钱的机会，有的还有少量的雇工或帮手，可能还有自己的店铺或运输车辆，如果经营较好，收入相比靠体力劳动领固定工资的农民工更高。形成鲜明对比的是无固定单位的农民工，认为养老城乡选择困难的（35.7%）比选择不困难的（32.2%）高 3.5 个百分点，这部分农民工包括零工、散工，他们是第一代农民工中最弱势的群体，大多是文化程度很低、高龄和无专业技术，生活水平处于社会最底层，如重庆“棒棒军”，前几年没有多少电梯房和私家车时他们收入较高，近几年他们收入锐减且极不稳定。笔者居住的小区门口就有这么一群接近 60 岁的男女农民工，每天在小区门口等着别人叫他们去收废品，或临时做家政服务，或搬运货物，他们与雇主之间根据工作量现场协商服务价格后去做工，完成后又在小区门口等着下一个雇主叫去做工。他们每天从早晨 8 点在小区门口守到 19 点左右，有时几个小时或者一整天都没有人叫他们去做工。这部分农民工在养老城乡去留选择问题上最纠结的是他们在城市收入较低，回乡几乎无其他增收渠道，在城市的生活十分艰辛。

表 7-9　务工单位性质、个体从业者与养老城乡选择是否困难交叉分析表（2020 年）

分类指标		选择不困难（人）	选择不困难（%）	选择困难（人）	选择困难（%）	选择不困难比选择困难的（百分点）
务工单位性质和个体从业者	机关事业单位	81	4.6	49	3.4	1.2
	国有企业	127	7.1	125	8.7	-1.6
	民营企业	548	30.8	455	31.8	-1.0
	乡镇集体企业	59	3.3	43	3.0	0.3
	个体工商户	390	21.9	249	17.4	4.5

续表

分类指标		选择不困难		选择困难		选择不困难比选择困难的（百分点）
		（人）	（%）	（人）	（%）	
务工单位性质和个体从业者	其他无固定单位	572	32.2	511	35.7	-3.5
	总计	1777	99.9	1432	100	

注：表中有一列的总计百分比为99.9%，是系统计算的结果。

访谈案例 7.9[*]

访谈对象：王姓农民工夫妻

访谈时间：2019 年 1 月 30 日

访谈地点：重庆沙坪坝沙北街饮水村社区街边

王女士，54 岁，小学文化程度；唐先生，56 岁，小学文化程度，重庆石柱县人，夫妻两人进城务工 17 年，有两个儿子，大儿子在浙江打工已结婚生子，小儿子在重庆打散工。夫妻双方各有一位老人需要赡养，老人接近 80 岁，每月有 125 元的基础养老金，其余的生活需要夫妻两人补贴。以前小儿子在重庆沙坪坝读书时每年要交 3000 元学费。夫妻两人都在沙坪坝饮水村附近做"棒棒军"工作，有时搬运货物的劳动强度很大。每天工作时间不确定，每月的收入也不固定，夫妻俩大约 8000 元。每月租房费（15 平方米）600 元，前几年为大儿子结婚购买一套房，花费了大约 30 万，目前还在为小儿子购房做准备。以前夫妻两人的收入还稍多点，近年来随着电梯房的修建和私家车的普及，搬运的工作少了很多。王女士说他们夫妻曾经为一个雇主打工，拖欠他们的工资 1 万多元，最后雇主跑了，拖欠的工资也要不回来了。购买的农村最低档养老保险 100 元/年和医疗保险购买的 220 元/年。

高龄而无固定工作的农民工回乡生活也十分困难，他们大多在 55—70

* 此案例由笔者与长江师范学院管理学院副教授徐志花实地访谈获得。

岁之间，在城市打工也越来越困难，长期滞留城市是为了将来养老进行储备，他们中60—70岁的人除了基础养老金，无论是回乡还是留城都无更多的基本生活来源，滞留城市偶尔会有零星的收入，维持到何时很难预料。

除无固定单位的农民工，还有近30%在民营企业打工的第一代农民工，他们认为养老城乡选择困难的（31.8%）比选择不困难的（30.8%）虽然只高了1个百分点，根据国家统计局对全国农民工的调查，2021年制造业的农民工占比达到“27.1%”①，其中相当多的农民工在民营企业工作，访谈中也了解到，民营企业基本上都没有为农民工购买养老保险。在这类企业的农民工大多只购买了最低档的城乡居民养老保险，不能保障未来养老生活，因此在未来养老城乡选择上感到困难。在国有企业的农民工认为养老城乡选择困难的（8.7%）比选择不困难的（7.1%）高1.6个百分点，国有企业基本上按照规定为农民工购买了养老保险，但是国有企业的农民工工资不高，并且存在二元用工制度，农民工和正式职工在收入和待遇上有较大区别，农民工退休后的保障也远不及编制内的职工。国有企业里工作的农民工大多都在十分繁重的岗位，收入不太高，享有的福利与正式职工有区别。一位国企打工的农民工说，他打工满15年就缴满了获得养老金的基本年限，那时他会辞掉这个工资不高又十分繁重的工作，重新找工作做。但是离开企业重新寻找工作并非容易，以后身安何处仍然是一个问题。

三　务工年数对第一代农民工养老城乡选择困境的影响

务工年数与第一代农民工城乡养老选择困难存在显著相关性。一般情况下务工年数越长，对城市的务工环境和生存环境了解越多，个人积蓄相对越多，对个体是否有能力在城市养老有较准确的判断。务工年数长的大多是高龄农民工，他们养育子女和赡养老人的负担相对较轻。而务工年数较短的农民工年龄相对较轻，积蓄较少，养育子女和赡养老人的负担相对较重，对今后养老城乡选择更为纠结。表7-10验证了这一假设，即务工

① 《2021年农民工监测调查报告》，https://www.gov.cn/xinwen/2022-04/29/content_5688043.htm，2022年4月29日。

年数与养老城乡选择有显著相关性。务工年数越长在养老城乡选择上越感到不困难，务工年数越短在养老城乡选择上越感到困难。不仅是数据计算可以验证第一代农民工务工年数对于养老城乡选择有密切关系，现实案例中也可以得到证实。

表 7-10　影响第一代农民工养老城乡选择困难的务工年数和劳动强度因素（2020 年）

因素	相关系数	Sig	样本数
外出务工年数	0.055***	0.002	3174
自评劳动强度	0.111***	0.000	3219

注：* p<0.1；** p<0.05；*** p<0.01

访谈案例 7.10

访谈对象：刘姓农民工

访谈时间：2019 年 2 月 8 日

访谈地点：四川乐山五通桥西坝镇某村

刘师傅，男性，40 岁，四川乐山五通桥西坝镇人，初中文化程度，外出打工 23 年，十几岁外出学做厨师，现在山东泰安市一家餐馆做厨师，每月工资 5000 元，因在餐馆工作，工作时间不太确定，每年回家一次。在北京务工时认识现在的妻子（山东泰安人），刘师傅结婚后到妻子家乡农村附近餐馆做厨师，有一个 3 岁的儿子，妻子在家照顾儿子没有工作，刘师傅住在妻子父母家。妻子家乡的农村规定，女性结婚后户口可以不转，土地要收回，户口上依附的福利全部取消。夫妻双方有四位老人需要赡养，每月固定支付老人生活费 500 元。2018 年刘师傅因父亲身患肝癌而辞去山东泰安的厨师工作回四川乐山老家照顾父亲一年，这一年没有任何收入。他与姐姐（在北京务工）平摊父亲的医疗费（刘师傅支付了 4 万多元医疗费）。刘师傅本人购买了每年 500 元的城乡居民养老保险。因如果不买养老保险，家里老年人就不能得到基础养老金，迫不得已才购买的。购买的 220 元/年城乡居民医保。妻子在山东老家也购买了 500 元/年的城乡居民养老保险。关于城乡去留选择，他纠结于 60 岁以后回四川乐山农村还是山东泰安农村养老，暂时没有条件在城市养老。虽然妻子目前居住在泰安父母家，但因为出嫁后没有土地，也就没有了在泰安农村生存的基础。刘师傅表示不愿意将户口迁移到城市。

访谈案例 7. 11

访谈对象：王姓农民工

访谈时间：2019 年 7 月 15 日

访谈地点：武汉市博物馆

王师傅，男性，69 岁，武汉汉川人，初中文化程度，外出务工 20 多年，以前在酒店打工，后在博物馆做保洁工作。每天工作时间 8 小时，每周工作 5 天。每月工资 2000 元，他与妻子各有 70 元基础养老金。妻子 60 多岁因有病在家没有工作，有一儿一女，儿女在外打工都已成家。自己与老伴单独租住在没有卫生间的房子里，每月房租 400 元，电费大约 30 元，煤气约 50 元，水费公用每月大约 30 元，平时骑自行车上下班。本人有高血压，每天靠吃药控制血压，每月药费开支 100 多元。每年缴医保费 240 元。在城市居住基本不与城市社区干部和居民接触。家乡修建了住房，在城市无人雇他工作后只有回乡。王师傅表示不愿意将农村户口转移到城市。

上述两个案例看到：第一代农民工外出务工不久就会对今后在哪里养老有所考虑。他们年轻时外出务工对如何生存和养家考虑更多，对未来考虑较少。由于长期城乡二元社会结构的影响，40 岁以后他们不得不考虑将来在哪里养老。案例 7. 10 中的刘师傅如果回妻子农村家乡养老，没有土地就失去了养老的根基，他原本可以依靠厨艺在城市更合适，但在城市无住房就不具备留城养老条件。40 多岁的农民工家庭在上有老下有小的情况下，负担十分繁重，想留城留不下来。在博物馆做保洁的王师傅 69 岁仍然坚持骑自行车上班，在养老城乡选择上仍在纠结，无法停下来回乡安度老年生活。从表 7-7 看到务工年数 19 年及以下的感到选择困难的（63. 4%）比认为不困难的（58. 6%）高 4. 8 个百分点。调查数据分析得知，40—49 岁务工年数的中位数是 13 年，50 岁以上农民工务工年数的中位数是 18

年。务工 19 年及以下农民工绝大多数年龄在 49 岁以下。相比 50 岁以上的高龄农民工，他们由于务工年数相对较短、积蓄相对少，而抚养子女和赡养老人的负担重，未来不确定性更多，在心理上对未来城乡养老的焦虑程度较高，认为养老城乡选择的困难度较大。而 50 岁以上高龄农民工务工年数较长，尤其是 60 岁左右的农民工，除特别困难的以外基本已经确定是回乡还是留城养老。高龄农民工的子女大多生活独立，赡养父母的占比较低，养老城乡选择在心理上纠结度相对较低。但是高龄农民工行为上却反映出在城乡选择的处境困难，主要表现在迟迟没有退出劳动领域的打算，只要有人雇他，就会留城务工，从而使我们看到他们如果选择回乡养老是被动的不是主动的。

四　劳动强度对第一代农民工养老城乡选择困境的影响

第一代农民工大多在低端劳动部门就业，或从事繁重的体力劳动，工作时间较长，大多不比农村劳动轻松。农民在农村许多时候可以根据自己和家庭情况选择劳动强度和劳动时间。在城市进入工业化的劳动领域，农民工可以选择是否进入劳动时间长和劳动强度很高的领域，但一旦进入后一般情况下不能像从事农业劳动那样可以任意选择上下班时间。有的工种劳动相当繁重，如露天作业的重体力劳动或企业里的某些重体力工种。农民工劳动强度越大越感到身心疲惫，高强度劳动对身体的损伤往往超过了城市其他方面对他们的吸引力。劳动强度越轻，身心损伤程度越轻或无损伤，这部分农民工对城市生活优越性感受相对越多。本次问卷中请受访者分五个等级自评劳动强度，将劳动强度与养老城乡选择是否感到困难进行相关性分析，相关系数反映出劳动强度与第一代农民工养老城乡选择困难有显著相关性，即劳动强度越大养老城乡选择越困难，而劳动强度越轻的认为选择越不困难（参见表 7-10）。

笔者将调查数据进一步分析看到，受访农民工自评劳动强度很重的和较重的认为养老城乡选择困难的合计为（58.8%）高于认为选择不困难的（48.1%）10.7 个百分点。而劳动强度一般、较轻和很轻的认为养老城乡选择不困难的都高于认为选择困难的，高过的百分点依次为劳动强度一般的（6.4）、较轻的（3.9）、很轻（0.4）。并且受访农民工认为劳动强度很大和较大的绝对人数比认为强度一般、较轻和很轻的人数多。说明第一代农民工整体上劳动强度很大。劳动强度不仅是工作日内消耗的平均耗能值，还体现在工作日的劳动时间率。第一代农民工在工作日内纯劳动时间较长。工作时间长对人体的消耗量很大，伤害也很大，如果单位时间内体能消耗大再加上工作时间的延长，第一代农民工的身体损伤是可想而知的。由于劳动强度较大，他们打算退出劳动领域的平均年龄不到60岁。

全体受访者表示他们打算在城市务工的年龄均值为58.43岁，其中男性打算在城市务工到59.0岁，女性为57.1岁。不同行业的农民工打算退出城市劳动领域的年龄情况为：服务业的农民工为58.7岁，建筑业的农民工为58.4岁，制造业的农民工为57.6岁。他们在回答“根据现在的劳动强度，您能够坚持到多少岁”时，建筑业的农民工是58.4岁，制造业和服务业的农民工分别为58.0岁、59.1岁。可见他们主观上大多没打算工作到60岁的高龄，即或是劳动强度相对轻松的服务业的农民工也没有打算超过60岁。女性农民工认为可以坚持的年龄均值为57.7岁，男性为59.4岁。而现实中他们退出劳动领域的时间都晚于预期年龄。大多数女性农民工超过55岁已经很难找到合适的工作岗位，而只要能够在城市找到工作，她们仍然不会停止工作。超龄务工现象较为普遍，所以才有多地发布建筑业“清退令”，禁止60岁以上男性和50岁以上女性进入施工现场从事建筑领域作业。有的农民工修改身份证年龄、染发隐瞒年龄去某些岗位继续工作。笔者访谈遇到超过60岁的环卫工和家政服务员较多。我们也看到第一代农民工即使主观上想60岁之前退出劳动领域，而现实中由于各种原因而没能退出。这种愿望与现实之间的差距反映了他们想停而停不下来的矛盾状态，实际上也是他们养老城乡选择的纠结，因为他们大多数有选择回乡养老的意愿，而现实是他们为了生活不得不继续在城市务工，这也是选择困难的一种表现。

访谈案例 7.12[①]

访谈对象：张姓农民工

访谈时间：2019 年 1 月 30 日

访谈地点：青海格尔木察尔汗某铁路劳务公司工地

张师傅，男性，44 岁，重庆永川某村人，初中文化程度，进城务工 28 年，张师傅在青海格尔木市察尔汗做铁路养护工。有两个儿子，大儿子 18 岁，重庆某大学一年级本科生，小儿子 13 岁在家乡读初中。妻子在家务农照顾小儿子，每月给家里四位老人赡养费 1000—2000 元。张师傅每月工资 7000—8000 元，吃住由公司全包。每天平均工作 8 小时，春节有几天连续假期。因有一段铁路位于柴达木盆地中的盐湖之上，盐湖地质及易流失的土质使铁路轨道变得非常容易出现轨道误差，导致了对铁路养护的极大需求。养护队的农民工每天工作 7 小时，内地工作 7 小时不算什么，但在高原上却异常艰难。青藏高原的冬天，户外最高温度都在冰点以下，再加上凛冽的寒风，倘若没有全副武装，常人在这样的条件下很难坚持过一个小时。张师傅购买了城乡居民养老保险 700 元/年，给他的妻子也购买同等养老保险。购买的城乡居民医疗保险 220 元/年。张师傅表示很想换一个离家近稍微轻松一点的工作，但是家乡附近不太好找合适的工作。张师傅及养护队的农民工都希望能有多一点的假期回家陪陪家人，与家人一起过上更好的生活。访谈了解到养护队的大部分农民工都因经济原因无法取得城镇户口，他们中占 60%以上认为农村户口的人在城镇中难以生存，又不愿意回乡种地，因为那样会回到贫穷。

访谈案例 7.13

访谈对象：黄姓农民工

访谈时间：2019 年 1 月 26 日

访谈地点：浙江到重庆的火车上

---

① 此调查实例是重庆大学机械工程学院 18 级本科生张炼宣在青海格尔木察尔汗某铁路劳务公司工地实地访谈获得。

黄师傅，男性，54岁，重庆武隆人，初中文化程度，1996年进城务工至今20多年，到过广州、新疆等地当建筑工。因有老乡介绍说浙江打工收入高，后到宁波象山县石浦镇靠在渔船上务工为生。有一儿子大学刚毕业，妻子没有工作随他一道在石浦镇居住。每月房租600元，家中有两位老人需要赡养，因他有兄弟四人负担老人生活费，每年赡养老人的负担不太重。他的工作是出海打鱼和在船上分装鱼，每月有时出海一次，有时2—3次，每次出海打鱼15—18天，偶尔也有10天左右，到了海上通信不畅，与家人完全没有联系。几乎全年无休，往往每次出海回来马上又随另一个船出海。出海风险大，因为在海上如果遭遇意外可能连人带船都消失在海上。劳动强度大，船上装冰大约80—100吨，每天打鱼上船大约4次，每两个小时捕捞大约1—2吨鱼。他的工作是将鱼分拣到各类不同鱼筐里，每天工作时间很长。有时每天只能休息两个小时，每月收入有1万多元。工资一般是一年发放，平时没有钱时找老板借钱，年底春节回家，老板拿着麻袋装钱发放工资，从来不拖欠工资。黄师傅因每天在船上分装鱼，一双手都是洗不掉的鱼血，双手皮肤很粗糙。由于进城务工都是重体力劳动，收入稍高，自己在农村老家建了房，在武隆县城给自己和儿子各购买了一套房。黄师傅已购买了7年居民养老保险700多元/年，他说已将养老保险从宁波转回武隆，准备交够15年养老保险就回老家不再工作。妻子曾经交过1年养老保险，中断后没有再交，他们不懂政策，不知道是否可以一次性趸缴。他们缴纳的农村最低档的医疗保险220元/年。他表示不愿意留城养老，最终还是回农村养老。

像这样工作强度大的还有建筑类、装卸类等露天作业的重体力劳动的农民工，他们的愿望就是能有更多的时间休息陪陪家人。如果留城工作就要继续承担繁重的体力劳动，留城养老缺少相关福利和经济条件，回农村又因为交通、子女教育、医疗条件差，更主要的是从事农业劳动缺乏较高的经济来源，所以他们对何处养老仍然十分纠结。

五　务工收入对第一代农民工养老城乡选择困境的影响

务工收入从某种程度上讲对农民工养老城乡选择有决定性作用。收入较高的农民工一般情况下养老储备相对较充足，已在城镇购房或农村老家建房，养老城乡之间的选择相对不太困难，而大多数收入较低的农民工除去家庭必要的开支后，自己的养老储备严重不足，每月还要靠务工收入维持自己和家人最基本的生活，对未来养老城乡选择更困难。

对务工收入细分后与养老城乡选择是否困难进行交叉分析看到：收入在2020年全国农民工月均收入4072元及以下的农民工认为养老城乡选择困难度更高。2020年全国最低工资水平约2000元。[①] 从表7-11中看到，收入在2000元及以下的农民工认为养老城乡选择困难的（17.0%）比选择不困难的（14.6%）高2.4个百分点；收入在2001—4072元认为选择困难的（52.7%）比认为选择不困难的（47.6%）高5.1个百分点。以2020年全国农民工月均收入4072元为分界点，4073元及以上认为选择不困难的高于认为选择困难的。具体为：月均收入在4073—6000元的认为选择不困难的（27.4%）比认为选择困难的（24.0%）高3.4个百分点，月均收入在6001—8000元认为选择不困难的（7.0%）比认为选择困难的（4.3%）高2.7个百分点，月均收入8001元及以上认为选择不困难的（3.4%）比选择困难的（2.0%）高1.4个百分点。第一代农民工认为养老城乡选择不困难的月均收入是4151.2元，高于调查当年全国农民工月均收入（4072元），而认为选择困难的月均收入（3752.5元）比认为选择不困难的月均收入（4154.2元）低398.7元，收入的中位数相差400元，年均收入相差4800元。由此看到务工收入对养老城乡选择上的影响是非常明显的。全体受访农民工月均收入是3973.97元，低于调查当年全国农民工月均收入的占比达到65.5%。从全体受访者的养老城乡选择占比看，认为选择不困难的有55.2%，选择困难的有44.8%，其中主要是低收入的农民工（69.7%）。这部分农民工有的是强撑着在城市务工，他们中有的是高龄且身体有病，

① 笔者在网上查询了十多个省的最低工资标准计算得出的2020年全国最低工资水平约2000元。

有的是家庭成员特别需要家里有人在城市务工给予经济支持。前述多个案例中，受访者都谈到类似的情况。

表 7-11　　务工收入与养老城乡选择是否困难交叉分析表（2020 年）

<table>
<tr><th colspan="2" rowspan="2">分类指标</th><th colspan="2">选择不困难</th><th colspan="2">选择困难</th><th rowspan="2">选择不困难比选择困难的（百分点）</th></tr>
<tr><th>（人）</th><th>（%）</th><th>（人）</th><th>（%）</th></tr>
<tr><td rowspan="6">务工月均收入</td><td>2000 元及以下</td><td>257</td><td>14.6</td><td>244</td><td>17.0</td><td>-2.4</td></tr>
<tr><td>2001—4072 元</td><td>840</td><td>47.6</td><td>755</td><td>52.7</td><td>-5.1</td></tr>
<tr><td>4073—6000 元</td><td>484</td><td>27.4</td><td>344</td><td>24.0</td><td>3.4</td></tr>
<tr><td>6001—8000 元</td><td>123</td><td>7.0</td><td>62</td><td>4.3</td><td>2.7</td></tr>
<tr><td>8001 元及以上</td><td>60</td><td>3.4</td><td>28</td><td>2.0</td><td>1.4</td></tr>
<tr><td>总计</td><td>1764</td><td>100</td><td>1433</td><td>100</td><td></td></tr>
<tr><td></td><td>月均收入均值</td><td colspan="2">4151.2 元</td><td colspan="2">3752.5 元</td><td></td></tr>
<tr><td></td><td>月均收入中位数</td><td colspan="2">3900 元</td><td colspan="2">3500 元</td><td></td></tr>
</table>

访谈案例 7.14

访谈对象：王姓农民工

访谈时间：2019 年 8 月 3 日

访谈地点：四川广元朝天区建设路街边

王女士，56 岁，文盲，湖北利川人，外出务工十年，老公在家务农，有一儿一女，儿子 30 岁已结婚成家，小女儿在外打工。王女士每天工作时间较长，每月工资 1650 元，偶尔有点加班费。每月租房 500 元，吃饭花费大约 500 元，水电等费 100 多元。购买的最低档次的城居保 100 元/年，医疗保险 220 元/年。她表示如果在城市没人雇佣她时只有回乡，目前老公在家务农很少有其他收入，只有靠她在城市的收入。

访谈案例 7.15

访谈对象：张姓农民工

访谈时间：2019年8月2日

访谈地点：陕西勉县某建筑工地

张师傅，男性，58岁，小学没有读完，家在宁强县山区，老伴在家带孙未外出。张师傅外出务工30年，以前干过很多工作，如在煤窑工作、建筑领域的体力劳动抬钢管等，目前在建筑工地上看管工地，全天基本不离开工地，白天工地有人时，自己可以短暂外出，晚上必须住在工地。每月工资3600元。有一儿一女都已成家，儿女资助他在农村建房。张师傅还要赡养家里一位86岁老人。本人购买了农村养老保险100元/年，以前不知道养老保险的重要性，现在想多买，但是超过年龄不能补缴。购买了医疗保险200元/年。家乡的土地别人帮助种，没有收益。关于养老城乡选择，她说自己没有能力在城镇买房，到时只能回乡，目前还想在城市多挣一点养老费。

访谈案例7.16①

访谈对象：邓姓农民工

访谈时间：2019年1月31日

访谈地点：河南信阳固始县黎集镇

邓师傅，男性，56岁，初中文化，河南固始县黎集镇人，外出务工15年，目前在浙江嘉兴市王江泾镇某织布厂从事染布工作，主要是染制做衣服的布匹，每月工资约5000元，如果加班会增加一些。家庭有一儿一女，都已独立，父母已经过世，妻子留在老家照顾孙子没有外出务工，夫妻两人处于异地分居状态，自己一人在外务工时就住在4人一间的单位宿舍。购买了农村最低档次的养老保险100元/年，企业也给他缴了职工养老保险，邓师傅对城镇养老保险心里犯嘀咕，非常不情愿缴纳自付部分的职工养老保险。参加的最低档次的医疗保险200元/年。他表示到了实在干不动了，没有人雇他工作后就回乡。

① 此案例由西南政法大学经济学院邓翾副教授、政治与公共管理学院教师刘迎君实地访谈获得。

高龄农民工特别是超龄务工的第一代农民工大多坚持在城市务工是因为养老储备不足，同时农村家里还有老人需要赡养或其他原因需要在外务工的经济支撑，经济条件是他们晚年生存的重要基础，依靠农业收入很难满足晚年的基本生活需求。他们不愿回到过去农村贫困生活的状态，在农村缺乏增收途径的情况下不得不离家在外务工增加收入，尽管高龄在城市的收入很低，只要比农村收入高，他们都能坚持到最后。从第三章对第一代农民工收入数据分析中看到：50 岁组受访农民工月均收入（3939.2 元）低于全国农民工月均收入（4072 元），60 岁以上仍在务工的收入更低（2880.2 元）（参见图 3-9）。在选择回乡养老的 75.6%的农民工中有 64.3%（1571 人）是因为回乡养老的生活成本低，有 30.4%（742 人）是因为农村家里有老人和孩子需要照顾，其他原因的只有 5.3%（129 人）。可见经济条件对他们养老城乡选择困境有重要的影响。运用调查数据，将第一代农民工收入与养老城乡选择是否困难进行相关性分析，显示务工收入与养老城乡选择显著相关，收入越高的养老城乡选择越不感到困难，而收入越低的养老城乡选择上越感到困难，相关性分析中验证了这一结论（参见表 7-12）。第一代农民工绝大多数接受低收入仍坚持在城市承受繁重的体力劳动，经济收入是重要原因，为了晚年的生存他们仍然在城乡徘徊，纠结于继续在城市务工还是回乡养老之间，显现了选择的困难处境。

表 7-12　影响第一代农民工养老城乡选择困难的务工收入因素（2020 年）

因素	相关系数	Sig	样本数
务工月收入	0.095***	0.000	3198

注：* $p<0.1$；** $p<0.05$；*** $p<0.01$

第四节　影响第一代农民工养老城乡选择困境的政策因素

一　养老保险对第一代农民工养老城乡选择困境的影响

养老保险是政府通过法律上制度安排，使劳动者在老年丧失劳动能力后能够得到基本生活保障的一种制度，养老保险是老年保障的重要组成部分。在少子化老龄化的社会依靠传统的家庭养老方式已不足以维持老年生活，需要依靠社会养老保障帮助老年人安度晚年。在传统社会农民主要依靠土地和家庭子辈赡养父辈来保障老年生活。随着农村劳动力大量转移到城市，第一代农民工外出务工给其父辈带来了生活改善，如今他们逐步进入老年，他们的子辈外出务工大多自顾不暇，很少能够照顾家里的老人。为了应对老龄化社会的养老问题，我国农村养老保险制度经过几次调整。涉及农民工的参保制度经过多年的探索，2009 年国务院办公厅《城镇企业职工基本养老保险关系转移接续暂行办法》的颁布解决了农民工异地参保的问题，遏制了大量农民工在异地参保后退保的现象。但第一代农民工大部分已经在城市务工多年，即使迅速了解政策马上补缴养老保险，仍有高龄农民工不能缴满 15 年的基本年限，或超过规定一次性补缴的年限，还有的缺乏参保意识仍然选择退款，认为钱拿到手里才踏实。2014 年《国务院关于建立统一的城乡居民基本养老保险制度的意见》颁发后，城乡居民统一的养老保险在全国范围内建立起来，农民工可以在其中的 12 个档次选择参保。使参保农民工晚年生活有一定的保障，减轻了养老城乡选择的困难度。为了验证这一假设，我们在问卷调查时设置了“参加了养老保险”“参加了城居保”“参加了城职保”与“您对养老城乡选择是否感到困难”的问题。根据受访者的回答分别进行了相关性分析，结果显示，参加养老保险与养老城乡选择困境在 5%的水平上呈显著相关性，即参加了养老保险的农民工在养老城乡选择上的困难度更小，没有参加养老保险的困难度更大（参见表 7-13）。参加城居保与养老城乡选择的困难两者有显著相关性。参加了城居保的认为今后养老城乡选择不太困难，这一结论验证了前述假设。虽然农民工大部分人选择的城居保中最低档次，但相比没有参保完全依靠自我保障的农民工来说，每月的基础养老金仍然在一定程度上给他们安全感。而参加城镇职工养老保险与养老城乡选择两者没有通过显著性检验。可能的解释是，第一代农民工参加城职保的占比太少，从前述图 4-1 看到第一代农民工参加城职保的只有 9.6%，对如此巨大数量的第一代农民工群体影响很小，这与前述农民工认为城职保对他们留城帮助较小结论一致。农民工与所有人一样都希望自己退出劳动领域后的老年生活有保障，参加城职保能够较好实现这一愿望，而他们大多数因缺少单位缴费等原因，没有参加城职保，只能靠超龄务工或农业劳动保障自己的晚年生活。因此第一代农民工中绝大多数人认为城职保与他们没有什么帮助。

表 7-13　影响第一代农民工养老城乡选择困难的参加养老保险因素（2020 年）

因素	相关系数	Sig	样本数
参加了养老保险	0.038**	0.031	3218
参加了城乡居民养老保险	0.035**	0.047	3217
参加了城镇职工养老保险	0.017	0.172	3218

注：* $p<0.1$；** $p<0.05$；*** $p<0.01$

我们通过交叉分析看到，参加了城职保的第一代农民工认为养老城乡选择不困难的（57.9%）高于选择困难的（42.1%）15.8 个百分点（参见图 7-1）。参加城职保的相对于参加城居保的缴纳养老保险费更高，退休后获得的退休金对生活的保障程度相对高于城居保，退休后依靠城职保的养老金能够保障基本生活，如果选择生活成本相对较低的农村养老，生活基本无忧。进一步分析看到参加城居保的农民工认为养老城乡选择不困难的（57.3%）比选择困难的（42.7%）高 14.6 个百分点。说明参加城居保的农民工哪怕是参加最低档次的城居保，养老城乡选择的困难程度会降低。而没有参加任何保险的农民工认为养老城乡选择困难的（51.2%）高于选择不困难的（48.8%）2.4 个百分点，虽然相差不大，但是相比参加了养老保险的选择困难更大。

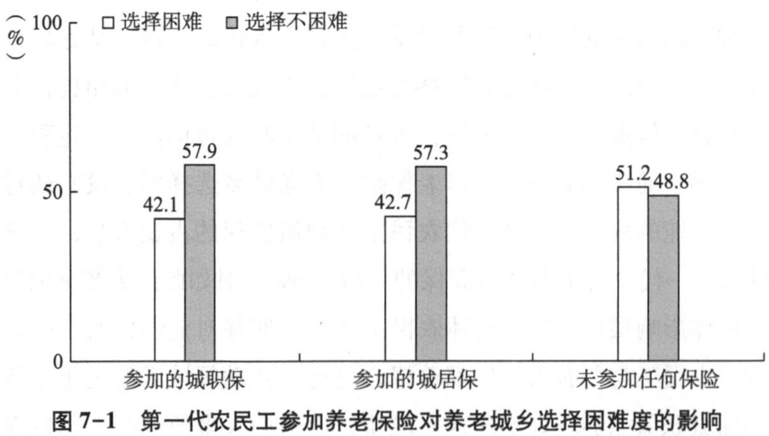

图 7-1　第一代农民工参加养老保险对养老城乡选择困难度的影响

访谈案例 7.17

访谈对象：赵姓农民工

访谈时间：2019 年 8 月 22 日

访谈地点：惠州某生产头盔的企业

赵女士，女，59 岁，小学文化程度，四川青川县人，外出务工 13 年。每月工资 3800 元，企业包吃住。丈夫在老家务农，家里土地较多，但是每年没有劳动力无法完全耕种，有些地荒着。有一儿一女，都已成家，在惠州打工。购买的最低档次的城乡居民养老保险 100 元/年，领取养老金要年满 60 岁，医疗保险缴纳的是 220 元/年。赵女士表示等满了 60 岁可以领养老保险金时就准备回乡，她说自己身体不太好，不久前花费了几千元医疗费，再这么长时间劳动身体吃不消。

访谈案例 7.18

访谈对象：张姓农民工

访谈时间：2019 年 1 月 15 日

访谈地点：北京海淀区某行政学院

张师傅，男性，48 岁，河南南阳人，初中文化程度，外出务工 25 年。目前在校园里做园林工，每月工资 3600 元，每天工作时间 8 小时，每周工作 5 天。劳动强度虽然不是很大，笔者访谈时正是寒冬腊月的数九天，在户外工作 8 小时的寒冷是可想而知的。他的妻子在北京做家政劳动，每月收入 6000—7000 元，但是每天工作时间较长。家庭总收入大约 1.1 万元。他们有两个女儿，一个高三，一个大学三年级，每月给两个女儿生活费各 1200 元，家里有岳父母需要赡养，大约每年给 2000—3000 元的赡养费。夫妻两人在北京租房住 1500 元/月，租住在 10 多平方米没有卫生间的房屋里。张师傅是由劳务派遣公司派到学校做园林工，劳务派遣公司给他购买北京的城镇职工养老保险和医疗保险，他每月要交个人部分的 400 多元。从开始购买到他 60 岁不能继续工作时不满 15 年，不能拿到北京的养老保险的退休金。到时只能将养老保险退回，回到农村领较低的养老保险金。他说到时不知道怎么生活。张师傅表示从来没有参加过城市社区的活动。到了60岁没有人雇他只能回乡。

访谈案例 7.19

访谈对象：张姓农民工

访谈时间：2019年2月7日

访谈地点：南部县大桥镇石泉乡某村

张师傅，男性，63岁，南部县大桥镇某村人，初中文化程度，外出务工25年，在宁波高桥区务工多年，建筑工。每月工资4000元，妻子在外打工，每月收入相比略少，大约3000元，在打工地租房每月1000元，劳动强度很大。有一儿一女，都在浙江宁波打工。购买了最低档次的医疗保险220元/年，没有缴纳任何养老保险，因为年龄较大在城市没有人雇他后，夫妻双双回到地处比较偏远的农村家乡，无法找到合适的挣钱机会，现在除了以前的积蓄，只有70元的基础养老金。还要靠务农维持老年生活。

从上述案例看到无论购买的哪一种养老保险，都给第一代农民工退出劳动领域后的晚年生活有一定的期待和保障，相比过去毫无社会保障的晚年生活，也是一种社会福利和社会进步。尽管对于大多数农民工来说因缴费档次低，养老金不足以完全保障晚年生活，但每月基础养老金给他们也带来一定的安全感。上述赵女士期待60岁领到养老金就可以回乡，不再因生存而在异乡奔波就是一个很好的例证。当然我们也看到由于将农民工纳入社会整体养老保险系统的时间不长，养老保险制度没有完全统筹的情况下，第一代农民工面对各地不同的养老保险制度无所适从。并且在十多年前他们没有看清养老保险给晚年生活带来怎样的福利，当时他们更多地只看到自己祖辈是依靠家庭和自我养老模式度过的余生，认为钱只有握在自己手里晚年生活才踏实，他们大多数认为养老靠自己比靠社会更可靠，加上对预期寿命估计不足，担心交出去的养老保险费余生不一定能拿回来，于是很多农民工没有缴纳较高档次的养老保险或完全没有缴纳养老保险，在参加基本养老保险人员中，“至少有2亿以上居民只是以年缴养老保险费 100 元（最低档次）象征性缴费”①，如今他们即将或可以领取养老保险金时，发现曾经缴纳很低的养老保险不能完全保障晚年生活，他们在养老城乡选择之间纠结，所以导致他们选择的处境困难。案例 7.18 中的南阳张姓农民工尽管缴纳的城镇职工养老保险，但 60 岁时不够缴满 15 年养老保险年限就不能享有北京的养老保险待遇，60 岁后难以在北京找到工作单位仍继续为他缴纳城职保。他选择留城继续务工很难找到工作，回乡养老金不够生活又不得不从事农业劳动，他将在 60 岁时城乡之间选择上徘徊，不知如何为 60 岁以后安定生活做选择。案例 7.19 中的南部张姓农民工没有缴纳养老保险金，晚年还要靠务农继续维持生计。

二　医疗保险对第一代农民工养老城乡选择困境的影响

基本医疗保险制度是通过立法强制推行、由政府承办并组织管理，承担最终医疗保障责任和资金风险责任，解决居民防病治病而筹集、分配、使用医疗保险基金的一种制度，同时国民有缴纳基本医疗保险费义务的一种社会保险制度。我国实行的社会统筹账户与个人医疗账户相结合的筹资模式，2016 年城镇居民医疗保险和新型农村合作医疗保险制度合并后，我国基本医疗保险制度分城镇职工医疗保险和城乡居民医疗保险两大类，农民工可以根据自己的情况选择参加其中一种，并且可以有多个基本医疗保险缴费档次选择。我们将受访者对“参加了医疗保险”、“参加了居民医保”、“参加了职工医保”与“养老城乡选择是否感到困难”两个问题的回答，进行了相关性分析。从表 7-14 看到参加医疗保险与养老城乡选择显著相关，参加了医疗保险的农民工在养老城乡选择上相对感到不困难，说明医疗保险对第一代农民工今后无论在何处养老都有着较大的帮助。

表 7-14　影响第一代农民工养老城乡选择困难的参加医疗保险因素（2020 年）

因素	相关系数	Sig	样本数
参加了医疗保险	0.092***	0.000	3218

① 郑功成：《实施积极应对人口老龄化的国家战略》，《人民论坛 · 学术前沿》2020 年第 22 期。

续表

因素	相关系数	Sig	样本数
参加了城乡居民医疗保险	0.078***	0.000	3219
参加了城镇职工医疗保险	0.000	0.498	3219

注：* p<0.1；** p<0.05；*** p<0.01

第一代农民工参加居民医保与养老城乡选择困难高度相关，数据分析得知，相比养老城乡选择困难的第一代农民工，参加了居民医保的在选择上困难程度降低。第一代农民工绝大多数参加的居民医保，在城市坚持务工的农民工一般情况下身体没有较严重的疾病，由于收入不高加上身体状况较好，他们相当多的人没有购买高档次的居民医保，即使参加的低档次医保也能在发生较重大的疾病时报销50%—70%的住院医疗费。近几年通过医疗保险制度的整合与完善，农民工可以在异地参加医疗保险，多地实现就医异地结算，极大方便了流动性强的农民工，对于他们今后养老提供了较多的安全保障。第一代农民工参加职工医保与他们养老城乡选择没有通过显著性检验，可能的原因是，第一代农民工参加职工医保的只有9.2%（参见图4-2），绝大多数农民工没认识到职工医保能给他们带来的福利。尽管如此，参加了职工医保的第一代农民工，仍然认为职工医保对他们养老城乡选择有较大影响。从图7-2看到，参加职工医保在养老城乡选择上感到不困难的（55.4%）农民工比感到困难的（44.6%）高出了10.8个百分点，虽然这部分人的绝对数比参加居民医保的少很多，但也说明职工医保对第一代农民工起到医疗保障的作用，有利于预防疾病，获得较高安全感，提高他们的生活质量。参加居民医保的第一代农民工在养老城乡选择上感到不困难的（59.0%）比感到困难的（41.0%）高出18个百分点，可见，不论参加哪种医疗保险，在养老城乡选择上不困难的都高于选择感到困难的农民工，而没有参加任何社会保险的农民工在养老城乡选择上则是感到困难的（51.2%）高于选择感到不困难的（48.8%），虽然只有2.4个百分点，也足以说明是否参加医疗保险对第一代农民工养老城乡选择有着重要的影响。医疗保险与养老保险不同，养老保险是未来养老待遇的权益积累，而医疗保险是即期享受待遇，农民工如果遭遇大病，当年就能够享受投保带来的收益，所以他们对医疗保险带来的好处体会更深。

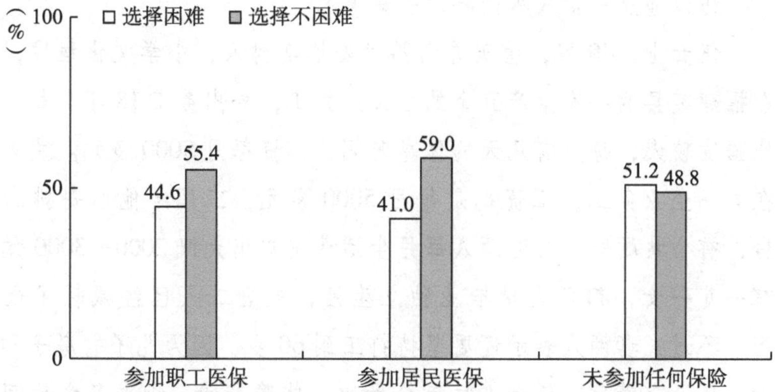

图 7-2　第一代农民工参加医疗保险对养老城乡选择困难度的影响

访谈案例 7.20

访谈对象：余姓农民工

访谈时间：2019 年 9 月 2 日

访谈地点：洛阳涧西区某国有企业

余师傅，男性，50 岁，河南永城人，进城务工 20 年，高中文化程度。妻子在城市做生意，有一个儿子在读会计专业研究生，无老人需要赡养。在企业里做铸造工，属重体力劳动。每天工作 8 小时，每周工作 5 天，工资 3600 元/月。在国有企业工作，企业按照正式合同为他们缴纳了城镇职工养老保险和医疗保险，每月的工资中个人支付养老保险费 310 元（此款随着政策的调整每年有一定的变化），企业缴纳 680 元/月，已缴纳了十年的养老保险，再工作几年就可以享有政策规定的城镇职工养老保险待遇。他的妻子每月为自己缴纳 600 元的养老保险金，缴纳 220 元/年医疗保险金。在洛阳城里购房一套，在农村自己也有住房。家里的 3 亩土地荒着没有耕种。因家里无老人，十年都没有回过农村老家。余师傅表示今后可能留城养老，但是不会将户口迁移到城市。

访谈案例 7.21

访谈对象：伍姓农民工

访谈时间：2019 年 1 月 25 日

访谈地点：重庆秀山县洪安镇某村

伍女士，49 岁，重庆秀山县洪安镇某村人，小学文化程度，目前在福建某县的一家生产五金的小工厂打工，外出务工 18 年。每天的工作强度较大，每月有几天的休息时间，工资每月 5000 多元。丈夫与她在同一企业务工，工资也是每月 5000 多元，工厂给他们安排的夫妻房，有公共厕所，夫妻两人每月生活费用支出大概 2000—3000 元。育有一儿一女，都已大学毕业独立生活，夫妻二人已经减轻了很多负担，不过夫妻两人表示还要坚持打工到 60 岁，因为儿子的房子和终身大事还没有着落。伍女士每年给母亲一些赡养费。她准备今后回到农村养老，农村有 200 多平方米的住房。因为土地全部被政府征收，所以打算自己做一些小生意。自己已经购买了城乡居民养老保险，一次性付了 2 万多元的养老保险金。去年刚买了每年 220 元的城乡居民医疗保险。伍女士表示购买了养老保险和医疗保险感到心安，以后晚年生活更有保障。

访谈案例 7.22

访谈对象：周姓农民工

访谈时间：2019 年 7 月 15 日

访谈地点：武汉汉口火车站

周女士，55 岁，湖北恩施人，小学文化程度，在汉口火车站做环卫工。每天工作 8 小时，每月自己可以选择休息几天。月工资 2100 元，丈夫也在武汉务工（建筑工），每月工资 4000 多元，夫妻两人在武汉租房子住，房子很小，没有什么采光，只能放一张床，没有厨房，炒菜做饭只有在露天，五家人合用一个卫生间，下班后在火车站洗完澡回家。每月大约用电费 50—60 元，水费，一个人 10 元/月，液化气大约每月用一罐，每罐 120 元。有一儿二女，女儿结婚了，儿子（1992 年生）未婚。周女士因儿子没有结婚感到很烦恼，因没给女儿带小孩（外孙），女儿很不高兴。夫妻两人还有一位 94 岁的老人需要赡养，不定期给 500—1000 元的赡养费。购买的最低档次的城居保

100元/年。周女士表示在城市打工居住条件很差，但需要挣钱为养老做准备不得不坚持，以后没有人雇她工作时只有回农村。

是否购买医疗保险的结果是不同的，对疾病风险的规避是人们的一种认知和选择。上述案例7.20和案例7.21中的农民工购买了职工医保和居民医保，有疾病风险防范的意识，懂得常年为规避疾病风险投保以应对风险给自己和家庭带来的灾难，对于他们今后无论是在哪里养老都有积极意义。案例7.22中的周女士夫妻两人都没有购买医疗保险，周女士告诉笔者丈夫遭遇疾病住院花费了他们大半年的工资支付医疗费。随着年龄的增长，如果再出现类似的情况会掏空他们不多的积蓄，结果是他们为养老储蓄的打工收入去支付了高额医疗费，又因养老储蓄不足继续打工，导致他们养老城乡选择上更加困难。周女士的遭遇是没有缴纳医疗保险费这部分群体的缩影。第一代农民工曾经在医疗保险制度不完善的年代没有支付过医疗保险费，他们年轻时看到自己的父辈没有医保也度过一生，他们主观上不懂得现代社会建立的医保制度为自己和家庭会带来怎样的好处，对未来疾病带来的灾难抱着侥幸心理而不购买医疗保险。客观上他们流动性强，户籍所在地的相关部门的宣传和管理难以涉及他们，务工地的社区和相关部门也没有将他们作为户籍人口或体制内人员进行管理，没有将农民工参加医疗保险和养老保险作为他们的工作范围进行管理，被城市和用工单位边缘化，所以最终有部分第一代农民工处于医疗保险真空地带，这应引起相关部门的高度重视。没有参加医疗保险的第一代农民工会处于打工增加收入—看病高额支出—继续打工为养老储备的恶性循环之中，使养老城乡选择处境更加困难。

三　户籍政策对第一代农民工养老城乡选择困境的影响

1. 第一代农民工对户籍政策影响养老城乡选择的认识

近年来随着户籍迁移政策的改变，农民工进城流动务工基本没有户籍上的障碍。农民工可以自由选择在任何一个城市务工，只要在城市有稳定的务工收入，维持在城市的生存基本无障碍或障碍不大。第一代农民工尤其是接近退休年龄的部分，如果打算长期在城市生活，户籍政策对他们的影响仍然较大。调查显示，第一代农民工认为留城养老感到困难的问题是：住房（69.7%）、医疗条件和经费（52.8%）、养老经济来源（49.0%）、不能享有与城市居民同等的社保待遇（36.4%）、户籍迁移政策（28.1%）、不能享有与城市居民相同的政策（22.8%）、其他问题（2.6%）（参见表7-15）。可见，户籍迁移相关政策对于农民工留城养老已经不是最主要的问题，但仍然有28.1%的农民工认为这是城乡选择的困难之一。户籍迁移政策与城市住房和享有社会保障条件是密切联系的，曾经很长一段时期由于城乡分治，农民被限制在农村不能享有与城市居民同等的社会福利。在城市居民都靠工作单位分房的情况下，农民更不可能在城市有自己的住房，这一切都源于城乡不同的二元户籍制度。如今户籍制度仍然没有完全改变城乡之间因户籍制度带来的福利待遇不平等，所以第一代农民工认为留城养老的困难中不能享有与城市居民同等的社会保障待遇接近40%。这也说明他们除了自己必要的住房、经济来源和医疗经费外，对城乡享有同等待遇的渴望。就户籍政策对不同年龄受访农民工养老城乡选择意愿影响的调查显示，40岁组的受访第一代农民工留城意愿高于50岁及以上的受访农民工，他们感受到户籍迁移政策方面带来的选择困难（29.9%）高过50岁及以上的受访农民工（25.3%）4.6个百分点。40岁组的受访农民工对不能平等享有与城市居民相同的社会保障待遇感到选择困难的也高于50岁及以上的受访农民工。而50岁及以上的受访农民工由于收入较低，绝大多数购买的农村最低档次的养老保险，如果离开土地在城市靠100多元的基础养老金难以生存，所以他们认为经济来源对留城养老感到困难的（51.1%）比40岁组的受访农民工（47.6%）高3.5个百分点（参见表7-15）。

表7-15　多种因素对农民工留城养老面临困难的影响（N=3218）

（多选，个案百分比：%）

分类指标	住房问题	医疗条件和经费	养老经济来源	不能享有与城市居民同等的社保待遇	户籍迁移政策	不能享有与城市居民相同的政策	其他问题
总样本	69.7	52.8	49.0	36.4	28.1	22.8	2.6

续表

分类指标	住房问题	医疗条件和经费	养老经济来源	不能享有与城市居民同等的社保待遇	户籍迁移政策	不能享有与城市居民相同的政策	其他问题
40—49岁	69.6	53.2	47.6	37.0	29.9	22.3	2.2
50岁及以上	69.8	52.3	51.1	35.4	25.3	23.5	3.2

2. 过去的户籍相关政策对第一代农民工养老城乡选择仍有影响

过去的户籍政策不仅是单一影响乡城之间迁移，还依据城乡不同的户籍制度区分了农民与市民的身份。户籍在农村的只能在农村接受义务教育，很少享有公办教育资源，使他们文化程度普遍低于城市居民，到城市务工由于文化程度低，没有经过相关技术培训，因无现代工业的劳动经验而缺乏竞争力，只能在次级劳动力市场就业，接受低工资待遇。他们最初在城市务工不能参加城镇职工养老保险，虽然当年有的城市针对农民工特别设立了养老保险制度，但在养老保险转移接续制度建立前仍有大量农民工退保，更不要说他们持续缴满15年养老保险费了。如今他们中绝大多数都不能依靠社会养老保险来保障晚年生活。又因为农村户籍带来的农民身份，在较长的时间里第一代农民工从业方面受到许多排斥和歧视，其中压低农民工工资的现象十分普遍，过去很长一段时间他们的收入除养家和改善农村居住条件的基本开支，几乎没有为自己养老储蓄。近年来第一代农民工从事年轻人不愿意做的重体力劳动收入才有所增加，但以60岁到中国人均预期寿命77.93岁①长达近18年的时间，他们的养老储备难以支撑18年甚至更长时间的基本生活，随着社会的变化，依靠土地和子女这类传统方式养老已很难保障老年生活，因此他们不得不在城市依靠超龄务工继续为养老储备而工作，许多高龄农民工纠结于城乡之间。

3. 户籍政策的改变不可能短时间内解决历史遗留的全部问题

如今户籍迁移政策有了很大变化，农民工与城市居民基本上实现平等

① 参见《国家卫生健康委员会2022年7月5日新闻发布会 介绍健康中国行动实施以来进展与成效》，http://www.nhc.gov.cn/xwzb/webcontroller.do?titleSeq=11458&gecstype=1，2022年7月5日。

就业和购房，可以自由选择在中小城市落户。城市的公共服务包括社区服务也部分惠及农民工。但是户籍制度对城乡居民的部分刚性规定仍然存在，比如第一代农民工不论在城市居住了多少年只能凭借农村户口在农村享有农村居民的福利，如最低生活保障、危房改造等。而农民工长期不能回农村，也只能享有农村低保金在城市里生活。又如住房问题，城市居民凭借城市户口可以享有关于廉租房相关政策带来的福利，而农村居民只能在农村才有政府帮助的危房改造带来的福利。这些因户籍制度带来的历史遗留问题至今仍然未完全解决。相当多的第一代农民工并非不想留城养老，是由于户籍政策对城乡居民进行了社会空间隔离，锁定了不同户籍身份的人在不同的社会空间享有不同的福利待遇，使他们无法享有与城市居民同等的社会制度带来的福利，这一切都源于早期的城乡分割的户籍制度形成的二元社会结构，只要城乡不同户籍以及依附在户籍制度上的福利存在，城乡居民不同的福利待遇就不能完全改变，农民工面临的城乡之间的差别和养老城乡选择问题也会继续存在，农民工面临的养老城乡选择困境也不会完全消除。

访谈案例 7.23

访谈对象：侯姓农民工

访谈时间：2019 年 8 月 24 日

访谈地点：深圳南山区某培训学校

侯女士，45 岁，小学文化程度，湖南株洲茶林人，外出打工 25 年，目前在深圳某国有企业培训学校做保洁工作。每月工资 3700 元，工作时间每天 8 小时，每周工作 5 天。有时加班会有加班费，实际收入能达到 4000 元左右。老公跟她一起出来打工，在深圳做保安工作，每月工资 4800 元。有 2 个儿子，大儿子读大学一年级，小儿子 9 岁，在家乡读小学，每月给大儿子生活费 1000 元，还有四个老人要赡养，每年双方的父母各给几千元。在深圳与别人合租住房，租金 2800 元/月，自己只支付 1400 元/月，再加上水电等费，每月租房等基本生活支出合计约 2000 元。侯女士所在的培训学校是国有企业下属单位，劳务派遣公司与学校签订了合同，为农民工购买了城镇职工养老保险等

"五险"，现在劳务派遣公司为其交养老保险金390元/月，自己交240元/月。全国统一养老保险政策出台时公司才开始为她缴纳城职保费用，但是单位按照规定设置了女性50岁退休的制度，45岁的侯女士还有5年必须退休，而她到退休时只购买了9年城职保，离国家要求缴满15年才能享有当地城市职工养老保险还差6年，退休后即使自己想将单位承担的部分一起交够15年，但是因户籍不在广东，当地的相关政策不允许。所以他们只能将在深圳已缴的部分转回户籍所在地接着缴纳城乡居民养老保险，最终只能享有家乡较低的养老保险待遇。侯女士谈到她曾经不懂养老保险政策，在2007年到2009年退过养老保险，现在想来十分后悔。现在她已经认识到缴纳养老保险对自己晚年的重要性，准备今后在家乡仍然按照600元/月购买较高档次的城乡居民养老保险，持续缴满15年。侯女士把家乡的土地给别人耕种，一亩地收益有50元/年。她打算再干到年纪大一点时与老公一起回乡。

侯女士的遭遇说明户籍制度虽然有很大的变化，但只要城乡二元体制没有改变，户籍制度对社会其他多方面的影响就不会彻底消除，养老保险参保制度的设置与户籍联系在一起，就是很好的例证。从户籍制度的原本意义上来说，只是登记人口基本信息，确认公民身份，为国家人口统计数据和社会管理提供依据，但是"我国的户籍管理制度已被异化，户籍制度并不是户口制度本身，它实际上包含了一系列城市偏向型的福利制度"[①]。上述案例中侯女士因户籍限制，过去只能在农村接受教育，文化程度很低，进城务工缺乏竞争力导致工资收入很低，2019年她的月工资只有3700元，而自2018年中国南方人才市场等发布《南方人才年度广东地区薪酬调查报告》显示，深圳2018年月平均薪酬"9458元"[②]，购买的虽然是职工养老保险，但根据工资比例缴纳的保险费也是较低档次的，按照女性工人50岁退休，她必须离开已经缴纳了9年的单位，又因户籍不是广东省

---

① 盛来运：《农民工的困惑：返乡还是留城》，《中国统计》2009年第5期。

② 《2018深圳最新平均工资出炉，这次你又拖后腿了吗？》，https://www.sohu.com/a/278784584_757969，2018年11月30日。

的，不能继续按照职工养老保险标准续保，结果是只能将较高档次的养老保险转为较低档次的城乡居民养老保险，哪怕在深圳工作达到15年以上，最终也只能享有较低档次的城镇居民养老保险，这一切不是个人主观上没有继续工作的愿望，也不是个人不愿意缴纳较高档次的职工养老保险，而是受户籍制度所限。由此我们看到，户籍制度超越了原有的功能，虽然近年来户籍制度有了很大松动，部分福利待遇随着市场经济的发展已经逐渐市场化了，但是在某些方面仍然是一种“社会屏蔽”手段，“社会屏蔽制度的核心，是在为人与人之间，以及人与资源之间的关系建立起秩序”①。过去的这一社会屏蔽手段使城市户籍人口在社会福利的许多方面有着先天优越性，享受着农民工辛苦付出带来的社会发展成果，将非户籍人口的农民工隔离在城市之外，这是典型的社会福利空间分化，从这里我们看到城乡分割的户籍制度带来了社会空间隔离。这种隔离源于政府运用权力通过制度对社会空间的分割，使户籍制度赋予的身份对社会居民进行区分，再外延到针对不同身份的人给予不同的待遇。农民工是非城市的农村户籍人口，非城市户籍的身份使他们在务工城市只能更多地付出和更少的收益，体现在他们缴纳养老保险费和享有的养老等待遇上存在不公平，这种源于户籍制度带来的不公平待遇给农民工养老城乡选择带来困境，正如李强指出，虽然个人的产权、技术证书和文凭如今已经取代了户籍制度维护社会秩序的功能，但是“因为原有制度的‘惯性’，而继续维持着活动”②。上述案例中侯女士因非当地城市户籍剥夺了她继续参加务工城市的职工养老保险的权利，使她不得不继续打工为养老进一步储备，导致她养老城乡选择困境，这是第一代农民工中因户籍带来养老城乡选择困境的一个缩影。

4. 户籍因素对农民工收入带来的影响

过去的城乡二元社会结构限制农民进城是为了从农业提取资源支持工业发展，同时也导致城乡之间差距日益增大，当允许农民进城务工后，由于在农村收入太低的强大推力将农民推向城市。21世纪初第一代农民工能

① 李强：《关注转型时期的农民工问题（之三）户籍分层与农民工的社会地位》，《中国党政干部论坛》2002年第8期。

② 李强：《关注转型时期的农民工问题（之三）户籍分层与农民工的社会地位》，《中国党政干部论坛》2002年第8期。

够接受比城市人低近50%的工资待遇，是因为相比农村的收入仍然会高出很多。[①] 随着中国最低工资标准制度的建立，用工逐渐市场化后农民工的工资待遇虽然不会无限度降低，但是户籍制度带来的影响不会随着制度的改变而彻底消除。改革开放前教育资源向城市倾斜，由于户籍制度将城乡分割，农村人只能在农村接受义务教育，而农村教育资源匮乏带来的过低文化程度对农民工的影响不只是一代农民工。文化程度低带来学习能力弱，缺乏现代社会发展的技能直接带来的是就业竞争力弱，他们大多只能在次级劳动力市场找工作，又带来他们收入水平很低，50 岁组农民工月均收入是 3939. 3 元，低于调查当年（2020 年）全国农民工月均收入（4072 元）；40 岁组农民工的月均收入（4112. 8 元）也只是略高于全国农民工月均收入（参见图 3-9）。第一代农民工进城后相当长一段时间收入很低，近几年劳动收入略有提高后又处于年龄偏大收入大幅度下降阶段，所以他们劳累一生后的结余也很难支撑晚年生活。他们认为留城养老面临的困难排在前三位的是住房（69. 7%）、医疗（52. 8%）和养老的经费（49. 0%）（参见表 7-15），这都与他们收入偏低有直接的联系。低收入会限制他们养老城乡选择意愿，也导致选择困境，使许多第一代农民工不是按照自己的意愿主动进行的选择，而是被迫进行的选择，即从他们当初主动进城寻求更好的生存，到他们大多数不得不被动地回到户籍地农村。

当初是农村贫穷和劳动力过剩的巨大推力将他们推向城市务工，城市相对收入较高和就业机会的巨大拉力把他们拉入城市。经过多年务工后，随着年龄的增长他们要面对养老城乡选择，当年的推力和拉力有了变化，城市相对较高的收入与较多的就业机会对他们仍然有拉力作用，使他们在高龄状态下继续选择留城务工，但是这个拉力已大幅度减弱，城市的推力在逐渐增强。而农村的拉力在增强，推力在减弱。对于临近退休年龄的第一代农民工，他们基本上不能以年迈的身体找到重体力劳动的高收入工作，代之以低收入的辅助性的工作，即便这样也比农村没有增收渠道强。

---

① 2007 年农民工的月均收入只有 1061 元，而全国城镇职工年均工资 24932 元（月均收入为 2077. 7 元）。《2007 年我国外出就业农民工月均工资首次突破千元》，https://www.gov.cn/govweb/jrzg/2008-08/29/content_1082225.htm，2008 年 8 月 29 日；《2007 年全国城镇单位在岗职工年平均工资 24932 元》，https://www.gov.cn/govweb/gzdt/2008-04/01/content_934389.htm，2008 年 4 月 1 日。

城市的推力也是显而易见的，没有自己的住房，高生活成本，就业机会减少带来的收入减少甚至可能因没有工作机会而中断收入等形成的推力，将第一代农民工推向农村。与此同时，农村的拉力在增强，依靠农村的土地可以较大程度降低农民工的生活成本，新农村建设和脱贫攻坚的成功较大程度改善了农村居民的生活条件，回乡可以在较宽敞的自建房居住，免去了房租压力，又回到熟悉的文化环境和人际环境之中，还能使家庭成员团聚相互照顾，使他们更有安全感。农村的推力同样是显而易见的，农村很少有城市的工作机会和相对较高的收入，当他们在城市务工的积蓄耗尽时，他们如何生存是不得不考虑的问题，于是越接近退出劳动领域的年龄越为今后老年的生活担忧，其中重要的因素是养老的经济来源问题。所以高龄农民工在身体没有严重疾病，城市还有工作机会的情况下，会继续坚持在城市务工，不过这时他们更加纠结于养老城乡选择，这种纠结也是养老城乡选择的困境的一种表现。

四　住房政策对第一代农民工养老城乡选择困境的影响

农民工没有城市居民在住房方面的先天优势。由于长期城乡二元社会结构，城乡居民在住房方面享有的待遇差别极大。计划经济时期，城市居民基本上依靠家庭成员在单位就业有福利分房的资格，虽然居住面积有限，但基本能够保证每家有免费住房，这是城市居民特有的福利，而农民只能在农村自己建房。改革开放以后农民进城务工初期，因为收入太少和城市能够出租的房源极少，许多农民工居住条件很差，2008 年“仅有 0.8% 的外出农民工在务工地自购房”①。笔者在 21 世纪初对农民工调查时只有 9.0%的农民工在城镇有自购房，其中包括绝大部分在户籍地务工回家居住的农民工，“处于失业状态时有 11.6%的人无固定居所”②，2007 年的调查显示 54.4%的农民工租房，36.1%的农民工居住在雇工单位提供房内，③农民工自购房只有 4.9%。当时收入很低，他们留城排在前两位的困难是收

① 《2009 年农民工监测调查报告》，http://cn.chinagate.cn/reports/2010-03/22/content_19655996.htm，2010 年 3 月 22 日。

② 数据来源于笔者所在课题组 2004 年对重庆市 1083 名农民工的调查。

③ 数据来源于笔者所在课题组 2007 年对全国多个省市 2834 名农民工的问卷调查。

入太低（56.1%）和没有住房（54.9%）（参见表5-8）。而经过十多年后，农民工收入有了较大提高，住房条件有了很大改善，可是第一代农民工认为在留城养老的困难中排在第一位的是住房困难（69.7%），并且比第二位医疗条件和经费（52.8%）和养老经济来源（49.0%）分别高出16.9、20.7个百分点（参见表7-15）。为什么在经过十多年第一代农民工基本生活得以解决，政府出台了公租房，农民工自购房有较大比例提高的情况下，住房问题是他们排在留城养老第一的困难，根本原因仍然是户籍制度带来的城乡二元社会结构，其次是住房相关政策对农民工住房困难的影响。

城市住房保障相关政策和制度缺乏向农民工倾斜。计划经济时期农民没有资格在城市拥有任何性质的住房。1998年我国停止了住房实物分配制度，开始实行住房分配货币化，推行住房公积金制度，只有国有单位人员才有资格享有这一制度带来的福利。为了解决城市中低收入群体住房困难，政府开始推行经济适用房制度，这一住房保障制度只针对城市居民，农村户籍人口被屏蔽在城市住房保障体系之外，即使农民工进城务工多年也不可能享有福利性的住房保障。21世纪初期推行了带有福利和救济性质的廉租房政策，最初是根据户籍划定了保障对象为城镇居民。根据住房和城乡建设部、财政部、国家发展和改革委员会发布的通知，2014年起各地公共租赁住房和廉租住房并轨运行，并轨后统称为公共租赁住房。以后农民工可以申请，但是设置了较为严格的条件，比如除提交具有当地民政部门的最低生活保障或救助证明、收入证明、年龄、家庭成员身份证和户口簿等材料，农民工申请公租房还需要在该城市有稳定的就业和住满一定年限，可见申请资格上是向城市户籍人口倾斜，农民工不能完全平等享有城市住房资源分配。从前述我们看到农民工在就业场所提供房内居住的（24.7%）和自购商品房和小产权房（21.6%）合计为46.3%（参见图3-6），这部分农民工一般不会申请公租房，无固定单位的占比是33.7%（参见图3-3），这部分农民工大多没有稳定就业，也就失去了申请公租房的资格，如果再除去没有在该城市居住满申请年限，有资格申请公租房的占比更少。由于农民工绝大多数不属于就业单位的正式职工，社区服务又将他们作为非户籍人口管理，没有组织或部门向农民工宣传这类政府出台的住房政策，加之第一代农民工文化程度低，他们中很多人不知道公租房政策，有的知道了也不懂操作程序，也没有向相关部门申请。另外，公租房一般建在远离城市人口集中的地方，到人口密集的市区务工每天来回花费近 10 元路费和一般不低于两小时的路程，会较大幅度增加生活成本，所以只有 5.7%的农民工居住在政府提供的公租房，可见公租房对第一代农民工的惠及面较小。

针对农民工的住房保障政策不够完善。政府在城镇制定的公租房等相关政策，旨在帮扶中低层收入的居民，也是保障全体居民生存基本需求的公共服务，农民工纳入城市住房保障体系之中已经是时代的很大进步。但是这项公共服务仍然存在不够完善和缺乏公平的方面。除城乡二元体制的历史原因，针对第一代农民工在城镇的保障体系不够健全。政策的制定上公平性不足，城市居民没有稳定就业和居住年限的规定，但对农民工就有特别的要求，使农民工在申请资格上多了一些屏障，不能平等享有公租房等相关政策。相关政策不能完全满足农民工务工需求，主要体现在农民工实际需求量大，但公租房的房源不足。另外，财政支持的资金有限，建房选址地处偏远，不能满足农民工生活工作便利的需求，也是部分农民工不选择公租房的主要原因。第一代农民工在城市务工多年，由于雇工单位将他们视为编制外员工，社区又将他们作为非户籍人口对待，城镇各级组织没有谁有义务向他们宣传政府有关帮扶的住房政策，使他们中大多不了解相关政策，加上他们文化程度低，即使了解到相关政策也缺乏相关工作人员为他们在申请流程上服务，导致享有公租房的农民工很少。

公租房政策惠及率不高对农民工城乡养老选择带来很大的影响。住房是留城养老必备的生活条件，笔者到了多地随机访谈了 100 多位第一代农民工，在城镇购买住房的不到 10%，只有个别的农民工知道公租房政策，租住在公租房的仅有 2%左右，比问卷调查的数据更少。建筑业和制造业农民工大多在雇工方提供的宿舍居住，这部分农民工很少享有政府带有帮扶性质的公租房政策。有的夫妻两人在城市务工，为了节约开支，分别居住在雇工方提供的集体宿舍里。调查显示租住私房（36.5%）和居住在非正规住房（4.5%）合计达到 41.0%（参见图 3-6）。农民工一般租房会选择房租低廉的，这类住房质量较差，有的缺乏卫生间，有的没有厨房，有的采光很差，绝大多数人均房屋面积很小，或是周围环境很差。出租私房的房主因涨价或其他原因导致农民工不得不搬家也时有发生。笔者访谈了解到因修建复线桥相关部门拆掉部分房屋，多年居住在此的农民工只能搬离较便宜的房屋，有的农民工居住在城市某角落违规搭建的不正规的房屋里，遇着强拆违建时农民工也只能搬离，一般情况下重新租房的租金都比以前的高，如果遭遇收入中断，生活将陷入困境。所以第一代农民工认为留城养老面临的首要困难是住房问题，随着他们年龄增高和收入降低，他们想留城务工增加收入，日益上涨的房屋租金是他们留城的主要障碍，也是养老城乡选择上的首要困难。

五 与政策相关的其他因素对第一代农民工养老城乡选择的影响

政策的公平性对第一代农民工养老城乡选择有较大影响。20 世纪末我国社会保障政策和公共服务相关政策不完善时，面对城乡二元体制导致的城乡较大差异，不仅是城市人认为这种差异十分正常，就连农村人自己也认为农村人不能与城市人相比，所以当时人们的意识中缺乏对城乡居民应公平享有公共政策和社会福利待遇的认识，甚至觉得农村居民就不应该与城市居民享有相同的公共政策。由于城乡之间各方面的差异客观存在，社会保障等政策的制定也不能不考虑历史与现实问题，分别制定城乡不同的社会保障相关政策成为必然的选择，由此产生了城乡居民不同的社会保障待遇。当中国特殊的社会群体——农民工出现后，曾经因为城乡不同的社会保障等政策使农民工遭遇了城市社会的排斥和歧视，在用工、工资、社会福利等方面也遭受了不平等待遇，凸显了社会不公平问题。城乡不同的社会保障政策难以适用于农民工，社会成员应公平享有社会保障待遇已成为全社会的共识。

2006 年国务院《关于解决农民工问题的若干意见》明确提出了坚持“公平对待，一视同仁”等解决农民工问题的五项原则，全面系统地阐述了如何看待和解决农民工问题，特别提出应积极稳妥地解决农民工社会保障问题。之后的 10 多年我国政府加快了完善社会保障政策的步伐，与第一代农民工养老密切相关的养老保险和医疗保险制度，已经实现了与城乡居民养老保险和医疗保险的合并，社会保障制度碎片化的状况得到了很大改变，此后社会保障制度的公平性得到很大提高。为农民和农民工享有与城市居民同等待遇进行了政策铺垫。但是政策改变不等于现实问题的解决可以一蹴而就，“固化了的社会结构和利益格局一时难以撼动，导致农民工始终徘徊在城市之外”①，（1）历史上遗留的有些复杂问题现在仍然影响着农民工养老城乡选择。如前述城乡二元社会结构遗留下来的教育、住房等政策至今仍对农民工有多方面影响，过去城乡社会保障制度分别设置，使农民工 20 世纪末和 21 世纪初期不能公平参加社会保险。另外，因为城乡之间收入差距较大，大多数农民工不能按照较高的社会保险标准参保，导致前期缴纳养老保险费较少的第一代农民工达到领取养老金年龄时无法完全保障晚年的基本生活。使他们大部分人不得不高龄仍然留城坚持较重的体力劳动或超龄工作以维持晚年基本生活，这种状况体现了他们养老城乡选择困难处境。（2）现有的某些政策没有完全实现公平对待第一代农民工。如有的城市用城乡不同的户籍设计职工养老保险的参保资格，使农民工不能公平购买职工养老保险。当然制度的设置是为了减轻大城市养老的压力，但是这种制度设置的价值取向更多的是向大城市倾斜而不是向农民工这一弱势群体倾斜。笔者访谈中了解到在城市相同的环卫工作，以户籍是否属当地设置不同的工资待遇，本地户籍地农民工的工资高于非本地户籍地农民工。在政策的设计上，2009 年《城镇企业职工养老保险关系转移接续暂行办法》的颁布，缺乏解决历史遗留问题的条款。如农民工退保前企业为他们缴纳的养老保险仍然保留在东部务工地区，新制度的设计没有弥补农民工这部分损失的相关规定。另外，现有社会保障待遇中，对于在城市务工长期因特殊原因仍滞留在城市的困难农民工也不能享有城市社会救助待遇，因现有的社会救助政策仍然有部分是根据城乡户籍确定农民工享有城市还是农村的社会救助待遇。

随着社会的发展，农民工的公平意识也越来越强烈，他们对平等享有城市居民的社会保障待遇有着较大的期待。调查显示，36.4%的农民工认为留城养老面临的困难是不能享有与城市居民同等的社会保障待遇，还有

① 周家明：《包容性发展：从“半城市化”走向“城市化”》，《淮阴工学院学报》2012 年第 4 期。

22.8%的认为是不能享有与城市居民相同的政策，这实际上是一个问题的不同层面，有了城乡居民相同的政策才会有具体的社会保障待遇。从表7-15中看到40岁组的农民工对平等享有与城市居民相同的社会保障待遇的要求高于50岁及以上的农民工，40岁组的农民工相比50岁及以上农民工文化程度高，他们在农村的时间相对较短，对过去城乡不平等的社会保障待遇的关注度高于50岁及以上农民工。学者郑功成曾经的调查也显示："年龄越大，认可社会公平的人数越多"；"受教育程度越高，认为社会公平的人数越少。"① 年龄较低文化程度较高的农民工要求平等的愿望更加强烈。在城乡去留选择的影响因素方面，认为不能享有与城市居民同等的社会保障待遇对他们的影响比户籍迁移政策的影响更大，调查显示前者比后者高8.3个百分点，这一方面说明户籍迁移政策对农民工进城务工和定居城市的影响力相比21世纪初以前有大幅度降低；另一方面说明城乡之间的社会保障待遇仍存在差距明显、不平等的问题。如果这些社会公平问题不能得到解决，不仅会增加农民工养老城乡选择的困难处境，影响城镇化进程，也会带来社会心理冲突或对抗。

第五节　城市融入对第一代农民工养老城乡选择困境的影响

一　城市融入与第一代农民工养老城乡选择的关系

近年来不少学者对农民工城市融入进行了研究，学者们从经济、政策、制度、个体等方面探讨了农民工城市融入问题，认为社会政策调整对农民工城市融入有较大影响。② 农民工进入城市，"在城市中日常生活世界的建立和书写，是一种'自下而上'的现代性谋划，但这种谋划又注定是艰难甚至是难以成功的，这是一种发展困境"③。农民工进入城市空间难以

① 郑功成：《中国社会公平状况分析——价值判断、权益失衡与制度保障》，《中国人民大学学报》2009年第2期。

② 参见王春光《中国社会政策调整与农民工城市融入》，《探索与争鸣》2011年第5期。

③ 潘泽泉：《被压抑的现代性：农民工融入城市的困境》，《广西民族大学学报》（哲学社会科学版）2011年第1期。

实现社会同化或融合，“空间并存”或“空间嵌入”加剧了农民工在城市中的边缘化，阻滞了农民工弱势群体在城市空间中共享社会发展成果，应重新思考农民工在城市中共有的空间是否可能以及何以可能的问题。① 农民工正经历着由“城市进入”向“社区融入”的关键转化，应从政策导向层面注重提高农民工城市就业的稳定性，改善他们社区参与状况，帮助其实现由城市进入向城市社区融入的关键转化。② 老一代农民工更多是被动性适应城市，他们的适应程度总体上较低，缺乏对城市的认同感，③ 应推进未来“乡—城”移民城市融入中横向社会化机制的突破。④ 近年来相关研究大多是新生代农民工城市融入问题，研究主要是针对农民工融入城市存在哪些障碍，如何消除障碍以促进农民工城镇化。而缺乏探讨城市融入对第一代农民工养老城乡选择的影响。国外关于移民群体融入的相关研究中最具有代表性的是恩泽格尔等人提出的四维度模型，这一理论认为移民在流入地要面临四个维度的融入，即社会经济融入（经济就业、收入水平、职业流动）、政治融入（合法公民权、政治参与）、文化融入、主体社会对移民的接纳与拒斥⑤。但国外移民与农民工乡—城流动不完全相同，中国自从实行城乡户籍制度后，农村户籍人口流动具有农民身份，农民工就是城乡之间的群体，陈映芳认为“作为堪与‘农民’、‘城市居民’并存的身份类别，‘农民工’在80年代以来的中国社会中，是由制度与文化共同建构第三种身份”⑥。学界普遍认为这一群体的身份是“农民”，“工”是这一群体的职业，农民工的称呼由此而来。所以中国的农民工城市融入除了经济、政治、文化的融入外，还有身份融入。关于身份融入，在形式上是由农村户口转为城市户口，实质上是享有与城市居民相同的权利和待

---

① 参见潘泽泉《农民工融入城市的困境：共有的空间何以可能》，《中州学刊》2008年第3期。

② 参见肖云、邓睿《新生代农民工城市社区融入主观判断的影响因素——基于重庆市新生代农民工调查数据的分析》，《城市问题》2015年第4期。

③ 参见朱力等《“半主动性适应”与“建构型适应”——新生代农民工的城市适应模型》，《甘肃行政学院学报》2010年第4期。

④ 参见郎晓波《改革开放以来中国的“乡—城”迁移及其城市融入》，《浙江社会科学》2018年第2期。

⑤ 参见梁波、王海英《国外移民社会融入研究综述》，《甘肃行政学院学报》2010年第2期。

⑥ 陈映芳：《“农民工”：制度安排与身份认同》，《社会学研究》2005年第3期。

遇。我们还可以从客观的（社会的）和主观的（农民工个体的主观体验）方面看待农民工城市融入的问题。从社会的客观环境看，政策上允许农民工进城是他们迈向城市融入的第一步，在城市实现就业、职业流动能够获得收入是在经济上融入了城市，而获得与城市居民完全同等的政治权利、政治参与，需要有城市居民的身份，比如以社区为单位的选举，如果不是社区户籍人口，就没有参与选举的权利。这里就插入了身份确认的因素，也可以说是身份融入问题。文化融入内容十分复杂，包含了传统的思想观念、价值判断、生活方式与习惯等，还包括具有城市主流文化习俗的人是否接纳具有乡村文化习俗的人。城市融入的环境还包括政策公平性、政策营造的城市环境对农民工的包容度等。近年来在统筹城乡的政策上有了很大改变，与农民工养老密切相关的是城镇居民养老保险与新型农村养老保险整合为城乡居民养老保险，城镇居民医疗保险与新型农村合作医疗整合为城乡居民医疗保险，享有某些福利待遇的身份界限开始不那么泾渭分明。上述城市融入条件只是客观的城市社会环境，而农民工对城市和政策的感知度、认可度等是主观上对是否融入城市的一种判断，只有当城市客观环境具备，农民工主观上产生了对城市的归属感和认同感，农民工的城市融入才能实现。

第一代农民工城市融入与他们养老城乡选择有密切的联系。如果他们在经济上、政治上、文化上、身份上与城乡居民享有同等的权利和待遇，他们就容易融入城市，当年老退出劳动领域时，城乡选择的自由度越大，选择的困难度就越小。反之如果他们在城市不能享有与城市居民相同的待遇，对城市的认同度越低，他们主动选择留城养老的意愿就越低，就越会被动选择回乡养老。从政策允许农民进城务工至今40多年，随着针对农民工的相关政策变迁，农民工群体发生了许多变化，有少部分实现了农民向市民的转变，有的由流动性较大转向相对稳定，有的仍处于不断流动的状态，除了少数农民工实现市民化，他们大多数仍处于城乡两极状态，或处于城乡之间游移的状态，既不属于城市人又不完全是农村人，被王春光称为“半城市化”状态。[1] 这是一种离开了农村进入城市又没有融入城市的

① 王春光：《中国社会政策调整与农民工城市融入》，《探索与争鸣》2011年第5期。

状态，学者陈映芳认为农民工是一群“脱离农村而试图在城市拓展生存和生活空间的乡城迁移者被定义为一个特殊的社会类别”①。不论这部分特殊的社会群体是相对稳定在某一城市成为事实移民，还是在乡城之间不断流动，不论他们被称为临时性暂住人口还是城市常住人口，也不论在管理上用暂住证还是居住证进行登记，这部分群体的身份都被定格在城乡之间没有实质性的改变，他们仍不是完全意义上的城市人口。我国对流动人口的管理不仅有暂住人口和常住人口的区分，还有户籍人口和非户籍人口的区分，不管农民工在城市社区居住了多少年，只要户口不在城市社区，城市社区都没有将他们与城市户籍人口同等对待。这就使城市人没能从本质上将农民工看成城市居民，农民工也认为自己是农村人而不是城市人。当第一代农民工面临养老身安何处的考虑时，他们才有留城还是回乡的选择问题。

二　农民工进城务工城乡选择的变化与政策的调整

第一代农民工最初进城只是为了在城市找工作挣钱养家，当时的社会条件没有准备为农民工留城提供条件，农民工主观上也没有要留城市的想法。随着城镇化的加速，农民工规模不断扩大，第一代农民工中有了分化，政策也在不断调整。随着城市客观环境的变化和第一代农民工年龄的增长，部分农民工有了留城养老的意愿和行动，如在城镇购房打算留城居住，有明显的迁移城市倾向。相关政策法规进行了调整，最早是在促进农民工就业方面开展对他们的技能培训，强调为农民工进城务工营造良好的环境。《劳动合同法》《社会保险法》的颁布与实施，着力解决拖欠工资的问题，将养老、医疗、工伤、失业方面纳入国家统一的制度体系之中，户籍政策的改革为农民工留城提供了更加宽松的政策环境，如农民工子女在务工地平等入学，用公租房政策解决住房问题，等等，政府采取一系列措施鼓励农民工由农民转为市民，使农民工融入城市的政策环境有了很大改变。在这些政策的鼓励下，部分第一代农民工在城镇购房的占比有所增长，准备以后定居城市的农民工有所增加。农民工打算定居城市与他们子

① 陈映芳：《“农民工”：制度安排与身份认同》，《社会学研究》2005年第3期。

女是否定居城市有很大关联，第一代农民工子女通过公平教育政策已经在城市有了稳定的工作，有的农民工子女是新生代农民工。新生代农民工相比第一代农民工大多数没有从事过农业劳动，他们对城市的熟悉胜过农村，更容易融入城市。农民工子女融入城市对他们的父辈留城养老有一定的帮助。笔者访谈了解到有的第一代农民工因子女在城市定居后转移到城市定居。与第一代农民工养老密切相关的政策是养老保险政策，养老保险政策因《城镇企业职工基本养老保险关系转移接续暂行办法》的出台使农民工流动务工的养老保险权益得到保护，统一的城乡居民养老保险制度的建立，使农民工参加养老保险纳入国家统一的养老保险制度之中，相关政策调整提升了政策的公平性，为农民工融入城市在政策上扫清了许多障碍，如今农民工在城市的就业和生存环境得到了极大的改变，客观上为农民工留城养老提供了较为宽松的政策环境。

三　第一代农民工难以融入城市社会空间影响养老城乡选择

第一代农民工从最初离开农村走进城市后，不仅是自然空间有了很大变化，社会空间也发生了很大变化。从原始乡村的熟人社会空间到现代化城市的陌生人社会空间，原有的社会制度、从业领域、劳动方式、社会网络、人际环境、生活方式等都有了很大变化。他们“一旦进入城市，农民工便与历史脉络切断”①，失去了以往依存的社会空间，重新适应陌生的现代化城市空间。为了使农民工能够在城市社会空间更好地安居乐业，近年来政府针对农民工就业、住房、社会保障等相关政策有了很大转变，而社会政策的调整只是部分解决了融入城市的问题。城乡二元社会结构的许多遗留问题难以在短时期内彻底解决，前述历史遗留下来农村教育资源匮乏带来的低文化水平长期限制他们融入城市，使他们缺乏与工业相匹配的劳动技能。进城初期各方面政策和制度对他们带来限制甚至是歧视，他们虽然进入了城市，但从起点上缺乏公平融入城市的机会，政府相关政策的改变只是为农民工提供了现在融入城市社会的条件，而历史沉淀下来的问题并非随着政策和制度的改变而完全改变。第一代农民工在城市中的许多方

① 潘泽泉：《农民工融入城市的困境：共有的空间何以可能》，《中州学刊》2008年第5期。

面仍然被社会空间隔离，在融入城市的社会空间上仍存在较多问题。

1. 低收入使第一代农民工在经济上难以融入城市

第一代农民工进城务工主要是依靠市场和人际关系就业，他们因文化低、缺乏技能在市场上缺乏竞争力，进城务工初期很长一段时期还受到城市社会的排斥和不公平待遇，所得收入除了养家所剩无几。近几年第一代农民工的收入虽然有所提升，但仍处于次级劳动力市场务工，大多数从事低端工作，处于市场的边缘化而难以走向社会的上层，他们的收入不仅无法与城镇正规部门就业者的收入相比，在农民工中他们的收入整体也是偏低的，调查显示他们中有65.5%的人收入在国家统计局公布的全国农民工月均收入以下，50岁及以上的受访男性农民工和全体女性农民工的月均收入全部低于全国农民工的月均收入（参见图3-11），收入低使他们在城市发展受限，也缺乏融入城市的经济基础。

2. 劳动保护和权益保障不足

第一代农民工的休息权往往没有得到很好的保障。由于第一代农民工大多在非正规部门就业，他们相当多的人是计件工资，自动延长工作时间，工作时间较长不能得到很好的休息，身心较疲惫。自动延长工作时间实际上是相对降低了单位时间内的收入。

3. 享有的公共服务和福利与城市居民的差距较大

在公共服务和社会福利待遇上农民工与城市居民仍有很大差距，近年来城乡居民在公共服务和社会福利方面的差距有所缩小，但只要依附在户籍上的福利制度没有完全改变，城乡居民在这方面的差距就不能完全消除。中国的传统福利主要是围绕着城镇就业劳动者设计的，城镇就业人口通过单位可以获得工资收入，又可以获得住房、教育、生活福利及享受集体福利设施等福利待遇。① 随着社会制度的不断改革，福利制度有了很大改变，而与城镇就业者与单位制联系的福利仍然十分普遍，有些城市居民享有的多种补贴或福利，农民工却没有，在就业培训、就业帮扶、困难农民工的救助、公共服务、公共福利等方面，与城市居民享有的帮扶政策仍

---

① 参见郑功成《中国社会福利改革与发展战略：从照顾弱者到普惠全民》，《中国人民大学学报》2011年第2期。

然存在较大差异，相关帮扶政策在许多时候仍将农民工与城市居民加以区分，比如优先给下岗工人提供就业培训和就业岗位等帮扶政策，用优惠政策鼓励下岗工人购买养老保险和医疗保险，城市解决住房困难也是优先考虑城市居民，某些社会救助政策也有城乡户籍区别对待，农民工在城市有些方面难以与城市居民享有同等的权益。

4. 农民工与城市居民参加社会保险的条件有差异

“从公民权理论来看，享受社会保障权利的水平是农民工在城市社会融入程度的重要标志之一。”① 现阶段虽然政策上将农民工的社会保障大多纳入统一的相关制度中，但农民工与城市居民在参保的条件上不在一个水平，大多数农民工是非正规部门就业或个体找活或自营者，在参加医疗、养老和失业等保险时缺乏单位缴纳保险费，农民工个体一般选择缴纳最低档次的医疗保险和养老保险。少部分在正规部门就业的农民工，虽然单位按规定缴纳了各项保险费，但是这部分农民工的工资一般都较低，与本部门在编职工的收入有较大差距，单位大多按照规定范围内的最低标准为他们缴纳养老保险和医疗保险费。再者，农民工除历史上保障水平低，参保档次低，新制度的实施并不溯及补偿过去农民工退保的损失，在过去城乡不同的养老保险制度的情况下，第一代农民工绝大多数购买的新型农村养老保险中最低档次，城乡统一的养老保险制度实施后，他们因各种原因仍未购买较高档次的城乡居民养老保险，根据多缴多得、长缴多得的原则，他们大多数年老时只能领到很低的基础养老保险金。在没有务工收入和财产性收入的情况下，即使农民工留城的政策环境非常宽松，他们也难以留城生存。城乡居民保障权益的差异，不仅使农民工在城市生存有困难，还使他们对城市的认可度偏低而难以融入城市。

四 第一代农民工城市社区融入度低影响养老城乡选择

1. 城市社区融入对农民工养老选择的作用与相关政策的调整

农民工融入城市的基本衡量标志是他们是否融入了城市社区，融入城市社区是城市融入的体现，因为在城市生活离不开城市社区。农民工进入

① 王春光：《中国社会政策调整与农民工城市融入》，《探索与争鸣》2011 年第 5 期。

城市，如果与居住在城市社区的居民享有平等的权利，城市社区的管理和服务上无差别，与城市社区居民的交往上以及城市居民的接纳上无障碍，主动接受城市居民的生活方式，积极参与社区活动，认同城市社区文化，在社区有归属感，在这样的状况下，农民工才融入了城市社区，进而融入了城市。城市社区融入对农民工融入城市有重要的意义。城市社区是农民工日常生活的家园，城市社区如果平等对待农民工，可以促使他们积极参与社区活动，帮助他们扩大与城市居民的交往，接受城市社区的文化，生活习惯和道德观念。有利于消除农民工与城市社区的疏离感和身份的距离感，增加对城市社区的认同感和归属感，只有这样才能真正实现城市融入。为了促进农民工融入城市，国务院2006年发布的《关于解决农民工问题的若干意见》（国发〔2006〕5号），要求“发挥社区管理服务的重要作用。要建设开放型、多功能的城市社区，构建以社区为依托的农民工服务和管理平台。鼓励农民工参与社区自治，增强作为社区成员的意识，提高自我管理、自我教育和自我服务能力。发挥社区的社会融合功能，促进农民工融入城市生活，与城市居民和谐相处。完善社区公共服务和文化设施，城市公共文化设施要向农民工开放，有条件的企业要设立农民工活动场所，开展多种形式的业余文化活动，丰富农民工的精神生活”。同年国务院又下发了《关于加强和改进社区服务工作的意见》。2012年1月，民政部颁发了《关于促进农民工融入城市社区的意见》，进一步细化了如何落实农民工融入城市社区的措施。为农民工融入城市社区提供了政策支持。农民工在城市社区融入方面有了许多改变，如按照相关政策为农民工提供转户、社会保险参保、社区的防疫、就业培训、公租房、有条件地提供社区选举等公共服务。相比进城初期，农民工对城市生活的适应度提高了很多，83%的农民工表示对本地生活非常适应和比较适应，41.5%的农民工认为自己是所居住城市的“本地人”。30.4%的农民工参加过所在社区组织的活动，4.0%表示经常参加，26.4%表示偶尔参加。[①] 这一组数据是国家统计局针对全国新老农民工调查的结果。第一代农民工融入城区的

① 参见《2021年农民工监测调查报告》，https://www.gov.cn/xinwen/2022-04/29/content_5688043.htm，2022年4月29日。

情况与新生代农民工有较大差距，他们在城市社区融入方面还有许多问题。

2. 第一代农民工融入城市社区的主要问题

在现实中，第一代农民工离开熟悉的乡村社区，来到陌生的现代化城市社区，不是踏进城市社区就可以完全脱胎换骨地转变价值观念和生活习惯，他们与城市居民仍然存在差异，随着进入城市的时间推移这些差异有所缩小，但在融入城市社区方面仍存在以下问题。

（1）社区服务对象和管理仍将农民工区别对待。城市社区除疫情防控、公共卫生等针对全社会群体的基本公共服务实行的无差别服务外，在有些方面的服务优先提供给社区内的户籍人口，比如针对困难群体的帮扶、提供公益就业岗位、医疗救助，最低生活保障、社区养老服务等。第一代农民工对社区服务的感受度较低，他们认为社区服务对他们帮助很大（6.7%）和较大（14.2%）合计为20.9%，帮助一般的是32.6%，帮助较小（20.6%）和很小（25.9%）合计是46.5%（参见表7-16）。接近50%的农民工认为社区服务对他们选择留城帮助不大，使他们感到城市社区对他们的冷落，也很难建立起城市社区意识，对城市社区缺乏认同感和归属感。这源于城乡二元户籍政策带来的城乡不同身份，对同一社区居民进行区别对待，使没有得到同等待遇的农民工产生不公平感。

表7-16　社区服务对第一代农民工选择留城的帮助（单位：%）（N=3229）

分类指标	帮助很大	帮助较大	一般	帮助较小	帮助很小	合计	均值
总样本	6.7	14.2	32.6	20.6	25.9	100	2.6

注：帮助很大到帮助很小五个等级分别赋值为5、4、3、2、1。

（2）身份融入仍有瓶颈。农民工只有融入城市社区，才能实现由城市“过客”到城市“新市民”的身份转换，而获得城市社区成员的身份认同是农民工融入城市社区、成为“新市民”的关键所在。而户籍政策将城乡居民划分为不同的居民身份，与此同时社会空间划分为了两个不同的社会空间，农民工与城市居民虽然同在一个自然空间里，但是户籍政策对城乡不同户籍的人进行了社会空间上的区隔，不同户籍的人享有不同的服务和福利待遇，导致城市居民与农民工有社区“内群体”与社区“外群体”的区别，“内群体”对价值认识、生活习性等相对趋同，交往较多。而农民工是“外群体”，由于过去生长环境带来的认知和生活习性有较大差异，与“内群体”的人交往甚少或不交往，两类群体都认为彼此差异较大，认同度不高，甚至有较强烈的疏离感。缺乏身份认同使农民工难以融入城市社区。

（3）组织融入依然步履维艰。农民工实现融入城市社区必然要借助于一定的组织平台，组织是个人获得认同感与归属感的载体，也是个人融入集体的有效形式，通过组织可将分散化的个体凝聚起来。社区内的众多资源配置是通过组织机制来实现的，能否在资源分配中占据有利地位在很大程度上取决于群体在组织中的地位。社区内的组织主要包括正式组织和非正式组织，正式组织主要指社区内的党支部、居委会、群团组织等，他们是农民工参与社区管理的制度化渠道；非正式组织主要是社区内的非政府组织或文体娱乐活动组织等，这些组织是农民工真正融入社区生活圈的非制度化渠道，更是连接社区居民与农民工群体的重要纽带。但调研发现高达86.1%的农民工表示从未参加过社区的管理或服务工作，[①] 他们仍然处在社区管理的边缘，无法通过组织参与的形式实现自身需要，以实现与城市居民同等的公民权利。对于社区内的群团组织来说，诸如社区共青团组织、社区工会、社区老年人残疾人协会等，从设立宗旨上来看应是不同群体诉求的组织化表达渠道，也是不同群体利益的保障机制之一。但这些组织还未有效地将农民工群体纳入组织体系之内，笔者本次对100多名第一代农民工的访谈中，没有农民工表示他们参加过相关组织，也很少得到这些组织的帮助。

（4）社区活动参与度低。社区活动有助于增进社区居民对居住社区的了解，促进社区居民的交往，联络居民之间的情感，使大家对社区有亲近感和归属感，增强社区居民的主人翁意识，积极为建设美好家园尽到社区居民的义务，提高居住在社区的安全感。而受访的第一代农民工居住在城市社区有64.0%的人没有参加过社区活动，32.7%的偶尔参加，经常参加的只有3.3%。相比建筑业和制造业的农民工，服务业的农民工参加社区

---

① 数据来源于2013年笔者所在课题组对863位农民工社区融入的问卷调查。

活动较多，经常参加的是4.1%，比建筑业农民工（1.8%）和制造业农民工（3.8%）分别高出2.3和0.3个百分点。而从未参加社区活动的，建筑业农民工占比最高（70.5%），比制造业农民工（60.0%）和服务业农民工（61.4%）分别高出10.5和9.1个百分点（参见表7-17）。参加社区活动少，了解城市社区文化和社区居民情况就少，对城市社区的感受度就低，城市社区融入度也会随之降低，对社区居民的陌生感更多，所以当他们遭遇到困难的时候，很少寻求邻居和社区居委会帮助，而是选择向亲戚朋友求助（85.9%），其次是向邻居求助（20.4%），向社区工作者求助的只有6.7%，寻求其他帮助的只占很小比率。①

表7-17　　第一代农民工参加社区活动的情况（单位：%）②（N=3225）

分类指标	从未参加	偶尔参加	经常参加	合计
总样本	64.0	32.7	3.3	100
制造业	60.0	36.2	3.8	100
建筑业	70.5	27.7	1.8	100
服务业	61.4	34.5	4.1	100

（5）与社会居民交往度低。第一代农民工不仅参与社区活动少，与城市社区居民的交往也很少，他们在城市务工交往最多的是农民工朋友（54.1%），其次是老乡或亲朋好友（34.9%），交往最少的是城市社区居民（11.0%）。进一步分析看到，与城市居民交往最少的是建筑业农民工（3.2%），最多的是服务业农民工（15.9%），制造业农民工居中（8.4%）。建筑业农民工流动性强，一般居住在工地板房内，与城市居民接触很少，他们交往对象最多的是农民工朋友（67.8%），而服务业的农民工与同类群体的交往相对最少（46.0%），比建筑业农民工（67.8%）和制造业农民工（56.6%）低21.8和10.6个百分点。服务业农民工在与老乡或亲朋好友交往相比制造业农民工（35.0%）和建筑业农民工（29.0%）占比最

① 数据来源于2013年笔者所在课题组对863位农民工社区融入的问卷调查。

② 表7-17、表7-18，除去系统缺失后，总样本3225，制造业443个、建筑业979个、服务业1800个。

高（38.1%）（参见表7-18），说明服务业农民工在城市交往范围相比建筑业和制造业农民工更广泛，与城市居民交往更多。从前述城乡选择意愿看，服务业农民工留城意愿是几个行业中最高的，这部分农民工的工作和生活环境与城市居民接触多，在与城市居民交往中接触到城市现代文明，更容易学习和接受城市居民的价值观念、生活习惯，也就更容易融入城市社区，进而融入城市的社会空间。可见融入城市社区与留城意愿成正比，城市融入度越高留城养老的意愿越高。同时也说明经济条件虽然是融入城市重要的条件，但不是决定性的条件，服务业农民工的月均收入低于制造业和建筑业的农民工，他们因更容易了解城市、融入城市，打算留城养老的占比高过其他行业的农民工。

表7-18　　第一代农民工与社区居民交往的情况（单位：%）（N=3225）

分类指标	老乡或亲朋好友	农民工朋友	城市社区居民	合计
总样本	34.9	54.1	11.0	100
制造业	35.0	56.6	8.4	100
建筑业	29.0	67.8	3.2	100
服务业	38.1	46.0	15.9	100

五　城市社会空间隔离导致第一代农民工养老城乡选择困境

1. 第一代农民工在城市形成了相对独立的社会空间

城市社区融入状态直接体现农民工的城市融入程度。第一代农民工在城市社会空间被区别对待的结果，导致他们被压缩在同质群体的社会空间中“内卷”，在城市社会空间中形成了相对独立的农民工的社会空间，正如“列斐伏尔观察到：农民用耕牛和铁犁生产了农田空间；战士用战马和武器创设了战场空间。每一种生产方式都生产自己的社会空间，从而成为推动人类社会空间化的决定力量”①。农民工建立了同质群体交往的关系网

① 潘可礼：《亨利·列斐伏尔的社会空间理论》，《南京师大学报》（社会科学版）2015年第1期。

络，延续了他们与农村趋同的思维方式、价值观念、交往方式和生活习惯以及传统文化中的多种惯习，感受到群体间的平等和信任。于是他们在城市自然空间里营造出了农民工同质群体的社会空间，在这个社会空间中他们感到更加自如和安全，认同感更强。虽然农民工与城市居民同在一个自然空间，但由于城乡不同的户籍制度的存在，二元社会结构没有完全消除，只要存在社会政策将社会空间的群体进行分类，区别对待城乡社会成员，农民工和城市居民就在各自不同的社会空间中按照同质群体的价值观念去评判和生存。两类社会空间在同一个自然空间中相对独立，又有重合与叠加，但很少交织。结果是农民工的社会空间没有汇入城市文明的主流社会空间，他们越是按照同质群体的生存逻辑的轨道运行，就越认同同质群体的价值观念和生活习惯，他们在同质群体的社会空间内卷越紧密，与城市居民的社会空间交织越少，学习和适应城市生活方式越少，与城市主流的社会空间越疏离，就越难融入城市社会空间。第一代农民工只有适应和融入了城市社会空间，增加对城市的认同，才能在心理上和现实生活中降低城乡养老选择的困惑，进而更愿意选择在城市生活和养老。

2. 农民工在城市同质群体的社会空间中“自愿闭环”

第一代农民工进入城市 40 多年后，城市对农民工显性的排斥基本消除，社会政策、社会制度和城市居民对农民工的接纳程度有很大提高，第一代农民工也接受了现代社会的一些观念，农村传统文化的影响有所淡化。但农民工带有的农村传统文化、价值观念和生活习惯短时间不会彻底消除，比如受农村熟人社会影响，更喜好与同质群体交往；对城市以及城市居民在心理上有一定区隔，遭遇困难求助时，对同质群体的信任超过对社区管理者和城市社区邻居的信任；生活习惯上与城市居民也有一定差异。他们在心理上认为自己与城市人有区别，调查显示，第一代农民工中 71.9%的人认为自己与城市居民有区别，只有 28.1%的人认为没有区别。将数据进一步细分看到他们认为与城市居民有区别的，男性比女性高 3.5 个百分点，50 岁组和 60 岁组比 40 岁组分别高 2.3 和 6.1 个百分点，建筑业比制造业和服务业分别高 8.0 和 9.3 个百分点。打工年限长短区别不大。他们仍认为自己的身份是农村人，调查中我们看到 75.3%的人认为他们仍然是农村人，24.7%的人认为他们是属于户籍在农村的城市人。

其中男性（76.6%）、高龄（50岁组78.2%；60岁组89.0%）、建筑业的农民工（81.0%）认为自己是农村人的占比都高于女性、服务业和制造业的农民工。尤其是60岁组和建筑业的第一代农民工认为自己是农村人的占比超过80%，60岁组的这一占比接近90%，无论从哪个角度将第一代农民工群体进行分类，超过三分之二的人认为他们与城市居民有区别，主观意识上将自己归位于农村人（参见表7-19）。

表7-19　　第一代农民工对自己是否属于城市人的认识（N=3218）①

分类指标	与城市居民没区别	与城市居民有区别	合计	分类指标	自己仍然是农村人	属于户籍在农村的城市人	合计
总样本	28.1	71.9	100	总样本	75.3	24.7	100
男性	27.0	73.0	100	男性	76.6	23.4	100
女性	30.5	69.5	100	女性	72.3	27.7	100
40—49岁	29.2	70.8	100	40—49岁	72.2	27.8	100
50—59岁	26.9	73.1	100	50—59岁	78.2	21.8	100
60岁及以上	23.1	76.9	100	60岁及以上	89.0	11.0	100
外出务工19年及以下	27.8	72.2	100	外出务工19年及以下	75.8	24.2	100
外出务工20年及以上	28.4	71.6	100	外出务工20年及以上	74.6	25.4	100
制造业	29.8	70.2	100	制造业	72.3	27.7	100
建筑业	21.8	78.2	100	建筑业	81.0	19.0	100
服务业	31.1	68.9	100	服务业	72.6	27.4	100

由于第一代农民工大多数认为自己是农村人，他们在城市中与城市居民的交往较少，与同质群体的交往更多，他们在城市中形成了一个“闭环社会空间”，使他们与城市居民有区隔，在心理上缺乏对城市的认同感、

① 表7-19除去未填写的、系统缺失的部分，表中样本数：男性为2230个；女性为992个；40岁组为1967个；50岁组的样本为1043个；60岁组为216个；外出务工19年及以下的有1925个；外出务工20年及以上的有1240个；制造业为443个；建筑业为979个；服务业为1800个。

安全感和归属感，行为上自愿隔离在同质群体的“闭环社会空间”之中。在这一空间中他们的社会认同一致，有共同的社会认知、身份认同以及文化认同。[①] 他们自愿融入“闭环社会空间”之中相互交往。“农民工认同农民工群体，就意味着他们与农民工群体达到了‘同一’，与城市居民出现了‘差别’，表现出社会分离的倾向。”[②] 缺少向城市居民学习的热情和动力，虽然他们与城市居民处于同样的城市自然空间，但心理上和行为上闭环在自己形成的社会空间中，孤立于城市社会空间之外，在城市没有社会参与的动力，在同质群体中不断内卷，不能建立与城市相联系的社会网络，与城市的差距越拉越大，更加难以融入城市。

3. 社会空间的“自愿闭环”使第一代农民工养老城乡选择更加纠结

第一代农民工多年在城市务工，接受了部分现代化观念，城市的发展快于农村，交通、医疗、公共设施、生活的便捷度等许多方面都优于农村，务工机会与务工收入虽然相比城市居民低，但相比回到农村却高很多。而他们对城市的生活状态满意度并不高，第一代农民工认为在城市的生活状态满意的（4.4%）和比较满意的（21.3%）合计为25.7%，认为一般的48.0%，不太满意的（19.7%）和不满意的（6.6%）合计为26.3%。均值为3，即总体满意度接近中间状态。从不同行业对城市生活的满意度看，服务业的农民工最高（3.1），建筑业的农民工最低（2.9）（参见表7-20）。除住房和年老务工机会大幅度减少，不能融入城市是他们养老城乡选择出现困境的重要原因，前述分析看到，相比制造业和建筑业的农民工，服务业的农民工月均收入最低；与城市居民的交往、参加社区活动最高，认为自己与城市居民有区别的程度也最低，对城市生活的满意度评价最高，留城养老意愿也最高，留城养老的困难度最低。这充分说明经济收入不完全是留城养老的决定性因素，城市融入程度与城乡选择有密切的关系。

---

① 参见潘泽泉《农民工融入城市的困境：共有的空间何以可能》，《中州学刊》2008年第3期。

② 潘泽泉：《农民工融入城市的困境：共有的空间何以可能》，《中州学刊》2008年第3期。

表 7-20　第一代农民工对在城市生活状态满意度的评价（单位：%）①

分类指标	满意	比较满意	一般	不太满意	不满意	合计	均值
总样本	4.4	21.3	48.0	19.7	6.6	100	3
制造业	3.4	23.3	44.4	21.2	7.7	100	3
建筑业	2.9	17.2	49.7	22.4	7.8	100	2.9
服务业	5.4	23.1	47.8	17.9	5.8	100	3.1

注：上表中从满意到不满意五个等级分别赋值为 5、4、3、2、1。

虽然城市有更多的务工和收入机会，医疗、交通、城市生活便捷度都高于农村，政策上为促进农民工城市化有了很大改变，但仍有 77.1%的第一代农民工表示今后会选择回乡养老（参见表 6-1）。城市化是农村人口在城市的一种社会融合，包含三层含义：一是系统层面的整合，即经济系统、社会系统、文化系统及制度系统四者相互衔接，而不是脱节的；二是社会层面上的整合；三是心理上认同于城市社会，对城市社会有归属感。②他们在经济层面上虽然被城市接纳，但在次级劳动力市场就业，收入很低，仍处于经济生活的边缘状态。社会层面上显性的区隔有一定减少，生活方式有了一些改变，但更多地在“闭环社会空间”与同质群体交往，与城市居民仍然有区隔。文化系统上，他们心理上认为与城市人有区别，将自己归属于农村，这源于城乡二元户籍制度导致他们与城市居民历史的和现实的机会不平等，社会福利等待遇不平等，40.1%的受访农民工认为在城市有被排斥感（参见表 7-21），建筑业的农民工在城市务工的“闭环”状态最深，流动性最强，与城市居民交往最少，在城市的被排斥感（46.4%）比服务业（37.2%）高出 9.2 个百分点。说明未能融入城市社会的人相对更多，处于“半城市化”状态③，这将影响他们养老城乡选择。他们一方面身处城市的自然空间，与城市社会空间发生着经济上、社会层面上的某种联系，感受到城市的现代化生活；另一方面，他们大多又被当作纯粹的就业者并未被全部纳入城市的社会制度和文化系统之中，未完全

① 表 7-20，除去系统缺失后，总样本 3225，制造业 443 个、建筑业 979 个、服务业 1800 个。

② 参见王春光《农村流动人口的“半城市化”问题研究》，《社会学研究》2006 年第 5 期。

③ 参见王春光《农村流动人口的“半城市化”问题研究》，《社会学研究》2006 年第 5 期。

享有城市社会空间的福利等待遇，心里有不公平感和被排斥感，缺乏认同感和归属感。他们在“闭环的社会空间”自愿疏远于城市社会空间，加深了他们在同质群体中不断内卷的程度，使他们不主动与城市居民交往接受现代化观念，不愿意了解城市和变化了的相关政策，这种内心排斥或隔绝于城市，将自己归属于农村，拉大了他们与城市的距离。现实中，他们既想晚年时在城市获得更加便捷的生活环境，又想回到农村的熟人社会环境；既想像城市居民那样靠养老金生活，又不愿意提前购买较高档次的养老保险。对养老城乡选择的内心纠结和行为上的犹豫彷徨，实际上是养老选择困难处境的表现，这种状态与他们不能融入城市社会有密切联系。

表 7-21　　第一代农民工在城市对有无被排斥的认识（单位：%）①

分类指标	有	无	合计
总样本	40.1	59.9	100
制造业	38.4	61.6	100
建筑业	46.4	53.6	100
服务业	37.2	62.8	100

第六节　第一代农民工特殊困难群体养老城乡去留选择困境分析

一　第一代农民工特殊困难群体的界定

本书前述对第一代农民工进行了界定：户籍仍在农村，20 世纪 80 年代初期进城经商、务工，常年在城镇从事非农产业，年龄不低于 40 岁的农民工。在第一代农民工中因缺乏返乡条件被迫留城的农民工和选择返乡会出现生存困难的农民工。这部分农民工在城市务工多年，农村的住房破损无力修建，或是丧偶且子女无能力或不在身边照顾，年老体弱多病，无论

① 表 7-21，除去系统缺失后，总样本 3225，制造业 443 个、建筑业 979 个、服务业 1800 个。

在城市或农村无劳动能力保证收入来源。现有政策将这部分人归为特困人员，即家庭平均收入低于当地民政部门规定的最低生活水平。而农民工中的困难群体与一般的特困人员不同的是，他们因各种原因仍留在城市，有的在政策上不属于城市低保或农村低保救助范围，但因家庭等各种原因实际上接近或达到最低生活保障救助线。这部分农民工因是农村户籍没有被纳入城市社区的管理和帮扶范围，在城市处于社会帮扶的边缘状态。

笔者对第一代农民工困难群体界定为：户籍仍在农村，20 世纪 80 年代初期进城经商、务工，常年在城镇从事非农产业，年龄 60 岁左右，在养老城乡选择上处境特别困难的高龄农民工（简称为：第一代特困农民工）。这部分农民工绝对人数虽然较少，但其困难极为特殊。他们的特殊困难除个体因素，还因城乡二元社会结构、城乡户籍制度、现有政策不足带来的帮扶困难。

二　第一代农民工特殊困难群体养老城乡选择困境的表现

随着第一代农民工高龄群体接近退休年龄，他们中部分因在城市逐渐丧失体力劳动的优势，返回到农村家中，学界有的认为他们实现了从农民—农民工—农民的身份转换，而他们中有部分人因农村住房破损，有的因家庭成员的疾病不得不带着病人坚持在城市务工，有的是孤身一人滞留在城市带病务工，处于乡难回、城难留的境地。笔者用几个典型案例说明第一代特困农民工面临的养老城乡选择的困境。

访谈案例 7.24（续：访谈案例 4.1）①

访谈对象：杜姓农民工

访谈时间：2019 年 1 月 30 日、2020 年 1 月 19 日、2022 年 6 月 5 日访谈

访谈地点：重庆沙坪坝饮水村社区租住房内

杜师傅，男性，现年 74 岁，重庆潼南宝龙镇某村人，小学文化程度，1992 年进城务工，至今 30 余年。最早在工厂务工，后因体弱多

① 此案例由笔者与重庆电子科技职业大学人工智能与大数据学院教师胡心雷访谈获得。

病在重庆某高校内某学院做门卫收发工作 15 年（当时工资每月 210 元，住房和水电是雇工单位支付），60 岁被解雇。以后靠打散工有微薄的收入。因儿子在城市读书杜师傅未回乡。杜师傅结婚很晚，妻子 2010 年突发脑出血去世，当年儿子才 6 岁，儿子小学到高中在重庆城区读书。现在每月的生活来源：2019 年他与儿子每月共有农村低保金约 400 元（本人文化程度低，说不清楚每月具体低保金额），个人因 70 周岁每月有养老金 105 元。2020 年访谈时低保金上涨到 560 元/2 人/月，个人基础养老金 120 元/月。杜师傅帮助一位老年人家庭收拾花园每月 150 元，帮助一个文印室收拾废纸每月约有 50 元收入。合计约 880 元固定收入，偶尔还有捡废品的微薄收入。家庭支出：每月支付房租 2022 年 250 元，水电和垃圾处置费大约 260 元。本人有心脏病（社区为他免费体检），长期服用心脏病药，每月支付药费约 100 元。儿子在读初中时免学费且因是低保户每天有一顿免费餐。高中住校时伙食费全免。2022 年 9 月他儿子进入大学读书，贷款缴的学费。杜师傅租住的无卫生间和厨房的住房（约 15 平方米），房间里有一张单人床，旁边搭了一块木板勉强能与儿子挤在上面睡觉。曾经每月租金 200 元，此房是居委会的产权，考虑到他的困难收取很少租金。房间的家具是学校淘汰的旧家具，非常破旧。家里没有电视机，因没有连接网络或闭路电视。2021 年居委会收回了该住房，杜师傅在附近租下一间约 10 平方米的住房，租金 250 元，房间几乎全天无阳光，无卫生间和厨房，家里有一个别人送他的冰箱，为了节约电费，一般只当碗柜用。杜师傅曾经在某高校看门做收发工作时本来有机会单位出部分资金、个人出部分补缴养老保险金，但由于收入太低无力出资购买，错过了补缴机会，至今只有每月 130 元的基础养老金。每年按时缴纳居民医疗保险，2022 年缴纳了 320 元/年的医疗保险费。

关于养老城乡选择的问题，他外出务工几十年房屋倒塌无法居住，2019 年家乡村委会告知他说有政策出资帮助无房户建房，杜师傅因个人无能力出资出力未回乡建房。2021 年为落实精准扶贫政策，村里再次催促他回乡办理建房，在帮扶政策帮助下政府出资 4 万多元，个人出资约 800 元购买必要的建材，在亲戚的帮助下建房 2 间。但是杜师傅因儿子高中未毕业没回乡居住。2022年他儿子考上了重庆某本科院校，但是杜师傅对笔者说他没有回乡的打算，因他农村家乡交通十分不便，他的弟媳每次在农村家里给他电话说病痛无车外出看病就痛哭。杜师傅希望将户口转移到城市，这样可以享有城市的最低生活保障，减少在城镇的生活负担，但是他们无能力购房迁移户口而不能实现农民转为市民的愿望。回乡又因心脏病无力靠农业劳动生存，还有比在城市更困难的交通、医疗不便等问题，使他养老城乡选择陷入困境。

访谈案例 7.25

访谈对象：廖姓农民工

访谈时间：2019年12月27日、2022年10月6日补充访谈

访谈地点：重庆沙坪坝磁器口凤凰山出租房

廖师傅，男性，1950年生，72岁，小学文化程度，重庆合川太合镇人，外出打工30多年，在重庆打散工（山城棒棒军）。30多年前离异，曾经有一儿两女跟随母亲改嫁到异地，户口跟随母亲转走（前妻已去世17年），他独自生活至今。廖师傅每月打散工收入很不稳定，以前每月收入800—3000元不等，现在年老，请他做工的人少，每月收入700—800元。现在租住在重庆沙坪坝磁器口凤凰山上一个违规搭建（无门牌号）的8平方米左右的出租房里，无卫生间和厨房，无配套的天然气和网络，房间里没有柜子，除了一张床和破烂的桌子，没有别的家具。租金100元/月，旁边还住着几户农民工，这类出租房随时可能被撤除。每月水电费40—50元，伙食费700—800元。廖师傅农村的住房（140多平方米）已经垮塌不能住人，曾经在重庆长寿区农村居住的儿子想把他户口迁移到长寿，因不符合政策规定未果，现儿子居住的农村属开发区，户口冻结不能再转，廖师傅的户口仍在合川老家。老家住房年久失修，笔者帮他向政府写申请按照危房修建政策给予帮助，但他有儿女，且在城市务工，不符合申请农村低保标准。他儿子没有工作，女儿收入很低，无力赡养他。因没有得到政策支持的危房修建支持款，廖师傅用多年的积蓄在农村修建了住房，目

前还居住在没有装修的清水房里。他很长一段时期没有缴纳养老保险和医疗保险费，后按照政策他补缴了600元养老保险金，每月在基础养老金110元基础上增加了4.53元。2022年每月领的基础养老金增加到139.4元。他现在仍未缴纳医疗保险费，他认为自己的身体没有疾病，每年吃药的费用没有缴纳的医疗保险费多。

在养老城乡选择问题上，2022年10月笔者补充访谈时，廖师傅养老城乡选择仍然处于困难状态。在城市租房没有退，每月交租金，因疫情防控和他高龄很少有人请他做工，只要有人联系他给家装打线槽，他会回到主城区打散工，每天收入大概有300元。平时在农村种地（打工地离农村家约200公里），家里有5亩地，只能种部分，种地仍然是比较繁重的劳动，需要将100多斤的肥料挑到山上灌溉庄稼，收获的农产品要运到几公里外的集镇上去卖。最近几个月种了油菜，收获了100多斤油菜籽，能够卖300多元，余下的可以解决自己一年的食用油，油渣可以当肥料浇灌庄稼。

访谈案例7.26

访谈对象：梁姓农民工

访谈时间：2019年1月30日

访谈形式：电话访谈

梁师傅，男性，1963年生，56岁，初中文化程度。重庆万州弹子镇人，在多地务工20多年。现在上海浦东建筑工地上做零工，每天工作时间较长，下雨不出工。每天工资180元，每月收入约4500元，妻子跟随在上海一餐馆打工。妻子在餐馆打工每月收入近2000元，一家四口居住在12平方米的出租屋，租金800元/月。每月赡养父母的费用400—500元。有一个31岁的儿子，因夫妻不和睦患精神病有7年的时间，长期服药没有好转，访谈当月药费4000多元，医疗保险报销40%后自己要付2000多元，7年已用治疗费（含住院费）二三十万元，儿子治疗的药是在万州老家医生开药后寄到上海，这样药费相对较低。梁师傅的孙子在上海读小学，访谈时的这学期缴费4700元（书本费、办居住证费以及其他一些费用）。梁师傅夫妻两人坚持在上海打工是因为在上海不怕拖欠工资，如果雇工单位拖欠工资，上海政府能积极帮助维权。上海务工的收入相对较高，用打工的钱给儿子治病，供孙子读书。他外出务工后的收入最早是在农村修建好了住房，然后儿子结婚、治病用钱，现在是孙子读书也要用钱，因为经济拮据梁师傅一家4年没有回家乡看望自己的父母。梁师傅夫妻两人购买的最低档次的城乡居民养老保险100元/年，最低档次的医疗保险220元/年。

在养老城乡选择问题上，梁师傅表示无法在城市养老，城市生活水平太高。但也不知道什么时候能够回乡，因治疗儿子的病需要用钱，需要在城市打工挣钱，他不可能将户口转移到城市，只能回农村，只要有人雇佣他，会一直坚持在城市务工。他表示对未来十分担心，回农村各方面条件都较差，缺少经济来源，还有老人需要赡养，尤其是如果家人有重大疾病导致的医疗费用难以支付。

上述三个案例使我们看到，第一代特困农民工的困难表现虽有不同，但他们有以下共同点。（1）高龄状态下不得不为生存坚持在城市务工。尤其是70多岁基本生活保障严重不足的状态下，仍留在城市希望有增加收入的机会维持生存。（2）家庭各有特殊困难。如因子女不能帮扶父辈导致他们生活拮据，或是因自己或家庭成员的疾病带来的生活困难，不得不高龄务工和超龄务工。（3）收入极不稳定或固定的收入难以维持基本生活。特困农民工的绝大多数收入不稳定，上述杜师傅除农村人均500多元低保金和100多元的养老金，体弱多病靠以往的熟人给予施舍性的零活有微薄的收入，但收入极不稳定。（4）家庭负担沉重。上述三个家庭都不属于政策上的孤寡老人，他们都有子女，但是子女没有给他们帮扶，甚至可以说是沉重的负担，从某种程度上说相比孤寡老人他们的经济上更拮据。（5）养老城乡选择上处于两难境地。留城或回乡养老都难以改变经济上的拮据，留城还能够通过找零活或捡废品得到微薄的收入，但城市租房等生活成本高于农村，回乡生活成本较低但无能力从事农业劳动，100多元的基础养老金难以生存，还有农村的交通、医疗不便给他们带来的较大困难，使他们在养老城乡选择上陷于困难处境。

三　第一代农民工特殊困难群体养老城乡选择困境的主要问题

1. 对第一代特困农民工帮扶不足带来的社会问题

第一代特困农民工是农民工中的困难群体，他们的困难与城乡居民困难有着不同的特殊性。从我国城乡归类管理看，这部分困难群体的户籍在农村，归属农村社区管理，相关的社会救助和公共服务基本上由户口所在地负责，而他们在城市居住时，由农村社区执行的部分政策和服务只能部分惠及他们。城市社区管理和服务的对象主要是本社区户籍居民，除面向全社会的公共服务能惠及他们，许多有针对性的专项服务不会惠及特困农民工。这部分群体在城市打散工的较多，比如家庭装修、搬运、捡废品、家政等，无固定的雇主，即无就业单位（组织）对他们进行帮扶，即使有用工单位，也因不是在编职工被用工单位区别对待，比如对正式职工的一些要求（安全要求除外）一般不涉及他们。正式职工的选举、晋升、表彰和福利与他们无关，他们处于农村社区不能全部管、城市社区不用管、用工单位只管用工不管社会公共服务的境地，结果是他们生活上的困难不能得到及时帮扶。如果不对他们及时帮扶，将会成为社会新增的贫困群体。全面建成小康社会的底线是贫困人口全面脱贫，党的二十大提出的奋斗目标是到本世纪中叶建成富强民主文明和谐美丽的社会主义现代化强国，实现中华民族伟大复兴的中国梦，社会主义现代化强国包含了建成可靠的社会保障体系，使广大人民群众老有所养、病有所医、住有所居，实现人民群众对美好生活的向往。如果还有农民工在实现中国梦的过程中掉队，会影响共同富裕目标的实现。

2. 社会救助相关政策的空间分化降低了政策的针对性

一个国家针对困难群体的社会救助和社会福利政策本应是平等对待全体社会相关成员，但由于城乡二元户籍政策将城乡居民区别对待，行政区划又将城乡居民分别划归了城乡不同的机构管理，城市社区在对流动人口的管理职责和服务上用户籍进行区分。如果还将一系列社会福利和社会救助相关待遇依附在城乡不同的户籍上，以此确认城乡居民身份以及能够享有怎样的福利待遇和获得怎样的社会救助，这实际上是将社会救助和社会福利相关政策进行了空间分化，即针对城乡不同户籍实施不同的社会救助和享有不同的社会福利。农村户籍人口待遇相对较低，城市户籍人口享有的待遇相对较高。如果农民工被农村户籍赋予的农民身份不消除，无论在城市务工多少年，身份和待遇都不会改变。由政策在社会空间中划定了不同的福利待遇空间，城乡居民也以此确定自己在不同的福利空间中的福利身份和能否获得救助的身份，并形塑归属感和认同感。①

我国较长时期实行的城乡分割的社会救助政策。20 世纪 50 年代在农村实施的五保供养制度主要是针对孤寡鳏独、无法定赡（扶）养人、无劳动能力、无生活来源的、残疾人和 16 岁以下未成年人在吃、穿、住、医、葬（对未成年人是保教）等方面由村集体给予生活照料和物质帮助，简称为“五保”政策。1994 年国务院颁布《农村五保供养工作条例》（旧《条例》），进一步明确农村五保供养对象和具体保障内容。1997 年民政部颁布了《农村敬老院管理暂行办法》，将农村五保供养制度纳入法治轨道。2006 年国务院新颁布的《农村五保供养工作条例》明确规定，农村五保供养资金在地方人民政府财政预算中安排；中央对财政困难地区的农村五保供养，在资金上给予适当补助。从此五保供养正式纳入了国家财政的保障范围，保障模式实现了由过去农村集体供养向现代社会保障模式转变，政府实际承担了五保供养的职责，资金筹集更有保障。农村针对这部分特困群体的供养模式主要有两种，即集中供养和分散供养两种。集中供养的一般在敬老院，笔者曾经在农村访谈时了解到，除财政拨款，有的农村还有人民公社时期留给敬老院的土地以自给自足，这样可以提高他们的生活水平。分散供养的居住在村里，按规定拨给个人生活经费。很明显，五保供养制度针对的是具有农村户口的特困人员。在城市，1999 年 9 月国务院颁布了《城市居民最低生活保障条例》，针对城市居民以及共同生活人的家庭成员人均收入低于当地城市居民最低生活保障标准的非农业户口城市居民给予最低生活保障，包括城市“三无”人员的救助，即无生活来源、无劳动能力又无法定赡养人、抚养人或者扶养人的城市居民，家庭人均收入低于当地城市居民最低生活标准的居民等困难人群。救助的标准根据各地

① 参见陆影《社会福利制度的空间分化——以城乡社会变迁为分析中心》，《江海学刊》2021 年第 2 期。

城镇居民生活水平确定。2007 年 7 月国务院颁发了《关于在全国建立农村最低生活保障制度的通知》，对因病残、年老体弱、丧失劳动能力以及生存条件恶劣等生活长年困难的农村居民给予最低生活保障，其标准由县级以上地方人民政府按照能够维持当地农村居民全年基本生活所必需的吃饭、穿衣、用水、用电等费用确定。一般情况下对困难人群的救助标准城市高于农村。在城乡二元户籍制度的基础上建立的城乡不同的社会救助制度是一种在社会空间分化的救助制度，这一制度的实施将城乡居民分割在不同的社会空间享有不同的救助待遇。为了提高社会救助水平，促进社会公平，给予城乡居民公平的救助待遇，2014 年 2 月 21 日国务院颁布《社会救助暂行办法》（下称《暂行办法》），对城乡居民中“五保”“三无”的人员，在最低生活保障以下的困难人员统称为“特困人员”，对供养的内容进行了明确规定，供养标准由省、自治区、直辖市或者设区的市级人民政府确定、公布。

《暂行办法》的实施使中国在社会救助的制度和帮扶在实现社会公平上迈出了一大步，规定城乡社会救助在临时救助、医疗救助、教育救助、住房救助、就业救助等方面实行或部分实行了城乡统一政策。但由于城乡之间、地区之间的经济发展差异较大，社会救助相关政策的制定不可能完全脱离现有的社会条件，所以其中有些规定仍然有城乡二元结构的痕迹，今后仍有必要进一步完善。（1）关于救助标准的确定由各地人民政府确定，东、西部经济发展水平差异较大，特困人员享有救助标准就有差异。尤其是西部地区经济发展弱于东部，困难人口的数量多于东部，困难程度高于东部，救助水平却低于东部；西部农民工如果在东部务工遭遇困难，滞留在东部也只能享有西部的待遇。（2）《暂行办法》存在空间不平等问题。《暂行办法》规定特困人员只能在户籍所在地提出低保、供养等申请，用制度将城乡社会空间分割，使身处在城市且为城市作了多年贡献的农民工被排斥在城市社会空间以外，规定他们只能享受低于城市的农村最低生活保障，而不论申请人的困难是在何处发生的。如案例 7.24 中的杜姓农民工在城市同一城区务工 20 多年，60 岁以后无人雇佣他只能在城市靠捡废品生活，独自陪儿子在城市读小学到中学，按规定他与他儿子只能在户籍所在的农村申请最低生活保障金（他儿子生长一直在城市），只能享有低于城市的农村低保待遇。居住地的城市社区因他不是户籍人口不能给他相关补助，居委会的干部告诉笔者说，连本社区困难群体都不能全部照顾，非户籍人口就更不能考虑了。有一年上级有关部门来到该社区慰问困难群众，给杜师傅的儿子100元的慰问金，社区居委会的干部对笔者说这还是特别为他申请的。杜师傅在城市没有能力申请公租房，在城市也无任何组织帮助他解决住房问题，他唯一能够享受的住房相关政策是农村危房改建补助，但是身处城市必须回农村解决住房问题，案例7.25的廖师傅70多岁，30多年前离异，儿女随前妻到了异地，独自在城市务工30多年，笔者代他写了农村的危房补助申请，但镇政府因他有儿女不符合条件而不允许其享受危房改建优惠政策。70多岁为了生存仍然在城市和农村来回奔波劳作。（3）城乡二元户籍制度带来救助针对性不强。加强社会救助制度针对性，才能提升对困难群体的帮扶的有效性。用户籍制度严格区分困难群体在何地享有何种救助待遇，没有针对中国存在的大量流动人口常住地与户籍地分离的现实进行制度安排。前述案例中的杜姓、廖姓农民工在重庆市城区长达30年但无权享有城市的社会救助，案例7.26的梁姓农民工夫妻为了给患精神病的儿子治病，带着儿子和孙子在上海务工多年，但是不能申请上海的相关困难补助，而他们家乡重庆万州农村按照他们夫妻在上海打工收入判断又不符合社会救助的标准。使在户籍地外务工的农民工遭遇特殊困难时难以及时得到当地的社会救助，凸显了制度设置的不公平性和弱针对性。主要原因是相关制度建立在城乡二元户籍制度上，延续了这种户籍制度上依附的社会福利和社会救助待遇。我国长期实行的户籍制度以及倾斜于城市的社会保障制度限制了农业人口享有和城市居民同等的权利，固化了的社会结构和利益格局一时难以撼动，导致农民工始终徘徊在城市之外，① 虽然具有特殊困难的农民工的绝对数较少，但是这类群体是贫困群体的“后备队伍”，如果制度安排没有惠及他们，很可能由“后备队伍”转为新增贫困群体，导致长期处于乡难回、城难留的境地。

3. 第一代特困农民工养老城乡去留选择更加困难

第一代农民工中年老体弱的相当一部分已经回到农村，他们绝大多数

---

① 参见周家明《包容性发展：从“半城市化”走向“城市化”》，《淮阴工学院学报》2012年第4期。

都是购买的最低档次的城居保，无法通过获取较高档次的养老保险金生存，需要继续劳作来维持基本生存。身体稍好的依靠农业劳动和子女帮扶能够维持生存，而病重、单身、缺乏子女帮扶的特困农民工面临的养老城乡选择困境超过一般农民工。如果选择回乡养老，土地可以给予一定保障，但无劳动能力或因家庭困难等原因无法继续务农，上述几个案例的农民工的子女不仅不能提供对父辈的帮助，还需要父辈对其帮扶和照顾，70多岁的杜姓农民工患有心脏病，长期服药无法从事农业劳动，还有未毕业的儿子需要供养。70多岁的廖姓农民工仍在城乡之间来回奔波，有人雇他的时候在城市务工，没人雇他干活时回乡从事较繁重的体力劳动维持基本生存。还有江西樟树市大桥街道龙湾村的王姓农民工56岁常年做搬运工，几年前查出严重腰椎间盘突出，经鉴定伤残等级为十级，回到家乡休养，后又进城打工被查出肝病和胃病不得不再次返乡。他家里还有80多岁的老母亲要赡养，妻子有病，又不得不在城里找了一份保安工作。① 如果选择留城又无固定务工收入时，很难依靠100多元/月的基础养老金或靠农村低保金支付每月的房租、水电费维持日常生活，但是城市毕竟还有捡废品换钱等增加收入的机会。另外，城市还有先进的医疗条件和便利的交通条件，杜姓农民工拖着重病的身躯对笔者说他不会回乡养老，因为农村老家交通不便，生病难以外出就医，他没有能力在城市购房迁移户口，无法享有城市的救助和福利待遇。前述56岁的梁姓农民工夫妇不得不带着患病的儿子和读小学的孙子远离家乡坚持在上海务工维持全家人的生存。还有的农民工因常年在外从事重体力劳动患有严重疾病回到家乡缺乏劳动能力。可以说部分高龄农民工是被迫留在城市超龄务工，在城市工作难找、退休无靠使他们陷入回与不回的两难境地。高龄状态下在城市虽然辛苦，但是“比在家闲着喝西北风强多了”，本来不是想出来打工，是不得不出来，他们“夹在了历史与现实、农村与城市之间”②，处于养老城乡选择的困境之中。

---

① 参见刘飞《高龄农民工陷困境：留城工作难找 返乡退休无靠》，《协商论坛》2017年第9期。

② 陈墨等：《高龄农民工：干到什么时候，才能安心养老》，《决策探索（上半月）》2015年第6期。

第七节 对第一代农民工养老城乡去留选择困境的理论分析

一 城乡社会空间分割带来了第一代农民工养老城乡选择的困境

城乡户籍制度的建立和维系形成了不同的城乡二元社会空间。在城乡不同的社会空间中用户籍制度区分了城乡不同的居民身份和社会地位，制定了城乡不同的各项政策，形成了城乡二元体制，实施了城乡分治的制度，导致了资源向城市集中，拉大了城乡之间的差距，切断了农村人口向城市转移的路径，限制了农村居民的经济、社会活动空间，影响了劳动力资源配置，延缓了城镇化进程。城乡二元社会空间由此形成，并且在几十年的时间里用制度进行了固化。农民在农村的社会空间里对城市社会空间可望而不可即，因政策和资源大幅度向城市倾斜，户籍划分的“城里人”和“乡下人”身份，形成了不同的社会等级，在城市的社会空间里城市居民具有在教育、就业、公共服务等社会待遇上的先赋、优越条件，而农村居民被限制在农村的社会空间从出生之日就不能享有城市人的这些优越条件。于是城市的发展和城市人的生活是农民仰望的。农民工这个特殊群体就是在这种城乡分割的城乡二元体制的社会空间中产生的，其“主要特点是职业与身份相分离”①。这一特点决定了身处城市的自然空间却不能完全进入城市的社会空间，他们虽然在城市空间从事非农业劳动，但农民的身份没有改变，他们既不是市民，又不是完全意义上的农民，是城市里的特殊群体——“农民工”。由于身份是农民不能享有市民待遇，曾经受到城市社会空间从制度到人文环境的歧视和排斥，如限制他们从事的职业、工资待遇低于城市居民，子女不能进入城市学校读书，在20世纪50年代到21世纪初的较长时期延续了过去城乡分治路径。

城乡二元体制决定了农民工长期在城乡不同的社会空间中奔波徘徊。由于城乡二元体制的形成并经过多年的固化，对社会各个方面的影响极深，农民工是城乡二元体制下产生的特殊群体，“亦工亦农、亦城亦乡”，

---

① 国务院研究室课题组编：《中国农民工调研报告》，中国言实出版社2006年版，第6页。

使他们从进城务工开始就不得不在城乡之间不断穿梭徘徊，只是徘徊的形式和内容不同，最初表现为“候鸟式”务工，在城市有活干时务工，无活干时回乡务农；农忙时回乡种地或收割，农闲时到城市务工。每年春节大规模的农民工回乡和返城就是城乡之间奔波的典型现象。随着第一代农民工常年比较稳定地在城市务工，他们中73.7%的人外出务工后再没有回乡务农，但是他们绝大多数仍然在城乡之间徘徊，主要表现为虽长期在城市务工却总是在为最终回乡做准备，如不放弃农村多年撂荒的土地，55.5%的人不愿意将户口迁移到城市，长期在城市高价租房，同时又在农村家乡修建住房且常年空置。不购买较高档次的养老保险，不打算依靠社会养老保险保障晚年生活，总想着依靠土地和储蓄自我养老。这些都说明第一代农民工养老城乡选择上的犹豫彷徨。

第一代农民工到城市务工与国外农村人口迁移到城市有很大不同。有的国家在促进农村劳动力转移方面采取了许多措施，英国修改《定居法》、颁布《贫民迁移法（修正案）》等法律使农民的流动更加自由。英国和美国大力发展交通使城乡之间交通更加便利，为农村劳动力提供转移的条件。美国和日本加快了农业现代化步伐释放出更多的农村剩余劳动力向城市转移。日本加强对农村剩余劳动力的培训以适应现代工业发展，还通过公共机构的介入，促进农地流转；农地的流转可以带来规模经营效益，促使下层农户放弃土地所有权和土地经营，离开农村，进城定居。① 美国和拉美部分国家注重发展第三产业，吸纳更多农村剩余劳动力。国外部分发达国家农村劳动转移初期，“城乡二元结构是存在的，但是那里并没有形成城乡二元体制”②，没有用户籍制度严格区分城市居民和农村居民，也没有将社会保障、社会福利等依附在城乡二元户籍上，使城乡居民在社会保障和社会福利等待遇上有很大区别。另外，“西欧一些国家在工业化、城市化过程中，……农村土地和农民住房可以根据农民意愿进行流转和抵押，农民通过土地和农村住房的流转和抵押，可以得到一笔资金，这有助

① 参见徐育才《中外农村剩余劳动力转移比较研究》，《广东商学院学报》2006年第4期。

② 厉以宁等：《中国道路与中国经济发展70年》，商务印书馆2019年版，第8页。

于他们进城务工、创业、定居，并成为城市居民”①。所以国外农村剩余劳动力一旦转移到城市，不会因土地再回到农村。中国农村农民工转移的情况大不相同，农民因户籍划定了身份，归属于农村，保留了在农村的土地、宅基地等，但他们没有产权就不可能像国外那样抵押土地获得进城的资金帮助，进城后仅仅靠市场因素和自己的勤劳从零开始，在次级劳动力市场就业收入不高的情况下，他们要实现迁移有许多阻碍。所以中国农民工进城务工大多数是流动，而不是迁移。由此可见中国农民工进城务工与国外农村劳动力迁移非常不同。

从人的生命周期看，第一代农民工流动总有终止的时候，即在城乡之间不能流动时最终停留在哪里？这就是为什么会存在第一代农民工养老城乡选择问题的提出。大多数农民工在终止城乡之间流动前对晚年的生活预期是回乡，虽然政府在促进农村剩余劳动力转向城市务工过程中也采取了完善相关法律法规、积极培训农民工、营造良好的就业环境、实行土地流转、户籍制度改革等措施，也有少部分农民工在政策鼓励下通过自己努力实现了农村向城市的迁移，但大多数农民工仍然存在养老城乡选择的问题。只要城乡二元体制导致的社会空间分割存在，第一代农民工在城乡之间奔波、徘徊就会持续，农民工养老城乡选择的困境就不会消除。

二　多种作用力导致第一代农民工养老城乡选择存在困境

中国曾经在较长时间里实行城乡分治，从农业提取资源支持工业的发展使农业发展严重滞后，拉大了城乡差距，第一代农民工在这样的背景下进城务工。经过几十年在城市艰苦打拼，他们以及家庭成员的生活水平有了很大提高。近年来政府为了加快城镇化步伐，促进社会公平，对社会政策进行了全方位的改革，建立了社会保障体系，与农民工相关的社会制度进一步完善，农民工的获得感和安全感得以增强和提高。特别是在精准扶贫取得重大胜利，新农村建设给农村面貌带来很大变化，小康社会已经全面建成的情况下，城乡差距有所缩小。但是只要没有实现城乡社会一体化，城乡社会空间仍然存在分割，城乡差距难以从根本上缩小，城市和农

① 厉以宁等：《中国道路与中国经济发展70年》，商务印书馆2019年版，第10页。

村都有推力和拉力作用于第一代农民工，影响他们在城乡之间进行选择。

推拉理论是运用于人口迁移研究最广泛的理论之一，从雷文斯坦提出人口迁移的七大定律开始到赫伯尔正式提出推拉理论，后又经多位学者不断完善，最终，埃弗雷特·李完善了人口迁移理论，建立了一个完整的分析框架。他认为迁移行为的发生是迁出地和迁入地的推力和拉力共同作用的结果，影响迁移的因素包括：迁出地因素、迁入地因素、中间障碍因素和个体因素四个方面。[①] 学者李强曾经认为由于中国的户籍制度，使中国的人口流动不再遵循一般的推拉规律，而且还使得推力和拉力失去效力，[②] 尽管如此，国内许多学者仍用推拉理论解释中国的人口流动现象。推拉理论仍然为我们提供了人口流动的研究视角和分析框架，笔者运用推拉理论结合前述研究，分析第一代农民工受哪些作用力的综合影响进行养老城乡选择。

1. 城市推力和农村拉力对第一代农民工养老城乡选择的作用

第一代农民工最初进城务工是为了挣钱养家，最后回到农村养老。随着社会的变化和年龄增长，他们中很少一部分已转化为市民，也有部分60岁以上的农民工已经回到农村，但仍有相当多的第一代农民工在城市务工。他们靠身强力壮吃苦挣钱的优势渐渐失去，就业难度增大和收入降低，在城市的不利因素逐渐显现，新农村建设改善了农村生活环境的有利因素也影响着他们的选择，他们需要综合多种因素考虑年老身安何处的问题。

（1）城市社会空间对第一代农民工留城养老的推力

城市的推力是指由于城市社会空间的一些不利因素的产生将第一代农民工从城市推向农村养老的力量。

经济因素是众多推力中作用最强劲的。经济收入是农民工生存的基础条件，年龄的增长使农民工就业机会减少，最直接的后果是经济收入大幅度下降。受访第一代农民工中无固定单位占33.7%，50岁及以上的农民工

① 参见崔晓旭《中国农村剩余劳动力解决方案探究——基于托达罗模型和推拉理论》，《现代经济信息》2011年第6期。

② 参见李强《影响中国城乡流动人口的推力与拉力因素分析》，《中国社会科学》2003年第1期。

占比更高（39.9%）；他们的收入随着年龄的增高而降低，月均收入低于全国农民工，50岁组月均收入（3939.2元）比40岁组（4112.8元）减少173.6元，60岁组（2880.2元）比50岁组减少1059元，比40岁组减少1232.6元（参见图3-9）。收入下降的同时较高的生活成本形成了城市对农民工的推力。他们中只有21.6%的人在城镇购买了住房，其中有部分是为子女购房或在家乡城镇购房，他们在城市务工地为养老购房的极少。当收入锐减时在城市租房和维持较高的日常生活等费用很难支撑，他们绝大多数人租住的城市房屋条件很差。另外，超过70%的第一代农民工因购买最低档次的城居保，年老每月只有100多元的基础养老金，难以在城市维持基本生活。可见第一代农民工务工收入一旦中断或大幅度减少，在既无财产性收入，又缺乏足够的社会养老保障情况下，城市的强大推力就会将农民工推向农村，回乡成为必然的选择。

政策的不利因素对农民工留城养老有推力作用。城乡社会政策的空间分割对第一代农民工留城养老的推力是十分明显的。户籍相关政策对农民工养老城乡选择仍然有较大影响。近几十年在促进农民工城乡流动、进城务工和城镇化方面有很多改善，但针对农民工留城养老方面的政策仍非常欠缺。一方面是历史上城乡二元养老保险政策曾经使农民工购买新农保档次较低；另一方面合并后的城乡居民养老保险政策缺乏弥补农民工退保后企业曾经所缴费用对农民工个人的损失。各地方政府对临近60岁农民工一次性补缴养老保险费的规定不统一，访谈得知有的地方农民工在政策规定的范围内可以一次性补缴较高档次的养老保险费，有的地方不能补缴。二元户籍制度是城乡二元结构制度化的体现。近年来户籍制度有较大改变，但没有从根本上撼动城乡二元户籍制度，只是对人口流动的限制作用没有过去那样明显。受户籍制度的限制，农民工在一、二线城市落户的门槛较高，“对普通农民工实行‘掐尖’的准入政策”①，农民工在缺乏资金购房的情况下，很难在一线城市落户享受完全的城市居民待遇。户籍赋予农民工的农民身份仍十分明显，导致有些社会政策的实施将农民工归于农村户

① 祝仲坤：《农民工返乡建房行为研究——基于推拉理论的解释框架》，《经济体制改革》2017年第3期。

籍地，如社区管理将户籍人口与非户籍人口区别对待，使数量巨大的非户籍人口的农民工被城市社区某些服务拒之门外，部分社会救助政策用户籍划分救助对象。某些大中城市用是否本地户籍为标准设置购买养老保险的政策。农民工很少能参加职工养老保险也与户籍有关。总之，城乡二元体制的存在并未在政策上完全实现公平对待农民工。

长期城乡二元户籍制度带来的历史遗留问题对农民工留城养老的影响也是不能忽略的事实，如城市单位的福利住房，教育的先天不足带来的竞争力弱等，都形成了城市对农民工的推力，使农民工难以留城养老。由于我国区域发展差异很大，退休金待遇的差异也很大，大城市养老保险政策有地方保护色彩，尽量减少非户籍人口在大城市缴满 15 年获取退休金，而在大城市要获取户籍非常困难。所以大中城市的养老相关政策在一定程度上排挤高龄农民工享有城市养老待遇，调查证实了第一代农民工在上述政策方面感受到在城市的不公平待遇和留城养老的困难。从图 7-3 看到，第一代农民工在养老城乡选择问题上，认为在住房问题、养老经济来源、医

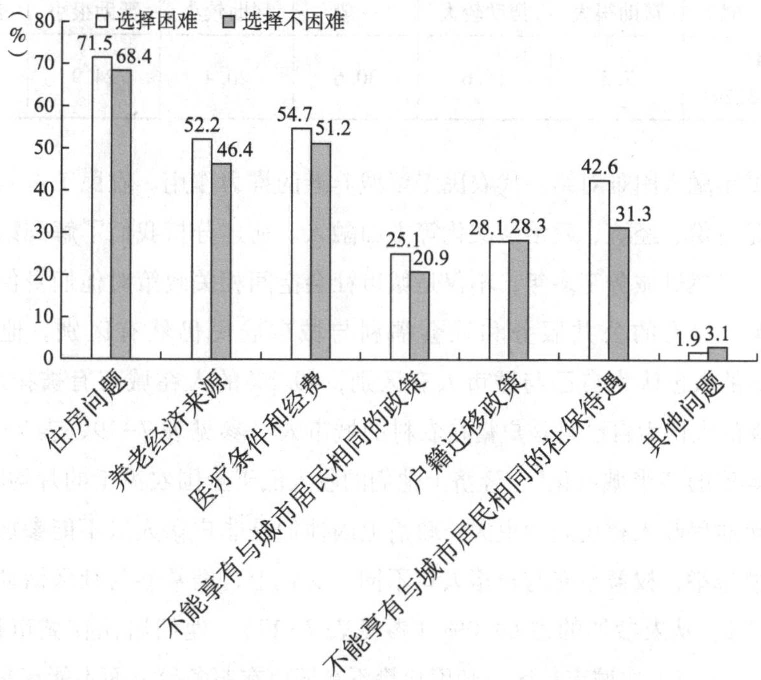

图 7-3　第一代农民工养老城乡选择感到困难的因素

疗条件和经费、不能享有与城市居民相同的社保待遇、户籍迁移政策方面存在困难。受访第一代农民工认为留城养老困难的相比感到不困难的除户籍迁移政策略低外，其他方面都是感到困难的高于认为不困难的农民工，认为有困难的比认为不困难的差别度从高到低的百分点依次为：不能享有与城市居民相同的社保待遇（11.3）、养老经济来源（5.8）、不能享有与城市居民相同的政策（4.2）、医疗条件和经费（3.5）、住房问题（3.1）。调查还显示：政治权利保障政策对他们的养老城乡选择的帮助较小。受访第一代农民工认为帮助较小（20.4%）和很小（24.9%）合计45.3%，而认为帮助很大（7.5%）和较大（16.6%）合计为24.1%，相差21.2个百分点（参见表7-22）。说明农民工在政治融入方面得到政策支持力度十分欠缺。从第一代农民工对不能公平享有与城市居民相同的待遇给他们造成留城养老的困难看，政策的不利因素形成了对他们留城养老的推力。

表7-22　政治权利保障政策对第一代农民工选择留城的帮助（单位：%）

分类指标	帮助很大	帮助较大	一般	帮助较小	帮助很小	合计
总样本（N=3229）	7.5	16.6	30.6	20.4	24.9	100

城市融入困难对第一代农民工留城养老的推力作用。农民工融入城市主要是身份、经济、政治、文化等方面融入。前述分析我们了解到第一代农民工虽然进城务工多年，不仅是城市社会空间相关政策对他们身份融入有障碍，享有的公共服务和社会福利与城市居民仍然有区别。他们中71.9%的人也认为自己与城市人有区别，40.1%的人在城市有被排斥感，24.7%的人认为自己只是户籍在农村的城市人（参见表7-19、表7-21），这是典型的“半城市化”。经济上他们的收入低于全国农民工的月均收入，与城市居民收入相比差距更大。政治上因他们是非户籍人口不能参加社区的某些选举，权益享有与户籍人口不同。文化上，经常参与社区活动的仅占3.3%，从未参加的占64.0%（参见表7-17），他们居住在城市社区，有的20年以上在城市社区，却因户籍不在城市在服务等方面不能享有城市居民的同等待遇。他们与城市居民的交往度较低，大多数内卷在同质群体

“闭环社会空间”中，向城市多方面的学习较少，与城市居民在思想观念、价值判断、生活习惯上有较大差别。他们城市融入度低，对城市认同度不高，缺乏归属感。城市人对农民工现阶段虽然没有明显的歧视，见面也十分客气和礼貌，但内心里也认为农民工与自己不是同类群体，认为他们大多数仍然是城市的过客。第一代农民工没有被城市完全接纳，他们大多数也没有完全接受城市，融入城市的困难增大了城市对他们的推力，导致他们在养老城乡选择上的两难处境：一方面他们会留恋城市的现代文明和便捷的生活环境；另一方面因不习惯城市的文化环境和生活方式难以融入城市。

就业困难度增大对第一代农民工留城养老的推力作用。农民工因文化程度低，缺乏与城市现代社会融合需要的专业技能，绝大多数只能在城市从事重体力或无专业技能要求的工作，他们工作时间较长，自评劳动强度很重和较重的达到 52.9%（参见图 3-8），长期超负荷的劳动，使他们身心疲惫甚至是损伤，他们认为按照现在的劳动强度自己可以坚持到 58.9 岁。工作之余已无暇欣赏城市的美景，城市留给他们的记忆更多的是劳累和艰辛。随着年龄增长高龄农民工已难以承受高强度劳动，就业难度迅速增大。前述分析表明劳动强度越大的不仅选择返乡的占比较大，在养老城乡选择上的困难度更大。就业难度增大使他们难以确定收入预期，在城市的安全感也大幅度降低，形成了城市对第一代农民工挤压，在这种强大推力的作用下第一代农民工最终被推出城市，推向农村。

（2）农村社会空间对第一代农民工回乡养老的拉力

农村的拉力是指农村社会空间对第一代农民工回乡养老产生的吸引力。农村的拉力主要体现在以下几个方面。

农村经济因素的拉力主要体现在农村的低生活成本。调查显示选择回乡养老的第一代农民工中有 64.3%的认为是生活成本低，其次是家里有老人需要赡养（30.4%），5.3%的是其他原因。他们在城市挣钱后除必要的生活开支，首先在农村家乡修建好自己的住房，为他们今后回乡养老提供最基本的生活保障。即使在城市购房的农民工大多是先在农村建有住房后才在城市购房。农民工回乡养老相比在城市务工租房等生活成本会大幅度降低，依靠土地和少量的养殖可以维持基本生活开支。虽然大多数农民工购买的最低档次的养老金，60 岁以后只有 100 多元的基础养老金，但是有了土地保障，在没有重大疾病和家庭成员突发意外事件的情况下也能够生存。除此，农民工在农村除土地外还有林地承包经营权、宅基地的永久使用权和集体经济带来的部分收益，尤其是发达地区的农村集体经济的收益十分可观，这些都形成了对农民工回乡养老的较强劲拉力。

政策因素对第一代农民工回乡养老有拉力作用。近年来国家高度重视“三农”问题，连续 20 年中央一号文件聚焦“三农”，2006 年政府全面取消农业税后，大大减轻了农民负担，“中国每年净增非农人口绝对数大幅下降，个别年份甚至低于 80 年代和 90 年代水平”①。2004 年开始的粮食直补政策以及农业生产资料综合直补、农业保险政策等保护了农民种粮积极性。新时代乡村振兴战略的实施、脱贫攻坚取得的全面胜利，历史性消除了绝对贫困，2020 年中国全面建成了小康社会。2021 年 4 月颁布的《中华人民共和国乡村振兴促进法》为全面实施乡村振兴战略提供了有力法律保障。一系列惠农政策使农村环境得到很大改善，村村通公路政策使农村交通便捷程度有很大提高，沼气和天然气使用清洁了农村环境，自来水通到农村减轻了农民生活负担。关系到农村老年人的社会保障政策逐步完善，新型农村养老保险制度建立，政府开始实行对农村居民养老保险的补贴，如今统一的城乡居民的养老保险政策，为农村居民和农民工开启了购买高档次养老保险的路径。近年来农村低保政策的实施、农村危房改建、医疗救助与医疗保险的衔接等政策起到对农村居民托底的作用。政府各项惠农政策使农村居民不愁吃不愁穿，人居环境有了较大改善，增加了对农民工回乡养老的吸引力。还有一个不可忽视的农村户籍政策的“福利”效应，②有了农村户籍可以享有农村居民的惠农政策，包括农村的低保、医保、医疗救助等社会保障，还有农村的基本公共服务如硬化道路村村通、供水设施、危房改造等，都形成了对第一代农民工的农村拉力，吸引他们返乡养老。

---

① 刘庆乐：《推拉理论、户籍制度与中国城乡人口流动》，《江苏行政学院学报》2015 年第 6 期。

② 参见祝仲坤《农民工返乡建房行为研究——基于推拉理论的解释框架》，《经济体制改革》2017 年第 3 期。

农村家庭和社区环境对第一代农民工有吸引力。第一代农民工青少年时代在农村度过，祖辈父辈都在农村，有难以割舍的亲情始终牵动着他们的心。调查显示，有65.9%的农民工没有与自己的父母子女一起居住，他们养老城乡选择必定要考虑在农村的家庭成员，农村有他们的亲人或有需要他们照顾的病人等，农村家里亲人生活的安顿直接影响到回乡的抉择。农村社会空间有他们熟悉的社区环境和生活方式，在这个熟人社会中他们感到亲切，交往愉悦无障碍，不会有城市那样多的焦虑和不安，在这个社会空间他们感到自己是这里的主人而不是外来人，能平等地享有各种待遇，公平感、获得感、安全感、主人翁意识都强于城市。农村有比较好的生态环境和自家宽敞的房屋，还能与自己的亲人团聚，晚年在亲朋好友的陪伴中度过，落叶归根也是中国人的传统，这些对他们有很大吸引力。

2. 城市拉力与农村推力对第一代农民工养老城乡选择的作用

现阶段仍有相当多的第一代高龄农民工在城市坚持务工，即使在城市找工作难度增大、身体欠佳的情况下还在城市苦苦挣扎。是因为城市仍有较大吸引力，农村也有较大推力。

（1）城市社会空间对第一代农民工留城养老选择的拉力

城市的拉力是指城市社会空间所具有的优越于农村从而对农民工产生的吸引力。城市对第一代农民工产生推力的同时也有拉力，否则无法解释为什么大量农民工离乡背井、遭遇不平等待遇仍然坚持高龄或超龄在城市打工。

经济收入等有利因素对农民工留城养老有拉力作用。城市经济发展快于农村，城乡之间的收入存在很大差距，国家统计局数据显示，“2021 年我国城镇居民人均可支配收入 47412 元，农村居民人均可支配收入 18931 元”[①]，前者为后者的 2.5 倍。[②]“2021 年全国居民人均可支配收入 35128

① 《2021 年居民收入和消费支出情况》，https://www.gov.cn/xinwen/2022-01/17/content_5668748.htm，2022 年 1 月 17 日。

② 参见民进中央《关于缩小城乡居民收入差距 促进共同富裕的提案》，http://cpc.people.com.cn/BIG5/n1/2022/0228/c442045-32361787.html，2022 年 3 月 1 日。

元”①，农村居民比全国居民人均可支配收入低很多。城乡收入差异大，城市就业机会多，能够获得比农村高几倍的收益是农民工不顾离乡背井和城市的不平等待遇坚持在城市务工不回乡的首要原因。尽管第一代农民工收入低于城市居民，月均收入低于全国农民工月均收入，但是相比回乡务农仍然高出很多。如前述案例 7.25 的廖姓农民工（72 岁），2022 年他因疫情在城市不好找工作而采取兼业式务工，在城市没有打散工收入时回乡务农种油菜，几个月收获 300 多斤油菜籽可以卖 300 多元，在农村从山下将肥料挑到山上给油菜施肥、除草等劳动也不轻松。而他在城市为家庭装修打线槽，一天就可获 300 元左右的收益。因此许多高龄农民工宁愿在城市靠打散工生存，也不愿意回乡务农。按照托达罗模型的基本思想，除城乡二元结构带来的收入差距，并对成本与收益权衡，导致农民工选择高龄留在城市务工的一个重要原因是预期收益的差异。课题组调查显示 2020 年受访第一代农民工月均收入为 3973.97 元，低于当年全国农民工月均收入（4072 元）约 98 元，而 2020 年“农村居民人均可支配收入 17131 元”②，即月均可支配收入 1427.58 元，说明农民工在城市务工的收入仍然高出许多，特别是在偏僻山村靠农业收入与在城市打工收入的差距更大，在农村的预期收入远远低于城市务工的预期收入。这也印证了托达罗模型的主要观点，农村劳动力迁移的基本因素是城乡收入差距，人们迁移不只是对实际收入差距的反映，还是对预期收入差异的反映。而预期收入受工资水平和就业概率影响。③ 所以第一代农民工在收入很低，特别是有的 60 岁以上农民工月收入只有 1668 元且极不稳定情况下，仍然没有选择回乡。调查显示，他们在回答 60 岁以后打算继续在城市务工的原因从高到低是：为子女提供帮助（63.6%）、为了生存（56.4%）、赡养老人（31.8%）、仍有工作意愿（25.3%）、家有病人需要钱（16.0%）、工作单位需要（4.0%）、

① 国家统计局：《2021 年国内生产总值 1143670 亿元 比上年增长 8.1%》，https://m.gmw.cn/baijia/2022-01/17/35453775.html，2022 年 1 月 17 日。

② 《2020 年居民收入和消费支出情况》，http://www.stats.gov.cn/sj/zxfb/202302/t20230203_1900970.html，2022 年 1 月 18 日。

③ 参见崔晓旭《中国农村剩余劳动力解决方案探究——基于托达罗模型和推拉理论》，《现代经济信息》2011 年第 6 期。

其他（3.2%）（参见图7-4）。他们选择留城原因多种，但是超过50%的农民工养老储备不足是主要的原因，城市有比农村更多的就业增收的机会，所以他们许多在高龄情况下选择留在城市打工增收与养老同时进行。这充分说明城市社会在经济上的拉力吸引农民工留城。

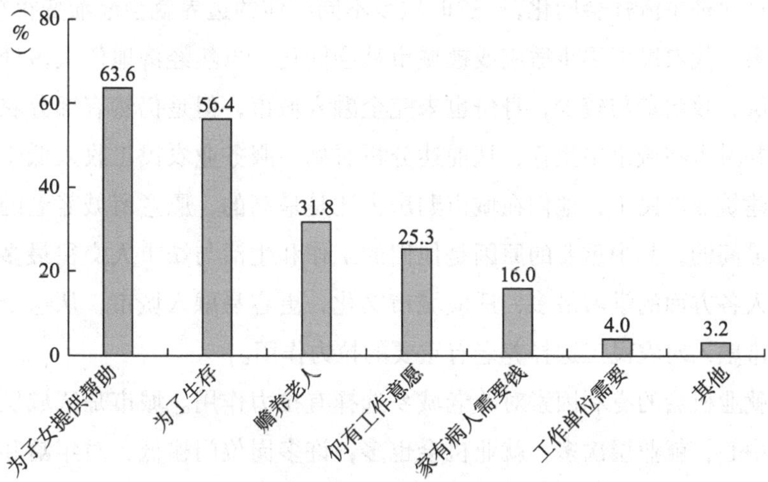

图7-4　第一代农民工打算60岁以后留城务工的原因

政策因素对第一代农民工选择留城养老有拉力作用。近年来为促进社会公平，加快城乡一体化进程，与农民工相关的社会政策有了很大改变。农民工进城务工的制度性歧视基本消除，户籍制度改革放宽了中小城市落户政策，鼓励农民工市民化等，如今农民工可以在城乡之间自由流动，在城市可以购房落户，在许多方面享有与城市居民同等的待遇。社会保障政策有了很大改变，养老和医疗保险政策将农民工纳入统一的社会保障体系之中，从参保到待遇获得在流程上十分便捷，公租房和社会救助的部分政策、社会公共服务和社会公共福利惠及面有很大提高，如农民工与城市居民防疫过程中的各项政策享有了同等的待遇，农民工子女在城市接受义务教育，社区的服务也开始面向农民工。政策的完善和改变为农民工留城养老提供了较好的社会环境，也形成了一种拉力。

城市融入因素对第一代农民工选择留城养老的拉力作用不可小视。近年来城市居民虽然认为农民工与城市人仍有不同，但对农民工的态度有很大改变。第一代农民工从农村社会空间走向城市社会空间，从过去农村群体生活方式脱域后嵌入城市群体的生活方式之中，需要遵守城市规则，在与城市人交往过程中学习现代城市文明，主动或被动地接受和适应城市生活方式，就如 Park 同化理论认为的经过定居、适应和同化，只要他们认可和习惯了城市人的生活方式，在心理上认同主流社会文化，认同于主流族群，进而被主流社会同化，① 这时城乡不同群体的边界就会渐渐变得模糊，部分第一代农民工逐步适应或被城市社会同化。虽然经济地位大多处于城市底层，政治参与较少，身份也未完全融入城市，但是仍然有部分农民工适应并融入在城市中生存，从前述分析看到，服务业农民工收入低于制造业和建筑业农民工，他们在城市购房占比是最高的，愿意留城养老的占比也是最高的，其中重要的原因是他们的工作和生活与城市人交往最多，向城市人各方面的学习最多，适应城市文化，更容易融入城市，从这个角度看城市融入对农民工选择养老有重要的拉力作用。

就业机会的有利因素对养老城乡选择有拉力作用。城市是区域发展的经济中心，就业层次多、就业机会也多，许多岗位门槛低，对年龄和技术要求不高。只要身体无大病、有工作意愿就可以找到低层次的工作岗位，如室内保洁工、环卫工、门卫、保安、护工等。即使缺乏适合的就业岗位，依靠打散工、捡废品虽然收入低，只要有一定收入都能勉强维持生存，相比农村特别是偏远农村靠务农的收入要高出几倍，在城市就业机会对农民工留城养老的拉力也是比较明显的。

（2）农村社会空间对第一代农民工回乡养老的推力

农村的推力是指存在于农村社会空间的不利因素将第一代农民工推向城市养老的力量。这里的推向城市养老有几种情况，第一种是推向城市后晚年不会回农村的部分第一代农民工；另一种情况是从农村推向城市后因多种原因又回到农村；还有一种是仍然在城乡之间兼业式务工养老。有的第一代农民工养老不完全是平常人们认识的完全退出劳动领域，而是边打散工边养老。农村的推力主要体现在以下几个方面。

经济收入低的不利因素是将第一代农民工推向城市的重要原因。这里

---

① 参见李明欢《20 世纪西方国际移民理论》，《厦门大学学报》（哲学社会科学版）2000 年第 4 期。

的推向城市，不完全是推向城市后像城市人那样脱离劳动领域，靠养老金养老，而是推向城市继续务工，用务工收入维持老年生活。近年来农村建设相比过去有很大变化，城乡居民收入有很大提高，2021 年比 2012 年城乡居民收入差距下降 0. 38，但是城乡居民人均可支配收入之比为 2. 50（农村居民收入=1）。[①] 城乡差距在短时间内不容易迅速缩小，只要城乡差距还存在，农村的推力就不会大幅度降低。农村相比城市经济发展滞后，经济发展的资源没有城市丰富，有的农村自然资源十分贫乏，农作物受自然条件的影响很大，随着社会的发展，农作物和养殖业的生产成本不断提高，单靠农村分散的种、养殖业很难在短时间内提高收入水平，加上随着农村居民的生活需求的变化，家庭的基本开支增大，水电气、网络等费用成为家庭必需的开支，家庭成员治病费用、婚丧嫁娶和人情往来费用也持续升高。第一代农民工回乡务农无法像年轻时那样劳作，收入更是锐减，在这样的经济压力下，农村的推力使有的高龄农民工滞留城市，不到万不得已不会选择回乡，也有的回到农村后有城市就业机会又进城务工。还有的在农村等到子女高中毕业在 40 多岁时选择进城务工。调查显示农村收入太低是农村将农民工推向城市的首要原因。受访第一代农民工认为回乡养老面临的第一位的困难是农村收入太低（67. 1%）和第三位的无增加收入的机会（45. 1%），还有 16. 8%的农民工表示缺乏经费维修旧的农村住房（参见图 7-5），笔者在访谈中也了解到有的农民工因常年在外务工，家乡的住房已破损而无法居住，按照相关危房改造政策有务工收入的不属于政府帮扶范围，在无法确定是否回乡养老的情况下，他们也不愿意花费巨资修建农村的住房。没有住房是对农民工影响重要的经济因素。第一代农民工绝大多数购买的最低档次的养老保险，到 60 岁每月只有 100 多元的基础养老金，年轻时打工收入很少，稍有积蓄为在农村建房和儿女婚嫁花销后所剩无几，在低档次养老金又无多少积蓄的情况下，回到家乡务农也只能维持很低的基本生活，他们极不愿意回到过去的生活状态。农村缺乏较好的收入预期，这时农村的推力就会将他们推向城市，所以第一代农民工只

---

① 参见国家统计局《10 年来中国城乡居民收入相对差距持续缩小》，https://www.gov.cn/xinwen/2022-10/11/content_5717714.htm，2022 年 10 月 12 日。

要在城市的收入有比农村更高的预期，他们就义无反顾地选择留在城市超龄务工而不返乡。

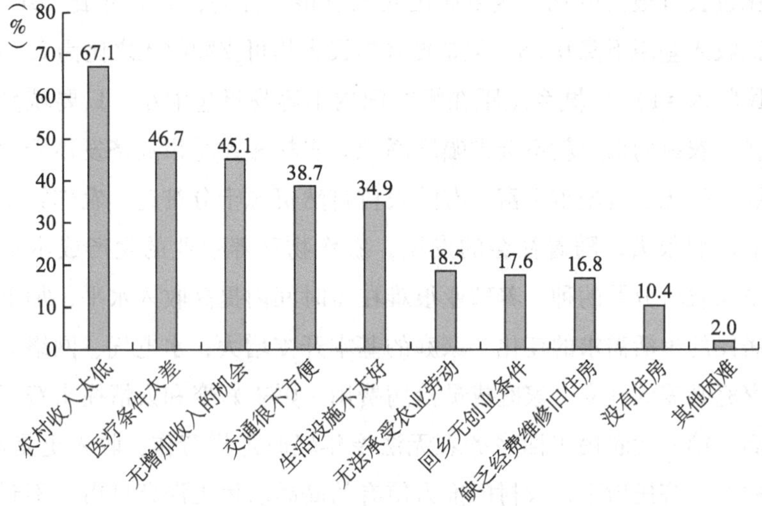

图 7-5　第一代农民工认为回乡养老面临的主要困难（N=3214）

针对农村和农民工的相关政策不够完善形成的推力。近年来惠农政策对农业发展有较大的作用，农村有很大变化，然而城乡差距短时间难以迅速改变，政府在扶持和支持各类涉农人才到农村帮助农民从事农业的力度不足，如采取更有吸引力的政策吸引种植、养殖、教育、医疗等人才到农村服务的支持力度不足。针对涉农的社会化服务也远远落后于城市，农村发展的人才和服务欠缺难以缩小城乡差距。用怎样的优惠政策引导涉农项目进入农村带领农民致富方面也有差距。政府对种粮的补贴政策仍显不足，农民依靠种粮大多只能勉强生存，谈不上务农致富，外出农民工在农村的土地撂荒无人耕种就是很好的例证。现阶段土地流转政策在执行过程中农民难以得到较好的收益，笔者对 100 多位农民工的访谈中了解到，他们外出务工后土地无人耕种的大约有接近三分之一，土地租给别人的收益最高的每年有 1000 元/亩，最低的每年收益只有 50 元不等，多数是村里的人愿意耕种的就种，不收取任何费用。这些因素影响农业的发展，近年来的惠农政策难以在短时间内解决农村历史遗留和现实的发展全部问题。城乡之间差距是多年形成的，农民和农民工收入低，也导致他们参加社会保障的能力低，现有的养老保障政策对城乡居民参保者的支持力度是同等的，而第一代农民工早期没有参保或退保或中断缴费，但是现有政策对续保和一次性趸交的条件比较严格，使他们相当一部分不能弥补过去政策不足和自身问题带来的损失。同时他们大多数缺乏单位缴纳养老保险费，也缺乏企业年金，自己只缴纳了最低档次养老保险，甚至有的农民工没有缴纳养老保险费，年老时他们回到农村的生活状态可想而知。所以他们在城市生活得十分艰辛的情况下仍然坚持在城市务工，农村社会政策不足形成的推力将第一代农民工推出农村。

农村社会空间的基本生活条件相对落后形成的推力。调查显示，第一代农民工回乡面临的困难排在第二位的是医疗条件太差（46.7%），排在第四位的是交通很不方便（38.7%），排在第五位的是生活设施不太好（34.9%）（参见图 7-5）。虽然农村已经形成了完善的村级卫生所（室）、乡卫生院、社区卫生服务中心和县级人民医院医疗服务机构，但相比城市的医疗资源相差甚远，并且回乡养老面临的不仅是城乡医疗机构的巨大差异，还有看病难的问题，比如虽然村级基本通了硬化路，但缺乏公共交通工具。笔者曾在重庆农村社区对失能老人访谈时，有生活不能完全自理的老人表示医疗保险为他们减轻了医疗费用负担，但由于自己没有交通工具，出门看一次病需要租车费 200 元，这使他们很难承受。前述案例 7.24 中的杜师傅宁愿靠着农村低保金和 100 多元的基础养老金在城市捡废品生存也不愿意回乡养老，因他有心脏病等疾病，他告诉笔者他的弟媳在电话上经常哭诉自己在农村生病无交通工具送她出来看病，杜师傅表示自己如果回乡也面临同样的问题，所以他目前 70 多岁孤身一人在城市强撑着靠捡废品或别人施舍性的帮扶生存，没有打算回乡养老。大多数农村的生活设施较差，公共服务跟不上等不利因素形成了对农民工的推力。

家庭结构与社会关系形成的推力。社会发展使传统大家庭解体，核心家庭居多，第一代农民工年轻时外出务工，多年后他们已经不适应传统的大家庭生活。而如果回到农村，传统大家庭矛盾较多。他们外出务工可以避免处理许多家庭矛盾，避免某些邻里之间和干群关系的矛盾。特别是女性在传统农村人观念中儿媳应当伺候婆家父母，这是她们倍感难以处理的矛盾。她们进城务工后社会地位发生了很大改变，相对独立自主，不与婆家父母朝夕相处，与农村相比她们感到身心更加愉悦，所以第一代女性农民工中选择留城养老的（27.8%）比男性农民工（20.7%）高出7.1个百分点（参见表6-2）。第一代农民工的子女大多在城市就业或读书比农村条件好，他们中有部分人为子女在城镇购房，跟随子女在城市生活相比农村养老更好。外出务工多年的农民工在城市与同类群体和部分城市居民建立了社会关系，依靠这些社会关系能够在城市找到适当的零活，而在农村很难有帮助其增收的信息或关系。他们常年在外，农村的社会关系开始淡化，有的第一代农民工也不太习惯农村的社会关系，这些都使农村产生一种力量将第一代农民工推出农村另选城市养老。

3. 个体因素对第一代农民工养老城乡选择影响

除上述城乡不同的推力和拉力因素的作用，个体因素对第一代农民工养老城乡选择也有影响。

个体文化程度与养老城乡选择有显著相关性。文化程度较高的农民工寻找较高层次的就业岗位，获得较高的收入可能性较大，能够稳定在城市生活的概率就大，留城养老的可能性就越大。从表6-2看到大专及以上文化程度的农民工选择留城养老（43.8%）比小学及以下的（20.7%）高出23.1个百分点；大专及以上文化程度养老城乡选择有困难的（2.9%）比小学及以下的（37.0%）低34.1个百分点（参见表7-2）。

个体的家庭因素影响他们养老城乡选择。调查显示，第一代农民工在城市务工独居（22.2%）和无配偶（5.4%）的人因在城市无依靠，独居的选择回乡（84.9%）和无配偶的选择回乡（78.3%）的占比分别高于有配偶一起进城务工5.9、1.3个百分点，无配偶的选择回乡养老比有配偶一起打工的高4.7个百分点，无配偶的养老城乡选择的困难度也高于有配偶的农民工1.2个百分点。说明有家庭成员一起进城务工的相互支撑在城市不会感到孤独，家庭温暖度高，心理能得到及时慰藉，返乡养老的愿望低于独自在外的农民工和无配偶的农民工。说明家庭因素对于养老城乡选择有较大的影响。

个体的健康和心理因素对农民工养老城乡选择有较大影响。第一代农民工外出务工多年，如今大多进入高龄阶段。他们的健康状况不如年轻时，许多工作已不能胜任，多数高龄农民工退出主流劳动领域做辅助工作或彻底退出劳动领域，这时他们不得不面临养老城乡的最后选择。除身体原因，心理因素也影响他们养老城乡选择，他们中75.3%的人在心理上认为自己是“农村人”（参见表7-19），这样的心理定位会将自己与城市人分割，不主动与城市人交往会更不主动融入城市，结果是加深在城市的被排斥感。打算留城的农民工能够更主动与城市人交往进而融入城市。另外，对未来的生活不确定性引起的心理担忧也影响他们的养老选择。调查显示，第一代农民工年老后主要担心的问题从高到低依次是患重大疾病（75.6%）、高额医疗费用（59.1%）、缺乏基本生活费（36.0%）、孤独（29.7%）、子女不能帮助自己（23.4%）、住房（13.9%）、其他（1.9%）（参见图7-6）。这些担忧无论在城市或农村都存在，而农村由于缺乏务工增收的机会，使他们对未来农村养老在心理上更感不安。而他们在回答60岁以后预期的生活来源时，将家庭成员（主要是子女）供养排在第一（69.1%），第二位是养老金或低保金（36.3%），这部分经济来源很难使他们有较好的生活，具有财产性收入的只有11.7%，而他们的子女大多在城市，如果远离子女，经济来源不稳定，身体状况不太好，农村的养老服务跟不上，他们对未来养老没有稳定的预期，对未来的生活风险就会感到无法掌控，心理上就产生焦虑不安，就缺乏养老安全感。安全的心理需求不能得到满足的状态会影响他们养老城乡选择。

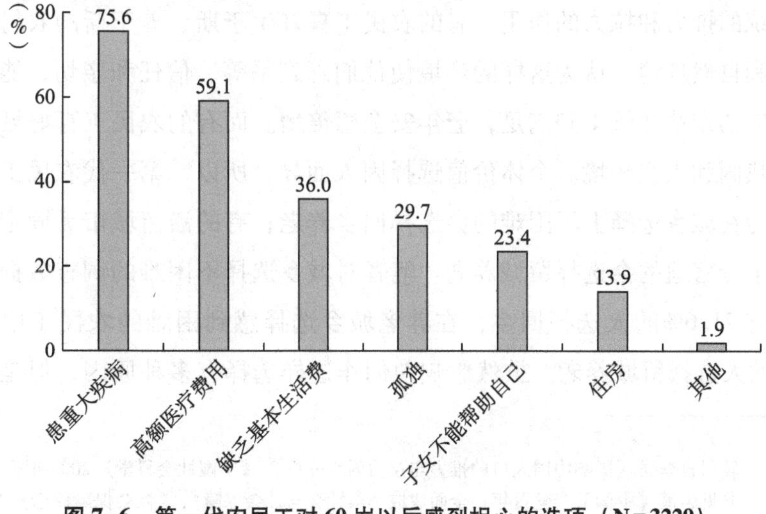

图7-6 第一代农民工对60岁以后感到担心的选项（N=3229）

个体价值选择因素。第一代农民工养老价值选择，是指年老时选取和追求怎样的生活目标和生活环境。根据社会学家威廉·奥格本的理论，在社会变迁中，社会观念、社会价值准则和意识变迁是最为滞后的，它不仅滞后于物质文化变迁，而且滞后于社会制度变迁。① 第一代农民工虽然在城市务工多年，社会制度发生了许多变化，他们也接受了一些现代思想和观念，但早期农村环境对他们潜移默化的影响很大或根深蒂固，不会因为到城市务工就彻底消除。进城务工初期“挣了钱就回乡”的生活目标和价值选择，将土地作为养老的最后保障多年都未改变，于是他们有的人在经济条件较好时也不选择缴纳较高档次的养老保险费，因为他们相信土地保障和自我养老保障超过社会养老保障，当年老面临城乡选择时一方面留恋城市的现代生活和较好的生活条件，羡慕城市居民依靠养老金生活；另一方面他们回乡依靠土地、自我保障的养老的价值观念使他们许多人不为社会养老保险投保，这也是导致第一代农民工养老选择处境困难的重要原因。在缴纳养老保险金时，他们缺乏社会养老保险的认知，没有认识到社会保障给人们建立的是一种稳定安全预期。② 因未提前为留城养老做准备而被迫回乡养老或滞留城市超龄务工。另外，年老时对养老的理性选择不再是以挣钱作为生活目标，而是在能够维持基本生活的条件下，如何比较安全、健康、舒适地度过晚年为追求目标。这时主观感受的作用可能会改变传统的推力和拉力的作用，有的农民工喜好生于斯、养于斯的农村熟人环境和自然环境，认为这样的环境使他们感到平等、信任和亲切，能够相互照应的亲情能够得到满足，老年安全感倍增。而有的农民工喜好城市社会、热闹和人文环境。个体价值选择因人而异。所以，第一代农民工中有的认为在城乡选择上不困难的会选择回乡养老；有的滞留城市无固定收入生活十分窘迫的会选择留城养老。笔者对城乡选择不困难的调查数据分析得知有 71.6%的人选择回乡，在养老城乡选择感到困难的农民工中也有 16%的人选择留城养老。虽然影响他们作这样选择有多种原因，但是不否

---

① 转引自李强《影响中国人口的推力与拉力因素分析》，《中国社会科学》2003 年第 1 期。

② 参见席恒《中国共产党百年：全面建成小康社会与社会保障》，《社会保障评论》2021 年第 2 期。

认其中有个人在城乡选择上的价值追求有差异，无法得出某个单一因素对他们养老城乡选择起决定作用的结论。

4. 中间因素对第一代农民工养老城乡选择的影响

务工距离与养老城乡选择有显著相关性。第一代农民工在户籍地务工的离家乡距离近，在非户籍地务工的离家乡远，如西部农村到东部发达城市务工相距很远。第一代农民工在户籍地务工的选择留城养老的（26.2%）高于非户籍地（21.0%）5.2个百分点（参见表6-7）；户籍地务工的农民工养老城乡选择的困难度（35.8%）比非户籍地（64.2%）低28.4个百分点（参见表7-7）。说明离农村家乡距离越远越难适应城市的语言等文化环境和生活习惯，语言不仅是交流的工具，也是一个地区文化的集中表现，语言不通就会造成农民工与当地城市居民交流困难或产生隔阂。城市居民对外来农民工也会因语言不通产生排斥或歧视，增大了农民工适应和融入城市的难度。距离远还带来农村家庭成员迁移难度增大，迁移的可能性变小，还意味着远离他们家乡的土地和住房，土地和农村的房屋是他们生活的最后保障，会使他们更有安全感，这些中间因素会形成障碍，导致他们越发不倾向于留城养老，如果遭遇城市经济出现问题，中间因素也可能形成推力，将他们从远方的城市推向家乡的农村。所以距离越远留城养老的障碍越大，养老城乡选择的两难处境越明显。务工距离近也会形成一种拉力，近距离务工的农民工选择在家乡附近的城镇养老高于远距离务工的农民工。因此中间因素不一定都形成障碍。当然务工距离远有时也会因其他方面的吸引力导致农民工舍近求远，如东部发达地区就业机会多，收入相对较高，西部农村剩余劳动力大量流动到东部务工，也有极少数农民工最后留在东部城市购房、结婚、安家、养老。

城乡交通便捷程度和提供的公共服务差异也会影响养老城乡选择。农村大部分地区缺乏通往乡、村级的公共交通工具，严重影响村民出行、农产品交易、疾病治疗等。还有农村的公共设施落后，由此带来的公共服务水平也低于城市，这会形成中间障碍因素，给养老城乡选择带来困境，中间障碍因素虽不是直接的经济收益，但与经济收益和生活便捷度密切相关，在一定程度上对选择回乡养老形成障碍。城市交通便捷和基本公共服务水平的提高给居住在城市的人交往、工作、疾病治疗等带来方便，减轻生活负担，对农民工选择留城养老是有利条件。

务工年数与社会关系网络对养老城乡选择有明显的影响。务工年数与是否留城养老有显著相关性。在城市务工年数越长越愿意留城养老，一般情况下务工年数越长，对城市了解越多，积蓄也越多，打算留城养老与打工年数成正比，即进城务工年数越高愿意留城养老的占比越高（参见表 6–7）。务工年数越长的在城市的社会关系网络越成熟，越习惯于城市生活，留城养老的困难度越小（参见表 7–7）。

三 导致养老城乡选择困境的“综合力”分析

如今的第一代农民工与当初离乡进城务工的情况不同，除去极少部分城市化和已完全返乡的（这部分已经不是本研究所指的农民工），从养老城乡选择的角度看，经过几十年他们有了分化，一部分是“半城镇化”类型，即养老积蓄较为充足，在农村建房的同时为自己和子女在家乡的城镇购房，如果在城镇生活有困难时可以立刻回乡务农解决基本生存问题。一部分是“准返乡型”，这部分农民工基本上确定返乡养老，但有体力可以靠务农解决养老储备不足的问题。一部分为“兼业型”，在城乡之间穿梭劳作，城市务工收入不足时，同时又在农村务农以维持生计。还有一部分是“无力返乡型”，这主要是部分 60 岁左右特困农民工，他们在高龄情况下无能力回乡从事农业劳动，在城市基本无就业的可能，他们无子女或因子女无力赡养而滞留城市，靠农村低保和最低的基础养老金以及捡废品生存，有时也靠邻居施舍生活。他们绝大多数需要不停劳作来维持生计，在养老城乡选择上受多种因素的影响难以抉择。

1. 第一代农民工养老城乡选择是基于对老年如何更好生存进行的理性判断

第一代农民工留城和回乡养老选择是基于对经济收入、生活成本、环境条件、主观感受和其他客观条件进行综合性价值判断后的理性选择，目的是实现更有利于自己生存的（城市或农村）社会空间。经济收入是最基本的生存条件，生活成本主要指房屋所在地与个体平时工作和生活产生的各类必需的支出，与经济收入密切联系，一般情况下经济收入应大于生活成本。环境条件包括政策法规、制度、就业、城市社区对他们的包容等。

主观感受和对客观条件的价值判断，是第一代农民工对经济收入和环境条件体验后进行权衡做出的养老城乡选择的决定。需要说明的是，第一代农民工养老城乡选择的判断并非一个时间节点，而是一个动态调整过程，这个过程的长短因个体差异而不同。在这个过程中有多种“力”综合作用于他们的判断和选择，也有不同的个体因素和中间因素影响他们的判断，这些综合力对第一代农民工的作用有共同点，具体到不同类型的第一代农民工的作用又有差异，因此他们对养老城乡选择的理性判断因人而异，但是对晚年美好生活的追求是他们共同的指向。

2. 第一代农民工在城乡社会空间的推力和拉力的权衡中进行养老城乡选择

城市推力和农村拉力对第一代农民工城乡选择的作用十分明显。经济因素对第一代农民工养老城乡选择推力和拉力都是首要的。当年老体衰在城市务工机会大幅度降低、收入锐减甚至中断时，政策、户籍制度等对他们留城的不利因素显现，城市对其接纳程度低、自己融入城市程度低，个体和家庭以及社会关系等情况综合起来对留城养老产生不利影响时，农民工就将会被城市形成的推力将他们推向农村。同时，农村的生活成本低，有土地农作物收益，惠农政策、熟人社会、社会关系网络、与亲人团聚相互照顾、安全感、农村生活条件改善等有利于晚年生活的条件超过在城市养老生存时，农村的拉力相对增大的情况下他们就会选择回乡养老。

城市拉力和农村推力对第一代农民工养老城乡选择有强劲的作用。城乡的经济收入仍然是城市拉力和农村推力中的首要权衡因素。第一代农民工虽然年老体衰，但城市多层次就业机会很多，当主流劳动岗位就业困难时，城市还有许多辅助性低工资就业岗位适合高龄农民工，如果城市务工收入足以维持在城市的基本生存，就业和养老的相关政策以及户籍制度为其提供留城条件，城市社会空间的交通、医疗、教育、社会福利等公共服务等优于农村，个体条件和家庭情况等有利留城的条件充分显现时，城市的拉力就会增大。与此同时，农村的推力也是显而易见的，农村依靠土地无法完全保障基本生存，最低档次的养老金难以维持生计，在城市务工几十年后又回到农村从事并不轻松的农业劳动以维持生计，农村还缺乏增收渠道的就业机会，交通等公共服务较差等，家庭成员团圆的心理满足被现实的物质缺乏所冲击，农村养老生存的不利因素显现时农村的推力就会增大，这时他们会到附近的城镇寻找辅助性的低工资工作，以增加收入减轻生活负担，劳作的同时也在养老。

城市的推力和农村的拉力形成的一种合力 1，与城市的拉力和农村的推力形成的合力 2，除这两种合力外，还有个体因素和中间因素。在综合权衡了多种因素的情况下，当合力 1 大于合力 2 时，第一代农民工就被推向农村养老，他们大多数基本上回到进城务工前从事农业劳动的状态。当合力 2 大于合力 1 时，他们就会被推向城市，这里的推向城市只有很少一部分是留城养老安享晚年。被推向城市的还有相当一部分不是我们通常理解的完全退出劳动领域安享晚年生活，而是在离户籍地不远的城镇寻找就业机会边劳作边养老，就如托达罗模型阐述的主要观点那样：促使农村劳动力流动的基本因素是城乡收入差异，流动不只是对实际差异的反映，主要是对预期收入差异的反映，只要在城镇有就业的可能和预期收入，他们会再次进城务工，不过这时的务工是以零活为主，一般不会远离家乡。在这里我们重新认识第一代农民工“养老”概念，即大多数第一代农民工的养老并非完全退出劳动领域，他们 60 岁以后或留在城市继续务工，或回乡继续务农，都是养老的同时仍然在劳作，并非完全脱离劳动“享清福”。

3. 推拉力交织在一起的综合作用使第一代农民工养老城乡两难选择

第一代农民工高龄状态下的养老城乡选择与他们进城务工初期的选择不同。这时的选择比当初进城务工时的影响因素更加复杂，受城市的推力和拉力、农村的拉力和推力、个体和中间因素等多种因素的影响，城乡的拉力都有吸引农民工的有利条件，城乡的推力都具有消极和排斥的不利因素。选择回乡养老就放弃城市的有利条件，回到熟悉的农村社会空间，获得惠农政策的好处、土地等收益，有较低的生活成本、无社会交往障碍、与亲人团聚，心理上的安全感和公平感迅速提升。如果选择留城养老，可以根据个体状况在各种层次岗位中寻找就业和增加收入的机会，享受城市的某些优惠政策、交通便捷、优质医疗资源、社会福利和公共服务等多种优越条件，但会放弃农村的多种有利条件。在城市还要承受较高的生活成本和面对就业困难和收入中断等方面的风险，承受历史遗留下来的政策和制度带来的问题。面对城乡各有的吸引力和排斥力，他们难以取舍。

各种综合力交织在一起，使留城养老和回乡养老的“推”和“拉”的作用力度变得不那么清晰，因为城乡养老都存在有利因素和不利因素。由于城乡二元结构存在，城乡不同的社会政策的空间分化短时间内难以完全实现全国统筹，在实现城乡一体化之前农民工就会面临养老城乡选择问题，选了在城市养老就意味着放弃农村的部分利益，选了回乡养老就意味着放弃城市的许多优越条件。又由于城市发展明显快于农村，城乡差距较大，城市社会空间的优越条件对农民工的吸引力还会长期存在，同时城市对高龄农民工的推力也在增大，而农村的拉力没有城市拉力强劲，他们在城市只要有比农村更多的预期收益，在收入没有完全中断前一般不会主动回乡养老。但是生命周期规律使他们不得不考虑年老体衰在城市无法生存问题，所以他们养老城乡选择通常是一种无奈的，处于不愿意离开城市，又迫于生存不得不离开城市回到农村的两难处境。第一代农民工中相当多的在城市超龄务工，忍受很低的工资或极不稳定的收入而不返乡，就是养老城乡之间两难选择的典型例证。他们中相当一部分不愿意放弃土地和农村户口，但又年老带病在城市务工迟迟不返乡也是他们养老城乡选择两难处境的典型例证，正如笔者在访谈中许多农民工说“如果没有人雇佣他，只有回乡”，就反映了他们想留城继续务工，最终又不得不无奈地要回到农村的矛盾心理和困难处境。

4. 推拉理论不能完全解释第一代农民工养老城乡选择困境问题

推拉理论认为人口流动是为了改善生活条件，流入地有改善生活的有利因素或条件形成的拉力，流出地有不利于生存的条件形成的推力，以后的学者增加了个体因素和中间因素进一步解释人口流动的原因。总体来说这一理论认为人口流动是为了改善生活条件。推拉理论为我们分析第一代农民工养老城乡选择提供了一个很好的研究范式，运用推拉理论的分析框架对农民工养老城乡选择有较强的解释力。但第一代农民工养老城乡选择有许多复杂的因素，推拉理论不能完全解释。

影响第一代农民工城乡选择的因素十分繁复。经济因素是养老城乡选择的基本因素，但不一定是首要因素。推拉理论是围绕着如何改善生活条件为中心来判断流动行为如何取舍，收入水平的提高是改善生活的前提条件，一般情况下收入高会更有条件改善生活，留城养老提供的生活便捷度是农村无法相比的。但从前述多角度分析看到，收入相对较低的服务业农民工在同质群体中城市融入度最高，在城市购房占比最高，选择养老城乡的困难度最低，选择留城养老的占比最高。有的60岁以上农民工在城市靠农村低保金和很低的基础养老金生存，即使无固定收入或无务工收入也滞留在城市，因为对于老年农民工来说晚年除维持基本生存，最需要的是医疗、交通等生活便捷条件，即使在城市生活在最底层勉强度日也不选择回乡养老。说明不能完全用推力和拉力大小或者各自的合力解释第一代农民工养老城乡选择的全部问题。因为推拉理论是以市场经济和人口流动自由为前提，而中国还有户籍等相关政策对人口流动产生的影响在某种程度上比市场经济影响大，农民是否能够进城务工就取决于政策条件的许可就是很明显的例证。虽然目前农民工在经济上的流动显性障碍基本消除，但户籍政策依附的社会福利和许多社会待遇城乡区分仍然十分明显，所以只用推拉理论对第一代农民工养老城乡流动是不足的。另外，虽然李（E. S. Lee）的理论更强调了个人因素的作用，因为个人对即将流入的城市产生的主观看法将会对其流动行为造成实质性影响。[①] 但目前学界在运用这一理论研究人口流动时缺乏考虑第一代农民工养老的特殊需求和实际困难，缺乏将中国现行相关政策对养老城乡选择推力和拉力产生的影响进行分析，也难以解答农民工中特殊困难群体为什么选择留城养老的问题，因此推拉理论对第一代农民工养老城乡选择的解释力是有限的。

推拉理论难以全面解释城乡空间分割的政策因素带来的第一代农民工养老城乡选择困境。中国城乡二元体制没有根本改变前，城乡不同的社会政策的作用就会持续影响人口流动，包括对第一代农民工养老城乡选择影响。城乡二元体制将城乡分为了不同的社会空间，用户籍制度赋予了城乡居民不同的身份，即使农民工在城市定居或在城市务工几十年，只要户口还在农村就具有农村居民身份，只能根据户口确定的身份享有与城市不同的部分社会政策带来的福利，如针对农村居民的危房改建、某些社会福利和社会救助、土地政策、公共服务等。同样，拥有城市户口的居民可以在

① 参见刘风、葛启隆《人口流动过程中推拉理论的演变与重塑》，《社会科学动态》2019年第10期。

城市社会空间享有城市的优惠政策、社会福利和基本公共服务，城乡不同的社会政策只能在城乡不同的社会空间才能享有。不仅如此，长期分割的城乡社会政策带来的城乡居民的观念和心理都不同，如第一代农民工中有71.9%的人认为自己与城市人有区别，75.3%的人认为自己是农村人，说明不仅是户籍制度将农民工锁定在农村，大多数第一代农民工在心理上长期锁定在农村。在行为上他们都在农村修建住房，尽管有的在城镇购房后农村的住房常年空置，也会在农村留下栖身之地，他们将农村的住房和土地作为最终保障，这些心理和行为都显现他们养老城乡选择的犹豫和彷徨，这也是养老城乡选择困境的表现。推拉理论和托达罗模型都很难完全解答中国城乡空间分割的社会政策对第一代农民工的重要影响。

推拉理论对第一代农民工的养老城乡选择的具体行为难以全面解释。由于城乡的拉力对他们都有吸引力，他们在养老城乡选择上很难全部割舍“城”或“乡”的利益，现实中他们相当一部分在高龄状态下开始向户籍地附近转移，只要有可能，他们就会在城乡之间游移争取更大利益，不以城乡定居为目的，而是以乡为主在城乡之间劳作，乡村的土地耕种等利益不放弃，城市务工可能的机会也不放弃为选择目的。学者王春光分析农民工是“半城市化”状态时认为：形象地看，“犹如一个人一只脚已经跨进门槛，另一只脚还在门外一样，是一种分离的现象”[①]。王春光是指当初他们进城的状态。笔者借用他的形容来比喻第一代农民工养老城乡选择的犹豫或纠结的状态：一只脚已跨回农村，另一只脚还在城市不愿收回，还在犹豫什么时候双脚能放在同一个地方。他们主观上没有权衡推力和拉力的作用，只是一种很简单的生存法则，即无论在城或在乡自己就是边劳作边养老，直到干不动的那一天，这同样是他们养老城乡选择困境的表现。另外，城乡的推力和拉力对不同的个体作用有差异，个体的文化程度、专业技能、子女情况、社会关系网络、城市融入状况以及对城乡生存环境的主观感受等差异很大，其中的某一因素都可能作为养老城乡选择的首要因素进行决断。而这些因素又在不断变化之中，养老城乡选择也是在持续变化中的一个不断调整的过程，他们城乡选择的行动轨迹就不像当初外出打工

① 王春光：《农村流动人口的“半城市化”问题研究》，《社会学研究》2006年第5期。

那样单一，我们可以用推拉理论分析框架对这一过程进行分析，但不能对这一过程做出完全的解释。

综上，推拉理论为第一代农民工养老城乡选择的分析提供了很有价值的理论借鉴和分析框架，但是中国第一代农民工养老城乡选择的困境影响因素众多，不同地区、不同个体的情况复杂而又不断变化，推拉理论和托达罗模型只能作部分解释，如何更好认识第一代农民工养老城乡选择困境问题，需要在运用国外先进理论进行阐释的同时还要结合中国的实际进行分析。

第八节　本章小结

一　第一代农民工养老城乡选择困境有其历史原因和特殊含义

城乡二元体制是第一代农民工养老城乡选择困境的根源。城乡长期分割的社会政策导致城乡差距拉大，第一代农民工当初为了更好地生存选择进城务工，年老为了能够生存又面临城乡之间的选择。

第一代农民工养老城乡选择困境体现在他们抉择的两难处境。这种两难处境体现在他们一直都在犹豫彷徨中做两手准备。他们在城市务工多年，一方面在农村修建住房，不放弃在农村的土地等利益，还想着依靠土地不依靠社会保障的农村传统生存方式养老；另一方面又在城市拼命劳作希望能够享有城市文明、拥有城市居民待遇，依靠社会保障养老。这种选择的两难处境不只是一个时间节点，而是一个过程。对于大多数农民工来说回乡养老是他们最后不得不进行的选择。养老城乡选择原本是养老城乡的最后抉择，但现实中只要身体能够支撑在城市增加收入，他们在城乡之间的游移状态就不会随着年龄的增高而终止。

二　个体、家庭、务工因素对第一代农民工养老城乡选择困境有影响

个体及家庭因素对第一代农民工养老城乡选择困难度有一定影响。选择困难度相对较小的是女性、文化程度较高、与配偶子女同时进城的、赡

养老人数少的、在城镇购房的，这与前述养老意愿分析的结论基本相同。说明女性和文化程度高的更容易留城养老，家庭成员相互照应和家庭负担较轻的养老城乡选择困难度相对较小。

务工因素对第一代农民工养老城乡选择的影响十分明显。在务工因素中，养老城乡选择困难度相对较小的是务工距离较近，服务行业，劳动强度较轻，务工年数长的农民工。说明务工距离越近越容易融入当地的城镇，又能照顾农村的家人；服务行业农民工在同类群体中收入最低，城市融入度最高，城市购房占比最高，养老城乡选择困难度最小；劳动强度较轻在城市的身心损伤程度较低，务工年数越长的收入积累相对较多，这部分农民工留城的困难度就越小。反之亦然。

第一代农民工收入与养老城乡选择有显著性相关性。总体来说收入低于全国农民工月均收入（调查当年的4072元）的养老城乡选择的困难度相对较大，而高于全国农民工月均收入的第一代农民工除总体困难度相对小。但不是收入越高困难度越小，而是呈现出收入在4073元到8000元收入段选择的困难度相对小，其中4073元到6000元收入段的选择的困难度更小。从各行业农民工收入情况看，建筑业和制造业都高于服务业，但是服务业愿意留城养老占比较高，留城养老的困难度相对较小，说明收入高低不是影响第一代农民工养老城乡选择困境最重要的因素，还有其他因素导致他们养老城乡存在困境。

三　政策因素对第一代农民工养老城乡选择的困难度有重要影响

养老保险政策对第一代农民工养老城乡选择有直接影响。近年来政策虽然逐渐完善，但也很难弥补他们过去退保或断保带来的损失。他们大多数缺乏积极的参保意识，年老无法靠低档的基础养老金安享晚年。参加城职保的农民工相比城居保的困难度小。参加较高档次医疗保险的相比缴纳较低档次医疗保险的选择困难度小。没参加任何保险的农民工选择的困难度更大。户籍迁移政策对农民工城乡选择的影响度大幅度降低，但户籍制度带来的不同身份对于参加养老保险和医疗保险有较大影响，尤其是有的一线城市用户籍设置条件排斥非本地户籍的农民工平等参保，客观上给农民工留城养老带来困难。第一代农民工认为留城养老排在第一的困难是住房问题，虽然现阶段他们可以平等享有公租房政策，但这类房屋地理位置出行缺乏便利性，惠及率有限，住房政策在很大程度上影响着农民工在城乡之间养老的抉择。

近年来政策有很大改变，但历史遗留下来的问题没有完全解决前仍然影响着第一代农民工养老城乡选择，如今政策在某些方面的不完善仍在一定程度上给他们的选择带来困境，随着社会的发展，农民工不仅仅是要求在城市能够平等务工，他们还要求与城市居民有平等的政策待遇。

四　城市社区融入程度低使第一代农民工难以选择留城养老

城市融入最直接的体现是城市社区融入。城市社区将农民工作为非户籍人口对待，不完全享有城市社区的平等待遇。他们身份融入仍有瓶颈，组织融入步履维艰，社区活动参与率低，与城市社区居民交往率低。他们中超过70%的人在心理上认为自己仍是农村人，心理上与城市居民有隔阂，在城市形成同质群体的社会空间中“自愿闭环”，延续他们过去的思维方式、价值观念和生活习惯，自愿疏离于城市社会空间，不主动融入城市。他们一方面认为城市发展快于农村，个人在城市发展更好；另一方面对城市的认同度低，内心有排斥感，对城市的满意度不高。既想在城市养老，因为有比农村更加便捷的生活环境，但又认为城市的人文环境不如传统农村的熟人社会。既想晚年像城市居民那样有能够保障基本生活的退休金，又不愿意提前购买较高档次的养老保险，认为农村的土地可以作为最后的保障。这种纠结的心理和行动上的犹豫彷徨与不能融入城市社会有密切的关系。城市融入度低导致他们难以选择留城养老，又不愿意回到农村过去的生活之中，始终纠结于城乡之间难以决断。

五　第一代农民工特殊困难群体养老城乡选择困境更加突出

第一代农民工中有少部分60岁左右的特殊困难群体，他们在养老城乡选择上异常困难。他们在城市很难有稳定的经济收入或是几乎没有收入来源，依靠农村低保和每月100多元的养老金生活，或靠拾废品有微薄收入。因年老体衰无法从事农业劳动加上农村交通、医疗条件差而无法回乡养老。他们滞留在城市，有的在城乡之间游移，生活特别艰难。由于城乡二元体制，他们虽在城市务工和居住几十年，但因没有城市户口，不能与城市居民平等享有城市社会救助等相关政策待遇。现有的户籍制度将他们归属于农村，农村相关的保障和救助政策只能部分惠及他们，说明目前的社会福利和社会救助相关政策仍因空间分化缺乏针对性和有效性。这部分高龄农民工养老城乡去留选择处境更加困难，如果不能得到有效解决，将成为城市贫民。

六　运用相关理论对第一代农民工养老城乡选择困境进行了分析

运用空间理论对第一代农民工养老城乡选择的困境进行了多角度的分析。由于城乡二元户籍制度的实施使中国形成了城乡二元社会空间，曾经通过一系列社会政策使城乡二元社会空间进一步固化，近年来相关政策有很大改变，但是社会政策的固有空间分化对第一代农民工养老城乡去留选择的影响仍然存在。城乡居民因户籍赋予城乡不同的居民身份，城里人和乡下人享有不同的社会福利和公共服务，相关政策对他们选择留城的帮扶十分有限。

运用推拉理论和托达罗模型对第一代农民工养老城乡选择困境问题进行了分析。对于第一代农民工养老城乡选择来说，随着年龄增高在城市就业困难、收入减少、政策的空间分化等城市不利因素形成了城市的推力，农村的低生活成本和生活环境的改善等因素形成了农村的拉力。而城市除了推力还有多层次就业机会多、交通、基本公共服务、医疗条件较好等有利因素形成的拉力，农村也有许多不利因素形成的推力。当城市推力和农村拉力形成的合力大于城市拉力和农村推力的合力时，第一代农民工就被推向回乡养老，反之亦然。但现实中情况十分复杂，两种合力与个体因素以及中间因素同时对他们综合作用时，他们很难取舍，使他们在养老城乡选择上存在困境。他们常常因养老储备不足对城市的务工收入有很多不舍，只要城市相比农村有较高收入的预期，他们就不会选择回乡养老。但高龄在城市难以就业随时面临收入中断的风险不得不回乡养老，所以他们大多数是被迫回乡养老。推拉理论不能完全解释第一代农民工养老城乡选择困境的全部问题，但仍为我们提供了一个很好的理论分析框架，使我们对这一问题有了更深入的认知。我们运用国外相关理论阐释的同时还要结合中国实际进行分析。

第八章　消除第一代农民工养老城乡选择困境的政策建议

第一代农民工大多在养老城乡选择问题上十分纠结，选择“城”或“乡”养老对他们都有吸引力和不利因素。选择留城养老可以享有城市发展的现代文明，但他们大多缺乏留城养老的基本条件，并对农村的利益也有很多不舍。如果选择回乡养老，就选择了低成本养老和熟人社会环境，但他们大多数养老储备不足，农村缺乏增收渠道，生活环境没有城市便捷，于是他们高龄和超龄情况下主观上仍然想留城务工。而高龄状态下他们养老城乡去留选择存在困境，这是城乡二元体制导致的城乡差距所致，需要进一步完善相关政策，使农民工在为城市贡献多年后能够共享社会发展的成果。

第一节　实现城乡一体化是消除农民工养老城乡选择困境的根本途径

一　加速走出城乡二元结构应坚持的理念

用习近平新时代中国特色社会主义思想指导解决农民工养老选择困境问题。农民工是中国特有的群体，也是中国特有的现象。从农民工大规模进城务工以后，中国政府就农民工问题进行了大量的调研，社会对农民工给予极大的关注，学界进行了广泛研究，政策也进行了大幅度调整。如今农民工在城市的就业、安居等方面已经得到很大改善，政府已将农民工纳入统一的社会保障体系。数量巨大的农村劳动力转移不但没有引起社会的动荡，还促使了中国社会的快速发展，这与中国共产党用中国特色社会主义理论成功解决中国问题密切相关。还应继续运用这一理论进一步完善相关政策，以解决第一代农民工养老城乡去留中存在的问题。国外相关理论对我们认识农民工问题有重要的借鉴意义，但我们应在走中国特色社会主义道路的前提下，在进一步完善相关政策的过程中坚持如下理念，以保证完善政策时不偏离正确的方向。

社会公平正义理念。社会公平正义是社会中的每一位公民的向往和追求，人们希望在具有公平机会的社会里享有机会、权利、规则、分配等方面的平等。社会公平目标的达成需要通过公共政策来实现。近年来我国为了实现社会公平，在公共政策方面进行了很多调整。如在收入分配政策方面，从以前提出的“效率优先，兼顾公平”，到进一步提出初次分配注重效率，再分配注重公平。2006 年中共十六届六中全会决定，把“促进社会公平正义”作为构建社会主义和谐社会的一个着力点，强调更加注重社会公平，促进共同富裕。[①] 2017 年，党的十九大报告中进一步提出“促进社会公平正义，在幼有所育、学有所教、劳有所得、病有所医、老有所养、住有所居、弱有所扶上不断取得新进展”[②]。2022 年党的二十大报告中再次强调，“中国式现代化是全体人民共同富裕的现代化。……着力维护和促进社会公平正义，着力促进全体人民共同富裕，坚决防止两极分化”[③]。这些核心理念为我们完善相关政策提供了宏观指引。在实现全体人民共同富裕的过程中，社会成员之间的差别是客观存在的，政府的责任是如何减少社会成员之间的差别。罗尔斯认为，在正义原则一致的情况下，应体现最少受惠者的最大利益；在机会平等条件下，职务和地位应向所有人开放。[④] 这一原则告诉我们，在实行同等保障，即“差别原则”时，政府的政策应当有利于对弱势群体的保护，改善他们的生活状况。只有在社会中对弱势群体给予了保护，缩小城乡之间、不同区域之间、不同群体之间、

① 参见李培林《我国改革开放以来社会平等与公正的变化》，《东岳论丛》2020 年第 9 期。

② 习近平：《决胜全面建成小康社会 夺取新时代中国特色社会主义伟大胜利——在中国共产党第十九次全国代表大会上的报告》，人民出版社 2017 年版，第 23 页。

③ 习近平：《高举中国特色社会主义伟大旗帜 为全面建设社会主义现代化国家而团结奋斗——在中国共产党第二十次全国代表大会上的报告》，人民出版社 2022 年版，第 22 页。

④ 参见［美］约翰·罗尔斯《正义论》，何怀宏、伍包钢、廖申白译，中国社会科学出版社 1988 年版，第 8 页。

不同行业之间的差距，才能真正实现共同富裕，体现社会的公平与正义。

以人民为中心的理念。2015 年 10 月在党的十八届五中全会上习近平总书记提出了“坚持以人民为中心的发展思想”，体现了中国共产党长期坚持的根本宗旨。社会层面的问题多而复杂，社会主义国家解决民生的问题有一个逻辑起点，即维护全社会利益和广大人民群众的根本利益，实现人民对美好生活的向往，围绕着以人民为中心制定公共政策，对社会资源进行分配和再分配，否则就会失去政策制定的价值和方向。中国共产党在建设社会主义过程中继承和发展了马克思主义的人民思想，近年来将这一思想运用到新时代的工作实践过程中，体现了把人民时刻放在政策制定的最高位置。只有坚持以人民为中心的理念，决策者才能准确掌握广大群众的需求，从群众需求出发，在制定各项政策时维护人民的根本利益，切实增进人民福祉，使全社会成员都感受到社会发展带来的福利。

共建共享发展的理念。社会发展是社会主体共同努力的结果，没有共建就不会有社会成员分享社会发展的成果，因此坚持共建才有共享。“共建共享就是要坚持人人有责、人人尽责、人人享有，做到权利与义务相统一。”① 十八届五中全会上提出的共享发展理念，这是新时代提出并确立的新发展理念，是指全体人民在共同参与、共同建设的过程中，能够全面、公平地分享国家发展成果，进而伴随国家发展进程而不断达到新的境界。习近平总书记在十八届五中全会上提出：这一理念的内涵包括全民共享、全面共享、共建共享和渐进共享。② 这就表明共享社会发展成果是全体社会成员而不是部分成员，是全体成员享有社会发展各方面的成果而不是部分成果。社会发展的成果是靠全体人民群众共同创造，社会成果的创造有一个过程，因而共享社会发展成果也有一个渐进过程。“社会主义的应有之义甚至根本的要义就是共享发展。”③ 共享发展才能实现共同富裕，坚持以人民为中心才能做到共享发展，实现共同富裕是共享发展的结果。坚持

---

① 郑功成：《面向 2035 年的中国特色社会保障体系建设——基于目标导向的理论思考与政策建议》，《社会保障评论》2021 年第 1 期。

② 参见郑功成《共同富裕与社会保障的逻辑关系及福利中国建设实践》，《社会保障评论》2022 年第 1 期。

③ 郑功成：《对共享发展的三个基本认识》，《群言》2010 年第 2 期。

共建共享发展理念才能在完善政策法规时有正确的价值取向，做到补齐民生短板，提高社会全体成员的生活质量，提升人民群众的获得感、幸福感和安全感。

统筹城乡发展理念。在马克思和恩格斯“城乡融合”思想的基础上形成的我国统筹城乡发展理念，最早是在1949年党的七届二中全会上提出“城乡必须兼顾，决不可以丢掉乡村，仅顾城市”①，毛泽东在《论十大关系》中提出在处理“农、轻、重”的关系时必须坚持统筹兼顾的原则。邓小平强调“农业搞不好，工业就没有希望”②。他还指出，“工业越发展，越要把农业放在第一位，要加强“工业支援农业，促进农业现代化”。③ 以后关于统筹城乡发展理念更加清晰，2002年党的十六大报告明确提出了“统筹城乡经济社会发展”，是全面建设小康社会的重大任务。④ 近年来在城乡统筹发展方面取得了很大成就，尤其是进入新时代以来，实现了全面脱贫，达成了全面建成小康社会的目标。目前城乡二元体制是城乡差距的根源，同时也制约着我国社会的发展，要实现第二个百年奋斗目标必须在统筹城乡发展方面迈出更坚实的步伐。城乡统筹是指把城市和农村的发展存在的问题综合起来进行研究，由政府通盘考虑，统一筹划、统筹解决。这需要把城市和乡村纳入统一的社会发展的大系统中，改变城乡分割的局面，形成城乡协调发展的局面，最终消除城乡二元体制，实现城乡一体化。城乡统筹发展是一种发展理念，是城乡发展中用怎样的思维方式筹划解决城乡问题，强调在这种理念下解决城乡分割问题的过程，而实现城乡一体化强调的是消除城乡二元体制，实现城乡融合协调发展的结果。城乡一体化的实现是完善和发展中国特色社会主义制度重要内容，也是实现中国式现代化强国的要求所在。

---

① 《党的七届二中全会是如何为新中国绘制蓝图的?》，http://www.sdcourt.gov.cn/jningqffy/dsxxjy67/14136874/index.html，2023年11月23日。

② 《邓小平文选》（第一卷），人民出版社1994年版，第322页。

③ 《邓小平思想年谱（1975-1997）》，中央文献出版社1998年版，第15页。

④ 江泽民：《全面建设小康社会，开创中国特色社会主义事业新局面——在中国共产党第十六次全国代表大会上的报告》，人民出版社2002年版，第23页。

二 坚持城乡统筹发展为第一代农民工养老选择提供良好的条件

从城乡统筹思路设计制度改革到城乡一体化，其本质在于逐步消除城乡二元社会结构的空间分割，改变城乡二元体制，最终实现城乡在经济、社会制度、社区发展和公共服务等方面的融合、协调发展。这是一个较长时期才能实现的过程，城乡统筹发展包含的内容极多，围绕解决第一代农民工养老城乡选择这一主题，需要在以下几个方面加强城乡统筹发展。

1. 坚持统筹城乡发展的政策导向

政府制定的政策对全社会的发展和行动有重要的引导作用。公共政策是政府在公共事务管理过程中所制定的行为准则，政府通过制定政策对社会资源、全社会利益等进行权威性的分配。社会政策是社会思想观念的产儿，即社会政策内容及社会政策的制定与社会思想观念变化密切相关，①我国在全面建成小康社会的过程中，社会政策已经发生了很大变化，强调优先发展农村农业的重要性，将城乡统筹发展理念融入具体的政策制定过程中，如中央财政加大对农村的投入，脱贫攻坚取得决定性胜利，在现行标准下的农村贫困人口实现了全面脱贫。中央财政拨款为60岁以上农村居民发放基础养老金。“2020年，国家利用财政补贴，为6098万建档立卡的贫困人口代缴基本养老保险费，使贫困人口参保率达到了99.99%。”② 在制度衔接方面，2014年国务院颁布《社会救助暂行办法》坚持托底原则，并与其他社会保障制度相衔接，有利于保障公民的基本生活，促进社会公平。同时将新农保与城镇居民养老保险制度合并成为城乡居民养老保险，将新农合与城镇居民医疗保险合并为城乡居民医疗保险等，这一系列法规政策的出台在公平保障城乡居民的基本权利上前进了一大步。但长期的城乡社会政策空间分割的问题还需要较长时间的治理才能彻底改变，要缩小城乡差距，需要政策制定者通过对社会政策的完善，形成统筹城乡发展的政策体系。这一政策体系应在政治、经济、文化、社会福利、公共服务等方面

---

① 参见潘泽泉《国外社会政策研究的最新动态及对我国的启示》，《理论探讨》2007年第4期。

② 郑功成：《共同富裕与社会保障的逻辑关系及福利中国建设实践》，《社会保障评论》2022年第1期。

公平对待城乡居民，在经济上继续加大对农村的投入，促进农村经济发展以缩小城乡发展差距。在权利保护方面，切实保障城乡居民平等享有政治、经济等各项权利，不以“城”“乡”区别公民的身份，特别是要正视流动人口常态化的现实，公平对待以农民工为主体的流动人口，只有对他们的权益进行平等保护，才能提高社会公平度。在文化上促进农民工的城市社会融入度，使农民工与城市居民在文化方面相互学习、相互认同，为城乡一体化的实现奠定文化基础。在社会福利和公共服务方面用城乡统筹发展的理念给予农民工与城市居民同等的待遇，使城乡老年居民在养老服务、社会救助等方面都能够平等享有社会发展带来的福利。只有坚持统筹城乡发展理念进一步完善社会政策体系，第一代农民工养老城乡选择的困境才能最终破解。

2. 统筹城乡经济发展的同时加大对农村的投入

发展农村经济才能从根本上缩小城乡之间的差距，农民工离乡背井外出务工除因为农村有大量剩余劳动力，还与农村发展严重滞后于城市有密切的关系。目前我国城乡发展的差距仍然较大，农村与城市经济发展仍处于很不平衡的状态，人均收入水平较低，城乡发展的差距仍然较大，“2020年中国基尼系数为0.468，国内整体收入差距较大，2020年城镇居民人均可支配收入达32188.8元，农村居民人均可支配收入达17131.5元，城乡人均可支配收入差距巨大”①。所以必须努力发展农村经济才能奠定农村全面发展的基础。政府在经济发展中的资源配置要注意城乡统筹，改变过去政府在投入上的城市偏好。近年来在新农村建设、精准扶贫、实现全面脱贫方面取得了举世瞩目的成就，但缩小城乡差距依然任重道远。按照“十四五”规划提出的优先发展农业农村、全面推进乡村振兴的要求，继续加大对农村的投入，包括用政策吸引人才参与农村建设。城市发展向农村辐射，有效提升农业综合能力，深化农业结构调整，促进补充一、二、三产业融合发展。“十四五”规划提出“发展壮大新型农村集体经济”，政府只有加强对农村集体经济的培育，农村社区才有经济基础帮扶返乡养老的第一代农民工。加大农村的投入不仅仅是农业生产的投入，还要加大对农村

① 宋晓梧等：《“共同富裕与社会保障治理”笔谈》，《社会保障评论》2022年第3期。

生活环境改造的投入，如农村的公共设施、道路交通的投入，尤其是偏远山区的道路交通，方便农村居民出行，优化他们的生活环境，使农村更宜居宜业，为农村居民在家乡可以共享全社会发展的成果提供条件。

3. 社会保障制度建设应进一步加强统筹规划与顶层设计

中华人民共和国成立后因发展工业需要实行从农业中提取资源优先发展重工业的发展战略，从此形成了以户籍制度划分的城乡社会保障体系的空间分割，城乡居民实行了完全不同的保障制度。近30年来，我国对社会保障相关制度进行了重大改革，成功实现了社会保障制度的转型。从城镇部分居民享有的国家—单位保障制度发展为惠及全社会成员享有的社会保障制度，社会保障制度的体系框架基本形成，保障待遇也不断提高，社会保障的统筹层次有较大幅度提高，农民工也从城市的“边缘人”归位到国家整体社会保障制度框架中。但多年的城乡空间分割形成的城乡不同的保障制度要实现一体化不可能一蹴而就，历史遗留的问题还需要较长时间的制度改革才能最终解决。比如在养老保险方面，农民工大多选择低层次参保，养老保障程度低，流动性强导致他们曾经不稳定参保；医疗保障参保方面，许多农民工在户籍地参保，使他们不能及时获得参保带来的福利。养老保险和医疗保险的制度还未完全实现全国统筹，影响了不同群体不能完全公平地共享社会福利。社会保障的终极目标是实现社会公平，要实现这一终极目标，需要用城乡统筹发展理念加强社会保障制度的顶层设计，“十四五”规划提出“坚持应保尽保原则，按照兜底线、织密网、建机制的要求，加快健全覆盖全民、统筹城乡、公平统一、可持续的多层次社会保障体系”“改革完善社会保险制度”“实现基本养老保险全国统筹”。在医疗保险方面要“做实基本医疗保险市级统筹，推动省级统筹”①，只有提高统筹层次，加大中央调剂作用，才能更好地通过政策的顶层设计促进社会公平。“企业职工基本养老保险已于2022年1月1日实现了全国统筹”②，但是医疗等保险制度的统筹层次还有待于提高，需要按照“十四五”规划

---

① 《中华人民共和国国民经济和社会发展第十四个五年规划和2035年远景目标纲要》，https://www.gov.cn/xinwen/2021-03/13/content_5592681.htm，2021年3月13日。

② 宋晓悟等：《“共同富裕与社会保障治理”笔谈》，《社会保障评论》2022年第3期。

要求逐步提高统筹层次，这样才能使农民工得到实惠。还需要加大社会救助的力度，在社会救助的制度设置时，注重对流动人口中有特殊困难的人员给予社会救助，使他们无论在城市或农村都能够生存。对弱势群体的救助必须通过城乡统筹的相关制度安排才能使其共享社会发展带来的福利。

4. 在统筹城乡发展中实现基本公共服务均等化

“基本公共服务，指建立在一定社会共识基础上，由政府主导提供的，与经济社会发展水平和阶段相适应，旨在保障全体公民生存和发展基本需求的公共服务。”[①] 基本公共服务制度紧扣以人为本，以促进城乡、区域、人群基本公共服务均等化为主线，是政府保障全民基本生存发展需求的制度性安排。[②] 基本公共服务包括基础教育、基础设施建设、公共卫生、就业服务、养老服务、社会保障、住房保障、科技服务、公共文体服务，等等。公共服务的发展有利于推进和改善民生为重点的社会建设，有利于实现我国下一步奋斗目标。为了推动基本公共服务均等化，21 世纪以来我国政府已将保障和改善民生放到发展的重要位置。“十一五”到“十四五”规划都明确了推进基本公共服务均等化，2012 年国务院发布《国家基本公共服务体系“十二五”规划》，对基本公共服务的内涵、内容等作了详细的总体性规划，“基本公共服务均等化，指全体公民都能公平可及地获得大致均等的基本公共服务，其核心是机会均等，而不是简单的平均化和无差异化”[③]。《“十三五”推进基本公共服务均等化规划》将基本公共服务体系建设的任务聚焦到推进基本公共服务均等化，提出了“城乡区域间基本公共服务大体均衡，贫困地区基本公共服务主要领域指标接近全国平均水平，广大群众享有基本公共服务的可及性显著提高”的目标。目前我们已经初步建立覆盖全民的国家基本公共服务制度体系，[④] 这对于解决人民

① 《国家基本公共服务体系“十二五”规划》，https://www.gov.cn/zhengce/zhengceku/2012-07/19/content_7224.htm，2012 年 7 月 19 日。

② 参见王大哲等《基本公共服务均等化能缓解农民工相对贫困吗?》，《中国农村经济》2022 年第 8 期。

③ 《国家基本公共服务体系“十二五”规划》，https://www.gov.cn/zhengce/zhengceku/2012-07/19/content_7224.htm，2012 年 7 月 19 日。

④ 《“十三五”推进基本公共服务均等化规划》，https://www.gov.cn/xinwen/2017-03/01/content_5172248.htm，2017 年 3 月 1 日。

日益增长的美好生活需要和不平衡不充分的发展之间的矛盾有十分重要的意义，也是实现共同富裕必要路径。党的十八届三中全会明确提出“推进城乡基本公共服务均等化”，要实现“城镇基本公共服务常住人口全覆盖”，2018 年，中共中央办公厅、国务院办公厅印发《关于建立健全基本公共服务标准体系的指导意见》，进一步细化了各级各类基本公共服务标准等，2021 年 3 月，国家发展和改革委员会联合 20 个部门印发了《国家基本公共服务标准（2021 年版）》，适当调整了基本公共服务分类标准。2020 年党的十九届五中全会通过的《中共中央关于制定国民经济和社会发展第十四个五年规划和二〇三五年远景目标的建议》中，将“基本公共服务均等化”列入 2035 年基本实现社会主义现代化远景目标之一。2022 年 1 月，国家发改委印发了《“十四五”公共服务规划》，强调要科学合理界定基本公共服务与非基本公共服务范围，将持续推进公共服务均等化作为推动全体人民共同富裕迈出坚实步伐的重要抓手。①

由于长期的二元社会结构、政府财政投入偏向城市、农村集体筹资严重不足等原因导致城乡基本公共服务的非均衡发展，使城乡基本公共服务差距过大。与政府提出的“贯穿一生的基本生存与发展需求”还有较大差距，尤其是农村基本公共服务要实现均等化还需要多年的努力，需要按照统筹城乡发展的理念构建国家基本公共服务制度框架，统筹基本公共服务设施布局和共建共享，补齐农村基层公共服务短板，推进人力资源和社会保障基本公共服务一体化协同发展。② 统筹城乡在公共服务方面的投入，统筹城乡公共服务相关的资源调配，统筹包括公共教育、劳动就业创业、社会保险、医疗卫生、社会服务、住房保障、公共文化体育、残疾人服务等八个领域的 81 个项目的制度安排，保证农村居民能够享有与城市居民大致相同的公共服务。这一目标的实现，可以降低第一代农民工养老城乡选择的困难度，使他们无论在城市还是农村养老都能提升老年生活质量。

---

① 参见李实、杨一心《面向共同富裕的基本公共服务均等化：行动逻辑与路径选择》，《中国工业经济》2022 年第 2 期。

② 《人力资源和社会保障事业发展“十四五”规划》，https://www.gov.cn/zhengce/zhengceku/2021-06/30/5621671/files/ee8a0637c71142ff806cc6fa664f9678.pdf，2021 年 6 月 29 日。

三　城乡统筹发展指向的目标是实现城乡一体化

新时代城乡统筹对于解决城乡矛盾有着重要的意义，党的十九大报告明确指出：我国社会主要矛盾已经转化为人民日益增长的美好生活需要和不平衡不充分的发展之间的矛盾。发展中的不平衡矛盾主要指城乡之间，地区之间、群体之间发展不平衡，尤其是城乡之间的不平衡制约着城市化发展，影响了社会公平的实现进程，使农村居民难以共享社会发展带来的福利，第一代农民工养老城乡选择困境也难以破解。发展不平衡问题不可能依靠市场自发解决，也不可能依靠地方政府自觉出台地方政策解决，因为地方政府不能统筹解决全国的问题，尤其是发达地区很难将自己的“蛋糕”分给欠发达地区。因此必须坚持城乡统筹理念，依靠中央政府通过对各项制度进行顶层设计，才能从上而下推进制度改革的进程，从制度上解决发展中的问题。用政策法规协调城乡发展中不同部门、不同行业、不同群体之间利益和矛盾，解决城乡发展不平衡问题。在经济上实现城乡一体化，需要加强城乡资源统筹调控，城乡经济协调发展，形成城乡经济相辅相成，城乡共同繁荣的经济局面。空间布局实现一体化，要改变城乡空间分割的局面，城乡统一布局，强化城乡联系。制度实现城乡一体化，需要用公平、正义、共享的理念制定统一的制度，使城乡居民平等享有权利，共享社会发展成果。实现市场一体化，城乡市场紧密联系无分割，资源、服务等市场要素流通不因城乡不同而受阻，市场融为一体以满足居民的需要。人口迁徙实现一体化，即城乡人口自由迁徙，按照自己的意愿选择定居何处，社会为全体居民提供实现迁徙意愿的客观条件。第一代农民工养老选择困境问题涉及城乡不同的户籍制度改革，涉及城镇化进程的推进、城市社会对农民工的接纳和农民工城市融入、城乡公共服务均等化、社会福利项目全民化、社会保障制度、社会救助制度、养老服务、社区服务等方面的城乡统筹，可以说涉及社会生活的方方面面。没有城乡一体化的实现，城乡二元体制就不可能彻底改变，农民工问题就不能完全得以解决。只有城乡一体化的实现，“农民工”名称才会最终成为历史。

四　实现城乡一体化过程中相关政策的调整应稳健渐进

我国从计划经济向社会主义市场经济的大变革过程中，社会政策发生了巨大变化。与第一代农民工密切联系的户籍迁移政策、社会保障政策、推进城镇化政策、公共服务相关政策等的改变和实施，使农民工从几乎没有任何社会保障的情况下进入城市，到目前已将农民工全部纳入各项社会保障体系之中，相关政策和社会保障框架体系等基本完善。由于社会情况的复杂性，在特定条件下制定的政策和完善的制度不可能解决现阶段和将来出现的所有问题。随着社会的变化，政策需要不断完善以适应新的客观情况。在完善各项政策时要考虑到相关政策体系基本形成，政策体系基本符合现阶段中国的实际情况。

按照渐进决策理论的分析框架，对现有政策的完善要考虑以下几个方面。（1）对已有政策的分析应符合现有的实际，考虑一般人能够接受。比如医疗保险制度的改革，有的专家已经看到医保个人账户的存在不利于医疗保险的互助共济，但如果突然取消个人账户大多数人可能很难接受。又如目前实行的城乡居民养老保险与职工养老保险、城乡居民医疗保险与职工医疗保险的二元制度，如果强行在短时间内将两种制度合并，不仅不公平也不合理。（2）考虑到现有政策和制度体系已经建立，在政策调整方面要考虑分步骤进一步完善，通过一系列小变再到大变，在变化的过程中应考虑社会稳定。比如养老保险制度最终只有实现一体化才能实现社会公平，一体化的实现是一个过程，新农保和城镇居民养老保险合并为城乡居民养老保险是实现养老保险一体化的起步，将来全国城乡统筹养老保险体制完全实现后，才能考虑企业职工养老保险与居民养老保险制度的合并和完善。另外，我们的统筹层次往往是从市级到省级再到全国，如果不顾具体情况突然选择在偌大的国家一次性实行全国统筹，就会在很多利益和矛盾没有处理好时导致适得其反的结果。（3）很多政策的完善难以一蹴而就，也不能穷尽一切方案后再进行选择，那样会花费更高的改革成本，所以完善政策的方案只能是有限分析，逐步推行。比如我国在城乡居民养老保险建立之前也是先对农村养老保险进行了试点和不断完善，才与城镇居民养老保险合并，并没有采取从顶层开始穷尽各种方案进行比较，选择城乡居民养老保险从上至下推行。(4) 在比较中选一个“好”的决策以满足社会大多数人的需求，因为一个决策要受到时代、政治、经济、文化等方面的影响，这需要较长的过程进行判断和评估，这种决策是一个渐进的过程，通过一系列改变以实现政策目标。比如我国企业职工养老保险待遇地区差别过大，为了合理均衡区域间的基金负担，政府建立了企业职工基本养老保险基金中央调剂制度，2018 年提取 3%的中央调剂金比例，增加到 2021 年的 4.5%，支持了困难省份养老金发放①，为实现全国职工基础养老金统筹做充分准备，2022 年全国职工基本养老金再进一步实现全国统筹。只有提供连续比较，不断完善政策的过程中才能逐渐实现既定目标。渐进决策理论为了分析本章的政策回应提供了一个较好的分析视角，有利于提出有针对性的政策建议。

第二节　提高户籍迁移政策改革针对性消除城乡居民的空间隔离

一　新户籍制度改革的实施及意义

改革开放以来，随着社会主义市场经济的建立，在计划经济时期建立的户籍制度有了很大改变，户籍对人口经济上流动的限制基本消除，依附在户籍制度上的福利也逐步脱钩，农民工城乡流动的显性户籍制度障碍基本消除，但是与户籍身份相关的就业、社会救助、医疗、住房、社会保障等福利仍然存在一些问题。进入 21 世纪以来，国家为了加快剥离依附在户籍制度上的福利功能，逐渐淡化捆绑在户籍上的多种社会福利，在户籍制度改革方面出台了一系列措施，如 2011 年国务院办公厅《关于积极稳妥推进户籍管理制度改革的通知》，2013 年 11 月《中共中央关于全面深化改革若干重大问题的决定》，2014 年 7 月国务院发布《关于进一步推进户籍制度改革的意见》，明确了“户口+居住证”的人口管理方式，2016 年 9

① 参见朱宁宁《代表持续多年紧盯基本养老保险全国统筹 人社部认真办理加快推进制度落地增进民生福祉织密扎牢社会保障网》，http://www.lnzfw.gov.cn/Show/317324，2022 年 12 月 7 日。

月国务院办公厅印发《推动1亿非户籍人口在城市落户方案的通知》，2021年国家发展改革委发布《2021年新型城镇化和城乡融合发展重点任务》，2022年7月国家发展改革委印发《"十四五"新型城镇化实施方案》等，尤其是2014年以来新一轮户籍改革对户籍制度的改革，旨在放宽除个别超大城市外的落户政策，逐步建立统一的户口登记制度，使户籍不再成为人口流动、创业、迁移等的障碍，这为改变城乡分离的户籍政策，实现公共服务均等化和城乡发展一体化扫清了障碍。对于农民工来说，放宽农村人口到城市落户的限制，允许他们在一定条件下取得流入地户籍，这是农民工能够实现城镇化的户籍条件。政府对依附在户籍上的种种社会保障和社会福利，通过统筹城乡的制度改革，如建立城乡居民养老保险和城乡居民医疗保险制度等，逐步剥离依附在户籍上的社会保障，以缩小城乡之间差距，最终以实现一元化的户籍制度为目标。户籍制度改革对农民工流动和实现城市化有重要的意义。放宽了到城市落户的条件，为农民转为市民提供了良好的前提。加快了城镇化的步伐，"目前已有1.3亿农业转移人口和其他常住人口在城镇落户，成为'新市民'"①。取消农业户口与非农业户口性质划分，消除以户籍划分的城乡二元社会格局，使公民不论城乡能够获得统一的身份，这样就可以加快劳动力的自由流动，提高劳动力配置效率，促进经济快速发展，也有利于形成统一的劳动力和人才市场，使公民可以公平享有公共服务和社会福利，以促进城乡一体化的早日实现。

二　加强深化户籍制度改革的针对性

我国的户籍制度改革是与促进城镇化相联系的，但长期绑缚在户籍上的城乡差别的福利很难短时间全部解绑，尤其是福利待遇较好的超大城市和特大城市，在很多方面仍然将户籍作为享有相关福利的门槛。只要城乡在公共服务和公共福利方面存在巨大差异，人们的趋利本能就会驱使他们涌向高福利地区，而高福利地区的承受能力有限，依靠户籍拦截外来居民就成为必然。就第一代农民工养老城乡选择的问题看，促进农民工城镇化

① 《"十四五"户籍制度改革再深化：鼓励取消积分落户年度名额限制》，https://baijiahao.baidu.com/s?id=1738146706539687557&wfr=spider&for=pc，2022年7月12日。

的户籍制度改革只能部分解决他们的城乡选择养老问题，“2021 年末，全国常住人口城镇化率达到 64.72%，户籍人口城镇化率提高到 46.7%”①，两组数据存在较大差距。从前述调查情况看，他们将农村户籍转为城市户籍意愿不高，说明城乡之间没有实现均衡发展，现有的居住证制度实质上与原有的户籍管理制度在本质上没有改变区域之间、城乡之间的差异，改革现有的户籍制度还需要针对他们的情况进行调整。

1. 继续推进户籍制度与社会福利脱钩

推进户籍制度改革已有多年，至今仍然难以从根本上解决问题，除超大城市的人口压力，还在于与户籍联系的公共服务和社会福利难以完全剥离。“现在的户籍制度其实是‘双轨制’，即户口和居住证制度并行。”②实际上仍然没有剥离户口上依附的各种福利待遇，从新一轮户籍改革开始强调放宽中小城市落户限制，合理确定大城市的落户条件，同时严格控制超大特大城市人口发展规模。相关规定一方面是促进城市化的发展，另一方面对大城市人口发展规模进行控制，主要是考虑超大特大城市的承受能力，其中重要的因素是考虑到外来人员在大城市落户后，大城市难以承受依附在户籍上的一系列福利负担。如果将户籍登记与依附在户籍上的福利剥离，城乡居民按照国家统筹的社会保障、公共服务和社会福利制度享有相应的待遇，户口跟随人走，人到哪里户口就迁移到哪里，这样大城市就不会有更重的承载负担。至于大城市提供准公共产品会增加其负担的问题，从公平的角度看，当外来人员在为城市作出贡献时理应获得该城市提供的公共产品。由于我国大城市与中小城市的户籍与非户籍福利有较大差距，农民工在大城市落户的愿望高于中小城市，这就需要中央政府从顶层设计的角度注重发展中小城市，尤其是平衡县域小城镇的发展，平衡超大特大城市与小城镇之间的利益。《“十四五”新型城镇化实施方案》提出，“要加大中央财政均衡性转移支付中非户籍常住人口因素权重，推动中央

---

① 《“十四五”户籍制度改革再深化：鼓励取消积分落户年度名额限制》，https://baijiahao.baidu.com/s? id=1738146706539687557&wfr=spider&for=pc，2022 年 7 月 12 日。

② 郑新钰：《“十四五”户籍制度改革风往哪儿吹——访清华大学中国新型城镇化研究院执行副院长尹稚》，《中国城市报》2021 年 4 月 19 日第 A09 版。

预算内投资安排向吸纳农业转移人口落户多的城市倾斜”①。这一政策如果执行到位，再加上小城镇的发展，将十分有利于第一代农民工养老城乡选择。因为这部分农业人口在养老城乡意愿上与新生代农民工有较大差异，他们家庭整体迁移到远离户籍地城市的可能性较小，他们的乡土情结较重，落叶归根的文化观念较强，离家乡较近的小城镇是他们有留城养老意愿的首选。

用统筹城乡理念重塑户籍服务的管理功能。剥离户口上依附的诸种福利，还原户籍制度应有的功能，使户籍制度的功能限于证明公民的民事身份，而不是职业身份，实行户口登记机关对每一位公民的身份、居住地和亲属等关系及变动情况依法实行一种记载，不再具有与利益、福利相匹配的功能。这样才能从根本上改变城乡分割的福利空间局面，使公平正义的原则在户籍制度改革中落实，最终农民工在任何城市务工都能公平享有该城市的公共服务和社会福利。当然，户籍改革有一个过程，不仅要中央政府协调各方利益，还要解决历史遗留的复杂问题，但只要坚持统筹城乡发展理念、公平对待以农民工为主体的流动人口，户籍改革就能实现制度一体化。

2. 破解落户难与不愿落户难题

农民工不是随着政策放宽就可以无障碍在城市落户，就目前的情况看，农民工在城市落户仍有许多障碍，特别是超大城市要求迁入者根据学历、购房等条件积分落户，对于大多数农民工可以说是望尘莫及，能够满足要求的很少，第一代农民工中绝大多数难以达到在城市落户的要求。“在2019年上半年落户的45.8万人中，条件入户占比较大，积分入户的只有0.37万人，所占比例尚不足1%。”② 事实上，新一轮户籍制度改革开始后，户籍城镇化率与常住户籍化率差距不减反增，“从2015年的16.2个百分点上升到2019年的16.22个百分点”③，“到2021年上升到18.02个百

① 《“十四五”新型城镇化实施方案》，https://www.mohurd.gov.cn/xinwen/gzdt/202207/20220713_767164.html，2022年7月14日。

② 欧阳慧：《新一轮户籍制度改革实践中的落户困境与突破》，《经济纵横》2020年第9期。

③ 转引自欧阳慧《新一轮户籍制度改革实践中的落户困境与突破》，《经济纵横》2020年第9期。

分点"①。笔者对100多位第一代农民工访谈得知，他们中只有12%左右的人在城市购房，其中在户籍地城镇购房的占比接近90%。说明他们在城市特别是大中城市落户困难，他们将户籍迁移城市的意愿也不高，问卷调查显示有45.5%的第一代农民工愿意将户籍迁移到城市，而访谈了解到他们愿意将户籍迁移到城市的不到10%。说明他们最终完全离开农村到城市落户积极性不高，这与其他学者对全体农民工调研有较大差别，我们是针对40岁以上农民工的调查，根据国家统计局对2021年农民工的调查，"41岁以上农民工占51.8%"②，而愿意在城市落户最终在城市养老的中青年农民工占比较大。第一代农民工特别是高龄部分缺乏在城市养老的基本条件，但这并不代表他们不愿意在城市养老，城市的许多优越条件十分有助于养老，而农村户籍要转变为城市户籍，并不是改一个户口本的问题，依附在户籍上城乡有别的公共服务、社会保障和福利待遇才是他们难以跨越的鸿沟，因此需要增加户籍改革的针对性。

继续推进户籍制度改革，实行居住地登记户口制度。2022年7月12日，《"十四五"新型城镇化实施方案》提出，继续推动户籍制度改革，"试行以经常居住地登记户口制度"③。在加快城镇化步伐的同时要以人为本，将户口登记与在城市享有人才引起的条件进行区别，对有城市居住意愿并已经在城市居住的居民进行户口登记，不以入户城市的个人禀赋为先决条件，公平对待农民工，特别对已在城市生活多年有意愿在城市养老的第一代农民工进行居住地登记，使他们能够获得与当地城市居民同等待遇。对城市引进人才除户口登记，各城市可以自行设置不与户口登记相联系的引进条件。为了缓解超大城市特大城市的承载能力，《"十四五"新型城镇化实施方案》提出首先取消300万人以下的城市落户限制，全面放宽

---

① 18.02个百分点是根据《"十四五"户籍制度改革再深化：鼓励取消积分落户年度名额限制》（《新京报》2022年7月12日）公布的数据计算得出的。

② 《2021年农民工监测调查报告》，https://www.gov.cn/lianbo/2023-04/28/content_5753682.htm，2022年4月28日。

③ 《国家发展改革委关于印发"十四五"新型城镇化实施方案的通知》，https://www.ndrc.gov.cn/xxgk/zcfb/tz/202207/t20220712_1330363_ext.html，2022年6月21日。

城区常住人口300万至500万的Ⅰ型大城市落户条件，对超大城市和特大城市谨慎执行，精简积分项目，确保社会保险缴纳年限和居住年限分数占主要比例，鼓励取消年度落户名额限制。另外，户籍改革还要有实质性的创新。2023年1月1日郑州正式实施《关于进一步深化户籍制度改革的实施意见》，与2019年郑州的户籍改革相比实行了在中心城区无差别落户政策，实行全市统一的以进城居住地登记户口的政策，在郑州落户不受居住年限和缴纳社保年限的限制；并列出了符合十项入户条件之一的都可以申请户口迁移。比如缴纳社会保险金、流动人口居住登记入户等，本人及其共同居住生活的配偶、子女和父母，经户主同意，也可以在郑州中心城区申请登记城镇居民户口。① 郑州的户籍改革有利于农民工在城镇就业，实现常住人口在城镇的有序落户。户籍改革不仅是一个户口准入问题，还涉及是否能够确保落户城市的农民工享有与城市居民同等权利，还有历史遗留的城乡有别的多项制度的衔接。例如，具有农村户口的60岁老人转为城市户口，每月领取的基础养老金能否与城市取得同样的待遇，农村土地等利益如何处理等问题。这些问题的彻底解决必须实现城乡户籍制度一体化，城乡实现融合发展，到那时才能改变城市只接纳农民工参与建设做大“蛋糕”，同时又拒绝农民工“分蛋糕”的扭曲局面，营造公平正义的社会空间，农民工依法根据自己的意愿和条件在城乡之间选择定居和养老，农民工养老城乡选择的困境才能最后破解。

三　户籍制度改革应与其他措施相配套

第一代农民工养老城乡去留选择存在困境主要还因为与户籍相关的配套政策没有同时跟进。现有的户籍改革着力点都在如何推动农村流动人口市民化的问题。与农民工养老城乡选择问题密切相关的还有其在农村利益问题的解决也不能忽视。

落实农民工在农村与土地有关权益保障问题。农民工在农村的土地承包权、宅基地使用权、集体收益分配权（下称农民“三权”），这是持农

---

① 参见《郑州租房也可全家落户！郑州出台户籍制度改革新政》，http://www.china-xian.com/guonei/202301/04190376.htm，2023年1月4日。

村户口的居民才享有的权益，也是使部分农民工在养老城乡选择取舍上十分困惑的问题。农民“三权”涉及他们的最后保障，如果在城市务工出现危机，回乡务农是他们的最后退路，于是他们在城市务工时既要为最终留城做准备，又要为回乡做准备。比如调查案例中几乎中年以上的农民工都在农村修建了回乡的住房，导致了资源的浪费，多位学者的调研也表明他们在城乡选择上不确定的占比较大。如果能够很好地解决农民“三权”问题，就能使第一代农民工养老城乡选择上的困境得到缓解。如何在保障农民的农地权益前提下建立农村土地自愿有偿退出机制，各地进行了积极的探索，本书后面对此有专章论述。

加强农村基础设施建设是重要的配套措施，对于生活环境的改善有重大影响。乡村振兴战略实施后农村发生了很大变化，但还需要进一步改善农村的生活环境，尤其是连接村级的公路和公共交通工具。按照《“十四五”新型城镇化实施方案》，在推动城市群发展的同时加强城市群对周边欠发达地区发展的辐射带动，还要在增强小城市发展活力，推进以县城为重要载体的城镇化建设，增强县城的综合承载能力，促进基础设施和公共服务的发展，增强服务乡村、带动周边功能，发展成为综合性小城镇。满足农民到县城就业安家需要。[①] 小城市和县城的发展会带动乡村的发展，有利于乡村基础设施的完善，推动乡村生活环境改善。第一代农民工返乡养老就能在家乡享受到周边城市发展带来的便捷生活条件，与农村居民生活密切相关的交通、医疗、教育等方面的发展，尤其是通往村级的公共交通设施的完备对提升农村居民的生活至关重要。需要政府加大投入，充分发挥乡村组织的积极性，加快推进农村生活环境改善的步伐，缩小城乡公共基础设施建设方面的差距，使愿意返乡养老的农民工能保持较好的生活质量，降低心理落差，这样会有效缓解养老城乡去留选择的纠结心理，提升养老方面的获得感。另外，与第一代农民工的社会保障、社区服务等方面的配套政策的改革方面也应加强针对性，对这一问题后面有专章论述。

① 参见《“十四五”新型城镇化实施方案》，https://www.mohurd.gov.cn/xinwen/gzdt/202207/20220713_767164.html，2022年7月13日。

第三节 进一步完善社会保障政策解除第一代农民工养老后顾之忧

一 在健全社会保障体系基础上注重补齐短板

改革开放后40多年里，中国建立了适合社会主义市场经济的社会保障制度。经过几十年对社会保障制度探索、调整，现在已经建立了以社会保险、社会福利、社会救济、社会优抚为主体的完整的中国特色社会主义的社会保障体系，社会保障制度覆盖了全体居民。近年来中国在关系民生方面发生根本性变化，惠及全体居民的社会制度建设中最成功的应是社会保障体系的建立和完善，从此告别了计划经济时期部分人享有的国家和单位包办的制度体系，建立了政府主导、责任分担明确、多层次的新型的社会保障体制。使全体居民在参加社会保险和享有社会福利以及社会救助等方面的公平度有了很大提升，在社会保障制度的建设方面取得的巨大成就得到国际社会的认可，2016年国际社会保障协会（ISSA）在第32届全球大会期间，将“社会保障杰出成就奖”（2014—2016）授予中华人民共和国政府。①

中国社会保障体系的建立并不意味着这一体系已经走上了全面成熟，在实现社会主义强国的道路上，社会保障体系建设还面临着系统性、协同性不足，制度的统一性和规范性不足，社会参保质量普遍不高，社会保障领域法治建设滞后，社会保障体系建设质量不高等问题。② 在实现党的第二个百年奋斗目标的过程中，我国还处于社会主义初级阶段，社会保障体系建设还有一些短板。与第一代农民工密切相关的短板主要体现在以下三个方面。一是在养老保险方面。农村人口与城镇居民的养老收入靠财政增加收入与职工养老保险金水平比肩是难以做到的，城乡二元结构的老年收

---

① 《中国获“国际社会保障协会社会保障杰出成就奖”》，http://m.cnr.cn/news/20161119/t20161119_523278646.html，2016年11月19日。

② 参见朱橙青《为国家发展与百姓生计做学问——访中国社会保障学会会长郑功成》，《群言》2022年第2期。

入保障制度将长期存在，直到社会经济结构一元化的实现。① 现阶段老年收入最低的群体是农民和农民工，他们大多数按照最低档次缴纳城乡居民养老保险，缺乏企业年金的支持，年老无法依靠基础养老金收入保证最基本的生活，这部分人的绝对数较大，可以说是社会保障短板中最突出的部分。相比医疗保险，养老保险缴费时间长，受益滞后，制度调整更不容易。二是医疗保险方面。合并后的城乡居民医疗保险得到了农村居民一致好评，但是居民医保和职工医保享有待遇的差距较大，一般居民在门诊看病和大病的个人支出较大，使低收入家庭仍难以承受。三是在社会救助方面，由于城乡二元体制形成的救助制度没有完全消除。第一代农民工中有部分年老在城市无固定收入但未返乡，处于城乡社会救助实施的某种“真空”地带，使城市中存在部分具有农民身份的贫困群体，滞留在城市成为特殊的贫困群体，处于返乡有困难、留城难生存的境地。社会保障制度是与民生福祉关系最密切的制度，需要坚持公平正义原则，共建共享原则，城乡统筹原则，补齐社会保障体系中的短板，才能在中华人民共和国成立一百年时使社会保障制度更加完善，不仅成为民生的托底保障，还要成为改善人民生活品质的保障制度，也是实现共同富裕目标过程中重要的制度保障。

二　进一步完善养老保险政策

1. 在养老保险全国统筹的基础上实现社会公平

社会保障制度是实现社会公平的重要制度安排，养老保险制度是年老时保障基本的、有尊严生活之需的一种基本保障。我国已经建立了世界上规模最庞大、参保人数最多的养老保险体系，城乡居民养老保险建立后，至2014年基本实现了应保尽保。② 为了使退休人员能够共享社会经济发展成果，从2005年开始我国养老金“20连涨”，2005—2015年，年均上调幅度为10%，2016年为6.5%，2017年5.5%，2018—2020年5%，2021年4.5%，2022年4%，2023年3.8%，2024年3%，这次养老金上调惠及

① 参见金维刚等《中国社会保障70年》，经济科学出版社2019年版，第71页。

② 参见金维刚等《中国社会保障70年》，经济科学出版社2019年版，第67页。

1.3 亿名退休人员。目前养老金收入存在行业差距、地区差距、城乡差距较大，从养老金替代率看，“我国机关事业单位职工养老金的替代率高达80%，企业职工为50%左右”①；“2021 年全国企业退休人员月人均养老金水平已经达到2987 元。但仍有相当一批退休人员的养老金水平只有1000多元，2022 年退休金增长 4%以后，全国企业退休人员人均养老金到达3100 多元”②。而“城乡居保 2012 年人均养老金 82 元，2022 年已经上涨到 188 元”③，尽管各省市已经下发文件提高城乡居保的基础养老金，但是社会不同群体之间的养老待遇差距仍然很大。为了平衡地区之间和群体之间的养老待遇，2018 年 7 月，我国建立企业职工基本养老保险基金中央调剂制度，实行部分养老保险基金中央统一调剂使用，从 3%起步，“2021 年中央调剂比例提高到 4.5%，2018 年至 2021 年，跨省调剂基金共计 6000多亿元，有力支持了困难省份确保养老金发放”④。按照《“十四五”规划纲要》，2022 年初实现企业职工基本养老保险全国统筹，为进一步缩小养老保险待遇差别奠定了制度基础。为了缩小老年人群养老待遇的差别，2022 年养老金定额调整方面，无论缴费基数和缴费年限多少，大家享受一样的待遇，如，缴费 30 年和 15 年的退休人员，在定额调整方面，根据某地政策，统一上调 50 元，⑤ 这有利于缩小养老金待遇差距，体现了社会公平。养老金待遇差距与城乡二元体制相联系，彻底解决这一问题必须是实行一元化的社会保障制度，需要较长时间才能解决。今后政府在顶层设计方面，除继续按照共建共享理念，采取多缴多得、长缴多得的原则。目前养老金待遇调整办法是“定额调整+挂钩调整+倾斜调整”，定额调整是指每人每月以统一标准增加同等养老金，这部分体现了制度的公平性；挂钩

---

① 徐颢：《确保社会保障制度在法治轨道行稳致远——访全国人大代表、中国社会保障学会会长郑功成》，《中国社会保障》2021 年第 3 期。

② 闻天：《养老金“18 连涨”撑起幸福万年——访武汉大学社会保障研究中心副主任薛惠元》，《中国劳动保障报》2022 年 8 月 30 日第 3 版。

③ 周晖、金秋玥：《确保城乡居民共享经济社会发展成果——访人社部农村社会保险司司长刘从龙》，《中国劳动保障报》2022 年 9 月 6 日第 3 版。

④ 朱宁宁：《代表持续多年紧盯基本养老保险全国统筹 人社部认真办理加快推进制度落地增进民生福祉织密扎牢社会保障网》，http://www.lnzfw.gov.cn/Show/317324，2022 年 12 月 7 日。

⑤ 参见闻天《养老金“18 连涨”撑起幸福万年——访武汉大学社会保障研究中心副主任薛惠元》，《中国劳动保障报》2022 年 8 月 30 日第 3 版。

调整是以每个人缴费年限为依据，与本人基本养老金相挂钩，体现的是激励性；倾斜调整是针对高龄、艰苦边远地区工作的企业退休人员的，体现国家对这部分人的关怀。以后应提高定额调整的占比，这样可以相对提高早年退休的和养老保险制度改革前低档次参保农民工的养老金，同时提高了养老金制度的公平性。另外，逐渐降低部分群体过高的养老金替代率，借鉴国外经验，如美国的公共养老金替代率为39%，加上二、三层次总的替代率为71.3%；德国法定养老金替代率为38.7%，加上企业年金总替代率为50.9%；这两个国家的企业年金覆盖率达到60%左右，法定的第一层次养老金实现了可持续发展。[①] 这样可以更好地维持老年人的基本生活保障。适当降低单位缴费的负担，提高企业年金，可以使养老金朝着更公平的方向发展。习近平总书记提出：坚持人民至上，坚持共同富裕，把增进民生福祉、促进社会公平作为发展社会保障事业的根本出发点和落脚点。[②] 政府对养老保险制度的顶层设计需要改革的内容还很多，但总的目的是通过顶层设计优化现有的养老保险体系，使制度朝更加公平的方向发展，为实现共同富裕创造条件。

2. 有针对性地调整养老保险缴费档次和享有的待遇

在缴纳养老保险费方面。2014年《国务院关于建立统一的城乡居民基本养老保险制度的意见》设置了十二个缴费档次，最低100元/年，最高2000元/年，同时规定各地根据当地实际情况可以增设缴费档次，最高缴费档次标准原则上不超过当地灵活就业人员参加职工基本养老保险的年缴费额，并报人力资源和社会保障部备案。此后各地政府根据情况进行了改变，如《广东省城乡居民基本养老保险实施办法》规定，自2020年起城居保设置为九个档次，最低180元/年，最高4800元/年，并保留了困难群体可选择120元/年的缴费标准，地方政府分30元、60元两档给予补贴。重庆市2022年城居保共13个档次，最低档200元/年，最高档4000元/年。

① 参见徐颖《确保社会保障制度在法治轨道行稳致远——访全国人大代表、中国社会保障学会会长郑功成》，《中国社会保障》2021年第3期。

② 习近平：《促进我国社会保障事业高质量发展、可持续发展》，《求是》2022年第8期。

政府补贴最低40元/年，最高175元/年[①]。目前城居保资金筹集采取的是个人缴费、集体补助、政府补贴相结合，而绝大多数农民工缺乏集体补助这一块筹资，使农民工缴纳养老保险的能力较弱，现在城居保人均个人缴费600元/年[②]，其中农民工占比很大，虽然从过去绝大多数缴费100元/年上升到600元/年，已经有了较大提高，但相比城镇企业职工缴费低很多，比如重庆2022年以个人身份参加城职保最低月缴费金额每月为近800元，最高是每月近4000元，这样的缴费才能在退休后靠养老金保障基本生活，而农民工中有的家庭如夫妻两人养老和医疗保险都按照较高档次缴费，的确难以承受，较低档次的缴费年老获得的退休金又难以保证基本生活。这是农民工养老保障的短板，因此需要完善现有的制度。总的来说，可以从以下几方面逐步完善。

一是逐步提高养老保险最低缴费档次。现阶段95%的包括农民工在内的农村居民参加的都是城居保，其中“90%以上的参保人选择最低缴费档次，从2012—2016年人均每年缴费为184元、201元、216元、222元、231元。预计绝大多数缴满15年就停止缴费，那么当前一代个人账户人均累计缴费三四千元，不能满足参保人老年后的养老需求”[③]。今后除保留特困人员过去缴纳最低养老保险档次，其余的农民工最低缴费不宜定得太低。随着收入增长，在五年内或一定年限内将最低缴费档次逐步提高到100元/月，改变第一代农民工大多数缴费过低，晚年不能保障基本生活的现状，只有这样才能有效提高他们晚年养老待遇水平，使他们依靠养老保险制度保障基本生活，这也符合共建共享原则。特别是对距离领取养老金年龄还有15年以上的农民工，用制度要求他们必须选择较高的养老保险档次，这样逐年消除过低档次的养老保险制度设置。

二是探索建立集体补助机制。针对农民工参加城居保缺乏单位缴费的这一情况，应拓宽筹资渠道，打通堵点。目前有的地方正在进行养老保险

---

① 参见《重庆养老保险参保指南（居民+职工）》，http://wap.kuyiso.com/chongqing/news/s1818125196.html，2022年1月7日。

② 参见周晖、金秋玥《确保城乡居民共享经济社会发展成果——访人社部农村社会保险司司长刘从龙》，《中国劳动保障报》2022年9月6日第3版。

③ 金维刚、李珍等：《中国社会保障70年》，经济科学出版社2019年版，第70页。

缴费集体补助的探索。要实现集体补助最根本的是发展集体经济奠定经济基础。现阶段可以在有条件的村集体进行试点，建立集体补助机制，打开筹资渠道的门路，如社区收益、村集体收益、企业或社会捐助等筹集更多资金，可以先根据本集体组织范围内参保人员缴费档次进行补助，在集体经济许可的条件下逐步提高补贴标准，形成一种补助机制，以弥补广大农民工缺乏单位缴费的不足，以激励更多的农民工缴纳较高档次的养老保险。

三是探索政府为具有农村户籍人口承担部分缴费责任的具体办法。我国城乡居民养老保险的参保者中有95%是农民（包括农民工），“可借鉴日本等国做法，由政府代行农民雇主之责，分担一半缴费责任，使其养老金水平稳步提高”①。我国虽然已是中等收入国家，但是社会保障支出占国内生产总值约13%，② 没有达到目前经合组织国家的平均水平（20%以上）。日本20世纪80年代建立了国民年金制度，要求符合条件的（包括农民和自营业者）必须参加，国家负担1/3的缴费比例，这部分作为基础养老金。后又建立了国民养老金基金制度，向不满足于国民年金的农民、自营业者提供高层次的养老保险，符合条件的农民和自营业者自愿参加，须按月缴纳定额的“附加保险费”，65岁以后在基础养老金外，还可获得“附加养老金”。凡被豁免缴纳基础养老金保险和加入“农民养老金基金”者，不得加入国民养老金基金制度。政府曾经对农民因进城和年满65岁而转让土地等经营权的提供优惠政策，即在支付其国民年金的基础上进一步支付农民年金，这是日本政府向不满足于基础保险的较富裕的农民工提供的一种保险方式。③ 日本政府设置几种不同的养老保险制度，逐步提高负担农民基础养老金的比例，有利于稳定农民的老年收入。在德国所有的社会保险项目中，农民养老保险是唯一的在一定条件下向受保险人提供保险费津贴的社会保险，政府资金在农民养老保障支出中占绝大部分。法国为农民

① 徐颖：《确保社会保障制度在法治轨道行稳致远——访全国人大代表、中国社会保障学会会长郑功成》，《中国社会保障》2021年第3期。

② 参见朱橙青《为国家发展与百姓生计做学问——访中国社会保障学会会长郑功成》，《群言》2022年第2期。

③ 参见郑军、张海川《日本农村养老保险制度建设对我国的启示——基于制度分析的视角》，《农村经济》2008年第7期。

单独建立了社会养老保险制度，“资金来源国家补贴占8%，全国辅助基金占12%，农产品附加税占22%，农民缴纳的保险费28%，其他公共社会保险部门的转移支付占30%。农业工薪人员的基础养老保险费由雇主和雇员按照工资的一定比例分担，雇主缴纳8.2%，雇员缴纳6.55%，总的缴费率14.75%”①。从日本和法国单独为农民建立养老保险制度看，除政府承担了较多的责任，还多渠道筹资，农民自己承担的占比相对较低，这样可以提高农民年老时的待遇。我国可以借鉴国外的经验，根据国情采取措施逐渐减轻农民和农民工缴费负担，改变农民和农民工选择最低档次缴费的现状，才能提高他们老年生活质量。

四是采取积极措施鼓励农民工积极参加职工养老保险。农民工中绝大部分是灵活就业，他们参加职工养老保险占比较低，其中最大的问题是缺乏单位帮助缴费这部分。如果政府能够采取一定的激励措施，包括承担雇主的部分缴费责任，拓宽筹资渠道，这样可以提高灵活就业群体的缴费积极性，扩大农民工参加职工养老保险的占比，如果能形成以职工社会保险为主体、以居民社会保险为兜底的保障格局，农民工群体的晚年生活才有基本的保障。②

五是放宽补缴较高档次养老保险费的年龄限制，允许65岁前的农民工补缴较高档次的养老保险费。第一代农民工在较长的时间没有纳入统一的养老保险体系之中，加上农民工自身缺乏养老保险意识，他们绝大多数人参加的是农村最低档次的养老保险，如今他们看到缴纳较高档次养老保险的人获得了较好的养老待遇，想一次性补缴养老保险费，但是全国各地政策不一致，允许补缴的条件差异较大，有的达到一定年限就不能补缴。例如，广东省规定，当地实施原新型农村社会养老保险或城镇居民社会养老保险制度时距年满60周岁不足15年，按规定逐年缴费至年满60周岁的，可按月领取基础养老金和个人账户养老金。参保人年满60周岁但累计缴费年限（含按国家城乡养老保险制度衔接办法合并计算的职工基本养老保险

---

① 牟放：《西方国家农村养老保险制度及对我国的启示》，《地方财政研究》2005年第12期。

② 参见徐颢《确保社会保障制度在法治轨道行稳致远——访全国人大代表、中国社会保障学会会长郑功成》，《中国社会保障》2021年第3期。

缴费年限，下同）没有达到规定缴费年限的，可申请继续逐年缴费，并享受相应的政府缴费补贴。逐年缴费至65周岁仍然没有达到规定缴费年限的，可以一次性缴纳养老保险费至规定的缴费年限后，按月领取基础养老金和个人账户养老金，但一次性缴费不享受政府缴费补贴。这一规定说明参加原新农保和制度衔接后参加职工养老保险的补缴待遇是不同的，后者补缴可以延长到65岁，前者只能到60岁。各地根据本地具体情况制定的政策不同。针对农民工参保的历史原因，对农民工补缴的规定应采取尽量宽松的政策，全国统一针对自愿补缴养老保险费的，年龄限制宽限至65岁，并且在一定年度内仍采取政府给予补贴的政策，这样可以在一定程度上弥补第一代农民工在制度不健全情况下错过参加较高档次养老保险机会带来的损失，也可以使农民工在为城市贡献多年后共享社会经济发展成果，提高农民工晚年的养老待遇水平。

六是调整基础养老金的领取待遇。近年来为了加快城镇化步伐，政府采取了许多措施缩小城镇户籍人口与常住人口的差距，但是对养老保险领取政策调整得不多。根据现行的养老保险相关规定，养老保险缴费与收益挂钩，政府采取了补贴等激励措施鼓励参保人多缴多得，长缴多得，这也是共建共享的原则的体现。但是现阶段第一代农民工大多在户籍地参加低档次的养老保险，他们大多在城市贡献多年，有的断保时将企业为他们购买的养老保险留在务工的城市，最后回到农村获得的是不能保障基本生活的保险待遇，2009年《城镇企业职工基本养老保险关系转移接续暂行办法》出台后情况有较大改变，但没有对他们当年退保时留在城市的企业缴费部分进行弥补。随着人口流动的变化，有的满60周岁的农民工，根据各城市父母投靠子女可将户籍迁移到城市的规定，有的农民工长期随子女在城市生活，但各地的相关规定中都是户籍可以转移，养老保险待遇不能转移，这就使农民工无论在城市跟随子女生活多少年，都因曾经参加的城乡居民养老保险而不能享有该城市的基础养老金待遇，而在城市生活水平明显高于农村，按照大多数农民工缴费的档次，无法维持在城市的基本生活。目前我国的养老保险的待遇不论是职工退休还是居民养老金待遇是由社会统筹部分的基础养老金和个人账户部分养老金组成。社会统筹的基础养老金是一种普享的由财政资金按人头分配的保障制度，也是体现养老待遇公平的制度安排，如果能够缩小城职保和城居保基础养老金的差距，农民和农民工就可以更公平享有社会经济发展的成果。随着农民工有更多的机会在城镇养老，政府对基础养老金待遇应有适当的调整，对于长期在城市生活并达到一定年限的老年农民工，提高这部分人的基础养老金待遇，使他们在城市务工和生活多年能够与当地居民在基础养老金方面得到公平待遇。当然，我们也看到由于城职保和城居保在缴费时差距较大，导致老年收入保障的差距也较大，这种养老保险筹资制度的二元结构还会存在较长时期，解决这一问题从根本上说是社会经济结构一体化的实现，社会保障制度的统一，但是缩小两者的差距是实现社会经济结构一体化的必要过程。

3. 加强相关政策宣传、提高参保服务水平

农民工是中国特有的现象，在没有国外现成的经验借鉴和国内曾经计划经济时期延续的路径可走的情况下，经过多年艰难摸索，如今农民工已被全面纳入社会保障体系之中。农民工中的低收入占比较大，他们在社会保障体系中参保质量不高，主要体现在他们大多数人是低档次参保，并且相当多的人不会选择 15 年以上的缴费年限，形成不仅不选择“多缴多得”，同时不选择“长缴多得”，结果是老年享有养老保险待遇低，难以保障基本生活。除政府进一步完善养老保险制度，加强对他们参保服务十分必要。从第一代农民工外出务工几十年的收入看，大多数对略高于 100 元/年的养老保险缴费不会感到非常困难。他们不选择较高档次养老保险缴费，其中的主要原因是对社会养老的认识不足，他们认为年老后靠子女和土地也可以养老，不用提前为养老做准备。同时他们担心交出去的钱以后领不回来，所以不愿意提前参加养老保险。当然，收入较低也是他们不愿意参加养老保险的原因之一。第一代农民工远离家乡，村组织管不了，在城市的务工单位和社区因农民工不是正式员工或非户籍人口对他们的管理和服务也较差。所以在养老保险的宣传和服务方面最初处于缺失状态，他们对养老保险的了解通常是通过同类群体的交流获知，看到同类群体成员大多选择最低档次自己也随大流缴费。政府相关部门通常是注重政策的制定和完善，较为忽略在现有制度下如何通过宣传和加强服务来提高农民工的参保意识和参保质量。学界的注意力也是放在讨论政策应从哪些方面完善，很少讨论如何提高参保服务问题。笔者认为应加强养老保险的宣传和服务工作，第一，强调雇工单位和农民工居住社区居委会有义务向农民工宣传养老保险的相关政策，充分认识提前购买养老保险的重要性，运用典型事例说明购买养老保险给晚年生活带来的好处，引导他们长缴、多缴。第二，通过宣传使他们懂得社会发展，人均寿命延长，传统的养老方式已经不能支撑现代养老，需要依靠国家、雇主和个人承担养老责任。个人要承担起养老的责任，养老保障需要共建才能共享。个人承担责任就需要提前购买养老保险，强化他们的参保意识。第三，提供相关服务，即雇工单位和城市社区工作人员帮助和具体指导他们如何在线上线下按程序操作购买养老保险，畅通购买养老保险的渠道，使他们购买养老保险无障碍，这样就会提高农民工的参保质量，尤其对第一代农民工中能够按规定缴满 15 年和可以逐年或一次性补缴养老保险费的这部分农民工，要加大宣传和服务，及时弥补他们前期缴费的不足，提高参保档次，为自己也为社会减轻今后养老负担。

完善养老保险政策的内容还有很多，如健全多层次养老保险制度的同时如何提高整体待遇水平和互助功能、如何平衡地区之间待遇水平、如何拓宽养老保险资金来源渠道、扩大职工养老保险的覆盖面如何操作、如何提高养老保险管理水平等都是今后较长时间要解决的重要问题。人社部宣布 2022 年 1 月养老保险实现全国统筹，养老保险制度全国统筹的基础上才能更好发挥养老基金调节作用，提高基金互助共济效能，有利于公民公平享有社会发展成果，也为简化管理程序提高管理效率，降低管理成本提供了条件。养老保险制度全国统筹是实现社会保障一体化的开端，只有全国城乡一体化的实现，社会保障制度的一体化才能最后实现，到那时农民工养老城乡选择困境才能最后消除。

三　进一步完善医疗保险政策

2015 年 7 月国务院办公厅《关于全面实施城乡居民大病保险的意见》颁布，当年年底全国大病保险制度覆盖所有的城镇居民，到 2017 年建立起比较完整的大病保险制度，与医疗救助等制度相衔接，共同发挥了托底保障功能。2016 年根据国务院《关于整合城镇居民基本医疗保险制度的意见》（国发〔2016〕3号），将城镇居民基本医疗保险和新型农村合作医疗制度合并，形成了统一的城乡居民基本医疗保险。整合以后扩大了医疗保险的覆盖面，有助于提升医疗保险的公平性，医保待遇也有所提高。减少了农民工外出务工重复参保与重复补贴的情况。尤其是2017年异地就医结算开始实行后，截至2022年8月全国住院费用跨省直接结算定点医疗机构数量为5.95万家，全国门诊费用跨省直接结算已联网定点医疗机构7.28万家。2022年1—8月全国门诊费用跨省直接结算1724.99万人次，涉及医疗费用41.39亿元，基金支付24.75亿元，基金支付比例为59.8%①。医保政策的不断完善极大方便了以农民工为主体的流动人口。但是高额的医疗费用仍然是第一代农民工养老城乡选择的主要障碍之一。从课题组调查情况看，第一代农民工对留城养老面临的排在第二的困难是医疗条件和经费（52.8%），仅次于住房困难（69.7%）。养老城乡选择中感到困难的情况是：没有参加任何保险的困难度最大，参加居民医保的比参加职工医保的困难度大。他们对未来养老主要担心的几个选项中，排在第一和第二的是患重大疾病（75.6%）和高额的医疗费（59.1%），远远超过缺乏基本生活费（36.0%）。说明医疗保险对他们的保障水平较低，虽然与他们缴纳低档次保险费相关，但医疗保障制度确有不够完善的方面。比如医疗保险的统筹层次没有完全实现省级统筹，职工医保与居民医保并存使两类参保人员缴费与待遇差别较大，居民医保缴费制度的设立没有与收入挂钩，使收入很低的与收入较高的都按照人头选择缴费档次，职工医保退休后不缴医疗保险费，个人账户部分的医保费缺乏共济功能，与医保制度设立的价值取向相悖。医疗保险制度不完善直接带来的后果是第一代农民工以及低收入老年群体缺乏安全感，重大疾病是他们养老的首位忧患。

医疗保险制度设置上更加公平。目前职工医保筹资结构中，“用人单位缴费率为工资总额的6%”，“用人单位缴费中还有30%划入了个人账户”②。而职工个人缴费率只有2%。学者郑秉文经收集整理后的职工医保

---

① 参见《医保跨省异地就医直接结算成效显著》，https://www.gov.cn/xinwen/2022-09/28/content_5713024.htm，2022年9月28日。

② 郑功成、桂琰：《中国特色医疗保障制度改革与高质量发展》，《学术研究》2020年第4期。

缴费公式为“7.2%+1.9%”（用人单位+职工个人），单位与个人的缴费比值平均为3.7∶1。而居民医保的缴费公式为“3.4%+1.5%”（财政补贴+居民个人），财政补贴与个人缴费的比值是2.3∶1。[①] 说明两类医保个人缴费上差距较大，而财政补贴上居民医保的补贴较大，居民医保缺乏单位缴费的筹资个人缴费负担较重。如果居民以个人身份参加职工医保，缴费较高，承受有困难。比如，重庆2023年以个人身份参加城镇职工医保，一档缴费标准为2670元/年·人，二档缴费标准为5874元/年·人。夫妻两人选择二档缴费合计为11748元，如果再加上子女和没有收入的父母都按照高档次缴费，对于收入不高的第一代农民工来说很难承受。2023年在重庆参加居民医保的缴费标准为：一档350元/年·人，二档725元/年·人。[②] 两类医保筹资和报销比例有较大差距，居民医保不仅个人缴费较多并且报销比例相对较低。职工医保的参保人员退休后不再缴纳医保费，采取的是在职缴费、终生享有的政策，而居民医保是终生缴费，终生享用。两类不同的医疗保障制度显示出不公平性。因此有必要对两类不同的医保筹资结构进行调整。鉴于职工医保个人缴纳医保资金较低的情况，逐年适当提高个人缴费比例，使过去的3.7∶1的比例经过调整逐渐达到1∶1，居民医保也由过去的2.3∶1逐渐调整到1∶1，使两类医保的筹资结构相对平衡，缩小两类医保的差距。还要鼓励居民医保的参保者适当提高缴费档次，按照重庆2023年居民医保第二档缴费标准725元/年·人计算，每月缴费60.4元，在农民工月工资收入中占比只有2%—3%，应该可以承受。国外医保缴费一般占比都高于3%，比如德国是按照工资总额12%—14%缴费。[③] 另外，职工医保与居民医保同样采取终生缴费、终生享用制度，可以弥补财政的不足，也可以使财政有更多的资金支持困难群体。

逐渐减低或取消职工医保个人账户以增强共济功能。2019年居民医保的个人账户已经取消，通过推进门诊统筹进行替代，但仍然保留了职工医

① 参见郑秉文《“十四五”时期医疗保障可持续性改革的三项任务》，《社会保障研究》2021年第2期。

② 《2023重庆居民医保个人缴费标准一览》，http://cq.bendibao.com/live/20211126/103170.shtm，2022年11月24日。

③ 参见张述林等《国外医疗保险制度概述》，《国外医学》（社会医学分册）2005年第1期。

保的个人账户。“2017 年中国医保研究会抽样数据显示，60—69 岁、70 岁及以上两个年龄段参加医保的人口占比仅有 10. 4%和 6. 9%，但由基本医疗保险报销的住院医疗费用占比却分别高达 23. 7%和 29. 6%。加上门诊医疗费用，60 岁及以上老年人的总费用占比接近 50%，其中退休职工费用占比超过 70%。”① 医疗保险制度设立的意义在于全社会人员通过缴纳医疗保险费共同抵抗疾病风险，有着重要的互助共济功能，特别是对于疾病风险较大的老年和困难群体更是有不可低估的作用。同时医疗保险制度还有利于调节收入差距，体现社会公平，维护社会和谐稳定。而职工医保个人账户的设立，使部分医保资金不能用于互助共济，有的个人账户的资金多达上万到几万元，“截至 2019 年底，全国职工基本医保基金累计结存 21850 亿元，其中个人账户累计结存高达 8276. 5 亿元，占所有基本医保基金累计结余的 37. 9%”②，有必要通过修改职工医保个人账户制度，将这部分搁置在个人账户的医疗资金用于急需医治的病人。为了避免突然取消职工个人账户资金带来的社会问题，按照渐进决策理论，通过一系列措施由小变再到大变，充分考虑社会稳定问题，可以采取循序渐进的方式，以前个人账户上资金保留，用几年的时间逐渐减少直到最后取消职工医保个人账户。

医疗保障制度设置向老年人的倾斜。目前医保报销制度的设置是根据参保档次按病种的治疗费比例进行报销，大病住院的报销比例高于门诊，除治疗费按照比例报销没有特别考虑老年人医疗的特殊需求。老年人是慢病高发群体，随着老年人寿命延长，慢病发生率会逐渐升高，医疗保险制度的设置如何更好应对老年疾病，确保病有所医，消除心理上对年老时疾病的恐惧十分重要。虽然部分第一代农民工还有没有到 60 岁的老年阶段，但他们可以从现有老年人医疗保险获得的待遇情况预判今后的情况，对他们养老安全感和养老城乡选择有重要的影响。我国针对老年群体的医疗保险可以借鉴国外的部分经验。美国是公认医疗保险采取的私营的医疗保障模式，实际上美国也有四种医疗保险模式，第一种模式是政府直接负责支

① 阳义南、梁上聪：《中国医疗保险制度“适老化”改革：国际经验与政策因应》，《西安财经大学学报》2022 年第 1 期。

② 转引自郑功成、桂琰《中国特色医疗保障制度改革与高质量发展》，《学术研究》2020 年第 4 期。

付与提供医疗服务，主要针对印第安人和退伍军人的。第二种模式是由私营部门提供医疗服务，政府进行费用支付和管理。如美国为老年人提供的“医疗保险按服务给付计划”就属于这种模式。第三种模式是由私营部门提供医疗服务，政府为某些人群，如为残疾人和低收入者提供医疗补贴。第四种模式是完全由私营部门提供医疗服务并进行支付管理。美国的团体保险和个人保险就是这种模式，这种模式其覆盖人数最多。① 美国建立的专门针对老年人口的医疗保险制度 Medicare，参保对象是 65 岁以上的老年人和一些残疾人，终末期肾病患者。② 其保障内容分为几个部分，每一个部分都有具体的保障内容。这一制度向低收入或无收入者倾斜，笔者的母亲在美国参加的 Medicare，后因患脑出血还有肾脏疾病，在美国一家康复院前后居住了十多年，针对 65 岁以后低收入老年人的医疗保险制度承担了她的全部医疗和护理以及日常生活费用。日本也针对老年人的需求建立了老年医疗保险制度，这一制度不仅覆盖了慢性病、急诊等项目，还包括了老年人需要的医疗服务、住院时的伙食费等。这些针对老年人而建立的医疗保险制度对我国有一定的借鉴意义。随着我国经济发展，应该有更多的资金投入民生建设上，提升医疗保障水平是民心所向，特别是老年人的医疗服务和医疗保障是国民健康保障的重要内容，针对老年人的医疗需求适当增加服务项目，比如预防医疗中的保健服务，切实推广针对老年人的家庭医生服务，针对 65 岁以上老年人的疾病适当提升报销比例，适当增加老年人慢病的报销项目，同时降低年满 75 岁以上的老人医疗保险缴费标准，以减轻他们的负担。当然在降低缴费和增加医保项目时需要在尽力而为的同时还是量力而行，国外的经验可以借鉴，但最终如何逐步实现医疗保障制度的改革以适应中国老年人的需求还得以经济发展为基础。

加强医疗保险与医疗救助制度的衔接。医疗保险制度是为了保障广大民众的基本医疗而设立的制度，针对的是全体公民。而医疗救助制度是政府通过提供资金、政策与技术支持，或社会通过各种慈善行为，对因患病

---

① 参见王伟《竞争带来保障的多元化和人性化——访原美国卫生与公共服务部副部长、美国礼来公司全球高级副总裁 AlexAzar》，《中国劳动保障报》2008 年 7 月 10 日第 3 版。

② 参见阳义南、梁上聪《中国医疗保险制度“适老化”改革：国际经验与政策因应》，《西安财经大学学报》2022 年第 1 期。

而无经济能力治疗的贫困人群，实施专项帮助和经济支持的一种医疗保障制度。这一制度既是多层次医疗保障体系的有机组成部分和一种低层次的、以减免医疗费用为主要形式的医疗保障，又是社会救助体系中的重要部分，它对于公民健康权的保障、人口的发展与社会的进步都具有重要意义。第一代农民工中有部分特困群体，留城和回乡养老都有困难，如果滞留在城市遭遇疾病，因经济困难在医疗保险不能完全解决医疗费需要启动医疗救助制度帮扶时，现有制度的设置是需要他们回到户籍地农村提出医疗救助申请，这样会使他们不能及时得到救助，并且农村的救助水平较低不能补助他们在城市产生的高额医疗费用。因此需要加强医疗救助制度与医疗保险制度的无缝衔接，使农民工及时得到救助，不因户籍在农村而不能得到务工地城市的医疗救助。在制度设置上，应健全统一规范的医疗救助制度，不以户籍地为划分救助对象的标准，建立救助对象精准识别机制，科学确定救助范围。改变过去以户籍地申请救助为依据，确立以居住地申请救助为依据的制度。另外，城市社区应将他们纳入社区管理的范围内，不要将农民工排斥在城市救助范围之外，积极向他们宣传医疗救助的相关政策，在执行中按照医疗救助政策的规定对所有困难者进行帮扶。除了医疗保险和医疗救助制度的衔接，社区管理上也应实行有效衔接，才不使他们成为被遗忘的角落。

在医疗保障方面还要促进多层次医疗保障体系发展，注重强化基本医疗的保障功能，与大病医疗和医疗救助合力发挥作用。医疗保障需要改革的内容很多，包括筹资机制、药品价格、各类医疗服务、医保支付机制、医保资金监督机制、医疗保障的信息化建设等都需要较长时间的改革才能使医疗保障制度得以完善。在医保改革方面，针对第一代农民工的除上述相关改革，打破户籍制度与医保的筹资以及报销等方面的联系，有针对性地提升对农民工的医疗服务，特别是新冠肺炎疫情传播期间，按照国家医保局等部门发布的《关于做好新型冠状病毒感染的肺炎疫情医疗保障的通知》《关于推进新冠肺炎疫情防控期间开展“互联网+”医保服务的指导意见》等政策性文件的要求，加强针对包括农民工在内的流动人口的医疗服务，杜绝造成有保险无服务的情况，使医疗改革更好应对流动人口的现实需求，到那时才能使第一代农民工从中有更多的获得感。

四　优化社会救助制度有针对性地帮扶农民工特殊困难群体

社会救助制度是为保障公民的基本生活，维护生存权，促进社会公平，维护社会和谐稳定而设立的一种制度。这一制度的雏形最早可以追溯到1601年英国的《济贫法》，最初的《济贫法》虽然不具备现代意义上的社会救助制度，但为社会极为困难的群体提供有限的救助仍为后来社会保障制度提供了借鉴。具有现代意义的社会保障制度始于德国1883年的《疾病保险法》，以后德国通过一系列的社会保障类法案建立了社会保障体制。1933年美国在经济危机后制定了《联邦紧急救济法》，在一定程度上应对了美国的经济大萧条。我国于2014年颁布了《社会救助暂行办法》，将以前的农村五保供养制度和城市“三无”人员供养制度合并，打破了城乡分割的界限，形成了特困人员供养制度。这一制度体系包括最低生活保障制度、特困人员供养制度、受灾人员救助制度、医疗救助制度、教育救助制度、住房救助制度、就业救助制度、临时救助制度等。社会救助制度的建立对民生起到了兜底保障作用，“每年援助数以千万计的困难人口”①。2021年全国城市低保平均保障标准711.4元/人·月，比上年增长5.0%，全国农村低保平均保障标准530.2元/人·月。② 前述访谈案例中有第一代农民工无收入来源、无能力在家乡修建住房，根据最低生活保障制度和危房改建等救助制度，给予了每月几百元的农村最低生活保障金，并在乡镇申请到了危房改造款项，使特困农民工基本生活有了保障。但是目前社会救助制度仍然存在一些问题，虽然《社会救助暂行办法》对城乡统一救助进行了规定，但是具体实施中仍然是城乡分割状态。主要是某些救助项目，如最低生活保障制度的具体实施存在空间分割，因城乡不同户籍救助标准不同，流动人口需要到户籍所在地提出救助申请，这类规定已经不符合流动性强的农民工群体。还有一些社会救助的项目不能综合申请获得，困难人员只能一项一项申请，对于文化程度低的第一代农民工不能有效获

① 郑功成：《中国社会保障70年发展（1949-2019）：回顾与展望》，《中国人民大学学报》2019年第5期。

② 参见《2021年民政事业发展统计公报》，https://www.mca.gov.cn/images3/www2017/file/202208/2021mzsyfztjgb.pdf，2022年8月20日。

得相应的社会救助。比如笔者访谈时了解到的杜师傅（参见访谈案例7.24），儿子高中阶段没有义务教育的免学费，本人70多岁，无力在户籍地农村修建住房，他在重庆城区同一地段居住了近30年，但必须回户籍地农村申请最低生活保障金，危房改造申请也需要回农村申请，他儿子在城市读高中的教育救助还要另写申请，杜师傅本人患有心脏病常年吃药，门诊费用不能在医保报销，本人不知道能不能在城市申请和如何提出医疗救助申请。说明我国社会救助制度对困难群体的保障还十分欠缺，特别是目前“全国人户分离的人口5.04亿人，其中流动人口3.85亿人”①，而社会救助制度不能应对人口的高流动性的现实，到2020年2月，城乡低保对象已降低到4310.4万人，约占总人口的3%。尤其是城市低保对象已降到842.1万人，仅为城市常住人口的1%左右。② 统计中城市常住人口低保对象占比虽然较大幅度降低，但现实中仍有部分农民工没有纳入城市低保对象。鉴于社会救助制度存在的问题，应从以下方面进行制度优化。

一是消除社会救助制度的空间隔离。我国社会救助的对象是全体公民，但是社会救助制度许多项目却是以城乡不同情况分别实施的，农村户籍人口无论在城市务工或居住多少年都不能在城市申请低保，只能回到农村户籍地按照农村标准申请低保。如今流动人口在城市常年居住已成为常态，而社会救助中的最低生活保障制度的实施仍然没有按照中国流动人口达到3.85亿人的现实情况改革，农民工的特困群体只能按照农村低保标准获取最低生活保障制度的帮助，这种制度的设置是用制度将城乡需要获得最低生活保障帮助的成员进行区分，使制度的实施欠缺公平，需要实现社会救助城乡一体化才能最终消除这种制度的空间隔离，公平对待以农民工为主体的流动人口。

二是加强社会救助制度的针对性。需要获得社会救助的人员往往是生活不稳定、流动性较强的群体。申请社会救助应覆盖常住人口，尤其是在居住地达到半年以上的流动人口在城市遭遇失业、疾病和家庭成员突发事

---

① 《中华人民共和国2021年国民经济和社会发展统计公报》，http://www.stats.gov.cn/sj/zxfb/202302/t20230203_1901393.html? eqid=cec6a8650008c8ef000000036427e70b，2022年2月28日。

② 转引自关信平《论我国社会救助制度的结构调整与制度优化》，《山西大学学报》（哲学社会科学版）2020年第5期。

件导致生活困难的人员，应在制度上为他们开通“绿色通道”，能在居住地申请社会救助，尤其是随着第一代农民工年龄增高，他们在城市遭遇困难的情况可能上升，返回农村去申请社会救助难以得到及时救助，不利于快速渡过生活上的难关。

三是提高综合性社会救助功效。社会救助中有临时困难救助，教育救助、最低生活保障救助、住房救助等。第一代农民工中有人出现困难需要多方面救助时，相关制度的设置除实现无缝衔接，有关部门应加强协作，对需要多种救助的人员进行“一站式”服务，即申请人提交一次性申请，将需要申请的救助项目全部反映在其中，政府相关部门一次性审核，一次性通过，一次性获得全部应有的救助。社会救助制度还应与相关制度相衔接，比如除给予必要的临时救助，还要注重能力救助，帮助第一代农民工中年龄略低有就业能力的人实现就业，通过对他们子女的教育救助，使他们的子女顺利完成学业摆脱家庭贫困。可以借鉴国外的一些社会救助的经验，如英国对救助对象进行细分，针对不同群体建立了不同的津贴体系，如对低收入家庭的“家庭给付”，针对老年人的“收入援助”，针对失业者的“社会基金”等。除此之外还有取暖费，有子女的可取得学校免费牛奶和免费膳食以及免交国民保险费，可享受房租补贴。美国、德国、日本的相关社会救助的项目也有多种，所有的社会救助项目都对低收入家庭和老年人给予了特别的救助政策；[①] 等等。在我国，城市社区应将农民工纳入城市社会救助范围，对居住在社区内的非户籍流动人口进行登记，对出现困难的农民工应与户籍人口同等对待，随时掌握社区内流动人口中困难群体的情况，及时帮助他们获得社会救助，使他们留城或返乡都能正常获得帮助。

五　进一步加强社会保障领域的法治建设

我国社会保障领域的立法相对滞后，现有执行的《中华人民共和国社会保险法》《中华人民共和国军人保险法》《中华人民共和国慈善法》，还

① 参见汪朝霞《社会救助制度的国际比较与经验借鉴——以英、美、日等国为研究对象》，《苏州大学学报》（哲学社会科学版）2011 年第 5 期。

有一批相关法律及行政法规，但总体上离实现社会保障制度法治化还有较大差距。社会保障只有通过立法才能对相关权利义务进行权威性分配，使社会保障主体的权利、义务和职责明晰化，最终使社会保障制度更加规范、有序运行。社会保障的立法还能使相关制度更加稳定、实现公平正义，从法律层面使全国一体遵循。现阶段实施的《中华人民共和国社会保险法》（2011 年）在许多方面已经不适合现在的一些具体情况。比如关于基本养老保险、基本医疗保险的规定还停留在城乡养老保险和医疗保险合并之前。关于社会保险费的征缴有的规定已经不适合现在的具体情况，比如规定“县级以上人民政府加强社会保险费的征收工作”。另外，医疗保障制度的执行多以红头文件为依据，没有较高的立法层次的法律，社会救助法的立法工作目前仍在讨论之中。目前我国社会保障领域的相关制度运行中城乡统筹没有完全实现，有些社会保障制度执行过程中社保待遇的地区差别较大，缺乏通过法律执行来实现社会保障资源合理调配和利用。社会保障法治滞后不利于对社会保障资金等进行有效管理和遏制社会保障领域的欺诈行为。比如冒领养老金的行为、医疗机构和病人共同骗取医保的行为、零售药店利用医保卡盗刷等欺诈行为等，最低生活保障制度执行中还存在审核标准执行的偏差问题，一方面影响社会保障制度的运行效果，使政府公信力受到影响，另一方面客观上给一些人钻空子留下可乘之机。

加强社会保障法治建设应以《中华人民共和国宪法》关于“建立与经济发展水平相适应的社会保障体系”为原则。在完善社会保障法治建设的过程中实现“幼有所育、学有所教、劳有所得、病有所医、老有所养、住有所居、弱有所扶”。应尽快制定社会救助法，养老保险法、医疗保障法、社会保障基金投资法、养老服务法等，尽快修订社会保险法。[①] 在社会保障领域提高立法层次，将社会保障各主体的权利义务用法律的形式固定下来，使社会保障制度的发展不偏离保障民生，维护人的尊严的价值追求。只有社会保障法律的不断健全，才能将“以人民为中心”的法治理念贯彻始终，实现社会公平正义才能有稳定的根基，以消除社会保障制度的城乡

---

① 参见徐颢《确保社会保障制度在法治轨道行稳致远——访全国人大代表、中国社会保障学会会长郑功成》，《中国社会保障》2021 年第 3 期。

空间隔离，杜绝地方为了各自的利益偏离社会保障宗旨，使相关制度在法律层面上实现统一和规范运行，城乡统筹才能在制度上得到真正的保障，公民的社会保障权利才能得到切实的保障。健全社会保障领域的法律可以充分发挥社会保障的兜底作用，使社会上弱势群体的生存权得到充分保障，这样在生活中才更有安全感，这是实现第二个百年奋斗目标中的重要环节。还要利用法律加大对社会保障领域犯罪行为的刑事制裁，对那些社会保障领域的违法分子进行坚决打击，“维护社会保障制度的严肃性、公正性，使其能健康持续发展”①。第一代农民工的社会保障相关权利能够突破城乡、地区的阻碍，必须依靠统一完善的社会保障法律的健全，当社会保障相关法律完善了，农民工的权益保障才能最终实现公平保障。

在完善社会保障立法方面，我们既要借鉴国外好的经验，也要尊重本国的国情。德国是现代社会保障制度的开启国，1883 年德国的《疾病社会保险法》颁布后 1884 年颁布了《工伤事故保险法》，1889 年颁布《老年和残疾社会保险法》，世界上开始有了现代社会保障法律制度。以后英国、美国等国都颁布了社会保障相关法律。德国是典型的社会保险型国家，有着悠久的社会保障传统，从卑斯麦时代就开始了较为完善的社保系统建设。比如德国用法律规定，月薪 3600 欧元以下的劳动者和雇员都必须参加法定社会医疗保险型保险，企业和雇员各负担 50% 的医保费。月薪超过 3600 欧元的职员可以参加法定社会医疗保险以外的私人医疗保险和社会医疗保险。德国政府还根据经济发展的情况和不同家庭、不同群体收入情况调节医疗保险制度具体规定。对医疗保险费的支出，雇主、雇员支付的费用在法律层面上都有明确的规定。② 又如新加坡的个人储蓄社会保险制度也有立法规定，要求全体劳动者参加，按照月薪拿出既定比例存入个人账户，医疗费用和养老金在什么条件下可以支取有法律明确规定。加拿大的医疗保险模式为国家立法，两级出资，省级管理。对省内医疗保险计划由各省和地区政府独立组织运营。在日本，关于健康保险也有法律相关规

---

① 郑功成：《中国社会保障 70 年发展（1949-2019）：回顾与展望》，《中国人民大学学报》2019 年第 5 期。

② 参见王伟《国外医疗保险制度经验借鉴》，《对外经贸》2020 年第 11 期。

定，比如保险费如何负担、如何管理、如何监督控制等，各部门的职、权、责都有立法规定。[①] 20 世纪 30 年代美国颁布了《联邦紧急救助法》，1935 年美国国会通过了《社会保障法》，使美国具有现代意义的社会救助制度建立。[②] 许多国家社会保障领域制度从筹资、支付到监督管理等各环节执行有法可依，全国一体遵循，这样有利于社会保障制度的稳定性，避免地方政府各行其是。中国的社会保障制度在短短几十年中基本制度框架已构建，但是上升到法律层面还严重不足，我们在借鉴国外相关经验的同时必须根据我国的国情进一步完善社会保障法律制度。

第四节　推进城镇化发展为农民工养老城乡选择提供良好的社会环境

一　加速城镇化进程有利于消除农民工养老城乡去留选择困境

1. 我国推进城镇化的现状与政府的相关规划

第一代农民工养老城乡选择之所以存在困境，源于城乡二元社会结构导致的城乡发展的巨大差距，这一问题的彻底解决有待于缩小城乡之间的差距，城镇化是缩小城乡差距的主要路径。衡量城镇化发展水平有两个基本维度，即人口城镇化和土地城镇化。在我国人口城镇化呈现出两种情况：户籍人口的城镇化和常住人口的城镇化。户籍人口城镇化说明这部分人基本上定居城镇，不再游移于城乡之间。而在城镇常住的人口还处于城乡之间的“半城镇化”状态，户籍人口城镇化率低于常住人口城镇化率，两者相差 18.02 个百分点。[③] 这部分人以农民工为主体，其中第一代农民工占比较大。我国农村劳动力向城市转移与国外有很大不同，国外如英、德、美、法等国城镇化与工业化是同步的，这些国家依靠工业的优势将农村劳动力吸引到城市，工业的发展为劳动力就业创造了发展空间，同时推

① 参见张述林等《国外医疗保险制度概述》，《国外医学》（社会医学分册）2005 年第 1 期。

② 参见王锴《英、美社会救助制度的比较及对我国的启示》，《绥化学院学报》2014 年第 11 期。

③ 参见《“十四五”户籍制度改革再深化：鼓励取消积分落户年度名额限制》，https://baijiahao.baidu.com/s?id=1738146706539687557&wfr=spider&for=pc，2022 年 7 月 12 日。

动了贸易、服务业的发展，又推动了农业革命，更有利于劳动力的非农化，这部分农村劳动力从事非农业劳动后就移居城市成为市民。这类国家的工业化与农民非农化基本上是同步的，两者互为前提和结果。[①] 与这类国家相比，我国农民工进城务工的初期，政策上没有为他们移居城市提供任何支持，城乡不同的户籍导致的城乡二元社会结构使农民工进城后仍然是农民身份，形成离土离乡的农民工不能成为市民的局面，城市也没有为接受新市民做准备，几乎所有的农民工最初没有打算也没有条件移居城市，在较长时间里他们只能是城市的“过客”，农村是他们最终归宿。这种情况持续了多年，形成了我国人口城镇化滞后于工业化的局面。在土地城镇化方面，各地都有政府推动的新区建设，调整行政区划扩大城市规模，各类城市群、中心城市、特色小镇出现，使我国在城镇化方面呈现出土地城镇化快于人口城镇化，从而形成人地城镇化失衡，导致城镇空间急剧向外扩张，城镇建成区人口密度大幅下降。[②] 为了调整城镇化发展中的矛盾，党的十八大提出我国要走新型城镇化道路。2022 年 6 月国家发改委根据《中华人民共和国国民经济和社会发展第十四个五年规划和 2035 年远景目标纲要》和《国家新型城镇化规划（2021—2035 年）》，发布了《“十四五”新型城镇化实施方案》，提出要加强顶层设计和规划引导，大中小城市要协调发展，把农业转移人口市民化作为新型城镇化的首要任务，分类推动城市群发展，城市治理、城乡融合发展。缩小户籍人口城镇化率与常住人口城镇化率差距，深化户籍制度及其配套政策改革，在安排城市基础设施建设、保障性住房等资金时，对农业转移人口多的地区给予适当的支持。

2. 城镇化有利于破解第一代农民工养老城乡去留选择难题

城镇化有利于第一代农民工城乡去留选择。新型城镇化的核心是农民工市民化，城镇化的发展代表着现代社会发展的方向，农民工市民化的过程也是农民工向城市学习先进的理念、技术、文明的生活方式、提高自身

---

① 参见邹农俭《中外农村劳动力转移模式的比较研究》，《人口学刊》2001 年第 5 期。

② 参见侯祥鹏《中国城镇化的现实图景、演进逻辑与未来展望》，《社会科学文摘》2020 年第 12 期。

素质以适应现代社会发展的过程。在这一过程中城市先进的思想、技术和生活方式通过农民工向农村传播，使更多的人接受现代先进的思想观念，学习现代技术和知识，促进农村人的现代化和农业现代化，实现城乡融合发展。城乡融合发展必然会缩小城乡差距，为消除城乡二元社会结构奠定基础，也能促进社会制度多方面的改革，使各项制度更加公平。在这样的条件下第一代农民工城乡选择就不是迫于制度的不同进行被动无奈的选择，而是随自己的生活习惯和喜好在城乡之间选择何处定居或养老。

城镇化有利于改善农村的基本生活环境。中国城乡长期不平衡发展带来了城乡巨大差距，政策允许农业劳动力向城市转移后给农民的收入和生活带来了变化。但是乡村的基本设施改善不是劳动力转移就能实现，而需要依靠城镇化的推动。城镇化能够促进城乡之间各种资源的互通、互融和互惠，有利于改善农村的道路交通等基础设施的条件，尤其是交通的便捷能够极大改善农村的生活条件，促进农业生产的发展，使工业化与城镇化、城镇化与农业现代化协调发展，以城带乡、以工促农，工农互惠，形成新型的城乡关系，从而推动城乡二元社会结构的转变，最终实现城乡一体化。

推进城镇化必然实现城乡一体化。城乡一体化是把工业和农业、城市与乡村、城镇居民与农村居民作为一个整体统筹谋划，通过一系列体制改革和政策调整，使城乡在规划建设、产业发展、市场信息、政策措施、社会事业等方面实现一体化。城乡一体化的实现能够使城乡差别不断缩小到最终消除，户籍制度不再代表城乡居民身份，社会福利等内容不再依附于户籍，社会资源能够实现城乡之间的公平分配，城乡居民能平等共享现代文明和社会发展的成果，农民工无论在城市还是农村居住都能与城市居民享有同等的公共福利，平等享有教育、医疗、卫生等公共服务。如果农民转移到城镇居住，还有利于改善农村的基础设施建设，提升居住环境的生活质量，有利于土地流转和提高土地利用率，使城乡经济社会全面协调发展。在这样的前提下，农民工城乡去留选择的困境就会全面消除。

二　借鉴国外城镇化的经验推进中国城镇化

学界对国外城镇化模式进行过归纳，比较典型的是美国的“城市群落与郊区化”模式，日本的“集中性城镇化”模式、德国的“分散性城镇化”模式、巴西的“超前型城镇化”模式。① 也有学者归纳为以德国、美国、法国为代表的“同步发展型”模式，以拉美地区为代表的“城镇化超前型”。② 各国都根据自己的国情选择了不同的城镇化道路，没有固定的模式。其中共同的经验主要有：仅靠市场不能实现有序的城镇化，需要有政府政策加以引导，大都市圈的形成向中小城市辐射，促进中小城市的发展有利于城镇化的推进。各国在城镇化的进程中都需要解决城市病的问题。

坚持大中小城市协调发展。我国在城镇化发展过程中区域发展很不平衡，资源向大城市集中，中小城市发展缓慢，而农民工向大城市转移定居有许多难以克服的困难，如高昂的房价，跨省流动离家乡太远无法照顾家中老人和随迁子女落户问题等，而中小城市发展缓慢，资源较为贫乏，就业岗位严重不足，农民工回流到离家乡较近的中小城镇难以就业和生存。《“十四五”新型城镇化实施方案》提出了优化城镇化空间布局的具体方案，指出要打造京津冀协同发展、长三角一体化发展等区域重大战略，加快打造世界一流城市群。积极推进成渝地区双城经济圈建设，实施长江中游等城市群发展，构建布局合理、功能完备的城镇体系，形成多中心、多层级、多节点的网络型城市群结构，加强对欠发达地区发展的辐射带动。在这方面可以借鉴美国城镇化发展的经验，美国在促进“城市群”形成后，继而带动形成“经济圈”，充分发挥中心城市的辐射作用，突出中小城镇建设，使美国城市中 10 万人以下的小城市（镇）发展约占城市总数的 99.3%，吸纳了 75%的美国人口。③ 美国依托大城市的发展，均衡发展小城镇，使小城镇在道路、铁路等交通体系逐渐完备，加上汽车的普及为人口与就业机会的分散化提供了良好的客观条件。以新兴科技等产业为代表的工业中心从东部向中西部转移，还有西部、南部在土地、矿产、原材料、财税政策等方面的优势，最终促成了沿太平洋城市带、南部城市带的

① 参见李毅震《国外城镇化中城市规模结构演化经验及借鉴——基于法、美、日、巴西的历史考察》，《商业经济研究》2016 年第 21 期。

② 参见徐秋实、陈萍《从国外城镇化建设模式看中国新型城镇化发展路径》，《世界农业》2015 年第 3 期。

③ 参见孙学涛等《国外城镇化发展模式的再归纳与经验借鉴》，《世界农业》2017 年第 11 期。

快速兴起。美国的大城市发挥了很强的辐射作用，带动了周边中小城市与乡村地区的发展，使各级别的城市与周边小城镇在空间上连成一片，以后美国的大中城市均出现了快速郊区化的趋势，避免了城市人口拥挤、环境污染等“城市病”的恶化。[①] 我国应借鉴美国发展大城市达到辐射带动中小城市发展的经验，《“十四五”新型城镇化实施方案》也提出要增加小城市的活力，推进以县城为主要载体的城镇化建设。中小城镇离农村家乡近、语言文化和生活习惯更容易适应，能够在中小城镇购房安居的可能性越大，农民工就越容易在这里稳定就业和生活。为农民工市民化创造更好的客观环境，农民工市民化的占比才能有较大幅度提高。

促进城镇化发展的同时要注重推进城乡融合发展。城镇化过程中不能忽视农业的发展，农业现代化发展才能释放更多的农业劳动力转向非农业产业。美国在城镇化过程中农业规模化经营和高产出率为其城镇化发展提供了前提条件。美国城镇化的初期和中期主要是市场主导，以后美国政府加快了城市规划和产业规划方面的法律制定，同时注重对环境的保护，强调土地、林地的资源多集约利用，促进了现代化农业的发展。为了促进城乡协调发展，美国政府制定通过了《资助道路法案》等，加大了城乡高速公路、电力、供水、垃圾处理等公共设施建设。一方面缓解了大城市的高负荷压力，另一方面促进了城市向郊区的扩展，郊区与乡村基本上连成一片。英国也有类似的促进城镇化发展的措施，比如制定法律促进城镇建设，加强公共基础设施建设，同时强调农业是发展城镇化的基础。我国近年来高度重视提高城镇化水平，同时也强调乡村振兴发展农业，2023 年中共中央、国务院发布《关于做好 2023 年全面推进乡村振兴重点工作的意见》，指出“强国必先强农，农强方能国强”，“坚持城乡融合发展……建设宜居宜业和美乡村，为全面建设社会主义现代化国家开好局打下坚实基础”。[②] 目前城市产业、工业化、信息化等方面带动乡村发展还严重不足，城乡发展差距很大，如果只有城镇化而无农村较大的发展，很难提升城镇

---

① 参见李毅震《国外城镇化中城市规模结构演化经验及借鉴——基于德、美、日、巴西的历史考察》，《商业经济研究》2016 年第 21 期。

② 《中共中央 国务院关于做好 2023 年全面推进乡村振兴重点工作的意见》，https://www.gov.cn/zhengce/2023-02/13/content_5741370.htm? dzb=true，2023 年 2 月 13 日。

化水平，必须要有城乡融合发展。现阶段大城市高生活成本和农村空心化问题不利于农民工市民化，需要继续推进城市带动乡村，以工补农，促进城乡各要素自由流动和公共资源合理配置，努力开拓乡村建设的融资渠道，用优惠的政策吸引人才参与乡村建设，促进城乡产业的协同发展。只有城乡融合发展，才能促进现代农业发展，增加农民收入，缩小城乡差距，农民工城乡去留选择的困境问题才能得到最终解决。

三　有效解决农地问题是加快人口城镇化的重要环节

近年来随着户籍制度的不断改革，农民工可以自由进入城市务工和定居。有的农民工在城市成功创业，收入稳定并在城市定居多年，但仍然保留了农村户口，按照户籍管理制度的归类，他们仍属于农民身份，统计学上也统计为常住人口城镇化率，学界称为“半城镇化”，有学者估计有2.2亿农村人口没有获得城镇户籍，仍游移于乡城之间。[①] 曾经学界探讨这一问题时聚焦于户籍制度，随着户籍制度改革和国家促进城镇化政策的推进，户籍迁移政策对人口城镇化的影响远远小于其他因素，课题组对第一代农民工的调查显示在留城困难的六个因素中（参见表7-15），户籍迁移政策排在倒数第二（28.1%），远低于住房问题（69.7%）、医疗条件和经费（52.8%）养老经济来源（49%）、不能享有与城市居民同等的社保待遇（36.4%）。除融入城市的各类问题外，从农村的角度看，影响农民工迁移城市的重要因素是农地问题。虽然农民工进城务工使他们“人地分离”，但他们与农地的联系从未割断，甚至可以说这种“人地依附”关系仍十分密切。农民工对土地的依附源于土地带来的利益，也源于他们不能从土地退出机制中获得迁移城市定居的资金。因此如何处理好农村土地问题，成为人口城镇化的重要环节。

关于农村土地问题，《“十四五”新型城镇化实施方案》提出：坚决守住土地公有制性质不改变、耕地红线不突破、农民利益不受损三条底线，实现好、维护好、发展好农民权益。我国农村土地不同于土地私有制国

① 参见朱要龙《土地依附效应与半城镇化事实：对托达罗模型的修正与实证检验》，《产经评论》2018年第4期。

家，他们的土地可以按照市场价格进行交易，农民离开农村通过土地交易获得一笔入城的资金。在我国土地所有制性质决定个人不能随便出售土地，那么土地问题的解决很大程度上有待于土地流转。目前土地流转相关政策在执行过程中收效不尽如人意，调查显示，第一代农民工认为“土地流转政策对第一代农民工选择留城帮助”很小（22.1%）和较小（18.0%）合计为40.1%，而认为帮助较大（17.4%）和很大（8.7%）合计为26.1%，两者相差14个百分点，认为帮助一般的是33.8%。说明农地利用十分低下，跟不上现代农业发展要求，也严重影响城镇化进程。在我国，只有通过土地流转才能改变中国现阶段农地细碎化、低效率的现状。通过土地流转改变农业生产方式，促进农业规模化经营，形成现代化农业的发展，才能提高农业生产水平，释放更多的劳动力向城市转移，也能增加从事农业的劳动者的收入，促进城镇化发展。

近年来我国在土地流转方面有过许多尝试。有农地租赁制流转、农地股份合作制流转、农民专业合作社流转、土地流转合作社等形式。如2008年重庆的地票制度，① 坚持了集体所有制，强化了农民财产权利，增加了农民财产性收入，打破了城乡分割，有利于农民进城定居。重庆地票制度虽遭到学术界的一些质疑和批评，但也为探索农村土地流转提供了有价值的借鉴。又如聊城的几种农地流转形式各有特点，农地租赁制流转使土地集约利用，改变了过去分散小块种植模式，增加了农民收入。聊城的农地股份合作制流转，到2015年参与农户6000多户，融资800万元，种植蔬菜面积万余亩，还建立了蔬菜批发市场、精包装加工厂，蔬菜低温冷藏库、高标准育苗基地等，在此基础上投资100多万元建设了生态体验馆，发展生态休闲采摘旅游业。农户通过农地流转获得土地租金和股本分红，增加了农户的收入。② 笔者曾经对重庆多个农民专业合作社进行过访谈，有的是采取“公司+农户”的形式，农民将土地流转给公司统一种植药材，公司派技术人员现场指导，农民每年以土地多少获得收益，有的是以专业

---

① 地票，是指农村宅基地及其附属设施用地、乡镇企业用地、农村公共设施和公益事业建设用地等农村集体建设用地复垦为耕地后，可用于建设的用地指标。转引自冯桂《重庆地票制度的价值及其对城乡一体化改革的启示》，《国家行政学院学报》2014年第1期。

② 参见厉以宁等《中国道路与中国经济发展70年》，商务印书馆2019年版，第141—143页。

合作社的形式，将土地集中起来种植某一种优质农作物，专业合作社与高校专业技术人员联系，请高校专家进行指导，提高了土地利用率，农民的收入也得以提高。又如成都在农村土地确权的基础上实现土地承包经营权流转以及耕地在一定程度上集中，促进农业现代化发展。温州在对农村的集体财产确认为非土地资产和土地资产后，对土地资产，通过发展合作社的方式促进土地集中，实现现代化经营，达到农业现代化的目的。温州同时还将农民的社会身份与经济身份分离，为农民变市民打破身份上的阻力，促进人口城镇化。① 这些探索为我国农村的土地流转提供了有益的经验。

关于农地问题的探索必须在坚持土地集体所有制、保障农民财产性权利的前提下，使农民有一定的财产性收益，才能为他们离土离乡最终定居城市提供经济条件。现阶段各种土地流转形式已经比较普遍，但是没有完全形成与市场相匹配的市场价格，其中有许多复杂因素，涉及农民的权益如何保障，抵押和置换中的金融风险、集体所有制维护等问题。欧洲一些国家农民根据自己的意愿通过土地和农民住房进行流转和抵押，然后获得一笔资金以帮助他们进城务工、创业、定居，以成为城市市民。而中国农民的土地是集体所有制，土地流转和抵押与私有制的国家不同。尤其是宅基地上以及自己花钱建的住房没有产权，但是已经成为事实上的长期使用权，有的农民已在城市购房，多年没有回乡居住，但是缺乏宅基地抵押或置换等制度改革，农民的闲置宅基地无法实现收益，影响农村劳动力转移和城镇化进程，也影响第一代农民工留城养老意愿的实现。依法保障进城落户农民的农村土地承包权、宅基地使用权、集体收益分配权，健全农户农村的土地承包权、宅基地使用权、集体收益分配权市场化退出机制和配套政策，② 学界有不少建议，如“带地城镇化”的构想，意在将农村土地权利与集体成员权脱钩，以保留乡城转移人口的土地价值，提升其抵御城

① 徐秋实、陈萍：《从国外城镇化建设模式看中国新型城镇化发展路径》，《世界农业》2015年第3期。

② 《“十四五”新型城镇化实施方案》，https://www.ndrc.gov.cn/fggz/fzzlgh/gjjzxgh/202207/t20220728_1332050_ext.html，2022年7月28日。

市风险的能力。[①] 重视农村退出的相关制度建设，以解绑乡城转移人口对土地的依附关系，将“人地依附”关系转变为“人地保障”关系，继续发挥农地保障功能，推动乡城转移人口的半城镇化转型。[②] 各地农村还应继续探索适合本地实际的土地流转方式，改变传统落后的农业生产方式，扩大农业经营规模，发展现代农业。

积极探索宅基地管理制度的改革。现行的农村宅基地不仅是农民工城镇化的障碍，也是束缚农村老年人流动的主要原因，它既无法促进城镇资金流向乡村，也影响农村老年人向城镇流动。[③] 笔者访谈了解到，第一代农民工中有部分已随子女在城市定居，但是他们因农村的宅基地等因素而不愿意将户籍迁移城市，这部分农民工在农村的住房闲置，宅基地无法有效利用。应积极探索在政策法规允许范围内和不损害农民利益的前提下，大力开展农村宅基地及其上面建造的住宅抵押试点或可转让性试点，激活农村经济和农村金融，突破农村老年人向城市流动的瓶颈，只有这样才能加快人口城镇化进程，缩小城乡差距，最终实现城乡一体化。

第五节　促进第一代农民工城市社会空间融入

加快城镇化发展能够为第一代农民工营造良好的社会宏观环境，而农民工进入城市社会空间后并没有完全实现人口城镇化，他们融入城市除受客观环境的影响，还有他们主观上是否愿意接受和融入城市的问题。只有消除城市社会空间接纳第一代农民工的障碍，促进他们主动融入城市，才能提高人口城镇化水平。农民工市民化才能使更多农民工选择城市养老，享有城市交通、医疗的优越条件。城镇化的发展还可以使城市现代社会条件向农村辐射，有效缩小城乡差距，农民工养老在城乡选择有稳定的预

① 参见李飞、杜云素《“弃地”进城到“带地”进城：农民城镇化的思考》，《中国农村观察》2013 年第 6 期。

② 参见朱要龙《土地依附效应与半城镇化事实：对托达罗模型的修正与实证检验》，《产经评论》2018 年第 4 期。

③ 参见郑功成《实施积极应对人口老龄化的国家战略》，《人民论坛·学术前沿》2020 年第 22 期。

期，选择困境就会消除。

一　促进第一代农民工在城市社会空间的身份融入

由于城乡二元体制的存在，居民有了城乡不同的身份，农民被限制在农村不能进入城市，改革开放后虽然取消了农民进城务工限制，但是城乡不同户籍制度仍然将居民身份进行了城乡区分，农民工因没有城市户口就不能完全与城市居民被同等对待，导致了人在城市社会空间，但身份归属于农村社会空间，形成一种人与身份的分离状态。近年来随着农民工政策的变化这种分离状态有所改变，但只要城乡不同的户籍制度存在，城乡居民身份的区分就不会彻底改变。美国学者苏黛瑞（Solinger，1999）认为，"在中国人的观念里，'流动人口'是由那些按官方的说法事实上没有'迁移'的人构成的。……一个人要'迁移'，就需要官方同意改变其永久户籍身份。因此，流动人口就是那些由于没有获得官方批准而被官方界定为'临时性变更居住地'的人"①。中国的流动人口与国外迁移是不同的，国外的迁移是以定居某一地区为目的，而中国绝大多数农民工流动不是以到某一城市定居为目的，他们进入城市如果没有户籍身份的认定，就不算是城市居民，所以农民工进入城市存在身份融入的问题。要改变这一现状需要从以下几个方面进行。

1. 在全国实行居住制度

改变用户籍确认城乡居民身份的制度，彻底剔除用户籍界定城乡居民身份的功能，剥离依附在户籍上的福利内容，使户籍制度回归到登记人口居住状况凭证功能。这样才能使农民工进入城市时在制度上认可他们与城市居民处于同等地位，平等享有社会福利和公共服务，公平参与城市各类组织的政治、经济、文化活动，城市社会空间就能无障碍接纳和平等对待他们。也只有在这样的条件下，农民工进入城市才是进入统一的社会空间，不再因城乡户籍不同被区别对待。城乡差别才会进一步缩小直到城乡一体化的实现，到那时农民工不再为养老城乡选择而纠结。

---

①　转引自王春光《新生代农民工城市融入进程及问题的社会学分析》，《青年探索》2010年第3期。

2. 城市社区以常住人口为依据认同辖区居民身份

城市社区是城市最基层的单位，农民工只有融入了城市社区才能实现城市融入，而农民工居住在城市社区常常存在身份认同的困境。身份认同是人们在社会生活中，对自己属于某一社会范畴或群体的自我意识及其价值观念与行为模式的认可。身份认同作为一个关系范畴包括自我认同和他人认同，人们在相互定位与观察的过程中会调用职业、户籍等特征将所接触的人划分为与自己紧密联系、相互一致的“内群体”和与自身区别疏离的“外群体”，从而建立起身份认同并确定稳定的交往关系和行为模式。① 城乡社会二元结构在社区服务上也显现出二元社区，即社区组织以户籍为区分标准，在同一个社区中用不同的政策区别对待不同户籍身份的人。结果是社区组织、社区居民和农民工三方都认为农民工与城市居民是不同的社会群体。要改变这一现状，社区作为提供服务的基层组织，应改变管理理念和服务方式，摒弃将服务对象区分为户籍与非户籍人口的理念，认同居住在社区内的所有居民为同一身份，只要在社区居住一定时间的农民工就应有社区居委会的选举权和被选举权，参与社区的民主管理，参与社区成员代表会议、议事协商会议，民主评议会议等等，使农民工在城市社区多方面感受自己是社区的主人，以主人翁姿态参与社区管理，社区所有的服务和活动参与都面向本社区范围的居住人口。社区服务要实行均等化，向所有社区居住成员提供无差别的优质服务，增强他们对社区主体成员身份的认知，培养他们的主体意识和责任感，只有这样他们的城市社区居民身份才能得到完全认同，他们才能做到在城市社区的身份融入，最终融入城市。

3. 城市社区居民应积极接纳社区新居民

城市社区居民对第一代农民工的认识同样影响着农民工的身份融入。人们常常从他人或社会对自己的看法来判断自己的角色或行为，当社会制度将农民工排斥在城市空间之外时，城市居民也会认为农民工与自己虽同处于一个物理空间，但没有处于一个共同的社会空间，农民工不是同类群

---

① 参见黄达安《农民工融入社区的身份认同研究——以长春市D社区为例》，《华南农业大学学报》（社会科学版）2008年第4期。

体，从心理上、社会交往等方面与之隔离，加之城市居民与农民工就业层次、收入、文化等方面的差异，城市居民与农民工的社会交往很少。社会交往越少，双方的接纳程度就低，身份认同度也越低。为了促进农民工的城市融入，城市社区居民应改变对社区农民工的看法，从各方面认同和接纳他们，主动与他们交往，邀请他们参与社区的各类活动，通过交往增加双方的了解，消除双方的隔阂，从本质上实现身份认同，只有这样农民工才能作为城市社区居民的身份完全融入城市社区。

4. 第一代农民工应以主动的姿态积极融入城市

身份融入的另一方面是农民工自我身份认同。即农民工进入城市后是否认为自己与城市居民的社会地位、价值判断、群体文化和情感归属一致，是否认同自己为城市社区的一员。第一代农民工的青少年时期在农村度过，他们与农村有千丝万缕的联系，依托在农村的血缘、地缘和过去的业缘关系仍然存留，他们相互之间的身份是认同的。他们虽然进入了城市社会空间，由于在城市被区别对待而处于边缘化状态，他们没有把自己看成城市社区居民，相当多的第一代农民工仍然认为自己还是农民，也就是说除了制度不认同他们是城市居民，他们还缺乏自我认同。于是他们在城市的工作、生活中常常与同类群体交往，难以主动与城市居民交往和向城市居民学习，加上农民工普遍文化程度较低，大部分在次级劳动力市场就业，收入较低，在城市发展受限，他们以租房和雇工单位提供房为主，也增加了他们的城市漂泊感，降低了他们融入城市社区的心理预期。因此，第一代农民工在城市应主动学习城市先进的思想观念、认同城市的文化习俗，脱离内卷化式的自愿性隔离状态，主动关心社区的发展和参与社区各种活动，在与城市社区居民的交往中消解双方在思想观念、价值判断、文化习俗等方面的差异，使自己主动融入城市社会空间之中。只有提高了农民工的城市社区融入度，他们才能将自己作为城市的主人，才更愿意选择在城市定居和养老。

二　提高第一代农民工在城市社会空间的经济融入度

经济融入是农民工城市融入的基础，包括在城市稳定就业、收入、居住等方面获得基本保障才能有融入城市的基本条件。由于第一代农民工过去受户籍制度和身份等影响，他们刚进入城市时几乎不可能到正规部门就业，即使到了正规部门也只能接受二元用工制度，不能与正规部门在编人员享有同等待遇。随着市场经济的发展，尤其是服务业的发展，城市新兴就业岗位增多，为农民工进入城市开辟了更多的就业路径。但是劳动力市场对技术、信息、教育有偏好，缺少文凭、教育和专业技术资格的一般容易遭受劳动力市场的排斥。农民工由于文化素质低、缺乏相应的技术和城市就业的工作经验，往往被排斥在正规就业部门之外从事非正规就业，他们常常被城市劳动力市场边缘化，是劳动力市场中的弱势群体，即劳动保护不完善，失业风险大，就业和收入不稳定，宏观经济环境出现波动和衰退时，他们在城市的生存就会出现危机，农村就成为他们暂时度过生存危机的“避风港”。以上种种因素，将严重影响农民工融入城市，农民工在经济上融入城市社会空间需要多方面发力。

1. **政府应促进经济稳定发展，营造良好的经济环境**

经济稳定发展、市场繁荣才能有更多的就业岗位，特别是经济发展遭遇严重问题时，政府应采取相应的措施，比如疫情出现三年多以来，中央政治局多次召开会议围绕疫情防控和复工复产进行讨论，推出了多项政策举措，包括避免减员、减免税费、发放低息贷款等，帮助企业减轻经营压力，允许中小企业缓交一年的各种税费，允许开发地摊经济，发放消费券，这些措施直接促进了疫情后经济恢复和发展。在政府政策推动下，各地中小企业大多迅速恢复了生产，政府还出台了促进平台经济的发展相关政策，发挥平台经济吸纳低文化层次的人就业的作用，有利于稳定农民工就业，只有稳定就业和收入，农民工才能在经济上融入城市。

2. **完善针对农民工的就业保障制度**

政府在发展经济的同时还要帮助第一代农民工在城市稳定就业，提供必要的就业培训以提升从业能力，使他们能够拓宽就业途径，获得更多的工作机会，稳定增加劳动收入，才能逐渐实现农民向市民的转化。另外，除前述医疗保障和养老保障制度需要进一步完善，还需要进一步完善失业保险制度，促进农民工在城市稳定就业。失业保险有着保障失业者基本生活，促进失业者学习新的劳动技能、促进失业者再就业、预防失业的功能。我国失业保险条例实施以来，参保人数逐渐扩大，2022 年法定人群参保率达到 90%，全国月人均失业保险金水平从 2012 年的 707 元增加到 2022 年 8 月的 1683 元。特别是对三年来受新冠疫情影响严重的小微企业和个体工商户，政府创新出台了一次性留工培训补助政策，短短 4 个月向 395.7 万户企业发放补助 197 亿元，帮助企业留住员工起了重要的作用。[①] 我国现行《失业保险条例》是 1999 年颁布实施的，有许多规定已经不适应新的形势，这期间对该条例进行过部分调整，2017 年 11 月人力资源和社会保障部就《失业保险条例（修订草案征求意见稿）》向社会公开征求意见（下称"征求意见稿"），但是目前没有完成修改。现行《失业保险条例》"覆盖范围偏窄，未能充分反映我国城镇化进程的需求和就业形式多样化的实际"[②]，失业保险金支付范围不适合社会发展的需求，缴纳失业保险金的公务员和事业单位的人很少有失业。失业保险金由于现有用途较窄结余较多，而相当多的灵活就业的农民工因没有缴纳失业保险，在失业状态下不能获得失业救助。现行《失业保险条例》第六条规定，城镇企业事业单位招用的农民合同制工人不缴纳失业保险费；第二十一条规定，单位招用的农民合同制工人连续工作满 1 年，本单位并已缴纳失业保险费，劳动合同期满未续订或提前解除劳动合同的，由社会保险经办机构根据其工作期间长短，对其支付一次性生活补助。这说明农民合同制工人在缴纳和领取失业保险金的标准与城镇企业失业人员领取标准有区别。农民工虽然可以不缴纳失业保险费，但失业后只能领取一次性生活补助，并且领取生活补助还要有签订的劳动合同等条件。

2017 年人力资源和社会保障部就《失业保险条例（修订草案征求意见稿）》公开征求意见稿扩大了覆盖范围，覆盖了与单位建立劳动关系的职业人群，而较大数量的农民工没有与固定的单位建立完善的劳动关系，针对农民工进一步完善失业保险制度还需要做以下几方面的工作。（1）完善失业保险制度的顶层设计，还应考虑如何保障无固定单位的农民工在没有实现就业时能够获得基本生活保障。（2）将农民工群体的失业保障纳入全

---

① 参见桂桢《积极的失业保险制度建设迈出坚实步伐》，《中国人力资源社会保障》2022 年第 10 期。

② 《人力资源社会保障部关于失业保险条例修订情况的说明》，https://www.gov.cn/xinwen/2017-11/11/content_5238845.htm，2017 年 11 月 11 日。

国统一的失业保障体系之中，2017 年的“征求意见稿”扩大了参保范围，取消了现行条例农民合同制工人不缴费，失业后领取一次性生活补助的特殊规定，“征求意见稿”应进一步明确农民工在同等条件下参保和享有失业保障待遇的具体细则，切实体现城乡统筹和社会公平。（3）加强对第一代农民工中年龄较轻人员的技能培训，不以年龄和文化程度设限，使农民工能够有公平的机会参加新技能培训，鼓励他们提升技能，鼓励有能力的农民工积极创业。（4）对有特殊困难的农民工，给予失业救助。特殊困难的农民工在劳动年龄范围内，本人或家庭遭遇了重大的困难或变故导致就业和生活上出现特殊困难，失业保险制度的完善应有相应的制度安排。总之，通过完善失业保险相关规定，无差别对待农民工，促进农民工在城市能够顺利就业，使他们能够享有与城镇职工相同的就业保障待遇，从保就业的角度增加农民工在城市的安全感。

3. 加强对农民工的劳动保护

政府相关部门要督促雇工单位加强安全生产意识，为农民工缴纳工伤保险。工伤保险制度是为劳动者在工作期间遭遇意外事故、造成伤残、职业病、死亡等伤害时，为劳动者提供医疗救治和康复服务，同时保障劳动者及其家属生活的社会保障制度。随着工伤保险制度的逐步完善，农民工纳入了工伤保险制度的保护范围。由于现阶段新的用工形式不断出现，“一仆多主”和无固定雇主的增多，农民工工作时间遭遇伤害如何得到保护还需要进一步出台相应的保护措施。对农民工的劳动保护方面还应督促雇工单位按照劳动法的相关规定安排劳动时间，前述调查显示第一代农民工从事重体力劳动的较多，自评劳动强度很重和较重的占比达到 58.8%。有的是在露天自然条件恶劣或危险性较大的条件下从事劳动，如果在极寒冷和高热条件下又长时间劳动对人体的伤害更大，不仅容易导致滋生疾病，也没有时间接触城市文明和城市居民，城市对他们来说不是愉悦和安全，而是痛苦和磨难。这样的情况下他们与城市的现代生活距离越拉越大，甚至未到退休年龄因劳累过度而疾病缠身。相关部门应从法律制度上加强对农民工的劳动保护，督促用工单位严格按照国家的法律法规用工，比如严格执行最低工资标准，发放高温、低温劳动的补贴，延时工作应按照劳动法相关规定执行，等等。对于违反劳动保护法律法规的用工单位要有惩罚措施。用工单位应自觉遵守关于劳动保护的法律法规，按照相关法律的规定用工，保护农民工的劳动权益，只有较好的劳动保护，才能使他们在城市长期稳定就业，促使他们更好地在经济上融入城市。

4. 采取有效的住房供给政策，帮助第一代农民工实现市民化

住房是农民工融入城市的基础条件，安居才能实现农民工市民化。我国在改革开放前采取的与计划经济相适应的公共住房制度，没有城市户口和工作单位的人无法获得分配住房的资格，农民工是在这样的时代背景下进城务工。从 1994 年国务院发布《关于深化城镇住房制度改革的决定》后，城市住房制度经过了一系列调整和改革。最初的“安居工程”、廉租房制度只针对城市低收入和困难户，数量非常有限，以后针对城镇低收入群体的经济适用房和棚户区改造力度的加大，城市居民住房问题才开始有了改善。直到 2010 年《关于加快发展公共租赁住房的指导意见》颁布后，公共租赁房才成为保障性住房的主要保障形式，城市居民住房问题才大面积得以解决。2012 年，住房和城乡建设部颁布的《公共租赁住房管理办法》中明确了公共租赁房面向城镇稳定就业的外来务工人员。从此有条件地将农民工纳入城市公共租赁房保障范围，政府的住房保障相关政策的公平性有了较大提高。由于农民工的数量很大，流动性很强，他们大多数在城市的住房问题仍是实现市民化的瓶颈。前述调查显示，农民工在城市的住房问题仍然是他们留城的首要困难（69.7%），高出“缺乏养老经费来源”（49.0%）20.7 个百分点。近年来房价大幅度升高，更增大了农民工在城市购房的难度，他们在城市的住房问题得不到有效解决，人口城镇化的进程会大幅度延缓，农民工市民化也将成为空谈。

政府需要进一步完善住房相关政策，促进第一代农民工城镇化。(1) 强化政府在改善住房制度中的责任。城市住房因造价高、土地资源紧张等问题，完全依靠个人力量解决在城市的住房有很大困难，第一代农民工要公平享有基本的住房条件，必须有政府相关政策的支持，近年来政府为解决城市住房问题颁布了多个相关文件，但住房问题的大幅度解困还需要国家出台相关法律对住房问题进行规范和保障，比如“在《城市房地产管理法》的基础上，建议抓紧起草《住宅法》、《住房租赁法》和《住房保障法》等各项专项法律”①，用法律保障居民的居住权。可以借鉴国外相关立法，如美国的《全国可承受住宅法》，此后陆续通过的《住宅法》《城市重建法》《国民住宅法》等；德国的《住宅建设法》《住宅促进法》《住宅与社区发展法》；日本的《供应住宅法》《住宅融资保险法》《居民区改造法》等；韩国的《住宅法》等。各国相关立法中的丰富内容，可以为我国规范和解决城市住房问题提供借鉴。② （2）加大公共租赁房的供给。公共租赁住房是指限定建设标准和租金水平，面向符合规定条件的城镇中等偏下收入住房困难家庭、新就业无房职工和在城镇稳定就业的外来务工人员出租的保障性住房。③ 政府一方面加大对公共租赁房的投入，另一方面采取优惠政策引导社会力量参与到公共租赁房的建设之中，增大公共租赁房的供给，解决第一代农民工在城市有廉价房可租。同时严格按照相关规定对公共租赁房进行管理，对达到退出条件的要及时清退，以腾出更多的房源提供给需要租赁的农民工。（3）积极开展灵活就业人员参加住房公积金制度试点。从 2021 年开始，中华人民共和国住房和城乡建设部在重庆、成都、广州、深圳、苏州、常州 6 个城市开展灵活就业人员参加住房公积金制度试点。目前已有多个城市开展了这项试点工作，这些城市采取了优惠政策吸引灵活就业人员缴存公积金，比如重庆实行了灵活就业人员缴存公积金的在本市购买首套城镇住房可申请公积金政策性低息贷款。在规定标准内缴存的，在计征个人所得税时可以依法扣除，还可以享有缴存补贴。这一政策对于农民工在城市购房多了一条路径，有利于促进农民工城镇化，就目前各地规定缴存住房公积金的情况看，相比国有单位的公积金制度，缺乏单位缴存的部分，激励作用相对小一些。同时也体现了国有单位的公积金制度与灵活就业人员试点的公积金之间的不公平性。试点的公积金缴费的额度从 200 元左右到 7 万元左右，缴费额度小了，对于农民工购

---

① 郑功成等：《从饥寒交迫走向美好生活——中国民生 70 年（1949—2019）》，湖南教育出版社 2019 年版，第 401 页。

② 参见郑功成《中国社会保障 30 年》，人民出版社 2008 年版，第 253 页。

③ 《住房和城乡建设部．公共租赁房管理办法》，https://baike.baidu.com/item/%E5%85%AC%E5%85%B1%E7%A7%9F%E8%B5%81%E4%BD%8F%E6%88%BF%E7%AE%A1%E7%90%86%E5%8A%9E%E6%B3%95/5496719?fr=ge_ala，2012 年 5 月 28 日。

房者来说是杯水车薪，按照较高的缴费额度，他们又难以承受。因此，还应进一步探索如何有更优惠的政策吸引农民工自愿缴存住房公积金，比如获得更低利息的贷款，与农村土地流转联系起来申请贷款，等等。使第一代农民工在政府政策的支持下能够在城市安居，为他们融入城市提供更多的客观条件。

三　促进第一代农民工在城市社会空间的文化融入

农民工在城市社会空间的文化融入，主要是指农民工带来的乡村文化要融入城市主流文化之中，实现两种文化的和谐共生相互借鉴发展。第一代农民工进入城市后因长期遭受城乡区别对待，在享有政策的公平性、公共服务、个人的社会资本等方面与城市居民有社会距离。在较长时间内城市社会没有将他们当成城市人，他们在工作上难以进入主流就业市场，居住上不能享有城市单位人的住房待遇，常常居住在封闭的雇工单位提供房和低廉的出租房，依赖的是亲缘和血缘关系构建的社会网络，结识的大多是同质群体。在社会交往上，他们习惯用乡村熟人社会的交往方式、价值观看待城市社会；在人际关系的观念上，他们常常将自己看成外来的农民工，将城市居民看成“城里人”。他们虽然身在城市务工，却很少主动与城市居民交往，使他们在城市社会空间中营造了带有乡村气息的同质群体的“闭环”状态的社会空间，他们在这个空间中生活和交往感到彼此的平等，体会到相互有共同的价值取向和认知以及信任。在城市里的文化差异使他们在心理上对城市有隔阂，增加了融入城市社会的难度。

促进第一代农民工在文化上融入城市社会需要做到以下几方面。(1) 从宏观环境看，需要社会政策公平对待他们，使他们与城市居民有平等的权益，政府要在经济上积极帮助他们充分就业，增加收入。经济地位的提升有利于第一代农民工适应城市社会生活，提升其在城市的社会地位，促进他们改变对城市的偏见。政府还需要重视农民工与市民和谐关系的建立，倡导城市居民积极接纳农民工，大力宣传和充分肯定农民工对城市发展的贡献，加大对有重大贡献的农民工的奖励，赋予他们与城市居民同等的政治权利，这样才能获得与城市居民均等的基本公共文化服务。政府还要对城市公共文化服务体系建设进行规划，保障公共文化服务的经费和资源配置，调动公益性文化单位的积极性，开展各类文化活动，如提供教育、信息服务、开办“农民工夜校”、开展针对农民工的讲座、宣传法律知识、播放电影、帮助社区建立活动室和图书室等，在文化上促进城市居民与农民工的融合。（2）引导第一代农民工通过参加各类文化活动积极融入城市。政府应明确主体责任，将农民工纳入文化服务对象，根据农民工文化需求提供均等化的公共文化服务。农民工居住的社区、雇工单位也应积极提供文化服务，尤其是社区要举办有针对性的各种文化活动，提高农民工在社区的文化活动参与度，通过参与各类活动促进农民工与社区居民的交往、交流，消除农民工与城市居民的心理隔阂，使农民工在参与中适应和学习城市现代文明的思维方式、生活习惯。城市居民也向农民工学习其优秀品质，在相互学习中促进农民工融入城市的文化之中，降低他们对城市的疏离感，减少文化冲突，增强对城市的认同感。（3）农民工要主动适应、参与和融入城市社会。相比新生代农民工，第一代农民工青少年时期在农村受乡村文化影响较多，到城市务工前思想观念、价值观和生活习惯等已经形成并较为固化。他们习惯于乡村的熟人社会，不适应城市的陌生人社会，对城市文化接受度低，因此农民工在城市中要主动改变他们交往的内倾性状态，减少在城市空间依赖于血缘、亲缘和地缘关系展开经济生活和城市生活，主动与城市居民接触，从封闭的同质群体的内卷中跳出来，避免在农民工自己营造的社会空间中的长久生存。在积极参加城市各项活动的过程中主动适应城市生活，主动向城市居民学习现代文明的生活方式，用符合现代文明的价值观看待社会发展，努力改变自己的思维方式，融入现代文明的城市之中，做一个适应现代文明的新市民。（4）城市居民要尊重和接纳农民工。农民工融入城市不是被城市完全同化的过程，而是相互影响的过程。农民工乡村劳动养成的勤劳、纯朴、友爱、善良等传统美德，是中华民族的优良品质，他们的许多优秀品质值得城市居民学习。城市居民对农民工不应有排斥心理，而要看到他们为城市发展作出的巨大贡献以及他们在城市建设中吃苦耐劳的顽强精神。在城镇化进程中，一方面，要努力将乡土文化与现代城市生活相结合，积极汲取现代文明的成果；另一方面，城市文化也要借鉴吸收乡土文化中蕴含的优秀传统美德、互助友爱的人际关系、勤俭节约的作风、顽强不屈的精神等有益的文化素养，克服城市文化在快速工业化、商业化进程中形成的急功近利、社会关系冷漠等问题。[①] 城乡居民由于生长环境不同形成了不同的文化观念和行为方式，双方既要在相互交流中学习和拥有现代文明先进的理念和价值观，又要摒弃不符合现代文明发展的文化观念。城市居民应在与农民工交往过程中学习农民工的优秀品质，积极接纳农民工，使农民工感到他们在城市是受欢迎的人，农民工只有在这样的氛围中才能更主动与城市居民交往，学习和形成与现代城市文明相契合的生活方式、思维方式和价值观，最终在文化上融入城市。

四　促进第一代农民工在城市社会空间的组织融入

这里的组织融入主要指农民工融入一定的政治集团或社会的某一基本单元之中。组织融入能够体现和提升农民工在城市的政治地位和社会地位，使农民工在城市有归属感。城市的党组织、工会组织、妇联组织等也应积极接纳和帮助他们，增强他们的归属感。流动农民工的党组织关系可以随务工地点的转移而转移，城市的基层党组织应按照党章规定将他们纳入支部的管理中。基层党组织还应积极培养农民工入党，有利于党的基层工作深入广大农民工之中，把党的方针政策贯彻到基层民众之中。企业工会要主动接受农民工加入工会组织，帮助他们解决困难，维护农民工的权益等。在城市的妇联组织要积极帮助女性农民工，当她们权益受到严重侵害时，妇联组织应及时帮助维护权利，避免她们受到更严重的侵害。另外，引导社区内非正式组织积极吸纳农民工。非正式组织具有独特的融合功能，能够有效地辅助农民工在城市社区中的组织融入。一方面，应针对农民工群体的需求与特性，鼓励社区内非正式组织诸如妇女小组、农民工之家、职业小组等积极向农民工群体开放，提高农民工群体的组织化程度，发挥社区内非正式组织的载体作用，积极开展各种喜闻乐见的文体活动、讲文明树新风的实践活动、友爱互助的邻里活动等，吸纳更多的农民工参与到社区公共活动中，加强农民工与城市居民之间的有效沟通，营造积极和谐的社区公共生活氛围。另一方面，还要积极引入一些公益服务组

---

① 参见楚德江《农民工市民化进程中的文化融入：困境与改革》，《学术界》2019 年第 10 期。

织入驻社区，发挥它们在专业帮扶、社区干预等方面的优势，有效组织农民工群体参与社区活动。通过促进农民工融入城市的正式组织和非正式组织，可以搭建更多的平台促进农民工城市融入，使他们获得更多的诉求表达渠道和沟通渠道，让他们在城市获得更多的关怀，避免农民工在城市被边缘化，增加归属感，以更好地融入城市社会空间。

总之，第一代农民工尤其是其中年龄较低的农民工如果能够更多地融入城市社会空间，有助于提升我国人口城镇化水平，有利于改善他们养老的生活环境，提高老年生活质量。城市较好的养老环境也可以辐射到农村，有利于缩小城乡养老生活条件的差距，这也是消除第一代农民工养老城乡选择困境的有效途径。

第六节　进一步提升基本公共服务均等化水平

一　提升基本公共服务均等化水平对第一代农民工具有重要意义

基本公共服务均等化水平的提升能促进全体公民共享社会发展的成果。基本公共服务均等化能推动机会平等，使社会成员不论个体财产、人力资本、知识技能等有多大差别，都能平等享有基本的公共服务，有利于提升公民的生活水平。政府用于提升基本公共服务供给的资金来源于税收等，通过财政转移支付到基本公共服务的各类项目，不同阶层人员都能平等享有，以满足社会全体成员的基本需求。普通民众共享社会发展的成果有利于社会和谐稳定，有利于增强广大民众的获得感。

基本公共服务均等化水平的提升有利于缩小贫富差距实现共同富裕。目前中国城乡、区域、群体之间收入存在较大差距，基本公共服务均等化水平的提升是解决收入分配不公、实现社会公平的一种主要的再分配方式，可以在一定程度上改善分配格局，有利于缩小贫富差距和实现社会公平。如果基本公共服务均等化水平提高，收入低的群体可以通过享有较多的公共服务提高生活质量，比如低收入家庭的子女享有免费的义务教育、享有公共卫生的免费服务、基本医疗服务、医疗救助，农民工在城市享有公租房待遇、享有公共文体设施等，能有效提升低收入群体的生活质量，有利于实现社会和谐和共同富裕。

基本公共服务均等化水平的提升可以使全体居民对未来有安全的预期，比如医疗卫生服务体系的完善可以提高全民健康水平；医疗保险、大病医疗等医疗服务水平的提高，能够极大减轻居民看病难、看病贵的负担，释放出来的医疗消费可以用于家庭其他方面的消费。再如公共就业服务水平的提升，有助于帮助更多有工作意愿的人找到合适的工作岗位，减轻社会和家庭的负担，特别是能缓解困难家庭和低收入家庭的贫困，有助于他们对未来有更好的预期，增强安全感，使他们对未来生活更有信心。

提升基本公共服务水平对农民工有特殊的意义。在城乡二元社会结构没有消除之前，由于历史和现实的多种原因，农民工在城市务工仍不能完全与城市居民享有公平的待遇。基本公共服务的提升有利于实现社会公平。如农民工子女与城市居民子女享有同等的义务教育待遇，农民工享有同等的机会参加职业培训，在城市不分城乡户籍平等享有公共卫生服务，如近年来用于防疫的公共医疗服务，实现了不分城乡户籍面向包括农民工在内的全体居民的服务就是很好的体现。还有社会保险关系转移接续的规范办理特别维护了农民工在非户籍地参加社会保险的权益，全国联网的社会保障管理系统的不断完善，极大地方便了流动性强的农民工。王大哲等的研究表明，基本医疗卫生服务均等化和基本社会保险服务均等化对农民工相对贫困缓解作用较为突出。① 公共交通方面政府给乘坐人的补贴也惠及了广大农民工。如果在城市提供的公租房相关服务、公共就业服务、社区服务等方面也能不分城乡完全惠及农民工，就能在一定程度上弥补目前某些制度不够完善的缺陷，缩小他们与城市居民的收入差距。特别是他们在城市遭遇意外事故或家庭突发事件导致的困难时，提供较高水平的基本公共服务，使他们有最基本的保障，能在一定程度上帮助他们度过最困难的阶段。

现阶段，城乡之间基本公共服务有较大差异，如教育投入、社会保障、医疗卫生服务、公共基础设施的供给等方面城乡之间的存在非均等

---

① 参见王大哲等《基本公共服务均等化能缓解农民工相对贫困吗?》，《中国农村经济》2022 年第 8 期。

化。针对第一代农民工在基本公共服务方面，相关服务因与户籍关联而不能公平享有基本公共服务，如社区的就业服务、养老服务、社会救助的某些项目，因农民工属于城市非户籍人口而区别对待。城乡之间基本公共服务供给有较大差异，也影响了农民工城乡去留选择，他们如果选择留城可以享有城市更多的公共服务，但因户籍等原因不能与城市居民公平享有，选择回乡养老，农村的公共服务相比城市相差甚大，特别是偏远山区的医疗卫生服务和道路交通是农民工回乡养老的一大堵点。还需要发挥社会各方力量为提升基本公共服务均等化水平而努力。

二　强化政府在提升城乡基本公共服务均等化水平的主导地位

党的十九届五中全会提出，到2035年基本公共服务实现均等化。实现这一目标体现在城乡居民享有与社会经济发展水平相适应的公共服务，当然公共服务不是完全平均化，而是根据城乡不同需求提供有一定差异的基本公共服务。公共服务均等化的实现需要全社会共同努力，但必须由政府承担主体责任，协调社会各方力量共同实现。《“十四五”公共服务规划》明确了基本公共服务的供给主体是政府，提出了推进基本公共服务均等化的建设标准，明确了要促进公共服务资源向农村覆盖、向基层延伸、向边远地区和生活困难群众倾斜。强调了在基本公共服务的义务教育、就业社保、医疗卫生、养老服务、住房保障等方面要补齐短板。阐明了要加快城乡基本公共服务制度统筹，缩小区域基本公共服务的差距。这些目标的实现需要资金、人才和土地等公共资源，合理利用和调配这些要素必须统筹规划、调动各方力量才能实现，只有政府才具备这样的能力，因此政府责无旁贷地要承担实现基本公共服务均等化的主导责任。

政府在实现公共服务均等化过程中要加强城乡统筹的公共产品供给体系建设。政府要着力改变城乡之间在公共服务非均衡发展、供给结构不合理的现状，进一步完善公共财政制度，建立城乡基本公共服务均衡分配并适当向农村基层倾斜的制度，加大向农村基本公共服务转移支付力度。政府财政资金向农村公共服务领域投入的同时要扩大公共财政向农村的覆盖范围，尤其是对乡村振兴有特别重要意义的投入资金量大，但见效慢、收益少（如道路交通）的基础设施建设，政府要注重加大这类公共产品的投入力度，以保障农村公共产品的供给。公共产品供给体系建设需要中央和地方政府协同发力，中央政府确立提升基本公共服务战略目标和制定规划，统一协调资金调配和资源配置。要按照全国统一规划认真执行，充分发挥地方政府的积极性，根据各地具体情况有针对性提供公共产品。还要注意中小城镇的基础设施相关建设向农村的辐射效应，农村的基础设施建设搞好了才有可能与城镇互融、互通和持续发展。当然，政府也不能忽略加大对农村的教育、卫生、就业、社会保障等方面的财政投入，以缩小城乡之间基本公共服务的差距。

政府在建立公共服务供给机制的过程中应针对不同群体有不同的侧重点。针对少年群体应注重提升义务教育阶段的公共服务供给，提供均等的优质的教育资源。针对中青年群体应注重提供就业相关服务，增加就业机会，帮扶就业困难群体，提供均等的就业技能培训，帮助适龄就业人员顺利就业。① 针对流动人口，公共产品的供给要注意保障流动人口特殊需求，改变过去依附在户籍上的公共产品供给机制，以人口实际居住地点为提供基本公共服务的依据，使流动人口不论在中国的任何地方就业或居住都能公平享有基本公共服务。针对低收入家庭和特殊困难群体，政府应注重提供最低生活保障，特别是农民工中的困难群体，他们因户籍在农村常常被城市社区边缘化而不能享有与城市居民平等的公共服务。公共产品供给应特别关注这部分群体，除提供基本的生活保障，还应在医疗保险、医疗救助等方面提供特殊帮助。针对老年群体应注重加强基本养老服务的保障能力，提供医养结合的有丰富文化生活的养老方式，有效提升养老服务的质量，为老有所养提供有效服务。

政府要注重构建多方参与的公共服务供给机制。我国公共服务均等化发展缓慢与参与基本公共服务主体单一不无关系。基本公共服务的内容繁多，只依靠政府力量很难在短时期内大幅度提升基本公共服务均等化水平。政府需要引导社会各界力量参与公共产品供给，鼓励私营企业生产和

---

① 参见康健《基本公共服务均等化与共同富裕的关系耦合、功能定位和作用机制》，《上海行政学院学报》2022 年第 2 期。

经营公共产品，引进民间资金和外资为公共产品生产服务，[1] 还要发挥非政府组织的力量，如民间社团、志愿服务组织为社会基层民众提供公共服务。鼓励慈善捐助对公共服务资金的支持。政府还应对参与公共产品供给和公共服务贡献大的企业、组织和个人加大奖励力度，大力宣传他们的事迹，营造全社会积极为提升公共服务均等化水平作贡献的良好氛围，形成多元化的公共服务提供机制，使更多的社会力量主动为提高公共服务质量，提升基本公共服务均等化水平作贡献。

三 提升城乡基本医疗服务均等化水平消除第一代农民工的焦虑感

政府应根据第一代农民工需求重点提升城乡基本医疗服务均等化水平。现阶段医疗技术与诊疗水平有较大提高，但并不必然意味着医疗服务质量高。“我国的医疗服务质量整体水平偏低。”[2] 城乡医疗卫生服务体系无论从医疗资源、人才队伍、医疗机构的硬件设施，还是医疗技术相关服务等方面都存在很大差别。近年来医疗保险在参保和异地就医报销制度上有了很大改变，但是第一代农民工对未来可能出现的疾病风险和大额医疗费的担忧仍是他们养老城乡选择的首要困境，如果返乡农民工家里有一人患重病，农村的医疗服务往往难以满足需求，很可能导致因病致贫或返贫的情况。因此政府应在着力提高城乡医疗服务均等化水平的同时加大对城乡基层医疗服务的投入，具体来说，可以有以下几步措施。（1）加强县级医院的医疗设施建设，改善县级医疗服务条件。目前县级和县级以下医院的硬件设施跟不上基层民众的需求，《“十四五”公共服务规划》提出的补齐公共服务的短板中特别提到医疗卫生方面要注重以城市社区和农村基层、县级医院为重点完善城乡医疗服务网络。特别强调最基层的社区卫生中心（站）、乡镇卫生院和村卫生室的标准化建设。硬件设施建设是医疗服务的基础条件，在此基础上才能进一步提高医治水平。（2）建立医保医药服务考核体系。对医疗机构健康服务、医药管理、医生为患者提供服务的

---

① 参见耿卫新《城乡基本公共服务均等化：破解城乡统筹发展的突破口》，《河北学刊》2011 年第 5 期。

② 申曙光：《我们需要什么样的医疗保障体系？》，《社会保障评论》2021 年第 1 期。

情况进行评估和考核，没有达到服务标准的要责令整顿和改进，对于服务质量太差的按照相关规定进行惩罚。（3）加大农村基层医疗人才队伍建设。对基层医护人员进行免费培训，也可以采取大中城市三甲医院与乡镇医院医疗人才短期交流的形式，由三甲医院的医护人员中短期交流到县级或乡镇医院工作，农村基层医护人员到大中城市的三甲医院上岗学习，在交流中提高农村基层医护人员的医疗水平。还可以采取由财政拨款定向培养，招收面向偏远地区的医学类大学生，由高校相关专业承担培养任务，学生免费学习医护专业，毕业后到指定的农村基层工作一定年限，以弥补偏远地区医护人员的不足。（4）针对第一代农民工中年纪较大部分的具体情况，还要加强提升老年科和精神科的医疗服务质量。我国老年医学比较薄弱，老年群体体弱多病，往往一个老年人有多种疾病，尤其是农民工在城市超强度务工，年老时往往疾病缠身，老年医学在一定程度上可以综合解决老年多种疾病的问题，减少医学上各科分别医治的弊端，以达到既节约资源又节约时间和治疗成本的目的。针对农民工群体的医疗服务还应进一步扩大异地就医结算的覆盖面，方便农民工在非户籍地务工时能够及时就医和方便结算。（5）加强医疗服务的网络化和信息化建设，如今线上医疗服务的发展提升了医疗服务水平，极大地缓解了民众看病难的问题。政府和各级医疗机构还应着重加强农村基层医疗中心（站）的网络化和信息化建设，采用各种方式帮助农村老年群体和低文化程度的人学习和适应新的服务方式，有效提升医疗服务均等化水平。另外，在医疗保险、大病医疗以及医疗救助等方面相关部门也应加强制度的无缝衔接，使流动性强的群体和基层困难群体能够及时得到医疗救治和医疗相关服务。只有在提升医疗服务均等化水平的基础上实现病有所医，才能消除第一代农民工养老城乡选择中因疾病带来的焦虑，使他们老年生活有安全的预期。

四　提升公共就业服务水平增强第一代农民工的公平感

第一代农民工平均年龄50岁左右，由于文化程度低，缺乏与现代工业发展的专业技能。随着年龄的增长身体机能逐渐下降，难以支撑超强的重体力劳动，有的就业岗位如码头装卸和建筑部门等不雇佣高龄农民工，不断涌现的新业态虽然有很多就业机会但已不适合他们，他们将成为城市就业的困难群体。如果他们选择回乡意味着回到外出务工前的状态，农村缺乏增加收入的机会，收入锐减会导致他们中部分人返贫，尤其是家里还有赡养父母、医治病人或未完成儿女婚嫁的成员，退出城市就业岗位对第一代农民工意味着回归贫穷。他们往往会选择寻找一些收入较低的辅助性工作岗位继续在城市务工，公共就业服务的提升能够帮助他们尽快地找到适合的就业岗位，对于社会稳定、实现共同富裕有着十分重要的意义。为促进就业，2008 年国家颁布了《中华人民共和国就业促进法》，明确规定县级以上人民政府应建立健全公共就业服务体系。2009 年人力资源和社会保障部《关于进一步加强公共就业服务体系建设的指导意见》，对如何建立健全公共就业服务体系作了具体的规定。2019 年 12 月，国务院印发了《关于进一步做好稳定就业工作的意见》，提出开发更多的就业岗位、拓宽就业渠道支持灵活就业和新就业形态的发展等。2021 年人力资源和社会保障部印发《人力资源和社会保障事业发展“十四五”规划》强调建立全国统一的就业创业服务平台，实现各类就业创业信息全国共享和互联网发布，推进线上失业登记、网上申报、审查等，提升全国统一的公共就业创业服务能力。

政府在建立公共就业服务供给体系时具体应做到以下几点。（1）加强基层公共就业服务工作平台建设。各街道、乡镇和社区的劳动保障事务所或工作站要承担基层就业服务责任，及时了解管辖范围内就业困难人员的情况，将居住在社区包括农民工在内的失业者信息进行登记，积极开展就业信息提供服务、进行就业指导和就业援助工作。街道和社区可以加强与职业中介的联系，帮助高龄农民工就业。（2）推进公共就业服务信息网络建设，拓宽就业服务渠道。政府相关部门应利用大数据采集就业信息，对数据进行分析、整合，构建就业服务平台，使各类企业、经济组织、机关事业单位、社会团体等共享就业信息。利用大数据传递速度快、覆盖面广的优势多渠道发布就业信息，如利用微信公众号、广场 LED 大屏、公共交通车载电视、BRT 站台屏等公共场所的宣传工具免费发布各类就业信息，帮助第一代农民工及时获得就业信息。（3）加强职业培训，提升第一代农民工的职业技能。在职业培训方面不应歧视年龄较长的农民工，职业培训的大门应向他们开放，只要他们有参加培训愿望、能够接受职业技能培训，政府和各级培训机构应接纳他们参培，同时针对这部分人的需求进行各类层次的培训，包括转行业的岗前培训和上岗后培训，可采取线上和线下培训相结合的方式，对达到一定技能水平的农民工颁发相应的职业资格证书，比如家政服务、育儿嫂和月嫂、老年护理等，帮助他们及时就业。（4）提供就业政策咨询等帮扶服务。政府相关部门和劳务中介机构要提供政策咨询服务，使农民工及时了解政府促进就业、就业援助、职业指导和培训、参加社保等相关政策，可采取政府就业服务热线提供咨询服务，还可以利用 APP 和自助一体机服务等信息化手段提供相关服务。在对农民工就业帮扶服务方面还包括失业登记，及时帮助他们顺利就业。（5）提升公共就业服务能力。政府应加大财政投入，为构建公共就业服务平台提供资金保障，充足的资金才能更好地搭建就业服务平台、搜集和发布就业信息、宣传政府相关政策、技能培训、劳务对接、帮扶就业困难群体等。还要建立创业指导专家、就业指导专家等服务团队，为服务对象提供专业化服务。[①] 加强对基层工作人员的培训，提高他们对相关政策的理解和解释能力。（6）帮助第一代农民工熟悉和运用就业平台线上服务。第一代农民工中的部分人员由于文化程度较低，缺乏运用现代化手段了解政府的政策和及时掌握就业信息的渠道，基层服务人员如社区工作人员应耐心帮助他们掌握和运用现代信息技术，快速了解就业信息，及时找到适合他们的工作岗位。只有积极推进农民工在城市平等享有就业服务，他们才能稳定就业，为今后养老奠定较好的经济基础，这也是破除城乡去留选择困境的重要途径。

在提供公共就业服务方面还应借鉴国外的典型经验，就业服务与市场相结合，工作重点放在加强职业介绍和职业培训以及各种创造就业措施方面。许多国家在这方面投入了大量的人力物力搜集和整理各类就业信息，建立全国的信息联网系统，致力于提高就业服务的工作效率。各国有不同的就业服务管理体制，对帮助就业对象进行了细分，如日本就业服务管理局分中央、地方、基层三个层次，中央一级是劳动省的职业安定局，下设

① 《人力资源和社会保障事业发展“十四五”规划》，http://www.mohrss.gov.cn/SYrlzyhsh-bzb/zwgk/ghcw/ghjh/202107/t20210702_417552.html，2021 年 6 月 29 日。

多个具体的部门，针对高龄、妇女和障碍者设立了对策部，专门研究解决特殊困难群体的就业问题。英国的就业服务工作由国家就业部下属的就业服务总署组织进行。英国的就业服务机构主要职能有三项，为企业空缺岗位找到合适的人，为求职者找到合适的工作岗位；为失业者提供失业保险和社会救济；起到沟通企业和劳动者的桥梁作用，为实施政府的就业计划、培训计划等服务。许多发达国家都建立了完整的就业服务管理体制，在开发管理信息、案例管理、数据收集、数据分析等方面十分完整。这些国家的就业服务机构相当庞大，政府用于就业服务的经费充足，多数是通过建立范围广泛的失业保险金缴纳制度为就业服务提供法定的经费保障。① 国外在就业服务的人力投入上相比我国多，欧盟国家平均每名工作人员要服务 150 名失业者，而我国这一指标平均 463 名；欧盟国家平均每名工作人员联系和服务的求职者是 300 名，而我国是 590 名，欧盟国家这一指标的平均值是 150 名，国际劳工组织的建议则是 100 名。② 这些国家的相关机构通常拥有很强的专业人员队伍，包括人口、经济、统计等各领域的专家，即使是地方机构，也都配有专业人员。“美国 2011 年劳工统计局研究人员的构成是经济学家（49%）、人口和统计专业人才（25%），电脑技术支持人员（16%）及经济和数学助理人员（6%）。”③ 国外的公共就业服务既有政府直接供给，也有市场供给和社会供给，政府通过合同外包、补贴等方式引入市场供给，同时鼓励非营利组织、社区、志愿者等参与供给。④ 国外在就业服务方面的充足资金投入，集中高层次人才参与政府部门就业服务工作，政府还用购买服务的方式鼓励社会组织提供就业服务，同时发挥市场作用参与公共就业服务，这些典型的经验为我国进一步提升公共就业服务提供了借鉴。我国目前在完善就业服务机制方面，参与相关工作的理论工作者不少，但是在就业服务机构的具体操作部门相关专业研究人员

---

① 参见党晓捷《国外就业服务简介》，《中国人力资源开发》1991 年第 Z1 期。

② 转引自王阳《中国公共就业服务的供给机制——以国外就业服务供给经验为参照》，《经济与管理研究》2015 年第 9 期。

③ 桑助来：《美国劳工统计调查制度及其启示》，《中国劳动保障报》2013 年 5 月 18 日第 3 版。

④ 参见王阳《中国公共就业服务的供给机制——以国外就业服务供给经验为参照》，《经济与管理研究》2015 年第 9 期。

的参与度较低，政府应完善相关制度安排，加强有针对性的就业服务的相关研究，提升就业服务的实效性。

五 提升基本养老服务均等化水平增强第一代农民工的养老安全感

1. 近年来基本养老服务有较大发展的同时仍存在明显的短板

据国家统计局发布，截至2022年末，“全国60周岁及以上老年人口28004万人，占总人口的19.8%，65岁及以上占总人口的14.9%”。与此同时，2022年末中国总人口比上年减少85万[①]；“2025年，中国60岁以上老年人口占比将超过20%，老龄化程度从轻度步入中度，此后不可逆转地走向深度老龄化”[②]。为了应对高龄化少子化问题，近年来党中央将提高养老服务水平提到重要的国家战略地位，先后制定了《社会养老服务体系建设规划（2011-2015）》《国家基本公共服务体系“十二五”规划》《“十三五”国家老龄事业发展和养老体系建设规划》《“十四五”国家老龄事业发展和养老服务体系规划》，明确了养老服务的原则、目标、方式、各阶段的主要任务。党中央把积极应对人口老龄化上升为国家战略，在《中华人民共和国国民经济和社会发展第十四个五年规划和2035年远景目标纲要》中作了专门部署。近年来养老服务有了较大发展，不论是涉老法律法规还是相关的社会保障以及养老服务体系等不断完善，养老机构和养老床位持续增加，政府鼓励社会资本进入养老服务业促进了养老服务的快速发展。同时，基层养老服务相比过去有较大发展，多样化的养老方式不断推进，“全国共支出老年福利资金386.2亿元，养老服务资金144.9亿元”[③]。老年人健康水平有很大提高，“2020年人均预期寿命提高至77.9岁”[④]。

相比国内老年人的基本需求，我国养老服务的发展还有很大差距，主

① 《2022年中国人口减少85万人》，https://new.qq.com/rain/a/20230117A01RO400，2023年1月17日。

② 郑功成：《面向2035年的中国特色社会保障体系建设——基于目标导向的理论思考与政策建议》，《社会保障评论》2021年第1期。

③ 《2021年度国家老龄事业发展公报》，https://www.gov.cn/fuwu/2022-10/26/content_5721786.htm，2022年10月26日。

④ 《“十四五”国家老龄事业发展和养老服务体系规划》，https://www.gov.cn/zhengce/content/2022-02/21/content_5674844.htm，2022年2月21日。

要体现在基本养老服务均等化水平不高。基本养老服务均等化是指城乡、各区域、不同群体老年人机会均等、公平可及地享受数量和质量大致相当而非完全相等的基本养老服务。[①] 而目前由于收入差距较大，城乡基本养老服务非均等化仍然十分突出，《2020 年度国家老龄事业发展公报》发布：截至 2020 年 11 月农村 65 岁及以上老年人占总人口的比重为 17.72%，比城镇高出 6.61 个百分点；“我国空巢老人数量达 1.18 亿人，农村空巢老人数量超过 5000 万人”[②]；空巢老年人占比目前基本上达到一半，部分大城市和农村地区，空巢老年人比例甚至超过 50%，大量老年人不与子女或其他家人共同居住生活，面临着居家养老的许多生活不便或困难，甚至是安全风险隐患。而农村的养老机构、养老床位、养老服务人员、医疗等资源与城镇相差甚远。远远不能满足农村老年人的需求。第一代农民工高龄部分有 70%以上的人要回乡养老，由于务工期间多是高强度的重体力劳动，身体受到了较大的损伤，他们的家庭积蓄不多，大多数购买的最低档次的养老保险，全国城乡居民养老保险月人均养老金 2021 年只有 179 元[③]，回乡后主要的收入来源于农业收入。随着年龄增长和身体机能衰退，从事农业劳动已不堪重负，大多数子女远在城市务工不能照顾年老的父母，农村的子女与亲属对老年人的经济支持和帮扶十分有限。如果农村社会化养老服务水平较高可以在一定程度上弥补经济能力的不足，但是目前农村家庭照料严重缺乏，社区养老服务已成为民生发展的突出短板。农村现有的养老状况对第一代农民工城乡去留选择有很大的影响，在养老缺乏保障的情况下就没有安全感。他们中许多 60 岁左右的人仍然在城市靠做零工、散工微薄的收入滞留在城市没有选择回乡，有的是跟随子女滞留城市。随着他们年龄的增长和第三代逐渐长大，住房和经济收入都会成为他们养老突出的问题，所以他们纠结于城乡之间难以抉择。在养老服务体系建设的过程

---

① 参见龙玉其《基本养老服务均等化的实践演进及其逻辑规律》，《兰州学刊》2020 年第 9 期。

② 杨勤：《服务更多样 生活更从容——武汉大学社会保障研究中心教授孟颖颖谈破解农村空巢老人养老之道》，《中国劳动保障报》2022 年 7 月 19 日第 3 版。

③ 参见《2021 年度国家老龄事业发展公报》，https://www.gov.cn/fuwu/2022-10/26/content_5721786.htm，2022 年 10 月 28 日。

中，除要有相关国家法律法规保障、政府有明确的规划外，还应注重补齐农村养老服务的短板，提升城乡养老服务均等化水平。

2. 在城乡养老服务融合发展中提升均等化水平

政府应承担城乡养老服务融合发展的主导责任，以提升城乡养老服务均等化水平。由于长期的二元社会结构导致城乡发展不平衡，农村养老服务的人员配备、养老服务机构数量、养老服务的资金来源、医疗资源的供给等都与城市相差甚远。城乡养老服务融合发展需要发挥城市优质养老服务资源的作用，帮助农村养老机构和农村社区组织发展养老服务事业，以实现城市养老服务优势资源向乡村的辐射。在城市养老服务人才和技术等支持下，带动农村养老服务的发展。只有城乡养老服务融合发展，实现养老服务均等化，才能使老年人特别是农村老年人有养老安全感，提升老年生活的幸福感，也有利于流动人口对未来养老有更好的预期，使他们无论选择留城或回乡养老都能享有较好的养老服务。

《“十四五”国家老龄事业发展和养老服务体系规划》中特别提出“加快补齐农村养老服务短板”①。政府在“十四五”期间应加大农村养老服务的投入，改善农村养老服务的硬件设施，在乡镇（街道）层面，建设具备全日托养、日间照料、上门服务、供需对接、资源统筹等功能的区域养老服务中心。如帮助偏远地区农村养老机构的建立，通过投资使城乡的养老机构和社区能够运用“互联网+”、云数据技术等搭建服务平台，跨越城乡地域障碍，快速利用和整合城乡养老服务的资源，通过信息平台将社区、养老机构、医院和居家老人联系在一起，掌握城乡老人的服务需求，及时提供有针对性的养老服务。还可以迅速整合不同部门的信息在平台上实现无缝衔接，共同享有收集到的信息，避免重复和遗漏，利用各种智能化产品提高服务质量。还要通过增加投入丰富农村养老服务内容，比如增设老年人的锻炼场所和用具，对有较大困难的居家失能和半失能老人购买轮椅等进行补贴；调动城市养老服务的人员到农村传授先进的服务理念和实际操作技能；补齐农村养老服务短板，以城带乡通过城乡养老服务融合

① 《“十四五”国家老龄事业发展和养老服务体系规划》，https://www.gov.cn/zhengce/content/2022-02/21/content_5674844.htm，2022年2月21日。

发展提升全国养老服务均等化水平。

提升城乡养老服务均等化水平还需要政府利用市场机制，动员多方力量协同发力。根据福利多元主义理论，社会福利不只是国家的责任，应当是家庭、国家和市场三个部门共同的责任，学者罗斯认为社会福利应由四个部门提供，即国家部门提供的直接和间接的福利；商业部门提供的职工福利，向市场提供有营利性质的福利；志愿部门，如自助、互助组织、非营利机构、小区组织等提供的福利；非正规部门，如亲属、朋友、邻里提供的福利。① 养老服务事业是投入大、盈利少或非营利性质，政府财政的投入有限，需要政府发动社会多方力量参与才能促使养老服务事业快速发展。政府应加大财政补贴引导企业参与养老院构建，针对农村养老服务的薄弱环节，增加县级、乡镇的公办民营、公建民营、民建公助的养老机构以及农村社区的微型养老机构的投入，促使城乡养老服务机构均衡发展。政府还需增加财政补贴，鼓励培训机构对乡镇和村级养老服务人员的培训，对达到一定培训要求的人颁发相应的培训证书。鼓励企业开发养老产品，为老年人提供丰富的养老服务需要的产品。政府通过加大购买服务的方式鼓励非政府组织、社工组织和志愿服务组织参与养老服务，对参与养老服务有突出成效的组织和个人进行表彰和宣传。

3. 加强农村养老服务的针对性

当前农村青壮年大多外出务工，农村空巢老人的数量在不断增加，短时期这种情况不会改变。第一代农民工返乡养老也面临子女不在身边、收入大幅度下降的现实困境，随着年龄增长，靠务农增加收入已力不从心，绝大多数人不足每月 200 元的基础养老金难以维系养老的基本开支。如果有较好的养老服务能够提升他们的生活质量。为此，政府应从以下几方面加强农村养老服务的针对性。（1）着重发展居家社区养老服务。目前各村附近的养老机构较少，农村老人大多不愿意到离家较远的养老院养老，大多数子女又不能为父辈提供更好的养老服务，农村社区养老服务的发展就可以弥补家庭养老服务的不足。农村应完善居家社区养老服务网络，与村附近的医院联系提供医养结合的服务，村卫生室为老人建立健康服务的档

---

① 参见彭华民《福利三角：一个社会政策分析的范式》，《社会学研究》2006 年第 4 期。

案，随时了解他们的健康状况。社区组织力量为生活不能自理的老人提供助浴、助餐、送医、理发等力所能及的上门服务。（2）农村社区积极推进互助养老，倡导低龄老人为高龄老人服务，倡导志愿服务精神，充分发挥村内低龄老人为高龄老人服务的积极性，以弥补养老服务人力资源的短缺，通过邻里互助将社区养老服务递送到居家老人，满足社区内居家老人的需求。（3）积极探索闲置房流转、集体用地盘活等模式。[①] 因地制宜在一定程度上解决农村硬件设施严重不足的问题。社区可以用闲置房和集体用地建设养老服务设施，特别是用于增添存放护理失能和半失能老人的设施，为他们提供更便捷的服务。（4）积极探索土地置换养老与养老服务。由于农村青壮年大多在城市务工，随着人口城镇化规模不断扩大，青壮年农民工相当一部分不会选择回乡养老，如何创新土地流转方式，在法律法规的范围内，不损害农民利益的前提下，用土地换取养老和养老服务是一个需要积极探索的问题。如果这一路径成功开拓，有利于农村老年人养老问题的解决。（5）有条件的农村社区可以兴办小型的养老机构，使农村老人在熟悉的环境中获得养老机构的专业服务。农村社区可以与附近城镇养老机构联系，养老机构可以发挥专业的护理优势提供上门服务，还可以帮助社区养老服务人员提高护理等技能；养老机构也可以提供临时托管老人的服务，如果老人习惯养老院的生活，也可以由居家社区养老转为机构养老。（6）引入智能化技术到农村社区。发展“互联网+”社区养老服务，运用互联网技术手段，整合社区资源，为社区内老年人提供全天候的养老服务。[②]“互联网+”社区养老服务模式可以通过搭建信息服务平台，连接医疗机构和养老机构提供医疗、照护、康复等服务，使医疗服务延伸到农村社区。还可以利用信息服务平台连接农村老人与其子女，子女可在网上购买服务，老人在家享受服务，有利于对老人的生活照料和精神慰藉，还有利于时常提醒子女履行对父辈的赡养、照顾义务。（7）重点解决特困人员的养老服务问题。从养老服务的角度看农村特困人员包括经济困难和生

① 参见杨勤《服务更多样 生活更从容——武汉大学社会保障研究中心教授孟颖颖谈破解农村空巢老人养老之道》，《中国劳动保障报》2022 年 7 月 19 日第 3 版。

② 参见青连斌《“互联网+”养老服务：主要模式、核心优势与发展思路》，《社会保障评论》2021 年第 1 期。

活不能自理的人员，除按照国家规定的特困人员，还包括需要照护的空巢老人，在强调子女的赡养义务外，还应加强社区为他们提供养老服务。如有赡养义务的子女出资将老人送到具备条件的养老院集中养老，或由村级邻里互助点、农村的幸福院提供养老服务解决他们的基本生活照料等问题。

随着老龄化程度从轻度进入中度，第一代农民工的养老问题逐渐凸显，在城乡二元体制没有终结前，他们面临养老城乡选择的纠结，这种纠结实际上是对未来养老缺乏安全感的体现。养老安全感是指其对自身老年生活在经济、生活、情感等方面获得持续支持和稳定保障的确定感与可控制感。第一代农民工大多数人年老后经济上的支撑十分脆弱，在外漂泊几十年生活上长期处于不稳定状态，年老返乡后子女不在身边无人照顾，情感上难以得到慰藉。他们表示养老安全感较高和很高的（17.8%）比很低和较低的（44.6%）低26.8个百分点。对未来老年生活有安全感的平均占比不足40%（均值为2.57），62.4%的人对未来老年生活表示担心。[①] 收入与主观判断养老安全感呈正相关关系，即收入越低主观上判断具有养老安全感越低，说明收入低会导致他们对未来的养老没有很好的预期，随着收入的增加主观上判断老年生活有安全感的占比随之提高。如果城乡养老服务融合发展，养老服务主体、资金、服务内容等方面供给城乡实现均等化发展，能够较好地满足城乡老年人在生活照料、社会交往、精神慰藉等方面的服务需求，就能在很大程度上弥补老年经济等其他方面的不足，可以极大减轻第一代农民工对未来养老的焦虑感，使他们对未来养老有较好的预期，养老城乡选择的纠结度也会随着城乡养老服务均等化水平的提升而降低。因此城乡养老服务均等化对于第一代农民工有特别的意义。

六　提升城乡社区基本公共服务均等化水平增强第一代农民工的获得感

21世纪初我国社区建设从城市推向农村推进，2006年4月国务院颁布《关于加强和改进社区服务工作的意见》，2011年12月国务院办公厅发布

---

① 数据来源于重庆大学“农民工社会保障政策与养老问题研究”课题组于2017年2—3月在全国部分地区开展的问卷调查。发出问卷1400份，回收有效问卷1203份，有效回收率为85.9%。

了《社区服务体系建设规划（2011-2015年）》，此后国家多部门联合发布了《城乡社区服务体系建设规划（2016-2020年）》、2021年12月国务院办公厅发布《“十四五”城乡社区服务体系建设规划》，等等，城乡社区服务有了较大的发展，服务设施不断完善，社区服务人员队伍不断壮大，“截至2020年底，全国社区工作者433.8万人，村（居）民委员会班子成员277.6万人，社会工作专业人才157.3万人”[①]。城乡社区提供的基本公共服务供给力度不断增强，提供的代办、便民利民办理等服务更加便捷。社区服务的信息化建设不断加强，城乡社区初步实现了信息汇聚、统一管理、动态更新。但是城乡社区发展仍然有较大差距，截至2020年城市社区综合服务设施覆盖率达到100%，而农村社区只有65.7%，按照社区服务体系建设规划，到2025年农村社区这一指标预期达到80%。[②] 农村社区服务供给相比城市社区有很大差距，在提供社区服务的资金来源方面，城市社区资金来源渠道多于农村，尤其是偏远地区的农村社区资金十分匮乏，很难有资金提供社区服务。在服务项目的供给上，城市社区与城市便捷的交通相连接，又有城市丰富的医疗和养老资源，社区提供的养老服务、卫生保健和医务服务、社区教育和文体供给、农村劳动力转移、婚姻家庭文化服务等方面都优于农村社区。在人员供给方面，城市社区人员文化程度和掌握的服务技能高于农村社区，参与社区服务的社工、慈善、志愿服务等组织城市社区比农村社区多。在服务公平性方面，城市社区在许多方面仍然以本社区户籍作为提供服务的前提，使农民工许多时候被隔离在城市社区的社会空间之外，不能获得公平服务，比如提供社会救助、就业创业、养老和医疗服务等方面农民工常常被边缘化，导致相当一部分农民工在城市务工几十年仍认为自己是“农民”，因此有必要改变社区服务政策和制度的空间分化，促进城乡社区基本公共服务均等化。

提升城乡社区基本公共服务均等化需要以城乡统筹理念制定城乡社区服务的相关政策，改变政策上将城乡社区划分为不平等的社会空间的现

---

① 《“十四五”城乡社区服务体系建设规划》，https://www.ndrc.gov.cn/fggz/fzzlgh/gjjzxgh/202203/t20220325_1320210.html，2022年3月25日。

② 参见《“十四五”城乡社区服务体系建设规划》，https://www.ndrc.gov.cn/fggz/fzzlgh/gjjzxgh/202203/t20220325_1320210.html，2022年3月25日。

状。(1) 城市社区以本社区内实际居住的居民为服务对象。首先，社区工作人员在服务理念上要摒弃将社区居民区分为户籍人口和非户籍人口。公平对待社区内居住的全体居民，尤其是对多年在本社区居住身体有疾病的困难农民工，社区工作人员应掌握他们的详细情况，及时提供相关服务。其次，要改变城市社区以户籍为前提提供基本公共服务的相关政策，改变只针对城市户籍人口拨付的困难群体救助资金的政策，将长期居住在本社区的非户籍困难人口纳入救助范围。(2) 在服务供给的资金支持上向农村社区倾斜。农村社区服务发展落后于城市有其历史原因，随着社会经济实力的增强，具备了支持农村社区的经济基础，政府应有更多资金支持农村社区发展，帮助农村社区健全公共服务的基础设施。如提供用于公共服务的房屋建造、提供信息化服务的设施建设、残疾和重病人员必需的辅助器具、社区医疗机构需要的设施，等等。(3) 在社区服务供给主体方面，政府应作为责任主体，加强社区工作队伍建设，对社区工作人员进行培训，提高他们的综合素质和工作能力，加强城市社区与农村社区交流，介绍提供优质基本公共服务的典型经验和案例。地方政府有必要组织农村社区工作人员到城市社区和发达地区的农村社区参观学习，将好的经验带回本地，提高服务质量。政府相关部门要关爱基层社区相关人员，解决他们工作上的困难，适当提高他们的待遇。政府还要引导非政府组织、志愿工作者、慈善组织等积极参与农村社区的基本公共服务。政府还应出台更优惠的政策鼓励大学生毕业后到农村社区工作，也可以动员退休人员回到家乡农村参与社区工作，以弥补农村社区的服务人员匮乏问题。(4) 在社区基本公共服务的内容上，除按照《“十四五”城乡社区服务体系建设规划》要求，提升城乡社区服务要实现的服务供给的目标和任务，还要注意补齐农村社区基本公共服务供给内容不足的短板，特别要加强针对农村困难老人、生活不能自理老人、留守老人和空巢老人的医疗卫生相关服务。针对第一代农民工流动性大又面临养老城乡选择的特点，只要他们相对稳定居住在城市或农村某社区，所在社区都应为他们提供与本社区户籍居民相同的基本公共服务。(5) 在社区基本公共服务的方式上，采取“互联网+社区服务”等新的工作方式，利用互联网的信息技术平台提供远程服务，方便社区与居民以及流动在外的农民工相联系。农民工也可以在距离较远的地方联系社区工作人员提出诉求，主动请求社区帮助。还要引导社会各方力量用多种方式为社区提供养老、医疗、托育、扶困、救助、生活等方面的服务，提供帮助农村社区的农产品收购和销售、农资供应等服务。通过社区数字化建设，提供更便捷的社区服务，有助于提高社区服务的效能。社区服务内容繁多，涉及面广，又密切关联着广大居民的切身利益，城乡社区基本公共服务均等化水平的提升，有助于缩小城乡差别。不论社会成员居住何处都能公平获得社区基本公共服务，特别是流动性强的第一代农民工，他们年轻时跨省务工较多，随着年龄增长逐渐返回到户籍地附近的城镇务工，今后大多要回乡养老，如果社区服务均等化实现就能够改变农村基本公共服务短缺、服务效能低下的现状，使他们无论选择留城与回乡养老都可以共享社会发展的成果，养老城乡选择的困境就能破解，获得感也会随之有很大提高。

第七节　本章小结

一　城乡统筹发展是消除第一代农民工养老城乡选择困境的必要条件

第一代农民工养老城乡选择的困境源于城乡二元体制导致的城乡发展的巨大差距，这一困境的最终破解是城乡一体化的实现，城乡统筹发展是通往城乡一体化的必经之路。必须坚持社会公平正义、以人民为中心、共建共享、城乡统筹发展理念制定和调整相关政策。调整政策要注意稳健渐进。在统筹城乡经济发展的同时加大对农村的投入，改变城乡发展不平衡现状，缩小城乡差距使城乡协调发展，为第一代农民工养老城乡选择提供良好的社会条件，降低养老城乡选择的困难度。

二　提高户籍制度改革的针对性为城乡一体化的实现提供支持条件

近年来新户籍制度改革有较大进展，但根本性的问题没有完全解决。户籍制度改革需要提高针对性，彻底剥离依附在户籍上的公共服务和社会福利的相关内容，使第一代农民工与城市居民公平享有社会福利和公共服务，为实现城乡一体化提供支持条件。户籍制度改革还应与其他相关改革相配套，加大对农村基础设施的投入，改善农村居民的生活环境，降低第一代农民工养老城乡选择的纠结度。

三　进一步完善社会保障政策消除第一代农民工养老后顾之忧

完善的社会保障政策有利于第一代农民工养老城乡选择，使他们对晚年生活有较好的预期，提升养老安全感。目前社会保障制度的公平性和针对性不足影响第一代农民工养老城乡选择。养老保险和医疗保险的制度仍未实现完全统一，养老保险、医疗保险待遇因缴费不同有较大差别。尤其是第一代农民工绝大多数因缴纳养老保险档次低，年老无法依靠社会养老。农村的空巢化、高龄化问题十分严峻。政府应采取措施鼓励第一代农民工选择较高档次养老保险缴费，统一放宽一次性补缴较高档次的养老保险费的年龄限制，使他们年老时能够通过补缴和政府补贴获得较高的社会养老保险待遇，提高第一代农民工晚年生活水平。医疗保险制度设置应更加公平，逐步缩小职工医保和居民医保缴费和享有待遇的差距，减轻第一代农民工在养老城乡选择上的重大心理负担。完善社会救助制度，特别应注意帮扶农民工特殊困难群体，以常住人口确定社区帮扶对象，不以城乡户籍为前提确定救助对象。加强社会保障领域的法治建设，保障第一代农民工的基本生存等权利。

四　城镇化是消除第一代农民工养老城乡选择困境的有效途径

城镇化有利于缩小城乡差距，城市现代化发展可以向农村辐射，提供城乡互通、互融和互惠实现融合发展。农民工在市民化过程中学习城市现代文明和技术并向农村传播，促进农村人的现代化和农业现代化。推进城镇化为消除二元体制奠定良好的基础以最终实现城乡一体化。城乡一体化的实现才能使第一代农民工根据自己的主观愿望和喜好选择留城还是回乡养老，改变他们城乡去留选择的被动无奈状况。中国城镇化可以借鉴国外的典型经验，还要切合我国实际稳步推进农村的发展，农村现代化的发展才能进一步提升城镇化水平，城乡融合发展有利于缩小城乡差距，最终消除第一代农民工养老城乡去留选择的困境。

五　促进第一代农民工融入城市社会空间以降低养老城乡选择困难度

城镇迅速扩大和发展为农民工营造了留城的良好宏观环境，而农民工进入城市后要融入城市才是融入了城市社会空间。农民工的城市融入包括身份融入、经济融入、文化融入和组织融入等。身份融入的实现需要改变以城乡户籍确认居民身份的制度，剔除户籍上的城乡居民身份的功能，以居住地确认本地居民身份。农民工要以主动的姿态积极融入城市，增加对城市的认同感。经济融入是农民工融入城市的基础，需要有稳定的就业、收入和住房等条件，应促进农民工在经济上融入城市。文化融入有利于促进农民工与城市居民的交往、交流，学习现代文明的先进理念，思维方式，消除双方的心理隔阂。农民工在城市的组织融入有利于增加归属感，消除排斥感。第一代农民工如果能较好地融入城市，就会减少养老城乡选择的焦虑感，改善农民工养老的生活环境，缩小城乡养老生活的差距。

六　实现基本公共服务均等化提高农民工对社会发展成果的共享度

现阶段城乡基本公共服务有较大差异，使第一代农民工不能很好地共享社会发展的成果，导致他们养老城乡选择上对晚年生活的预期有很大的落差。实现基本公共服务均等化，可以使他们与城市居民共享社会发展的成果，缩小贫富差距，提高对未来生活的安全预期。提升公共服务均等化水平应强化政府的主导地位，用统筹城乡的理念加强公共产品供给体系建设，改变依附在户籍上的公共产品供给机制，使公共产品供给更加公平。政府还应引导各方力量积极参与基本公共服务供给，有效提高基本公共服务均等化水平。针对第一代农民工的主要需求，应重点提升城乡基本医疗服务和养老服务的均等化水平，以增强农民工养老安全感。特别要针对农村留守化、空巢化、老龄化的特点，政府应倡导发展多种养老方式，补齐农村养老服务水平短板，使城乡养老服务融合发展。注重提升城乡社区基本公共服务均等化水平。城市社区要以居住本社区的全体居民为服务对象公平提供服务，尤其是对社区内居住有特殊困难的农民工，社区组织应平等对待他们，使他们能够获得及时的救助。政府在投入上要向农村社区倾斜，用多种措施促进农村社区发展。基本公共服务均等化水平的提高，才能使第一代农民工无论在城市还是农村养老都可以共享社会发展成果，获得感也会得到极大提升。

结　语

20 世纪 80 年代政府允许农民进城务工后，他们到城市从事的非农业劳动，已不再是传统意义上的农民。由于城乡不同的户籍制度赋予他们“农”身份，而在城市的职业是“工”，所以他们被称为“农民工”。农民工是中国社会的特殊群体，他们遭遇过社会制度不完善带来的种种歧视，但他们毅然决然地选择继续在城市拼搏。农民工进入城市促进了市场导向、自主择业、竞争就业机制的形成，推进了社会制度的变革，为社会创造了财富，在促进城市发展的同时带动了乡村发展，促进了农村增收，改变了农村落后面貌，为解决“三农”问题闯出了一条新路，成为推动社会发展的重要力量。他们书写了当代中国的发展辉煌，留下了浓厚的历史记忆。今后无论农民工的称谓是否消失，只要撰写改革开放后中国发展的历史都会将这一普通而伟大的群体载入史册，为他们唱出最壮美的赞歌。

农民工进城务工促进了中国二元社会结构的变化。农民工向城市流动的规模之大是历史上前所未有的，他们大规模进城务工是 20 世纪末到 21 世纪初期，当时城乡二元社会结构导致的社会保障等政策的空间分化，城市各项保障制度都未将他们纳入保障对象，城市的基本公共服务和社会福利将他们排斥在外，城市居民对他们的接纳程度极低，他们在城市就业和生存都异常艰难。随着社会的发展，二元社会结构导致的社会不公已经不能适应社会发展，21 世纪初开始政府多次发文要求社会为农民工进城务工营造良好的环境，在充分肯定农民工为社会发展作出贡献的同时开始对社会制度进行大幅度改革。现阶段户籍已经不是进城务工的障碍，农民工已纳入统一的城乡居民养老保险和城乡居民医疗保险之中，各项社会保障制度逐渐完善。城市的基本公共服务和社会福利逐步淡化了城乡界限。可以说农民工进城务工促使中国社会加快从城乡二元体制向城乡一体化转变的进程，近几十年的中国社会制度变革与农民工进城务工密切相关。

逐渐老去的第一代农民工不得不考虑晚年身安何处的问题。中国社会发生巨大变化的几十年，农民工也从进城初期的平均年龄 20 岁到 2023 年平均年龄 43.1 岁，2023 年 41 岁及以上农民工占比已到 55.4%。由于城乡二元社会结构的长期影响，第一代农民工在社会保障制度完善前的较长时间里，制度没有为他们将来养老进行设计，他们大多数曾经打算年老时回乡依靠土地和子女养老，因此没有参加较高档次的城乡居民养老保险，晚年不能依靠社会保险养老，如今高龄状态下留城工作难找，回乡务农已力不从心，家庭养老方式不能完全保障老年生活，他们中相当一部分人处于城难留、乡难回的境地。

第一代农民工在养老城乡去留问题上面临困难处境。他们年老面临身安何处受多种作用力影响，城市和农村各有推力和拉力。城市有多层次就业机会，高龄可以找到工资低廉的岗位比农村无增收渠道更能保障生存需要，城市还有医疗、交通等生活便捷的优势等有利因素形成的拉力，使他们愿意留城继续务工。农村因无增收渠道，年老体衰难以承受农业劳动，预期收益不好等不利因素形成推力将他们推向城市。同时农村有生活成本低、农地带来的利益和熟悉的人文环境等有利因素形成的拉力，使他们选择回乡，但是又有在城市生活成本高、高龄找不到工作等形成的不利因素形成的推力将他们推向农村。此外，还有一些个体因素、务工距离等中间因素影响着他们养老城乡选择，留城和回乡都面临能否较好地生存的问题，各种因素形成的推力和拉力交织在一起使他们面临养老城乡选择上难以决断，存在养老城乡选择的困境。

社会相关政策需要进一步调整以消除第一代农民工养老城乡去留选择困境。与农民工养老联系最密切的养老保险制度需要进一步调整，适当提高养老保险缴费的最低档次，放宽高龄农民工一次性补缴养老保险费的年龄限制并实行全国统一标准，以弥补他们曾经缴费不足，提高依靠社会养老保险对老年生活的保障水平。鉴于医疗问题是第一代农民工养老城乡选择的首要忧虑，医疗保险制度的设置应更加公平，增强医疗保险的互助共济功能。进一步剥离依附在户籍上的基本公共服务和社会福利，消除各地在参加社会保险等方面因城乡户籍不同设置的障碍。加强对农民工的劳动保护，避免毒害工作环境、高强度和过度延长工作时间给他们带来的职业伤害，保障他们退出劳动领域时身体没有受到严重损伤。加速城镇化发展的进程有利于城乡互融互通，促进农村发展，为农民工养老城乡选择提供良好的环境。加快第一代农民工城市融入可以促进农民工市民化，使更多的农民工选择城市养老，以缩小城乡差距，提高人口城镇化水平。提高基本公共服务均等化水平，使农民工无论在城市还是在农村养老都能享有较好的基本公共服务，有利于提高他们老年生活质量，降低养老城乡去留选择的焦虑感，提升公平感、安全感和获得感。

第一代农民工在为城市发展作出重大贡献的同时也见证了中国社会的巨大变化。他们进城务工初期遭遇的社会不公凸显了中国城乡二元体制的问题，引起了中国政府的高度重视，从此中国社会制度朝着更加公平、普惠、共享的方向改革。如今社会制度多方面实现了城乡社会空间的融合，基本公共服务和社会福利已面向全体公民全面推进，中国社会正在从城乡二元体制朝着城乡一体化发展。农民工产生于中国城乡二元体制存在之时，也将终结于城乡二元体制的消除之日。当城乡一体化实现时“农民工”这个称谓将成为历史。

参考文献

国内参考文献

经典文献

《毛泽东选集》（第三卷），人民出版社 1991 年版。

《毛泽东文集》（第六卷），人民出版社 1999 年版。

《毛泽东年谱（1893—1949）（修订本）》（上卷），中央文献出版社 2013 年版。

《邓小平思想年谱（1975—1997）》，中央文献出版社 1998 年版。

《邓小平文选》（第三卷），人民出版社 1993 年版。

《邓小平文选》（第一卷），人民出版社 1994 年版。

江泽民：《全面建设小康社会，开创中国特色社会主义事业新局面——在中国共产党第十六次全国代表大会上的报告》，人民出版社 2002 年版。

胡锦涛：《高举中国特色社会主义伟大旗帜 为夺取全面建设小康社会新胜利而奋斗——在中国共产党第十七次全国代表大会上的报告》，人民出版社 2007 年版。

习近平：《决胜全面建成小康社会 夺取新时代中国特色社会主义伟大胜利——在中国共产党第十九次全国代表大会上的报告》，人民出版社 2017 年版。

《习近平谈治国理政》（第二卷），外文出版社 2017 年版。

习近平：《高举中国特色社会主义伟大旗帜 为全面建设社会主义现代化国家而团结奋斗——在中国共产党第二十次全国代表大会上的报告》，人民出版社 2022 年版。

《中国共产党第十六次代表大会文件汇编》，人民出版社 2002 年版。
《中国共产党第二十次全国代表大会文件汇编》，人民出版社 2022 年版。
中共中央党史和文献研究院编：《十九大以来重要文献选编》（上），中央文献出版社 2019 年版。

学术著作

毕竞悦：《中国四十年社会变迁》，清华大学出版社 2018 年版。
《当代中国》丛书编辑部编：《当代中国的劳动力管理》，中国社会科学出版社 1990 年版。
邓大松、刘昌平等编著：《2005—2006 中国社会保障改革与发展报告》，人民出版社 2007 年版。
郭士征编著：《社会保障研究》，上海财经大学出版社 2005 年版。
中华人民共和国国家统计局编：《2011 中国发展报告》，中国统计出版社 2011 年版。
国务院研究室课题组编：《中国农民工调研报告》，中国言实出版社 2006 年版。
国务院农民工办课题组编：《中国农民工发展研究》，中国劳动社会保障出版社 2013 年版。
胡晓义主编：《走向和谐：中国社会保障发展 60 周年》，中国劳动社会保障出版社 2009 年版。
蒋月：《中国农民工劳动权利保护研究》，法律出版社 2006 年版。
金维刚等：《中国社会保障 70 年》，经济科学出版社 2019 年版。
李君如主编：《论新时期共产党员的修养》，人民出版社 2004 年版。
李强：《农民工与中国社会分层》，社会科学文献出版社 2004 年版。
厉以宁等：《中国道路与中国经济发展 70 年》，商务印书馆 2019 年版。
廖洪乐：《农民市民化与制度变革》，上海远东出版社 2013 年版。
刘斌、张兆刚、霍功编：《中国三农问题报告》，中国发展出版社 2004 年版。
盛明富：《中国农民工 40 年（1978—2018）》，中国工人出版社 2018 年版。
孙光德、董克用主编：《社会保障概论》，中国人民大学出版社 2000 年版。
王春雷：《中国“农民工”研究（1984—2014 年）》，湖北教育出版社 2017 年版。

吴敬琏：《当代中国经济改革：战略与实施》，上海远东出版社 1999 年版。
郑功成等：《从饥寒交迫走向美好生活——中国民生 70 年（1949-2019）》，湖南教育出版社 2019 年版。
郑功成：《中国社会保障 30 年》，人民出版社 2008 年版。
中共中央党史研究室：《中国共产党历史　第二卷（1949—1978）》（上册），中共党史出版社 2011 年版。

译著

[法] 亨利·列斐伏尔：《空间与政治》，李春译，上海人民出版社 2015 年版。
[美] 查尔斯·林德布洛姆：《决策过程》，竺乾威、胡君芳译，上海译文出版社 1988 年版。
[美] 约翰·罗尔斯：《正义论》，何怀宏、何包钢、廖申白译，中国社会科学出版社 1988 年版。

学术期刊

白南生、何宇鹏：《回乡，还是外出？——安徽四川二省农村外出劳动力回流研究》，《社会学研究》2002 年第 3 期。
蔡昉、都阳：《我们需要什么样的劳动力市场制度》，《吉林大学社会科学学报》2005 年第 5 期。
蔡禾、王进：《“农民工”永久迁移意愿研究》，《社会学研究》2007 年第 6 期。
曹阳：《全球化背景下的中国城乡劳动流动与城乡居民收入差距》，《学术论坛》2005 年第 1 期。
陈迪平：《托达罗人口流动模型的误区及主要影响分析》，《甘肃社会科学》2005 年第 1 期。
陈映芳：《“农民工”：制度安排与身份认同》，《社会学研究》2005 年第 3 期。
陈美：《比较西蒙与林德布洛姆的决策理论》，《学习月刊》2011 年第 20 期。
陈会广、刘忠原：《土地承包权益对农村劳动力转移的影响——托达罗模型的修正与实证检验》，《中国农村经济》2013 年第 11 期。
陈重伟：《我亲自处理的五个“盲流”的案件》，《炎黄春秋》2015 年第

1 期。

陈程、吴瑞君：《国际移民理论中的回流研究——回顾与评析》，《西北人口》2015 年第 6 期。

程名望等：《中国农村劳动力转移动因与障碍的一种解释》，《经济研究》2006 年第 4 期。

楚德江：《农民工市民化进程中的文化融入：困境与改革》，《学术界》2019 年第 10 期。

崔传义：《农民工权益调研报告》，《科学决策》2004 年第 5 期。

崔晓旭：《中国农村剩余劳动力解决方案探究——基于托达罗模型和推拉理论》，《现代经济信息》2011 年第 6 期。

党晓捷：《国外就业服务简介》，《中国人力资源开发》1991 年第 Z1 期。

邓睿、肖云：《农民工城市社区融入进程中的微观公平体验测度》，《农业技术经济》2017 年第 4 期。

邓江年等：《双重社会保险对农民工再迁移的影响：留城锁定还是流出推动?》，《华南师范大学学报》（社会科学版）2020 年第 1 期。

丁榕芳：《当前农村剩余劳力转移中值得注意的一个倾向》，《中国经济问题》1988 年第 2 期。

董欢、郭晓鸣：《新型城镇化与农业现代化：第一代农民工的转移取向及其多元影响——四川省调研数据的实证》，《人口与发展》2013 年第 6 期。

段成荣、梁宏：《我国流动儿童状况》，《人口研究》2004 年第 1 期。

范小玉：《1998 年我国农村劳动力转移情况调查》，《调研世界》1999 年第 7 期。

葛延风：《对整体推进医疗卫生体制改革的一个框架性建议》，《当代医学》2005 年第 7 期。

葛延风、王晓明：《中国医疗服务体系改革反思》，《中国卫生产业》2005 年第 9 期。

耿卫新：《城乡基本公共服务均等化：破解城乡统筹发展的突破口》，《河北学刊》2011 年第 5 期。

关信平：《现阶段我国农村劳动力转移就业背景下社会政策的主要议题及

模式选择》,《江苏社会科学》2005 年第 5 期。
关信平:《农民工参与城镇社会保障问题:需要、制度及社会基础》,《教学与研究》2008 年第 1 期。
关信平、刘建娥:《我国农民工社区融入的问题与政策研究》,《人口与经济》2009 年第 3 期。
关信平:《论我国社会救助制度的结构调整与制度优化》,《山西大学学报》(哲学社会科学版)2020 年第 5 期。
桂桢:《积极的失业保险制度建设迈出坚实步伐》,《中国人力资源社会保障》2022 年第 10 期。
郭晓鸣、周小娟:《老一代农民工:返乡之后的生存与发展——基于四川省 309 位返乡老一代农民工的问卷分析》,《中国农村经济》2013 年第 10 期。
郭东杰:《新中国 70 年:户籍制度变迁、人口流动与城乡一体化》,《浙江社会科学》2019 年第 10 期。
韩俊等:《现阶段我国农民工流动和就业的主要特点》,《发展研究》2009 年第 4 期。
韩宁、黄伦平:《民族地区第一代农民工返乡后面临的问题及对策》,《内蒙古民族大学学报》(社会科学版)2016 年第 6 期。
韩勇等:《英美国家关于列斐伏尔空间生产理论的新近研究进展及启示》,《经济地理》2016 年第 7 期。
侯祥鹏:《中国城镇化的现实图景、演进逻辑与未来展望》,《社会科学文摘》2020 年第 12 期。
侯中太:《“农民工回流”为乡村振兴增添新动能》,《人民论坛》2019 年第 16 期。
黄达安:《农民工融入社区的身份认同研究——以长春市 D 社区为例》,《华南农业大学学报》(社会科学版)2008 年第 4 期。
黄锟:《论农民工是我国工人阶级的重要组成部分》,《社会主义研究》2005 年第 1 期。
霍生平等:《第一代农民工非正规就业的养老欠款问题及其解决对策》,《农业经济与管理》2015 年第 4 期。

姜海珊：《当前农民工医疗状况分析——基于 2013 年流动人口动态监测调查数据》，《人民论坛》2016 年第 17 期。

康健：《基本公共服务均等化与共同富裕的关系耦合、功能定位和作用机制》，《上海行政学院学报》2022 年第 2 期。

郎晓波、俞云峰：《农民工融入当地社区的壁垒及实践策略研究——基于对农民工与社区居民群际关系的分析》，《北京行政学院学报》2012 年第 2 期。

郎晓波：《改革开放以来中国的“乡—城”迁移及其城市融入》，《浙江社会科学》2018 年第 2 期。

雷庆生：《煤矿用工制度改革之浅见》，《经济与管理研究》1983 年第 1 期。

黎赵、徐义海：《农民工医疗保障制度的公平性之考量——改革开放 40 年农民工医疗保障研究》，《社会福利》（理论版）2020 年第 8 期。

李春：《〈空间与政治〉译后记》，《中外文化与文论》2016 年第 3 期。

李飞、杜云素：《“弃地”进城到“带地”进城：农民城镇化的思考》，《中国农村观察》2013 年第 6 期。

李厚刚：《建国以来国家对于农村劳动力流动政策变迁》，《理论月刊》2012 年第 12 期。

李明欢：《20 世纪西方国际移民理论》，《厦门大学学报》（哲学社会科学版）2000 年第 4 期。

李留澜：《农民工城乡去留的政策及社会因素影响分析》，《经济问题》2010 年第 12 期。

李楠：《农村外出劳动力留城与返乡意愿影响因素分析》，《中国人口科学》2010 年第 6 期。

李培林：《流动民工的社会网络和社会地位》，《社会学研究》1996 年第 4 期。

李培林：《城市化和非农化：中国乡镇企业职工养老保险体制的设想》，《新视野》2000 年第 4 期。

李培林：《我国改革开放以来社会平等与公正的变化》，《东岳论丛》2020 年第 9 期。

李强：《城市农民工的失业与社会保障问题》，《新视野》2001 年第 5 期。
李强：《关注转型时期的农民工问题（之三）户籍分层与农民工的社会地位》，《中国党政干部论坛》2002 年第 8 期。
李强：《影响中国城乡流动人口的推力与拉力因素分析》，《中国社会科学》2003 年第 1 期。
李强：《社会学的“剥夺”理论与我国农民工问题》，《学术界》2004 年第 4 期。
李强、龙文进：《农民工留城与返乡意愿的影响因素分析》，《中国农村经济》2009 年第 2 期。
李实、杨一心：《面向共同富裕的基本公共服务均等化：行动逻辑与路径选择》，《中国工业经济》2022 年第 2 期。
李晓琦、王厚俊：《第一代农民工市民化进程中存在的问题及应对策略——以广州市为例》，《宁夏农林科技》2015 年第 12 期。
李毅震：《国外城镇化中城市规模结构演化经验及借鉴——基于德、美、日、巴西的历史考察》，《商业经济研究》2016 年第 21 期。
李中建：《我国农民工政策变迁：脉络、挑战与展望》，《经济学家》2011 年第 12 期。
梁波、王海英：《国外移民社会融入研究综述》，《甘肃行政学院学报》2010 年第 2 期。
廖艺萍：《农民工政治参与的困境与出路——基于和谐社会视角的分析》，《探索》2006 年第 1 期。
刘援朝：《试论流动人口的行为特征——内蒙古阿拉善盟农民工调查》，《农村经济与社会》1989 年第 6 期。
刘风、葛启隆：《人口流动过程中推拉理论的演变与重塑》，《社会科学动态》2019 年第 10 期。
刘苓玲、徐雷：《中西部地区农民工返乡创业问题研究——基于河南、山西、重庆的调查问卷》，《人口与经济》2012 年第 6 期。
刘庆乐：《推拉理论、户籍制度与中国城乡人口流动》，《江苏行政学院学报》2015 年第 6 期。
刘小年：《农民工政策的阶段新论——兼与胡鞍钢教授商榷》，《探索与争鸣》2006 年第 3 期。
刘小年：《农民工参与社区治理的机制研究：主体的视角》，《宁夏社会科学》2010 年第 2 期。
刘小年：《第一代农民工发展：一个不容忽视的社会问题》，《现代经济探讨》2014 年第 3 期。
刘勇：《高龄劳动者就业促进中的法律问题》，《法学》2012 年第 10 期。
刘玉侠、陈瑞伞：《回流农民工代际差异比较分析》，《浙江社会科学》2018 年第 10 期。
龙玉其：《基本养老服务均等化的实践演进及其逻辑规律》，《兰州学刊》2020 年第 9 期。
陆文荣：《双重社会隔离与农民工永久迁移城市意愿——基于沪浙 5 城市的调查》，《嘉兴学院学报》2020 年第 2 期。
陆影：《社会福利制度的空间分化——以城乡社会变迁为分析中心》，《江海学刊》2021 年第 2 期。
吕世辰：《国外学术界关于农民流动与社会结构变迁的研究综述》，《中国农村观察》1998 年第 3 期。
罗志先：《关于完善我国农民工社会保障的法律思考》，《法学杂志》2006 年第 6 期。
罗志先：《试论农民工社会保障权的法律保护》，《现代法学》2006 年第 6 期。
罗筠：《城市暗角的空间生产与社会管理——基于 Y 市 W 城乡结合部地沟油生产的空间视角》，《中国行政管理》2012 年第 10 期。
骆友生、刘剑文：《农村劳动力跨区域转移：现状、成因与对策》，《中国农村经济》1994 年第 8 期。
马晓河：《建国 60 年农村制度变迁及其前景判断》，《改革》2009 年第 10 期。
孟亚男、莫依萍：《断裂与绵延：第一代农民工返乡养老研究——基于舒茨现象学社会学的理论分析》，《老龄科学研究》2021 年第 5 期。
牟放：《西方国家农村养老保险制度及对我国的启示》，《地方财政研究》2005 年第 12 期。

穆光宗：《民工潮与中国的城市化》，《社会科学家》1990 年第 6 期。
欧阳慧：《新一轮户籍制度改革实践中的落户困境与突破》，《经济纵横》2020 年第 9 期。
潘宝流：《均安公社回乡农民工尘肺初步调查》，《职业医学》1983 年第 6 期。
潘文博：《京城“浙江村”》，《光彩》1997 年第 11 期。
潘可礼：《亨利·列斐伏尔的社会空间理论》，《南京师大学报》（社会科学版）2015 年第 1 期。
潘泽泉：《国外社会政策研究的最新动态及对我国的启示》，《理论探讨》2007 年第 4 期。
潘泽泉：《农民工融入城市的困境：共有的空间何以可能》，《中州学刊》2008 年第 3 期。
潘泽泉：《国家调整农民工政策的过程分析：理论判断与政策思路》，《理论与改革》2008 年第 5 期。
潘泽泉：《被压抑的现代性：农民工融入城市的困境》，《广西民族大学学报》（哲学社会科学版）2011 年第 1 期。
彭华民：《福利三角：一个社会政策分析的范式》，《社会学研究》2006 年第 4 期。
谯珊：《从劝止到制止：20 世纪 50 年代的“盲流”政策》，《兰州学刊》2017 年第 12 期。
青连斌：《“互联网+”养老服务：主要模式、核心优势与发展思路》，《社会保障评论》2021 年第 1 期。
任俊仙：《新中国成立 70 年经济发展探索与思考》，《现代商贸工业》2020 年第 16 期。
申曙光：《我们需要什么样的医疗保障体系?》，《社会保障评论》2021 年第 1 期。
沈政、李军：《农民工医疗支出影响因素的实证分析——基于全国 3078 个农民工的调查数据》，《东岳论丛》2015 年第 12 期。
沈莘：《从先验理性到经验理性——对林德布洛姆“渐进主义”决策理论的解读》，《政治思想史》2020 年第 3 期。

盛来运：《中国农村劳动力外出的影响因素分析》，《调研世界》2007 年第 9 期。
盛来运：《农民工的困惑：返乡还是留城》，《中国统计》2009 年第 5 期。
时立荣：《透过社区看农民工的城市融入问题》，《新视野》2005 年第 4 期。
史学斌等：《人口城市化动力机制理论综述》，《西北人口》2006 年第 3 期。
宋洪远等：《关于农村劳动力流动的政策问题分析》，《管理世界》2002 年第 5 期。
宋晓悟等：《“共同富裕与社会保障治理”笔谈》，《社会保障评论》2022 年第 3 期。
孙自法：《胡鞍钢：中国存在“四农”问题，农民工问题是核心》，《发展》2005 年第 4 期。
孙学涛等：《国外城镇化发展模式的再归纳与经验借鉴》，《世界农业》2017 年第 11 期。
唐瑕苓等：《第一代农民工返乡养老问题研究综述》，《南方农业》2020 年第 3 期。
童强：《论空间语义》，《厦门大学学报》（哲学社会科学版）2005 年第 4 期。
童星、马西恒：《“敦睦他者”与“化整为零”——城市新移民的社区融合》，《社会科学研究》2008 年第 1 期。
汪文成、隆定海：《第一代农民工返乡的影响因素分析》，《中国西部科技》2009 年第 15 期。
汪朝霞：《社会救助制度的国际比较与经验借鉴——以英、美、日等国为研究对象》，《苏州大学学报》（哲学社会科学版）2011 年第 5 期。
汪原：《亨利·列斐伏尔研究》，《建筑师》2005 年第 10 期。
王春光：《新生代的农村流动人口对基本公民权的渴求》，《民主与科学》2000 年第 1 期。
王春光：《农民工：一个正在崛起的新工人阶层》，《学习与探索》2005 年第 1 期。
王春光：《农村流动人口的“半城市化”问题研究》，《社会学研究》2006 年第 5 期。
王春光：《新生代农民工城市融入进程及问题的社会学分析》，《青年探索》

2010 年第 3 期。
王春光：《中国社会政策调整与农民工城市融入》，《探索与争鸣》2011 年第 5 期。
王聪聪：《失落的一代：改革开放后第一代农民工在中国现代化进程中的命运》，《湖南工程学院学报》（社会科学版）2017 年第 1 期。
王大哲等：《基本公共服务均等化能缓解农民工相对贫困吗?》，《中国农村经济》2022 年第 8 期。
王汉生等：《“浙江村”：中国农民进入城市的一种独特方式》，《社会学研究》1997 年第 1 期。
王锴：《英、美社会救助制度的比较及对我国的启示》，《绥化学院学报》2014 年第 11 期。
王绍光：《学习机制与适应能力：中国农村合作医疗体制变迁的启示》，《中国社会科学》2008 年第 6 期。
王思诚：《煤矿井下试行农民合同轮换工的调查》，《经济管理》1982 年第 7 期。
王思斌：《我国社会政策的弱势性及其转变》，《学海》2006 年第 6 期。
王伟：《国外医疗保险制度经验借鉴》，《对外经贸》2020 年第 11 期。
王西玉等：《打工与回乡：就业转变和农村发展——关于部分进城民工回乡创业的研究》，《管理世界》2003 年第 7 期。
王西玉等：《中国二元结构下的农村劳动力流动及其政策选择》，《管理世界》2000 年第 5 期。
王阳：《中国公共就业服务的供给机制——以国外就业服务供给经验为参照》，《经济与管理研究》2015 年第 9 期。
王志刚：《新马克思主义空间批判范式及当代意义》，《北京行政学院学报》2015 年第 5 期。
文军：《从分治到融合：近 50 年来我国劳动力移民制度的演变及其影响》，《学术研究》2004 年第 7 期。
文莉等：《政府信誉与建立农村养老保险体制研究——对 1757 位农民的调查》，《农村经济》2006 年第 1 期。
吴正文：《第一代农民工养老问题探究——兼论高龄农民工务工现状与养

老制度变化》，《新西部》2017 年第28 期。

席恒：《中国共产党百年：全面建成小康社会与社会保障》，《社会保障评论》2021 年第 2 期。

肖云、徐艳：《论农民工失业及社会保障机制的建立与完善——以重庆市为例》，《西北大学学报》（哲学社会科学版）2005 年第 1 期。

肖云、石玉珍：《青壮年农民工社会养老保险参与倾向微观影响因素分析——对重庆市 954 名青壮年农民工的调查与分析》，《中国农村经济》2005 年第 4 期。

肖云、林子琪：《农民工城市化影响因素及公共政策》，《重庆大学》（自然科学版）2006 年第 4 期。

肖云、邓睿：《新生代农民工城市社区融入困境分析》，《华南农业大学学报》（社会科学版）2015 年第 1 期。

肖云、邓睿：《新生代农民工城市社区融入主观判断的影响因素——基于重庆市新生代农民工调查数据的分析》，《城市问题》2015 年第 4 期。

肖云、邓睿：《城市社区服务供需主体互动回应机制构建》，《重庆大学学报》（社会科学版）2016 年第 1 期。

肖云、李波：《新生代农民工融入城市社区的影响因素研究》，《湖南农业大学学报》（社会科学版）2017 年第 3 期。

谢建社：《特别策划·新生代农民工城市融入研究》，《青年探索》2011 年第 6 期。

徐传超、陈壮艳《第一代农民工返乡转岗原因和农民工输出地对策探析》，《劳动保障世界》（理论版）2012 年第 7 期。

徐秋实、陈萍：《从国外城镇化建设模式看中国新型城镇化发展路径》，《世界农业》2015 年第 3 期。

徐勇、张慧慧：《规划性变迁视角下的农民工走向与对策》，《理论与改革》2021 年第 2 期。

徐育才：《中外农村剩余劳动力转移比较研究》，《广东商学院学报》2006 年第 4 期。

徐颢：《确保社会保障制度在法治轨道行稳致远——访全国人大代表、中国社会保障学会会长郑功成》，《中国社会保障》2021 年第 3 期。

许传新：《农民工的进城方式与职业流动——两代农民工的比较分析》，《青年研究》2010 年第 3 期。

许燕等：《农民工基本医疗保险关系转移接续中三方利益博弈分析——基于政府、企业与农民工的视角》，《东北大学学报》（社会科学版）2017 年第 3 期。

严佩升：《高龄农民工问题研究述评》，《经济研究导刊》2018 年第 12 期。

阳义南、梁上聪：《中国医疗保险制度“适老化”改革：国际经验与政策因应》，《西安财经大学学报》2022 年第 1 期。

杨舸：《留城务工或永久返乡：人力资本、社会资本对老年农民工抉择的影响》，《江西社会科学》2020 年第 2 期。

杨立雄：《农民工社会保护问题研究》，《中国人民大学学报》2006 年第 6 期。

余飞跃、郭国祥：《农民工与城乡基层民主建设》，《人文杂志》2007 年第 2 期。

岳经纶：《农民工的社会保护：劳动政策的视角》，《中国人民大学学报》2006 年第 6 期。

张庆、管晓明：《单纯依靠农村剩余劳动力转移并不能缩小城乡收入差距》，《经济纵横》2006 年第 3 期。

张守帅、王域西：《第一代农民工“归宿”调查：近六成已习惯城市生活》，《决策探索（上半月）》2015 年第 5 期。

张述林等：《国外医疗保险制度概述》，《国外医学》（社会医学分册）2005 年第 1 期。

张子凯：《列斐伏尔〈空间的生产〉述评》，《江苏大学学报》（社会科学版）2007 年第 5 期。

赵阳、孙秀林：《暂迁流动与回乡创业的政策效应》，《农业经济问题》2001 年第 9 期。

郑秉文：《居民养老保险制度再思考》，《中国人力资源社会保障》2014 年第 4 期。

郑秉文：《“十四五”时期医疗保障可持续性改革的三项任务》，《社会保障研究》2021 年第 2 期。

郑功成：《农民工的权益与社会保障》，《中国党政干部论坛》2002 年第 8 期。
郑功成：《用社会保障促进社会和谐》，《社会保障研究》2005 年第 1 期。
郑功成：《农民工问题与解决思路》，《中国人民大学学报》2006 年第 6 期。
郑功成、黄黎若莲：《中国农民工问题：理论判断与政策思路》，《中国人民大学学报》2006 年第 6 期。
郑功成：《对农民工问题的基本判断》，《中国劳动》2006 年第 8 期。
郑功成：《中国流动人口的社会保障问题》，《理论视野》2007 年第 6 期。
郑功成：《中国社会公平状况分析——价值判断、权益失衡与制度保障》，《中国人民大学学报》2009 年第 2 期。
郑功成：《从国家—单位保障制走向国家—社会保障制——30 年来中国社会保障改革与制度变迁》，《社会保障制度》2008 年第 2 期。
郑功成：《农民工返乡创业大有可为》，《中国人才》2010 年第 5 期。
郑功成：《让农民工享有平等权利》，《群言》2010 年第 2 期。
郑功成：《中国社会福利改革与发展战略：从照顾弱者到普惠全民》，《中国人民大学学报》2011 年第 2 期。
郑功成：《对共享发展的三个基本认识》，《群言》2010 年第 2 期。
郑功成：《中国社会保障 70 年发展（1949—2019）：回顾与展望》，《中国人民大学学报》2019 年第 5 期。
郑功成、桂琰：《中国特色医疗保障制度改革与高质量发展》，《学术研究》2020 年第 4 期。
郑功成：《实施积极应对人口老龄化的国家战略》，《人民论坛 · 学术前沿》2020 年第 22 期。
郑功成：《面向 2035 年的中国特色社会保障体系建设——基于目标导向的理论思考与政策建议》，《社会保障评论》2021 年第 1 期。
郑功成：《共同富裕与社会保障的逻辑关系及福利中国建设实践》，《社会保障评论》2022 年第 1 期。
郑军、张海川：《日本农村养老保险制度建设对我国的启示——基于制度分析的视角》，《农村经济》2008 年第 7 期。

郑震：《空间：一个社会学的概念》，《社会学研究》2010 年第 5 期。

钟笑寒：《劳动力流动与工资差异》，《中国社会科学》2006 年第 1 期。

周其仁：《机会与能力——中国农村劳动力的就业和流动》，《管理世界》1997 年第 5 期。

周晓虹：《流动与城市体验对中国农民现代性的影响——北京“浙江村”与温州一个农村社区的考察》，《社会学研究》1998 年第 5 期。

周天勇：《托达罗模型的缺陷及其相反的政策含义——中国剩余劳动力转移和就业容量扩张的思路》，《经济研究》2001 年第 3 期。

周家明：《包容性发展：从“半城市化”走向“城市化”》，《淮阴工学院学报》2012 年第 4 期。

周利兵：《21 世纪以来中国农民工政策的转变与挑战》，《农学学报》2014 年第 9 期。

朱力等：《“半主动性适应”与“建构型适应”——新生代农民工的城市适应模型》，《甘肃行政学院学报》2010 年第 4 期。

朱要龙：《土地依附效应与半城镇化事实：对托达罗模型的修正与实证检验》，《产经评论》2018 年第 4 期。

朱橙青：《为国家发展与百姓生计做学问——访中国社会保障学会会长郑功成》，《群言》2022 年第 2 期。

祝仲坤：《农民工返乡建房行为研究——基于推拉理论的解释框架》，《经济体制改革》2017 年第 3 期。

庄启东等：《关于贵州省盘江、水城矿务局使用农民工的调查报告》，《计划经济研究》1982 年第 1 期。

庄友刚：《西方空间生产理论研究的逻辑、问题与趋势》，《马克思主义与现实》2011 年第 6 期。

邹农俭：《中外农村劳动力转移模式的比较研究》，《人口学刊》2001 年第 5 期。

报刊类

《国家主席习近平发表二〇二一年新年贺词》，《人民日报》2021 年 1 月 1 日第 1 版。

江夏：《最新调查：去年农村劳动力外出就业超过 9400 万人》，《人民日报》2003年1月16日第2版。

李强等:《关注民工流动:正视、疏导、服务——中国社科院社会学所“农民工流动现状、特点和趋势”研讨会发言摘要》,《经济参考报》2002年4月17日第6版。

桑助来:《美国劳工统计调查制度及其启示》,《中国劳动保障报》2013年5月18日第3版。

《思想之旗领航向——关于习近平新时代中国特色社会主义思想的指导地位》,《人民日报》2021年7月20日第5版。

王伟:《竞争带来保障的多元化和人性化——访原美国卫生与公共服务部副部长、美国礼来公司全球高级副总裁 AlexAzar》,《中国劳动保障报》2008年7月10日第3版。

王永:《用奋斗诠释“劳动光荣”——农民工在我国经济社会发展中做出巨大贡献》,《中国劳动保障报》2021年1月5日第1版。

闻天:《养老金“18连涨”撑起幸福万年——访武汉大学社会保障研究中心副主任薛惠元》,《中国劳动保障报》2022年8月30日第3版。

杨勤:《服务更多样 生活更从容——武汉大学社会保障研究中心教授孟颖颖谈破解农村空巢老人养老之道》,《中国劳动保障报》2022年7月19日第3版。

赵昂:《近四千万高龄农民工归宿何方》,《工人日报》2013年6月20日第2版。

赵泽众:《接续走好中国式农民工进城道路——访国务院发展研究中心农村经济研究部部长叶兴庆》,《中国劳动保障报》2022年3月29日第3版。

郑新钰:《“十四五”户籍制度改革风往哪儿吹——访清华大学中国新型城镇化研究院执行副院长尹稚》,《中国城市报》2021年4月19日第A09版。

周晖、金秋玥:《确保城乡居民共享经济社会发展成果——访人社部农村社会保险司司长刘从龙》,《中国劳动保障报》2022年9月6日第3版。

学位论文

陈春兰：《中国农村合作医疗制度研究》，硕士学位论文，清华大学，2006 年。

万小广：《转型期“农民工”群体媒介再现的社会史研究》，博士学位论文，中国社会科学院研究生院，2013 年。

杨英强：《现阶段农民工市民化问题研究》，博士学位论文，西南财经大学，2008 年。

国外参考文献

学术著作

Eccles，R. G.，Nohria，J.，*Networks and Organizations*：*Structure*，*Form and Action*，Harvard Business School Press，1992.

Elder，G. H.，*The Emergence and Development of Life Cours*，New York：Kluwer Academic/Plenum Publishers，2003.

Gordon，M. M.，*Assimilation in American life*，New York：Oxford University press，1964.

Entzinger，H.，Biezeveld，R.，*Bench Marking in Immigrant Integration*，Erasmus University Rotterdam，2003.

Dahl，R. A. and Lindblom，C. E.，*Politics*，*Economics and Welfare*，Chicago：The Univercity of Chicago Press，1958.

学术期刊

Portes，A.，Sensenbrenner，J.，“Embeddedness and Immigration：Notes on the Social Determinants of Economic Action”，*The American Journal of Sociology*，Vol. 8，No. 6，1993，pp. 1320–1350.

Cassarino，J. P.，“Theorising Return Migration：The Conceptual Approach to Return Migrants Revisited”，*International Journal on Multicultural Societies*，Vol. 6，No. 2，2004，pp. 253–279.

Cerase，F. P.，“Expectations and Reality：A Case Study of Return Migration from the United States to Southern Italy”，*International Migration Review*，Vol. 8，No. 2，1974，pp. 245–262.

Fan, C. C., "Rural-Urban Migration and Gender Division of Labor in Transitional China", *International Journal of Urban and Regional Research*, Vol. 27, No. 1, 2003, pp. 24-27.

Goldlust, J., Richmond, A. H. "A Multivariate Model of Immigrant Adaptation", *International Migration Review*, Vol. 8, No. 2, 1974, pp. 193-225.

Harper, S., "Population-Environment Interactions: European Migration, Population Composition and Climate Change", *Environmental & Resource Economics*, Vol. 55, No. 4, 2013, pp. 525-541.

Hnatkovska, V., Lahiri, A., "Rural and Urban Migrants in India: 1983-2008", *The World Bank Economic Review*, Vol. 29, No. 1, 2015, pp. 257-270.

Jelili, R. B., Mzali, H., "Rural Urban Migration and Self Selection in Tunisia", *Papers in Regional Science*, Vol. 77, No. 4, 1998, pp. 347-360.

Junger-Tas, J., "Ethnic Minorities, Social Integration and Crime", *European Journal on Criminal Policy and Research*, Vol. 9, No. 1, 2001, pp. 5-29.

Katz, E., Stark, O., "Labor Migration and Risk Aversion in Less Developed Countries", *Journal of Labor Economics*, Vol. 4, No. 1, 1986, pp. 134-149.

Lee, E. S., "A Theory of migratin", *Demography*, Vol. 3, No. 1, 1966, pp. 47-57.

Park, H. Y., Fullerton, H. H., "Rural-Urban Labor Migration: The Case of Korea", *The Annals of regional science*, Vol. 14, 1980, pp. 72-90.

Penninx, R., "Integration of Migrants: Economic, Social, Cultural and Political Dimensions", *European Population Forum 2004: Population Challenges and Policy Responses*, 2004, pp. 137-152.

Zhan, S., Huang, L., "Rural Roots of Current Migrant Labor Shortage in China: Development and Labor Empowerment in a Situation of Incomplete Proletarianization", *Studies in Comparative International Development*, Vol. 48,

No. 1, 2013, pp. 81-111.

Solinger, D. J., "Citizenship Issues in China's Internal Migration: Comparisons with Germany and Japan", *Political Science Quarterly*, Vol. 114, No. 3, 1999, pp. 455-478.

Stark, O., Bloom, D. E., "The New Economics of Labor Migration", *The Economic Review*, Vol. 75, No. 2, 1985, pp. 173-178.

Stark, O., "Migration Incentives, Migration Types: The Role of Relative Deprivation", *The Economic Journal*, Vol. 101, No. 408, 1991, pp. 1163-1178.

Stark, O., "Relative Deprivation and International Migration", *Demography*, Nol. 26, 1998, pp. 1-14.

Stark, O., "Research on Rural-to-Urban Migration in Less Developed Countries: The Confusion Frontier and Why We Should Pause to Rethink Afresh", *World Development*, Vol. 10, No. 1, 1982, pp. 63-70.

Stockdale, A., Catney, G., "A Life Course Perspective on Urban-Rural Migration: The Importance of the Local Context", *Population, Space and Place*, Vol. 20, No. 1, 2014, pp. 83-98.

Todaro, M. P., "A Model of Labor Migration and Urban Unemployment in Less Developed Countries", *The American Economic Review*, Vol. 59, No. 1, 1969, pp. 138-148.

Haberfeld, Y., Menaria, R. K., Sahoo, B. B., R. N. Vyas, "Seasonal migration of rural labor in India", *Population Research and Policy Review*, Vol. 18, No. 5, 1999, pp. 471-487.

后　记

历时四年多对第一代农民工的城乡去留问题的研究即将告一段落。我对农民工问题的关注最早源于1974年到南部县石泉公社下乡当知青时对农民的关注。20世纪80年代政策允许农民进城务工后，我对农民的关注逐渐转移到对农民工的关注。我研究农民工问题始于2003年在农贸市场偶遇18岁当棒棒军的青年农民工小姜，因当天无人雇他，到中午12：30还没吃早饭，他希望我雇他替我将购买的白菜拎回家，这样他可以挣得2元钱不会继续挨饿。当时在城市人的观念里农民在农村种地不存在失业，小姜的情况引起我的思考：农民工在城市没有工作时是否存在失业？他们失业后是否回乡种地？2018年我遇见20多年前认识的一位70岁农民工杜师傅，他告知我说他妻子十多年前去世，他与读中学的儿子相依为命，因农村的住房已垮塌无法居住，在城市靠农村低保和捡废品为生。杜师傅是第一代农民工养老城乡去留选择困境的缩影，他们在为城市贡献了几十年后如何安度余生是需要解决的社会问题。经过较长时间的调研，综合近20年的研究成果完成了本书的写作，如果本书能引起社会对第一代农民工更多的关注和关怀，为学界的相关研究提供帮助，我就感到满足了。

本书特别献给我的第二故乡南部县石泉乡龙骨村的乡亲们。龙骨村的村干部和乡亲们给予我研究农民工问题的启发，感谢乡亲们多次为完成本书的写作提供的典型素材！1974年我下乡到龙骨村，在3年的知青岁月中，生产队长张开尧腾出自家住房无偿给我居住，他每天为我水缸里挑满水以减轻我生活上的负担。当时村民们在基本生活难以维持的情况下，在劳动和生活上给予我特别的照顾，那时的农村真穷，农民真苦！他们进城务工后生活发生了很大变化。近20年我多次回到龙骨村看望乡亲们，如今村里的楼房代替了土坯房，硬化路代替了土路，白米饭代替了酸菜红薯，自来水代替了井水，电灯代替了煤油灯，天然气代替了麦秆草根，家家有了洗衣机、空调、冰箱、电视机，90%以上的家庭有了私家车。他们的生活真是今非昔比！令人感慨万千！

这部书稿的完成得到多方人士的支持，凝聚了许多人的多年研究的成果。

感谢接受我们访谈的全体农民工朋友！你们在严寒酷暑劳动时回答我们的提问，有的停下手里的工作不厌其烦地给我们讲述长达几十年的务工经历和体会，使我们获得真实而可贵的第一手资料，为写作奠定了扎实的基础。在访谈过程中我们为农民工的艰苦奋斗的精神深深地感动，是广大农民工用勤劳的双手和吃苦耐劳的精神改变了中国社会，历史不会忘记为中国发展做出重大贡献的第一代农民工。

感谢接受我们采访的村干部和企业的各位管理人员。我们到农村访谈时村干部详细介绍了农民工外出的情况，使我们从村级基层组织的角度认识第一代农民工以及部分返乡农民工的情况。在企业访谈过程中，管理人员为了确保生产流水线不停止，顶替农民工的工作岗位才使他们能够接受我们的访谈，在建筑工地的管理人员特别利用中午休息时间安排部分建筑农民工接受我们的访谈，使我们能够顺利完成对企业务工的农民工的访谈，感谢你们的大力支持！

感谢接受我们访谈的所有人员！在访谈过程中，我们受到部分政府工作人员、社区工作人员、各类组织的管理人员的热情接待，使我们能够顺利完成各类工作岗位的农民工的访谈，曾经在重庆大学就读的本科生、研究生、校友以及我的同窗好友为我们的访谈提供了方便和支持，感谢你们的鼎力相助！

感谢以庞永红为代表的课题组全体成员的大力支持！感谢重庆大学、重庆三峡学院、重庆长江师范学院、重庆电子科技职业大学的教师和数千名学生多年来主动参与问卷调查，不辞辛苦地在各地访谈，使我们多次获得了第一代农民工翔实的数据和相关资料。感谢我带的10多届研究生为历次问卷录入、统计分析、访谈和整理资料付出的辛勤劳动！

本书调研和写作过程中，西南政法大学经济学院邓睿副教授和政治与公共管理学院教师刘迎君、重庆工商大学经济学院教师随淑敏、重庆电子科技职业大学人工智能与大数据学院教师胡心雷、西华大学马克思主义学院教师蒋艺、重庆大学公共管理学院博士生沈玲丽、长江师范学院管理学院副教授徐志花、重庆大学18级机械工程学院本科生张炼宣提供了典型访谈实例，并为本次研究奠定了扎实的数据分析和实证基础。

本书的出版得到重庆大学马克思主义学院的资助，在此表示衷心感谢！

最后我要将我最诚挚的谢意献给我的家人，我的丈夫在寒暑假不顾严寒酷暑开车陪伴我到各地调研，并为本书的写作提出了许多有价值的建议，为我顺利完成写作提供了很大的帮助。拥有计算机博士学位的儿子为本书的数据分析提供了技术支持，使我能顺利完成本书的写作。

我再次向所有帮助和支持我的同事和朋友表示衷心的感谢！

肖　云

于重庆虎溪花园

2024年6月28日

